商法實論

附　破產法　商法施行法　供託法　競賣法　完

秋山源藏
井上八重吉 校閲
中島行藏 著

明治三十五年發行

商法實論

附 破産法 商法施行法 供託法 競賣法 完

日本立法資料全集 別巻 1241

信山社

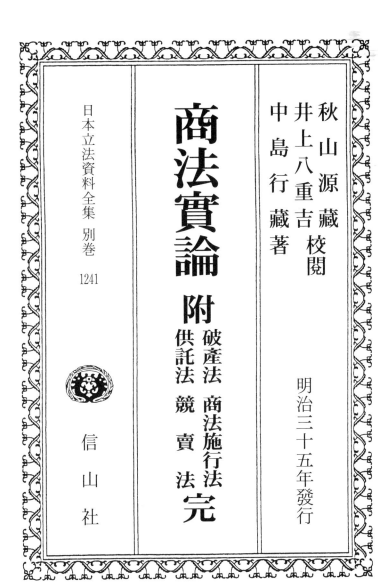

法學士辯護士 秋山源藏 校閲
辯護士 井上八重吉
辯護士 中島行藏 著

商法實論

附

破產法 商法施行法
供託法 競賣法 完

金港 不如學齋藏

商法實論序

商法ハ商取引ノ準則ニシテ商家一日モ缺クヘカラサルノ要典ナリ近時我國經濟界ノ恐慌ヲ來スヤ商事上ノ紛議續出シ其曲直ヲ法廷ニ爭フタルモノ少ナカラス而シテ其極毫末ノ瑕疵ヨリシテ取引全体ノ無効ニ歸スルモノアリ爲メニ一方ニ於テハ不測ノ損害ヲ蒙ムルモノアルト同時ニ他方ニ於テハ意外ノ利益ヲ博スルモノアリ狡獪ノ徒其機ニ乘シ頗ル取引ノ安全ヲ攪亂シタリ抑モ禍ノ生スル生スルノ日ニ生スルニアラスシテ必ラス因テ來ル所アリ如此ノ災禍ヲ生スルモノ畢竟商家カ平生商法ノ研究ヲ等閑ニ付シ取引上ノ法律關係ヲ熟知セサルノ結果ナラスンハアラス蓋

シ商法發布以來之レカ解釋ヲナス者一ニシテ足ラス而ルニ或ハ詳密ニ失シ或ハ疎笨ニ流レ商家ノ實用ニ適スルモノナシ中島君之ヲ憂ヒ拮据二年商法實論ヲ著シ來リテ余ニ示ス受ケテ之ヲ讀ムニ能ク法理ヲ說クモ而カモ高尙ニ失セス又應用ヲ明カニスルモ而カモ卑近ニ流レス繁簡度ニ合シ詳略宜シキヲ得眞ニ商法實論ノ名ニ背カス惟フニ一タヒ商法研究ノ必要ヲ實驗シタル我商業界ハ必ラス此書ヲ觀迎スルヤトシテ而シテ後ニ知ラサルナリ依テ慫慂之ヲ公ニス

明治三十五年二月紀元節　　秋山源藏

商法實論序

商法實論成ル中島君之ヲ懷ニシ來リテ予カ校閲ヲ請フ予淺學寡聞敢テ其任ニ適セス然レトモ日々之ヲ實地ニ應用シ私カニ淑クスル所ナキニシモアラス乃チ受ケテ之ヲ閲スルニ議論奇矯ニ渉ラス解説架空ニ馳セス能ク法意ノ存スル所ヲ明ラカニシ例ヲ日常經歷スル所ノ者ニ採リ以テ當業者ノ實用ニ便ス顧フニ商法發布以來之レカ註釋ヲ施ス者少ナカラス然レ𪜈多クハ歐米註釋書ノ纂譯ニアラサレハ即チ机上ノ空論ニ止マリ深ク當業者ノ實情ヲ探究シ日本商法ノ精神ヲ發揮スル此書ノ如キモノナシ今ヤ日英同盟新タニ成リ東洋ノ天地兵馬ノ聲ヲ斂メ商工業ノ實戰將サニ

開始セラレントス此時ニ當リ我商法典ノ何者タルヲ
解セサレハ競爭場裡焉ンソ能ク其生命ヲ全フスルコ
ヲ得ンヤ當業者タル者此書ヲ以テ砲壘トセハ萎シ流
丸ヲ免ルヽニ庶幾カランカ乎云爾

明治卅五年五月

井上八重吉識

凡例

一本書ハ我商法ノ大意ヲ逐條的ニ解説シタルモノニシテ其目的タルヤ普ク商工業家ヲシテ其實用ニ便ナラシメンコトスルニ在リ故ニ諸多ノ學説立法例ヲ羅列シテ其利害當否ヲ論評スルカ如キハ本書ノ主眼トスル所ニアラス唯法文ノ解釋上必要アルニ當タリテハ近世ノ法理及ヒ有力ナル學説ノ採リテ以テ解釋ノ基礎トナシタルモノ亦尠カラス

一本書ノ目的タルヤ已ニ商工業家ノ參考ノ資トセントスルニアルカ故ニ殊ニ努メテ例解ヲ試ミ可成單簡平易ニ説明セリ

一實際ニ其適用稀ナル條文ニ付テハ簡略ニ説明ヲ止メ其適用頗ル繁ニシテ且大ニ研究ヲ要スヘキ條章ニ(會社法又ハ手形法ノ如キ)意ヲ用井タリ

一各編各章節等ノ首メニ於テハ或ハ其大体ヲ説明シ又或ハ其部分ニ存セル主要ノ事柄ヲ敘ヘタレハ讀者請フ之ヲ看過スルコト勿

レ
一卷末ニ破產法及ヒ商法施行法等ヲ附シタルハ此等ノ法規タル商法ト相關聯スル所アルヲ以テ參照ノ便利ヲ計レルナリ
一行文晦澁ニシテ讀者ノ判斷ヲ煩ハスヲ免レサルハ文辭ニ嫺ハサル著者ノ罪ナリ讀者請フ焉ヲ恕セヨ

明治壬寅晩春　著者識

商法實論目次

第三編　商行爲

第五編　海商……一

附錄

商法實論及附錄目次畢

商法實論

法學士
辯護士　秋山源藏
辯護士　井上八重吉　校閲
中島行藏　著

第一編　總則

本法ハ之ヲ總則、會社、商行爲、手形及ビ海商ノ五編ニ分チ本編總則ハ之ヲ七章ト爲シ法例、商人、商業登記、商號、商業帳簿、商業使用人及ビ代理商ヲ定メ第一章法例ニハ此商法ノ適用方法ヲ示シ第二章以下ハ商人ノ從フヘキ規定ヲ揭ケタリ

第一章　法例

本章ハ此商法ハ如何ナル人又如何ナル事柄ニ適用スヘキカ又商事ニ關シ本法ニ規定ナキ事柄ニ付テハ何等ノ法規ニ從ハシムヘキカヲ定メタルモノナリ

第一條　商事ニ關シ本法ニ規定ナキモノニ付テハ商慣習法ヲ適用シ商慣習

法ナキトキハ民法ヲ適用ス

商事トハ商業ニ關スル事柄ト云フ意ニシテ第三編其他此商法ニ定メタル事柄ハ即チ商事ナリ而モ複雜ナル人類社會ニ於テ此他ニ商事ナシトハ斷言スルヲ得ズ故ニ本條ハ商事ニ關シ本法ニ規定ナキモノニ付テハ先ツ商慣習法ヲ適用シ商慣習法ナキトキハ民法ノ規定ヲ適用スルコトヽシ此商法ニ漏レタル事柄ニ付テハ右ノ二法ヲ以テ其遺漏ヲ補フモノトナシタリ茲ニ商慣習法トハ商取引ノ上ニ於テ自然ニ生シタル慣習ニシテ商取引上久シク行ハレ人々皆法律命令ト同シク之ニ服從シ法律命令中公益規定ニ背反セス又法律ニ規定ナクモ一國ノ秩序ト善良ノ風俗ニ反スルコトナクシテ成文法ト同一ノ効力ヲ生スルニ至リタルモノヲ云フ唯一地方若クハ或ル商人間ノミニ行ハレ廣ク一般ニ行ハレタルニ非ラサルモノハ之ヲ一般ニ適用スヘカラサルコト勿論ナリ

第二條　公法人ノ商行爲ニ付テハ法令ニ別段ノ定メナキトキニ限リ本法ノ規定ヲ適用ス

公法人トハ公共團体ニシテ權利義務ノ主格トナリ得ルモノ即チ國及ヒ國ノ行政區畫等ノ如ク人ニ非ズト雖モ人ト看做シ法律上權利義務ヲ有スルモノヲ云フ公法人ハ常ニ公共ノ事務ヲ行

フコトヲ目的トスレトモ時ニ或ハ其目的ヲ達スル爲メ又或ハ國家事業トシテ商行爲ヲ爲スコトアリ官設鐵道ニテ運送ノ營業ヲナスカ如キ是レナリ公法人ノ商行爲ニ付テハ右ノ場合ニ鐵道規則アル如ク特別ノ法律命令ヲ發布シテ之ニ關スル規定ヲ設クルト雖モ若シ其設ケナキトキ又ハ其規定以外ノ事柄ニ付テハ一個人又ハ私法人（會社ノ如キモノ）ト同樣ニ此商法ノ規定ニ從フベキモノトス

第三條　當事者ノ一方ノ爲メニ商行爲タル行爲ニ付テハ本法ノ規定ヲ双方ニ適用ス

本條ハ當事者ノ一方ノ爲メ商行爲タル行爲ニ付テハ他ノ一方ニハ商行爲タラサルトキト雖モ本法ノ規定ヲ双方ニ適用スルコトヽナシタリ一方ノ爲メ商行爲タル行爲トハ例ヘハ甲ナル非商人カ乙ナル道具商ニ不用品ヲ賣リ又ハ乙道具商ヨリ有用品ヲ買ヒ又ハ丙茶商カ飲料ノ爲メ丁酒商ヨリ酒ヲ買ヒタリトセハ右甲丙ノ行爲ハ純然タル民事上ノ事柄ニシテ商行爲ニ非スト雖トモ乙丁ノ爲メニハ商行爲タルカ如キ是レナリ此場合ニ甲乙若クハ丙丁間ニ爭ヒ起リタルトキハ乙丁ニ對シテ商法ヲ適用スヘキハ勿論ナルモ甲丙ニ對シテハ民商二法ノ中何レヲ適用スヘキカト云フニ同シ事柄ニ付キ別々ノ法律ヲ適用スルコトハ到底能ハサルノミナラス商法

ハ民法ヨリハ一層緻密ニシテ之レニ從フハ一般ノ利益ナルカ故ニ本條ハ此ノ商法ノ規定ヲ雙方ニ適用スルコトヽセリ

第二章　商　人

第四條　本法ニ於テ商人トハ自己ノ名ヲ以テ商行爲ヲ爲スヲ業トスルモノヲ謂フ

本條ハ商人ノ定義ヲ示シタルモノニシテ商人ニハ左ノ三要素ヲ具備スルコトヲ要ス

一、自己ノ名ヲ以テ商行爲ヲナスヲ業トスルコト〇即チ商人トハ自己ノ名義ニテ商行爲ヲ營業トスルモノナラサルヘカラス故ニ番頭手代又ハ會社ノ取締役等ハ日々商業ニ從事スルモ主人又ハ會社ノ名ヲ以テシ自己ノ名ヲ以テセサルカ故ニ主人又ハ會社コソ商人ナレ此等ノ者ハ商人ニアラス然レトモ代理商及ヒ仲立人等ノ如キハ通例本人ノ名ヲ以テナシ自己ノ名ヲ以テスルコトナシト雖トモ此等ノ者ハ別ニ一種ノ商人トシテ認メラルヽモノトス

二、商行爲ヲナスコト〇商人カ其營業トシテナス所ノ事ハ商行爲ナラサルヘカラス若シ其事カ商行爲ナラサレハ商人ニアラス商行爲トハ商ニ關スル法律行爲ヲ云フ詳シキコトハ第三編ニ至リテ說明スヘシ

三、商行爲ヲ營業トスルコト○商行爲ヲ營業トスルトハ(イ)繼續シテ營業スル意思ヲ以テ商行爲ヲナスヲ云フ、故ニ偶然商行爲ヲナスモ繼續シテナスノ意思ナキトキハ營業ニアラス之ニ反シテ繼續シテナスノ意思アルトキハ一回ナシテモ營業ニシテ實際ニ利益ヲ得タルト損失ヲ蒙ムリタルトハ固ヨリ問フ所ニアラス又其營業ハ(ロ)直接ニ利益ヲ得ルヲ主ナル目的トシテナスモノタラサルヘカラス故ニ其全ク若クハ重モニ公益ヲ圖ルノ目的ニ出テタルモノハ本條ニ所謂營業ニハアラサルナリ

第五條　未成年者又ハ妻カ商業ヲ營ムトキハ登記ヲ爲スコトヲ要ス

未成年者トハ二十年ニ滿タサル者ヲ云フ此未成年者又ハ妻カ營業ヲ爲スニハ未成年者ハ其法定代理人即チ親權者又ハ後見人又妻ハ其夫ノ許可ヲ受ケサルヘカラス若シ其許可ヲ得スシテ爲シタルトキハ共ニ之ヲ取消スコトヲ得是レ未成年者ヲ保護シタルト一家ノ秩序ヲ保持セシメ且ハ夫權ヲ重ンスルノ精神ニ出タルモノナリ然レドモ法律ハ未成年者カ其法定代理人又妻カ其夫ノ許可ヲ得テ營業スルヲ妨ケス故ニ許可セヲレタル營業ニ關シテハ未成年者ヲ成年者ト同視シ妻ニ對シテハ獨立人ト同一ノ能力ヲ認メタリ(民法第四條、第六條、第十四條、第十五條參照)從テ本法ハ未成年者又ハ妻カ商業ヲ營ムニハ登記セシムル必要ヲ認メ此等ノ者カ商業ヲ營ムトキハ登記スヘキヲ

命シタリ是レ無能力者カ營業ヲ爲シ得ルコトハ第三者ノ最モ知ルコトヲ要スル所ニシテ未成年者又ハ妻ニ取リテモ之ヲ知ラシムルハ第三者ヲシテ安心シテ取引セシムルノ利益アレハナリ

第六條　會社ノ無限責任社員ト爲ルコトヲ許サレタル未成年者又ハ妻ハ其會社ノ業務ニ關シテハ之ヲ能力者ト看做ス

會社ノ無限責任社員トハ會社ノ財産ヲ以テ會社ノ債務ヲ辨濟スルコト能ハサルトキハ之ヲ一身ニ引受ケ辨濟スルノ義務アル社員ヲ云フ、商業ヲ營ムコトヲ許サレタル未成年者又ハ妻ノ能力ニ付テハ前條ニ述ヘタル如ク民法已ニ之ヲ規定シタリト雖モ會社ノ無限責任社員ト爲ルコトヲ許サレタル場合ニ付テハ未タ民法ノ言ハサル所ナリ故ニ本條ハ茲ニ此場合ヲ規定シ會社ノ無限責任社員ト爲ルコトヲ許サレタル未成年者又ハ妻ハ會社ノ業務ニ關シテハ猶ホ能力者ト看做スヘキヲ示セリ故ニ未成年者又ハ妻ハ會社ノ業務ノ爲メニ爲シタル行爲ニ付テハ總テ其責任ヲ免ルヽコトヲ得サルモノトス

第七條　後見人カ被後見人ノ爲メニ商業ヲ營ムトキハ登記ヲ爲スコトヲ要ス後見人ノ代理權ニ加ヘタル制限ハ之ヲ以テ善意ノ第三者ニ對抗スルコト

ヲ得ス

本條ニ被後見人トハ二十年ニ滿タサル幼年者又ハ發狂ノ爲メ裁判所ノ宣告ヲ受ケテ財產上ノ能力ヲ失ファル者即チ禁治產者ヲ云フ後見人トハ此等ノ者ニ代ハリテ財產ヲ管理シ且此等ノ者ヲ保護スル者ナリ此後見人ハ民法ノ規定ニ從ヒ親族會ノ同意ヲ得ルトキハ此等被後見人ノ爲メニ商業ヲ營ムコトヲ得然レトモ後見人カ此等被後見人ニ代ハリテ營業ヲ爲スト云フコトハ宜シク之ヲ公衆ニ知ラシメサルヘカラス故ニ本條第一項ハ右ノ後見人ヨリ之ヲ登記スルコトヲ要シタリ

親族會ハ後見人ノ代理權ニ制限ヲ加ハヘ其權限ヲ狹クスルコトヲ得故ニ後見人カ其權限ヲ踰ヘテ或ル取引ヲ爲シタル場合ニ相手方ナル第三者カ後見人ノ越權ナルコトヲ知リテ取引シタルトキハ其第三者ハ惡意ナルヲ以テ被後見人ノ方ヨリ其行爲ヲ取消スコトヲ得然レヒ知ラスシテ取引シタルトキハ取消スコトヲ得サルモノトシ善意ノ第三者ヲ保護シタリ

第八條 戶々ニ就キ又ハ道路ニ於テ物ヲ賣買スル者其他小商人ニハ商業登記商號及ヒ商業帳簿ニ關スル規定ヲ適用セス

別ニ店舖ト云フモノナク只戶々ニ就テ物ヲ賣リ又ハ買ヒ若クハ露店ニ於テ古手古かね類ヲ販

賣スルカ如キ小商人ト雖トモ此商法ノ規定ニ從フヘキハ勿論ナリ然レトモ是等ノ小商人ニ至リテハ其取引極メテ狹小ナルヲ以テ商業登記商號及ヒ商業帳簿ニ關スル嚴格ナル規定ヲ守ラシムルハ其堪ヘ得ヘカラサル所ナルノミナラス殆ソト之ヲ適用スルノ必要ナシ是レ本條ヲ設ケテ此等ノ小商人ヲ例外ニ置キタル所以ナリトス但シ小商人ノ範圍ハ明治三十二年勅令第二百七十一號ヲ以テ資本金額五百圓ニ滿タサル者ト定メラレタリ

第三章　商業登記

商業登記ハ世上ニ其事柄ヲ公示シ世人ヲシテ不測ノ損害ヲ蒙ラシメサルト同時ニ安ソシテ取引セシメ且故障ヲ防クノ利益アリ是ヲ以テ本法ハ重要ナル事柄ニ付テハ凡テ登記スルコトヲ要シタリ故ニ本章ハ登記ノ手續及ヒ其効力ヲ定メタリ

第九條　本法ノ規定ニ依リ登記スヘキ事項ハ當事者ノ請求ニ因リ其營業所ノ裁判所ニ備ヘタル商業登記簿ニ之ヲ登記ス

本條ハ登記スヘキ事項ハ當事者ノ請求ニ因リ其營業地ノ區裁判所ニ備ヘタル商業登記簿ニ登記スヘキヲ定メタリ本條ニ登記スヘキ事項トハ商號後見人未成年者又ハ妻ノ商業會社ノ設立株式若クハ債券ノ發行及ヒ船舶等本法ニ定メタル各事項ニシテ當事者トハ登記ヲ爲スノ權利

アル者又ハ其義務アル者ヲ云フ

第十條　本店ノ所在地ニ於テ登記スヘキ事項ハ本法ニ別段ノ定メナキトキハ支店ノ所在地ニ於テモ亦之ヲ登記スルコトヲ要ス

本法ハ登記スヘキ事項ハ本店及ヒ支店ノ各所在地ニ於テ登記スルヲ原則トセリ故ニ支配人ノ選任及ヒ代理權消滅ノ登記ヲ其之ヲ置キタル本店若クハ支店ニ於テスヘシト定メタル場合ノ如キ本法ニ於テ別段ノ定メアル場合ヲ除ク外本店ノ所在地ニ於テ登記スヘキ事項ハ支店ノ所在地ニ於テモ亦之ヲ登記セサルヘカラス

第十一條　登記シタル事項ハ裁判所ニ於テ遲滯ナク之ヲ公告スルコトヲ要ス

登記シタル事項ハ速ニ之ヲ一般ニ知ラシメ商取引ノ安全ヲ保護スル必要アリ是レ本條カ更ニ其公告ヲ要シタル所以ナリ但シ公告ハ官報及ヒ新聞紙上ニ少クモ一回之ヲ爲スコトヲ要シ其公告ハ掲載セラレタル官報及ヒ新聞紙發行ノ日ノ翌日ニ之ヲ爲シタルモノト見做サルヽナリ

（非訟事件手續法第百十四條）

第十二條　登記シタル事項ハ登記及ヒ公告ノ后ニ非サレハ之ヲ以テ善意ノ

第三者ニ對抗スルコトヲ得ス登記及ヒ公告ノ后ト雖モ第三者カ正當ノ事由ニ因リテ之ヲ知ラサリシトキ亦同シ

本條ハ一般ノ場合ニ於ケル登記及ヒ公告ノ効力ヲ規定シタルモノナリ蓋シ會社設立ノ登記ヲ除ク外登記スヘキ事項ハ之ヲ知リタル者ニ對シテハ登記ト公告ノ前後ヲ問ハス其事柄ヲ對抗シ得ルハ勿論ナルモ其事柄ヲ知ラサル者（善意ノ第三者）ニ對シテハ登記シ且公告シタル後ニ非サレハ其事柄ヲ對抗スルコトヲ得サルモノトス

又登記及ヒ公告ヲ爲シタル後ト雖モ例ヘハ登記シタル事項ヲ掲載シタル官報又ハ新聞紙カ天災等ノ爲メ其地ニ達セサルリシ場合ニ於ケル如ク第三者カ正當ノ事由ニ因リテ登記アリタルコトヲ知ラサリシトキハ登記者ハ其三者ニ對シテハ亦其事柄ヲ對抗スルコトヲ得ス如斯正當ノ事由ニ因リテ登記アリタルコトヲ知ラサリシ第三者ハ登記及ヒ公告アリタルニ拘ハラス其事柄ヲ認メストスルコトヲ得ルナリ

第十三條　支店ノ所在地ニ於テ登記スヘキ事項ヲ登記セサリシトキハ前條ノ規定ハ其支店ニ於テ爲シタル取引ニ付テノミ之ヲ適用ス

登記スヘキ事項ハ原則トシテ本店及ヒ支店ノ所在地ニ於テ登記スルコトヲ要シタリ故ニ若シ

本店ノ所在地ニ於テ登記スヘキ事項ヲ本店及ヒ或ル支店ニハ登記シタルモ或ル支店ニ登記セサリシトキハ違法ニ付キ其登記ハ無効ナリヤト云フニ本條ニ依レハ登記セサリシ支店ニ於テ爲シタル取引ニ關シテノミ第三者カ其事柄ヲ知ラサリシトキハ無効ナルモ登記シタル本店又ハ他ノ支店ニ付テハ有効ナリ

第十四條　登記ハ其公告ト抵觸スルトキト雖モ之ヲ以テ第三者ニ對抗スルコトヲ得

登記シタル事項ハ第十一條ニ依リテ速ニ裁判所ヨリ官報及ヒ新聞紙上ニ公告スヘキモノトス(第十一條)從テ登記スヘキ事項ハ登記シタルノミニテハ未タ效力ヲ生セス其公告ヲ待テ始メテ効力ヲ生ス(第十二條)然ヲハ登記官吏又ハ新聞社等ノ過失ニ因リ登記ト異ナリタル事ヲ公告シタルトキハ其公告セシ事項ヲ登記シタルモノト看做スヘキヤ將又登記事項カ直チニ効力ヲ生スルヤニ付テハ學說立法例共ニ區々タル所ニシテ一疑問ニ屬ス故ニ本條ハ茲ニ此疑問ヲ決定シ登記ト公告ト抵觸ヲ來タシタルトキハ登記事項ヲ以テ第三者ニ對抗スルコトヲ得セシムルコトヽナシタリ故ニ登記申請者ハ尙ホ適當ノ公告アリタル場合ト同シク第三者ニ對シ其事項ハ既ニ登記アリト言ヒ立ツコトヲ得ルナリ

第十五條　登記シタル事項ニ變更ヲ生シ又ハ其事項カ消滅シタルトキハ當事者ハ遲滯ナク變更又ハ消滅ノ登記ヲ爲スコトヲ要ス

登記シタル事項ニ變更ヲ生シタルトキトハ例ヘハ登記シタル商號又ハ會社ノ定欵ヲ變更シ又ハ取締役ノ更迭アリタルカ如キヲ云ヒ登記シタル事項カ消滅シタルトキトハ支配人ヲ解任シ又ハ營業ヲ廢止シタルカ如キヲ云フ

斯ノ如ク登記シタル事項ニ變更消滅アリタルトキハ當事者ハ速ニ其變更消滅ヲ登記セサルヘカラス若シ之ヲ登記セサルトキハ他人ニ對シテ變更消滅アリト言フコトヲ得サルハ勿論其登記ヲ怠リタルカ爲メ他人ニ損害ヲ生セシメタルトキハ其損害賠償ノ責ニ任セサルヘカラス尙ホ或ル場合ニ於テハ罰則ニ觸ルヽコトアルヘシ（第二百六十一條第二項第一號）

第四章　商號

商號トハ商人カ營業上自己ヲ表示スル爲メニ用ユル名稱ニシテ從來商家一般ニ用ユル屋號ノ如キモノ是レナリ左レハ今玆ニ喋々セサルモ如何ニ貴重ニシテ且大切ノモノナルヤハ何人モ知レル所ナランシ故ニ本法ハ商號侵害ノ爲メ世人ニ被ムラシムル所ノ損害ヲ豫防シ且商號專用者ヲ保護シテ其名譽ト信用トヲ保持セシムルノ必要ヲ認メ特ニ本章ノ規定ヲ設ケタリ

第十六條　商人ハ其氏、氏名其他ノ名稱ヲ以テ商號ト爲スコトヲ得

本條ニ依レハ商號ニ用ユヘキ名稱ハ氏、氏名又ハ生國名等何等ノ名稱ヲ用ユルモ差支ナシ然レトモ第十九條ニ依レハ他人ノ登記シタル商號ハ同市町村内ニ於テ同一ノ營業ノ爲メ登記スルコトヲ得サルハ勿論會社ニアラスシテ會社タルコトヲ示スヘキ文字即ハチ人ヲシテ會社ナリト信セシムヘキ文字ヲ用ユルハ第十八條ノ禁スル所ナリ

第十七條　會社ノ商號中ニハ其種類ニ從ヒ合名會社、合資會社、株式會社又ハ株式合資會社ナル文字ヲ用ユルコトヲ要ス

本法ハ商事會社ヲ合名會社合資會社株式會社及ヒ株式合資會社ナル四種ニ分テリ故ニ本條ハ其何種ノ會社ナルカヲ示スヘキ爲メ會社ノ商號中ニハ其種類ニ從ヒ合名會社ナレハ合名會社株式會社ナレハ株式會社ナル文字ヲ用ユヘシトセリ一個ノ商人ナレハ商號ヲ用ユルト用井サルトハ各自ノ勝手ナレトモ會社ニ在リテハ第二編ノ規定ニ從ヒ必ス商號ヲ用ユヘキモノトス故ニ會社ハ必ス商號ヲ設ケ其商號ニハ例ヘハ岩橋合名會社トカ又ハ日本製絨株式會社トカ云フ如キ名稱ヲ付セサルヘカラス

第十八條　會社ニ非スシテ商號中ニ會社タルコトヲ示スヘキ文字ヲ用ユル

コトヲ得ス會社ノ營業ヲ讓受ケタルトキト雖トモ亦同シ

前項ノ規定ニ違反シタル者ハ五圓以上五十圓以下ノ過料ニ處セラル

一個ノ商人ニシテ通常其商號中ニ會社タルコトヲ示スヘキ文字ヲ用ユルコトヲ得サルハ勿論會社ノ營業ヲ讓受ケタルトキト雖モ亦然リ抑々本條ヲ設ケタル所以ノモノハ世人ヲシテ一個ノ商人ヲ會社ト誤認セシメサラント欲スルニ在リ故ニ會社タルコトヲ示スヘキ文字ヲ用ユルコトヲ得ストハ啻ニ何々合名會社又ハ何々合資會社ト云ヘル文字ヲ用ユルコトヲ禁シタルノミニアラス其要ハ一見他人ヲシテ會社ト信セシムルニ足ルヘキ文字ヲ用ユルコトヲ禁シタルニ在ルヤ明ナリ故ニ例ヘハ單ニ何々會社トノミ稱スルコトヲモ得サルヘシ

若シ第一項ノ規定ニ違反シタル者ハ第二項ノ處分ヲ受クヘシ尤モ商法施行前ヨリ使用シタルモノハ其儘使用スルコトヲ得ヘシ(商法施行法第十二條參照)

第十九條　他人カ登記シタル商號ハ同市町村內ニ於テ同一ノ營業ノ爲メニ之ヲ登記スルコトヲ得ス

本條ニ依レハ同市町村內ニテハ同一ノ營業ノ爲メニ他人ノ登記シタル商號ヲ登記スルヲ得ス換言スレハ同市町村內ニテモ營業カ異ナレハ可ナルモ同シ營業ナレハ一旦他人カ登記シタル

商號ハ之ヲ登記スルコトヲ得ス尤モ舊商法施行前ヨリ使用シタル商號ニハ本條ヲ適用セサルモノトス故ニ使用者ハ舊商法施行前ヨリ使用シタル事ヲ証明スル件ハ登記スルコトヲ得（商法施行法第十三條第一項）

本條其他ニ所謂市町村ハ市制又ハ町村制ヲ施行セサル地方ニ於テハ從來ノ町村其他之ニ類スル區域トシ東京市京都市及ヒ大坂市ニ在リテハ其各區ヲ云ヘルモノト知ルヘシ（商法施行法第十四條）

第二十條　商號ノ登記ヲ爲シタル者ハ不正ノ競爭ノ目的ヲ以テ同一又ハ類似ノ商號ヲ使用スル者ニ對シ其使用ヲ止ムヘキコトヲ請求スルコトヲ得但損害賠償ノ請求ヲ妨ケス

同市町村内ニ於テ同一ノ營業ノ爲メニ他人ノ登記シタル商號ヲ使用スル者ハ不正ノ競爭ノ目的ヲ以テ之ヲ使用スルモノト推定ス

本條ハ商號登記ノ効力ヲ定メタルモノナリ本條ニ不正ノ競爭ノ目的ヲ以テ同一又ハ類似ノ商號ヲ使用スルトハ他人ヲ欺テ利益ヲ得ント欲シ繁昌シ信用アル他人ノ商號ト同シ又ハ似寄リノ商號ヲ用ユルヲ云フ

本條第一項ニ依レハ商號ノ登記ヲ爲シタル者ハ以上ニ述フル如ク不正競爭ノ目的ヲ以テ自己ト同一又ハ殆ソト同一ノ商號ヲ使用シタル者ニ對シ其使用ヲ差止メ且爲メニ被ムリタル損害ノ賠償ヲ請求スル權利アリ尤モ舊商法行施行前ヨリ使用シタル者ニ對シテハ本條ニ定メタル權利ヲ行フコトヲ得サルモノトス（商法施行法第十三條第二項）

又本條第二項ニ依レハ同市町村内ニ於テ同シ營業ノ爲メニ他人ノ登記シタル商號ヲ使用スル者ハ不正ノ競爭ノ目的ヲ以テ使用スル者トノ推定ヲ受ク故ニ其使用者ニ於テ其商號ハ舊商法施行前ヨリ使用シタルモノナリトカ云フ如ク不正ノ競爭ノ目的ニ出テタルニ非サル事ヲ證明セサル限リハ商號所有者ニ於テ第一項ノ權利ヲ行フコトヲ得ヘシ

第二十一條　商號ノ讓渡ハ其登記ヲ爲スニ非サレハ之ヲ以テ第三者ニ對抗スルコトヲ得ス

商號ノ讓渡ヲ受ケタル者ハ其登記ヲ爲サヽルモ讓渡人ニ對シテ次條ノ權利ヲ行フコトヲ得ルハ勿論ナリ然レトモ讓渡人以外ノ者ニ對シテハ登記スルニ非サレハ讓渡ノ効力ヲ生セス故ニ之ヲ登記セサレハ第三者カ若シ不正競爭ノ目的ヲ以テ其讓受ケタル商號ト同一又ハ類似（判然區別スヘカラサル）ノ商號ヲ使用スルモ前條ニ定メタル權利ヲ行フコト能ハサルナリ

第二十二條　商號ト共ニ營業ヲ讓渡シタル場合ニ於テ當事者カ別段ノ意思ヲ表示セサリシトキハ讓渡人ハ同市町村內ニ於テ二十年間同一ノ營業ヲ爲スコトヲ得ス

讓渡人カ同一ノ營業ヲ爲サヽル特約ヲ爲シタルトキハ其特約ハ同府縣內且三十年ヲ超エサル範圍內ニ於テノミ其効力ヲ有ス

讓渡人ハ前二項ノ規定ニ拘ハラス不正ノ競爭ノ目的ヲ以テ同一ノ營業ヲ爲スコトヲ得ス

第一項ニ依レハ商號ト共ニ營業ヲ讓渡シタルトキハ當事者ニ特別ノ約束ナキトキハ讓渡人ハ二十年間同市町村內ニ於テ同シ營業ヲ爲スコトヲ得サルモノトス茲ニ二十年間ト定メタルハ凡ソ二十年間モ經過スル內ニハ自然讓受ケタル得意先ノ多分ヲモ失フコトアルベク又ハ充分ニ得意先ノ信用ヲモ得ベケレハ假トヒ讓渡人ガ向フ前ニ開店シテ同シ商業ヲ營ムモ其レヨリ後ノ事ハ敢テ憂フルニ足ラサルモノト想像シタルニ在リ

又當事者間ニ特別ノ約束アルトキハ固ヨリ其約束ニ從ハシムヘキハ勿論ナリト雖モ其年限ニシテ餘リニ永ク又土地ノ範圍餘リニ廣キニ失スルトキハ營業ノ自由且ハ一國ノ經濟ヲ害スルノ

恐レアリ故ニ第二項ハ其約束ヲ制限シテ同府縣内ヲ限リ三十年間其効力ヲ有スルモノトセリ然レモ第一項第二項ニ定メタル年限ヲ經過シタルト否トヲ問ハス又他ノ市町村又ハ他ノ府縣ナレハトテ殆ント接近セル地ニ開店シテ得意先ヲ取還サントスルカ如キ即チ不正ノ競爭ノ目的ヲ以テハ同一ノ營業ノ爲スコトヲ許サヽルコトトセサレハ商號ト共ニ營業ヲ讓渡スモ其讓渡ハ有名無實ノモノトナリテ讓受人ハ大ニ損失ヲ蒙ムルヘシ是レ第三項ヲ設ケテ讓受人ノ權利ヲ保護シタル所以ナリトス

第二十三條　前條ノ規定ハ營業ノミヲ讓渡シタル場合ニ之ヲ準用ス

前條ハ商號ト共ニ營業ヲ讓渡シタル場合ヲ定メタルモノナルカ單ニ營業ノミ讓渡シタル場合ニモ同樣ノ保護ヲ與フル必要アリ是レ殆ント言ヲ俟タサル所ナリトス故ニ前條ノ規定ハ營業ノミ讓渡シタル場合ニ準用スルコトヽナセリ

第二十四條　商號ノ登記ヲ爲シタル者カ其商號ヲ廢止シ又ハ之ヲ變更シタル場合ニ於テ其廢止又ハ變更ノ登記ヲ爲ササルトキハ利害關係人ハ其登記ノ抹消ヲ裁判所ニ請求スルコトヲ得

前項ノ場合ニ於テ裁判所ハ登記ヲ爲シタル者ニ對シ相當ノ期間ヲ定メ異

議アラハ其期間内ニ之ヲ申立ツヘキ旨ヲ催告シ若シ其期間内ニ異議ノ申立ナキトキハ直チニ其登記ヲ抹消スルコトヲ要ス

登記シタル事項カ消滅シ又ハ變更ヲ生シタルトキハ登記者ハ速ニ其變更消滅ノ登記ヲ爲サヽルヘカラス(第十五條)然ルニ商號ノ登記ヲ爲シタル者カ其商號ヲ廢止シナカラ抹消ヲ登記セス又ハ商號ノ一部ヲ變更シナカラ其變更ヲ登記セサルトキハ登記上利害關係人即ハチ同一又ハ類似ノ商號ヲ登記セントト欲スル者ヨリ其登記ノ抹消ヲ裁判所ニ請求スルコトヲ許シタリ從テ第二項ニ於テハ裁判所ハ利害關係人ヨリ右ノ請求ヲ爲シタルトキハ商號ノ登記ヲ爲シタル者ニ對シテ相當ノ期間ヲ定メ異議アラハ申立ツヘキ旨ヲ催告シ若シ其期間内ニ異議ヲ申立テサルトキハ直チニ其登記ヲ抹消スヘキヲ定メタリ

第五章　商業帳簿

商業帳簿ハ特例トシテ商人相互ノ取引ヨリ起ル訴訟ニ付キ自已ノ利益ノ証據トモ爲スヲ得又商人ハ其帳簿ニ依リテ日々ノ取引收入支出其他財産ノ狀况ヲ詳明ナラシムル必要アリ殊ニ破產ノ場合ニハ是ニ依リテ破產者ノ財産ヲ調査シ且破產者ノ詐欺又ハ過怠ノ有無ヲ檢知スル必要アリ故ニ本章ハ商人ノ義務トシテ必ス日記簿財產目錄及ヒ貸借對照表ナル三種ノ帳簿ヲ備フヘキヲ命シ其記

載事項幷ニ其保存ニ付テ規定シタリ

第二十五條　商人ハ帳簿ヲ備ヘ之ニ日日ノ取引其他財產ニ影響ヲ及ホスヘキ一切ノ事項ヲ整然且明瞭ニ記載スルコトヲ要ス但家事費用ハ一ケ月每ニ其總額ヲ記載スルヲ以テ足ル

小賣ノ取引ハ現金賣ト掛賣トヲ分チ日日ノ賣上總額ノミヲ記載スルコトヲ得

日々ノ取引其他財產ニ影響ヲ及ホスヘキ一切ノ事項トハ日日ノ取引契約收入支出手形ノ割引引受家事費用其他財產ニ影響ヲ及ホスヘキ一切ノ事柄ヲ云ヒ整然且明瞭ニ記載スルヲ要ストハ順序正シク最モ分リ能ク記載スヘシトノコトナリ

第一項ニ依レハ前顯ノ事項ハ其日記簿ニ記載セサルヘカラス若シ日記簿ヲ設ケス又ハ記事曖昧ナルトキ又ハ之レニ脫誤等アルトキハ二個ノ制裁ヲ免レス(一)爭ヒ起リタルトキ証明ヲ爲ス能ハサルヲ以テ終ニ敗訴ヲ受クルニ至ルヘキコト(二)破產ノ場合ニ過怠破產ノ處分ヲ免レサルコト是ナリ尤モ破產者カ平素身分相應ノ暮シ方ナリシヤ否ヤハ只家事費用ノ月額ノミヲ以テ知リ得ラルル故ニ日々ノ費目ハ之ヲ揭ケサルモ可ナリ

日記簿ニハ日々ノ取引其他財産ニ影響スル事柄ヲ漏サス記載スヘキモノナリ故ニ盛ンニ取引スル商店又ハ會社等ニテハ只此一帳簿ノミニテハ實際上不便ナリ故ヲ以テ別ニ元帳ヲ製シテ各般ノ事項ヲ類別記載シ且營業ニ關スル信書ノ如キモ事ニ當リテ一々捜シ見ル如キハ不便ナルヲ以テ信書書留帳ニ要旨ヲ摘書シ置ク等最モ注意シテ其整頓ヲ計ラサルヘカラス

小賣ニ付テハ特ニ現金賣ト掛賣トヲ分チ只日々ノ賣上高ノミヲ各口座ニ記載スレハ可ナリ

第二十六條　動産、不動産、債權、債務其他ノ財産ノ總目錄及ヒ貸方借方ノ對照表ハ商人ノ開業ノ時又ハ會社ノ設立登記ノ時及ヒ每年一回一定ノ時期ニ於テ之ヲ作リ特ニ設ケタル帳簿ニ之ヲ記載スルコトヲ要ス

財産目錄ニハ動産、不動産、債權、其他財産ニ其目錄調製ノ時ニ於ケル價格ヲ附スルコトヲ要ス

財産目錄ニハ本條第一項ニ依リ動産不動産債權債務ハ勿論其他版權、特許權、商標權、意匠權等ノ財産權アルトキハ是等ノモノヲモ加ヘ一切漏サス記載セサルヘカラス又財産目錄ニ基キ貸方(負債)借方(産財)ノ對照表ヲ作ラサルヘカラス而シテ此財産目錄及ヒ貸借對照表ハ一個ノ商人ナレハ開業ノ時會社ナレハ設立登記ノ時ニ之ヲ作リ其後ハ十二月トカ一月トカ時ヲ

定メテ年一回必ス之ヲ調製セサルヘカラス
又動產不動產其他ノ財產ニハ第二項ニ依リ目錄ヲ作リタル時ノ價額ヲ附セサルヘカラス否ヲサレハ果シテ幾何ノ財產ナルカヲ知リ得ヘカラサレハナリ但シ株券其他市場ノ相場アルモノニ付テハ其相場ニ準據セサルヘカラス

第二十七條　年二回以上利益ノ配當ヲ爲ス會社ニ在リテハ每配當期ニ前條ノ規定ニ從ヒ財產目錄及ヒ貸借對照表ヲ作ルコトヲ要ス

財產總目錄及ヒ貸借對照表ハ一個ノ商人及ヒ年ニ一回配當ヲ爲ス會社ニ於テハ前條ノ規定ニ依リ年一回之ヲ作レハ可ナルモ年二回以上利益ノ配當ヲ爲ス會社ニ於テハ其配當期ゴトニ調製セサルヘカラス是レ其調製ハ配當ヲ爲スニ最モ必要ニシテ欿クヘカラサルモノナレハナリコトヲ要ス

第二十八條　商人ハ十年間其商業帳簿及ヒ其營業ニ關スル信書ヲ保存スル

前項ノ期間ハ商業帳簿ニ付テハ其帳簿閉鎖ノ時ヨリ之ヲ起算ス

商業上ニ於テハ民事上ニ於ケル如ク一々証書ヲ作リテ取引スルモノニ非ス商業上ノ取引ハ最モ迅速ヲ主トスルモノナリ故ニ商人ハ帳簿ヲ以テ互ニ信シ又郵便電信等ノ一紙片ニ依テ常ニ

巨額ノ取引ヲモ為スナリ是ヲ以テ帳簿及ヒ營業ニ關スル信書ニハ當事者双方ノ為メ法律モ亦充分ノ証據力ヲ附與シタリ故ニ商人ヲシテ十年間（帳簿ニ付テハ其〆切ノ時信書ニ付テハ之ヲ受取リタル時ヨリ起算ス）其商業帳簿及ヒ其營業ニ關スル信書ヲ保存スル義務ヲ負ハシメタルハ固ヨリ當然ノ規定ナリトス

第六章　商業使用人

商業使用人トハ支配人番頭手代若イ者丁稚等ヲ包括シ商人ニ雇ハレ其指揮命令ヲ奉シテ勞務ニ服シ且主人ノ代理トナリテ他人ト取引等ヲナスモノナリ故ニ主人ト商業使用人トノ委任關係ニ付テハ民法ノ委任ノ規定ニ從ハシメ又雇傭關係ニ付テハ民法ノ雇傭契約ノ規定ヲ適用スルコトトシ本章ニ於テハ特ニ其代理ノ權限及ヒ其効力又商業使用人ハ主人ニ對シテ如何ナル義務ヲ有スルカヲ定メタルモノナリ

第二十九條　商人ハ支配人ヲ選任シ其本店又ハ支店ニ於テ其商業ヲ營マシムルコトヲ得

本條ニ依レハ商人ハ支配人ヲ雇入レ營業ニ關スル一切ノ裁判上又ハ裁判外ニ於ケル法律行為ヲ為ス權限ヲ與ヘ其本店又ハ支店ニ於テ自己ニ代ハリテ商業ヲ營マシムルコトヲ得ルナリ

（次條參照）

第三十條　支配人ハ主人ニ代ハリテ其營業ニ關スル一切ノ裁判上又ハ裁判外ノ行爲ヲ爲ス權限ヲ有ス

支配人ハ番頭手代其他ノ使用人ヲ選任又ハ解任スルコトヲ得

支配人ノ代理權ニ加ヘタル制限ハ之ヲ以テ善意ノ第三者ニ對抗スルコトヲ得ス

本條第一項ニ依レハ支配人ハ當然主人ニ代ハリテ其營業ニ關スル一切ノ裁判上又ハ裁判外ノ行爲ヲ爲ス權限ヲ有ス

又第二項ニ依レハ其支配人ハ職權トシテ番頭手代其他ノ使用人ヲ選任シ又ハ解任スルコトヲ得、第一項ニ裁判上ノ行爲トハ裁判所ニ出頭シテ訴訟和解及ヒ登記ヲ爲スカ如キヲ云ヒ裁判ノ行爲トハ賣買其他ノ取引ヲ爲スカ如キヲ云フ支配人ハ法律上主人ニ代ハリテ以上ニ述フルカ如ク營業上ノ全權ヲ有スト雖モ主人ハ特ニ其代理權ヲ制限シテ之ヲ狹クスルコトヲ得然レトモ支配人カ若シ其代理權ノ制限ヲ侵シテ或ル債務ヲ負担シタルトキハ如何ト云フニ第三者カ其事實ヲ知リタルトキハ其第三者ハ惡意ナルカ故ニ主人ハ其債務ヲ辨濟スルノ責ナシト雖モ若シ第三者ガ其事實ヲ知ラサリシトキハ有効ニシテ主人ハ其債務ヲ辨濟セサルヘカラズ

第三十一條　支配人ノ選任及ヒ其代理權ノ消滅ハ之ヲ置キタル本店又ハ支店ノ所在地ニ於テ主人之ヲ登記スルコトヲ要ス

支配人ハ主人ノ營業上其代理トナリテ取引其他一切ノ行爲ヲ爲スモノナリ故ニ其選任及ヒ解任ハ須ラク之ヲ公衆ニ知ラシメサルヘカラス故ニ本條ハ之ヲ本店ニ置キタレハ其本店又支店ニ置キタレハ其支店ノ所在地ニ於テ主人之ヲ登記スルノ義務アリトナシ其登記ニ依リテ支配人ト直接ニ取引スル第三者ニ對シテ其事柄ヲ知ラシムルコトヲ要シタリ本條ニ代理權ノ消滅トハ支配人ノ解任、破產、死亡、禁治產等ニ因リテ代理權ヲ失ヒタルコトヲ云フ

第三十二條　支配人ハ主人ノ許諾アルニ非サレハ自已又ハ第三者ノ爲メニ商行爲ヲ爲シ又ハ會社ノ無限責任社員ト爲ルコトヲ得ス

支配人カ前項ノ規定ニ反シテ自已ノ爲メニ商行爲ヲ爲シタルトキハ主人ハ之ヲ以テ自已ノ爲メニ爲シタルモノト看做スコトヲ得

前項ニ定メタル權利ハ主人カ其行爲ヲ知リタル時ヨリ二週間之ヲ行ハサルトキハ消滅ス行爲ノ時ヨリ一年ヲ經過シタルトキ亦同シ

本條ハ支配人ノ義務ヲ定メタルモノナリ支配人ハ主人ヨリ無上ノ信用ヲ受ケ廣大ノ權限ヲ委

任セラルヽモノナリ故ニ支配人タル者ハ一意專心以テ主人ノ爲メニ盡瘁スヘキハ當然ナリ故ニ第一項ハ支配人ハ主人ノ許諾アルニ非サレハ自己ノ爲メニハ勿論第三者ノ爲メニモ商行爲ヲ爲シ又ハ會社ノ無限責任社員トナルコトヲ得ス左レハ支配人カ若シ此規定ニ反シ自己又ハ第三者ノ爲メニ商行爲ヲ爲シテ主人ニ損害ヲ加ハヘタルトキハ主人ハ支配人ニ對シテ損害賠償ヲ請求スルコトヲ得

支配人カ主人ノ許諾ヲ得スシテ自己ノ爲メニ商行爲ヲ爲シタルトキハ第二項ニ依リ主人ハ之ヲ自己ノ爲メニ爲シタルモノト看做スコトヲ得例ヘハ支配人カ物品ヲ賣リテ利益ヲ得タルトキハ主人ハ其利益ヲ取上ケテ自己ノモノトナシ又物品ヲ買取リテ所持スルトキハ其代價ヲ支拂ヒテ其物品ヲ自己ニ引渡サシムルコトヲ得ルナリ

然レトモ如斯權利ヲ永久ニ行ハシムルモノトスルハ甚タ支配人ノ爲メ苛酷ニシテ且ツ公益上其宜シキヲ得タルモノト云フヘカラス故ニ第三項ハ主人カ其行爲ヲ知リタル時ヨリ二週間又之ヲ知ラサルトキハ行爲ノ時ヨリ一年ヲ經過シタルトキハ最早其權利ヲ行フコトヲ得サラシメタリ

第三十三條　商人ハ番頭又ハ手代ヲ選任シ其營業ニ關スル或種類又ハ特定

ノ事項ヲ委任スルコトヲ得

番頭又ハ手代ハ其委任ヲ受ケタル事項ニ關シ一切ノ行爲ヲ爲ス權限ヲ有ス

商人ハ支配人ニ次テ番頭又ハ手代ヲ選任シ例ヘハ石油ノ賣買トカ砂糖ノ取引トカ云フ如ク或ル種類又ハ某商會ヨリ支拂ヲ請求ス等ノ如キ特定ノ事項ヲ委任スルコトヲ得ルナリ

第二項ハ番頭手代ノ權限ヲ定メタルモノナリ此二者ハ委任セラレタル事項ニ關シテノミ一切ノ法律行爲ヲ爲ス權限ヲ有ス故ニ番頭手代カ主人ヨリ委任セラレタル或ル種類又ハ特定ノ事項ニ關シテ爲シタル行爲ハ主人自ラ爲シタルト同一ノ効力アルモノトス故ニ主人ハ其行爲ニ對シ或ル權利ヲ得ルト同時ニ義務ヲ負擔セサルヘカラス

第三十四條　支配人番頭又ハ手代ニ非サル使用人ハ主人ニ代ハリテ法律行爲ヲ爲ス權限ヲ有セサルモノト推定ス

支配人及ヒ番頭又ハ手代ハ主人ノ營業ニ關シテ其代理ヲ爲ス權限ヲ有ス（第三十條及ヒ前條）然レトモ若イ者丁稚ノ如キ手代以下ノ者ニ至リテハ本條ハ代理權ヲ有セサルモノトノ推定ヲナセリ然レトモ主人ハ是等ノ者ニモ或ル事柄ヲ委任スルコトヲ得サルニ非ス故ニ是等ノ使用

人ト取引シタル第三者ニ於テ其取引シタル事柄ニ關シ是等ノ使用人カ特ニ其權限ヲ有シ居リタリトノ事ヲ証明スルトキハ本條ノ推定ヲ免レ其取引ヲ有効ナラシムルコトヲ得ヘシ本條ニ法律行爲トハ權利義務ヲ生スヘキ事柄ヲ云フ

第三十五條　本章ノ規定ハ主人ト商業使用人トノ間ニ生スル雇傭關係ニ付キ民法ノ規定ヲ適用スルコトヲ妨ケス

商業使用人ノ中支配人ハ主人ノ營業ニ關シテ當然主人ヲ代理シ又番頭手代ハ主人ノ營業ニ關シテ委任サレシ或ル種類又ハ特定ノ事項ニ付キ代理權ヲ有ス故ニ主人ト此等ノ使用人トノ間ニ於ケル委任關係ニ付テハ民法ノ委任ノ規定ニ從フヘキハ勿論ナルモ商業使用人ハ猶一種ノ雇人ナルヲ以テ雇主ナル主人ト雇人ナル使用人トノ間ニ生スル雇傭關係即チ雇傭契約成立ノ要件、報酬、雇入年限、契約解除、解約申入其他主人ト使用人トノ間ニ於ケル權利義務ノ關係ニ付テハ尙ホ雇傭ニ關スル民法ノ規定ニ從フヘキモノトス

第七章　代理商

商業使用人ハ前章ニ定ムル如ク商人ニ雇ハレ主人ノ命令ニ從ヒテ勞務ニ服シ且營業ニ關シテ主人ノ代理ヲ爲スモノナレトモ代理商ハ人ニ雇ハレ勞務ニ服スルモノニ非スシテ何ノ誰ト特定シタル

商人ノ爲メ其營業ノ部類ニ屬スル商行爲即ハチ本人カ其營業ノ範圍内ニ於テ爲ス所ノ商行爲ノ代理又ハ媒介ヲ爲ス一個獨立ノ商人ナリ

又代理商ハ仲立人及ヒ問屋ニ同シキ所アルカ如シト雖トモ其實全ク異ナルモノトス商行爲ノ媒介ヲ爲ス点ハ恰モ仲立人ニ同シキカ如キモ仲立人ハ一般ニ他人間ノ商行爲ヲ媒介スレトモ代理商ハ一定ノ商人ノ爲メノミニ爲ス又代理商カ他人ノ委託ヲ受ケテ物品ノ販賣又ハ買入ヲ爲スノ点ハ問屋ニ同シキカ如シト雖トモ問屋ハ總テノ人ノ爲メニシ且自己ノ名ヲ以テスレトモ代理商ハ通例本人ノ爲メニスルコトヲ示シテ只一定ノ商人ノ爲メノミニナスナリ

代理商ハ其性質此ノ如キモノナルヲ以テ本人ト代理商トノ代理及ヒ委任ノ關係及ヒ代理商ト取引シタル他人ト本人トノ關係ニ付テハ本章及ヒ第二百六十六條乃至第二百六十八條及ヒ第二百七十四條第二百七十五條ノ規定ニ從フ外民法ノ代理及ヒ委任ノ規定ニ從ハサルヘカラス

第三十六條　代理商トハ使用人ニ非スシテ一定ノ商人ノ爲メニ平常其營業ノ部類ニ屬スル商行爲ノ代理又ハ媒介ヲ爲ス者ヲ謂フ

本條ハ代理商ノ定義ヲ下シタルモノナリ代理商ハ一定ノ商人ノ爲メ其營業ノ部類ニ屬スル商行爲即ハチ本人カ其ノ營業ノ範圍内ニ於テ爲ス所ノ商行爲ノ代理又ハ媒介ヲ爲ス者トス故ニ

代理商ハ一個獨立ノ商人ニシテ使用人ノ如ク本人ノ命令ヲ奉シテ勞働スルモノニアラス只本人ノ委任ヲ受ケテ商行爲ノ代理又ハ媒介ヲ爲スモノナルカ故ニ使用人トハ全ク其性質ヲ異ニス又一定ノ商人ノ爲メノミニ爲シ一般ノ人ノ爲メニスルニ非サルヲ以テ仲立人又ハ問屋トモ亦全ク異ナルモノトス商行爲ノ媒介トハ當事者双方ノ間ニ立チテ商取引ヲ圓滑ニ結了セシムル世話ヲ爲スコトヲ云フナリ

第三十七條　代理商カ商行爲ノ代理又ハ媒介ヲ爲シタルトキハ遲滯ナク本人ニ對シテ其通知ヲ發スルコトヲ要ス

本條ハ商行爲ノ代理又ハ媒介ヲ依頼シタル本人ノ便宜ヲ謀リ代理商ニ通知義務ヲ負ハシメタルモノナリ即チ代理商ハ商行爲ノ代理又ハ媒介ヲ爲シタルトキハ本人ノ請求ナクモ其都度本人ニ對シテ速ニ通知ヲ發スヘキ義務アリ

第三十八條　代理商ハ本人ノ許諾アルニ非サレハ自已又ハ第三者ノ爲メニ本人ノ營業ノ部類ニ屬スル商行爲ヲ爲シ又ハ同種ノ營業ヲ目的トスル會社ノ無限責任社員ト爲ルコトヲ得ス

第三十二條第二項及ヒ第三項ノ規定ハ代理商カ前項ノ規定ニ違反シタル

場合ニ之ヲ準用ス

會社ノ無限責任社員トハ會社財産ヲ以テ會社ノ債務ヲ辨濟スルコト能ハサルトキハ其債務ヲ一身ニ引受ケ辨濟スルノ義務アル社員ニシテ定款ニ別段ノ定メナキトキハ會社ノ業務ヲ執行スル權利ヲ有スルモノナリ代理商ハ本人ノ爲メニ最モ誠實ナルヘク苟クモ本人ノ營業ト競爭スルカ如キコトアルヘカラス故ニ本條ハ代理商ハ本人ノ許諾ヲ得ルニ非サレハ自己ノ爲メニハ勿論他人ノ爲メニモ本人カ其營業上當然爲ス所ノ商行爲ヲナシ又ハ同種ノ營業ヲ目的トスル會社ノ無限責任社員トナルコトヲ禁シタリ

若シ代理商カ此規定ニ反シ本人ノ營業ノ部類ニ屬スル商行爲ヲ爲シ又ハ同種類ノ營業ヲ爲ス會社ノ無限責任社員トナリタルトキハ其制裁トシテ支配人ノ行爲ニ付キ主人ノ利益ヲ保護シタル第三十二條第二項及ヒ第三項ノ規定ヲ準用スルコトトシ本人ハ宛モ主人カ支配人ニ對スルト同一ノ權利ヲ有スルモノトセリ蓋シ代理商ハ本人ノ營業ニ關シテ其秘密ヲモ知リ居ル故ニ茲ニ代理商ニ對シテハ稍ヤ苛酷ナルカ如シト雖モ此ノ如クセサルトキハ本人ノ營業ト競爭シテ大ニ損失ヲ蒙ラシムル恐レアレハナリ

第三十九條　物品販賣ノ委託ヲ受ケタル代理商ハ賣買ノ目的物ノ瑕疵又ハ

其數量ノ不足其他賣買ノ履行ニ關スル通知ヲ受クル權限ヲ有ス

本條ニ目的物ノ瑕疵トハ物品ノ傷ミ若クハ腐レ等ハ勿論変リモノアリ又ハ製法ノ完カラサルモノ又ハ注文ニ違ヒタルモノヽ如キヲ云フ、本條ニ依レハ代理商ハ此ノ如キ瑕疵又ハ數量ノ不足其他賣買ノ履行ニ關スル通知ヲ受クル權限即チ賣主カ第二百八十七條乃至第二百九十條ノ規定ニ依リ買主ヨリ受クルト同一ノ通知ヲ受クル權限ヲ有スルモノトス左レハ相手方ハ右ノ通知ハ之ヲ代理商ニ爲セハ足リ本人ニ爲サヽルモ可ナリ

第四十條　當事者カ契約ノ期間ヲ定メサリシトキハ各當事者ハ二ケ月前ニ豫告ヲ爲シテ其契約ノ解除ヲ爲スコトヲ得

當事者カ契約ノ期間ヲ定メタルト否トヲ問ハス已ムコトヲ得サル事由アルトキハ各當事者ハ何時ニテモ其契約ノ解除ヲ爲スコトヲ得

民法第六百五十一條ハ各當事者(委任者ト代理者)ニ何時ニテモ委任契約ノ解除ヲ爲スコトヲ許シ只都合アシキ時ニ於テ勝手ニ解除シタルトキニ限リ爲メニ生シタル損害ヲ賠償スルノ責任ヲ負ハシメタルノミナリト雖モ本人ト代理商トノ委任關係ヲシテ尙ホ如此アラシムルモノトスルトキハ啻ニ相手方ニ對シテ不利不便ヲ被ヲシムルノミナラス商業上ニ於テハ自然多數ノ取引者

間ニ其影響ヲ及ホスノ恐レアリ故ニ本條ハ當事者カ委任契約ニ期間ヲ定メタルトキハ其期間中ニ解除スルコトヲ許サヽルハ勿論若シ其期間ノ定メナキトキト雖モ突然解除スルコトヲ許サス豫テ二ケ月前ニ通知ヲ爲シ其レヨリ二ケ月ヲ經過シタル後ニ非サレハ解除スルコトヲ得サルモノトシ只正當ニシテ已ムコトヲ得サル場合ニ限リ期間ノ定メアルト否トヲ問ハス何時ニテモ解除スルコトヲ得トセリ

第四十一條　代理商ハ商行爲ノ代理又ハ媒介ヲ爲シタルニ因リテ生シタル債權ニ付キ本人ノ爲メニ占有スル物ヲ留置スルコトヲ得但別段ノ意思表示アリタルトキハ此限ニ在ラス

代理商カ其約束ヲ以テ留置權ヲ行ハスト約スル如ク留置權ニ關シテ別段ノ約束アル場合ヲ除ク外代理商ハ商行爲ノ代理又ハ媒介ヲ爲シタルニ因リテ生シタル債權カ辨濟期ニ在ルモ本人ヨリ之ヲ辨濟セサルトキハ其辨濟ヲ得ルマテ本人ノ爲メニ占有スル物品即ハチ本人ヨリ販賣若クハ買入ノ委託ヲ受ケテ其手許ニ存在セル物ヲ留置スルコトヲ得民法ニ定ムル留置權ハ例ヘハ債權カ本人ヨリ委託ヲ受ケタル物品ノ保管費ナリトセハ其保管費ハ留置物ノ保管費ナルカ如ク本人ノ爲メニ占有スル物品ト債權ト直接ノ關係アルトキノ外留置スルコトヲ得スト雖

モ本法ハ商取引ノ安全ト信用トヲ重ンスルヨリシテ其範圍ヲ擴張シ占有物ト債權トノ關係如何ヲ問ハス留置スルコトヲ許セリ故ニ例ヘハ物品買入ノ媒介ヲ爲シタルニ因リテ受クヘキ報酬ノ辨濟ヲ得サル場合ニ販賣ノ委託ヲ受ケテ其手許ニ存在セル物アラハ尚ホ其物ヲモ留置スルコトヲ得ルナリ本條ニ所謂債權ハ代理商カ商行爲ノ代理又ハ媒介ヲ爲シタルニ因リテ生シタル債權ニシテ報酬、立替金、代理商ノ過失ニ因ラサル損失及ヒ委任行爲ニ付キテ生シタル負債其他代理商カ其委任行爲ニヨリテ本人ヨリ辨濟ヲ受クヘキ總テノ債權ヲ包括ス本條ニ依リテ留置シタル物品ハ別ニ裁判所ノ許可ヲ受クルカ如キ面倒ナル手續ヲ爲スヲ要セス代理商ハ直チニ之ヲ執達吏ニ請求シテ競賣シ其代金ヲ以テ其債權ノ辨濟ニ充當スルコトヲ得（競賣法參看）

第二編　會社

會社トハ商行爲ヲ營業トスル目的ヲ以テ二人以上ノ人カ各自資本ヲ差入レテ設立シタル社團ヲ云フ社團ニハ營利ヲ目的トスルモノト否ラサルモノトアリ祭祀宗敎慈善學術技藝其他公益ニ關スル事柄ヲ目的トスル社團ノ中營利ヲ目的トセサルモノハ財團ナルモノ（社員ナキモノ）ト共ニ民法第三十四條ノ規定ニ從ヒ主務官廳ノ許可ヲ得テ法人ト爲スコトヲ得レ𪜈營利ヲ目的トスルモノハ本法ニ定ムル會社設立ノ條件ヲ充スニ非サレハ法人ト爲スコトヲ得ス從テ其社團法人カ凡ヘテ會社ニ關スル本法ノ規定ニ從フヘキハ勿論ナリ然レ𪜈右ノ社團法人ハ商行爲ヲ營業トスルモノニ非サルヲ以テ只會社設立ノ條件ヲ充タシ會社ニ關スル規定ノミニ從ヘハ可ナルモ本法ニ認ムル社團法人ハ直接ニ利益ヲ得ルヲ主タル目的トシテ商行爲ヲ爲スヲ業トスルモノナルカ故ニ會社ニ關スル規定ニ從フ外本法ニ定ムル商人ニ關スル規定ニモ從ハサルヘカラス

社團ニハ如斯商行爲ヲ營業トスルモノト否ラサルモノトアレ𪜈之ヲ要スルニ營利ヲ目的トスル社團ニシテ商行爲ヲ營業トセサルモノハ所謂民事會社ニ屬シ商行爲ヲ營業トスルモノハ即チ商事會社ニシテ本法ニ認ムル四種ノ會社ナリトス

商事會社ハ民法ノ組合ニ類スト雖モ其本体ニ於テ異ナル所ハ民法ノ組合ハ法人タラサルカ故ニ總テノ行爲ハ組合員ノ行爲ニシテ組合ノ行爲ニ非ス又其財産ハ組合員ノ共有ニシテ組合ノ財産ニ非スト雖ヒ商事會社ハ一種ノ法人ナルカ故ニ社員ノ出資ハ會社ノモノトナリ總テノ行爲ハ會社自身ノ行爲タルカ如キ是レナリ

第一章　總則

本章ニハ各種ノ會社ニ共通ナル規定ヲ掲ケタリ

第四十二條　本法ニ於テ會社トハ商行爲ヲ爲スヲ業トスル目的ヲ以テ設立シタル社團ヲ謂フ

本條ハ會社ノ定議ヲ下シタルモノナルカ編首ニ述ベタル所ニヨリ已ニ其意ヲ盡セリト信スルヲ以テ敢テ贅セス

第四十三條　會社ハ合名會社合資會社株式會社株式合資會社ノ四種トス

本條ハ會社ヲ合名會社、合資會社、株式會社、株式合資會社ノ四種ニ限レリ故ニ此四種以外ノ會社ヲ設立スコトヲ得ス種々雜多ノ會社ヲ認ムルトキハ到底完全ノ保護ヲ與フルコト能ハサレハナリ

第四十四條　會社ハ之ヲ法人トス
會社ノ住所ハ其本店ノ所在地ニ在ルモノトス
本條ハ會社ノ法人タルコトヲ示シタルモノナリ蓋シ法人トハ人間ニ非サルモノヲ人間ト看做シ法律上獨立シテ權利義務ヲ有スル主体タラシメタルモノナリ故ニ會社ノ營業ニ關スル總テノ行爲ハ此無形人タル會社自身ノ行爲ニシテ役員ナルモノハ之ニ代ハリテ其事務ヲ扱フニ過キス左レハ役員カ會社營業ノ爲メニ爲シタル行爲ニ付テハ會社其責ニ任セサルヘカラス
會社ヲ法人ト爲シタル結果社員ノ出資ハ會社ノモノトナリ社員ハ妄リニ之ヲ處分スルヲ得ス從テ社員ノ債權者ハ社員ニ對スル債權ノ爲メ社員ヨリ會社ニ差入レタル會社財產ニ對シテ辨濟ヲ求メ又ハ會社ニ對シテ辨濟スヘキ債務ニ對シ社員ニ對スル債權ヲ以テ相殺ヲ抗辨スルヲ得ス此ノ如ク會社ノ財產ト社員ノ財產トニ判然區別ヲ生スルカ故ニ會社ノ債權者ハ會社カ其會社財產ヲ以テ其債務ヲ辨濟スルコト能ハサル場合ニハ無限責任社員ノ財產ニ對シテ辨濟ヲ求ムルコトヲ得レ𪜈社員カ他ノ債權者ニ對シテ債務ヲ負擔スルトキハ其債權者ト平等ノ分配ヲ受クルニ過キス
第二項、會社ノ住所ハ之ヲ本店ノ所在地ト定メタリ蓋シ會社ヲ法人ト爲シタル以上ハ一定ノ

住所ナカルヘカラス而シテ本店ヲ以テ住所トシタルハ其本店ハ會社カ商行爲ヲナス根據ナレハナリ

第四十五條　會社ノ設立ハ其本店ノ所在地ニ於テ登記ヲ爲スニ非サレハ之ヲ以テ第三者ニ對抗スルコトヲ得ス

社員間ニ於テハ合名會社及ヒ合資會社ハ定款ヲ作成シタル時ヨリ成立シ株式會社ハ發起人カ株式ノ總數ヲ引受ケタル時又ハ發起人カ其總數ヲ引受ケサルトキハ創立總會終結ノ時又株式合資會社ハ創立總會終結ノ時ヲ以テ成立スト雖モ第三者ニ對シテハ第五十一條第百七條第百四十一條第二百四十二條ニ依リテ各設立ノ登記ヲ爲スニ非サレハ第三者ノ知ルト否トヲ問ハス設立ノ効力ナキモノトス即チ會社ノ設立ハ一般ノ場合ニ異ナリ公告ノ有無ヲ問ハス只登記シタルノミニテ効力ヲ生スト雖モ登記セサル內ハ何人ニ對シテモ會社ノ成立ヲ主張スルコトヲ得サルモノトス

第四十六條　會社ハ其本店ノ所在地ニ於テ登記ヲ爲スニ非サレハ開業ノ準備ニ着手スルコトヲ得ス

會社ハ本店ノ所在地ニ於テ登記セサレハ開店スルヲ得サルハ勿論開業ノ仕度ニモ取掛ルコト

ヲ得ス若シ會社カ此規定ニ反シ本店ノ所在地ニ於テ設立ノ登記ヲ爲サヽル前開業ヲ爲シ又ハ其仕度ニ取掛リタルトキハ第二百六十一條ニ依リ處分セラルヘシ開業ノ準備トハ例ヘハ織物會社ナレハ工場ヲ建設シテ機械ヲ据付ケ工女ヲ雇入ルルカ如キヲ云フ

第四十七條　會社カ本店ノ所在地ニ於テ登記ヲ爲シタル後六ケ月内ニ開業ヲ爲サヽルトキハ裁判所ハ檢事ノ請求ニ因リ又ハ職權ヲ以テ其解散ヲ命スルコトヲ得但正當ノ事由アルトキハ其會社ノ請求ニ因リ此期間ヲ伸長スルコトヲ得

會社カ設立ヲ登記シタル後六ケ月モ開業セサルハ內輪ニ故障ヲ生シタルカ但シハ會社ノ名ヲ藉リ不正手段ヲ行フ疑ナキヲ得ス故ニ會社カ設立ノ登記ヲ爲シタル後六ケ月內ニ開業セサルトキハ裁判所ハ解散ヲ命スルコトヲ得ルナリ然レトモ其六ケ月內ニ開業セサルハ別ニ故障アルニ非ス又何等ノ不都合アルニ非スト雖トモ時トシテハ事業ノ性質其他已ムヲ得サル事由ニ因リテ開業ヲ爲ス能ハサルコトナシトセス例ヘハ大事業等ヲ起ス場合ニ前以テ種々ノ設備ヲ爲ス爲メ多クノ日子ヲ要スルカ如キ是レナリ故ニ本條ハ登記後六ケ月內ニ開業セサルトキハ當然解散スト云ハス裁判所ハ檢事ノ請求ニ因リ又ハ職權ヲ以テ解散ヲ命スルコトヲ得トシ其解散ヲ

命スルト否トハ之ヲ裁判官ノ認定ニ任セ且六ケ月内ニ開業ヲ爲ス能ハサル正當ノ事由アルモノト認ムルトキハ會社ノ請求ヲ容レ裁判所ハ其延期ヲ許可スルコトヲ得ルモノトシ裁判所ヲシテ充分ニ其事情ヲ斟酌セシムルノ餘地ヲ設ケリ

第四十八條　會社カ公ノ秩序又ハ善良ノ風俗ニ反スル行爲ヲ爲シタルトキハ裁判所ハ撿事ノ請求ニ因リ又ハ職權ヲ以テ其解散ヲ命スルコトヲ得

公ノ秩序トハ法律ニ定メタル事柄ハ勿論法律ニ定メナキ事柄ト雖モ公利公安ノ爲メニハ決シテ背反スヘカラサル事柄ヲ云ヒ善良ノ風俗トハ凡ソ廉耻ヲ知レル者ノ苟クモ爲スヲ耻ツル所ニシテ之ニ反スレハ世道人心ヲ亂シ終ニ公ノ秩序ヲ害スルニ至ルヘキ程ノ風俗ヲ云フ會社カ公ノ秩序ヲ壞亂シテ公安ヲ害シ又ハ善良ノ風俗ニ背反シテ間接ニ公安ヲ害スルコトアラハ法律ハ會社ノ發達ヲ奬勵シ保護セント欲スルモ決シテ其存在ヲ許スヘキニアラス故ニ本條ハ會社ニ如斯所爲アリタルトキハ裁判所ハ檢事ノ請求ニ因リ又ハ檢事ノ請求ナクモ自ヲ職權ヲ以テ解散ヲ命スルコトヲ得トセリ但シ其行爲ニシテ會社ノ業務ト少シモ關係ナク社員一己ノ行爲ニシテ會社ノ業務執行ニ關セサルトキハ會社ニ責任ナキハ固ヨリナリ

第二章　合名會社

合名會社ハ金錢勞力信用又ハ有價物件ヲ差入レテ會社ノ資本ト爲シ無限責任社員ノミヲ以テ團結スルモノヲ云フ其法人ニシテ且商人ナルコトハ前既ニ之ヲ説明シタリ又無限責任社員トハ會社財產ヲ以テ會社ノ債務ヲ辨濟スル能ハサルトキハ之ヲ一身ニ引受ケ辨濟スルノ義務アル社員ヲ云フ此無限責任社員ハ合名會社ノ外合資會社ト株式合資會社ニハアレモ株式會社ニハ之レナクシテ株式會社ハ全ク有限責任社員ノミヲ以テ成立シ有限責任社員ノ責任ハ差入物件即チ株金ノミニ止マリ其他ニ責任ヲ負ハサルモノトス而シテ株式會社ハ其資本ヲ株式ニ分チ有限責任社員ヲ株主ト云ヒ其出資ハ之ヲ株式ト云フ

合名會社ノ社員ハ其責任悉ク無限ナルヲ以テ會社ノ信用ノ大小ハ會社財產ノ多少ニ由ルト云ハンヨリハ寧ロ社員ノ身元或ハ腕前如何ニ由ルモノト謂ハサルヘカラス故ニ社員其人ヲ得ルト得サルトハ會社ノ盛衰存亡ニ關シ會社ノ盛衰存亡ハ直チニ以テ社員一家ノ盛衰存亡ニ影響ヲ及ホスモノナリ左レハ合名會社ハ相識リ相信スル者ノ間ニ非サレハ結合スルコトヲ得ス從テ合名會社ニ於テハ猥リニ社員ノ變更アルヲ許サス他ノ社員ノ承諾ヲ得サレハ其持分ヲ他人ニ讓渡スコトヲ得ス株式會社ハ之ニ反シ社員ノ責任悉ク有限ナルヲ以テ敢テ社員ノ身元如何ヲ問ハス一ニ會社財產ニ重キヲ置キ社員間ニ於ケル關係ナルモノモ亦殆ソト之ナキ故株式ノ讓渡ハ自由ナリ是レ株式會社カ

資本ヲ主トシ合名會社カ信用ヲ主トシテ起ル所ノ結果ニシテ蓋シ自ラ當サニ然ラサルヲ得サルナリ

第一節　設立

本節ハ合名會社ノ設立ニ關スル規定ヲ揭ケリ

第四十九條　合名會社ヲ設立スルニハ定款ヲ作ルコトヲ要ス

定款トハ會社ノ設立ニ付キ社員カ協議シタル重要ノ事項ヲ書面ニ認メ各社員之ニ署名シタルモノヲ云フ而シテ其定款ニ必ス記載セサルヘカラサル事ハ次條第一號ヨリ第五號ニ揭ケタル事項是ナリ

合名會社ヲ設立スルニハ本條ニ依リ必ス定款ヲ作ラサルヘカラス合名會社ハ定款ヲ作ヲサレハ成立セス定款ノ作成ヲ待テ始メテ成立スルモノナリ尤モ其設立ヲ他人ニ對抗スルニハ定款作成ノ日ヨリ二週間內ニ本店及ヒ支店ノ所在地ニ於テ登記セサルヘカラス（第五十一條）

第五十條　合名會社ノ定款ニハ左ノ事項ヲ記載シ各社員之ニ署名スルコトヲ要ス

一　目的

二　商號
三　社員ノ氏名、住所
四　本店及ヒ支店ノ所在地
五　社員ノ出資ノ種類及ヒ價格又ハ評價ノ標準

合名會社ノ定款ニハ本條第一號ヨリ第五號マテノ要件ヲ記載シ各社員之ニ署名セサルヘカラス業務執行社員ヲ定メタルカ如キ事柄ハ之ヲ定款ニ記載スルモ可又記載セサルモ可ナリト雖モ本條ニ揭ケタル事項ハ其一ニテモ之ヲ缺キ又ハ各社員之ニ署名セサルトキハ其定款ハ無效ニシテ會社ハ全ク成立セサルモノトス

第一號ノ目的トハ製糸トカ茶業トカ會社ノ爲サント欲スル事業ヲ云ヒ第二號ヨリ第四號マテハ説明ヲ要セス第五號ノ出資ノ種類トハ金錢勞力信用動産不動産債權其他有價物件ヲ云ヒ價格トハ金錢以外ノモノノ價格ニシテ評價ノ標準トハ勞力ナレハ一ケ月何十圓トカ地所ナレハ坪何圓トカ又株券等ナレハ拂込額ノ何割ヲ以テ其價額ト看做ストカ云フ如ク出資ノ價額ヲ算出スヘキ一定ノ目安ヲ云フ之ヲ定メ置クハ他日ノ爭ヲ避クル爲メノミナラズ利益ノ配當等ヲ爲スニモ必要アルカ爲メナリ

第五十一條　會社ハ定款ヲ作リタル日ヨリ二週間内ニ其本店及ヒ支店ノ所在地ニ於テ左ノ事項ヲ登記スルコトヲ要ス
一　前條第一號乃至第三號ニ掲ケタル事項
二　本店及ヒ支店
三　設立ノ年月日
四　存立時期又ハ解散ノ事由ヲ定メタルトキハ其時期又ハ事由
五　社員ノ出資ノ種類及ヒ財産ヲ目的トスル出資ノ價格
六　會社ヲ代表スヘキ社員ヲ定メタルトキハ其氏名
會社設立ノ後支店ヲ設ケタル時ハ其支店ノ所在地ニ於テハ二週間内ニ前項ニ定メタル登記ヲ爲シ本店及ヒ他ノ支店ノ所在地ニ於テハ同期間内ニ其支店ヲ設ケタルコトヲ登記スルコトヲ要ス
本店又ハ支店ノ所在地ヲ管轄スル登記所ノ管轄區域内ニ於テ新タニ支店ヲ設ケタルトキハ其支店ヲ設ケタルコトヲ登記スルヲ以テ足ル
本條第一項ニ依レハ會社ハ定款ヲ作リタル日ヨリ二週間内ニ本店及ヒ支店ノ各所在地ノ區裁

判所ニ申請シテ第一號ヨリ第六號マテノ事項ヲ登記セサルヘカラス若シ之ヲ登記セサレハ第三者ニ對シテ其設立ヲ對抗スルコトヲ得サルモノトス第二號ニ設立ノ年月日トハ定款ヲ作リテ社員一同之レニ署名シタル年月日ヲ云フ第四號ノ存立時期トハ向フ何年間トカ又ハ何年何月マテト云フ如ク定款ヲ以テ定メタル事業ノ繼續年限ヲ云ヒ解散ノ事由トハ會社ノ目的タル事業ノ竣成シタルトキ又ハ或ル事ノ生シタルトキハ營業ヲ廢止スヘシト定メ又ハ年限ヲ或ル社員ノ終身間ト定メタル如キヲ云フ如斯解散ノ事由ヲ定メタルトキハ其時期又ハ事由ヲ登記セサルヘカラス第五號ノ出資ノ種類トハ社員カ資本トシテ差入レタル金錢物品又ハ勞力等ヲ云フ此出資ノ中ニ於テ財産丈ケハ其價額ヲモ登記シ勞力又ハ信用等ニ付テハ其種類ノミ登記スレハ可ナリ第六號ハ別ニ會社ヲ代表スヘキ社員ヲ定メタルトキハ其代表社員ノ氏名ヲモ登記スヘキヲ命ス

第二項及ヒ第三項ハ會社設立ノ後支店ヲ設ケタル場合ニ付キ其登記ノ方法期間及ヒ場所ヲ定メタルモノナリ即チ新タニ設ケタル支店カ本店又ハ他ノ支店ト登記所ノ管轄區域ヲ異ニスルトキハ第二項ニ依リ本店及ヒ他ノ支店ニ於テハ其各所在地ニ於テ支店ヲ設ケタルコトノミヲ登記シ新タニ設ケタル支店ニ於テハ第一項ニ定メタル事項ヲ登記セサルヘカラス若シ又新タニ

設ケタル支店カ本店又ハ他ノ支店ト同一登記所ノ管轄ニ屬スル件ハ第三項ニ依リ只其支店ヲ設ケタルコトノミヲ登記スレハ可ナリ

第五十二條　會社カ其本店又ハ支店ヲ移轉シタルトキハ舊所在地ニ於テハ二週間内ニ移轉ノ登記ヲ爲シ新所在地ニ於テハ同期間内ニ前條第一項ニ定メタル登記ヲ爲スコトヲ要ス

同一ノ登記所ノ管轄區域内ニ於テ本店又ハ支店ヲ移轉シタルトキハ其移轉ノミノ登記ヲ爲スコトヲ要ス

本條ハ會社カ其本店又ハ支店ヲ移轉シタル場合ノ登記手續ヲ定メタルモノナリ本店又ハ支店ヲ移轉シタル場合ニ於テ舊所在地ト新所在地ト登記所ノ管轄ヲ異ニスル件ハ第一項ニ依リ舊所在地ニ於テハ決議ヲ爲シタル日ヨリ二週間内ニ移轉ノ登記ヲ爲シ新所在地ニ於テハ同期間内ニ前條第一項ニ定メタル登記ヲ爲ササルヘカラス

第二項ニ依レハ新舊所在地共ニ同一登記所ノ管轄ニ屬スルトキハ前條第一項ニ定メタル登記ヲ爲スニ及ハス只其移轉ノミヲ登記スレハ可ナリ

第五十三條　第五十一條第一項ニ掲ケタル事項中ニ變更ヲ生シタルトキハ

二週間内ニ本店及ヒ支店ノ所在地ニ於テ其登記ヲ爲スコトヲ要ス

本條ニ依レハ第五十一條第一項ニ掲ケタル事項即チ設立登記ノ事項ニ變更ヲ生シタルトキハ其變更ノ決議ヲ爲シタル時ヨリ二週間内ニ本店及ヒ支店ノ所在地ニ於テ其變更ヲ登記セサルヘカラス尤モ本店及ヒ支店カ同一登記所ノ管轄内ニ在ルトキハ支店ノ登記ト云フモノハアラサル故其變更ノ登記ハ之ヲ本店ノ登記簿ニ爲スヘキモノトス

第二節　會社ノ内部ノ關係

第五十四條　會社ノ内部ノ關係ニ付テハ定款又ハ本法ニ別段ノ定ナキトキハ組合ニ關スル民法ノ規定ヲ準用ス

會社ノ内部ノ關係トハ會社ト社員、社員ト社員トノ間ニ於ケル權利義務ノ關係ヲ云フ合名會社ハ民法ノ組合ニ類スルヲ以テ出資ノ目的、利益及ヒ損失ノ分配、業務執行ノ方法、業務執行ニ關スル社員ノ權利及ヒ其責任等ニ付テハ率ネ民法ノ組合ニ關スル規定ニ從ハシムルコトヲ得ルト雖モ既ニ説明シタル如ク會社ハ法人タルモ組合ハ法人タラス從テ其財産ハ組合員ノ共有ニシテ組合ノ財産ニアラス故ニ合名會社ニ在リテハ自ヲ別段ノ規定アルコトヲ要ス是ヲ以テ本節ハ合名會社ノ性質上特別ニ要スル規定ヲ掲ケ本節ニ規定ナキ事柄及ヒ定款ニ別段ノ

定メナキ事柄ニ付テハ組合ニ關スル民法ノ規定ニ從ハシムルモノトセリ

第五十五條　社員カ債權ヲ以テ出資ノ目的ト爲シタル場合ニ於テ債務者カ辨濟期ニ辨濟ヲ爲サヽリシトキハ社員ハ其辨濟ノ責ニ任ス此場合ニ於テハ其利息ヲ拂フ外尙ホ損害ノ賠償ヲ爲スコトヲ要ス

債權ヲ以テ出資ノ目的ト爲ストハ貸金預ケ金手形金等ニ付テ之ヲ受取ルヘキ權利ヲ出資ノ目的ト爲スヲ云フ而シテ其債權カ貸金預ケ金等普通ノ債權ナル時ハ其讓渡ヲ債務者ニ通知シ又ハ債務者ノ承諾ヲ得テ差入レ又指圖式ノ手形等ニ於ケル債權ナレハ之ニ裏書シテ會社ニ讓渡スコトヲ得然レトモ此ノ如キ債權ヲ出資ノ目的ト爲シタル場合ニ於テ若シ債務者カ其辨濟ヲ爲サヽリシ時ハ如何ト云フニ社員ハ自ラ會社ニ對シテ之ヲ辨濟スルノ責ニ任ス又如此場合ニ於テハ其利息ヲ拂フ外會社ニ損失ヲ蒙ラシメタル時ハ尙ホ其損害ヲ賠償セサルヘカラス

第五十六條　各社員ハ定欵ニ別段ノ定ナキトキハ會社ノ業務ヲ執行スル權利ヲ有シ義務ヲ負フ

定欵ニ於テ或ル社員ニ業務執行ヲ委任スル旨ヲ定メタルトキハ之ニ從フヘキハ勿論ナルモ定欵ニ其定メナキトキハ本條ニ依リ各社員ハ出資ノ多寡ニ拘ハラス皆同等ニ業務ヲ執行スルノ

權利ヲ有スルト同時ニ又其義務アルモノトス此場合ニハ會社ノ常務ニ付テハ組合ニ關スル民法第六百七十條第三項ニ依リ各社員之ヲ專行スルコトヲ得然レ圧常務以外ノ事柄ニ付テハ同條第一項ニ從ヒ社員ノ過半數ヲ以テ決セサルヘカラス又常務ニ付テハ右ノ如ク各社員ニ專行權アリトスルモ若シ其結了前ニ他ノ社員カ異議ヲ述ヘタルトキハ尙ホ多數ニ依リテ決セサルヘカラス是レ同條第三項末段ノ示ス所ナリ

第五十七條　支配人ノ選任及ヒ解任ハ特ニ業務執行社員ヲ定メタルトキト雖圧社員ノ過半數ヲ以テ之ヲ決ス

支配人ノ任免ハ最モ愼重ヲ要セサルヘカラス故ニ其選任及ヒ解任ハ別ニ業務執行社員ヲ定メ他ノ社員ハ業務ニ干與スルコトヲ得サル場合ト雖圧必ス社員ノ過半數ヲ以テ決セサルヘカラス

第五十八條　定款ノ變更其他會社ノ目的ノ範圍內ニ在ラサル行爲ヲ爲スニハ總社員ノ同意アルコトヲ要ス

定款ノ變更トハ出資ヲ增減シ社員ノ加入若クハ退社ヲ許諾シ業務執行社員又ハ代表社員ヲ更迭シ或ハ事業ヲ變更スルカ如キヲ云フ會社ノ目的ノ範圍內ニ屬セサル行爲ヲ爲ストハ會社ノ

目的ハ内地ニ於テ生糸ノ賣込ヲ爲スニ在リシヲ更ニ之ヲ擴張シテ直輸ヲ圖ルカ如キヲ云フ斯ノ如ク定欵ヲ變更シ其他會社ノ營業ノ範圍内ニ屬セサル行爲ヲ爲スハ最モ重大ノ事柄ナルヲ以テ此等ノ行爲ヲ爲スニハ合名會社ノ性質トシテ總社員ノ同意ヲ以テセサルヘカラス

第五十九條　社員カ他ノ社員ノ承諾ヲ得スシテ其持分ノ全部又ハ一部ヲ他人ニ讓渡シタルトキハ其讓渡ハ之ヲ以テ會社ニ對抗スルコトヲ得ス

持分トハ社員カ會社ニ對シテ有スル地位即ハチ社員ノ有スル權利義務ヲ云フ茲ニ其權利トハ利益又ハ利息ノ配當又ハ退社ノ場合ニ出資ノ價額ニ應シテ會社ノ財産中ヨリ拂戻ヲ受ケ又解散ノ場合ニ殘餘財産ノ分配ヲ領シ又會社ノ業務ヲ執行スル等ノ權利ニシテ義務トハ損失ヲ負担シ又ハ業務ヲ執行スル等ノ義務ヲ云フ持分ノ全部又ハ一部ノ讓渡ハ之ヲ許スト許サルトハ會社ノ自由ナリ故ニ社員カ若シ他ノ社員ノ承諾ヲ得スシテ其持分ヲ讓渡スモ會社ハ其讓渡ヲ認メストスフコトヲ得社員ハ會社ニ其讓渡ヲ對抗スルコトヲ得サルモノトス

第六十條　社員ハ他ノ社員ノ承諾アルニ非サレハ自己又ハ第三者ノ爲メニ會社ノ營業ノ部類ニ屬スル商行爲ヲ爲シ又ハ同種ノ營業ヲ目的トスル他ノ會社ノ無限責任社員ト爲ルコトヲ得ス

社員カ前項ノ規定ニ反シテ自已ノ爲メニ商行爲ヲ爲シタルトキハ他ノ社員ハ過半數ノ決議ニ依リ之ヲ以テ會社ノ爲メニ爲シタルモノト看做スコトヲ得

前項ニ定メタル權利ハ他ノ社員ノ一人カ其行爲ヲ知リタル時ヨリ二週間之ヲ行ハサルトキハ消滅ス行爲ノ時ヨリ一年ヲ經過シタルトキ亦同シ

本條ハ所謂競業禁止ノ規定ナリ蓋シ獨立シテ業務ヲ行フ權利ヲ有シ且ツ親シク會社ノ秘密ヲ知レル合名會社ノ社員ニシテ恣マニ會社カ其營業上爲ス所ノ商行爲ヲ爲シ又ハ同種ノ營業ヲ目的トスル他ノ合名會社合資會社株式合資會社ノ無限責任社員ト爲ルコトヲ得ルニ於テハ會社ノ事業ト競爭シ會社ニ不利ヲ與フル恐レアリ是レ本條ノ規定アル所以ナリ

會社ノ營業ノ部類ニ屬スル商行爲ヲ爲スヲ禁シ其他ノ商行爲ヲ爲スヲ禁セサルハ營業ノ自由ヲ拘束スヘカラサルノミナラス會社ノ營業ノ部類ニ屬セサル行爲ヲ爲スモ會社ノ利益ヲ害スルコトアラサレハナリ又同種ノ營業ヲ目的トスル無限責任社員ト爲ルコトヲ禁シテ有限責任社員ト爲ルコトヲ禁セサルハ有限責任社員ハ會社ノ業務ニ干與セサルヲ以テ縱トヒ同種ノ營業ヲ爲ス他ノ會社ノ有限責任社員トナルモ何等ノ掛念アラサレハナリ然レヒ只株式會社ノ取

締役又ハ支配人ト爲ルコトヲ得サルヘシ何トナレハ取締役又ハ支配人トナリテ其社ノ業務ヲ執行スルハ是レ第三者ノ爲メニ會社ノ營業ノ部類ニ屬スル商行爲ヲ爲スモノナレハナリ第二項ハ社員カ第一項ノ禁ヲ犯シテ會社ノ營業ノ部類ニ屬スル商行爲ヲ爲シタル場合ノ爲メニ其制裁ヲ規定シタルモノナリ社員カ第三者ノ爲メニ第一項ノ商行爲ヲ爲スモ會社ハ社員ノ爲シタル行爲ノ爲メ第三者ノ利益ヲ奪フヘカラサルカ故ニ其場合ハ之ヲ除キ自己ノ爲メニ爲シタルトキハ他ノ社員ハ過半數ノ同意ヲ以テ之ヲ會社ノ爲メニ爲シタルモノト看做シテ其利益ハ之ヲ會社ニ取上クルコトヲ得又社員カ同種ノ營業ヲ目的トスル他ノ會社ノ無限責任社員トナリタル阡ハ會社ハ第七十條ノ規定ニ依リテ之ヲ除名スルコトヲ得ヘシ而シテ如此場合ニハ會社ハ尙ホ其社員ニ對シテ損害賠償ヲ請求スルコトヲ得ルナリ然レモ會社ヲシテ第二項ノ權利ヲ永ク行フコトヲ得セシムルハ社員ニ對シテ酷ト云ハサルヘカラス故ニ社員ノ一人カ其行爲ヲ知リタルトキハ其知リタル時ヨリ二週間行ハサルトキハ消滅シ又知ルト否トヲ問ハス行爲ノアリタル時ヨリ一年ヲ經過シタルトキハ再ヒ其權利ヲ行フコト能ハサルモノトセリ

第三節　會社ノ外部ノ關係

本節ハ會社ト第三者及ヒ社員ト第三者トノ法律關係ヲ規定シタルモノナリ

第六十一條 定款又ハ總社員ノ同意ヲ以テ特ニ會社ヲ代表スヘキ社員ヲ定メサルトキハ各社員會社ヲ代表ス

會社ノ業務執行ニ付テハ第五十六條ニ之ヲ規定シタレハ本條ハ第三者トノ取引其他ノ行爲ニ付キ會社ノ代表ヲ定メタリ合名會社ハ定款又ハ總社員ノ同意ヲ以テ代表社員ヲ定ムルコトヲ得レトモ若シ之ヲ定メサルトキハ本條ニ依リ各社員當然會社ヲ代表シ即チ何レノ社員モ各自會社ノ代理トナリテ會社ノ營業ニ關スル取引其他一切ノ行爲ヲ爲スコトヲ得ルナリ

第六十二條 會社ヲ代表スヘキ社員ハ會社ノ營業ニ關スル一切ノ裁判上又ハ裁判外ノ行爲ヲ爲ス權限ヲ有ス

民法第四十四條第一項及ヒ第五十四條ノ規定ハ合名會社ニ之ヲ準用ス

本條第一項ハ代表社員ノ權限ヲ定メタルモノニシテ代表社員ハ會社ノ營業ニ關スル一切ノ裁判上又ハ裁判外ノ行爲ヲ爲ス權限ヲ有スルモノトス裁判上ノ行爲トハ訴訟和解其他登記ヲ爲スカ如キヲ云ヒ裁判外ノ行爲トハ賣買契約其他ノ取引ヲ爲スカ如キヲ云フ故ニ第二項ニ依レハ若シ會社カ其代理權ニ制限ヲ加ハヘ第一項ノ法定權限ヲ狹クスルモ之ヲ知ラスシテ取引シ

タル者即ハチ善意ノ第三者ニ對シテハ其行為ヲ取消スコトヲ得サルモノトス（民法第五十四條）又第二項ニ依レハ代表社員カ職務上他人ニ損害ヲ加ヘタル場合ニ於テハ會社ハ其本人ナルヲ以テ其損害賠償ノ責ニ任セサルヘカラス（民法第四十四條第一項）然レドモ會社カ他人ニ損害ヲ賠償シタル後更ニ其代表社員ニ對シ損害賠償ヲ請求シ得ルハ勿論ナリ

第六十三條　會社財産ヲ以テ會社ノ債務ヲ完濟スルコト能ハサルトキハ各社員連帶シテ其辨濟ノ責ニ任ス

本條ニ各社員連帶シテ其辨濟ノ責ニ任ストハ債權者カ數名ノ社員中ノ一人ニ對シテ請求ヲ為シタル場合ニ其請求ヲ受ケタル社員ハ一名ニテモ其請求ノ全額ヲ辨濟スル義務アリトノ事ナリ本條ニ依レハ會社ノ負債ハ先以テ會社財産ヲ以テ之ヲ支拂ヒ尚不足ヲ生シタルトキハ恰モ保証人カ主タル債務者ノ負債ヲ辨濟スル如ク會社カ其財産ヲ以テ債務ヲ辨濟スルコト能ハサルニ至リタルトキハ各社員連帶シテ其不足額ヲ辨濟セサルヘカラス然レドモ社員間ニ於テハ特ニ其約束ヲ以テ各社員ノ負担割合ヲ定ムルコトヲ得若シ如此定メアルトキハ全額ヲ支拂ヒタル社員ハ自己ノ負担額以外ノ額ハ之ヲ他ノ社員ヨリ償還セシムルコトヲ得ルナリ又如此定メナキトキト雖ドモ民法上數人ノ保証人アル場合ト同シク平等ノ負担額以外ノ支出例ヘハ社員二

名ナル場合ニ一名ニテ一萬圓ヲ支拂ヒタルトキハ五千圓及ヒ辨濟日以後ノ法定利息其他避クルコトヲ得サリシ費用等ノ損害ハ之ヲ他ノ一名ヨリ償還セシムルコトヲ得ヘシ蓋シ各無限責任社員ハ恰モ合名會社ニ於ケル法律上ノ保証人ニシテ此点ニ付テハ一般ノ保証人ト敢テ異ナルコトナケレハナリ

第六十四條　設立ノ後會社ニ加入シタル社員ハ其加入前ニ生シタル會社ノ債務ニ付テモ亦責任ヲ負フ

會社カ法人タル以上ハ會社ハ會社ニシテ社員ハ社員タリ故ニ會社ノ債務ニ付テハ新タニ加入シタル社員ト雖ヒ其債務ノ發生ヲシテ加入前タラシムルト後タラシムルトヲ問ハス舊社員ト倶ニ其責ニ任スヘキハ當然ナリ況ンヤ新社員ト雖モ等シク加入前ノ利益ヲ獲得スルニ於テオヤ是レ本條ノ規定アル所以ナリ

然レヒ社員ハ其契約ヲ以テ新社員ニ加入前ノ債務ヲ負擔セシメサルコトヲ約スルヲ得ヘシ然レヒ此場合ニ新社員カ債權者ヨリ請求ヲ受ケタルトキハ如何ト云フニ加入前ノ債務ト雖モ法律上已ニ責任ヲ有スル以上ハ社員間ノ契約ヲ以テ第三者ナル債權者ノ請求ヲ拒ムコト能ハサルハ勿論ナルヲ以テ債權者ノ請求ヲ受ケタルトキハ之ヲ辨濟シ他ノ社員ヨリ償還セシムルノ

外ナシ

第六十五條　社員ニ非サル者ニ自已ヲ社員ナリト信セシムヘキ行爲アリタルトキハ其者ハ善意ノ第三者ニ對シテ社員ト同一ノ責任ヲ負フ

本條ニ社員ニ非サル者カ自已ヲ社員ト信セシムヘキ行爲アリタルトキトハ社員ニ非サル者カ社員ナリト明言シ又ハ會社ノ商號中ニ自已ノ氏名ヲ用ユルコトヲ許シ又ハ會社ノ營業ニ關シテ社員ト相談シ又ハ社員ト共ニ會社ノ事務ヲ取扱ヒタル如キ何人カ見テモ社員トヨリ思ハレサル行爲アリタルコトヲ云フ然レヒ斯ル行爲アリタレハトテ第三者ハ其者ヲ社員ト信スルコトアルヘク亦信セサルコトアルヘシ故ニ本條ハ第三者カ果シテ社員ナリト信シタルヤ否ヤハ之ヲ裁判官ノ認定ニ任セ兎ニ角第三者ヲシテ社員ト信セシムヘキ行爲アリタルトキハ第三者ニ對シ社員ト同一ノ責任アルモノトシ善意ノ第三者ヲ保護スルト同時ニ會社ノ信用ヲ保持セシムルモノトセリ

第六十六條　社員ノ出資ノ減少ハ之ヲ以テ會社ノ債權者ニ對抗スルコトヲ得ス但本店ノ所在地ニ於テ其登記ヲ爲シタル後二年間債權者カ之ニ對シテ異議ヲ述ヘサリシトキハ此限ニ在ラス

合名會社ノ社員ハ會社ノ債務ニ付キ連帶無限ノ責任アリトハ言ヘ若シ社員ニ負債アル片ハ會社ノ債權者ト雖モ社員ノ財産ニ對シテハ社員ノ債權者ト共ニ其分配ヲ受クルニ過キス左レハ會社財産ノ多少ハ合名會社ト雖モ尚ホ其債權者ノ利害ニ影響ス故ニ本條ハ社員ノ出資ノ減少ハ之ヲ以テ會社ノ債權者ニ對抗スルヲ得サルモノトナシテ會社ノ債權者ノ權利ヲ保護セリ故ニ會社カ債權者ノ承諾ヲ得スシテ出資ヲ減少シタルトキハ會社ノ債權者ハ其減少シタル出資ヲ原ノ如ク會社ニ返還セシムルコトヲ得然レトモ會社カ本店ノ所在地ニ於テ登記ヲ爲シタル後債權者カ二年間モ異議ヲ述ヘサリシトキハ最早異議ナキモノト看做スコトヲ得ヘシ故ニ會社カ本店ノ所在地ニ於テ減少ノ登記ヲナシタル后二年間債權者カ異議ヲ申立テサルトキハ如斯權利ヲ行フコト能ハス出資ノ減少ハ債權者ニ對シテ効力ヲ生スルモノトナシタリ

第六十七條　會社ハ損失ヲ塡補シタル後ニ非サレハ利益ノ配當ヲ爲スコトヲ得ス

前項ノ規定ニ違反シテ配當ヲ爲シタルトキハ會社ノ債權者ハ之ヲ返還セシムルコトヲ得

會社カ損失ヲ其儘ニ措キテ社員ニ配當ヲ爲スハ會社財産ヲ減少スルモノニシテ債權者ニ損失

ヲ與フルノ恐レアリ故ニ會社ハ收入金ヨリ損失ヲ塡合ハセ全ク殘リタル純益ニ非サレハ社員ニ配當ヲ爲スコトヲ得ス若シ會社カ損失ノ塡合ハセヲ爲サスシテ利益ノ配當ヲ爲シタルトキハ會社ノ債權者ハ其金額ヲ會社ニ返還セシムルコトヲ得ルナリ

第四節　社員ノ退社

合名會社ハ相識リ相信スル者ノ結合ニ成ルヲ以テ法律モ亦可成的社員ノ退社ヲ防キ努メテ其團結ヲ鞏固ニスルノ精神ナリト雖モ不得已社員ノ請求ヲ容レテ退社ヲ認メサル可ラサル場合アリ又會社ノ方ヨリモ退社セシメサルヘカラサル場合アリ又破產其他身上ノ結果トシテ退社トナル場合アリ是レ本節ヲ設ケテ其退社ヲ認メ退社ノ時期及ヒ其原因並ニ退社ニ因リテ生スル必要ノ事柄ヲ規定シタリ

第六十八條　定款ヲ以テ會社ノ存立時期ヲ定メサリシトキ又ハ或社員ノ終身間會社ノ存續スヘキコトヲ定メタルトキハ各社員ハ營業年度ノ終ニ於テ退社ヲ爲スコトヲ得但六ケ月前ニ其豫告ヲ爲スコトヲ要ス
會社ノ存立時期ヲ定メタルト否トヲ問ハス已ムコトヲ得サル事由アルトキハ各社員ハ何時ニテモ退社ヲ爲スコトヲ得

定款ヲ以テ會社ノ繼續年限ヲ定メサリシ什又ハ定款ニ之ヲ定メタル什ト雖モ其年限ヲ社員ノ終身間ト定メタル什ハ各社員ハ事業年度ノ終ニ於テ退社スルコトヲ得即ハチ會社カ事業年度ヲ一月ヨリ六月マテ又七月ヨリ十二月マテノ二期ニ定メタル什ハ一月ヨリ七月マテ又七月ヨリ十二月マテノ間ニ退社スルコトヲ得サレモ各年度ノ終ハリナル七月又ハ十二月ニ於テ退社スルコトヲ得尤モ事業年度ノ終リニ於テモ突然退社スルコトヲ得ス、先以テ退社セントスル六个月前ニ其旨ヲ通知セサルヘカラス例ヘハ六月ノ年度仕舞ニ退社セント欲スルトキハ一月マテニ又十二月ノ年度仕舞ニ退社セント欲スルトキハ七月マテニ前以テ通知セサルヘカラス然レモ會社ノ存立時期ヲ定メタルト否トヲ問ハス已ムコトヲ得サル事由アルトキハ前以テ通知スルコトヲ要セス第二項ニ依リ何時ニテモ退社スルコトヲ得已ムコトヲ得サル事由トハ疾病ニ罹リ又ハ公務ニ驅ラレ執務スルコトヲ得サルカ又ハ社員中權利ヲ濫用スルモノアリ又ハ他ノ社員ト意見衝突シ到底共同シテ事業ヲ營ムコト能ハサルカ如キ場合ヲ云フ

第六十九條　前條ニ揭ケタル場合ノ外社員ハ左ノ事由ニ因リテ退社ス

一　定款ニ定メタル事由ノ發生

二　總社員ノ同意

三　死亡
四　破産
五　禁治産
六　除名

前條ハ社員ノ任意ニ因ル退社ノ場合ヲ規定シタルモノナルカ本條ハ總社員ノ一致及ヒ退社員ノ死亡其他ノ原因ヨリ生スル退社ノ場合ヲ規定シタルモノナリ即チ本條第一號ハ例ヘハ會社ノ定欵ニ某社員カ或營業ヲ開始スルニ至リタル片ハ退社スヘシト云フ如ク退社ノ事由ヲ前以テ定メ置キタル場合ニ其事柄ノ生シタルヲ云ヒ第二號ハ總社員ノ一致ニ依リテ退社スル場合ヲ云フモノニシテ他ニ説明ヲ要セス第三號ハ社員カ死亡ニ因リテ退社トナリタルコトヲ云フモノナルカ若シ相續人ニ其持分ヲ相續セシムヘキ旨ヲ定メ置キタル片ハ其相續人ニ於テ死亡者ノ地位ヲ相續スヘキハ言ヲ俟タス第四號ハ社員カ其取引ノ相手方ニ支拂ヲ停止シ裁判所ヨリ支拂無資力トシテ破産ノ宣告ヲ受ケ會社ノ無限責任社員トナルコト能ハサルニ至リタル場合ニ退社トナルコトヲ示シ第五號ハ心神喪失ノ爲メ禁治産ノ宣告ヲ受ケ財産上ノ能力ヲ失フタル場合ヲ云ヒ第六號ハ次條第一號ヨリ第五號マテノ事由ニ因リ社員ノ一致ヲ以テ社員タル

地位ヲ取消サレ全ク社員ノ資格ヲ失ヒタル場合ニモ亦當然退社スヘキヲ示シタルモノナリ。

第七十條　社員ノ除名ハ左ノ場合ニ限リ他ノ社員ノ一致ヲ以テ之ヲ爲スコトヲ得但除名シタル社員ニ其旨ヲ通知スルニ非サレハ之ヲ以テ其社員ニ對抗スルコトヲ得ス

一　社員カ出資ヲ爲スコト能ハサルトキ又ハ催告ヲ受ケタル後相當ノ期間內ニ出資ヲ爲ササルトキ

二　社員カ第六十條第一項ノ規定ニ違反シタルトキ

三　社員カ會社ノ業務ヲ執行シ又ハ會社ヲ代表スルニ當タリ會社ニ對シテ不正ノ行爲ヲ爲シタルトキ

四　社員カ會社ノ業務ヲ執行スル權利ヲ有セサル場合ニ於テ其業務ノ執行ニ干與シタルトキ

五　其他社員カ重要ナル義務ヲ盡ササルトキ

本條ハ社員ヲ除名シ得ル場合ヲ規定シタルモノニシテ社員ニ本條第一ヨリ第五ニ揭ケタル事由ノ一アルトキハ他ノ社員ノ一致ヲ以テ其社員ヲ除名スルコトヲ得然レトモ除名シタル社員ニ

其旨ヲ通知セサレハ除名ノ効力ヲ主張スルヲ得ス、除名シ得ル場合ハ即チ左ノ如シ
第一、勞力ヲ出資ト定メタル場合ニ其社員カ癈篤疾ニ罹リ勞力ヲ差入ルヽコト能ハサルニ至リタルトキ又ハ建物ヲ出資ノ目的トシタルニ燒失シテ出資ト爲ス能ハサルニ至リタルカ如キ出資ヲナス能ハサルニ至リタルトキハ除名スルコトヲ得第二、社員カ第六十條第一項ノ規定ニ反シテ自已又ハ第三者ノ爲メ會社ノ營業ノ部類ニ屬スル商行爲ヲ爲シ又ハ同種ノ營業ヲ目的トスル他ノ會社ノ無限責任社員トナリタルトキモ除名スルコトヲ得第三、社員カ職務上會社ニ對シテ不都合ノ所業ヲ爲シタルトキモ除名スルコト得第四、社員カ定款ノ規定ニ依リ業務執行權アラサル場合ニ業務執行ニ手出シタルトキモ除名スルコトヲ得第五、第四號ト反對ニ業務ヲ行フヘキ權利アリ義務アルニモ拘ハラス棄置クヘカラサル大切ナル業務ノ執行ヲ等閑ニ付シタルカ如キ其他社員カ重要ナル義務ヲ盡サヽル𪜈モ亦除名スルコトヲ得ルナリ

第七十一條　退社員ハ勞務又ハ信用ヲ以テ出資ノ目的ト爲シタルトキト雖モ其持分ノ拂戾ヲ受クルコトヲ得但定款ニ別段ノ定メアルトキハ此限ニ在ラス

退社員ハ金錢其他ノ財產ヲ以テ出資ト爲シタルトキハ勿論勞力又ハ信用ヲ以テ出資ノ目的ト

シタルトキト雖モ定款ニ別段ノ定メナキトキハ其退社ニ由リテ其持分ノ拂戻ヲ受クル權利アリ持分ノ拂戻トハ出資ヲ其儘拂戻ストモ云フニハ非スシテ組合ニ關スル民法ノ規定ニ從ヒ退社ノ當時ニ於ケル會社財産ノ高ニ從ヒ出資ノ價格ニ應シテ拂戻スコトヲ云フモノニシテ勞力又ハ信用ヲ以テ出資トシタルトキハ勿論金錢以外ノ財産ヲ以テ出資ノ目的トシタルトキト雖モ總テ金錢ヲ以テ拂戻スモノトス

第七十二條　會社ノ商號中ニ退社員ノ氏又ハ氏名ヲ用ヰタルトキハ退社員ハ其氏又ハ氏名ノ使用ヲ止ムヘキコトヲ請求スルコトヲ得

會社ノ商號中ニ氏又ハ氏名ヲ使用セラレタル者ハ第三者ヲシテ自己ヲ社員ナリト信セシムヘキ行爲アリタルモノト認定セラレ第六十五條ノ規定ニ依リテ社員ト同一ノ責任ヲ負擔セシメヲルヽノ恐レアリ故ニ退社員ハ會社ノ商號中ニ會社カ依然退社員ノ氏又ハ氏名ヲ用ヰタル片ハ其使用ヲ廢止スヘキヲ請求スルコトヲ得ルナリ

第七十三條　退社員ハ本店ノ所在地ニ於テ退社ノ登記ヲ爲ス前ニ生シタル會社ノ債務ニ付キ責任ヲ負フ此責任ハ其登記後二年ヲ經過シタルトキハ消滅ス

前項ノ規定ハ他ノ社員ノ承諾ヲ得テ持分ヲ讓渡シタル社員ニ之ヲ準用ス

退社員ハ本店ノ所在地ニ於テ退社ノ登記ヲ爲ス前ニ生シタル會社ノ債務ニ付キ其責任ヲ免ルヽコトヲ得ス蓋シ合名會社ニ在リテハ世人ハ會社財産ヨリハ寧ロ社員其人ヲ信シテ取引スルモノナレハ退社員カ其退社シタルコトヲ知ラシメサル前ニ生シタル債務ヲ負擔スヘキハ當然ノコトナレハナリ是レ第一項ノ規定アル所以ナリ

然レトモ退社ノ登記ヲ爲シタル後二年ヲ經過シタル後ニ及ソテモ尙ホ其責任アリトスルハ退社員ノ爲メ酷ト云ハサルヘカラス故ニ第二項ハ退社ノ登記後二年ヲ經過シタルトキハ其責任消滅シ其間會社ノ債權者ヨリ請求アリタルトキト否トヲ問ハス又辨濟セサル證據アリテモ最早其責任ヲ負擔スルニ及ハサルモノトセリ

退社員ハ一旦退社シタル以上ハ會社幷ニ社員ニ對シテハ何等ノ關係アラサル故若シ退社員カ第一項ノ規定ニ從ヒ債權者ニ辨濟ヲ爲シタルトキハ更ニ他ノ社員ニ對シテ其償還ヲ請求スルコトヲ得ヘシ

第三項ハ他ノ社員ノ承諾ヲ得テ讓渡シタル社員ニモ右ト同一ノ責任アリトセリ是レ持分ヲ讓渡シテ社員タル地位ヲ退クモ退社ニ因リテ去ルモ第三者トノ關係ニ付テハ毫末モ異ナル所ア

ラサレハナリ

第五節　解　散

解散ニハ其原因種々アレヒ之ヲ要スルニ會社ノ消滅シタルコトヲ云フモノニシテ其原因トハ存立時期ニ至リタルコト事業ノ成効又ハ成効ノ不能、社員カ一人ト爲リタルコト、社員ノ一致、合併、破産及ヒ裁判所ノ命令等是レナリ

會社ハ解散ニ因リテ消滅スト雖ヒ其財産ハ直チニ社員ノモノトナラス合併破産ノ塲合ヲ除ク外本法ノ規定ニ從ヒテ清算ヲナスヘキモノナルカ故ニ會社ハ其淸算ヲ終ハルマテハ其淸算ノ範圍內ニ於テノミ生存セルモノト看做サルヽナリ

第七十四條　會社ハ左ノ事由ニ因リテ解散ス

一　存立時期ノ滿了其他定款ニ定メタル事由ノ發生

二　會社ノ目的タル事業ノ成効又ハ其成効ノ不能

三　總社員ノ同意

四　會社ノ合併

五　社員カ一人ト爲リタルコト

六　會社ノ破産
七　裁判所ノ命令

會社ハ第一號ヨリ第五號マテニ掲ケタル事由ノ一アルトキハ解散スルモノトス第一號ニ存立時期ノ滿了トハ定款ニ定メタル會社ノ繼續年限ニ至リタルコトニシテ定款ニ定メタル事由ノ發生トハ或事カ生シタルトキハ解散スヘシト定メタル場合ニ其事ノ生シタルヲ云ヒ第二號ニ會社ノ目的タル事業ノ成効トハ運河ノ堀割ヲ目的トシタル場合ニ工事ノ竣成シタルカ如キヲ云ヒ成効ノ不能トハ右ノ場合ニ於テ土中ニ一大障碍物アリテ疏通ヲ妨ケ到底其目的ヲ遂スル能ハサル如キヲ云ヒ第三號ハ社員ノ一致ニシテ敢テ說明ヲ要セス第四號ハ他ノ會社ト合併シテ會社ノ解散シタルヲ云フ第五號、合名會社ハ二人以上ノ結合ニ成ルヲ以テ社員カ死亡破産又ハ禁治産等ニ因リテ退社シ一人トナリタルトキハ解散セサルヘカラス第六號、會社カ支拂無資力ト爲リ裁判所ヨリ破産ノ宣告ヲ受ケタル場合ニハ亦當然解散セサルヘカラス第七號ハ正當ノ事由ナクシテ登記後六个月内ニ開業セサルトキ又ハ公ノ秩序又ハ善良ノ風俗ニ反スル行爲ヲ爲シタルトキ又ハ第八十三條ニ依リ裁判所ノ命令ニ因リテ解散シタル場合ヲ云フナリ

第七十五條　前條第一號ノ場合ニ於テハ社員ノ全部又ハ一部ノ同意ヲ以テ

會社ヲ繼續スルコトヲ得但同意ヲ爲サヽリシ社員ハ退社ヲ爲シタルモノト看做ス

前條第一號ノ場合ニ於テハ會社ハ當然消滅スト雖モ本條ハ便宜上二人以上ノ同意アルトキハ更ニ會社ヲ繼續スルコトヲ得トセリ尤モ之ニ同意セサリシ社員ハ如何ニスヘキト云フニ個ハ無論退社シタルモノト看做スノ外ナシ是レ但書ヲ設ケタル所以ナリ

第七十六條　會社カ解散シタルトキハ合併及ヒ破產ノ場合ヲ除ク外二週間內ニ本店及ヒ支店ノ所在地ニ於テ其登記ヲ爲スコトヲ要ス

會社カ合併ニ因リテ解散シタル㫖ハ第八十一條ニ依リテ登記シ破產ニ因ルトキハ破產法第九百八十一條ヲ以テ破產裁判所ニ於テ破產宣告ヲ公告スルノ途アリ故ニ此二ノ場合ヲ除キ其他ノ場合ニ於テハ總テ本條ニ依リ其解散ヲ登記セサルヘカラス

第七十七條　會社ノ合併ハ總社員ノ同意ヲ以テ之ヲ爲スコトヲ得

會社ノ合併ニ二種アリ即チ(一)甲會社カ乙會社ニ合併シテ乙會社ノ存續スルコト(二)甲會社ト乙會社ト合併シテ更ニ丙會社ノ成立スルコト是レナリ甲會社カ乙會社ニ合併シタルトキハ甲會社ハ消滅シテ乙會社ハ甲會社ノ權利義務ヲ承繼スルモノトス此場合ニハ甲會社ヲ合併ニ因リ

テ解散シタル會社ト稱シ乙會社ヲ合併ニ因リテ存續スル會社ト云フ又甲乙會社ノ合併ニ因リテ新タニ丙會社ヲ生シタルトキハ甲乙會社ハ消滅シテ丙會社ハ甲乙會社ノ權利義務ヲ承繼ス此場合ニハ甲乙會社ヲ合併ニ因リテ解散シタル會社ト云ヒ丙會社ヲ合併ニ因リテ設立シタル會社ト云フ

如斯會社カ合併スルニハ本條ニ依リ總社員ノ同意ヲ以テセサルヘカラス又其合併ヲ第三者ニ對抗セントスルニハ第八十一條ニ依リテ之ヲ登記セサルヘカラス又會社ノ債權者ニ對抗セントスルニハ次條以下ニ定メタル義務ヲ履行セサルヘカラス

第七十八條　會社カ合併ノ決議ヲ爲シタルトキハ其決議ノ日ヨリ二週間内ニ財產目錄及ヒ貸借對照表ヲ作ルコトヲ要ス

會社ハ前項ノ期間内ニ其債權者ニ對シ異議アラハ一定ノ期間内ニ之ヲ述フヘキ旨ヲ公告シ且知レタル債權者ニハ各別ニ之ヲ催告スルコトヲ要ス

但其期間ハ二ケ月ヲ下ルコトヲ得ス

會社カ合併ノ決議ヲ爲シタルトキハ其決議ノ日ヨリ二週間内ニ本條第一項ニ依リ財產目錄及ヒ貸借對照表ヲ作ラサルヘカラス尙ホ會社ノ合併ハ債權者ノ利害ニ關スル大ナルヲ以テ會社

ハ合併ノ決議ヲ爲シタル日ヨリ二週間内ニ二个月以上ノ期間ヲ定メ其債權者ニ對シ合併ニ異議アラハ日限内ニ申出ツヘキ旨ヲ公告シ且知レタル債權者ニハ銘々ニ催告セサルヘカラス

第七十九條　債權者カ前條第二項ノ期間內ニ會社ノ合併ニ對シテ異議ヲ述ヘサリシトキハ之ヲ承認シタルモノト看做ス

債權者カ異議ヲ述ヘタルトキハ會社ハ之ニ辨濟ヲ爲シ又ハ相當ノ擔保ヲ供スルニ非サレハ合併ヲ爲スコトヲ得ス

前項ノ規定ニ反シテ合併ヲ爲シタルトキハ之ヲ以テ異議ヲ述ヘタル債權者ニ對抗スルコトヲ得ス

本條第一項ハ會社カ前條第二項ニ定メタル公告ヲ爲シ且催告スルモ債權者カ其期間內ニ異議ヲ述ヘサリシトキハ債權者カ其合併ヲ承認セシモノト看做スヘキヲ示ス故ニ此場合ニハ其債權者ハ後日再ヒ異議ヲ述フルコトヲ得サルモノトス

然レトモ債權者カ右ノ期間內ニ異議ヲ述ヘタルトキハ如何ト云フニ會社ハ第二項ニ依リ異議アル債權者ニ辨濟ヲ爲スカ又ハ保証人ヲ立テ若クハ質抵當等ヲ設ケテ相當ノ擔保ヲ供スルニ非サレハ合併ヲ爲スコトヲ得ス

以上ハ皆會社ノ債權者ノ權利ヲ保護スルノ旨趣ニ出ツ故ニ會社カ異議アル債權者ニ辨濟ヲ爲サス又相當ノ擔保ヲ供セスシテ合併ヲ爲シタルトキハ第三項ハ其制裁トシテ異議アル債權者ニ其合併ヲ主張スルノ權ナクシテ會社ノ債權者ハ其合併ヲ認メスト云ヒ從前ノ會社幷ニ社員ニ對シテ債務ノ履行ヲ請求スルコトヲ得ルモノトセリ

第八十條　會社カ第七十八條第二項ニ定メタル公告ヲ爲サスシテ合併ヲ爲シタルトキハ其合併ハ之ヲ以テ其債權者ニ對抗スルコトヲ得ス

會社カ知レタル債權者ニ催告ヲ爲サスシテ合併ヲ爲シタルトキハ其合併ハ之ヲ以テ其催告ヲ受ケサリシ債權者ニ對抗スルコトヲ得ス

本條ハ會社カ第七十八條ニ定メタル公告又ハ催告ヲ爲サスシテ合併シタル場合ノ制裁ヲ規定シタルモノニシテ第一項ハ第七十八條第二項ニ定メタル公告ヲ爲サスシテ合併シタル𪜈ハ其合併ハ債權者一般ニ對抗スルコトヲ得サラシメ又知レタル債權者ニ催告ヲナサスシテ合併シタル𪜈ハ其催告ヲ受ケサリシ債權者ニ對シテハ其合併ヲ主張スルヿヲ得サラシメタリ

第八十一條　會社カ合併ヲ爲シタルトキハ二週間内ニ本店及ヒ支店ノ所在地ニ於テ合併後存續スル會社ニ付テハ變更ノ登記ヲ爲シ、合併ニ因リテ消滅シタル會社ニ付テハ解散ノ登記ヲ爲シ、合併ニ因リテ設立シタル會社ニ付テハ第五十一條第一項ニ定メタル登記ヲ爲スコトヲ要ス

會社ノ合併ハ都合三個ノ効果ヲ生スルモノナリ例之甲會社カ乙會社ニ合併シタルトキハ甲會社ハ消滅シ（其一）乙會社ハ社員會社財產若クハ組織等ニ變更ヲ生スルモノトス（其二）此場合ニハ甲會社ハ解散ヲ登記シ乙會社ハ變更ヲ登記セサルヘカラス又甲乙會社カ合併シテ新タニ丙會社ヲ生シタルトキハ甲乙會社ハ消滅シテ丙會社ヲ成立セシムルモノトス（其三）此場合ニハ甲乙會社ハ解散ヲ登記シ丙會社ハ第五十一條ニ從ヒ設立ノ登記ヲ爲サヽルヘカラス而シテ其登記ハ何レモ合併後二週間內ニ本店及ヒ支店ノ所在地ニ於テセサルヘカラス

第八十二條 合併後存續スル會社又ハ合併ニ因リテ設立シタル會社ハ合併ニ因リテ消滅シタル會社ノ權利義務ヲ承繼ス

本條ハ合併ニ因リテ消滅シタル會社ノ權利義務ニ付キ其承繼ヲ定メタルモノナリ即チ甲會社カ乙會社ニ合併シタルトキハ消滅シタル甲會社ノ權利義務ハ存續シタル乙會社カ相續シ甲乙會社カ合併シテ丙會社ヲ生シタルトキハ甲乙會社ノ權利義務ハ其合併ニ因リテ成立シタル丙會社カ相續スルモノトス蓋シ會社カ如斯消滅シタル會社ノ權利義務ヲ承繼スルハ尙ホ人間カ

死亡者ノ家督ヲ相續シテ其權利義務ヲ承繼スルニ同シ

第八十三條　已ムコトヲ得サル事由アルトキハ各社員ハ會社ノ解散ヲ裁判所ニ請求スルコトヲ得但裁判所ハ社員ノ請求ニ因リ會社ノ解散ニ代ヘテ或社員ヲ除名スルコトヲ得

諸種ノ解散中社員ノ意ニ出ルモノハ第七十四條ノ第三號ト合併ノ爲メノ解散ニ係ル第七十七條トノ二ケノ場合ニシテ何レモ社員一同ノ同意ニ出ルモノトス然レﾄﾓ此外ニ一部ノ社員ト雖ﾄﾓ其場合ニ依リテハ尙ホ解散セシムルコトヲ得ルノ途ナクソハアラス蓋シ社運衰頽シテ維持困難ナルニ關ハラス解散ノ協議纏ヲサルカ若クハ一致協力シテ事ニ從フニ於テハ敢テ繼續スヘカラサルニアラサルモ社員中或ハ私利ヲ營ミ或ハ擅恣ノ振舞等ヲナス者アリテ到底共和シテ社運ノ隆昌ヲ圖ルノ冀望絕ユル如キ已ムコトヲ得サル事由アルニ當タリテハ縱ﾄﾋ一二社員ノ意見ﾄ雖ﾄﾓ忽諸ニ附スヘカラサルモノアレハナリ故ニ本條ハ如此非常ノ場合ヲ想像シ已ムコトヲ得サル事由アルニ當タリテハ各社員ハ會社ノ散解ヲ裁判所ニ請求スルノ權能アルコトヲ認メタリ

然レﾄﾓ其解散ハ素ヨリ冀望スヘキコトニアラサルヲ以テ裁判所カ敢テ解散セストモ或ル社員

ヲ除名セハ尚ホ其成立ヲ維持スヘシト認ムルトキハ社員ノ請求ニ因リ更ニ解散ニ代ヘテ或ル社員ヲ除名スルコトヲ得トスルヲ便利ナリトス是レ但書ヲ設ケタル所以ナリ

第六節　清算

清算トハ解散シタル會社ノ財産ヲ處分スル爲メ仕掛リタル取引等ヲ結了シ、債權ヲ取立、債務ヲ辨濟シ殘餘財産アレハ之ヲ社員ニ分配スルコトヲ云フモノニシテ會社カ解散シタルトキハ本節ノ規定ニ從ヒ必ス此清算ヲナササルヘカラス又會社カ其設立ヲ取消サレタルトキハ初メヨリ成立ナキモノトナルヲ以テ會社トシテ清算ヲナスヘキモノニアラス然レトモ一旦事業ニ着手シタル以上ハ解散ノ場合ト同シク清算ヲナスヘキ必要アリ、故ニ如此場合ニ於テハ猶ホ解散ノ場合ニ準シテ清算スヘキトス

第八十四條　會社ハ解散ノ後ト雖モ清算ノ目的ノ範圍內ニ於テハ尚ホ存續スルモノト看做ス

會社ハ解散シテモ其財産ハ直チニ社員ノモノトナサス尚ホ會社ノモノトシテ清算ヲナサシムル必要アリ故ニ本條ハ會社ハ解散ノ後ト雖モ尚ホ其清算上ニ於テノミ存續スルモノト看做シタリ

第八十五條　解散ノ場合ニ於ケル會社財產ノ處分方法ハ定款又ハ總社員ノ同意ヲ以テ之ヲ定ムルコトヲ得此場合ニ於テハ解散ノ日ヨリ二週間內ニ財產目錄及ヒ貸借對照表ヲ作ルコトヲ要ス

第七十八條第二項第七十九條及ヒ第八十條ノ規定ハ前項ノ場合ニ之ヲ準用ス

會社ハ本條第一項ニ依リ解散ノ場合ニ於ケル會社財產ノ處分方法ハ定款又ハ總社員ノ同意ヲ以テ之ヲ定ムルコトヲ得、然レトモ此場合ニハ解散ノ日ヨリ二週間內ニ財產目錄及ヒ貸借對照表ヲ作ラサルヘカラス

又會社ハ本條第二項ニ依リテ其債權者ニ對シ會社ノ債權者ヲ保護シタル第七十八條第二項第七十九條及ヒ第八十條ノ手續ヲ履行セサルヘカラス

第八十六條　前條ノ規定ニ依リテ會社財產ノ處分方法ヲ定メサリシトキハ合併及ヒ破產ノ場合ヲ除ク外後十三條ノ規定ニ從ヒテ淸算ヲ爲スコトヲ要ス

解散ノ場合ニ於ケル會社財產ノ處分方法ハ前條ニ依リ定款又ハ總社員ノ同意ヲ以テ之ヲ定ム

ルコトヲ得故ニ定款又ハ總社員ノ同意ヲ以テ其處分方法ヲ定メタルトキハ本條ニ從フヲ要セストモ其定メナキトキハ合併及ヒ破産ノ場合ヲ除ク外後ノ十三條ニ定ムル方法ニ從テ處分セサルヘカラス

本條ニ合併及ヒ破産ノ場合ヲ除キタルハ合併ニ付テハ第七十八條以下ニ之ヲ規定シ破産ニ付テハ破産法ノ規定ニ依リテ處分セラルヽカ故ナリ

第八十七條　清算ハ總社員又ハ其選任シタル者ニ於テ之ヲ爲ス

清算人ノ選任ハ社員ノ過半數ヲ以テ之ヲ決ス

本條ハ普通清算人ト爲ルヘキ者ヲ定メタルモノナリ即チ清算人ハ本條ニ依リ社員一同又ハ社員ノ選任シタル者ニ於テ爲スモノトス然レトモ清算人ハ社員以外ノ者ヲ以テスルモ可ナリ而シテ之ヲ選任スルニハ第二項ニ依リ社員ノ多數決ニ依ラサルヘカラス

第八十八條　第七十四條第五號ノ場合ニ於テハ裁判所ハ利害關係人ノ請求ニ因リ清算人ヲ選任ス

利害關係人トハ清算ノ正當ナルト否ト又其巧拙等カ直接間接ニ利害ノ關係ヲ及ホスヘキ人ヲ云フモノニシテ夫ノ退社員若クハ持分ヲ讓渡シタル社員ノ中登記後二年ヲ經過セサル者（登記後二

年間ハ會社ノ債務ニ付キ責任アル故）又ハ會社ノ債權者ハ勿論社員ノ債權者又ハ持分ノ拂戻ヲ受ケサル退社員又ハ其退社員ノ債權者等ハ直接間接ニ利害ノ關係ヲ有スルモノナリ扨此等ノ利害關係人ハ第七十四條第五號ノ如ク社員カ一人トナリタル場合ニ其職務ヲ殘存社員一人ニ任セ置クハ其甚タ掛念スル所ナルヘシ故ニ如此場合ニ於テ利害關係人ノ請求アリタル𪜈ハ裁判所ニ於テ其清算人ヲ選任ス

第八十九條　會社カ裁判所ノ命令ニ依リテ解散シタル𪜈ハ裁判所ハ利害關係人又ハ檢事ノ請求ニ依リ清算人ヲ選任ス

本條モ亦前條ト共ニ清算人ノ選任ニ關シ第八十七條ノ例外ヲ規定シタルモノナリ卽チ第四十七條第四十八條第八十三條ニ依リ裁判所ノ命令ニ依リテ解散シタルトキハ裁判所ハ本條ニ依リ利害關係人ノ請求ニ因リ清算人ヲ選任スルモノトス尙ホ如此場合ニ於テハ假トヒ利害關係人ノ請求ナクモ檢事ノ請求アル𪜈ハ裁判所ハ公益ノ爲メ之ヲ選任ス

第九十條　清算人ノ選任アリタル𪜈ハ其清算人ハ二週間內ニ本店及ヒ支店ノ所在地ニ於テ自已ノ氏名住所ヲ登記スルコトヲ要ス

清算人ノ選任アリタルトキハ社員ノ選任シタル場合ト裁判所ノ選任シタル場合トヲ問ハス清

算人ヨリ二週間内ニ本店及ヒ支店ノ所在地ニ於テ其氏名住所ヲ登記セサルヘカラス但本條ハ選任清算人ノミニ命シタルモノニシテ社員一同ニテ清算ヲ爲ストキハ素ヨリ之ヲ登記スル必要ナシ

第九十一條　清算人ノ職務左ノ如シ

一　現務ノ結了

二　債權ノ取立及ヒ債務ノ辨濟

三　殘餘財産ノ分配

清算人ハ前項ノ職務ヲ行フ爲メニ必要ナル一切ノ裁判上又ハ裁判外ノ行爲ヲ爲ス權限ヲ有ス

清算人ノ代理權ニ加ヘタル制限ハ之ヲ以テ善意ノ第三者ニ對抗スルコトヲ得ス

民法第八十一條ノ規定ハ合名會社ノ清算ノ場合ニ之ヲ準用ス

本條ハ清算人ノ職務ヲ定メタルモノニシテ第一號ニ現務ノ結了トハ營業上仕掛ケタル仕事若クハ仕掛ケタル取引等ヲ片付クルヲ云フ第二號ノ債權ノ取立、債務ノ辨濟トハ貸ヲ取リ借ヲ返スコトナリ第三號ノ殘餘財産ノ分配トハ會社ノ債務ヲ辨濟シテ後ニ殘レル財産ヲ社員ニ分配スルコトヲ云フ其分配ノ割合ハ別ニ之ヲ定メタルトキハ其定メ通リニナシ別ニ定メナキトキハ持分ノ大小ニ應シテ分配セサルヘカラス

第二項、本項ハ清算人ノ代理權ヲ定メタルモノナリ、清算人ハ第一項ニ掲ケタル職務ヲ行フ爲メニ必要ナル一切ノ裁判上又ハ裁判外ノ行爲ヲ爲ス權限ヲ有スルモノトス、一切ノ裁判上又ハ裁判外ノ行爲ノ何モノナルヤハ第六十二條ニ述ヘタレハ此ニハ說明ヲ省ク

第三項、清算人カ右ノ如ク職務上一切ノ權限ヲ有スル以上ハ若シ其代理權ニ制限ヲ加ヘヘタルニ拘ハラス清算人カ其制限外ノ行爲ヲ爲スモ其相手方ナル第三者カ之ヲ知ラサリシ时ハ其第三者ニ對シテハ其行爲ヲ取消スコトヲ得サルモノトス

第四項、清算人ハ清算中會社財産ヲ以テ會社ノ債務ヲ完濟スルニ足ラサルコトカ分明トナリタルトキハ民法第八十一條ノ規定ニ從ヒ直チニ裁判所ニ破産宣告ヲ請求シ且其事務ヲ管財人ニ引渡サヽルヘカラス而シテ清算人ハ管財人ニ其事務ノ引渡ヲ爲シタルトキハ全ク其任務ヲ終ハリタルモノトナルナリ若シ此場合ニ清算人カ債權者ニ對シテ支拂ヲ爲シ又ハ社員ニ分配ヲ爲シタルトキハ管財人ハ更ニ總債權者ニ分配ヲ爲ス爲メ之ヲ取戾シテ破産財團ノ中ニ組入

ルヽナリ

第九十二條　會社ニ現存スル財産カ其債務ヲ完濟スルニ不足ナルトキハ清算人ハ辨濟期ニ拘ハラス社員ヲシテ出資ヲ爲サシムルコトヲ得

辨濟期前ノ負債ト雖モ早ク辨濟シテ利息ノ支拂ヲ免レ又ハ切捨ヲ受ケテ辨濟スルヲ可トスルコトアリ故ニ清算人ハ本條ニ依リ後日會社ノ債權ヲ取立テタル後之ヲ完濟スルコトヲ得ルノ見込アル場合ト雖モ會社ニ有リ合セタル財産ニテ完濟スルコトノ出來サル場合ニハ社員ヲシテ出資ヲ爲サシメテモ右等ノ負債ヲ片付クルコトヲ得ルナリ

第九十三條　清算人數人アルトキハ清算ニ關スル行爲ハ其過半數ヲ以テ之ヲ決ス但第三者ニ對シテハ各自會社ヲ代表ス

清算人數人アルトキハ清算事務ハ一人ノ獨斷ニテ行フコトヲ得ス而モ一同ノ同意アルコトヲ要セス過半數ノ同意アレハ可ナリ尤モ第三者トノ取引等ニ付テハ銘々會社ヲ代表スルモノトス換言スレハ會社ノ代表ハ各清算人共同シテ爲スヲ要セス銘々一人ツヽニテ爲スコトヲ得ルナリ

第九十四條　清算人ハ就職ノ後遲滯ナク會社財産ノ現況ヲ調査シ財産目錄

及ヒ貸借對照表ヲ作リ之ヲ社員ニ交付スルコトヲ要ス

清算人ハ社員ノ請求ニ因リ毎月清算ノ狀況ヲ報告スルコトヲ要ス

本條ニ清算人ノ就職トハ清算人カ其選任ヲ承諾シテ清算人ト爲リタルヲ云フ清算人カ選任ヲ承諾シテ清算人ト爲リタルトキハ本條第一項ニ依リ速ニ會社財産ノ有樣ヲ取調ヘ財産目錄及ヒ貸借對照表ヲ作リテ社員ニ渡サヽルヘカラス

又社員ヨリ請求ヲ受ケタルトキハ第二項ニ依リ毎月清算ノ有樣ヲ報告セサルヘカラス尤モ總社員自ラ清算ヲ爲ス場合ニハ第二項ノ手續ヲナスヲ要セス

第九十五條　清算人ハ會社ノ債務ヲ辨濟シタル後ニ非サレハ會社財産ヲ社員ニ分配スルコトヲ得ス

本條ハ會社ノ債權者ヲ保護シタルモノナリ清算人ハ縱ヒ會社ノ債務ヲ辨濟シテ尙ホ財産ヲ餘スコトノ明ナルトキト雖モ先ツ會社ノ債務ヲ殘ラス辨濟シタル後ニ非サレハ會社財産ヲ社員ニ分配スルコトヲ得ス若シ會社ノ債務ヲ辨濟セサル前社員ニ分配ヲ爲シタルトキハ清算人ハ第二百六十二條ノ處分ヲ受クヘシ

第九十六條　社員カ選任シタル清算人ハ何時ニテモ之ヲ解任スルコトヲ得

此解任ハ社員ノ過半數ヲ以テ之ヲ決ス
重要ナル事由アルトキハ裁判所ハ利害關係人ノ請求ニ因リ清算人ヲ解任スルコトヲ得

本條第一項ハ社員ノ選任シタル清算人ヲ解任スル場合ヲ定メ第二項ハ社員ノ選任シタル場合ト裁判所ノ選任シタル場合トヲ問ハス裁判所ニ解任權アルコトヲ規定シタルモノナリ
第一項ニ依レハ如何ナル場合ヲ問ハス社員ハ其自ラ選任シタル清算人ハ其過半數ノ同意ヲ以テ解任スルコトヲ得ルナリ
又第二項ニ依レハ重要ナル事由アルトキハ本店ノ所在地ヲ管轄スル區裁判所ハ自已ノ選ミタル清算人タルト無限責任社員ノ選ミタル清算人トニ關ハラス利害關係人ノ請求ニ因リ之ヲ解任スルコトヲ得、重要ナル事由トハ清算人カ其職務上不正ノ行爲ヲ爲シタルカ又ハ無經驗ニシテ其任ニ適セサルカ如キヲ云フ
解任ノ裁判ニ付テハ何等ノ理由アリトモ不服ヲ申立ツルコトヲ得サルモノトス（非商事件手續法第百三十七條參照）

第九十七條　清算人ノ解任又ハ變更ハ二週間内ニ本店及ヒ支店ノ所在地ニ

於テ之ヲ登記スルコトヲ要ス

本條ハ清算人ヲ解任シタルトキ又ハ之レニ更迭アリタルトキ即チ清算人ニ變更アリタルトキハ二週間內ニ本店及ヒ支店ノ所在地ニ於テ登記スヘキヲ命シタルニ過キス

第九十八條　清算人ノ任務カ終了シタルトキハ清算人ハ遲滯ナク計算ヲ爲シテ各社員ノ承認ヲ求ムルコトヲ要ス

前項ノ計算ニ對シ社員カ一ケ月內ニ異議ヲ述ヘサリシトキハ之ヲ承認シタルモノト看做ス但清算人ニ不正ノ行爲アリタルトキハ此限ニ在ラス

本條第一項ハ清算人ノ任務ノ終了トハ第九十一條ニ揭ケタル清算人ノ爲スヘキ仕事ノ仕上リタルコトヲ云フ如斯清算人カ第九十一條ノ仕事ヲ全ク仕上ケタルトキハ清算人ハ一切ノ計算ヲ爲シテ各社員ノ承認ヲ求メサルヘカラス社員カ右ノ計算ニ對シテ一ケ月內ニ異議ヲ述ヘサリシトキハ各社員之ヲ承認シタルモノト看做サルルニ至ルモノトス故ニ社員ハ右ノ計算ニ對シテ一ケ月內ニ異議ヲ述ヘサリシトキハ後日再ヒ異議ヲ述フルコトヲ得ス然レトモ但書ヲ設ケテ清算人ニ不正ノ行爲アリタル場合ヲ除外シタリ故ニ清算人ニ不正ノ行爲アリタルトキハ各社員ハ民法ニ定ムル時效期間內ハ其計算ニ對シテ不承知ヲ述ヘ且清算人ニ對シテ損害賠償ヲ

請求スルコトヲ得ルナリ

第九十九條　清算カ結了シタルトキハ清算人ハ遲滯ナク本店及ヒ支店ノ所在地ニ於テ其登記ヲ爲スコトヲ要ス

前條ニ所謂任務ノ終了トハ只清算事務ノ仕上リタルノミヲ云フモノナレﾄﾞ本條ニ清算ノ結了トハ清算事務ノ仕上リタル後前條第二項ニ依リテ各社員其計算ヲ承認シ全ク清算ノ確定シタルコトヲ云フモノナリ然リ而シテ各社員カ清算人ヨリ提出セラレタル計算ヲ承認シタルトキハ爰ニ清算ハ結了シ會社ハ全ク消滅スルカ故ニ清算人ハ本條ニ依リ清算結了ノ登記ヲ爲サザルヘカラス

第百條　會社カ事業ニ著手シタル後其設立カ取消サレタルトキハ解散ノ場合ニ準シテ清算ヲ爲スコトヲ要ス此場合ニ於テハ裁判所ハ利害關係人ノ請求ニ因リ清算人ヲ選任ス

本條ニ設立カ取消サレタルトキトハ會社カ一旦成立シテ事業ニ着手シタルモ社員中未成年者又ハ人ノ妻タルモノアリテ此等ノ者カ當初法定代理人又ハ夫ヨリ其許可ヲ得スシテ加入シタルカ爲メ此等ノ者又ハ法定代理人又ハ夫ヨリ其加入ヲ取消サレタルカ又ハ詐欺若クハ强迫等

ニ遂フテ加入シタル者ヨリ其加入ヲ取消シタルカ如キ場合ヲ云フ會社カ此ノ如ク社員中ヨリ其加入ヲ取消サレタル場合ニ於テハ會社ハ初ヨリ成立ナキモノトナルナリ然レモ一旦事業ニ着手シタル上ハ多少取引關係ヲ生シタルニ相違ナケレハ解散ノ場合ト同シク處分セシムル必要アリ故ニ本條ハ猶ホ解散ノ場合ニ準シテ清算ヲ爲サシムルモノトナシタリ

又會社ノ成立ナキ以上ハ社員ナルモノアラサルヲ以テ淸算人タルヘキモノ亦之ナキ故其淸算人ハ裁判所之ヲ選任スルモノトセリ

第百一條　會社ノ帳簿其營業ニ關スル信書及ヒ淸算ニ關スル一切ノ書類ハ第八十五條ノ場合ニ在リテハ本店ノ所在地ニ於テ解散ノ登記ヲ爲シタル後其他ノ場合ニ在リテハ淸算結了ノ登記ヲ爲シタル後十年間之ヲ保存スルコトヲ要ス其保存者ハ社員ノ過半數ヲ以テ之ヲ定ム

會社モ商人タル以上ハ第二十八條ニ從ヒ帳簿其他營業ニ關スル信書等ヲ保存スル義務アリ故ニ解散シタル會社ハ其帳簿ト營業ニ關スル信書ハ勿論淸算ニ關スル帳簿其他一切ノ書類ヲ保存セサルヘカラス故ニ此等ノ帳簿書類ハ解散ノ登記ヲ爲シタル後十年間本店ノ所在地ニ於テ保存シ、其保存者ハ社員ノ過半數ヲ以テ定ムルモノトス

第百二條　社員カ死亡シタル場合ニ於テ其相續人數人アルトキハ淸算ニ關シテ社員ノ權利ヲ行フヘキ者一人ヲ定ムルコトヲ要ス

社員カ死亡シ相續人數人アル場合ニ其數人ヲシテ淸算ノ權利及ヒ淸算人ノ選任權等ヲ行ハシムルハ煩雜不便ノ事ナリトス故ニ本條ハ其場合ニ相續人數人アルトキハ社員權ヲ行フヘキモノ一人ヲ定ムヘキヲ命セリ

第百三條　第六十三條ニ定メタル社員ノ責任ハ本店ノ所在地ニ於テ解散ノ登記ヲ爲シタル後五年ヲ經過シタルトキハ消滅ス

前項ノ期間經過ノ後ト雖モ分配セサル殘餘財産尙ホ存スルトキハ會社ノ債權者ハ之ニ對シテ辨濟ヲ請求スルコトヲ得

會社カ本店ノ所在地ニ於テ解散ノ登記ヲ爲シタル後五年ヲ經過シタルトキハ社員ハ第六十三條ニ定メタル責任ヲ免レ會社ノ債權者ニ對シ會社ノ債務ヲ辨濟スルニ及ハサルモノトナリ然レモ右ノ期間經過ノ後ト雖モ社員ニ分配セサル財産カ尙ホ存在セルトキハ會社ノ債權者ハ其財産ニ對シテノミ辨濟ヲ請求スルコトヲ得ルナリ

第三章　合資會社

合資會社ニ二種アリ合資會社株式合資會社是レナリ而シテ株式合資會社ハ之ヲ第五章ニ規定シ本章ハ只ノ合資會社ヲ規定シタリ

合資會社ハ無限責任社員ト有限責任社員トノ二種ノ社員ヲ以テ組織スルモノトス故ニ無限責任社員ハ矢張リ合名會社ノ社員ノ如ク各社員會社ノ負債ヲ一身ニ引受ケ辨濟スルノ義務アレモ有限責任社員ハ株式會社ノ株主ノ如ク責任其出資ニ止マリ社員所有ノ財産ニ及ハス而カモ會社ノ利益ハ出資ノ價額ニ應シテ配當セラルヽモノトス故ニ自ヲ商業ヲ營ムコト能ハサル者ト雖モ合資會社ノ有限責任社員ト爲リテ出資タニ爲セハ無限責任社員ノ信用ト腕前トニ頼リテ相當ノ利益ヲ收ムルヲ得ヘク無限責任社員モ亦之レト同時ニ資本ヲ得ルノ便益アリ

合資會社カ合名會社ト全ク異ナル所ハ要スルニ只無限責任社員ノ外ニ有限責任社員ノ一種ヲ加ヘタルニ過キス故ニ合資會社ハ多ク之ヲ合名會社ノ規定ニ從ハシムルコトヲ得ルナリ是ヲ以テ本章ハ只合資會社ニ特段ナル規定ノミヲ揭ケ他ハ合名會社ノ規定ヲ準用スルコトヽセリ

第百四條　合資會社ハ有限責任社員ト無限責任社員トヲ以テ之ヲ組織ス

合名會社ハ無限責任社員ノミヲ以テ團結スヽ此種ノ會社ハ世人ノ信用ヲ得ルコト厚シト雖モ亦從テ其責任甚タ重キヲ以テ容易ニ社員ノ地位ヲ讓受ル者ナケレハ會社モ亦滅多ナル者ニ社

員ノ地位ヲ讓渡スコトヲ得サルナリ、如此有樣ナルカ故ニ合名會社ニアリテハ自然多數ノ社員ヲ得ル能ハス從テ概ネ其資本ニ乏シキヲ常トス是レ茲ニ合資會社ヲ認メ之レニ有限責任社員ヲ加ハヘテ以テ資本吸集ノ便ヲ與ヘタルモノトス左レハ合資會社ニテハ無限責任社員又ハ有限責任社員カ盡ク退社シタルトキハ當然解散スヘキモノトス蓋シ組織ノ要素ヲ失フ故ナリ然レトモ有限責任社員ノ一方ノミ退社シタルトキハ便宜上無限責任社員ノ一致ヲ以テ更ニ合名會社トシテ繼續スルコトヲ許セリ(第百十八條)

第百五條　合資會社ニハ本章ニ別段ノ定アル場合ヲ除ク外合名會社ニ關スル規定ヲ準用ス

合資會社ハ合名會社ニ有限責任社員ノ一種ヲ加ハヘタルニ過キス故ニ本章ハ合名會社ノ規定ニシテ其儘用フヘカラサル事柄ノミヲ規定シ他ハ合名會社ノ規定ニ從ハシムルモノトセリ

第百六條　合資會社ノ定款ニハ第五十條ニ揭ケタル事項ノ外各社員ノ責任ノ有限又ハ無限ナルコトヲ記載スルコトヲ要ス

合資會社ハ有限責任社員ト無限責任社員トヲ以テ成立スルモノナリ故ニ合名會社ノ定款ニ記載スヘキ事項ノ外各社員ノ責任ノ有限ナルコト又ハ無限ナルコトヲ記載セサルヘカラス

第百七條　會社ハ定款ヲ作リタル日ヨリ二週間内ニ其本店及ヒ支店ノ所在地ニ於テ第五十一條第一項ニ掲ケタル事項ノ外各社員ノ責任ノ有限又ハ無限ナルコトヲ登記スルコトヲ要ス

合資會社ニハ有限責任社員ト無限責任社員トノ二種アルヲ以テ第五十一條第一項ニ定ムル登記事項ノ外社員ノ責任ノ有限ナルコト又ハ無限ナルコトヲ登記セサルヘカラス

第百八條　有限責任社員ハ金錢其他ノ財産ノミヲ以テ出資ノ目的ト爲スコトヲ得

無限責任社員ハ會社財産ヲ以テ會社ノ債務ヲ辨濟スルコト能ハサルトキハ之ヲ一身ニ引受ケ辨濟スル義務アリ從テ會社ノ機關ト爲リテ其業務ヲ執行スルノ權利ト義務ヲ有スレトモ有限責任社員ハ會社ノ業務ニ干與セス又其責任出資ニ止マルヲ以テ性質上信用又ハ勞力ヲ以テ出資ノ目的ト爲スヘキモノニ非ス否實際不能ナリ是レ本條ノ規定アル所以ナリ

第百九條　各無限責任社員ハ定款ニ別段ノ定ナキトキハ會社ノ業務ヲ執行スル權利ヲ有シ義務ヲ負フ

無限責任社員數人アルトキハ會社ノ業務執行ハ其過半數ヲ以テ之ヲ決ス

會社ハ無限責任社員中ヨリ別段業務執行社員ヲ定メ置キ一切ノ業務ヲ取扱ハシムルコトヲ得ルナリ然レ𪜈定款ニ於テ別段之ヲ定メ置カサルトキハ本條ニ依リ無限責任社員ハ當然其業務ヲ執行スルノ權アルト同時ニ又其義務アルモノトス無限責任社員數名アルトキハ會社ノ業務執行ハ矢張リ合名會社ト同シク無限責任社員ノ過半數ヲ以テ決セサルヘカラス

第百十條　支配人ノ選任及ヒ解任ハ特ニ業務執行社員ヲ定メタルトキト雖𪜈無限責任社員ノ過半數ヲ以テ之ヲ決ス

支配人ノ任免ハ最モ重大ノ事柄ナルヲ以テ愼重ヲ要セサルヘカラス故ニ業務執行社員ヲ定メ置キタルトキト雖𪜈合名會社ト同シク必ス本條ニ依リ無限責任社員ノ過半數ヲ以テ決セサルヘカラス

第百十一條　有限責任社員ハ營業年度ノ終リニ於テ營業時間內ニ限リ會社ノ財產目錄及ヒ貸借對照表ノ閱覽ヲ求メ且會社ノ業務及ヒ會社財產ノ狀況ヲ檢査スルコトヲ得

重要ナル事由アルトキハ裁判所ハ有限責任社員ノ請求ニ因リ何時ニテモ會社ノ業務及ヒ會社財產ノ狀況ノ檢査ヲ許スコトヲ得

本條ハ有限責任社員ノ監督權ヲ定メタルモノナリ合資會社ノ有限責任社員ニハ業務執行權ヲ附與スヘカラスト雖モ其社員トナリテ損益共分ノ關係ヲ有スル以上ハ少クモ之レニ監督權ヲ有セシムヘキハ蓋シ當然ノ事ナリトス是レ第一項カ之レニ與フルニ會社ノ財產目錄及ヒ貸借對照表ノ閱覽ヲ求メ且會社ノ業務及ヒ會社財產ノ有樣ヲ調査スルノ權利ヲ以テシタル所以ナリ而モ何時ニ拘ハラス爲シ得ルモノトスル片ハ大ニ事務ノ妨害トモナリ又或ハ秘密ヲ漏ス恐レアリ故ニ之ヲ制限ノ下ニ即チ營業年度ノ終ハリニ於テ特ニ執務時間內ニ限リテ許スコト丶ナシタリ

然レ𪜈例ヘハ無限責任社員カ現ニ不都合ヲ爲シツ丶アル如キ重要ナル事由アルトキハ裁判所ヲシテ其權利ヲ行フコトヲ許可セシムルコト丶セスンハアルヘカラス是レ第二項ノ設ケアル所以ナリ

第百十二條　有限責任社員ハ無限責任社員全員ノ承諾アルトキハ其持分ノ全部又ハ一部ヲ他人ニ讓渡スコトヲ得

有限責任社員同志ハ殆ント關係ナキモ同樣ナリト雖𪜈無限責任社員トハ矢張リ相互ノ信用ヲ以テ結合セルモノナリ故ニ有限責任社員ト雖𪜈勝手ニ其持分ヲ他人ニ讓渡スコトヲ得ス無限

責任社員一同ノ承諾ヲ得テ始メテ之ヲ讓渡スコトヲ得ルモノトス

第百十三條　有限責任社員ハ自已又ハ第三者ノ爲メニ會社ノ營業ノ部類ニ屬スル商行爲ヲ爲シ又ハ同種ノ營業ヲ目的トスル他ノ會社ノ無限責任社員ト爲ルコトヲ得

合資會社ノ無限責任社員ハ尙ホ合名會社ノ無限責任社員ト同シク第六十條ニ於ケル競業禁止ノ規定ニ從ハシムル必要アリト雖モ有限責任社員ハ會社ノ業務ニ干與セサルヲ以テ該規定ニ從ハシムル必要ナシ是レ本條ノ規定アル所以ナリ

第百十四條　定欵又ハ總社員ノ同意ヲ以テ特ニ會社ヲ代表スヘキ無限責任社員ヲ定メサルトキハ各無限責任社員會社ヲ代表ス

有限責任社員ハ次條ニ定ムル如ク會社ノ代表者タルコトヲ得スト雖モ無限責任社員ハ定欵又ハ總社員ノ同意ヲ以テ別ニ代表社責ヲ定メサリシ時ハ各無限責任社員當然會社ヲ代表スルモノトス

代表社員ノ權限ハ尙ホ合名會社ニ同シ代理權ニ付テモ亦同樣ナリ故ニ此ニハ重子テ說明セス

第百十五條　有限責任社員ハ會社ノ業務ヲ執行シ又ハ會社ヲ代表スルコト

ヲ得ス

會社ノ業務執行及ヒ其代表ハ無限責任社員ノ專權ニ屬シ有限責任社員ハ之ヲ有スルコト能ハサルモノトス尤モ監督權ヲ有スルハ勿論支配人其他ノ役員トナリテ會社ノ事務ヲ扱フハ固ヨリ差支ナシ

第百十六條　有限責任社員ニ自巳ヲ無限責任社員ナリト信セシムヘキ行爲アリタルトキハ其社員ハ善意ノ第三者ニ對シテ無限責任社員ト同一ノ責任ヲ負フ

有限責任社員ハ會社ノ債務ニ付自己ノ出資以外ニ責任ヲ負フコトナシト雖𪜈例ヘハ無限責任社員ト同樣ニ其社ノ事務ヲ行ヒタルカ如キ行爲アリテ第三者ヲシテ無限責任社員ト信セシメタル𬼀ハ其善意ノ第三者ニ對シテハ會社ノ債務ニ付キ無限責任社員員ト同一ニ連帶無限ノ責任ヲ以テ辨濟スルノ義務アリ

第百十七條　有限責任社員カ死亡シタルトキハ其相續人之ニ代ハリテ社員ト爲ル

有限責任社員ハ禁治産ノ宣告ヲ受クルモ之ニ因リテ退社セス

合資會社ニ於テモ合名會社ノ如ク無限責任社員死亡シタル場合ニ其相續人ヲシテ死亡者ノ地位ヲ相續セシムヘキ旨ヲ定メタルトキハ相續人之ニ代ハリテ社員トナルコトヲ得ルモ其定メナキトキハ死亡ニ因リテ其社員ハ當然退社シタルモノトナルナリ然レモ有限責任社員死亡スルモ本條ニ依リ其相續人之ニ代ハリテ社員トナリ禁治產ノ宣告ヲ受クルモ退社ノ原因トハナラサルモノトス是レ有限責任社員ハ會社ノ業務ニ關係セサルヲ以テ其人ノ如何ヲ問フノ必要アラサレハナリ

第百十八條　合資會社ハ無限責任社員又ハ有限責任社員ノ全員カ退社シタルトキハ解散ス但有限責任社員ノ全員カ退社シタル場合ニ於テ無限責任社員ノ一致ヲ以テ合名會社トシテ會社ヲ繼續スルコトヲ妨ケス
前項但書ノ場合ニ於テハ一週間內ニ本店及ヒ支店ノ所在地ニ於テ合資會社ニ付テハ解散ノ登記ヲ爲シ合名會社ニ付テハ第五十一條第一項ニ定メタル登記ヲ爲スコトヲ要ス

合資會社ハ無限責任社員ト有限責任社員トヲ以テ成立ス故ニ何レカ一方ノ社員悉ク退社シタルトキハ會社ハ當然解散スルモノトス然レモ本條第一項但書ハ無限責任社員カ殘リタルトキ

ハ其一致ヲ以テ更ニ合名會社トシテ其儘繼續スルコトヲ得セシムルモノトシ普通解散ノ場合ノ如ク清算ヲナスニ及ハサルモノトセリ從テ第二項ハ其場合ニハ二週間內ニ本店及ヒ支店ノ所在地ニ於テ合資會社ニ付テハ直チニ解散ノ登記ヲ爲シ合名會社ニ付テハ(繼續シタル)第五十一條ニ從ヒ設立ノ登記ヲ爲スヘキモノトセリ

第四章　株式會社

株式會社ハ有限責任社員ノミヲ以テ團結シ其資本ハ之ヲ一定ノ株式ニ分チテ株券ヲ發行シ社員ヲ株主ト稱シ株主ノ權利即チ地位ヲ株式ト云フ而シテ社員ノ責任ハ各自ノ所有セル株式ノ金額ニ限リ他ニ責任ヲ負フコトナシ故ニ株式會社ハ資本ヲ主トシ社員即チ株主ノ何人タルヤハ敢テ之ヲ問フノ要ナシ從テ社員間ノ關係ナルモノ殆ント之レアラサルヲ以テ社員ハ株式ヲ所持シテ利益ノ配當ヲ受クルノミニアラス自由ニ株式ヲ賣却シテ利ヲ博スルヲ得ヘク又質入シテ融通ヲ便スルヲ得ヘシ然ヲハ株式會社ハ發起人其人ヲ得レハ廣ク株主ヲ募集シテ立ロニ多額ノ資本ヲ集ムルコトヲ得ヘシ故ニ株式會社ハ大資本ヲ要スル事業ヲ企ツルニ最モ適ス是レ已ニ合名會社及ヒ合資會社アルニ關ハラス尙ホ爰ニ株式會社ヲ認メタル所以ナリ然レトモ此種ノ會社ノ常トシテ動モスレハ發起人又ハ役員等ノ失態アルヲ免レサルノミナラス其設立ハ偶マ以テ投機者流カ社會ニ荼毒ヲ與フル

ノ源泉タラスンハアラス故ニ本法ハ稍ヤ干渉ニ似タリト雖モ他ノ會社ニ比シ一層嚴格ナル規定ヲ要シタリ

第一節　設立

既ニ述ヘタルカ如ク株式會社ニ付テハ種々ノ弊害アルヲ免レス特ニ其設立ニ關シテハ發起人カ私利ヲ計リテ懷ヲ肥ヤシ山師連カ株式ヲ賣付ケテ細民ヲ欺クカ如キ幾多ノ弊害ヲ釀生スルノ恐レアリ故ニ本節ハ如是弊害ヲ豫防スルト共ニ會社ノ成立ヲ完カラシムル爲メ特ニ周密ナル規定ヲ爲セリ

第百十九條　株式會社ノ設立ニハ七人以上ノ發起人アルコトヲ要ス

株式會社ハ他ノ會社ト異ナリ概ネ多額ノ資本ヲ集メテ大事業ヲ企ツルモノナルカ故ニ七人以上ノ株主アルコトヲ要シタリ左レハ發起人モ亦七人以上タラシメサルヘカラス何トナレハ發起人カ七人以下ナルトキハ發起人ノミニテ株式ノ總數ヲ引受ケタルトキハ之ニ因リ會社ハ成立ストノ第百二十三條ノ規定ハ直チニ之ヲ適用スルコト能ハサルノミナラス會社カ成立スルニ至ルマテハ何事モ皆發起人ニ於テ爲スコトナルヲ以テ二人ヤ三人ニテハ自然不都合失策等アルヲ免レサルノ恐レアレハナリ是レ本條カ發起人モ亦七人以上アルコトヲ必要ト爲シタル

所以ナリ

第百二十條　發起人ハ定欵ヲ作リ之ニ左ノ事項ヲ記載シテ署名スルコトヲ要ス

一　目的

二　商號

三　資本ノ總額

四　一株ノ金額

五　取締役カ有スヘキ株式ノ數

六　本店及ヒ支店ノ所在地

七　會社カ公告ヲ爲ス方法

八　發起人ノ氏名、住所

發起人ハ本條ニ依リ定欵ヲ作リ第一號ヨリ第八號マテノ事項ヲ記載シ且之ニ署名セサルヘカラス尤モ第五號ヨリ第七號マテノ事項ハ若シ之ヲ記載セサルモ次條ノ規定ニ依リ後日書加フルコトヲ得レ𪜈第一號ヨリ第四號マテノ事項ト第八號ノ事項ヲ記載セサレハ其定欵ハ無効ナ

リ第百二十二條ニ示セル事項ヲ定メタル場合ニ之ヲ定欵ニ記載セサルトキモ亦無効トス然レ圧其他ノ事項ハ之ヲ定欵ニ記載セサルトキハ其記載セサル事柄ノミ無効ナレ圧定欵其者ハ有効ナリ尚ホ夫ノ合名會社合資會社ハ定欵ノ作成ヲ以テ直チニ成立スレ圧株式會社ハ定欵ノ作成ノミニテハ成立セス第百二十三條又ハ第百三十九條ノ場合ニ至リ始メテ成立スルモノトス

第一號ノ目的トハ會社ノ爲サント欲スル事業ヲ云ヒ第二號ハ說明ヲ要セス第三號ハ一株ツヽノ金高ヲ合計シタルモノニシテ即チ株金ノ總額ヲ云フ第四號ハ第百四十五條ニ依リ五十圓若クハ二十圓ト定メタル一株ニ付テノ金額ニシテ第五號ハ取締役カ職務ノ保証トシテ監査役ニ預ケ置ク株式ノ數ヲ云ヒ第七號ハ株主總會ノ招集、貸借對照表及ヒ會社ノ合併ノ場合ニ債權者ニ爲スヘキ催告等ノ公告ハ某新聞紙ニ依リテ公告スルト云フ如ク會社カ本編ノ規定ニ依リテ公告ヲ爲スヘキ方法ヲ定ムルコトヲ云フナリ

第百二十一條　前條第五號乃至第七號ニ掲ケタル事項ヲ定欵ニ記載セサリシトキハ創立總會又ハ株主總會ニ於テ之ヲ補足スルコトヲ得

前項ノ株主總會ノ決議ハ第二百九條ノ規定ニ從ヒテ之ヲ爲スコトヲ要ス

本條第一項ニ依レハ前條第五號乃至第七號ノ事項ハ發起人ニ於テ定款ニ之ヲ記載セサルトキハ創立總會又ハ株主總會ニ於テ之ヲ議決シ其定款ニ書加フルコトヲ得ルナリ而シテ此決議ヲ創立總會ニ於テスルトキハ第百三十一條ニ定ムル創立總會ノ決議方法ニ依テ爲スヘキハ勿論ナルカ株主總會ニ於テスルトキハ本條第二項ニ依リ第二百九條ノ特別ナル決議方法ニ依リテ爲サヽルヘカラス

第百二十二條　左ニ掲ケタル事項ヲ定メタルトキハ之ヲ定款ニ記載スルニ非サレハ其効ナシ

一　存立時期又ハ解散ノ事由

二　株式ノ額面以上ノ發行

三　發起人カ受クヘキ特別ノ利益及ヒ之ヲ受クヘキ者ノ氏名

四　金錢以外ノ財產ヲ以テ出資ノ目的ト爲ス者ノ氏名其財產ノ種類、價格及ヒ之ニ對シテ與フル株式ノ數

五　會社ノ負擔ニ歸スヘキ設立費用及ヒ發起人カ受クヘキ報酬ノ額

本條ニ掲ケタル五個ノ條件ハ之ヲ定ムルト否トハ發起人ノ隨意ナレヒ之ヲ定メタルトキハ必

ス定款ニ之ヲ記載セサルヘカラス若シ之ヲ定メタルモ定款ニ記載セサレハ啻ニ其事柄ノミ無効ナルニ非ス其定款モ亦無効ナリ

扨第一號ハ第五十一條第四號ニ述ヘタル所ニ同シキヲ以テ贅セス第二號ハ百圓株ヲ百圓以上ノ價額ニテ發行セントスル場合ニ之ヲ百二圓若クハ百五圓ノ價額ヲ以テ發行スル旨又ハ單ニ百圓以上ノ價額ニテ發行スル旨ヲ記載スルコトヲ云ヒ第三號ハ發起人ノ功勞ニ報ユル爲メ利益ノ配當割合ヲ他ノ株主ヨリ何分多クスルトカ又ハ後日優先株ヲ發行シタルトキハ其內何株ハ之ヲ發起人ニ引受ケシムトカ云フ如ク發起人カ會社ヨリ受クベキ特別ノ利益ヲ定メ且之ヲ受クベキ發起人ノ氏名ヲ記載スルモノトス是レ發起人ハ往々不當ノ利益ヲ貪ラントスル弊アルヲ以テ斯クハ明瞭ニ記載スルコトヽシ後日ノ禍ヲ防ギタルモノトス第四號ハ出資ノ目的ガ動產不動產等金錢以外ノ財產ナルトキハ拂込人ノ氏名ト其差入レタル財產ハ何々ニシテ價格ハ何程ト云フコト及ヒ其出資ニ對シテ幾株ヲ與フルト云フコトヲ定メ第五號ハ會社ノ財產ヲ以テ支拂フヘキ設立費用ノ金額ハ幾何ニシテ且其中發起人ニ支拂フ報酬ハ幾何ト云フコトヲ明カニスルニ在リ

第百二十三條　發起人カ株式ノ總數ヲ引受ケタルトキハ會社ハ之ニ因リテ

成立ス此場合ニ於テハ發起人ハ遲滯ナク株金ノ四分ノ一ヲ下ラサル第一回ノ拂込ヲ爲シ且取締役及ヒ監査役ヲ選任スルコトヲ要ス此選任ハ發起人ノ議決權ノ過半數ヲ以テ之ヲ決ス

株式會社ノ成立ニハ都合二ケノ方法アリ其一ハ本條ノ場合ニシテ發起人ガ株式ノ總數ヲ引受クルニ因リテ成立シ他ノ一ハ發起人カ其總數ヲ引受ケサル場合ニ株主ヲ募集シ第百三十九條ニ依リ創立總會ノ終結ニ因リテ成立スルモノトス

扨發起人ガ株式ノ總數ヲ引受ケタルトキハ右ニ所謂第一ノ方法ニ依リテ會社ハ茲ニ成立シ發起人ハ株主トナルヲ以テ發起人ハ本條ニ從ヒ第一回ノ拂込トシテ株金ノ四分ノ一ヨリ少カラサル金額ヲ拂込ミ且發起人中ヨリ取締役及ヒ監査役ヲ選任セサルヘカラス

此選任ハ發起人ノ有スル議決權ノ過半數ニ依リテ決セサルヘカラス議決權ノ過半數トハ一株ヲ一個ノ議決權トシテ計ヘタルモノヽ過半數ヲ云フモノナリ尙ホ議決權ニ付テノ詳細ハ第百六十二條ニ説明スヘシ

第百二十四條　取締役ハ其選任後遲滯ナク第百二十二條第三號乃至第五號ニ掲ケタル事項及ヒ第一回ノ拂込ヲ爲シタルヤ否ヤヲ調査セシムル爲メ

檢査役ノ選任ヲ裁判所ニ請求スルコトヲ要ス
裁判所ハ檢査役ノ報告ヲ聽キ第百二十五條ノ規定ニ準據シテ相當ノ處分ヲ爲スコトヲ得

發起人ノミニテ株式ノ總數ヲ引受ケタルトキハ外觀上其發起人ハ富有ニシテ會社ノ事業ハ太タ有望ナルガ如シト雖モ其實然ルニ非スシテ徐々第一回ノ拂込ヲモ爲サスシテ巧ミニ其株式ヲ賣却シ又第百二十二條第三號乃至第五號ニ掲ケタル事項ニ托シテ非義不當ノ利益ヲ貪ラントスル如キ山師連ノ發起ニ係ルモノ世間其例ニ乏シカラス故ニ本條ハ此等ノ点ニ對スル特別ノ調査ト處分方法トヲ規定シタルモノナリ

本條ニ依レハ取締役ハ其選任後速ニ第百二十二條第三號乃至第五號ノ事項ヲ取調フル爲メ檢査役ノ選任アランコトヲ裁判所ニ請求スル義務アリ而シテ裁判所ハ檢査役ヲ選任シテ調査セシメタル後第一回ノ拂込ニ不足アルコトヲ發見シタルトキハ之ヲ拂込マシメ尚ホ檢事ノ報告ヲ聽キ第百二十二條第三號乃至第五號ノ事項ヲ不當ト認メタルトキハ之ニ變更ヲ加フルコトヲ得ルナリ

本條カ特ニ檢査役ノ選任ヲ要シタルハ他ナシ今日ノ取締役及ヒ監査役ハ昨日ノ發起人ニシテ

偕ニ是レ同穴ノ狐タレハ縱シ監査役ガ調査ヲ爲スモ其爲ス所ハ決シテ以テ正シキモノト認ムル能ハサレハナリ

第百二十五條　發起人カ株式ノ總數ヲ引受ケサルトキハ株主ヲ募集スルコトヲ要ス

株式會社ニテハ株式總數ノ引受ナカルヘカラス故ニ發起人自ラ株式ノ總數ヲ引受ケサルトキハ本條ニ依リテ一般ニ株主ヲ募集セサルヘカラス

但シ募集ノ方法タル公告其他如何ナル方法ヲ以テスルモ可ナリ

第百二十六條　株式ノ申込ヲ爲サントスル者ハ株式申込証二通ニ其引受クヘキ株式ノ數ヲ記載シ之ニ署名スルコトヲ要ス

株式申込証ハ發起人之ヲ作リ之ニ左ノ事項ヲ記載スルコトヲ要ス

一　定款作成ノ年月日

二　第百二十條及ヒ第百二十二條第一號、第三號乃至第五號ニ掲ケタル事項

三　各發起人ガ引受ケタル株式ノ數

四 第一回拂込ノ金額

額面以上ノ價額ヲ以テ株式ヲ發行スル場合ニ於テハ株式申込人ハ株式申込証ニ引受價額ヲ記載スルコトヲ要ス

株式ノ申込ヲ爲サントスルモノハ株式申込証二通ニ其引受クル株式ノ數ヲ記載シ且自筆ニテ署名セサルヘカラス

第二號ニ掲ケタル事項ハ株式申込人ノ最モ知ラント要スル事柄ニシテ會社ニ取リテハ其事柄ヲ承認セシメタル証據トナルモノナレハ相互ノ權利義務ニ關スル頗ル大ナリト云フヘシ故ニ發起人ハ必ス申込証ニ之ヲ記載セサルヘカラス若シ申込証ニ記載スヘキ事項ヲ一ニテモ欠カハ其申込証ハ全然無効ナリト知ルヘシ

又第二項ハ若シ額面以上ノ價額ヲ以テ株式ヲ發行シタル場合ニハ株式申込人ハ申込ヲ爲ス際其申込証ニ額面以上何圓ニテ引受クルト云フコトヲ記載スヘキヲ要シタリ

第百二十七條　株式ノ申込ヲ爲シタル者ハ其引受クヘキ株式ノ數ニ應シテ拂込ヲ爲ス義務ヲ負フ

本條ハ株式申込人ノ義務ヲ規定シタルモノナリ株式ノ申込ヲ爲シタルモノハ引受クル株式ノ

数ニ應シテ拂込ヲ爲ス義務アリ而シテ株金ノ四分ノ一ヲ超ユル金額ハ一時ニ之ヲ拂込マシムルト數度ニ拂込マシムルトハ會社ノ勝手ナルヲ以テ何時ニテモ會社ノ請求ヲ受ケタル時ニ拂込ヲ爲セハ可ナルモ第一回ノ拂込即チ株金ノ四分ノ一ヲ下ラサル金額丈ケハ株式總數ノ引受ケアリタルトキハ第百二十九條ニ從ヒ速ニ其拂込ヲ爲サヽルヘカラス

第百二十八條　株式發行ノ價額ハ券面額ヲ下ルコトヲ得ス
第一回拂込ノ金額ハ株金ノ四分ノ一ヲ下ルコトヲ得ス

株式發行ノ價額ハ券面百圓ノ株式ヲ其券面通リニ又ハ百圓ヲ百二圓若クハ百三圓又ハ只百圓以上ニテ申込ニ應スルト云フ如ク發行價額ヲ券面額以上ニ定ムルコトヲ許スモ券面額以下ニ定ムルコトヲ許サス若シ券面額以下ニ發行スルコトヲ許ストキハ表面上實際ノ資本額ヨリ多キヲ示スコトヽナルヲ以テ世人ヲシテ會社ヲ買被ラシムルノ恐レアレハナリ

第二項ニ依レハ第一回ノ拂込金ヲ株金ノ四分ノ一即チ五十圓株ナレハ十二圓五十錢以下ニ下スコトヲ許サス蓋シ第一回ノ拂込ニシテ餘リ少ナキトキハ自ヲ其募集ノ容易ナル爲メ大ニ細民ヲ誘惑スルノ恐レアリ加之ノミナラス會社モ亦其レガ爲メ後日完全ノ拂込ヲ得ル能ハザルコトヽナリテ其成立ヲ危カラシムルノ恐レアレハナリ

第百二十九條　株式總數ノ引受アリタルトキハ發起人ハ遲滯ナク各株ニ付キ第一回ノ拂込ヲ爲サシムルコトヲ要ス
額面以上ノ價額ヲ以テ株式ヲ發行シタルトキハ其額面ヲ起ユル金額ハ第一回ノ拂込ト同時ニ之ヲ拂込マシムルコトヲ要ス

株金ノ拂込ハ會社ノ入用ニ從ヒ追々何度ニ又ハ何時ニ拂込マシムルモ可ナルカ如シト雖ヒ會社カ其開業前ニ相當ノ資金ヲ備ヘ置カサルトキハ會社ト取引シタル第三者ニ損失ヲ與フル恐レアリ故ニ本條ハ初度ノ拂込ニ限リ其時期ヲ定メ株式總數ノ引受ケアリタルトキハ速ニ第一回ノ拂込ヲ爲サシムヘシトセリ

第二項株式ヲ額面以上ノ價額ヲ以テ發行シタルトキハ額面以上ニ當タル金額ハ額面額ノ如ク數度ニ拂込ムコトヲ許サス之レハ第一回ノ拂込額ト共ニ拂込ヤシムルモノト爲シタリ

第百三十條　株式引受人カ前條ノ拂込ヲ爲サヽルトキハ發起人ハ一定ノ期間內ニ其拂込ヲ爲スヘキ旨及ヒ其期間內ニ之ヲ爲サヽルトキハ其權利ヲ失フヘキ旨ヲ其株式引受人ニ通知スルコトヲ得但其期間ハ二週間ヲ下ルコトヲ得ス

發起人カ前項ノ通知ヲ爲シタルモ株式引受人カ拂込ヲ爲サヽルトキハ其權利ヲ失フ此場合ニ於テ發起人ハ其者カ引受ケタル株式ニ付キ更ニ株主ヲ募集スルコトヲ得

前二項ノ規定ハ株式引受人ニ對スル損害賠償ノ請求ヲ妨ケス

本條ハ第一回ノ拂込ヲ爲サヽル株式ニ付キ其救濟法ヲ定メタルモノナリ第一項ニ依レハ引受人カ第一回ノ拂込ヲ爲サヽル𪜈ハ發起人ハ引受人ニ對シテ二週間以上ノ期間ヲ定メ其期間內ニ拂込ヲ爲スヘク若シ其期間內ニ拂込ヲ爲サヽル𪜈ハ株式ヲ取上クル旨ヲ通知スルコトヲ得又引受人カ通知ヲ受ケツヽ其期間內ニ拂込ヲ爲サヽルトキハ株式引受人其權利ヲ失ヒ發起人ハ其株式ニ付キ更ニ株主ヲ募集スルコトヲ得ルナリ

又第三項ニ依レハ第一項ノ催促ヲ爲シタル末株式引受人カ拂込ヲ爲シタルト又拂込ヲ爲サヽル場合ニ株式引受人ノ財產ヲ競賣シテ拂込マシメ又ハ新タニ株主ヲ募集シテ其株式ヲ引受ケシメタルト發起人之ヲ引受ケタルトヲ問ハス其拂込遲滯ノ爲メ損害ヲ受ケタルトキハ之ヲ株式引受人ニ賠償セシムルコトヲ得ヘシ

第百三十一條　各株ニ付キ第百二十九條ノ拂込アリタルトキハ發起人ハ遲

滯ナク創立總會ヲ招集スルコトヲ要ス
創立總會ニハ株式引受人ノ半數以上ニシテ資本ノ半額以上ヲ引受ケタル
者出席シ其議決權ノ過半數ヲ以テ一切ノ決議ヲ爲ス
第百五十六條第一項第二項及ヒ第百六十一條第三項第四項第百六十二條
及ヒ第百六十三條第一項第二項ノ規定ハ創立總會ニ之ヲ準用ス
株式カ殘ラス第一回ノ拂込アリタルトキハ本條第一項ニ依リ發起人ハ創立總會ヲ開ク爲メ速
ニ株式引受人ヲ招集セサルヘカラス而シテ創立總會ニ於テハ第二項ニ依リ株式引受人ノ半數
以上ニ當タリ且資本ノ半額以上ヲ引受ケタル株式引受人出席シ其議決權ノ過半數ヲ以テ一切
ノ事柄ヲ議決スルモノトス
又第三項ニ依レハ創立總會ヲ招集スルニハ第百五十六條第一項ニ從ヒ會日ヨリ二週間前ニ各
株式引受人ニ其通知ヲ發セサルヘカラス而シテ其通知ニハ同條第二項ニ從ヒ總會ノ目的ト決
議スヘキ事項ヲ記載セサルヘカラス
又株式引受人ハ第百六十一條第三項ニ從ヒ代理人ヲ差出スコトヲ得レモ其代理人ハ委任狀ヲ
差出サヽルヘカラス尤モ株式引受人中例ヘハ自己ノ出資ト爲シタル財産ニ對シテ受クル株式

ノ數ヲ減セラルヽ場合ノ如キ總會ノ決議ニ付キ特別ノ利害關係ヲ有スル者ハ同條第四項ニ依リ決議ノ數ニ加ハルコトヲ得サルモノトス

又第百六十二條ノ規定ハ創立總會ニ準用セラルヽヲ以テ本條第一項ニ所謂議決權ハ一株ヲ一個ノ議決權トスルヲ本則トスレトモ十一株以上ヲ引受ケタル株式引受人ニ付テハ同條但書ニ依リ其議決權ヲ制限シテ十一株以上ニ付テハ一株毎トニ一ケノ議決權トカ二ケノ議決權トカ云フ如ク其議決權ヲ減スルコトヲ得ヘシ

尙ホ總會ノ手續又ハ決議方法カ他ノ法令又ハ本法ノ規定ニ反スルトキハ株式引受人ハ第百六十三條ニ從ヒ裁判所ニ其決議ノ無効宣告ヲ請求スルコトヲ得ヘシ然レトモ其請求ハ決議ノ日ヨリ一ケ月內ニ爲スヘク一ケ月ヲ過クルトキハ其請求權ヲ失フモノトス

第百三十二條　發起人ハ會社ノ創立ニ關スル事項ヲ創立總會ニ報告スルコトヲ要ス

取締役及ヒ監査役ヨリ創立總會ニ報告スヘキ事項ニ付テハ後ノ第百三十四條ニ定ムル所アリト雖モ其他會社ノ創立ニ關スル事項ハ凡テ本條ニ依リ發起人ノ義務トシテ報告セサルヘカラス是レ內幕ノ事情ヲ詳ニセサル株式引受人ニ取リテハ最モ其必要トスル所ナレハナリ

第百三十三條　創立總會ニ於テハ取締役及ヒ監査役ヲ選任スルコトヲ要ス

創立總會ニ於テハ先ツ第一ニ取締役及ヒ監査役ヲ選任セサルヘカラス

但シ取締役ト爲ル者ハ定款ニ定ムル員數ノ株式ヲ有スルコトヲ要シ且株主中ヨリ選任スヘク

又三人以上タラサル可カラサルコトハ第百六十四條及ヒ第百六十八條ノ規定スル所ナリ

第百三十四條　取締役及ヒ監査役ハ左ニ掲ケタル事項ヲ調査シ之ヲ創立總會ニ報告スルコトヲ要ス

一　株式總數ノ引受アリタルヤ否ヤ

二　各株ニ付キ第百二十九條ノ拂込アリタルヤ否ヤ

三　第百二十二條第三號乃至第五號ニ掲ケタル事項ノ正當ナルヤ否ヤ

取締役又ハ監査役中發起人中ヨリ選任セラレタル者アルトキハ創立總會ハ特ニ檢査役ヲ選任シ其者ニ代ハリテ前項ノ調査及ヒ報告ヲ爲サシムルコトヲ得

創立總會ハ後四條ノ事柄ヲ決議且處分スヘキモノトス故ニ取締役及ヒ監査役ハ本條第一項ニ依リ就職ノ後速ニ第一號ヨリ第三號マテノ事項ヲ取調ヘ之ニ其意見ヲ附シテ報告スル義務ア

リ

然レモ取締役又ハ監査役中發起人ヨリ選任セラレタル者アルトキハ創立總會ハ其調査及ヒ報告ニ信ヲ置ク能ハサルコトアルヘシ故ニ第二項ハ右ノ者ノ中發起人ヨリ選任セラレタル者アルトキハ創立總會ハ特ニ檢査役ヲ選ンテ第一項ノ調査及ヒ報告ヲ爲サシムルノ權アリトセリ

第百二十五條　創立總會ニ於テ第百二十二條第三號乃至第五號ニ掲ケタル事項ヲ不當ト認メタルトキハ之ヲ變更スルコトヲ得但金錢以外ノ財產ヲ以テ出資ノ目的ト爲ス者アル場合ニ於テ之ニ對シテ與フル株式ノ數ヲ減シタルトキハ其者ハ金錢ヲ以テ拂込ヲ爲スコトヲ得

創立總會ハ發起人カ定款ニ定メタル第百二十二條第三號乃至第五號ニ掲ケタル事項ヲ不當ト認メタルトキハ之カ變更ヲ爲スコトヲ得即チ發起人ノ受クヘキ特別ノ利益ヲ減シ又ハ設立費用ノ幾分ヲ不正當トシテ認メス又發起人ニ與フル報酬ヲ多シトシテ減シ又金錢以外ノ出資ニ對シテ與フル株式ノ數ヲ不相當トシテ減スルコトヲ得ヘシ尤モ其株式ノ數ヲ減セラレタル者ハ其目的ト爲シタル出資ヲ取戻シ總會ノ決議シタル株式ノ數ニ應シ更ニ金錢ヲ以テ拂込ヲ爲スコトヲ得ルナリ

第百二十六條　引受ナキ株式又ハ百二十九條ノ拂込ノ未濟ナル株式アルトキハ發起人ハ連滯シテ其株式ヲ引受ケ又ハ其拂込ヲ爲ス義務ヲ負フ、株式ノ申込カ取消サレタルトキ亦同シ

創立總會ハ各株ニ付キ第百二十九條ノ拂込カ濟ミタル後ニ招集スヘキモノナルヲ以テ開會ノ日ニ及ソテ引受ナキ株式又ハ第一回ノ拂込モナキ株式ノアルヘキ筈ナシ開會ニ至リテ引受ナキ株式又ハ第一回ノ拂込ナキ株式アルハ發起人ノ惡意若クハ不注意ニ由ラスソハアラス故ニ本條ハ其責ヲ發起人ニ負ハシメ發起人ハ連帶シテ其引受又ハ拂込ヲ爲スノ義務アリトセリ尙ホ本條本段ハ未成年者妻又ハ詐欺强迫ヲ受ケテ申込ヲ爲シタル者ヨリ其申込ヲ取消シタルトキモ亦同一ノ義務アルコトヲ示シタリ尤モ詐欺又ハ强迫ニ因ル取消ハ會社カ設立ノ登記ヲ爲シタル後ハ最早之ヲ爲スコト能ハサルモノトス（第百四十二條參照）

第百二十七條　前二條ノ規定ハ發起人ニ對スル損害賠償ノ請求ヲ妨ケス

發起人ハ前條ノ規定ニ從ヒ引受ナキ株式ヲ引受ケ又第一回ノ拂込未濟ノ拂込ヲ爲シタルトキハ他ニ責任ナキヤト云フニ本條ハ引受又ハ拂込遲滯ノ爲メ會社ニ損失ヲ生セシメタルトキハ發起人ハ引受又ハ拂込ヲ爲シタルニ關ハラス尙ホ損害賠償ノ責任アルコトヲ明示シ發起人カ

前條ノ義務ヲ履行シタルトキハ他ニ責任ナキヤノ疑ヲ解ケリ

第百三十八條　創立總會ニ於テハ定欵ノ變更又ハ設立ノ廢止ノ決議ヲ爲スコトヲ得

創立總會ハ第百三十五條ノ事柄ヲ決議スルコトヲ得ルノミナラス發起人ノ定メタル定欵ヲ變更シ又ハ其企テタル事業ヲ利益ナシト認ムル如キ塲合ニ於テハ全ク設立ノ廢止ヲモ決議スルコトヲ得ルナリ

第百三十九條　發起人カ株式ノ總數ヲ引受ケサリシトキハ會社ハ創立總會ノ終結ニ因リテ成立ス

株式會社ノ成立ノ時期ニハ二アリ其一ハ發起人カ株式ノ總數ヲ引受ケタル時ニシテ他ハ發起人カ株式總數ヲ引受ケサル塲合ニ一般ニ株主ヲ募集シテ株式總數ノ引受アリ且第一回ノ拂込ヲ終リタル後創立總會ヲ招集シテ其決議ヲ了ハリタル時是レナリ本條ハ即チ此第二ノ成立時期ヲ示シタルモノナリ

第百四十條　株式總數ノ引受アリタル後一年内ニ第百二十九條ノ拂込カ終ハサルトキ又ハ其拂込カ終ハリタル後六ケ月内ニ發起人カ創立總會ヲ招

集セサルトキハ株式引受人ハ其申込ヲ取消シ拂込ミタル金額ノ返還ヲ請求スルコトヲ得

發起人カ永ク設立ノ運ヒヲ延引スルハ株式引受人ノ豫望ニ反スルノミナラス事業ノ成功ハ之ヲ期シ難クナリタルカ但シハ發起人カ拂込金ヲ使用セル等必スヤ他ニ其仔細ナクンハアラサルナリ故ニ株式カ殘ラス引受アリタル後一年立チテモ第一回ノ拂込カ終ハラス又ハ其拂込カ終ハリタルニ關ハラス六个月過キテモ發起人カ創立總會ヲ招集セサルトキハ株式引受人ハ其事情如何ナルヲ問ハス發起人ニ對シテ株式ノ申込ヲ取消シ拂込ミタル金額ノ返還ヲ請求スルコトヲ得ヘシ

第百四十一條　會社ハ發起人カ株式ノ總數ヲ引受ケタルトキハ第百二十四條ニ定メタル調査終了ノ日ヨリ又發起人カ株式ノ總數ヲ引受ケサリシトキハ創立總會終結ノ日ヨリ二週間內ニ其本店及ヒ支店ノ所在地ニ於テ左ノ事項ヲ登記スルコトヲ要ス

一　第百二十條第一號乃至第四號及ヒ第七號ニ揭ケタル事項

二　本店及ヒ支店

三　設立ノ年月日
四　存立時期又ハ解散ノ事由ヲ定メタルトキハ其時期又ハ事由
五　各株ニ付キ拂込ミタル株金額
六　開業前ニ利息ヲ配當スヘキコトヲ定メタルトキハ其利率
七　取締役及ヒ監査役ノ氏名住所
第五十一條第二項、第三項、第五十二條及ヒ第五十三條ノ規定ハ株式會社ニ之ヲ準用ス
本條ハ設立ノ登記ヲ定メタルモノナリ
會社ハ發起人カ株式ノ總數ヲ引受ケタルトキハ第百二十四條ノ處分ヲ了ハリタル日ヨリ又發起人カ株式ノ總數ヲ引受ケサリシ場合ニハ株主ヲ募集シ創立總會ノ議事ヲ了ハリタル日ヨリ何レモ二週間內ニ本店及ヒ支店ノ所在地ニ於テ第一號ヨリ第七號マテノ事項ヲ登記セサルヘカラス
本條第一號ト第四號ノ事項ニ付テハ前既ニ述ヘタル所アルヲ以テ之ヲ省キ第二號及ヒ第七號ハ說明ヲ要セス

第三號ハ會社ノ成立シタル年月日ニシテ發起人カ株式ノ總數ヲ引受ケタル日又ハ發起人カ株式ノ總數ヲ引受ケサリシトキハ株主ヲ募集シタル末創立總會ニ於テ決議ヲ了ハリタル日ヲ云ヒ

第五號ハ總体ノ株式ニ付キ拂込ミタル株式ノ全額ヲ云ヒ

第六號ハ第一回ノ拂込金ハ通例銀行等ニ預ケ利子ヲ生スルモノナルヲ以テ其拂込金ニ利息ヲ配當スヘキコトヲ定メタルトキハ其利息ハ年何分ト云フ如ク其利率ヲ登記スヘキヲ云フ

第二項ハ會社ノ設立ノ登記ヲ爲シタル後ニ設置シタル支店ノ登記又ハ本店又ハ支店ノ移轉又ハ登記事項ノ變更ノ登記ニ付キ準用スヘキ各條ヲ列擧シタルニ過キス

第百四十二條 會社カ前條第一項ノ規定ニ從ヒ本店ノ所在地ニ於テ登記ヲ爲シタル後ハ株式引受人ハ詐欺又ハ强迫ニ因リテ其申込ヲ取消スコトヲ得ス

詐欺又ハ强迫ニ因リテ株式ヲ引受ケタルモノハ民法第九十六條ニ依リ其申込ヲ取消スコトヲ得ヘシ而シテ其取消サレタル株式ハ發起人ノ責任トシテ之レニ引受ケシムヘキコトハ本法第百三十六條ノ定ムル所ナリ然レヒ永久ニ其權利ヲ行フコトヲ得セシムルモノトスルトキハ發

起人ノ責任重キニ過キ且ツハ會社ノ成立ヲ危殆ナラシムルノ恐レアリ故ニ本條ハ會社カ本店ノ所在地ニ於テ設立ノ登記ヲ爲シタル後ハ仮ヒ詐欺又ハ强迫ニ因リテ申込ヲ爲シタル者ト雖ヒ最早其申込ヲ取消スコトヲ得サルモノトナシタリ

第二節　株式

株式トハ合名會社、合資會社等ノ持分ト同シク社員カ會社ニ對シテ有スル所ノ地位即チ權利義務ノ包括ヲ云フ而カモ持分ト最モ異ナル點ハ持分ハ無限責任社員ノ承認ヲ得サレハ之ヲ他人ニ讓渡スコトヲ得スト雖モ株式ハ定欵ヲ以テ特ニ禁シタル場合ヲ除クノ外自由ニ讓渡スコトヲ得ヘク又持分ノ多少ハ議決權ニ消長ナシト雖ヒ株式ノ多少ハ議決權ノ大小ニ關スル如キ是レナリ

第百四十三條　株式會社ノ資本ハ之ヲ株式ニ分ツコトヲ要ス

社員カ會社ニ差入レタル資本ハ本條ニ依リ悉ク之ヲ株式ニ分タサルヘカラス蓋シ社員カ會社ニ對シテ有スル權利義務ハ其差入レタル資本ノ大小ニ應スルカ故ニ之ヲ分割シテ一株何十圓ト云フ如ク各株ノ金額ヲ一樣ニ定ムルトキハ讓渡若クハ配當ヲ爲スニ付テモ將又議決權ヲ算フルニ付テモ頗ル便利ナルコトヲ得ヘシ是レ本條ノ規定アル所以ナリ

第百四十四條　株主ノ責任ハ其引受ケ又ハ讓受ケタル株式ノ金額ヲ限度ト

ス

株主ハ株金ノ拂込ニ付キ相殺ヲ以テ會社ニ對抗スルコトヲ得ス

本條第一項ハ株主ノ責任ハ皆有限タルヘキヲ定メタルモノニシテ株主ハ會社ニ何程負債アリテ會社カ其會社財産ヲ以テ其負債ヲ完濟スル能ハサルトキト雖モ株主ノ責任ハ最初募集ニ應シテ引受ケタル株式又ハ株式所有者ヨリ讓受ケタル株式ノ金額ニ止マリ株主ノ一身ニ責任ヲ負ハサル旨ヲ示シタルモノナリ

第二項ハ株主カ會社ニ株金ヲ拂込ムヘキ時ニ其株主カ會社ニ對シテ債權ヲ有シ例ヘハ株主ヨリ會社ニ貸カアリテ會社ヨリ之ヲ受取ルヘキ權利ヲ有シ居ル場合ト雖モ株主ハ其受取ルヘキ金額ト拂込ムヘキ株金ト強ヒテ差引スルコトヲ禁シタリ若シ之ヲ許ストキハ會社ニ不利ヲ與フル恐レアレハナリ

第百四十五條　株式ノ金額ハ均一ナルコトヲ要ス

株式ノ金額ハ五十圓ヲ下ルコトヲ得ス但一時ニ株金ノ全額ヲ拂込ムヘキ場合ニ限リ之ヲ二十圓マテニ下スコトヲ得

本條第一項ニヨレハ株金ハ何レモ皆同額ナルコトヲ要シ紙幣ノ五十圓アリ百圓アル如ク一樣

ナラサルコトヲ得ス若シ一樣ナラサルトキハ總テノ計算ニ不便ナレハナリ

第二項ハ株式ノ金額ヲ通常五十圓以下ニ定ムルコトヲ禁シ只一時ニ株金ノ全額ヲ拂込マシムル場合ノミ五十圓以下ト爲スコトヲ許セリ然レヒ下シテ二十圓以下ト爲スコトヲ許サス蓋シ餘リニ少額ナラシムルコトヲ許ストキハ何人モ申込又ハ讓受ノ容易ナル爲メ妄リニ株券ヲ弄スルニ至リ投機事業ヲ盛ンナラシムルノ恐レアレハナリ

第百四十六條　株式カ數人ノ共有ニ屬スルトキハ共有者ハ株主ノ權利ヲ行フヘキ者一人ヲ定ムルコトヲ要ス

共有者ハ會社ニ對シ連帶シテ株金ノ拂込ヲ爲ス義務ヲ負フ

株式カ數人ノ共有ニ屬スル場合ニ數人共同シテ株主ノ權利ヲ行フモノトスルトキハ共有者ハ勿論會社ニ於テモ甚タ煩累ヲ重ヌルコトトナルヘシ故ニ共有者ハ其仲間ノ中ヨリ株主ノ權利ヲ行フヘキ者一人ヲ定メ利益又ハ利息ヲ受取リ又ハ議決權ヲ行フ如キ株主ノ權利ハ總テ其一人ヲシテ行ハシムルモノトセリ

然レヒ株金拂込ニ付テハ最モ確實ナルコヲ要シ各共有者ニ連帶責任アリトセリ故ニ共有者中會社ヨリ株金拂込ノ請求ヲ受ケタル者ハ一人ニテモ其請求ノ全額ヲ拂込ム義務アリ（第二項）

第百四十七條　株券ハ第百四十一條第一項ノ規定ニ從ヒ本店ノ所在地ニ於テ登記ヲ爲シタル後ニ非サレハ之ヲ發行スルコトヲ得ス
前項ノ規定ニ反シテ發行シタル株券ハ之ヲ無効トス但株券ヲ發行シタル者ニ對スル損害賠償ノ請求ヲ妨ケス
株券トハ一株毎ニ之ヲ券面ニ記載シタル株式所有ノ證書ナリ、第一項ニ依レハ株券ハ第百四十一條第一項ニ依リ會社ノ設立登記ヲ爲シタル後ニ非サレハ發行スルコトヲ得サルモノトス左レハ此規定ニ反シテ株券ヲ發行シタルトキハ如何ト云フニ其株券ハ第二項ニ依リ當然無効タルノミナラス爲メニ會社並ニ第三者ニ損害ヲ蒙ラシメタルトキハ之ヲ發行シタル者ハ其損害賠償ノ責ニ任セサルヘカラス
第百四十八條　株券ニハ左ノ事項及ヒ番號ヲ記載シ取締役之ニ署名スルコトヲ要ス
一　會社ノ商號
二　第百四十一條第一項ノ規定ニ從ヒ本店ノ所在地ニ於テ登記ヲ爲シタル年月日

三　資本ノ總額
四　一株ノ金額
一時ニ株金ノ全額ヲ拂込マシメサル場合ニ於テハ拂込アル毎ニ其金額ヲ株券ニ記載スルコトヲ要ス
本條ハ株券ノ書式ヲ定メタルモノナリ
株券ニハ本條第一項第一號乃至第四號ノ事項ト番號ヲ記載シ取締役之ニ署名セサルヘカラス第三號ハ資本ノ總額ニシテ各株ノ金額ヲ合計シタルモノヲ云フ而シテ一時ニ株金全額ヲ拂込マシムルトキハ其レニテ可ナルモ數度ニ拂込マシムル片ハ第二項ニ從ヒ拂込ミアリタル度每ニ其拂込額ヲ記載セサルヘカラス
第百四十九條　株式ハ定款ニ別段ノ定メナキトキハ會社ノ承諾ナクシテ之ヲ他人ニ讓渡スコトヲ得但第百四十一條第一項ノ規定ニ從ヒ本店ノ所在地ニ於テ登記ヲ爲スマテハ之ヲ讓渡シ又ハ其讓渡豫約ヲ爲スヿヲ得ス
株式ハ定欵ニ於テ其讓渡ヲ禁スルトカ又ハ其讓渡ハ總會ノ決議ヲ要ストカ云フ如ク其讓渡ニ關シテ別段ノ定メアルトキハ自由ニ讓渡スコトヲ得ストモ是等ノ定メナキトキハ會社ノ承

諾ナクシテ之ヲ讓渡スコトヲ得然レモ株式會社ノ設立ニ關シ最モ憂フヘキハ眞ニ會社ノ設立ヲ賛シテ株主トナルノ冀望ヲ有スルニ非スシテ一時株主タルノ名義ヲ得レハ直チニ其株式ヲ賣付ケ以テ浮利ヲ博セントスルカ如キ弊害ヲ生スルノ點ニ在ルナリ故ニ本條ハ各株主カ第一回ノ拂込ヲ爲シ會社ノ基礎カ全ク確立シテ第百四十一條ノ登記ヲ爲スマテハ讓渡ハ勿論其豫約ヲモ爲スコトヲ得ストシ如此幣害ヲ豫防シタリ

第百五十條　記名株式ノ讓渡ハ讓受人ノ氏名、住所ヲ株主名簿ニ記載シ且其氏名ヲ株券ニ記載スルニ非サレハ之ヲ以テ會社其他ノ第三者ニ對抗スルコトヲ得ス

本條ハ記名株式讓渡ノ對抗力ノ條件ヲ定メタルモノナリ

記名株式トテ株券ニ株主ノ氏名ヲ記載シタル株式ノ讓渡ハ讓受人ノ氏名住所ヲ株主名簿ニ記載シ尙ホ讓受人ノ氏名ノミヲ株券ニ記載スルニ非サレハ只當事者間ノミニハ有効ナルモ會社其他ノ第三者ニハ讓渡人モ讓受人モ讓渡アリシト云フコトヲ得ス會社ハ依然讓渡人ヲ所有者ナリト主張シ又讓渡人ノ債權者モ其株式ヲ讓渡人ノモノト認メ之ニ對シテ辨濟ヲ請求スルノ權利アリ

此ニ無記名株式ノ事ヲ言ハサルハ無記名式ノ株券ハ其所持人ヲ以テ所有者ト看做スカ故ニ其讓渡ハ只引渡ノミニテ他ニ何等ノ手續ヲモ要セサレハナリ

第百五十一條　會社ハ自己ノ株式ヲ取得シ又ハ質權ノ目的トシテ之ヲ受クルコトヲ得ス

株式ハ資本減少ノ規定ニ從フニ非サレハ之ヲ消却スルコトヲ得ス但定款ノ定ムル所ニ從ヒ株主ニ配當スヘキ利益ヲ以テスルハ此限ニ在ラス

會社ハ本條第一項ニ依リ自己ノ發行シタル株式ヲ買取リ又ハ質權ノ目的ト爲シ即チ之レヲ質物トシテ受クルコトヲ得ス蓋シ之ヲ禁シタルハ他ナシ會社カ自己ノ發行シタル株式ヲ自己ニ取得スルハ株式ヲ消滅セシメテ會社ノ資本ヲ減少シ以テ會社ノ債權者ニ損失ヲ與ヘ質物トシテ受クルモ其結果ハ同一ニ歸スルノ恐レアレハナリ況シヤ之ヲ許ストキハ會社ハ資本ヲ失フヲモ顧ミス其株券ヲ買占メテ相場ヲ騰貴セシメ以テ世人ニ過大ノ信用ヲ置カシメント計ルカ如キ不都合ヲ爲スノ恐レアルニ於テオヤ是レ第一項ノ規定アル所以ナリ

第二項ニ株式ノ消却トハ株式ヲ買取リ又ハ株金ノ拂戻等ヲ爲シテ株式ヲ消滅セシムルコトヲ云フナリ左レハ濫リニ之ヲ許ストキハ猶ホ第一項ニ述ヘタル如ク種々ノ弊害ヲ惹起スルノ恐

レアリ故ニ若シ定款ニ之ヲ定メタル件ハ其方法ニ從ヒテ株主ニ配當スヘキ利益ヲ以テスルカ又ハ第二百二十條ニ定メタル資本減少ノ規定ニ從フニ非サレハ爲スコトヲ得サルモノトセリ

第百五十二條　株金ノ拂込ハ二週間前ニ之ヲ各株主ニ催告スルヿヲ要ス

株主カ期日ニ拂込ヲ爲ササルトキハ會社ハ更ニ一定ノ期間内ニ其拂込ヲ爲スヘキ旨及ヒ其期間内ニ之ヲ爲ササルトキハ株主ノ權利ヲ失フヘキ旨ヲ其株主ニ通知スルコトヲ得但其期間ハ二週間ヲ下ルコトヲ得ス

第百五十三條　會社カ前條ニ定メタル手續ヲ踐ミタルモ株主カ拂込ヲ爲ササルトキハ其權利ヲ失フ

前項ノ場合ニ於テハ會社ハ株式ノ各讓渡人ニ對シ二週間ヲ下ラサル期間内ニ拂込ヲ爲スヘキ旨ヲ催告スルコトヲ要ス此場合ニ於テハ最モ先ニ滯納金額ノ拂込ヲ爲シタル讓渡人株式ヲ取得ス

讓渡人カ拂込ヲ爲ササルトキハ會社ハ株式ヲ競賣スルコトヲ要ス此場合ニ於テ競賣ニ依リテ得タル金額カ滯納金額ニ滿タサルトキハ從前ノ株主

ヲシテ其不足額ヲ辨濟セシムルコトヲ得若シ從前ノ株主カ二週間內ニ之ヲ辨濟セサルトキハ會社ハ讓渡人ニ對シテ其辨濟ヲ請求スルコトヲ得

前三項ノ規定ハ會社カ損害賠償及ヒ定款ヲ以テ定メタル違約金ノ請求ヲ爲スコトヲ妨ケス

第百五十二條及ヒ第百五十三條ハ株金拂込ニ付キ催告手續ト之ニ付テノ處分方法ヲ規定シタルモノナリ

第百五十二條第一項ハ株金ノ拂込ハ二週間前ニ之ヲ各株主ニ催告スヘキヲ命シ第二項ハ株主カ期間內ニ拂込ヲ爲サヽルトキハ更ニ一定ノ期間內ニ（二週間ヲ下ラサル）拂込ヲ爲スヘク若シ期間內ニ之ヲ爲サヽルトキハ株主ノ權利ヲ失フ旨ヲ通知スルコトヲ得トセリ本來株主カ其株金ノ拂込ヲ怠リタルトキハ會社ハ其財產ヲ差押ヘテモ之ヲ取立ツルコトヲ得ルハ勿論ナルモ個ハ甚タ手數ナルノミナラス無財產ナルトキハ全ク無益ノコトヽナルヘシ故ニ便宜上本項ノ通知ヲ發シ株主カ其通知ヲ受ケテモ尙ホ拂込ヲ爲サヽルトキハ第百五十三條ニ依リテ最終ノ處分ヲ爲サシムルモノトセリ即チ同條第一項ハ會社ノ通知通リニ株主ノ權利ヲ失フト規定シ第二項ハ從前ノ株主（滯納者）ニ至ルマテ數人ノ讓渡人アリタルトキハ會社ハ其讓渡人ノ銘々ニ對シ二

週間以上ノ期間ヲ定メ其期間內ニ拂込ヲ爲スヘキ旨ノ催告ヲ發スルコトヲ要シ而シテ此場合ニハ其催告ニ應シテ一番先キニ拂込ヲ爲シタル者カ其株式ヲ取得スルモノトセリ
然レトモ此讓渡人等モ亦拂込ヲ爲サヽルトキハ如何ト云フニ會社ハ第三項ノ規定ニ依リテ其株式ヲ競賣セサルヘカラス而カモ其競賣代價カ滯納金ニ足ラサルトキハ其不足額ハ會社ノ損失ニ歸スルヤト云フニ否ラス會社ハ先ツ其不足額ヲ從前ノ株主ニ請求シ若シ從前ノ株主カ二週間內ニ辨濟セサルトキハ擔保義務ノ原則ニ依リ各讓渡人中ノ誰レヘナリトモ請求スルコトヲ得ヘシ
又會社ハ以上ノ處分ヲ了シタルニ關ハラス費用其他滯納ノ爲メ生シタル損失ハ第四項ニ依リ從前ノ株主又ハ各讓渡人ニ之ヲ賠償セシメ又定款ニ於テ如斯場合ニ違約金ヲ拂ハシムヘキ旨ヲ定メ置キタルトキハ其違約金ヲモ請求スルヲ得ヘシ

第百五十四條　前條ニ定メタル讓渡人ノ責任ハ讓渡ヲ株主名簿ニ記載シタル後二年ヲ經過シタルトキハ消滅ス

前條ニ定メタル株式讓渡人ノ責任ハ第百五十條ニ依リ其讓渡ヲ株主名簿ニ記載シタル後二年ヲ經過シタルトキハ消滅シ二年ノ後ニ至レハ仮ヒ其義務ヲ辨濟セサル證據アリテモ最早辨濟

スルニ及ハサルモノトナルナリ故ニ其期間內ニ於テ會社ヨリ請求ヲ受ケタルコトアリテモ期間ノ經過ヲ中斷セラル、コトナシトス蓋シ本條ノ設ケアルハ他ナシ何時マテモ讓渡人ニ前條ノ責任アリトスルトキハ其責任甚タ重キニ過ルノミナラス株金全額ノ拂込ヲ終ハラサル株式ノ賣買ハ世上之ヲ嫌忌スルニ至リ大ニ其流通ヲ妨クルノ恐レアレハナリ

第百五十五條　株金全額ノ拂込アリタルトキハ株主ハ其株券ヲ無記名式ト爲スコトヲ得
株主ハ何時ニテモ其無記名式ノ株券ヲ記名式ト爲スヿヲ請求スルヿヲ得

記名株式ニハ其株券ニ株主ノ氏名ヲ記載シ無記名株券ニハ株主ノ氏名ヲ記載セス故ニ記名株式ハ第百五十條ニ依リ株主名簿ニ讓受人ノ氏名ト住所ヲ記載シ且株券ニ讓受人ノ氏名ヲ記載セサレハ會社其他ノ第三者ニ對抗スルコトヲ得スト雖𪜈無記名株式ハ所持人ヲ以テ所有者ト看做スカ故ニ其讓渡ハ何等ノ手續ヲ要セス恰モ紙幣ト同シク輾轉スルモノトス茲ニ兩者ノ得失ヲ擧クレハ記名式株券ニハ所持人ノ氏名ヲ記載スルヲ以テ所持スルニハ安心ナレ𪜈讓渡ニハ手數ナリ之ニ反シテ無記名式株券ハ讓渡ニ手數ナキ代ハリニ所持人ノ氏名ヲ記載セサルヲ以テ盜難等ニ逢ヒタル場合ニハ終ニ回復スヘカラサル虞アリ左レハ何レモ利害半ハスルモノ

ナリト雖モ是レ事物ノ數ニシテ已ムヲ得サルコトナリトス

本條第一項ニ依レハ株金カ總ラス拂込アリタルトキハ株主ハ其株劵ヲ無記名式ト爲スコトヲ得レモ拂込ヲ總ハラサル株式ハ無記名式ト爲スコトヲ得ス其ハ無記名株式ノ讓渡ハ前ニモ述ヘシ如ク讓受人ノ氏名住所ヲ株主名簿ニ記載セス其讓渡ハ只手渡スルニ過キサルヲ以テ所持人ハ誰ナルカ會社ニハ知レサル故拂込未濟ノ株式ヲ無記名式ト爲スコトヲ許ルストキハ會社ハ株金拂込ニ付テノ手續及ヒ滯納處分ヲ爲ス能ハサレハナリ

然レモ之ニ反シテ無記名式ノモノヲ記名式ト爲スハ毫モ差支ナシ故ニ再ヒ之ヲ記名式ニ爲シ度シト思ハヽ第二項ニ依リ何時ニテモ會社ニ請求シテ書換ヘシムルコトヲ得ヘシ

第三節　會社ノ機關

會社ハ元來無形物ニシテ只法津上權利義務ヲ有スル一種ノ人ト看做シタルニ過キス故ニ何人カ此無形人ニ代ハリテ活動スルモノナカルヘカラス乃チ本法ハ之レカ機關トシテ株主總會、取締役及ヒ監査役ノ三機關ヲ認メタリ尤モ此機關ハ無形法人ノ爲メ特ニ其必要機關トシテ會社ノ爲メニ存在シ、支配人其他ノ使用人ハ一個ノ商人ト同シク商業主人トシテ使用スルモノナリ

第一款　株主總會

株主總會ハ會社ノ機關中最高ノ地位ニ居リ凡テノ事柄ニ付キ會社ノ意見ヲ確定シ且業務機關タル取締役ヲ監督スルニ在リ故ニ役員ノ任免、會社ノ計算、定欵ノ變更、會社ノ合併及ヒ解散其他何事ヲモ議決シ得ルナリ然レトモ株主總會ハ只事柄ヲ決スルニ止マリテ業務ヲ執行シ會社ヲ代表シテ他人ト取引等ヲ爲スモノニ非ラス會社ノ業務ヲ執行シ會社ヲ代表シテ他人ト取引等ヲ爲スハ一ニ取締役ノ職務ニ屬ス

第百五十六條　總會ヲ招集スルニハ會日ヨリ二週間前ニ各株主ニ對シテ其通知ヲ發スルコトヲ要ス

前項ノ通知ニハ總會ノ目的及ヒ總會ニ於テ決議スヘキ事項ヲ記載スルコトヲ要ス

會社カ無記名式ノ株劵ヲ發行シタル場合ニ於テハ會日ヨリ三週間前ニ總會ヲ開ク旨及ヒ前項ニ掲ケタル事項ヲ公告スルコトヲ要ス

本條ハ總會招集ノ手續ヲ規定シタルモノニシテ其招集ハ第一項ニ依リ會日ヨリ二週間前ニ株主銘々ニ通知シ且書面ニハ第二項ニ依リ社債募集ノ爲メトカ又ハ定欵變更ノ爲メトカ云フ如ク何々ノ爲メニ開クト云フコトヲ記載シ又社債募集ノ爲メナレハ發行價額何程ニテ何萬圓ヲ

募集スルトカ又定款變更ノ爲メナレハ株式ヲ消却スルトカ又ハ存立時期ヲ延ハストカ云フ如ク決議スヘキ事項ヲ記載セサルヘカラス開日マテノ間ニ二週間ヲ存スルハ株主ヲシテ可成出席ノ都合ヲ得セシムルト議案ヲ熟考スルノ暇アラシムル爲メナリ

第三項ニ依レハ會社カ無記名式ノ株式ヲ發行シタル場合ニ於テハ株主ハ誰ナルヤ知レサル故其通知ハ之ヲ本人ノ手許ニ送達スルコトヲ得ス故ニ招集幷ニ決議事項ハ定款ニ定メタル方法ニ依リテ公告セサルヘカラス且無記名式ノ株券ヲ有スル者ハ第百六十一條ニ從ヒ會日ヨリ一週間前ニ其株券ヲ會社ニ供託セシムル都合モアレハ別ニ一週間ヲ增シ公告ノ日ヨリ會日マテニ三週間ヲ存セサルヘカラス

第百五十七條　定時總會ハ毎年一回一定ノ時期ニ於テ取締役之ヲ招集スルコトヲ要ス

年二回以上利益ノ配當ヲ爲ス會社ニ在リテハ毎配當期ニ總會ヲ招集スルコトヲ要ス

定時總會ハ本條ニ依リ毎年一回一定ノ時期ニ於テ又年二回以上利益ノ配當ヲ爲スヘキ會社ニ於テハ其配當期毎ニ取締役之ヲ招集セサルヘカラス仮ト ヒ利益又ハ利息ノ配當ナキ時ト雖モ

其時期到レハ必ス招集セサルヘカラス、定時總會ハ次條ニ定ムル如ク第百九十條ニ掲クル書類ヲモ調査シ其當否ヲ決定スルモノニシテ利益又ハ利息ノ配當ヲ爲ス爲メニノミ開會スルモノニアラサレハナリ

第百五十八條　定時總會ハ取締役カ提出シタル書類及ヒ監査役ノ報告書ヲ調査シ且利益又ハ利息ノ配當ヲ決議ス
前項ニ掲ケタル書類ノ當否ヲ調査セシムル爲メ總會ハ特ニ檢査役ヲ選任スルコトヲ得

定時總會ハ本條第一項ニ依リ取締役ノ提出シタル書類及ヒ監査役ノ報告書ヲ調査シ且利益又ハ利息ノ配當ヲ決議スルモノトス此ニ取締役カ提出スル書類及ヒ監査役ノ報告書トハ第百九十二條ニ依リ取締役ヨリ總會ニ提出スル書類ヲ云フ
總會ハ必要ト認ムルトキハ第二項ニ依リ別ニ檢査役ヲ選任シテ該書類ノ正當ナルヤ否ヤヲ調査セシムルヲ得ヘシ

第百五十九條　臨時總會ハ必要アル毎ニ取締役之ヲ招集ス
臨時總會ハ監査役又ハ株主ノ請求ニ因リテ招集スル場合モアレト本條ハ取締役ノ招集スル場

合ヲ規定シタルモノナリ
取締役ハ定時總會ニ於テ決議スヘキ第百九十條ニ掲ケタル事項以外ニ株主總會ノ決議ニ附スル必要アリト認ムル事アルトキハ本條ニ依リ何時ニテモ之ヲ招集スルコトヲ得ルナリ

第百六十條　資本ノ十分ノ一以上ニ當タル株主ハ總會ノ目的及ヒ其招集ノ理由ヲ記載シタル書面ヲ取締役ニ提出シテ總會ノ招集ヲ請求スルコトヲ得
取締役カ前項ノ請求アリタル後二週間内ニ總會招集ノ手續ヲ爲サヽルトキハ其請求ヲ爲シタル株主ハ裁判所ノ許可ヲ得テ其招集ヲ爲スコトヲ得

本條ハ株主カ臨時總會ヲ招集スル場合ヲ規定シタルモノナリ資本ノ十分ノ一以上ニ當タル株主ハ何時ニテモ取締役ニ臨時總會招集ノ請求ヲ爲スノ權アリ尤モ其請求ヲ爲スニハ總會ノ目的ト理由トヲ記シタル書面ヲ差出サヽルヘカラス
然レ𪜈取締役ハ自己ニ不都合ノ廉ニテモアルトキハ其請求ヲ受ケテモ故ラニ總會ノ招集ヲ延引スルコトナシトセス故ニ第二項ハ斯ル場合ヲ想像シ取締役カ右ノ請求ヲ受ケタル後二週間内ニ總會招集ノ手續ヲ爲サヽルトキハ其請求ヲ爲シタル株主ハ裁判所ノ許可ヲ得テ自ヲ招集

スルコトヲ得トセリ

第百六十一條　總會ノ決議ハ本法又ハ定款ニ別段ノ定メアル場合ヲ除ク外出席シタル株主ノ議決權ノ過半數ヲ以テ之ヲ決ス

無記名式ノ株券ヲ有スル者ハ會日ヨリ一週間前ニ其株券ヲ會社ニ供託スルニ非サレハ其議決權ヲ行フコトヲ得ス

株主ハ代理人ヲ以テ其議決權ヲ行フコトヲ得但其代理人ハ代理權ヲ證スル書面ヲ會社ニ差出スコトヲ要ス

總會ノ決議ニ付キ特別ノ利害關係ヲ有スル者ハ其議決權ヲ行フコトヲ得ス

本條ハ株主總會ニ於ケル普通ノ決議方法ヲ規定シタルモノナリ本條第一項ニ本法ニ別段ノ定メアル場合トハ第百九十九條第二百九條第二百二十二條ノ如キ場合ヲ云ヒ出席シタル株主ノ議決權ノ過半數トハ出席シタル株主ノ有スル株式ノ過半數ヲ云フ本條第一項ニ依レハ右諸條ニ示ス場合ト定款ヲ以テ別段ニ決議方法ヲ定メタル場合ヲ除ク外株主總會ハ總テ本條ニ定メタル決議方法ニ依リテノミ決議ス

第二項ニ依レハ無記名式株券ノ所有者ハ一週間前ニ株券ヲ會社ニ預ケ置カサルヘカラス是レ何故ナルヤト云フニ株主ハ會議ノ形勢ニシテ自己ノ爲メ非ナリト思フトキハ自己ノ株券ヲ他人ニ分チ之ヲ携帶シテ出席セシメ其者ヲシテ自己ニ應援セシムルカ如キ弊害アリ故ニ無記名株券ノ所有者ニハ其株券ヲ會社ニ供託セシメテ此等ノ弊害ヲ防キタリ

第三項ハ代理人ヲ以テ議決權ヲ行フコトヲ許可シ第四項ハ例ヘハ株主カ自己ノ負擔スヘキ損害賠償額ヲ議サルヽ如キ特別ノ利害關係ヲ有スル場合ニハ其株主ハ決議ノ數ニ加ハヽルコトヲ得ストノ旨ヲ示シタルナリ蓋シ斯ノ如キ利害關係ヲ有スル者ハ決シテ正當ニ議決權ヲ行フヘシトハ認ムルコト能ハサレハナリ

第百六十二條　各株主ハ一株ニ付キ一個ノ議決權ヲ有ス但十一株以上ヲ有スル株主ノ議決權ハ定款ヲ以テ之ヲ制限スルコトヲ得

本條ニ依リ各株主ハ一株ニ付キ一ケノ議決權ヲ有ス左レハ五株ヲ有スル者ハ五ケノ議決權ヲ有シ十株ヲ有スル者ハ之ニ倍スル議決權ヲ有スル割合ナリ然レヒ多數ノ株式ヲ有スル者ニモ常ニ此割合ニノミ依ラシムルモノトスルトキハ大株主ハ優勢ヲ恃ンテ勝手ノ決議ヲ爲シ小株主ヲ壓倒スルノ恐レアリ故ニ會社ハ十一株以上ヲ有スル者ニ限リ十一株以上ニ付テハ十株ニ

付キ一ケノ議決權トカ二ケノ議決權トカ云フ如ク定欵ヲ以テ其議決權ヲ減スルコトヲ得ルナリ

第百六十三條　總會招集ノ手續又ハ其決議ノ方法カ法令又ハ定欵ニ反スルトキハ株主ハ其決議ノ無効ノ宣告ヲ裁判所ニ請求スルコトヲ得
前項ノ請求ハ決議ノ日ヨリ一ケ月內ニ之ヲ爲スコトヲ要ス
取締役又ハ監査役ニ非サル株主カ第一項ノ請求ヲ爲シタルトキハ其株劵ヲ供託シ且會社ノ請求ニ因リ相當ノ擔保ヲ供スルコトヲ要ス

總會招集ノ手續又ハ決議ノ方法カ法令又ハ定欵ニ反スルトキハ本條第一項ニ依リ株主ハ其決議ノ無効ノ宣告ヲ裁判所ニ請求スル權アリ

然レ𪜈會社ハ程過キテ後其決議ヲ無効トセラルヽトキハ大ニ不利不便ヲ蒙ムルヘシ故ニ第二項ハ右ノ請求ハ決議ノ日ヨリ一ケ月ヲ限リ若シ一ケ月ヲ過クレハ其權ナシトセリ

又本條カ此ノ如キ權利ヲ與ヘタルハ畢竟株主ヲ保護シタルニ外ナラス而ルニ中ニハ陽ニ其請求ヲ爲シ陰ニ他人ト與ミシテ會社ノ事業ヲ妨害セントイ企ルカ如キ者ナシトセス故ニ本條第三項ハ取締役又ハ監査役以外ノ株主カ請求ヲ爲ス場合ニハ其株式ヲ供託シ且損害賠償ヲ確保セ

シユル爲メ會社ヨリ請求アリタルトキハ保證人質抵當ノ如キ相當ノ担保ヲ供スル義務アリトセリ

第二欵　取締役

會社ノ意見ヲ決定スルハ株主總會ノ爲ニ屬シ取締役ハ會社ノ業務機關トシテ株主總會ノ決議ヲ實行シ且第三者ニ對シ會社ヲ代表シテ取引其他諸般ノ事務ヲ行フモノトス故ニ本章ハ取締役ノ任免及ヒ業務執行ノ方法取締役ノ守ルヘキ規則及ヒ其責任等ヲ定メタリ

第百六十四條　取締役ハ株主總會ニ於テ株主中ヨリ之ヲ選任ス

本條ニ依リ取締役ハ株主中ヨリ選任スヘク且其選任ハ株主總會ニ於テセサルヘカラス蓋シ取締役ヲ株主中ヨリ擧クルハ會社ノ事業ニ直接ノ利害關係ヲ有スルヲ以テ自然會社ノ事務ニ熱心ナルヲ得ヘケレハナリ

第百六十五條　取締役ハ三人以上タルコトヲ要ス

取締役ハ任重クシテ其權力太タ大ナリトス故ニ一人ヤ二人ニテハ不可ナリ若シ一人ヤ二人ニ任セ置クトキハ或ハ職權ヲ濫用シテ不都合ヲ爲スノ恐レアリ故ニ本條ハ必ス三人以上タルコトヲ要シタリ左レハ其死亡破產又ハ辭職等ニ因リテ欠員ヲ生シタルトキハ速ニ後任ヲ選マサ

ルヘカラス而シテ其後任ヲ得ルマテハ第百八十四條ニ依リ監査役中ヨリ一時取締役ノ職務ヲ行ハシムルコトヲ得ルノ途アリ

第百六十六條　取締役ノ任期ハ三年ヲ超ユルコトヲ得ス但其任期滿了ノ後之ヲ再選スルコトヲ妨ケス

取締役ノ任期ハ三年以下ハ何程ニ定ムルモ差支ナシト雖𪜈三年以上ト爲スコトヲ得ス故ニ就職年限ヲ定メサリシ場合ニモ三年トナレハ改選セサルヘカラス蓋シ在職年限久シキニ亘ルトキハ縱令廉潔ノ者ト雖𪜈尙ホ且情弊ヲ生スルノ恐レアリ況ンヤ通常人ニ於テオヤ是レ本條カ其任期ニ制限ヲ附シタル所以ナリ

然レ𪜈少シモ不都合ナキノミナラス却テ功績アリシ人物ヲ唯任期ノ爲メ失ハシムルハ失當ニシテ且ツ可惜コトヽス故ニ本條ハ一面其任期ヲ制限シ他ノ方面ニハ復選ノ自由ヲ與ヘタリ

第百六十七條　取締役ハ何時ニテモ株主總會ノ決議ヲ以テ之ヲ解任スルコトヲ得但任期ノ定メアル場合ニ於テ正當ノ理由ナクシテ其任期前ニ之ヲ解任シタルトキハ其取締役ハ會社ニ對シ解任ニ因リテ生シタル損害ノ賠償ヲ請求スルコトヲ得

株主總會ハ何時ニテモ取締役ヲ解任スルコトヲ得、然レトモ取締役ニ少シモ不都合ナクシテ其任期中ニ解任セラルヽハ取締役ノ最モ不名譽トスル所ニシテ甚タ迷惑ノコトナルヘシ故ニ本條ハ不信認ノ取締役ハ之ヲ何時ニテモ解任スルコトヲ得セシムルト同時ニ如此場合ニハ取締役ニモ會社ニ對シ其任期ニ至ルマテノ報酬金等解任ニ因リテ生シタル損害ノ賠償ヲ請求スルノ權利ヲ與ヘ以テ両者ノ均衡ヲ保タシメタリ但シ任期中ト雖トモ正當ノ事由ニ因リテ解任セラレタルカ又ハ任期ノ定メナキ場合ニハ何時解任セラルヽモ素其所ナルヲ以テ此場合ニハ取締役ハ何等ノ權利ヲ有セサルモノトス

第百六十八條　取締役ハ定款ニ定メタル員數ノ株券ヲ監査役ニ供託スルコトヲ要ス。

取締役ハ第百六十四條ニ依リ株主中ヨリ選任セラルヽコトナレトモ其任ヤ甚タ重キヲ以テ定款ニ定メタル員數ノ株券ヲ監査役ニ預ケ置カサルヘカラス是レ在任中其職務ヲ保證セシムル爲メナリ

第百六十九條　會社ノ業務執行ハ定款ニ別段ノ定メナキトキハ取締役ノ過半數ヲ以テ之ヲ決ス支配人ノ選任及ヒ解任亦同シ

取締役カ會社ノ爲メニ他人ト取引等ヲ爲ス代表ニ付テハ次條ニ之ヲ規定シ本條ハ單ニ業務執行ニ關シテ其執行方法ヲ定メタルモノナリ即チ何々ノ事柄ハ取締役總員ノ同意ヲ以テ行フトカ三分ノ二以上ノ同意ヲ要ストカ云フ如ク定款ヲ以テ其業務執行ノ方法ヲ定メ置キタルトキハ其方法ニ從テ爲スヘク若シ其定メナキトキハ本條ニ依リ總テ取締役ノ過半數ヲ以テ決セサルヘカラス而シテ本條末段ハ支配人ノ選任又ハ解任モ亦同一ナル旨ヲ示シタリ

第百七十條　取締役ハ各自會社ヲ代表ス
第六十二條ノ規定ハ取締役ニ之ヲ準用ス

本條第一項ハ取締役ハ各自會社ヲ代表スト定メ取締役カ會社ヲ代表シ即チ他人ト賣買其他ノ取引等ヲ爲スニハ共同シテ爲スニ及ハス銘々一人ニテ爲シ得ルモノト定メタリ從テ第二項ハ其權限ヲ定メ合名會社ノ代表社員ノ權限ヲ定メタル第六十二條ヲ準用スルコトトセリ

第百七十一條　取締役ハ定款及ヒ總會ノ決議錄ヲ本店及ヒ支店ニ備ヘ置キ且株主名簿及ヒ社債原簿ヲ本店ニ備ヘ置クコトヲ要ス
株主及ヒ會社ノ債權者ハ營業時間內何時ニテモ前項ニ掲ケタル書類ノ閲覽ヲ求ムルコトヲ得

株主及ヒ會社ノ債權者ハ不測ノ損害ヲ避クル爲メ本條第一項ノ書類ヲ取調フル必要アリ故ニ取締役ハ必ス之ヲ其本店ニ備ヘ置ク義務アリ而シテ株主及ヒ債權者ハ第二項ニ依リ營業時間內ナレハ何時ニテモ之ヲ閱覽スルコトヲ得ルナリ

第百七十二條　株主名簿ニハ左ノ事項ヲ記載スルコトヲ要ス

一　株主ノ氏名住所

二　各株主ノ株式ノ數及ヒ株券ノ番號

三　各株ニ付キ拂込ミタル株金額及ヒ拂込ノ年月日

四　各株式ノ取得ノ年月日

五　無記名式ノ株券ヲ發行シタルトキハ其數番號及ヒ發行ノ年月日

本條ハ株主名簿ニ記載スヘキ要件ヲ示シタルモノナリ、第一號ヨリ第三號マテハ說明ヲ要セス第四號ハ最初株式ヲ引受ケタル時ノ年月日又ハ其後所有者ヨリ之ヲ讓受ケタル時ノ年月日ヲ云フ第五號ニ無記名式ノ株券ハ只株券ノ數ト番號及ヒ發行ノ年月日ノミヲ記載スヘシトセルハ無記名株式ハ何等ノ手續ヲ要セスシテ移轉シ得ルカ故ニ其所有者ハ誰ナルカ知レサル故各株主ノ氏名住所ハ之ヲ記載シ能ハサレハナリ

第百七十三條　社債原簿ニハ左ノ事項ヲ記載スルコトヲ要ス
一　社債權者ノ氏名住所
二　債券ノ番號
三　社債ノ總額
四　各社債ノ金額
五　社債ノ利率
六　社債償還ノ方法及ヒ期限
七　債券發行ノ年月日
八　各社債ノ取得ノ年月日
九　無記名式ノ債券ヲ發行シタルトキハ其數番號及ヒ發行ノ年月日
本條ハ社債原簿ニ記載スヘキ要件ヲ列記シタルモノナルカ法文簡明ナルヲ以テ説明ヲ要セス
第百七十四條　會社カ其資本ノ半額ヲ失ヒタルトキハ取締役ハ遲滯ナク株主總會ヲ招集シテ之ヲ報告スルコトヲ要ス

會社財產ヲ以テ會社ノ債務ヲ完濟スルコト能ハサルニ至リタルトキハ取締役ハ直チニ破產宣告ノ請求ヲ爲スコトヲ要ス

凡ソ如何ナル場合ヲ問ハス會社カ資本ノ半ハヲ失フニ至リタルトキハ取締役ハ本條第一項ニ依リ速ニ株主總會ヲ招集シテ其旨ヲ報告シ株主總會ヲシテ善後ノ處分ヲ議セシメサルヘカラス又負債カ嵩ミテ會社財產ヲ以テ其債務ヲ完濟スルコト能ハサルニ至リタルトキハ取締役ハ之ヲ株主總會ニ報告スヘキハ勿論直チニ裁判所ニ破產宣告ヲ請求セサルヘカラス是レ會社ハ已ニ支拂無資力者トナリタレハナリ故ニ取締役カ此請求ヲ怠リタルトキハ第二百六十三條ニ依リテ處分セラルヘシ

第百七十五條　取締役ハ株主總會ノ認許アルニ非ラサレハ自己又ハ第三者ノ爲メニ會社ノ營業ノ部類ニ屬スル商行爲ヲ爲シ又ハ同種ノ營業ヲ目的トスル他ノ會社ノ無限責任社員ト爲ルコトヲ得ス

取締役カ前項ノ規定ニ反シテ自己ノ爲メニ商行爲ヲ爲シタルトキハ株主總會ハ之ヲ以テ會社ノ爲メニ爲シタルモノト看做スコトヲ得

前項ニ定メタル權利ハ監査役ノ一人カ其行爲ヲ知リタル時ヨリ二ケ月間

之ヲ行ハサルトキハ消滅ス行爲ノ時ヨリ一年ヲ經過シタルトキ亦同シ

本條ノ旨趣ハ既ニ述ヘタル合名會社ノ社員ノ爲メニ規定シタル第六十條ト同シキヲ以テ重ネテ説明セス

第百七十六條　取締役ハ監査役ノ承認ヲ得ルニ非サレハ自己又ハ第三者ノ爲メニ會社ト取引ヲ爲スコトヲ得ス

取締役ハ會社ノ代理トナリテ其營業上一切ノ行爲ヲ爲ス權限ヲ有スルモノナリ故ニ若シ取締役ニ自己又ハ第三者ノ爲メ會社ト取引スルコトヲ許ルストキハ自己又ハ第三者ヲ利シテ會社ヲ害スルノ恐レアリ然ラハ絶對ニ之ヲ許サヽルヤト云フニ例ヘハ會社カ取締役又ハ其知人ノ持合ハセル物品ヲ買取ルコト他ヨリ買入ルヽヨリモ廉價ナル如キ場合ニ於テハ取締役ニ其取引ヲ許スモ毫モ差支ナキノミナラス會社ハ爲メニ却テ其利益ヲ受クルモノト云フヘシ故ニ本條ハ如斯場合アルヘキヲ豫想シ特ニ監査役ノ承認ヲ得タル場合ニ限リ之ヲ許スコトト爲シタリ

第百七十七條　取締役カ法令又ハ定款ニ反スル行爲ヲ爲シタルトキハ株主總會ノ決議ニ依リタル場合ト雖モ第三者ニ對シテ損害賠償ノ責ヲ免ルルコトヲ得ス

前項ノ規定ハ其行爲ニ對シ株主總會ニ於テ異議ヲ述ヘ且監査役ニ其旨ヲ通知シタル取締役ニハ之ヲ適用セス

取締役ハ法律命令又ハ定款ニ反スル行爲ヲ爲シタルトキハ假令ヒ株主總會ノ決議ニ依リタルトキト雖モ本條第一項ニ依リ第三者ニ對シテハ損害賠償ノ責ニ任セサルヘカラス然レモ取締役ハ株主總會ノ決議ヲ執行スル義務アルカ故ニ一應株主總會ニ於テ反省ヲ要メ且ツ監査役ニマテ其旨ヲ通知シタルニ拘ハラス尚ホ總會カ其決議ヲ取消サス又監査役ニ爲シタル通知モ其甲斐ナクシテ已ムヲ得ス執行シタル場合ニハ第二項ニ依リ其責任ヲ免ル

第百七十八條　株主總會ニ於テ取締役ニ對シテ訴ヲ提起スルコトヲ決議シタルトキ又ハ之ヲ否決シタル場合ニ於テ資本ノ十分ノ一以上ニ當タル株主カ之ヲ監査役ニ請求シタルトキハ會社ハ決議又ハ請求ノ日ヨリ一ケ月內ニ訴ヲ提起スルコトヲ要ス

前項ノ請求ヲ爲シタル株主ハ其株券ヲ供託シ且監査役ノ請求ニ因リ相當ノ擔保ヲ供スルコトヲ要ス

會社カ敗訴シタルトキハ右ノ株主ハ會社ニ對シテノミ損害賠償ノ責ニ任

ス

本條第一項ニ依レハ株主總會ニ於テ取締役ヲ訴フルコトヲ決議シタルトキハ會社ハ其決議ノ日ヨリ又訴ヘサルコトヲ決議シタルトキニ資本ノ十分ノ一以上ニ當タル株主ヨリ訴フヘキコトヲ請求シタルトキハ其請求ノ日ヨリ何レモ一ケ月内ニ其訴ヲ提起セサルヘカラス

株主ノ請求ニ因リ訴ヘル場合ニハ訴ヲ請求シタル株主ハ第二項ニ因リ株券ヲ供託所ニ預クル義務アリ又會社カ敗訴シタルトキハ相手方ナル取締役ニ對スル損害賠償ハ會社ヨリ支拂ヒ右ノ株主ハ第三項ニ依リ取締役ニ對シ直接ニ義務ヲ負ハス只會社ニ對シテノミ損害賠償ノ責ニ任スルモノトス故ニ會社ハ其支拂ヲ保証セシムル爲メ右ノ株主ヨリ質抵當ノ如キ擔保ヲ請求スル權アリ但右株主ヲシテ其株券ヲ供託セシムルハ訴訟中他ニ讓渡スコトヲ得サラシムル爲メナリ

第百七十九條　取締役カ受クヘキ報酬ハ定欵ニ其額ヲ定メサリシトキハ株主總會ノ決議ヲ以テ之ヲ定ム

本條ハ取締役ノ報酬ハ他ノ方法ヲ以テ定ムルコトヲ許サス定欵ヲ以テ定ムルカ又ハ定欵ニ之ヲ定メサリシトキハ株主總會ノ決議ヲ以テノミ定ムヘキモノトセリ

第三欵　監査役

監査役モ亦會社ノ樞要機關ニシテ株主總會ノ耳目トナリテ會社ノ業務ヲ監督スルニ在リ故ニ本欵ニハ其任免職務幷ニ責任及ヒ其報酬等ヲ規定シタリ

第百八十條　監査役ノ任期ハ之ヲ一年トス但其任期滿了ノ後之ヲ再選スルコトヲ妨ケス

取締役ノ任期ハ第百六十六條ニ三年ヲ超ユルコトヲ得ストアリテ其任期ハ之ヲ三年以上ニ定ムルコトヲ得サルモ三年以下ハ之ヲ何程ニ定ムルモ隨意ナリ然レモ監査役ノ任期ハ大ニ其趣ヲ異ニシ一年ヨリ長クスルコトヲ得サルハ勿論短クスルコトヲモ得サルナリ若シ之レヨリ短クスルトキハ會社ノ事情ヲ知リ得ル間ナキ故十分ニ其任務ヲ盡サシムルヲ得ス又少シク長キニ失スルトキハ取締役トノ交際親密ヲ加ハヘ自然十分ノ事ヲ爲シ兼ヌルニ至ルノ恐レアレハナリ若シ夫レ是ノ如キハ監査役ヲ設クルノ本旨ニ違フ故ニ本條ハ其任期ヲ一年ト定メ其レヨリ長クモ短クモスルコトヲ許サヽルコトヽセリ尤モ任期滿了ノ後適任者ト認メテ更ニ之ヲ再選スルハ毫モ差支ナシ是レ但書ヲ設タル所以ナリ

第百八十一條　監査役ハ何時ニテモ取締役ニ對シテ事業ノ報告ヲ求メ又ハ

會社ノ業務及ヒ會社財產ノ狀況ヲ調査スルコトヲ得

監査役ハ常ニ會社ノ業務ヲ監督スルノ任務ニ服スルモノナリ故ニ或ハ會社ノ事業ハ如何ニ運ハレツヽアルカ或ハ又役員ニ不都合ナキカ等ノ事柄ヲ取調フル爲メ何時ニテモ取締役ニ事業ノ報告ヲ求ムルコトヲ得ヘシ又營業時間內ニ限ラス何時ニテモ帳簿書類又ハ金庫ヲモ檢シテ財產ノ有樣ヲ調査スル權アリ

第百八十二條　監査役ハ株主總會ヲ招集スル必要アリト認メタルトキハ其招集ヲ爲スコトヲ得此總會ニ於テハ會社ノ業務及ヒ會社財產ノ狀況ヲ調査セシムル爲メ特ニ檢査役ヲ選任スルコトヲ得

監査役ハ取締役ニ不都合アリタルトキハ勿論其他何事タルヲ問ハス株主總會ノ議ニ附シ處分スル所アラシムヘシト考フル事アルトキハ何時ニテモ株主總會ヲ招集スル權アリ而シテ此總會ニ於テハ必要アリト認ムルトキハ別ニ檢査役ヲ選ンテ財產ノ有樣ヲ調査セシムルコトヲ得ルナリ

第百八十三條　監査役ハ取締役カ株主總會ニ提出セントスル書類ヲ調査シ株主總會ニ其意見ヲ報告スルコトヲ要ス

監査役ハ取締役カ定時總會又ハ臨時總會ニ提出セントスル書類ヲ調査シテ其意見ヲ報告スル義務アリ若シ數人ノ監査役中意見ヲ異ニスルトキハ各別ニ其意見ヲ述ヘサルヘカラス

第百八十四條　監査役ハ取締役又ハ支配人ヲ兼ヌルコトヲ得ス但取締役中ニ欠員アルトキハ取締役及ヒ監査役ノ協議ヲ以テ監査役中ヨリ一時取締役ノ職務ヲ行フヘキ者ヲ定ムルコトヲ得

前項ノ規定ニ依リテ取締役ノ職務ヲ行フ監査役ハ第百九十二條第一項ノ規定ニ從ヒ株主總會ノ承認ヲ得ルマテハ監査役ノ職務ヲ行フコトヲ得ス

監査役ハ取締役ヲ監督スルノ地位ニ在ルヲ以テ被監督者タル取締役ノ職務ヲ兼ヌルコトヲ得スト雖モ取締役ニ欽員ヲ生シタルトキハ本條第一項ニ依リ一時取締役ノ職務ヲ行フコトヲ得ルナリ然レトモ個ハ取締役ノ職務ヲ兼ヌルニアラスシテ一時監査役ノ職務ハ之ヲ止メテ取締役ノ職務ノミヲ行フモノナリ故ニ第一項ニ依リテ取締役ノ職務ヲ行ヒタル監査役ハ第二項ニ依リ第百九十二條第一項ノ規定ニ從ヒ取締役ト同シク株主總會ノ承認ヲ得テ全ク其責任ヲ免ルヽニ至ルマテハ再ヒ監査役ノ職務ヲ行フコトヲ得サルモノトス

第百八十五條　會社カ取締役ニ對シ又ハ取締役カ會社ニ對シテ訴ヲ提起ス

ル場合ニ於テハ其訴ニ付テハ監査役會社ヲ代表ス但株主總會ハ他人ヲシテ之ヲ代表セシムルコトヲ得

資本ノ十分ノ一以上ニ當タル株主カ取締役ニ對シテ訴ヲ提起スルコトヲ請求シタルトキハ特ニ代表者ヲ指定スルコトヲ得

會社カ取締役ヲ訴ヘ取締役カ會社ヲ訴フルトキハ會社ハ他ニ代表者ヲ定メサルヘカラス故ニ本條ハ監査役會社ヲ代表スト定メ特ニ但書ヲ以テ株主總會ハ他人ヲシテ代表セシムルコトヲ得ルトシ第二項ハ資本ノ十分ノ一以上ニ當タル株主ノ請求ニ因リテ取締役ヲ訴ヘル場合ニハ其請求ヲ爲シタル株主ニ代表者ヲ指定スルコトヲ許ルセリ是レ其訴ニ付キ直接ニ利害關係ヲ有スル者ニ其選定權ヲ與フルハ蓋シ當然ノコトナレハナリ

第百八十六條　監査役カ其任務ヲ怠リタルトキハ會社及ヒ第三者ニ對シテ損害賠償ノ責ニ任ス

本條ハ監査役ノ責任ヲ定メタルモノナリ

本條ニ監査役カ任務ヲ怠リタルトキトハ會社ノ業務及ヒ財産ノ狀況ヲ充分ニ調査セス又ハ總會ニ爲スヘキ報告ニ竭サス又ハ株主總會ニ報告シテ處分スル所アラシムヘキ重要ノ事柄アル

ニ其招集ヲ怠リタルカ如キヲ云フ
扨本條ハ監査役ニ斯ノ如キ怠リアリテ會社又ハ第三者ニ損失ヲ生セシメタルトキハ監査役ハ會社又ハ第三者ニ對シテ損害賠償ノ義務アリトセリ
會社ノ損害トハ監査役カ業務ノ監督ヲ怠タルカ爲メ事業ノ衰頽ヲ來タシテ利益ヲ減スルニ至リ又ハ取締役ノ不都合ヲ見遁カシタルカ爲メ會社ノ財產ニ穴ヲ明ケラレタルカ如キヲ云ヒ第三者ノ損害トハ監査役カ任務ヲ怠リタルニ因リテ會社ノ資本ヲ減少シ爲メニ會社ノ債權者カ完全ノ支拂ヲ得ル能ハサルニ至リタルカ如キヲ云フ

第百八十七條　株主總會ニ於テ監査役ニ對シテ訴ヲ提起スルコトヲ決議シタルトキ又ハ之ヲ否決シタル塲合ニ於テ資本ノ十分ノ一以上ニ當タル株主カ之ヲ取締役ニ請求シタルトキハ會社ハ決議又ハ請求ノ日ヨリ一个月內ニ訴ヲ提起スルコトヲ要ス此塲合ニ於テハ第百八十五條第一項但書及ヒ第二項ノ規定ヲ準用ス
前項ノ請求ヲ爲シタル株主ハ其株劵ヲ供託シ且取締役ノ請求ニ因リ相當ノ擔保ヲ供スルコトヲ要ス

會社カ敗訴シタルトキハ右ノ株主ハ會社ニ對シテノミ損害賠償ノ責ニ任ス

本條ハ取締役ヲ訴フル第百七十八條ノ場合ト同一ノ精神ヲ以テ規定シタルモノナリ故ニ此ニハ冗言セサルヲ以テ該條ノ說明ニ就キ宜シク本條ノ意ヲ類推スヘシ

第百八十八條　監査役ハ其破產又禁治產ニ因リテ退任ス

取締役ハ會社ノ代理者ナルカ故ニ破產又ハ禁治產ニ因リテ財產上ノ能力ヲ失フタルトキハ民法第百十一條ノ代理權消滅ノ規定ニ依リ、當然退社シタル者トナレトモ監査役ハ會社ノ代理ヲ爲ス者ニ非サルヲ以テ其破產又ハ禁治產ハ直チニ同條ノ規定ニ從ハシムルヲ得ス故ニ本條ハ特ニ監査役ノ爲メニ之ヲ規定シ破產又ハ禁治產ニ因リテ其職ヲ失フヘキモノトシ取締役ニ對スルト同一ナラシメタルモノナリ

第百八十九條　第百六十四條第百六十七條及ヒ第百七十九條ノ規定ハ監査役ニ之ヲ準用ス

本條ハ監査役ニ準用スヘキ各條ヲ列記シタルモノナリ監査役ハ第百六十四條ニ從ヒ株主中ヨリ選任スヘク又第百六十七條ニ依リ會社ハ任期前ト雖モ不信任ノ監査役ヲ解任スルコトヲ得

ルナリ然レヒ故ナク任期前ニ解任セラレタル監査役ハ同條ノ規定ニ因リ會社ニ對シテ損害賠償ヲ請求スル權アリ又監査役ノ報酬ヲ定ムルニハ第百七十九條ノ規定ニ從フヘキモノトス

第四節　會社ノ計算

會社ノ計算トハ財產、負債、收入、支出、準備金、利益又ハ利息ノ配當ニ關スル計算ニシテ本節ハ取締役カ此計算ヲ爲シテ書類ヲ製シ定時總會ニ提出シテ其承認ヲ求ムルニ至ルマテノ方法及ヒ是等ノ計算ヲ爲スニ付テ守ラサルヘカラサル規則幷ニ裁判所ノ爲スヘキ監督ニ付テ規定シタリ

第百九十條　取締役ハ定時總會ノ會日ヨリ一週間前ニ左ノ書類ヲ監査役ニ提出スルコトヲ要ス

一　財產目錄
二　貸借對照表
三　事業報告書
四　損益計算書
五　準備金及ヒ利益又ハ利息ノ配當ニ關スル議案

定時總會ハ第百五十八條第一項ニ依リ本條ニ揭ケタル書類ヲ調査シ且利益又ハ利息ノ配當ヲ

決議スルモノニシテ第百五十七條第一項ニ依リ少クモ年一回ハ必ス招集セラレ年二回以上配當ヲ爲ス會社ニテハ同條第二項ニ依リ其配當期コトニ招集セラルヽモノナリ而シテ株式會社ハ通例上半季(一月ヨリ六月迄)上半季(七月ヨリ十二月迄)ノ二季ヲ以テ配當ヲ爲スコトナルカ故ニ年一回ハ實際招集セラレツヽアルナリ

抑本條ニ依リ取締役ハ定時總會ノ會日ヨリ一週間前ニ第一號ヨリ第五號マテノ書類ヲ監査役ニ提出セサルヘカラス是レ監査役ヲシテ第百八十三條ニ從ヒ之ヲ調査シテ其意見ヲ報告スルノ暇アラシムルカ爲メナリ

第一號ノ財産目録トハ第二十六條ニ示ス動産、不動産、債權、債務其他一切ノ財産ヲ記載シタル書類ヲ云ヒ第二號ノ貸借對照表トハ同條ニ所謂貸借對照表ニシテ資産ハ何々カ何程ニシテ負債ハ何々カ何程ト云フコトヲ貸方(負債)ト借方(財産)トニ分チテ記載シ一目財産ト負債トノ有樣ト其多寡ヲ知ルニ便ナラシメタルモノヲ云ヒ第三號ハ事業年度内ニ會社ノ事業カ如何ニ運ハレツヽアリシカヲ知ラシムル爲メ年度内ニ爲シタル行爲ノ成迹ヲ詳カニシタルモノヲ云ヒ第四號ハ一期間ニ於ケル何々ノ益金何程何々ノ損金何程差引純益何程若クハ純損何程ト云フコトヲ勘定シタル書面ニシテ利息ハ第百九十六條ノ利息ヲ云ヒ第五號ニ是等ニ關スル議

案トハ總益金ヨリ總損金ヲ差引純益何程積立金何程配當金何程後季繰越高何程ト云フコトヲ認メタルモノヲ云フ

第百九十一條　取締役ハ定時總會ノ會日前ニ前條ニ掲ケタル書類及ヒ監査役ノ報告書ヲ本店ニ備フルコトヲ要ス

株主及ヒ會社ノ債權者ハ營業時間内何時ニテモ前項ニ掲ケタル書類ノ閲覽ヲ求ムルコトヲ得

株主ハ自己ノ意見ヲ定ムル爲メ前條ニ掲ケタル書類ハ之ヲ取調ヘ置ク必要アリ又會社ノ債權者モ自己ノ利害ニ影響スル所アルヘキヲ以テ同シク之ヲ閲讀スル必要アリ故ニ取締役ハ必ス定時總會ノ會日前之ヲ本店ニ備ヘ置ク義務アリ而シテ株主及ヒ債權者ハ營業時間内何時ニテモ其閲覽ヲ求ムル權アリ

第百九十二條　取締役ハ第百九十條ニ掲ケタル書類ヲ定時總會ニ提出シテ其承認ヲ求ムルコトヲ要ス

取締役ハ前項ノ承認ヲ得タル後貸借對照表ヲ公告スルコトヲ要ス

取締役ハ本條第一項ニ依リ第百九十八條ニ掲ケタル書類ヲ定時總會ニ提出シテ其承認ヲ求メ

サルヘカラス而シテ總會カ之ヲ承認シタルトキハ第二項ニ依リ豫テ定欵ニ定メタル方法ニ從ヒ貸借對照表ヲ公告セサルヘカラス

第百九十三條　定時總會ニ於テ前條第一項ノ承認ヲ爲シタルトキハ會社ハ取締役及ヒ監査役ニ對シテ其責任ヲ解除シタルモノト看做ス但取締役又ハ監査役ニ不正ノ行爲アリタルトキハ此限ニ在ラス

定時總會ハ取締役ノ提出シタル第百九十條ノ書類ヲ取調ヘ、不都合ノ廉アルコトヲ發見シタルトキハ取締役ニ對シテ損害ノ賠償ヲ請求スルコトヲ得ヘシ監査役ニ任務ノ怠リアリタルトキモ亦同樣ナリ又計算ノ相違利益又ハ利息ノ配當割合等ニ付キ修正ヲ加フヘキ點アラハ宜シク修正ヲ加フルコトヲ得ヘシ

定時總會カ前條第一項ノ承認ヲ爲シタルトキハ法律ハ取締役又ハ監査役ハ其責任ヲ解除セラレタルモノト看做スヲ以テ會社ハ後日ニ至リ再ヒ取締役又ハ監査役ヲ訴フルコトヲ得サルモノトス然レトモ取締役又ハ監査役ニ不正ノ行爲アリタルニ拘ハラス倘ホ其責任ヲ解除シタリト見ルヘカラス故ニ但書ハ取締役又ハ監査役ニ不正ノ行爲アリタルトキハ株主總會カ一旦承認ヲ爲シタル後ト雖モ會社ニ對シテ其責任ヲ免ルヽ能ハサルモノトセリ

第百九十四條　會社ハ其資本ノ四分ノ一ニ達スルマテハ利益ヲ配當スル每ニ準備金トシテ其利益ノ二十分ノ一以上ヲ積立ツルコトヲ要ス

額面以上ノ價額ヲ以テ株式ヲ發行シタルトキハ其額面ヲ起ユル金額ハ前項ノ額ニ達スルマテ之ヲ準備金ニ組入ルヽコトヲ要ス

會社ハ資本ノ四分ノ一ニ達スルマテハ利益ヲ配當スル度コトニ利益金ノ二十分ノ一以上ヲ準備金トシテ積置カサルヘカラス是レ會社カ其資本ヲ失フテ殆ント維持スヘカラサル如キ萬一ノ場合ニ備フルカ爲メナリ

又會社カ額面以上ノ價額ヲ以テ株式ヲ發行シタル片ハ其額面以上ニ當タル金額ハ準備金ノ積立ヲ終ハルマテ營業上ニ使用スルヿヲ許サス猶ホ之ヲ準備金ノ中ニ組込マシムルモノトセリ

第百九十五條　會社ハ損失ヲ塡補シ且前條第一項ニ定メタル準備金ヲ控除シタル後ニ非サレハ利益ノ配當ヲ爲スコトヲ得ス

前項ノ規定ニ違反シテ配當ヲ爲シタルトキハ會社ノ債權者ハ之ヲ返還セシムルコトヲ得

會社ハ損失ヲ埋合ハセ且第百九十四條ノ積立金ヲ差引キタル後全ク殘リタル純益金ニ非サレ

ハ配當ヲ爲スコトヲ得ス蓋シ會社カ損失ヲ其儘差置キ且積立金ヲモ爲サスシテ株主ニ配當ヲ爲スカ如キハ會社ノ前途ヲ思ハサルモノニシテ寧ロ會社ノ成立ヲ危カラシムルモノナリ故ニ會社カ損失ノ埋合セヲ爲サス又積立金ヲモ爲サスシテ株主ニ配當ヲ爲シタルトキハ會社ノ債權者ハ大ニ損失ヲ蒙ムルノ恐レアルヲ以テ其配當シタル金額ハ之ヲ會社ニ返還セシムルコトヲ得ルナリ

第百九十六條　會社ノ目的タル事業ノ性質ニ依リ第百四十一條第一項ノ規定ニ從ヒ本店ノ所在地ニ於テ登記ヲ爲シタル後二年以上開業ヲ爲スコト能ハサルモノト認ムルトキハ會社ハ定款ヲ以テ開業ヲ爲スニ至ルマテ一定ノ利息ヲ株主ニ配當スヘキコトヲ定ムルコトヲ得但其利率ハ法定利率ニ超ユルコトヲ得ス

前項ニ揭ケタル定款ノ規定ハ裁判所ノ認可ヲ得ルコトヲ要ス

會社カ其目的タル事業ノ性質ニ依リ第百四十一條ノ登記ヲ爲シタル後六个月以上開業ヲ爲ス能ハサルトキハ裁判所ニ開業延期ノ請求ヲ爲シ得ルコトハ第四十七條ノ規定スル所ナリ然レ𪜈株主ノ拂込ミタル金額ハ普通之ヲ銀行等ニ預ケ利息ヲ生スルモノナルカ故ニ本條第一項ハ

會社カ其登記ヲ爲シタル後二年以上開業ヲ爲スコト能ハサルモノト認ムルトキハ定欵ヲ以テ開業ヲ爲スニ至ルマテ法定利率即チ年六分以下一定ノ利息ヲ配當スヘキヲ定ムルコトヲ許セリ然レトモ會社カ第百四十一條ノ登記ヲ爲シタル後二年以上モ開業セサルハ會社ハ其實目的タル事業ヲ與サント欲スルニ非ラスシテ故ヲニ開業ノ延期ヲ請ヒ置キ陰カニ銀行營業ニ類スル所業ヲ爲スノ疑ヒアリ故ニ第二項ハ第一項ニ定メタル定欵ノ規定ハ之ヲ登記スル前裁判所ノ認可ヲ受クルヲ必要トシ其認可ヲ得タル後ニ非サレハ之ヲ登記スルコトヲ得ストシタリ

第百九十七條　利益又ハ利息ノ配當ハ定欵ニ依リテ拂込ミタル株金額ノ割合ニ應シテ之ヲ爲ス但會社カ優先株ヲ發行シタル塲合ニ於テ之ニ異ナリタル定メアルトキハ此限ニ在ラス

優先株トハ他ノ株式ヨリ配當ノ割合ヲ多ク定メ又ハ一株ニ付キ何分ニ滿ルマテハ他ノ株主ノ配當ヲ止メ之ヲ優先株主ノミニ配當スヘシト定ムル如キ又ハ或ル營業部ノ純益ハ之ヲ優先株主ノミニ與フルト云フ如ク他ノ株式ヨリハ其配當割合ヲ好ク定メタル株式ニシテ此株式ハ會社カ新株ヲ募集スルニ當タリ應募者ヲ奬勵スル爲メニ發行スル所ノモノナリ故ニ此優先株ノ配當ハ之ヲ特段ノモノトシ他ノ株式ニ付テハ總テ其拂込ミタル株金額ノ割合ニ應シテ配當ス

ヘキモノトセリ

第百九十八條　裁判所ハ資本ノ十分ノ一以上ニ當タル株主ノ請求ニ因リ會社ノ業務及ヒ會社財產ノ狀況ヲ調査セシムル爲メ檢査役ヲ選任スルコトヲ得

檢査役ハ其調査ノ結果ヲ裁判所ニ報告スルコトヲ要ス此場合ニ於テ裁判所ハ必要アリト認ムルトキハ監査役ヲシテ株主總會ヲ招集セシムルコトヲ得

本條ハ裁判所カ監督ヲ爲ス場合ヲ定メタルモノナリ

裁判所ハ資本ノ十分ノ一以上ニ當タル株主ノ請求アリタルトキハ監査役アルニ拘ハラス特ヲ檢査役ヲ選ソテ會社ノ業務及ヒ財產ノ有樣ヲ調査セシムルコトヲ得而シテ檢査役ハ其調査ノ結果ヲ裁判所ニ報告スル義務アリ尙ホ裁判所ハ右調査ノ結果株主總會ヲ開ク必要アリト認ムルトキハ更ニ監査役ニ株主總會ノ招集ヲ命スルコトヲ得

第五節　社債

社債トハ會社カ株券手形等ノ如ク裏書ヲ以テ讓渡スコトヲ得ル債券ナルモノヲ發行シテ借入ルヽ

所ノ負債ナリ故ニ社債ハ他ノ負債トハ其性質ヲ殊ニスルモノナリ然レトモ矢張リ會社ノ負債タルニ外ナラサルヲ以テ社債權者ト株主トハ全ク主客ノ觀ヲナスモノナリ故ニ社債權者ハ株主ノ如ク利益ノ配當ヲ受クルニ非スシテ只會社ヨリ低廉ナル利息ヲ受クルニ止マルモノトス尤モ社債權者ハ低廉ナル利息ニ甘ンスル代ハリニ寧ロ安全ナルモノナリ何トナレハ假ヒ株主ニ無配當ノ場合ト雖モ坐シテ一定ノ利息ヲ收ムルコトヲ得ヘケレハナリ

第百九十九條　社債ハ第二百九條ニ定メタル決議ニ依ルニ非サレハ之ヲ募集スルコトヲ得ス

社債ヲ募集スルハ會社ノ爲メ大債ヲ起スモノナリ故ニ其募集シ得タル資金ハ之ヲ使用シテ十分ノ利益ヲ收ムルコトヲ得ヘキ確乎タル成算アルニ非サレハ之ヲ募集スルノ不可ナルコト言ヲ俟タス故ニ本條ハ社債ノ募集ニ付テハ最モ愼重ナルヘキヲ要シ第二百九條ニ定メタル決議ノ方法ニ依リテノミ爲スコトヲ許シ他ノ方法ヲ以テハ決シテ之ヲ爲スコトヲ許サヽルコトヽセリ

第二百條　社債ノ總額ハ拂込ミタル株金額ニ超ユルコトヲ得ス

最終ノ貸借對照表ニ依リ會社ニ現存スル財産カ前項ノ金額ニ滿タサルト

キハ社債ノ總額ハ其財産ノ額ニ超ユルコトヲ得ス

社債ハ本條第一項ニ依リ會社ニ拂込ミタル株金額ニ止メ其レヨリ多ク募集スルコトヲ得サルモノトス何トナレハ拂込ミタル株金額以上ノ社債ヲ起スハ初ヨリ辨濟スルコト能ハサル負債ヲ起スモノニシテ甚タ危險ナレハナリ從テ若シ社債ノ額カ假トヒ株金額以下ニ止マルトスルモ最モ近ク作リタル貸借對照表ニ示セル資産カ拂込ミタル株金額ヨリ減シ居ルトキハ其貸借對照表ニ示セル資産ノ額ヲ起ユルコトヲ得ス是レ第二項ヲ設ケタル所以ナリトス

第二百一條　各社債ノ金額ハ二十圓ヲ下ルコトヲ得ス

各社債ノ金額ハ二十圓以下ニ定ムルコトヲ得ス必ス二十圓以上ナラサルヘカラス尤モ二十圓以上ハ三十圓若クハ四十圓等之ヲ何程ニ定ムルモ可ナリ株金ノ如ク一樣ナルコトヲ要セス尚株式ハ額面以下ノ發行ヲ許サヽルモ社債ハ之ヲ禁スルノ規定ナキヲ以テ無論劵面額以下ニモ發行スルコトヲ得ヘシ

第二百二條　社債權者ニ償還スヘキ金額カ劵面額ニ超ユヘキコトヲ定メタルトキハ其金額ハ各社債ニ付キ同一ナルコトヲ要ス

社債ハ其二十圓ニ對シ二十一圓ヲ返シ若クハ二十二圓ヲ返スト云フ如ク償還金額ヲ劵面額ヨ

リ多ク定ムルコトヲ得ヘシ是レ社債ハ低利ナルカ故ニ特ニ應募者ノ奬勵策トシテ認メラルルモノナリ、然レヒ本條ハ一ハ二十一圓ヲ返シ一ハ二十二圓ヲ返スト云フ如ク之ニ優劣ヲ付スルコトヲ禁シ各社債ノ金額ハ皆同一ナルヘキヲ示セリ蓋シ之ニ優劣ヲ付スルコトヲ許ストキハ宛モ富籤ノ發行ヲ認ムルト一般ニシテ大ニ弊害ヲ生スルノ恐レアレハナリ

第二百三條　社債ヲ募集セントスルトキハ取締役ハ左ノ事項ヲ公告スルコトヲ要ス

一　第百七十三條第三號乃至第六號ニ掲ケタル事項
二　會社ノ商號
三　前ニ社債ヲ募集シタルトキハ其償還ヲ了ヘサル總額
四　社債發行ノ價額又ハ其最低價額
五　會社ノ資本及ヒ拂込ミタル株金ノ總額
六　最終ノ貸借對照表ニ依リ會社ニ現存スル財産ノ額

社債ヲ募集セントスルトキハ取締役ハ本條第一號ヨリ第六號マテノ事項ヲ公告セサルヘカラス本條第一號ハ第百七十三條第三號ノ社債ノ總額第四號ノ各社債ノ金額第五號ノ社債ノ利率

及ヒ第六號ノ社債償還ノ方法ヲ云ヒ此社債償還ノ方法トハ抽籤ニ依リテ何ケ年間ニ返ストカ一時ニ返ストカ其返濟ノ方法ヲ云フ

本條第三號ハ前ニ社債ヲ起シタルコトアリテ未タ償還ヲ了ヘサルトキハ其未濟額ヲ記載スルコトヲ云ヒ第四號ニ社債發行ノ價額トハ券面額ニテ募集スルトカ券面額以上何圓高又ハ以下何圓ニテ募集スルト云フ如ク其發行價額ヲ定ムルヲ云ヒ又其最低價額トハ發行價額ヲ右ノ如クニ一定セス只何圓以上ニテ募集スト云フ如ク募集額ノ最低位ヲ示シタルモノヲ云ヒ第五號ノ會社ノ資本トハ總株式ノ金額ヲ云ヒ又拂込ミタル株金ノ總額トハ拂込アリタル株金ノ總額ヲ云ヒ第六號ハ最モ新ニ作リタル貸借對照表ニ記載セラレタル財產ノ總額ヲ云フ

第二百四條　社債ノ募集カ完了シタルトキハ取締役ハ各社債ニ付キ其全額ヲ拂込マシムルコトヲ要ス

取締役ハ前項ノ規定ニ從ヒ全額ノ拂込ヲ受ケル日ヨリ二週間内ニ本店及ヒ支店ノ所在地ニ於テ第百七十三條第三項乃至第六號ニ掲ケタル事項ヲ登記スルコトヲ要ス

社債ノ申込カ濟ミタルトキハ取締役ハ各社債ニ付キ其全額ヲ拂込マシメ且其拂込カ完ク了ハ

リタル日ヨリ二週間内ニ本店及ヒ支店ノ所在地ニ於テ第百七十三條第三號ヨリ第六號ニ掲ケタル事項ヲ登記セサルヘカラス

第二百五條　債券ニハ第二百三條第一號及ヒ第二號ニ掲ケタル事項及ヒ番號ヲ記載シ取締役之ニ署名スルコトヲ要ス

本條ハ債券ノ書式ヲ定メタルモノナリ債券ニハ第二百三條第一號及ヒ第二號ニ掲ケタル事項ト債券ノ番號トヲ記載シ且取締役其債券ニ署名セサルヘカラス

第二百六條　記名社債ノ讓渡ハ讓受人ノ氏名住所ヲ社債原簿ニ記載シ且其氏名ヲ債券ニ記載スルニ非サレハ之ヲ以テ會社其他ノ第三者ニ對抗スルコトヲ得ス

無記名社債ノ讓渡ハ只引渡ノミニテ他ニ何等ノ手續ヲ要セスト雖ﾄﾓ記名社債ハ記名株式ト同一ノ手續ヲ要シ讓受人ノ氏名住所ヲ社債原簿ニ記載シ且其氏名ヲ債券ニ記載スルニ非サレハ只當事者間ノミニハ有効ナルモ會社其他ノ第三者ニ對シテハ其讓渡ノ効ナキモノトス故ニ會社其他ノ第三者ハ尙ホ其讓渡ヲ認メストニフコトヲ得ルナリ

第二百七條　第百二十五條ノ規定ハ債券ニ之ヲ準用ス

株金ハ一度ニ全額ヲ拂込マシムルコトハ稀有ニシテ遲々數度ニ拂込マシムルコト通例ナリ故ニ之ヲ無記名株式ト爲スハ何レ後日ノ事ナルモ社債ハ第二百四條ニ依リ一度ニ全額ヲ拂込マシムルモノトス故ニ債券所有者ハ第百五十五條第一項ノ規定ニ依リ最初ヨリ之ヲ無記名式ト爲スコトヲ得ルナリ尤モ無記名式ノモノヲ更ニ記名式ニ爲シタシト思ハヽ同條第二項ニ依リ何時ニテモ會社ニ請求シテ書換ヘシムルコトヲ得ヘシ

第六節　定款ノ變更

定款ノ變更トハ會社ノ定款ニ定メタル事柄ヲ變更スルコトニシテ最重大ノ事柄ナレハ其變更ニ關シテハ特ニ嚴格ナル規定ナカルヘカラス是レ本節ノ設ケアル所以ナリ

第二百八條　定款ハ株主總會ノ決議ニ依リテノミ之ヲ變更スルコトヲ得

定款ノ變更ハ最モ重大ノ事柄ナルヲ以テ唯一ノ機關タル株主總會ノ決議ニ依リテノミ爲スコトヲ得ヘク他ノ方法ヲ以テハ決シテ爲スヲ得ヘカラサルモノトス故ニ定款又ハ株主總會ノ決議ヲ以テ定款中何々ノ事柄ハ取締役ノ意見ニ依リ之ヲ變更スルコトヲ得トシ定款ノ變更ニ關シテ取締役ニ委任スルカ如キコトアルモ個ハ當然無効ナリ

第二百九條　定款ノ變更ハ總株主ノ半數以上ニシテ資本ノ半額以上ニ當タル株主出席シ且其議決權ノ過半數ヲ以テ之ヲ決ス

前項ニ定メタル員數ノ株主カ出席セサルトキハ出席シタル株主ノ議決權ノ過半數ヲ以テ假決議ヲ爲スコトヲ得此場合ニ於テハ各株主ニ對シテ其假決議ノ趣旨ノ通知ヲ發シ且無記名式ノ株券ヲ發行シタルトキハ其趣旨ヲ公告シ更ニ一个月ヲ下ラサル期間內ニ第二回ノ株主總會ヲ招集スルコトヲ要ス

第二回ノ株主總會ニ於テハ出席シタル株主ノ議決權ノ過半數ヲ以テ假決議ノ認否ヲ決ス

前二項ノ規定ハ會社ノ目的タル事業ヲ變更スル場合ニハ之ヲ適用セス

本條ハ定欵ノ變更ヲ決議スル爲メニ要スル可重ナル方法ヲ定メタルモノナリ普通ノ議事方法タル第百六十一條ニ依ル片ハ出席シタル株主ノ有スル株式カ總株式即チ會社ノ資本ニ對スル幾何ニ當タルト其出席人員カ總株主ニ對スル幾何ニ當タルトヲ問ハス只出席シタル株主ノ有スル議決權ノ過半數ヲ以テ決スルコトヲ得然レヒ定欵ノ變更ニ付テハ本條第一項ニ依リ出席

人員ハ總株主ノ半數以上ニシテ出席株主ノ有スル株式ハ總株式ノ半數以上ナラサルヘカラス故ニ若シ出席株主ノ有スル株式カ總株式ノ半數以上ニテモ其人員カ總株主ノ半數以上ナラサレハ決議ヲ爲スコトヲ得ス之ニ反シテ出席人員カ總株主ノ半數以上ニテモ株式カ總株式ノ半數以上ナラサルトキハ又以テ決議ヲ爲スコトヲ得ス左レハ出席株主カ總株主ノ半數以上ニシテ其半數以上ノ株主カ總株式ノ半數以上ヲ有シタル場合ニ非サレハ定款變更ノ決議ハ到底爲ス能ハサルヤト云フニ必スシモ然ルニアラス會社ノ事業ヲ變更スル場合ノ外ハ第二項ト第三項ノ方法ニ依リテ其議事ヲ完結スルコトヲ得ヘシ即チ第一項ニ定メタル員數ノ株主カ出席セサルトキハ第二項ニ依リ只出席シタル株主丈ケニテ其議決權ノ過半數ヲ以テ假決議ヲ爲シ而シテ各株主ニ對シテ其假決議ノ旨ヲ通知シ若シ無記名式ノ株券ヲ發行シタルトキハ別ニ公告シ其レヨリ一ケ月ノ後二度目ノ總會ヲ招集シ其總會ニ於テハ第三項ニ依リ假決議ヲ確定スルヤ否ヤヲ決スルナリ

然レトモ會社ノ目的タル事業ノ變更ヲ爲スハ容易ナラサル事ナリ故ニ唯是レノミハ定數ノ株主出席セサル間ハ如何トモスルコトヲ得ス是レ第四項ノ示ス所ナリ

第二百十條　會社ノ資本ハ株金全額拂込ノ後ニ非サレハ之ヲ増加スルコト

ヲ得ス

資本ノ增加トハ新株ノ募集ヲ爲スコトナルカ新株ノ募集ハ現在ノ株式カ殘ラス拂込ヲ終ハリタル後ニ非サレハ爲スコトヲ得サルモノトス何トナレハ拂込未濟ノ株式アル場合ニ於テ若シ資本カ入用ナレハ殘額ヲ拂込マシメテ使用スルコトヲ得ヘク更ニ新株ヲ募集スルノ必要アラサレハナリ

第二百十一條　會社ハ其資本ヲ增加スル場合ニ限リ優先株ヲ發行スルコトヲ得此場合ニ於テハ其旨ヲ定款ニ記載スルコトヲ要ス

優先株トハ既ニ第百九十七條ニ述ヘタル如ク特別ノ利益ヲ有スル株式ヲ云フ此優先株ハ最初ニ發行スルコトヲ許サスト雖モ會社カ資本ノ增加ヲ要スル場合ニノミ之ヲ認メタリ蓋シ最初ヨリ斯ル株式ノ發行ヲ許ストキハ大ニ弊害ヲ生スルノ恐レアルノミナラス敢テ之ヲ發行スルノ必要ヲ認メスト雖モ會社カ其事業ノ進行中ニ資本ノ增加ヲ要スル場合ニハ應募者ヲ奬勵スルニ斯ル特別ノ利益ヲ有スル株式ヲ發行シ其募集ノ最モ速カナランコトヲ期スルハ勢ヒ止ムヲ得サルコトナルカ故ニ之ヲ認メサルヲ得サレハナリ

第二百十二條　會社カ優先株ヲ發行シタル場合ニ於テ定款ノ變更カ優先株

主ニ損害ヲ及ホスヘキトキハ株主總會ノ決議ノ外優先株主ノ總會ノ決議アルコトヲ要ス

優先株主ノ總會ニハ株主總會ニ關スル規定ヲ準用ス

本條ニ定欵ノ變更カ優先株主ニ損害ヲ及ホストキトハ米商會社カ鹽ト雜穀ノ營業ヲ兼子此兼業部ノ純益ハ之ヲ擧ケテ優先株主ノミニ配當スヘシト定メタル場合ニ鹽ノ營業ヲ廢止シテ優先株主ヘノ配當ヲ減スル如キ場合ヲ云フ定欵ノ變更カ此ノ如ク優先株主ニ損害ヲ及ホストキハ本條ハ株主總會ノ決議ノ外優先株主ノ決議アルコトヲ要シタリ、若シ此場合ニ優先株主カ株主總會ノ決議ニ同意スレハ可ナルモ若シ不同意ナルトキハ如何ト云フニ會社ハ無論其變更ヲ爲スコトヲ得サルヘシ

末段ノ規定ニ依レハ優先株主ノ總會ニハ株主總會ニ關スル規定ヲ準用シタルヲ以テ其招集ニ付テハ第百五十六條ノ規定ニ從ヒ其決議方法ニ付テハ第百六十二條ノ規定ニ從フ可キモノトス

第二百十三條　會社カ其資本ヲ增加シタル場合ニ於テ各新株ニ付キ第百二十九條ノ拂込アリタルトキハ取締役ハ遲滯ナク株主總會ヲ招集シテ之ニ新株ノ募集ニ關スル事項ヲ報告スルコトヲ要ス

本條ハ便宜ノ爲メ次ノ條文ト合セテ說明スヘシ

第二百十四條　監査役ハ左ニ揭クル事項ヲ調査シテ之ヲ株主總會ニ報告スルコトヲ要ス

一　新株總數ノ引受アリタルヤ否ヤ

二　各新株ニ付キ第百二十九條ノ拂込アリタルヤ否ヤ

三　金錢以外ノ財產ヲ以テ出資ノ目的ト爲シタル者アルトキハ其財產ニ對シテ與フル株式ノ數ノ正當ナルヤ否ヤ

株主總會ハ前項ノ調査及ヒ報告ヲ爲サシムル爲メ特ニ檢査役ヲ選任スルコトヲ得

第二百十三條ハ第百三十一條第百三十二條ト又第百十四條ハ第百三十四條ト何レモ同一ノ精神ヲ以テ略同一ノ事柄ヲ規定シタルモノナリ以下數條ノ規定モ最初ノ株式ニ關スル規定ト略同一ナリ蓋シ株式發行ノ事タル何レノ場合ニ於テスルモ其性質關係ヲ殊ニスヘキノ理由アラサルハナリ扨各新株カ殘ラス第一回ノ拂込ヲ終ハリタル片ハ第二百十三條ニ依リ取締役ハ速ニ株主總會ヲ招集シテ其募集ニ關スル事項ヲ報告セサルヘカラス是レ各株ニ付キ第百二十九

條ノ拂込アリタル場合ニ發起人カ第百三十一條ノ規定ニ依リテ株主總會ヲ招集シ第百三十二條ニ依リ創立ニ關スル事項ヲ報告スルニ同シ但シ新株ノ引受人モ株主總會ニ出席シテ議決權ヲ行フコトヲ得ヘシ既ニ株式ヲ引受ケタル以上ハ等シク株主トナリタレハナリ

又監査役ノ義務トシテハ第二百十四條第一項ニ依リ同條一項ニ掲ケタル事項ヲ調査シテ株主總會ニ報告セサルヘカラス是レ恰モ第百三十四條ニ依リ取締役及ヒ監査役ヨリ略同一ノ事柄ヲ調査シテ創立總會ニ報告スルニ同シ而モ株主總會ハ必要ト認ムルトキハ第二百十四條第二項ニ依リ更ニ檢査役ヲ選ンテ右ノ事項ヲ調査セシムルコトヲ得ヘシ該事項ニ付テハ已ニ第百三十四條ニ說明シタレハ此ニ贅セス

第二百十五條　株主總會ニ於テ金錢以外ノ財產ニ對シテ與フル株式ノ數ヲ不當ト認メタルトキハ之ヲ減少スルコトヲ得此場合ニ於テハ第百三十五條但書ノ規定ヲ準用ス

株主總會ニ於テ金錢以外ノ財產ニ對シテ與フル株式ノ數ヲ多フ過キルト認ムルトキハ之ヲ減スルコトヲ得ヘシ尤モ其數ヲ減セラレタル者ハ出資ノ目的ヲ取戾シ更ニ金錢ヲ以テ拂込ムコトヲ得ルナリ

第二百十六條　引受ナキ株式又ハ第百二十九條ノ拂込ノ未濟ナル株式アルトキハ取締役ハ連帶シテ其株式ヲ引受ケ又ハ其拂込ヲ爲ス義務ヲ負フ株式ノ申込カ取消サレタルトキ亦同シ

株主總會ハ第二百十三條ニ依リ各新株ニ付キ第百二十九條ノ拂込ヲ終リタル後ニ招集スルモノナリ故ニ其招集後ニ及ンテ引受ナキ又ハ拂込ナキ株式ハ有リ得ル筈ナシ若シ之レアランカ又未成年者妻又ハ詐欺強迫ニ因ル申込人アリテ此等ノ申込人ヨリ其申込ヲ取消シタリトセンカ是レ全ク取締役ノ不注意若クハ惡意ニ因由スルモノト云ハサルヘカラス故ニ本條ハ如斯株式アリタルトキハ取締役ニ連帶シテ之ヲ引受ケ又ハ拂込ヲ爲ス義務アリトシ彼ノ發起人ト同一ノ責任ヲ負ハシメタルモノナリ

第二百十七條　會社ハ第二百十三條ノ規定ニ依リテ招集シタル株主總會終結ノ日ヨリ二週間内ニ本店及ヒ支店ノ所在地ニ於テ左ノ事項ヲ登記スルコトヲ要ス

一　增加シタル資本ノ總額

二　資本增加ノ決議ノ年月日

三　各新株ニ付キ拂込ミタル株金額
四　優先株ヲ發行シタルトキハ其株主ノ權利
前項ノ規定ニ從ヒ本店ノ所在地ニ於テ登記ヲ爲スマテハ新株券ノ發行及ヒ新株ノ讓渡又ハ其豫約ヲ爲スコトヲ得ス
本條第一號及ヒ第二號ハ說明ヲ要セサルヘク第三號ハ各新株ニ付キ第百二十九條ニ依リテ拂込ミタル株金ヲ云ヒ第四號ニ優先株主ノ權利トハ優先株主ニ對シテ特別ニ與フル權利ニシテ例ヘハ其配當割合ハ之ヲ何程ニ定メタリト云フコトヲ登記スヘキヲ云フ
本條第一項ハ會社ハ第二百十三條ニ依リテ招集シタル株主總會ノ決議カ終了シタルトキハ其日ヨリ二週間內ニ本店及ヒ支店ノ所在地ニ於テ本條第一號ヨリ第四號マテノ事項ヲ登記スヘキヲ命シ第二項ハ株式カ登記セラレ充分確適ノモノト爲リタル後ニアラサレハ株券ノ發行及ヒ讓渡ハ勿論讓渡ノ豫約ヲモ爲スコトヲ禁シタルモノニシテ其旨趣タル第百四十七條及ヒ第百四十九條ニ同シ
第二百十八條　新株ヲ發行シタルトキハ前條第一項ノ規定ニ從ヒ本店ノ所在地ニ於テ登記ヲ爲シタル年月日ヲ株券ニ記載スルコトヲ要ス

優先株ヲ發行シタルトキハ其株主ノ權利ヲ株券ニ記載スルコトヲ要ス

新株券ノ方式ニ付テモ第百四十八條ノ規定ニ從フヘキハ勿論ナレトモ只本條第一項ハ新株券ニ記載スヘキ登記ノ年月日ハ最初ノ株式ノ如ク會社ノ設立ヲ登記シタル年月日ヲ記載スルモノニアラスシテ前條第一項ノ規定ニ依リ新株ノ登記ヲ爲シタル年月日ヲ記載スヘキヲ示シタリ

第二項ハ優先株ヲ發行シタルトキハ其株主ニ對シテ特別ニ與フル權利即チ優先株主ノ得ヘキ利益ハ如何ナルモノト云フコトヲ明白ニ爲ス爲メ之ヲ株券ニ記載スヘキヲ命シタルモノナリ

第二百十九條　第百二十七條乃至第百三十條、第百四十條、第百四十二條及ヒ第百四十七條第二項ノ規定ハ新株發行ノ場合ニ之ヲ準用ス

本條ハ新株ノ發行ニ關シテ準用スヘキ各條ヲ列擧シタルモノナルカ是等ノ條文ニ付テハ已ニ其各條下ニ說明シタレハ復タ贅セス

第二百二十條　株主總會ニ於テ資本減少ノ決議ヲ爲ストキハ同時ニ其減少ノ方法ヲ決議スルコトヲ要ス

第七十八條乃至第八十條ノ規定ハ資本減少ノ場合ニ之ヲ準用ス

株主總會ニ於テ資本減少ノ決議ヲ爲シタルトキハ本條第一項ニ依リ是レト同時ニ其減少ノ方法ヲ決議セサルヘカラス爰ニ其減少ノ方法トハ各株主ニ株金ノ幾分ヲ拂戻シ或ハ拂込未濟ノ株金ニ對シテ其拂込ノ義務ヲ免除シ又或ハ會社ニ株券ヲ買取リ以テ其株式ヲ消滅セシムルカ如キ是レナリ

會社カ右ノ如ク資本ヲ減少スル片ハ會社ノ債權者ハ爲メニ完全ノ辨濟ヲ得ル能ハサルコト、ナリテ損失ヲ蒙ムルノ恐レアリ故ニ第二項ハ合名會社ノ合併ニ關スル第七十八條乃至第八十條ノ規定ヲ此場合ニ準用スルコトヽシ以テ會社ノ債權者ヲ保護シタリ

第七節　解散

解散ノ如何ナルモノナルヤハ合名會社ノ場合ニ説明シタレハ此ニハ説明ヲ省ク

第二百二十一條　會社ハ左ノ事由ニ因リテ解散ス

一　第七十四條第一號、第二號、第四號、第六號及ヒ第七號ニ掲ケタル事由

二　株主總會ノ決議

三　株主カ七人未滿ニ減シタルコト

本條ハ株式會社ノ解散ノ原因ヲ定メタルモノナリ株式會社モ亦第七十四條第一號第二號第四號第六號及ヒ第七號ノ場合ニ於テハ合名會社ト同シク當然解散スルモノトス然レトモ其組織ノ同シカラサルヨリシテ本條第二號及ヒ第三號ノ場合ノミヲ異ニス即チ解散ノ決議ハ合名會社ニテハ總社員ノ同意ヲ以テスレトモ株式會社ニテハ本條第二號ニ示ス如ク株主總會ノ決議ヲ以テセサルヘカラサルコト

又合名會社ハ二人以上ノ社員アレハ成立スルカ故ニ社員カ一人トナルマテハ解散セスト雖モ株式會社ハ七人以上ノ株主アルヲ要スルカ故ニ第三號ノ示ス如ク株主カ七人未滿トナレハ解散スルコト是レナリ

第二百二十二條　前條第二號及ヒ合併ノ決議ハ第二百九條ノ規定ニ從フニ非サレハ之ヲ爲スコトヲ得ス

會社ノ合併及ヒ前條第二號即チ解散ノ決議ハ最モ重大ノ事柄ナレハ其決議ハ普通ノ議事法ニ依ルヲ得ス必ス第二百九條ニ定メタル特別ナル方法ニ依リテノミ爲サヽルヘカラス

第二百二十三條　會社カ合併ヲ爲サントスルトキハ其旨ヲ公告シテ株主總會ノ會日前一个月ヲ超エサル期間及ヒ開會中記名株ノ讓渡ヲ停止スル

コトヲ得

株主總會ニ於テ合併ノ決議ヲ爲シタルトキハ其決議ノ日ヨリ第八十一條ノ規定ニ從ヒ本店ノ所在地ニ於テ登記ヲ爲スマテハ株主ハ其記名株ヲ讓渡スコトヲ得ス

本條第一項ハ會社カ他ノ會社ニ合併セントスルトキハ其旨ヲ公告シ株主總會ノ會日前一ケ月ヨリ長カラサル期間及ヒ其開會中記名株式ノ讓渡ヲ停止スルヲ許セリ蓋シ會社カ合併ヲ爲スニ方タリテヤ株主中其合併ヲ好マサル者カ故ラニ株式ヲ賣放シテ其相場ヲ下落セシメ會社ノ信用ヲ失墜セシメテ合併ヲ妨ケストスルカ如キ弊害アルヲ認メタルカ故ナリ

第二項ハ第百四十九條ト同一ノ旨趣ヲ以テ規定シタルモノニシテ株主總會カ合併ノ決議ヲ爲シタルトキハ其決議ノ日ヨリ第八十一條ニ從ヒ本店ノ所在地ニ於テ登記ヲ爲スマテ記名株式ノ讓渡ハ會社ヨリ之ニ停止セサルモ法律上之ヲ爲スコトヲ得サルモノトセリ但シ本條両項共ニ只記名株式ノミニ止メタルハ無記名株式ハ其引渡ノミニテ輾轉スルヲ以テ之ヲ停止スルニ由ナケレハナリ

第二百二十四條　會社カ解散シタルトキハ破産ノ場合ヲ除ク外取締役ハ遲

滯ナク株主ニ對シテ其通知ヲ發シ且無記名式ノ株劵ヲ發行シタル場合ニ於テハ之ヲ公告スルコトヲ要ス

會社カ破產ニ因リテ解散シタルトキハ破產法ニ依リテ處分セラルヽモノトス故ニ其場合ヲ除キ其他ノ場合ニ於テハ本條ニ依リ取締役ハ速ニ株主ニ對シテ其通知ヲ發セサルヘカラス且無記名式ノ株劵ヲ發行シタル場合ニ於テハ株主ハ誰ナルカ知レサル故別ニ公告ノ方法（定欵ニ定メタル）ニ依リテ之ヲ知ラシメサルヘカラス

第二百二十五條　第七十六條及ヒ第七十八條乃至第八十二條ノ規定ハ株式會社ニ之ヲ準用ス

本條ハ株式會社ノ解散ニ關シテ準用スヘキ各條ヲ列擧シタルモノナリ即チ解散ノ登記ニ付テハ第七十六條ヲ準用シ合併ニ因リ債權者ノ始末ヲ付ケルコトニ付テハ第七十八條乃至第八十條ヲ準用シ合併ノ登記ニ付テハ第八十一條ヲ合併ニ因リテ消滅シタル會社ノ權利義務ノ承繼ニ付テハ第八十二條ヲ準用シタリ

第八節　淸算

淸算トハ解散シタル會社ノ仕掛ケアル仕事若クハ取引等ヲ濟シ貸ヲ取リ借ヲ拂ヒ殘ル財產アレハ

之ヲ株主ニ分配スルコトヲ云フモノナリ

法律ハ會社カ解散ニ依リテ消滅シテモ會社ノ財産ハ直チニ株主ノモノトナラス其清算上ニ於テハ尙ホ生存セルモノト看做シタリ故ニ清算人ハ全ク清算ヲ結了スルニ至ルマテ會社ノ代理トナリテ清算事務ヲ行フモノトス然リ而シテ清算ハ一切清算人之ヲ爲シ取締役ノ代理權ハ會社ノ解散ト共ニ消滅スト雖モ監査役ノミハ依然存在シ散解前取締役ヲ監督スルト同シク清算人ヲ監督スルモノナリ

第二百二十六條　會社カ解散シタルトキハ合併及ヒ破產ノ場合ヲ除ク外取締役其清算人ト爲ル但定款ニ別段ノ定アルトキ又ハ株主總會ニ於テ他人ヲ選任シタルトキハ此限ニ在ラス

前項ノ規定ニ依リテ清算人タル者ナキトキハ裁判所ハ利害關係人ノ請求ニ因リ清算人ヲ選任ス

會社カ合併ニ因リテ解散シタルトキハ殘ル會社ハ消滅シタル會社ノ權利義務ヲ承繼スルヲ以テ清算ヲ爲スノ要ナシ又破產ニ因リテ解散シタルトキハ管財人之ヲ行ヒ又裁判所ノ命令ニ因リテ解散シタルトキハ裁判所其清算人ヲ選任シ會社カ定款ヲ以テ清算人ヲ定メタルトキハ其

者カ爲シ又株主總會ニ於テ他人ヲ選任シタルトキハ亦其者カ清算人ト爲ル故ヲ以テ此等ノ場合ヲ除キ其他ノ場合ニ於テハ本條ニ依リ當然取締役清算人トナルナリ(第一項)

然レモ辭職又ハ死亡等ニ因リテ取締役ナキカ又ハ定欵若クハ株主總會ニ於テ清算人ヲ定メス即チ第一項ノ規定ニ依リテ清算人ト爲ルヘキ者アラサルトキハ利害關係人ノ請求ニ因リテ裁判所之ヲ選任ス利害關係人トハ清算ノ如何ニ付キ直接間接ニ利害ヲ有スル人ニシテ株主又ハ會社ノ債權者若クハ株主ニ對スル債權者等ノ如キヲ云フ(第二項)

第二百二十七條　清算人ハ就職ノ後遲滯ナク會社財産ノ現況ヲ調査シ財産目錄及ヒ貸借對照表ヲ作リ之ヲ株主總會ニ提出シテ其承認ヲ求ムルコトヲ要ス

第百五十八條第二項及ヒ第百九十二條第二項ノ規定ハ前項ノ場合ニ之ヲ準用ス

第一項、清算人ハ就職ノ後速ニ會社財産ノ有樣ヲ取調ヘ財産目錄及ヒ貸借對照表ヲ作リ之ヲ株主總會ニ提出シテ承認ヲ求メサルヘカラス勿論此場合ニ於テモ監査役ハ第百八十三條ニ從ヒ右ノ書類ヲ調査シ株主總會ニ對シテ其意見ヲ報告スル義務アリ第二項、株主總會ハ第百五十八條第二項ニ從ヒ右ノ書類ヲ調査セシムル爲メ檢査役ヲ選任スルコトヲ得ヘシ又清算人ハ右ノ書類ニ付キ總會ノ承認ヲ得タルトキハ第百九十二條第二項ニ從ヒ貸借對照表ヲ公告セサルヘカラス

第二百二十八條　株主總會ニ於テ選任シタル清算人ハ何時ニテモ株主總會ノ決議ヲ以テ之ヲ解任スルコトヲ得

重要ナル事由アルトキハ裁判所ハ監査役又ハ資本ノ十分ノ一以上ニ當タル株主ノ請求ニ因リ清算人ヲ解任スルコトヲ得

株主總會ハ本條第一項ニ依リ自ヲ選任シタル清算人ハ何時ニテモ解任スルコトヲ得ヘシ又裁判所ハ清算人ニ不始末ノ行爲アリト認メ又ハ職務ニ適セスト認ムル如キ正當ノ事由アリテ其解任ヲ監査役又ハ資本ノ十分ノ一以上ニ當タル株主ヨリ請求シ來リタルトキハ亦之ヲ解任スルコトヲ得ルナリ

第二百二十九條　殘餘財産ハ定款ニ依リテ拂込ミタル株金額ノ割合ニ應シテ之ヲ株主ニ分配スルコトヲ要ス但會社カ優先株ヲ發行シタル場合ニ於テ之ニ異ナリタル定アルトキハ此限ニ在ラス

本條ニ殘餘財産トハ會社ノ負債ヲ片付ケタル後ニ殘レル財産ヲ云フ此殘餘財産ハ株主ヨリ拂込ミタル株金ノ割合ニ應シテ分配スヘキモノトス尤モ會社カ優先株ヲ發行シタル場合ニ優先株主ニハ他ノ株金ヲ差措キ先ツ其株金ニ向テ全部ヲ拂戻ストカ又ハ普通ノ株金ヨリハ何割若クハ何分ヲ增シテ分配スルトカ云フ如ク別ニ其定メアルトキハ優先株主ヘノ分配ハ其定メ通リニ爲シ本文ノ分配法ニ依ラサルモ可ナリ

第二百三十條　清算事務カ終ハリタルトキハ清算人ハ遲滯ナク決算報告書ヲ作リ之ヲ株主總會ニ提出シテ其承認ヲ求ムルコトヲ要ス

第百五十八條第二項及ヒ第百九十三條ノ規定ハ前項ノ場合ニ之ヲ準用ス

本條第一項ニ依リ清算人ハ其清算事務カ終了シタルトキハ速ニ決算報告書ヲ作リテ株主總會ノ承認ヲ求メサルヘカラス而シテ株主總會ハ必要アリト認ムルトキハ第二項ニ依リ特ニ檢査役ヲ選ソテ右ノ報告書ヲ調査セシムルコトヲ得然リ而シテ株主總會カ決算報告書ヲ承認シタルトキハ清算人ハ其清算行爲ニ付キ全ク其責任ヲ免ル

第二百三十一條　總會招集ノ手續又ハ其決議ノ方法カ法令又ハ定款ニ反スルトキハ清算人ハ其決議ノ無効ノ宣告ヲ請求スルコトヲ要ス

總會招集ノ手續又ハ其決議ノ方法カ法令又ハ定欵ニ反スルトキハ其總會ノ決議ハ決シテ之ヲ正當ナリト思惟スルヲ得ス故ニ斯ル總會ノ決議ハ清算人ノ義務トシテ其決議ノ無効ノ宣告ヲ請求スヘキヲ命シタリ、平素ニ於テハ株主ヨリ之ヲ請求スルト否サルトハ其自由ニ任セタレトモ(第百六十三條參照)清算ノ事タル最終ノ處分ニシテ利害ノ及フ所大ナルヲ以テ必ス清算人ヨリ之ヲ請求スル義務アリトシ其決議ノ最モ正當ナルヘキヲ要シタリ

第二百三十二條　會社カ事業ニ着手シタル後其設立ノ無効ナルコトヲ發見シタルトキハ解散ノ場合ニ準シテ清算ヲ爲スコトヲ要ス此場合ニ於テハ裁判所ハ利害關係人ノ請求ニ因リ清算人ヲ選任ス

本條ニ設立ノ無効ナルコトヲ發見シタルトキトハ創立總會ノ招集手續又ハ其決議方法カ法令ニ反シ以テ設立ノ決議カ法律上無効ドナリ又ハ會社ノ目的カ法律ノ認許セサル事柄ニシテ定欵ノ無効ナルコトヲ發見シタルカ如キ場合ヲ云フ斯ノ如キ場合ニハ初メヨリ會社ハ成立ナキモノトナルカ故ニ法律ヨリ見ルトキハ解散モナケレハ清算モアリ得ヘカラス然レトモ已ニ事業ニ着手シタル上ハ取引ノ結了債權債務ノ始末又ハ殘餘財產ノ分配ヲモ爲サヽルヘカラス故ニ法律上之ヲ會社トシテ認ムルコト能ハスト雖モ猶ホ合名會社カ設立ヲ取消シタル場合ト同シ

ク會社ノ解散ノ場合ニ準シテ清算セシムル必要アリ是レ本條ノ設ケアル所以ナリ
又右ノ如ク會社ノ成立ナキ以上ハ從テ清算人タルヘキ者モアラサル故此場合ニハ其清算人ハ利害關係人ノ請求ニ因リ裁判所之ヲ選任ス

第二百三十三條　會社ノ帳簿其營業ニ關スル信書及ヒ清算ニ關スル一切ノ書類ハ本店ノ所在地ニ於テ清算結了ノ登記ヲ爲シタル後十年間之ヲ保存スルコトヲ要ス其保存者ハ清算人其他ノ利害關係人ノ請求ニ因リ裁判所之ヲ選任ス

本條ノ主旨ハ合名會社ニ關スル第百一條ニ述ヘタル所ニ同シ只其異ナル所ハ第百一條ニ於テハ保存者ノ選任ハ社員之ヲ爲セトモ此ニハ清算人其他利害關係人ノ請求ニ因リ裁判所之ヲ選任スルノ差アルノミナリ

第二百三十四條　第八十四條第八十九條乃至第九十三條第九十五條第九十七條第九十九條第百五十九條第百六十條第百六十三條第百七十六條乃至第百七十八條第百八十一條第百八十三條乃至第百八十五條第百八十七條及ヒ民法七十九條第八十條ノ規定ハ株式會社ノ清算ノ場合ニ之ヲ準用ス

本條ハ株式會社ノ清算ノ場合ニ準用スヘキ本法及ヒ民法ノ諸條ヲ列記シタルモノナリ依テ之ヲ株式會社ノ場合ニ揷當シ簡短ニ說明スルトキハ則チ左ノ如シ

會社ハ解散ノ後ト雖モ清算ノ上ニ於テハ尙ホ生存セルモノト看做サル（第八十四條）

會社カ裁判所ノ命令ニ因リテ解散シタルトキハ清算人ハ利害關係人又ハ檢事ノ請求ニ因リ裁判所之ヲ選任ス（第八十九條）

清算人ハ其選任セラレタル日ヨリ二週間內ニ本店及ヒ支店ノ所在地ニ於テ其氏名住所ヲ登記セサルヘカラス（第九十條）

清算人ノ職務ハ（一）現ニ仕掛リタル取引若クハ仕事ヲ濟マシ（二）貸ヲ取リ借ヲ拂ヒ（三）全ク殘リタル財產ノ分配ヲ爲スニ在リ依リテ清算人ハ其職務ヲ行フニ付キ一切ノ裁判上又ハ裁判外ノ行爲ヲ爲ス權限ヲ有ス故ニ若シ會社カ此法定權限ニ制限ヲ加ヘ其代理權ヲ狹ハムルモ他人カ之ヲ知ラスシテ清算人ト其權外ノ取引ヲ爲シタルトキハ會社ハ其他人ニ對シテ其取引ノ無効ヲ主張スルヲ得ス又清算人ハ民法第八十一條ニ從ヒ清算中ニ會社財產ヲ以テ會社ノ債務ヲ完濟スルニ足ラサルコトカ分明トナリタルトキハ直チニ破產宣告ヲ請求シ且其旨ヲ公告セサルヘカラス而シテ此場合ニ清算人カ管財人ニ其事務ヲ引渡シタルトキハ清算人ノ任務ハ終了シタル

ルモノトナル尤モ清算人カ債權者ニ對シテ已ニ多少支拂ヲ爲シ又ハ株主ニ分配ヲ爲シタルトキハ如何ト云フニ若シ之レアルトキハ管財人ハ之ヲ取戻シテ破産財團ノ中ニ組入ルヽコトヲ得ルナリ（第九十一條）

清算人ハ會社ニ現存セル財産ヲ以テ會社ノ負債ヲ辨濟スルコト能ハサルトキハ期限前ノ株金ト雖モ之ヲ拂込マシメテ其支拂ニ充ツルコトヲ得ヘシ（第九十二條）

清算人數人アルトキハ清算ニ關スル行爲ハ過半數ヲ以テ決シ第三者ニ對スル代表ハ之ヲ共同シテ爲スヲ要セス銘々獨リニテ爲シ得ルモノトス（第九十三條）

清算人ハ會社財産ノ明カニ殘ルトシテモ會社ノ負債ヲ悉ク片付ケタル後ニ非サレハ株主ニ其分配ヲ爲スコトヲ得ス（第九十五條）

清算人ヲ解任シ又ハ取代ヘタルトキハ二週間內ニ本店及ヒ支店ノ所在地ニ於テ之ヲ登記セサルヘカラス（第九十七條）

清算事務カ濟ミ第二百三十條ノ書類ニ付キ株主總會ノ承認ヲ得タルトキハ清算人ハ本店及ヒ支店ノ所在地ニ於テ清算結了ノ登記ヲ爲サヽルヘカラス（第九十九條）

株主總會ハ必要アル每ニ清算人之ヲ招集スルモノトス（第百五十九條）

資本ノ十分ノ一以上ニ當タル株主カ總會ヲ開クノ必要アリト認メタルトキハ其株主ハ總會ノ目的ト招集ノ理由ヲ記シタル書類ヲ清算人ニ差出シテ其招集ヲ請求スルコトヲ得而シテ此場合ニ清算人カ其請求ヲ受ケタル日ヨリ二週間内ニ之ヲ招集セサルトキハ右ノ株主ハ裁判所ノ許可ヲ得テ自ヲ招集スル權アリ（第百六十條）

總會招集ノ手續又ハ其決議ノ方法カ法令又ハ定欵ニ反スルトキハ株主ハ其決議ノ無効ノ宣告ヲ請求スル權アリ然レトモ此請求ハ決議ノ日ヨリ一ケ月内ニセサルヘカラス若シ一ケ月ヲ過ルトキハ其權利ヲ失ヒ最早爲スコト能ハサルモノトナルナリ又其請求ヲ爲シタル株主ハ株券ヲ供託所ニ預ケ且清算人ヨリ請求アリタルトキハ質抵當其他相當ノ擔保ヲ差入ルヽ義務アリ（第百六十三條）

清算人ハ監査役ノ承認ヲ得ルニ非サレハ自已又ハ第三者ノ爲メ會社ト取引スルコトヲ得ス（第百七十六條）

清算人カ法律命令又ハ定欵ニ反スル行爲ヲ爲シタルトキハ假ヒ株主總會ノ決議ニ依リタルトキト雖モ他人ニ對シテハ損害賠償ノ責任アリ然レトモ清算人カ總會ノ席ニ於テ異議ヲ述ヘ且監査役ニモ其旨ヲ通知シタルニ其効ナクシテ無止執行シタル場合ニハ其責ヲ免ル（第百七十

七條）

株主總會ニ於テ清算人ヲ訴ヘルコトヲ決議シタルトキ又ハ訴ヘサルコトヲ決議シタル場合ニ資本ノ十分ノ一以上ニ當タル株主ヨリ監査役ニ訴ヲ請求シタルトキハ會社ハ決議又ハ請求ノ日ヨリ一ケ月內ニ訴ヲ起サヽルヘカラス而シテ訴ノ請求ヲ爲シタル株主ハ其株劵ヲ供託所ニ預ケ又監査役ヨリ請求アリタルトキハ會社カ敗訴シタル場合ニ會社ニ對シテ賠償スヘキ損害ノ支拂ヲ保証スルタメ相當ノ擔保ヲ供スル義務アリ（第百七十八條）

監査役ハ何時ニテモ清算人ニ對シテ清算事務ノ報告ヲ求メ且財產ノ有樣ヲ調査スル權アリ（第百八十一條）

監査役ハ株主總會ヲ開ク必要アリト認ムルトキハ之ヲ招集スル權アリ而シテ總會ニ於テハ必要ト認ムルトキハ特ニ檢査役ヲ選ンテ財產ノ有樣ヲ調査セシムルヲ得ヘシ（第百八十二條）

監査役ハ清算人ヲ兼ヌルコトヲ得ス然レトモ清算人ニ缺員ヲ生シタルトキハ清算人ト監査役ノ相談ヲ以テ監査役中ヨリ一時清算人ノ職務ヲ行フヘキ者ヲ定ムルコトヲ得ルナリ而シテ監査役中清算人ノ職務ヲ行ヒタル者ハ第百三十條第一項ノ規定ニ依リ株主總會ニ於テ決算報告書ノ承認ヲ爲シ清算行爲ニ付キ全ク責任ヲ免ルヽマテハ監査役ノ職務ハ之ヲ行ハシムルコトヲ

得ス故ニ監査役中一旦清算人ノ職務ヲ行ヒタル者ハ實際上監査役ノ職務ハ之ヲ再行スルノ餘地ヲ有セサルモノトナルヘシ(第百八十四條)

會社カ清算人ニ對シ又ハ清算人カ會社ニ對シテ訴ヲ爲ス場合ニハ當然監査役會社ヲ代表スルモノトス尤モ株主總會ハ他ノ者(辯護士ニテモ)ヲ代理人ニ選定スルコトヲ得又資本ノ十分ノ一以上ニ當タル株主ノ請求ニ因リ訴ヲ起ス場合ニハ其請求ヲ爲シタル株主モ亦代表者ヲ指定スル權アリ(第百八十五條)

總主總會ニ於テ監査役ヲ訴ヘルコトヲ決議シタルトキ又ハ訴ヘサルコトヲ決議シタル場合ニ資本ノ十分ノ一以上ニ當タル株主ヨリ訴フヘキコトヲ清算人ニ請求シタルトキハ會社ハ決議又ハ請求ノ日ヨリ一ケ月內ニ訴ヲ起サヽルヘカラス而シテ此場合ニハ訴ノ請求ヲ爲シタル株主ハ第百八十五條第二項ニ依リ代表者ヲ指定スルコトヲ得ルナリ然レモ株主カ之ヲ指定セサルトキハ如何ト云フニ同條第二項ニ依リ當然清算人會社ヲ代表スルモノトス然レモ株主總會ハ別ニ他人ヲ以テ代表セシムルコトヲ得ヘシ但シ訴ヲ請求シタル株主カ其株券ヲ供託シ又擔保ヲ供スル義務アルコト清算人ヲ訴フル場合ト異ナルコトナシ(第百八十七條)

清算人ハ就職ノ日ヨリ二ケ月內ニ三回以上ノ公告ヲ以テ各債權者ニ對シテ其請求ヲ申出ヘキ

旨ヲ催告セサルヘカラス而シテ其書面ニハ期間中ニ請求ノ申出ナキトキハ淸算中ヨリ除斥スル旨ヲ附記スヘク且知レタル債權者ニハ之ヲ其手許ニ送遞セサルヘカラス尤モ知レサル債權者ハ若シ其期間中ニ申出サルトモ淸算中ヨリ除斥セラルヽコトナク尙ホ淸算中ヨリ辨濟ヲ受クルコトヲ得ヘシ(民法第七十九條)

然レモ知レタル債權者カ右ノ催告期間中ニ請求ヲ申出サルトキハ全ク淸算中ヨリ除斥セラレ他ノ債權者ト同一ノ權利ヲ以テ辨濟ヲ受クルコト能ハサルモノト爲リ只各債權者ニ辨濟ヲ爲シタル後ニ殘レル財產ニシテ未タ株主ニ分配セサルモノアリタル場合ニ限リ其モノニ對シテノミ辨濟ヲ請求スルノ權アルノミ(民法第八十條)

第五章　株式合資會社

合名會社カ比較的信用ニ富ミ社員ノ事務ニ熱心ナルハ無限責任社員ノミヲ以テ成立セルカ故ニシテ是レ決シテ他ノ會社ノ及ハサル所ナリ然リト雖モ其社員タル僅々數名ノ外ニ出テサルヲ以テ巨額ノ資本ヲ要スル大事業ヲ企テンハ到底難シトスル所ナリ故ニ夫ノ合資會社ヲ認メタルハ之レニ有限責任ヲ加ヘヘテ以テ資本ノ注入ヲ慮ハカリタルモノナリ然レトモ尙ホ未タ其冀望ヲ滿足スル能ハサルヲ以テ第三ニ株式會社ヲ認メテ大資本ノ吸集ニ完全ノ便利ヲ與ヘタリ然リト雖モ其株主

ノ責任タル株金額ニ止マリ株主ノ一身ニ及フ憂ヒナキヲ以テ自然會社ヲ顧フノ念慮ニ薄スク役員タル者モ亦從テ放縱ニ流レ熱心ニ事務ヲ勉勵スルモノ鮮ナキノミナラス間々失態アルヲ免レス是其ノ最モ短トスル所ナリ故ニ本章ハ更ニ合資會社ト株式會社トノ長ヲ取リ短ヲ捨テ彼此相折衷シタル株式合資會社ナル一會社ノ創設ヲ認メ無限責任社員ト株主トヲ以テ組織スルモノトシ無限責任社員間ノ關係及ヒ無限責任社員ト株主及ヒ第三者トノ關係且無限責任社員ノ退社ニ付テハ合資會社ノ規定ニ從ハシムルコトシ其他ハ本章ニ定メタル場合ヲ除ク外株式會社ノ規定ヲ準用シタリ

第二百三十五條　株式合資會社ハ無限責任社員ト株主トヲ以テ之ヲ組織ス

株式合資會社ハ矢張リ只ノ合資會社ト同シク無限責任社員ト有限責任社員トノ二種ノ社員ヲ以テ成立スルモノナリ、有限責任社員ヲ株主ト稱スルハ他ナシ有限責任社員ノ出資ハ株式會社ノ如ク悉ク之ヲ株式ニ分ツ故ナリ

第二百三十六條　左ノ事項ニ付テハ合資會社ニ關スル規定ヲ準用ス

一　無限責任社員相互ノ關係

二　無限責任社員ト株主及ヒ第三者トノ關係

三　無限責任社員ノ退社

此他株式合資會社ニハ本章ニ別段ノ定アル場合ヲ除ク外株式會社ニ關スル規定ヲ準用ス

株式合資會社ハ合資會社ト株式會社トヲ折衷シテ組織スルモノナリ、故ニ本條第一項ニ揭ケタル事項ニ付テハ合資會社ノ規定ヲ準用シ其他ノ事項ニ付テハ本章ニ定メタル場合ヲ除ク外總テ株式會社ノ規定ヲ準用シタリ

第一號ノ無限責任社員相互ノ關係ニ付テハ第百九條第百十條第百十四條第百五十四條第五十五條第五十九條第百六十條及ヒ合資會社ニ於テ無限責任社員一同ノ同意ヲ要スル規定ニ從ハサルヘカラス

第二號ノ無限責任社員ト株主トノ關係ニ付テハ第百八條第百十一條第百十二條第百十三條第百十五條第百十七條第五十四條第五十五條第五十九條第六十條及ヒ無限責任社員全員ノ同意ヲ要スル總テノ規定ニ從フヘキモノトス

又無限責任社員ト第三者トノ關係ニ付テハ第百五條第百十四條第百十六條第百六十三條及ヒ第六十四條ノ規定ニ從フヘク第三號ノ無限責任社員ノ退社ニ付テハ本編第二章第四節ノ規定ニ從ハサルヘカラス

又株式會社ノ規定中全ク準用セサルモノハ第百廿三條第百二十四條第百二十五條第百二十六條第百三十四條第百三十九條第百四十一條第百六十一條第百六十四條第百六十五條第百六十六條第百六十七條第百六十八條第百七十五條第百七十九條第二百二十一條第二百二十六條ニシテ其他ハ總テ準用セラルヽモノトス

第二百三十七條　無限責任社員ハ發起人ト爲リテ定欵ヲ作リ之レニ左ノ事項ヲ記載シテ署名スルコトヲ要ス

一　第百二十條第一號、第二號、第四號、第六號及ヒ第七號ニ揭ケタル事項

二　株金ノ總額

三　無限責任社員ノ氏名住所

四　無限責任社員ノ株金以外ノ出資ノ種類及ヒ價格又ハ評價ノ標準

無限責任社員ハ發起人ト爲リテ定欵ヲ作リ本條第一號ヨリ第四號マテノ事項ヲ記載シ且之ニ署名セサルヘカラス第二號カ第百二十條ト其記載ヲ異ニシ資本ノ總額ト稱セスシテ株金ノ總額ト稱シタルハ他ナシ株式合資會社ニハ無限責任社員ノ株金以外ノ出資アルヲ以テ此處ニハ

資本ノ中只株金ノミノ總額ヲ記シ他ハ第四號ヲ以テ別ニ記載スルコトヽ爲シタレハナリ又第百二十條第五號ヲ除クコトヽシタルハ株式合資會社ニテハ取締役ノ職務ハ無限責任社員之ヲ行フカ故ニ別段職務ヲ保証セシムル爲メニ其株式ヲ監査役ニ預入セシムヘキ必要アラサレハナリ

第四號ハ株金以外ノ出資ニ付テハ土地トカ建物トカ其出資ノ種類ト價格トヲ記載シ又後日價格ヲ定ムルコトヽ爲シタルトキハ若シ土地ナレハ坪何圓ト云フ如ク其價格ヲ算出スヘキ目安ヲ記載スルコトヲ云ヘルモノナリ

第二百三十八條　無限責任社員ハ株主ヲ募集スルコトヲ要ス

株式申込証ニハ左ノ事項ヲ記載スルコトヲ要ス

一　第二十二條、第百二十六條第二項第一號、第四號及ヒ前條ニ掲ケタル事項

二　無限責任社員カ株式ヲ引受ケタルトキハ其各自カ引受ケタル株式ノ數

株式合資會社ハ無限責任社員ト有限責任社員トヲ以テ組織スルモノトス故ニ發起人タル無限

責任社員ハ株式會社ノ如ク無限責任社員ノミニテ株式ノ總數ヲ引受クルコトヲ得ス其幾分ハ必ス之ヲ殘シ置キ本條第一項ニ依リ他ノ株主ヲ募集セサルヘカラス

第二項ハ株式申込証ノ書式ヲ定メタルモノナリ、之レニ付テハ株式會社ノ場合ト略同一ナルヲ以テ説明ヲ要セス

第二百三十九條　創立總會ニ於テハ監査役ヲ選任スルコトヲ要ス

無限責任社員ハ監査役ト爲ルコトヲ得ス

株式合資會社ニ於テハ取締役ノ職務ハ無限責任社員之ヲ行フ故ニ創立總會ニ於テハ只監査役ノミヲ選任スレハ可ナリ無限責任社員ハ第二項ニ依リ監査役トナルコトヲ得ス是レ無限責任社員ヲ監督スルニハ寧ロ其種類ヲ殊ニスル株主中ヨリ選任シテ之レニ當ラシムルヲ可トスレハナリ

第二百四十條　無限責任社員ハ創立總會ニ出席シテ其意見ヲ述フルコトヲ得但株式ヲ引受ケタルトキト雖モ決議ノ數ニ加ハルコトヲ得ス

無限責任社員カ引受ケタル株式其他ノ出資ハ議決權ニ關シテハ之ヲ算入セス

前二項ノ規定ハ株主總會ニ之ヲ準用ス

無限責任社員ハ創立總會ニ出席シテ意見ヲ述フルコトヲ得レトモ議決ノ數ニ加ハルコトヲ得ス無限責任社員カ其議決權ヲモ併有スルモノトスルトキハ頗ル偏重ノ嫌アレハナリ故ニ第二項ハ無限任社員ノ株式其他ノ出資ハ之ヲ議決權ニ算入セス創立總會ニ於ケル議決權ハ有限責任社員即チ株式引受人ノ株數ト人員ノミニテ計算スルモノトシタリ

第三項ハ株主總會ニ於テモ亦右ハ同一ナル旨ヲ示シタリ

第二百四十一條　監査役ハ第百三十四條第一項及ヒ第二百三十七條第四號ニ掲ケタル事項ヲ調査シテ之ヲ創立總會ニ報告スルコトヲ要ス

株式合資會社ノ創立總會ニ於テモ株式總數ノ引受アリシヤ否ヤ各株ニ付キ第百二十九條ノ拂込アリシヤ否ヤヲ調査シ其引受又ハ拂込ナキ株式アルコトヲ發見シタルトキハ發起人即チ無限責任社員ニ引受又ハ拂込マシメ第百二十二條第三號乃至第五號ノ事項ヲ不當ト認メタルトキハ變更シ又金錢以外ノ出資ニ對シテ與フル株式ノ數ヲ多シト認ムルトキハ之ヲ減スルコトヲ得故ニ監査役ハ本條ニ依リ尚ホ株式會社ノ場合ト同シク第百三十四條第一項及ヒ第二百三十七條第四號ニ掲ケタル事項ヲ調査シテ株主總會ニ報告セサルヘカラス

第二百四十二條　會社ハ創立總會終結ノ日ヨリ二週間內ニ其本店及ヒ支店ノ所在地ニ於テ左ノ事項ヲ登記スルコトヲ要ス

一　第百二十條第一號、第二號、第四號、第七號及ヒ第百四十一條第一項第二號乃至第六號ニ掲ケタル事項

二　株金ノ總額

三　無限責任社員ノ氏名、住所

四　無限責任社員ノ株金以外ノ出資ノ種類及ヒ財產ヲ目的トスル出資ノ價格

五　會社ヲ代表スヘキ無限責任社員ヲ定メタルトキハ其氏名

六　監査役ノ氏名住所

本條ハ株式合資會社設立ノ登記ヲ定メタルモノナリ

株式合資會社ハ本條ニ依リ創立總會終結ノ日ヨリ二週間內ニ株式會社ノ設立登記ニ關スル第百二十條第一號第二號第四號第七號及ヒ第百四十一條第一項第二號乃至第六號ニ掲ケル事項ノ外本條第二號ヨリ第六號ニ掲ケタル事項ヲ登記セサルヘカラス

本條第二號ニ株金ノ總額トハ無限責任社員ト有限責任社員タル株主トノ株金ノ總額ヲ云ヒ第四號ハ無限責任社員ノ株金以外ノ出資ハ金錢ナルカ土地若クハ建物又ハ債權ナルカ其種類ヲ登記シ又財産ヲ目的トシタル出資ノ價格ヲモ登記スヘキヲ云フナリ

第二百四十三條　會社ヲ代表スヘキ無限責任社員ニハ株式會社ノ取締役ニ關スル規定ヲ準用ス但第百六十四條乃至第百六十八條第百七十五條及ヒ第百七十九條ノ規定ハ此限ニ在ラス

株式合資會社ヲ代表スル無限責任社員ハ株式會社ノ取締役ト同樣ノ地位ニ在ルモノナリ故ニ會社ヲ代表スル無限責任社員カ株式會社ノ取締役ニ關スル規定ニ從フヘキハ勿論ナリ然レトモ無限責任社員ノ業務執行權ハ合名會社及ヒ合資會社ト同シク恰モ無限責任社員ノ專有物トモ云フヘキモノナルヲ以テ取締役ノ任免其員數及ヒ任期ニ關スル第百六十四條乃至第百六十八條ノ如キハ之ヲ株式合資會社ヲ代表スル無限社員ニ適用スルノ必要ナシ又競業禁止ノ規定ニ付テハ無限責任社員一同ノ爲メ合名會社ノ第六十條ヲ準用シタルヲ以テ取締役ノ爲メニ設ケタル第百七十五條ハ之ヲ適用スルノ必要ナシ又株式合資會社ニ於テハ定款若クハ株主總會ノ決議ヲ以テ無限責任社員ノ報酬ヲ見込ミ其

當割合ヲ如何樣ニモ定メ得レハ別段報酬ヲ定ムルノ規定アルヲ要セス故ニ取締役ノ報酬ヲ定ムル第百七十九條モ亦之ヲ適用スルノ必要ナシ

以上述ヘシ如キ理由アルヲ以テ本條ハ會社ヲ代表スル無限責任社員ニハ株式會社ノ取締役ニ關スル規定ヲ準用スト雖モ只本條ニ掲ケタル各條ノミハ之ヲ適用セサルコトヲ明カニシタリ

第二百四十四條　合資會社ニ於テ總社員ノ同意ヲ要スル事項ニ付テハ株主總會ノ決議ノ外無限責任社員ノ一致アルコトヲ要ス

第二百九條ノ規定ハ前項ノ決議ニ之ヲ準用ス

本條ニ合資會社ニ於テ總社員ノ同意ヲ要スル事項トハ第五十八條第六十條第六十九條第二號第七十條第三號第七十四條第七十七條第八十五條第百十四條ニ掲ケタル事項ヲ云フ此各條ニ示セル事項ハ合資會社ニ於テ無限責任社員全員ノ承諾ナケレハ之ヲ決スルヲ得ス故ニ株式合資會社ニ於テモ株主總會ノミニテ之ヲ決スルヲ得ス株主總會ノ決議ノ外無限責任社員一同ノ承諾ナカルヘカラス然リ而シテ其無限責任社員ノ一致ヲ要スル程ノ事柄ナル以上ハ株主總會ノ決議モ亦丁重ナラサルヘカラサルハ勿論ナリ故ニ第二項ハ其決議ハ第二百九條ニ定メタル特別ナル決議方法ニ從フヘキヲ示セリ

第二百四十五條　監査役ハ無限責任社員ヲシテ株主總會ノ決議ヲ執行セシムル責ニ任ス

本條ニ依リ監査役ハ無限責任社員ヲシテ株主總會ノ決議ヲ執行セシムル責任ヲ負擔スルモノトス蓋シ無限責任社員ト株主トハ元來其性質ヲ異ニスルカ故ニ無限責任社員ハ株主總會ノ決議カ自派ニ不利益ナリト考フルトキハ故ラニ其執行ヲ怠ルコトナシトセス故ニ監査役ハ大ニ此等ノ邊ニ注意シ他ノ會社トハ一層其職務ヲ勵行セサルヘカラス故ニ若シ無限責任社員カ株主總會ノ決議ノ執行ヲ怠リタルカ爲メ會社及ヒ第三者ニ損害ヲ生セシメタルトキハ監査役ハ其損害賠償ノ責ニ任セサルヘカラス

第二百四十六條　株式合資會社ハ合資會社ト同一ノ事由ニ因リテ解散ス但第八十三條ノ場合ハ此限ニ在ラス

株式合資會社ハ合資會社ト同シク第百十八條及ヒ第七十四條ニ掲ケタル事由ニ因リテ解散スルモノトス只株式合資會社カ第八十三條ノ場合ヲ其原由ト爲サヽルモノハ他ナシ株式合資會社ニハ株主總會モアレハ監査役モアルコトナルヲ以テ無限責任社員中ニ如何ナル事アリテモ宜ク之ヲ救濟スルノ途アルカ故ニ裁判所カ敢テ解散ヲ命スルノ必要ナキカ故ナリ

第二百四十七條　無限責任社員ノ全員カ退社シタル場合ニ於テ株主ハ第二百九條ニ定メタル決議ニ依リ株式會社トシテ繼續スルコトヲ得此場合ニ於テハ株式會社ノ組織ニ必要ナル事項ヲ決議スルコトヲ要ス

第百十八條第二項ノ規定ハ前項ノ場合ニ之ヲ準用ス

無限責任社員カ殘ラス退社シタルトキハ第百十八條第一項ニ從ヒ株式合資會社ハ當然解散スルモノトスレトモ本條ハ便宜ノ爲メ更ニ株式會社トシテ其儘繼續スルコトヲ許セリ然レトモ株主總會ニ於ケル右ノ決議ハ第二百九條ノ特別ナル決議方法ニ依リテ爲サヽルヘカラス而シテ株主總會ハ其決議ヲ爲スト同時ニ株式會社ノ設立ニ要スル一切ノ事項ヲ決議シ尚ホ決議ノ日ヨリ二週間内ニ第百十八條第二項ノ規定ニ從ヒ株式合資會社ニ付テハ解散ヲ登記シ株式會社ニ付テハ第百四十一條ニ定メタル設立ノ登記ヲ爲サヽルヘカラス

第二百四十八條　會社カ解散シタルトキハ合併破產又ハ裁判所ノ命令ニ因リテ解散シタル場合ヲ除ク外淸算ハ無限責任社員ノ全員又ハ其選任シタル者及ヒ株主總會ニ於テ選任シタル者之ヲ爲ス但定款ニ別段ノ定アルトキハ此限ニ在ラス

無限責任社員カ清算人ヲ選任スルトキハ其過半數ヲ以テ之ヲ決ス
株主總會ニ於テ選任スル清算人ハ無限責任社員ノ全員若クハ其相續人又ハ其選任スル者ト同數ナルコトヲ要ス

本條ハ何人カ清算人ト爲ルカ又淸算人ハ何如ナル方法ニ依リテ選任スルカヲ定メタルモノナリ

會社カ合併ニ因リテ解散シタルトキハ存續シ又ハ新タニ成立シタル會社カ其合併ニ因リテ消滅シタル會社ノ權利義務ヲ承繼ス故ニ此場合ニハ清算ヲ爲スノ要ナシ

又破產ニ因リテ解散シタルトキハ破產法ニ依リテ破產裁判所ノ監督ノ下ニ管財人之ヲ爲シ裁判所ノ命令ニ依リテ解散シタルトキハ第百三十六條第二項ニ依リ裁判所之ヲ選任ス故ニ是等ノ場合ト定欵ニ別段ノ定メアル場合トヲ除キ其他ハ無限責任社員ノ一同ト株主總會ニ於テ選任シタル清算人トニ於テ爲スヘキモノトス而シテ株主總會カ清算人ヲ選任スルニハ第百六十一條ニ定メタル普通ノ議事法ニ依リテ決スヘキハ勿論ナルカ無限責任社員カ之ヲ爲スニハ本條第二項ニ依リ其過半數ヲ以テ決セサルヘカラス然リ而シテ株主總會ノ選任スル清算人ト無限責任社員側ノ清算人トハ第三項ニ依リ常ニ同人數ナヲサルヘカラス

第二百四十九條　無限責任社員ハ何時ニテモ其選任シタル清算人ヲ解任スルコトヲ得

前條第二項ノ規定ハ清算人ノ解任ニ之ヲ準用ス

無限責任社員ハ其自ラ選任シタル清算人ハ之ヲ何時ニテモ解任スルコトヲ得ルナリ而シテ此解任ノ場合ニモ前條第二項ノ規定ニ從フヘキモノトス

第二百五十條　第百二條ノ規定ハ株式合資會社ノ無限責任社員ニ之ヲ準用ス

株式合資會社ニ於テモ無限責任社員カ數名ノ相續人ヲ遺シテ死亡シタルトキハ清算ニ關シテハ第百二條ノ規定ニ從ヒ其相續人中ヨリ社員ノ權利ヲ行フヘキ者一人ヲ定メ配當金ヲ受取リ業務ヲ執行シ清算人ヲ選任スルカ如キ社員ノ權利ハ總テ其者ヲシテ行ハシムルモノトス

第二百五十一條　清算人ハ第二百二十七條第一項及ヒ第二百三十條第一項ニ定メタル計算ニ付キ株主總會ノ承認ノ外無限責任社員全員ノ承認ヲ得ルコトヲ要ス

株式會社ニテハ株主ノ外他ニ社員ナル者ナシ故ニ第二百二十七條ノ書類及ヒ第二百三十條ノ

決算報告書ハ素ヨリ株主總會ノ承認ヲ得ルニ止マルト雖モ株式合資會社ニハ他ニ無限社員アルヲ以テ株主總會ノ承認ノ外無限責任社員全員ノ承認ヲ求メサルヘカラス尤モ本條ハ無限責任社員又ハ株主總會ノ選任シタル清算人ノミニ適用スヘキ規定ニシテ無限責任社員一同ニ於テ自ラ清算ヲナス場合ニハ之ヲ適用スヘキモノニアラサルコト勿論ナリ

第二百五十二條　株式合資會社ハ第二百四十四條ノ規定ニ從ヒ其組織ヲ變更シテ之ヲ株式會社ト爲スコトヲ得

本條ハ株式合資會社カ其都合ニ依リ之ヲ株式會社ニ變更スル場合ヲ定メタルモノナリ即チ株式合資會社ハ株主總會ノ決議ノ外無限責任社員全員ノ承認ヲ得レハ其組織ヲ變更シテ株式會社ト爲スコトヲ得ルナリ

第二百五十三條　前條ノ場合ニ於テハ株主總會ハ直チニ株式會社ノ組織ニ必要ナル事項ヲ決議スルコトヲ要ス此總會ニ於テハ無限責任社員モ亦其引受クヘキ株式ノ數ニ應シテ議決權ヲ行フコトヲ得

第七十八條及ヒ第七十九條第一項第二項ノ規定ハ前項ノ場合ニ之ヲ準用ス

株主總會カ無限責任社員全員ノ承認ヲ得テ株式合資會社ヲ株式會社ニ變更スル決議ヲ爲シタルトキハ株主總會ハ是ト同時ニ株式會社ノ組織ニ必要ナル事項ヲ決議セサルヘカラス此場合ニハ無限責任社員ハ更ニ株式會社ノ株主トナルカ故ニ其引受クヘキ株式ノ數ニ應シテ議決權ヲ行フコトヲ得ヘシ

然レトモ組織ノ變更ハ其會社ノ債權者ノ利害ニ影響スルコト大ナルカ故ニ第二項ハ會社ヲシテ第七十八條及ヒ第七十九條第一項及ヒ第二項ノ手續ヲ履行セシムルコトヽシ以テ會社ノ債權者ヲ保護シタリ

第二百五十四條　會社ハ組織變更ニ付キ債權者ノ承認ヲ得又ハ第七十九條第二項ニ定メタル義務ヲ履行シタル後二週間内ニ其本店及ヒ支店ノ所在地ニ於テ株式合資會社ニ付テハ解散ノ登記ヲ爲シ株式會社ニ付テハ第百四十一條第一項ニ定メタル登記ヲ爲スコトヲ要ス

會社カ組織變更ニ付キ第七十八條ノ手續ヲ踐ミテ債權者ノ承認ヲ得又承認セサル債權者ニ對シテ第七十九條第二項ノ義務ヲ履行シタルトキハ二週間内ニ其本店及ヒ支店ノ所在地ニ於テ株式合資會社ニ付テハ解散ヲ登記シ株式會社ニ付テハ第百四十一條ニ定メタル設立ノ登記ヲ

ナサヽルヘカス

第六章　外國會社

外國會社トハ外國ノ法制ノ下ニ外國ニ於テ設立シタル商事會社ニシテ日本ニ本店又ハ支店ヲ設ケタル外國法人ヲ云フ民法第三十六條ニ依レハ國及ヒ國ノ行政區畫即チ國郡市町村等ノ地方自治躰及ヒ商事會社ハ勿論法律又ハ條約ニ依リテ特ニ其成立ヲ認許セラレタル外國法人ハ外國人カ享有スルコト能ハサル權利及ヒ法律又ハ條約中ニ特別ノ規定アル場合ヲ除ク外日本ニ成立スル同種ノ者ト同一ノ私權ヲ有スルモノトス然ヲハ外國法人中商事會社ハ如何ナル方法ヲ以テ之ヲ律スヘキカヲ定ムルハ極メテ必要ノコトナリトス是レ本章ノ規定ノ由テ生スル所以ナリ尤モ外國人ノ設立シタル商事會社ト雖モ內地ニ於テ設立シ外國ニ於テ設立シタルモノニアヲサルトキハ此商法ニ定ムル四種ノ會社ノ一タルヘキハ勿論ナルヲ以テ全然本編第二章ノ規定ニ從フヘキハ言ヲ俟タス

第二百五十五條　外國會社カ日本ニ支店ヲ設ケタルトキハ日本ニ成立スル同種ノモノ又ハ最モ之ニ類似セルモノト同一ノ登記及ヒ公告ヲ爲スコトヲ要ス

右ノ外日本ニ支店ヲ設ケタル外國會社ハ其日本ニ於ケル代表者ヲ定メ且

支店設立ノ登記ト同時ニ其氏名住所ヲ登記スルコトヲ要ス

第六十二條ノ規定ハ外國會社ノ代表者ニ之ヲ準用ス

外國會社カ日本ニ支店ヲ設ケタルトキハ本條第一項ニ依リ日本ニ成立セル同種ノ會社又ハ一番克ク似タル會社ト同シ公告ヲ爲サヽルヘカラス蓋シ會社ニ關スル法律ニシテ彼此其制定ヲ同フセルトキハ直チニ同種類ノ會社ニ關スル規定ニ從ハシムルコトヲ得ルト雖モ若シ其制ヲ異ニスルトキハ或ハ同種ニシテ同種ノモノヽ依ルヘキ規定ニ從ハシムルコト能ハサル場合アリ故ニ此ノ如キ場合ニハ種類ノ如何ヲ問ハス最モ克ク似タル會社ト同シ登記及ヒ公告ヲ爲サシムルモノトセリ

外國會社ハ遠隔ノ地ニ在ルヲ以テ日本ニ代表者ヲ置カシムルコトトセサレハ不便ナリ故ニ本條第二項ニハ必ス日本ニ於ケル代表者ヲ定メ第一項ノ登記ト共ニ其氏名住所ヲ登記スヘキヲ命シ第三項ハ其代表者ノ權限及ヒ責任ヲ定メ右ハ日本會社ノ代表者ト同一ナルモノトセリ

第二百五十六條　前條第一項及ヒ第二項ノ規定ニ依リ登記スヘキ事項カ外國ニ於テ生シタルトキハ登記ノ期間ハ其通知ノ到達シタル時ヨリ之ヲ起算ス

本條ハ外國會社ノ登記事項ニ變更ヲ生シタル時ノ登記期間ヲ定メタルモノニシテ外國會社ノ登記事項カ內地ニ於テ變更シタルトキハ日本ノ會社ト同シク其生シタル日ヨリ二週間內ニ登記セシムヘシト雖モ若シ外國ニ於テ生シタルトキハ普通其通知カ日本ニ達スルマテハ多少ノ時間ヲ要スヘキカ故ニ實際右ト同一ナラシムルコトヲ得サルヘシ故ニ本條ハ其通知カ日本ニ到達シタル日ヨリ起算ストセリ

第二百五十七條　外國會社カ始メテ日本ニ支店ヲ設ケタルトキハ其支店ノ所在地ニ於テ登記ヲ爲スマテハ第三者ハ其會社ノ成立ヲ否認スルコトヲ得

外國會社カ始メテ日本ニ支店ヲ設ケタルトキハ第二百五十五條ノ登記ヲ爲スマテハ本條ニ依リ第三者ハ會社ノ成立セルコトヲ知ルト否トニ關ハラス其會社ハ未タ成立セストテフコトヲ得ルナリ故ニ會社ト取引シタル第三者ハ取引シタル本人ハ代表者其人ニシテ會社トハ取引セストテフコトヲ得ヘシ但本條ハ始メテ支店ヲ設ケタル場合ニノミ適用スルモノト知ルヘシ

第二百五十八條　日本ニ本店ヲ設ケ又ハ日本ニ於テ商業ヲ營ムヲ以テ主タル目的トスル會社ハ外國ニ於テ設立スルモノト雖モ日本ニ於テ設立スル

會社ト同一ノ規定ニ從フコトヲ要ス

何レノ國人タルヲ問ハス日本ニ於テ商事會社ヲ設立シタルトキハ全然此商法ニ定ムル日本會社ノ規定ニ從フヘキハ勿論ナリト雖𪜈本條ハ縱令外國ニ於テ設立シタル會社ト雖𪜈日本ニ本店ヲ設ケ又ハ日本ニ於テ商業ヲ營ムヲ重ナル目的トスルトキハ日本ニ於テ設立シタル會社ト同一ノ規定ニ從ハシムルモノトセリ是レ他ナシ若シ此規定ナキ𪜈ハ日本ノ法律ニ從ハサランド欲スル者アルトキハ已レノ勝手ナル外國ニ於テ設立シ來リ巧ミニ日本ノ法律ヲ避グルカ如キ不都合ヲ生スヘケレハナリ

第二百五十九條　第百四十七條、第百四十九條、第百五十條、第百五十五條第一項、第二百六條、第二百七條及ヒ第二百十七條第二項ノ規定ハ日本ニ於テスル外國會社ノ株式ノ發行及ヒ其株式若クハ社債ノ讓渡ニ之ヲ準用ス此場合ニ於テハ始メテ日本ニ設ケタル支店ヲ以テ本店ト看做ス

外國會社ニ於テスル株式ノ發行及ヒ株式若クハ社債ノ讓渡ニ付テハ本條ニ揭ケタル各條ノ規定ニ從ハサルヘカラス而シテ是等ノ事柄ニ付テハ其効力等ニ關シ本店所在地ノ登記所ニ於テ登記ヲ爲シ又ハ已ニ登記シタル他ノ登記ニ關係ヲ有スルコト夥多ナリト雖𪜈外國會社ニテハ

日本ニアルモノハ支店ナルカ故ニ其場合ニハ其支店ヲ以テ本店同樣ニ看做スノ必要アリ是レ末段ノ規定アル所以ナリ

第二百六十條　外國會社カ日本ニ支店ヲ設ケタル場合ニ於テ其代表者カ會社ノ業務ニ付キ公ノ秩序又ハ善良ノ風俗ニ反スル行爲ヲ爲シタルトキハ裁判所ハ檢事ノ請求ニ因リ又ハ職權ヲ以テ其支店ノ閉鎖ヲ命スルコトヲ得

公ノ秩序ト善良ノ風俗ニ反スル行爲ノ何者ナルヤハ第四十條ニ述ヘタレハ該條ノ説明ヲ見ルヘシ扨外國會社カ日本ニ支店ヲ設ケタル場合ニ於テ其代表者カ會社ノ業務ニ關シ職務上公ノ秩序又ハ善良ノ風俗ニ反スル行爲ヲ爲シタルトキハ如何ト云フニ其行爲タル會社ノ行爲ナリトセハ裁判所ハ檢事ノ請求ニ依リ又ハ其請求ナクモ職權ヲ以テ之ヲ閉店セシムルコトヲ得ヘシ

第七章　罰則

本章ハ發起人役員清算人及ヒ外國會社ノ代表者等カ本編ニ定ムル規定中公益規定ニ反スル場合ニ之ヲ處分スヘキ罰則ヲ規定シタルモノナリ而シテ其處分タル損害ヲ蒙ムリタル者ノ請求アルト否トニ關ハラス裁判所ハ檢事ノ請求ニ因リ又ハ職權ヲ以テ處分シ又數個ノ違反幷ヒ發スル時ト雖ト

皆別々ニ處罰スルモノトス

第二百六十一條　發起人會社ノ業務ヲ執行スル社員取締役外國會社ノ代表者監査役又ハ清算人ハ左ノ場合ニ於テハ五圓以上五百圓以下ノ過料ニ處セラル

一　本編ニ定メタル登記ヲ爲スコトヲ怠リタルトキ

二　本編ニ定メタル公告若クハ通知ヲ爲スコトヲ怠リ又ハ不正ノ公告若クハ通知ヲ爲シタルトキ

三　本編ノ規定ニ依リ閲覽ヲ許スヘキ書類ヲ正當ノ理由ナクシテ閲覽セシメサリシトキ

四　本編ノ規定ニ依ル調査ヲ妨ケタルトキ

五　第四十六條ノ規定ニ違反シテ開業ノ準備ニ着手シタルトキ

六　第百二十六條第二項及ヒ第二百三十八條第二項ノ規定ニ反シ株式申込証ヲ作ラス之ニ記載スヘキ事項ヲ記載セス又ハ不正ノ記載ヲ爲シタルトキ

七　第百四十七條第一項又ハ第二百十七條第二項ノ規定ニ違反シテ株券ヲ發行シタルトキ
八　株券又ハ債券ニ記載スヘキ事項ヲ記載セス又ハ不正ノ記載ヲ爲シタルトキ
九　定款、株主名簿、社債原簿、總會ノ決議錄、財産目錄、貸借對照表、營業報告書、損益計算書及ヒ準備金並ニ利益又ハ利息ノ配當ニ關スル議案ヲ本店若クハ支店ニ備ヘ置カス之ニ記載スヘキ事項ヲ記載セス又ハ之ニ不正ノ記載ヲ爲シタルトキ
十　第百七十四條第一項又ハ第百九十八條第二項ノ規定ニ反シテ株主總會ヲ招集セサルトキ

本條第一號ニ本編ニ定メタル登記ヲ爲スコトヲ怠リタルトキトハ第五十一條第五十二條第五十三條第八十一條第九十條第九十七條第九十九條第百六條第百十八條第百四十一條第二百四條第二項第二百十七條第二百二十五條第二百四十二條第二百四十七條第二項第二百五十四條ニ定ムル登記ヲ爲サヽルヲ云フ

第二號ニ本編ニ定メタル公告若クハ通知ヲ怠リタルトキトハ第七十八條第八十五條ノ公告幷ニ通知第百五十六條第三項第百九十二條第二百九條第二項第二百二十四條ノ公告第二百二十條第二項及ヒ第二百五十三條第二項ノ公告幷ニ通知第百三十一條第二項第百五十二條第百五十三條第二項第百五十六條第一項ノ通知ヲ爲サヽルヲ云フ

第三號ニ閲覽ヲ許スヘキ書類ヲ正當ノ理由ナクシテ閲覽セシメサルトキトハ故ナク第百十一條第百七十一條第百九十一條ノ書類ヲ閲覽セシメサルヲ云フ

第四號ニ本編ノ規定ニ依ル調査ヲ妨ケタルトキトハ第百十一條第百二十四條第百三十四條第百五十八條第百八十一條第百八十二條第百九十八條第二百二十七條第二百四十一條等ニ定メタル調査ヲ爲サヽルヲ云フ

第二百六十二條　發起人會社ノ業務ヲ執行スル社員取締役外國會社ノ代表者監査役又ハ清算人ハ左ノ場合ニ於テハ十圓以上千圓以下ノ過料ニ處セラル

一　官廳又ハ總會ニ對シ不實ノ申立ヲ爲シ又ハ事實ヲ隱蔽シタルトキ

二　第七十八條乃至第八十條ノ規定ニ違反シテ合併會社財産ノ處分資本

ノ減少又ハ組織ノ變更ヲ爲シタルトキ

三　檢査役ノ調査ヲ妨ケタルトキ

四　第百五十一條第一項ノ規定ニ反シ株式ヲ取得シ若クハ質權ノ目的トシテ之ヲ受ケ又ハ同條第二項ノ規定ニ違反シテ之ヲ消却シタルトキ

五　第百五十五條第一項ノ規定ニ違反シテ株券ヲ無記名式ト爲シタルトキ

六　第百七十四條第二項又ハ民法第八十一條ノ規定ニ反シ破産宣告ノ請求ヲ爲スコトヲ怠リタルトキ

七　第百九十四條ノ規定ニ反シ準備金ヲ積立テス又ハ第百九十五條第一項若クハ第百九十六條ノ規定ニ違反シテ配當ヲ爲シタルトキ

八　第二百條ノ規定ニ違反シテ社債ヲ募集シタルトキ

九　第二百六十條ノ規定ニ依ル裁判所ノ命令ニ違反シタルトキ

十　民法第七十九條ノ期間内ニ或債權者ニ辨濟ヲ爲シ又ハ第九十五條ノ規定ニ違反シテ會社財産ヲ分配シタルトキ

本條第六號ハ第百七十四條第二項ニ依リ株式會社カ會社財產ヲ以テ會社ノ負債ヲ辨濟スルコト能ハサルニ至リタルトキハ取締役ハ裁判所ニ破產宣告ヲ請求シ又何レノ會社モ淸算中ニ會社財產ヲ以テ會社ノ債務ヲ辨濟スルニ足ラサルコトカ分明トナリタルトキハ民法第八十一條ニ從ヒ淸算人ハ裁判所ニ破產宣告ヲ請求シテ其旨ヲ公告シ其淸算事務ハ之ヲ管財人ニ引渡スヘキモノナルニ淸算人カ該両條ノ規定ニ違反シテ以上ノ手續ヲ爲サヽルヲ云フ

第十號ハ株式會社ノ淸算人ハ民法第七十九條ニ從ヒ就職ノ日ヨリ二ケ月內ニ三回以上ノ公告ヲ以テ債權者ニ請求ヲ申出ツヘキ旨ヲ催告シ且知レタル債權者ニハ特ニ其催告書ヲ送達シ其期間中ニ何レノ債權者ニモ支拂ヲ爲ス能ハサルコトナルニ其期間中或ル債權者ニ辨濟ヲ爲シ又何レノ會社ノ淸算ニ付テモ會社ノ負債ヲ殘ラス辨濟シタル後ニ非サレハ社員ニ分配ヲ爲スヘカラサルコトナルニ本法第九十五條ニ違反シテ其分配ヲ爲シタルコトヲ云フナリ

第三編　商行爲

商行爲トハ物品ノ運轉ヲ媒介シテ利益ヲ營ムコトヲ云フモノナリ而シテ本法ハ事柄ノ性質、營業及ヒ人ノ上ヨリ觀察シテ商行爲ノ範圍ヲ定メタリ蓋シ其要ハ裁判上其事件ノ民事ナルヤ商事ナルヤヲ知ルニモ必要ナレバナリ

本編ハ各種ノ商行爲ニ共通ナル規定、各種ノ商行爲、賣買、交互計算、匿名組合、仲立營業、問屋營業、運送取扱營業、運送營業、寄託及ヒ保險ヲ規定シタリ

第一章　總則

本章ニハ各種ノ商行爲ニ共通ナル規定ヲ掲ケタリ

第二百六十三條　左ニ掲ケタル行爲ハ之ヲ商行爲トス

一　利益ヲ得テ讓渡ス意思ヲ以テスル動產不動產若クハ有價証劵ノ有償取得又ハ其取得シタルモノヽ讓渡ヲ目的トスル行爲

二　他人ヨリ取得スヘキ動產又ハ有價証劵ノ供給契約及ヒ其履行ノ爲メニスル有償取得ヲ目的トスル行爲

三　取引所ニ於テスル取引

四　手形其他ノ商業証券ニ關スル行爲

本條ハ性質上ノ商行爲ヲ列擧シタルモノナリ

第一、利益ヲ得テ讓渡ス爲メニ土地建物又ハ株券公債証書ノ如キ有價証券ヲ買取リ又ハ其買取リタルモノヲ讓渡ス行爲ハ商行爲ナリ但シ其物ヲ賣リテ實際ニ利益ヲ得タルト損失ヲ生シタルトハ素ヨリ問フ所ニアラス又其取得ハ有償ナラサルヘカラス故ニ例ヘハ受贈者カ贈與者ヨリ物ノ贈與ヲ受クルカ如キハ商行爲ニアラス之レニ反シテ有償取得ニテモ自己ノ使用ノ爲メニ買入レタルニアリテ利益ヲ得テ他人ニ讓渡ス目的ヲ以テシタルニアラサル时ハ亦商行爲タラサルナリ

第二、物品カ其手許ニナキ場合ニ他ヨリ買取リテ引渡スヘキコトヲ約スルコト又ハ其約束ヲ履行スル爲メニ物品又ハ株券ノ如キ有價證券ヲ買取ルコトモ亦商行爲ナリ

第三、米穀取引所商品取引所等公設ノ場所ニ於テ商品株券等ヲ賣買スル行爲モ亦性質上商行爲ナリ

第四、爲替手形、約束手形、小切手、貨物引換證券、倉庫預證券、保險證券、船荷證券等ノ如キ商

業證券ノ割引等ヲナス亦商行爲ナリ

第二百六十四條　左ニ掲ケタル行爲ハ營業トシテ之レヲナストキハ之ヲ商行爲トス但專ラ賃金ヲ得ル目的ヲ以テ物ヲ製造シ又ハ勞務ニ服スル者ノ行爲ハ此限ニ在ラス

一　賃貸スル意思ヲ以テスル動產若クハ不動產ノ有償取得若クハ賃借又ハ其取得若クハ賃借シタルモノヽ賃貸ヲ目的トスル行爲

二　他人ノタメニスル製造又ハ加工ニ關スル行爲

三　電氣又ハ瓦斯ノ供給ニ關スル行爲

四　運送ニ關スル行爲

五　作業又ハ勞務ノ請負

六　出版印刷又ハ撮影ニ關スル行爲

七　客ノ來集ヲ目的トスル場屋ノ取引

八　兩替其他ノ銀行取引

九　保險

十　寄託ノ引受

十一　仲立又ハ取次ニ關スル行爲

十二　商行爲ノ代理ノ引受

前條ハ絶對的商行爲ヲ定メ本條ハ生活ヲ立ツル目的ヲ以テ其業ヲ營ム爲メニ商行爲トナル相對的商行爲ヲ列擧シタリ尤モ本條第二號第四號第五號ノ如キ行爲ヲ營業トシテ爲スモ職工若クハ人夫トシテ使役セラルヽ如ク其目的カ單ニ賃金ヲ得ルニアルモノハ商行爲タラサルモノトス

第二號、加工ニ關スル行爲トハ已ニ形成シタル物ニ細工ヲ施スカ如キ仕事ヲナスコトヲ云フモノニシテ如此行爲ヲ營業トスルハ亦商行爲ナリ

第五號、作業ノ請負トハ建物ノ建築、橋梁ノ架設、海面ノ埋立、河川ノ浚渫、道路ノ修繕ヲ請負フ如キヲ云ヒ勞務ノ請負トハ此等ノ作業ニ使役セラルヽ人足ノ請負ヲナス如キヲ云フ

第七號、客ノ來集ヲ目的トスル場屋ノ取引トハ劇場、寄席、楊弓店、玉突場、觀物場、旅店、飲食店、温泉場等ニ於テスル飲食物等ノ取引ヲ云フ

第十號ニ寄託ノ引受トハ倉庫營業ノ如ク他人ヨリ或ル物品ヲ預リ保管ヲナスコトヲ云フ

第二百六十五條　商人カ其營業ノ爲メニスル行爲ハ之ヲ商行爲トス
商人ノ行爲ハ其營業ノ爲メニスルモノト推定ス

第二百六十三條ニ示セル行爲ハ編首ニモ述ヘシ如ク事柄ノ性質上商行爲タルモノニシテ前條ニ列記シタル行爲ハ之ヲ營業トスルニ因テ商行爲タルヘキヲ認メ本條ハ人ノ上ヨリ觀察シテ商人カ其營業ノ爲メニスル行爲ヲ凡テ商行爲ト決定シテ前二條ノ欠ヲ補ヒシナリ然レ𪜈取引ノ性質曖昧ナル𪜈ハ當事者ハ其行爲ヲ營業ノ爲メニシタルニアラスト詐ハリ時トシテ商法ノ適用ヲ避ケントスルコトナシトセス故ニ此等ノ不都合ナカラシムル爲メ第二項ハ商人ノ行爲ハ其營業ノ爲メニスルモノトノ推定ヲ掲ケ只其反証ヲ許スコトトナシタリ

第二百六十六條　商行爲ノ代理人カ本人ノ爲メニスルコトヲ示サヽル𪜈ト雖モ其行爲ハ本人ニ對シテ其効力ヲ生ス但相手方カ本人ノ爲メニスルヿヲ知ラサリシ𪜈ハ代理人ニ對シテ履行ノ請求ヲ爲スコトヲ妨ケス

民法第九十九條ニ依ル𪜈ハ代理人カ本人ノ爲メニスルコトヲ示シテ爲シタル約束ハ本人ニ對シテ効力ヲ生スト雖モ本人ヲ示サスシテ爲シタル𪜈ハ同第百條ニ依リ其約束ハ自已ノ爲メニシタルモノトノ推定ヲ受ケ本人ニ對シテ其効力ヲ生セス

然レトモ商業上ニ於テハ一々本人ヲ示スコト能ハサルノミナラス時トシテハ本人ノ名ヲ示スコトヲ得サル場合アリ故ニ本條第一項ハ特ニ其反對ヲ規定シ本人ノ爲メニスルコトヲ示サヽルトキト雖モ本人ニ對シテ効力アリトセリ然レトモ此場合ニ於テ代理人ニ責任ナシトスルトキハ本人カ却テ無一文ナルカ如キ場合ニハ相手方ハ意外ノ損失ヲ被ムルヘシ故ニ但書ハ相手方カ本人アルコトヲ知ラサリシトキノミ代理人ニ對シテ履行ノ請求ヲ爲スモ差支ナシトセリ

第二百六十七條　商行爲ノ受任者ハ委任ノ本旨ニ反セサル範圍內ニ於テ委任ヲ受ケサル行爲ヲ爲スコトヲ得

受任者ハ委任ノ本旨ニ背カサルトキト雖モ委任ヲ受ケサル行爲ヲ爲スコトヲ得ストハ民法ノ規定スル所ナリ其主旨トスル所ハ代理人カ縱令委任ノ本旨ニ背カサル仆ト雖モ委任ヲ受ケサル行爲ヲナセハ概ネ本人ノ利益ヲ害スルモノト想像シタルニアリ然レトモ商事ニアリテハ商品ノ相場等ニ急劇ナル變動ヲ起シ來ルコトモアリ又商業ハ機先ヲ制スルヲ尙フカ故ニ敢テ當初契約シタル委任ノ旨趣ノミニ從ハサルヘカラサルモノトスル仆ハ却テ本人ヲ不利ニ陷シイルコト間々之レナシトセス故ニ商行爲ノ代理ニ付テハ委任ノ本旨ニ背カサル限リハ委任ヲ受ケサル行爲ト雖トモ其代理人ヲシテ機ニ臨ミ變ニ應シ其適當ト認ムル所ニ依リテ處分スル所アラ

シメサルヘカラス是レ茲ニ民法ノ例外ヲ設ケタル所以ナリトス

第二百六十八條　商行爲ノ委任ニ因ル代理權ハ本人ノ死亡ニ因リテ消滅セス

商行爲ノ委任ニ因ル代理權ハ本人死亡スルモ消滅セス民法ハ委任ニヨル代理權ハ本人ノ死亡ニ因リテ消滅ストセリ是レ委任契約ハ一身上ノ信用ニ基クモノト推測セルカ故ナリ然レ圧商行爲ノ委任ニアリテハ其委任ノ必要ヲ生シタル營業ハ本人死亡スルモ其多クハ依然繼續スルカ故ニ本人ノ死亡ニ因リテ委任契約カ消滅スルモノトスルトキハ甚タ不都合ヲ生スルコトナリテ廣ク一般ニモ其影響ヲ及ホスノ恐レアリ是レ本條ノ設ケアル所以ナリ

第二百六十九條　對話者間ニ於テ契約ノ申込ヲ受ケタル者カ直チニ承諾ヲ爲サヽルトキハ申込ハ其效力ヲ失フ

民法ノ規定ニ依ルトキハ面談スル者ノ間ニ於テ契約ノ申込ヲ受ケタル者カ即時ニ承諾ヲ爲サヽルトキハ申込者カ其申込ヲ取消スカ又ハ被申込者カ申込ヲ拒絕スルマテハ申込ノ效力ヲ存ストト雖圧商業上ノ取引ハ最モ迅速ヲ主トスルカ故ニ本條ハ被申込者カ即時ニ承諾セサルトキハ申込ノ效力ヲ失フモノトシ其關係ヲシテ速ニ消滅セシムルモノトセリ

第二百七十條　隔地者間ニ於テ承諾期間ノ定メナクシテ契約ノ申込ヲ受ケタル者カ相當ノ期間內ニ承諾ノ通知ヲ發セサル𪜈ハ申込ハ其効力ヲ失フ

民法第五百二十三條ノ規定ハ前項ノ場合ニ之レヲ準用ス

民法ノ規定ニ依レハ承諾ノ期間ヲ定メスシテ隔地者ニ申込ヲナシタル場合ニ當事者カ別段ノ意思ヲ表示セサル限リハ申込者カ相當ノ期間ヲ經過シタル後申込ヲ取消ス旨ノ通知ヲ發スルモ其相手方ニ達スル前相手方カ承諾ノ通知ヲ發シタル𪜈ハ契約成立シ申込ノ取消ハ何等ノ効力ナシト雖𪜈迅速機先ヲ尙フ商事契約ニハ適當ナラス故ニ本法ハ隔地者間ノ契約ニ付テモ例外ヲ定ムルノ必要ヲ認メ第一項ノ場合ニ於テハ相手方カ相當ノ期間內ニ承諾ノ通知ヲ發セサレハ申込ノ通知ハ直チニ効力ヲ失フモノト定メタリ從テ第二項ヲ設ケテ相手方カ承諾ノ通知ヲ發スルモ相當ノ期間ヲ經過シタルトキハ申込者ハ民法第五百二十三條ニ依リ之ヲ新タナル申込ト看做シ之ヲ承諾スルト否トハ其隨意ナリトセリ何日ノ期間ヲ以テ相當ト見ルカハ各場合ニ依リテ決定セラルヽモノトス

第二百七十一條　商人カ平常取引ヲ爲ス者ヨリ其營業ノ部類ニ屬スル契約ノ申込ヲ受ケタルトキハ遲滯ナク諾否ノ通知ヲ發スルコトヲ要ス若シ之

ヲ發スルコトヲ怠リタル片ハ申込ヲ承諾シタルモノト看做ス
何人モ申込ヲ以テ相手方ヲ拘束スルコトヲ得サルハ契約上ノ原則ナリ故ニ商業上ニ於テモ一般ニ此原則ニ從フヘキハ勿論ナリ然レ圧商人カ平素取引ヲ爲ス得意先ヨリ申込ヲ受ケタル場合ニモ此原則ヲ適用スルモノトスル片ハ得意先ノ信用ニ背キ爲メニ損害ヲ蒙ラシムル恐レアリ是レ本條カ此原則ニ對スル例外ヲ規定シタル所以ナリ故ニ商人ハ得意先ヨリ其營業ノ部類ニ屬スル契約ノ申込ヲ受ケタルトキハ本條ニ依リ速ニ諾否ノ通知ヲ發スル義務アリ若シ之ヲ發スルコトヲ怠リタルトキハ其制裁トシテ申込ヲ承諾シタルモノト看做サルヽナリ

第二百七十二條　商人カ其營業ノ部類ニ屬スル契約ノ申込ヲ受ケタル場合ニ於テ申込ト共ニ受取リタル物品アル片ハ其申込ヲ拒絶シタルトキト雖圧申込者ノ費用ヲ以テ其物品ヲ保管スルコトヲ要ス但其物品ノ價額カ其費用ヲ償フニ足ラサルトキ又ハ商人カ其保管ニ因リテ損害ヲ受クヘキトキハ此限ニ在ラス

商人ハ申込者カ得意先ナルト否トニ關ハラス自己ノ營業ノ部類ニ屬スル契約ノ申込ト共ニ見本ヲ受取タルトキハ其申込ヲ拒絶シタルトキト雖圧申込者ノ費用ヲ以テ之ヲ保管スルノ義務ア

リ然レトモ保管費カ物品ノ價額ヲ超ヘ物品ノ代價ヲ以テ保管費ヲ支辨スル能ハサルトキ又ハ之ヲ保管スルニ因リテ自己ニ損害ヲ受クヘキトキハ之ヲ保管スルニ及ハサルナリ

第二百七十三條　數人カ其一人又ハ全員ノ爲メニ商行爲タル行爲ニ因リテ債務ヲ負擔シタルトキハ其債務各自連帶シテ之ヲ負擔ス
保証人アル場合ニ於テ債務カ主タル債務者ノ商行爲ニ因リテ生シタルトキ又ハ保証カ商行爲ナルトキハ主タル債務者及ヒ保証人カ各別ノ行爲ヲ以テ債務ヲ負擔シタルトキト雖モ其債務ハ各自連帶シテ之ヲ負擔ス

民法第四百二十七條ニハ數人ノ債務者アル場合ニ別段ノ意思表示ナキトキハ其債務ハ各自平等ノ割合ヲ以テ負擔ストアリ然レトモ商行爲ニ因リテ負擔シタル債務ニ付キ此分別ノ利益ヲ對抗スルコトヲ得セシムルトキハ商業上ノ取引ヲシテ安全ナラシムルヲ得ス故ニ例ヘハ自轉車ノ製造ヲ營業トセル甲乙丙カ共同シテ其製造ニ從事シ又ハ乙ト丙トハ之ヲ營業トセサルモ一時之レニ加ハリ而シテ其製造ノ原料タル鐵類ノ代價ヲ支拂フヘキ義務ヲ負擔シタリトセハ本條第一項ニ依リ其債務ハ各自連帶シテ之ヲ負擔スヘキモノトス
故ニ相手方ヨリ右ノ請求ヲ受ケタルトキハ甲乙丙共ニ一人ニテモ其全額ヲ支拂フ義務アリ

又民法第四百四十六條ニ依ルトキハ特約アル場合ノ外保證人ハ主タル債務者カ其債務ヲ履行セサル場合ニ於テ始メテ履行ヲナセハ可ナルモ斯ノ如キハ亦以テ商取引ヲ安固ナラシムル所以ニアラス故ニ第二項ハ保證人アル場合ニ於テ債務カ主タル債務者ノ商行爲ニ因リテ生シタルトキ又ハ債務カ主タル債務者ノ商行爲ニ因リテ生シタルニ非サルモ保証自身カ商行爲ナルトキハ主タル債務者ト保証人カ同一ノ行爲ヲ以テシタルト各別ノ行爲（主タル債務者ハ今日甲地ニ於テ債務ヲ負擔シ保証人ハ明日乙地ニ於テ債務ヲ負擔シタル如キ）ヲ以テシタルトニ拘ハラス其債務ハ各自連帶責任アルモノトセリ

第二百七十四條　商人カ其營業ノ範圍內ニ於テ他人ノ爲メニ或行爲ヲ爲シタルトキハ相當ノ報酬ヲ請求スルコトヲ得

商人ト雖モ其營業ノ範圍內ニ屬セサル行爲ヲ他人ノ爲メナスモ矢張リ民法ノ原則ニ從ヒ特約アルニ非サレハ其報酬ヲ請求スルコトヲ得ス然レモ元來商人ナル者ハ利殖ヲ目的トシテ營業スルモノナレハ商人カ營業上他人ノ爲メ商行爲ノ媒介其他ノ行爲ヲ爲シタルトキハ相當ノ報酬ヲ受得スルコト當然ナリ故ニ本條ハ商人カ其營業ノ範圍內ニ於テ他人ノ爲メ或行爲ヲ爲シタルトキハ別ニ約束アルヲ要セス當然之レカ請求權ヲ有スルモノトセリ

第二百七十五條　商人間ニ於テ金錢ノ消費貸借ヲ爲シタルトキハ貸主ハ法定利息ヲ請求スルコトヲ得
商人カ其營業ノ範圍內ニ於テ他人ノ爲メニ金錢ノ立替ヲナシタルトキハ其立替ノ日以後ノ法定利息ヲ請求スルコトヲ得

本條モ亦民法ノ例外ヲ規定シタルモノナリ即チ民法ハ消費貸借ニ利息ヲ附セサルヲ原則トスレ圧商人ハ其取引極メテ頻繁ニシテ資金ノ運轉最モ忙ハシキヲ常トス故ニ本條第一項ハ商人間ニ於テ金錢ノ消費貸借ヲ爲シタル片ハ特約ナキモ其貸主ニ法定利子ヲ請求スル權アリト爲シ第二項ハ委託者ノ爲メ金錢ノ立替又ハ之レニ對シテ前貸ヲナス如ク商人カ其營業ノ範圍內ニ於テ爲シタル立替金ニ付テモ亦其之ヲ爲シタル日以後ノ法定利子ヲ請求スルヲ得トセリ

第二百七十六條　商行爲ニ因リテ生シタル債務ニ關シテハ法定利率ハ年六分トス

本條ハ商行爲ノ爲メニ生シタル債務ニ付キ請求シ得ヘキ利率ヲ年六分ト定メタリ尤モ是レハ契約上ノ利息ヲ制限シタルニ非スシテ約束ナキ塲合ノ利率ヲ定メタルモノナリ故ニ當事者ハ其約束ヲ以テハ之ヲ何程ニ定ムルモ隨意ナリ、民法ヨリ一分ヲ增シタルハ商行爲ハ營利ヲ主

眼トスルカ故ナリ

第二百七十七條　民法第三百四十九條ノ規定ハ商行爲ニ因リテ生シタル債權ヲ擔保スル爲メニ設定シタル質權ニハ之ヲ適用セス

民法第三百四十九條ハ流質處分ノ舊慣ヲ改メ質入人ハ設定行爲又ハ期限前ノ契約ヲ以テ流質ヲ約シ其他法律ノ定メタル方法ニ依ラスシテ流質ヲ爲スヲ禁止シテ質入人ヲ保護シタリ然レ圧此規定ハ到底商事質ニ適用スルヲ得ス何トナレハ商事質ヲ處分スルニ當リ一々裁判所ノ許可ヲ受クルカ如キ面倒ナル手續ヲ踐マシムルハ迅速ヲ主眼トスル商取引ニハ其不便尠カラサレハナリ是レ本條カ商事質ヲ例外トシタル所以ナリ左レハ債務者カ其義務ヲ履行セサルトキハ質權者ハ別段ノ手續ヲ爲スニ及ハス競賣法ニ依リテ直チニ執達吏ニ請求シ質物ヲ競賣シテ辨濟金ニ受取ルコトヲ得又最初ヨリ若クハ辨濟期前ノ契約ヲ以テモ流質ヲ約スルコトヲ得ヘシ

第二百七十八條　商行爲ニ因リテ生シタル債務ノ履行ヲ爲スヘキ場所カ其行爲ノ性質又ハ當事者ノ意思表示ニ因リテ定ラサルトキハ特定物ノ引渡ハ行爲ノ當時其物ノ存在セシ場所ニ於テ之レヲ爲シ其他ノ履行ハ債權者

ノ現時ノ營業所若シ營業所ナキトキハ其住所ニ於テ之レヲ爲スコトヲ要ス

指圖債權及ヒ無記名債權ノ辨濟ハ債務者ノ現時ノ營業所若シ營業所ナキトキハ其住所ニ於テ之ヲ爲スコトヲ要ス

支店ニ於テ爲シタル取引ニ付テハ其支店ヲ以テ營業所ト看做ス

債務ノ履行ヲ爲スヘキ場所即チ金錢物品ヲ引渡スヘキ場所ノ如何ハ當事者双方ノ利害ニ關スルコト太タ大ナリ故ニ本條ハ之ヲ規定シ殆ント民法ノ反對ヲ示セリ本條第一項ニ依レハ例ヘハ或ル會場ニアーチヲ作ルヘキ契約ヲナシタルトキハ其會場コソ行爲ノ性質上動カスヘカラサル引渡ノ場所ニシテ他ノ場所ニ於テハ決シテ其引渡ヲナスヲ得ヘカラサル如ク商行爲ニ因リテ生シタル債務ノ履行ヲナスヘキ場所カ其行爲ノ性質上明白ナルトキハ其場所ニ於テスヘキハ勿論ナルモ若シ不明ナルカ又ハ當事カ約束ヲ以テ之ヲ定メサリシトキハ特定物ノ引渡ハ行爲ノ當時（民法ハ引渡ヲ受クルコトヲ得ヘキ時トシタルモ商取引ハ迅速ヲ主トスルヲ以テ）其物ノ存在セシ場所ニ於テ之ヲナシ其他ノ履行ハ債權者ノ現時ノ營業所（民法ハ債權者ノ住所トシタルモ營業所ハ商行爲ヲナスノ根據ナルヲ以テ）ニ於テスヘキモノトシ若シ營業所ナ

キトキハ其住所ニ於テスヘキモノトナシタリ

然レトモ指圖債權及ヒ無記名債權ハ裏書又ハ引渡ノミヲ以テ移轉シ得ルモノナレハ所持人ハ誰レナルカ知ルコトヲ得ス故ニ債務者ハ債權者ノ營業所又ハ住所ニ於テ辨濟スルコトヲ得ス故ニ此等ノ債權ニ付テノミ債務者ハ自己ノ營業所若シ之レナキトキハ其住所ニ於テスルコトヲ得ルナリ

第三項、前兩項ニ所謂營業所トハ本店ヲ指シタルモノト解セサルヘカラス然ラハ本項ノ設ケナキトキハ支店ニ於テ爲シタル取引ニ付テモ本店ニ於テ履行スヘキヤノ疑義ヲ生スル虞ナシトセス故ニ本項ハ支店ニ於テ爲シタル取引ニ付テハ支店ヲ以テ前兩項ニ所謂營業所ト看做スヘキヲ示セリ

第二百七十九條　指圖債權又ハ無記名債權ノ債務者ハ其履行ニ付キ期限ノ定メアルトキト雖モ其期限カ到來シタル後所持人カ其証券ヲ呈示シテ履行ノ請求ヲ爲シタル時ヨリ遲滯ノ責ニ任ス

民法第四百十二條第一項ハ債務ノ履行ニ付キ其遲滯ノ責ヲ規定シ債務ノ辨濟期ヲ定メタルトキハ債務者ハ期限ノ到來シタル時ヨリ遲滯ノ責ニ任ストシタルモ此ノ如キ規定ハ指圖債權又

ハ無記名債權ニハ適用スルコトヲ得ス何トナレハ此種ノ債權ハ前ニモ言フ如ク自由ニ輾轉スルモノナルカ故ニ債務者ハ所持人ノ誰ナルカヲ知ル能ハサレハナリ故ニ本條ハ茲ニ例外ヲ規定シ期限ノ定メナキトキハ勿論期限ノ定メアルトキト雖モ所持人ヨリ証券ヲ呈示シテ請求ヲ爲シ來ルマテハ遲滯ノ責ニ任セス即チ利息ヲ支拂フ義務ヲ生セサルモノトセリ

第二百八十條　第二百七十八條第二項及ヒ前條ノ規定ハ民法第四百七十一條ニ掲ケタル債權ニ之ヲ準用ス

民法第四百七十一條ニ掲ケタル債權トハ其証券ニ債權者ヲ指名シナカラ持參人ニ支拂フヘキ旨ヲ附記シタル指圖債權ニシテ恰モ記名証券ト無記名証券トヲ混交シタル如キモノナリ此指圖債權モ亦第二百七十八條第二項ニ從ヒ本法ノ指圖債權及ヒ無記名債權ト同シク其履行ハ債權者ノ營業所若クハ住所ニ於テセサルヘカラス又之レニ辨濟期ヲ定メタルトキト雖モ前條ノ規定ヲ準用スルコトヽセリ故ニ所持人カ証券ヲ呈示シテ履行ヲ請求シ來ヲサル間ハ遲滯ノ責ヲ負ハサルモノトス

第二百八十一條　金錢其他ノ物ノ給付ヲ目的トスル指圖証券又ハ無記名証券ノ所持人カ其証券ヲ喪失シタル場合ニ於テハ公示催告ノ申立ヲ爲シタル

トキハ債務者ヲシテ其債務ノ目的物ヲ供託セシメ又ハ相當ノ擔保ヲ供シテ其証券ノ趣旨ニ從ヒ履行ヲ爲サシムルコトヲ得

爲替手形ノ如クニ金錢又船荷証券ノ如ク物ノ給付ヲ目的トスル指圖証券又ハ無記名証券ノ所持人カ盗難紛失等ニ因リテ其証券ヲ喪失シタルトキハ民事訴訟法ノ規定ニ依リテ其証券ノ無効宣告ヲ受クル爲メ裁判所ニ公示催告ノ申立ヲ爲スコトヲ得然レモ其除權判決ヲ得テ其權利ヲ行フコトヲ得ルニ至ルマテハ少ナクモ六ケ月以上ノ時間ヲ要スルコトナルカ所持人ハ其間之ヲ如何トモ爲ス能ハサルヤト云フニ本條ハ債務者ヲシテ其債務ノ目的物ヲ供託セシメ又ハ所持人ヨリ保証人又ハ質抵當ノ如キ相當ノ擔保ヲ供シテ証券ノ旨趣ニ從ヒ履行セシムルコトヲ得トシ以テ所持人ノ便宜ヲ謀リタリ但シ供託スヘキ債務ノ目的物カ金錢又ハ有價証券ナレハ中央金庫又ハ本支金庫又其他ノ物品ナレハ司法大臣ノ指定シタル倉庫營業者ニ供託スヘキモノトス（供託法參照）

第二百八十二條　第四百四十一條第四百五十七條第四百六十一條及ヒ第四百六十四條ノ規定ハ金錢其他ノ物ノ給付ヲ目的トスル指圖債權ニ之ヲ準用ス

本條ハ金錢其他ノ物ノ給付ヲ目的トスル指圖債權ニ準用スヘキ手形法ノ數條ヲ示シタリ即チ本條ニ依レハ何人ト雖モ惡意又ハ重大ナル過失ナクシテ指圖証券ヲ取得シタル者所謂實質的條件ヲ具備スル者ニ對シテ其返還ヲ請求スルコトヲ得ス(第四百四十一條)又裏書ハ指圖証券又ハ其謄本又ハ補箋ニ被裏書人ノ氏名又ハ商號及ヒ裏書ノ年月日ヲ記載シ裏書人之ニ署名セサルヘカラス尤モ裏書人ノ署名ノミニテモ之ヲ爲スコトヲ得ルナリ裏書人ノ署名ノミヲ以テ裏書シタルトキハ以後其讓渡ハ引渡ノミニテナスコトヲ得(第四百五十七條)又裏書人カ署名ノミヲ以テ裏書シタルトキハ所持人ハ自己ヲ其被裏書人ト爲スコトヲ得(第四百六十一條)又裏書アル指圖證券ノ所持人ハ其裏書カ連續シ即チ形式的條件ヲ具備スルニ非サレハ其權利ヲ行フコトヲ得ス尤モ署名ノミヲ以テナシタル裏書アル場合ニ限リ裏書人ハソノ裏書ニ因リテ其證券ヲ取得シタルモノト看做サルヽナリ(第四百六十四條)

第二百八十三條　法令又ハ慣習ニ依リ取引時間ノ定メアルトキハ其取引時間内ノ限ニ債務ノ履行ヲ爲シ又ハ其履行ヲ請求スルコトヲ得

米穀取引所等ノ如ク法令ニ依リ又ハ或ル地方ノ慣習ニ依リテ取引時間ノ定メアルトキハ其時間外ニ金錢ノ支拂物品ノ引渡ヲ爲シ又ハ其支拂並ニ引渡ヲ請求スル能ハサルナリ

第二百八十四條　商人間ニ於テ其双方ノ爲メニ商行爲タル行爲ニ因リテ生シタル債權カ辨濟期ニ在ルトキハ債權者ハ辨濟ヲ受クルマテ其債務者トノ間ニ於ケル商行爲ニ因リテ自巳ノ占有ニ歸シタル債務者ノ所有物ヲ留置スルコトヲ得但別段ノ意思表示アリタルトキハ此限ニ在ラス

双方共ニ商人ニシテ且双方共ニ商行爲タル行爲ニ因リテ生シタル代金費用立替金其他總テノ債權カ辨濟期ニ在ルモ相手方カ其辨濟ヲ爲サヽルトキハ債權者ハ其辨濟ヲ得ルマテ相手方ト取引シタル商行爲ニ因リテ自己ノ手許ニ存在セル相手方ノ物品ヲ其手許ニ留置クコトヲ得ルナリ既ニ第四十一條ニモ述ヘシ如ク民法第二百九十五條ハ留置權者ノ債權カ其占有物ニ關シテ生シタル塲合ニノミ其權利ヲ認メタリト雖𪜈本法ハ目的物ト債權トノ關係如何ヲ問ハス他ノ商行爲ニ因リテ占有シタル物品ト雖𪜈留置スルコトヲ許セリ是レ商人間ノ取引ニ付テハ相互ノ信用上斯カル特別ノ權利ヲ認ムヘキハ固ヨリ當然ナレハナリ然レ𪜈當事者ハ右ノ如キ留置權ヲ行ハサル旨ヲ約スルコト能ハサルニハ非サルナリ

第二百八十五條　商行爲ニ因リテ生シタル債權ハ本法ニ別段ノ定アル塲合ヲ除ク外五年間之ヲ行ハサルトキハ時効ニ因リテ消滅ス但他ノ法令ニ之

ヨリ短キ時効時間ノ定メアルトキハ其規定ニ從フ

本條ハ商行爲ニ因リテ生シタル債權ニ對シテ消滅時効ヲ定メタルモノナリ、消滅時効トハ時ノ經過ニ由リテ權利ヲ消滅セシムルモノニシテ其理由トスル所ハ永ク權利ノ執行ヲ捨置キ非常ニ時ノ經過セシ後尙ホ行使シ得ルモノトセハ證據ヲ擧クルニ困難ニシテ尙ホ他ニモ不都合アリ故ニ債權者カ永ク權利ヲ行ハスシテ捨置キタルトキハ其權利ヲ失ハシムルモノナリ、此主意ヨリシテ民法ニモ夫々規定アレトモ商取引ニ因リテ生シタル債權ニハ適當セサルヲ以テ本條ヲ特設シタルナリ即チ本條ニ依レハ商行爲ニ因リテ生シタル債權ハ第三百二十八條等ニ於ケルカ如ク本法ニ別段ノ定メアル塲合ヲ除ク外一般ニ五年間其權利ヲ行ハサルトキハ時効ニ因リテ消滅スルモノトス但シ他ノ法律命令ニ本條ヨリ短期時効ノ定メアルトキハ其規定ニ從フヘク又時効ハ凡ヘテ權利ヲ行使シ得ル時ヨリ進行スルモノトス

第二章　賣買

民法上ノ賣買ハ唯需用ヲ充スニ過キストト雖トモ商事上ニ於テハ利益ヲ得ル目的ヲ以テ物品ノ運轉ヲ媒介スルニ在レハ其性質關係ニ於テ自ヲ差異アルヘキハ當然ナリ故ニ本章ニ於テハ商業上ノ賣買ニ特別ナル規定ヲ揭ケタリ依テ本章ニ定メタル以外ノ事ニ付テハ民法ノ原則ニ從フヘキモノトス

第二百八十六條　商人間ノ賣買ニ於テ買主カ其目的物ヲ受取ルコトヲ拒ミ又ハ之ヲ受取ルコト能ハサルトキハ賣主ハ其物ヲ供託シ又ハ相當ノ期間ヲ定メテ催告ヲ爲シタル後之ヲ競賣スルコトヲ得此場合ニ於テハ遲滯ナク買主ニ對シテ通知ヲ發スルコトヲ要ス
損敗シ易キ物ハ前項ノ催告ヲ爲サスシテ之ヲ競賣スルコトヲ得
前二項ノ規定ニ依リ賣主カ賣買ノ目的物ヲ競賣シタルトキハ其代價ヲ供託スルコトヲ要ス但其全部又ハ一部ヲ代金ニ充當スルコトヲ妨ケス

賣買契約成立シタル上ハ買主ハ代價ヲ支拂ヒテ其目的物ヲ受取ルヘキ義務アリ然ルニ買主カ之ヲ受取ルコトヲ拒ミ又ハ不可抗力其他ノ事由ニ因リテ受取ルコト能ハサルトキハ如何ニスヘキト云フニ民法ノ規定ニ依ルトキハ賣主ハ直チニ之ヲ供託スルコトヲ得レ圧其物カ供託ニ適セス又ハ滅失毀損ノ虞アルカ又ハ保存ニ付キ多少ノ費用ヲ要スヘキ場合ノ外競賣權ヲ有セス又競賣ヲナスニハ裁判所ノ許可ヲ受ケサルヘカラス然レ圧商人間ノ賣買ニ於テ尙ホ此ノ如キ規定ニ從ハシムルモノトスルトキハ大ニ不便ヲ與フヘシ故ニ本法ハ最モ之ヲ簡便ナラシメ只買主ニ於テ催告シタルノミニテ競賣スルコトヲ許シ且損敗シ易キモノハ催告ヲモ爲サスシ

テ競賣スルコトヲ得ルモノトセリ尤モ賣主カ其物品ヲ競賣シタルトキハ第一項末段ノ規定ニ從ヒ買主ニ對シテ速ニ其通知ヲ發スヘキ義務アリ

賣主ハ其目的物ヲ競賣シタルトキハ第二項ニ依リ其代價ハ之ヲ供託セサルヘカラス然レモ未タ代金ノ辨濟ヲ得サルトキハ其全部又ハ一部ヲ其代金ノ辨濟トシテ受取ルコトヲ得ルナリ

第二百八十七條　賣買ノ性質又ハ當事者ノ意思表示ニ依リ一定ノ日時又ハ一定ノ期間内ニ履行ヲ爲スニ非サレハ契約ヲ爲シタル目的ヲ達スルコト能ハサル場合ニ於テ當事者ノ一方カ履行ヲ爲サスシテ其時期ヲ經過シタルトキハ相手方ハ直チニ其履行ヲ請求スルニ非サレハ契約ノ解除ヲ爲シタルモノト看做ス

民法ニ依レハ所謂きわ物ノ賣買等ニ於ケル如ク其賣買ノ性質ニ依リ又ハ當事者ノ意思表示ニ依リテ一定ノ日時又ハ一定ノ日限内ニ履行セサレハ契約ノ目的ヲ達スルヿ能ハサル場合ニ於テ當事者ノ一方カ其債務ヲ履行セスシテ其時期ヲ經過シタルトキハ普通ノ場合トハ少シク之ヲ斟酌シ相當ノ期間ヲ定メテ其履行ヲ催告スルコトヲ要セスシテ直ニ解除スルヿヲ得トシタルニ止マルヲ以テ其時期ヲ經過シタル後ニ於テモ解除スルニハ相手方ニ其意思ヲ表示スルヲ必

要トス然レ𪜈商事上ノ賣買ヲシテ此ノ如クナラシムル𪜈ハ爲メニ商機ヲ失シ損害ヲ生セシムル恐アリ故ニ本條ハ當事者ノ一方カ履行ヲ爲サスシテ其時期ヲ經過スルモ相手方カ直チニ履行ヲ請求セサル𪜈ハ契約ヲ解除シタルモノト看做シテ速ニ其關係ヲ消滅セシムルモノトセリ

第二百八十八條　商人間ノ賣買ニ於テ買主カ其目的物ヲ受取リタルトキハ遲滯ナク之ヲ檢査シ若シ之ニ瑕疵アルコト又ハ其數量ニ不足アルコトヲ發見シタルトキハ直チニ賣主ニ對シテ其通知ヲ發スルニ非サレハ其瑕疵又ハ不足ニ因リテ契約ノ解除又ハ代金減額若クハ損害賠償ノ請求ヲ爲スコトヲ得ス賣買ノ目的物ニ直チニ發見スルコト能ハサル瑕疵アリタル場合ニ於テ買主カ六个月内ニ之ヲ發見シタルトキ亦同シ

前項ノ規定ハ賣主ニ惡意アリタル場合ニハ之ヲ適用セス

民法ハ目的物ニ瑕疵アリ數量ニ不足アルモ買主カ善意ナリシトキハ事實ヲ知リタル時ヨリ又惡意ナリシトキト雖𪜈一年間ハ契約ヲ解除シ損害賠償ヲ請求スルコトヲ許シタリ然レ𪜈商人間ノ賣買ニ關シ其効力ヲシテ永ク不定ノ狀態ニアラシムル𪜈ハ一般取引上ノ安全ヲ害スル恐レアリ故ニ本條ハ買主カ目的物ヲ受取リタルトキハ速ニ檢査シ瑕疵アルコト又ハ數量ニ不足

アルコトヲ發見シタルトキハ直チニ通知ヲ發スルニアラサレハ其瑕疵又ハ數量ノ不足ノ爲メニ契約ノ解除代金減額又ハ損害賠償ノ請求ヲナスコトヲ得ストシ唯一應檢査スルモ直チニ之ヲ發見スルコト能ハサリシ場合ニ於テノミ六ヶ月ノ時間ヲ與ヘタリ尤モ此場合ニ於テモ瑕疵アリ數量ニ不足アルコトヲ發見シタルトキハ其發見次第ニ通知セサルヘカラス若シ之ヲ發見シタルニ其通知ヲ怠リタルトキハ猶ホ解除權ヲ失フモノトス

以上ノ規定ハ善意ノ賣主ヲ保護シタルニアリ故ニ賣渡シタル物品ニ瑕疵アリ又ハ不足アルコトヲ知リテ賣渡シタル等賣主ニ惡意アリタル場合ニハ固ヨリ本條ヲ適用スル限リニアラス、買主ハ其瑕疵アリ、不足アルコヲトヲ知リタル時ヨリ一年間契約解除及ヒ損害賠償ノ請求權ヲ行フコトヲ得ルモノトセリ

第二百八十九條　前條ノ場合ニ於テ買主ハ契約ノ解除ヲ爲シタルトキト雖トモ賣主ノ費用ヲ以テ賣買ノ目的物ヲ保管又ハ供託スルコトヲ要ス但其物ニ付キ滅失又ハ毀損ノ虞アルトキハ裁判所ノ許可ヲ得テ之ヲ競賣シ其代價ヲ保管又ハ供託スルコトヲ要ス

前項ノ規定ニ依リ買主カ競賣ヲ爲シタルトキハ遲滯ナク賣主ニ對シテ其

通知ヲ發スルコトヲ要ス
前二項ノ規定ハ賣主及ヒ買主ノ營業所若シ營業所ナキトキハ其住所カ同市町村内ニアル場合ニハ之ヲ適用セス

買主ハ目的物ニ瑕疵アリ又ハ數量ニ不足アルコトヲ發見シタルカ爲メ賣買契約ヲ解除シタルトキト雖ヒ直チニ之ヲ送還スルカ如キコトヲナスコトヲ得ス賣主ヲシテ便宜處分ヲ爲スノ利益ヲ得セシムル爲メ賣主ノ費用ヲ以テ之ヲ保管又ハ供託セサルヘカラス

然レヒ其物ニ滅失若クハ毀損ノ虞アルトキハ已ムヲ得サルコトナルニヨリ裁判所ニ競賣ノ許可ヲ申請スルコトヲ得、裁判所ノ許可ヲ得テ之ヲ競賣シタルトキハ其代價ハ之ヲ保管若クハ供託セサルヘカラス又買主カ如此處分ヲナスハ非常ノコトナルヲ以テ之ヲ競賣シタルトキハ買主ハ第二項ニ從ヒ遲滯ナク賣主ニ對シテ其通知ヲ發スヘキ義務アリ

前兩項ノ規定ハ賣主及ヒ買主ノ營業所若クハ其住所カ市町村ヲ異ニセル場合ノ爲メニ設ケタルモノニシテ双方ノ營業所若クハ住所カ同市町村内ニアルトキハ前兩項ノ規定ヲ適用スルノ必要ナシ何トナレハ此ノ場合ニハ賣主自ヲ保管處分スルコト容易ナレハナリ

第二百九十條　前條ノ規定ハ賣主ヨリ買主ニ引渡シタル物品カ注文シタル

物品ト異ナリタル場合ニ之ヲ準用ス其物品カ注文シタル數量ヲ超過シタル場合ニ於テ其超過額ニ付キ亦同シ

本條ハ前條ト少シク其場合ヲ異ニスルノミニシテ其旨趣トスル所ハ猶同一ナリ即チ賣主ヨリ買主ニ引渡シタル物品カ注文シタル物品ト相違シ又ハ注文シタル數量ヨリ餘分ナリシ場合ニモ買主ハ其物品ニ付キ前條ノ規定ニ從ヒ之ヲ保管又ハ供託シ又競賣シタルトキハ賣主ニ對シテ通知ヲ發スルノ義務アリトセリ

第三章　交互計算

交互計算トハ商人間又ハ商人ト非商人トノ間ニ平素取引ヲ爲ス場合ニ於テ一債務毎ニ計算ヲ爲サスシテ六ケ月又ハ一年ト云フ如ク決算期ヲ定メ置キ其期間內ノ取引ヨリ生シタル債權債務ノ總額ニ付テ相殺シ其殘額ハ之ヲ支拂フカ又ハ後ノ計算ニ組入ルヽモノトス

平常取引スル者ノ間ニ於テ此ノ如ク一纏メニ差引勘定ヲ行フモノトスルトキハ凡ソ左ノ利益アリ

一、資本運轉ノ便益アルコト

二、手數ト時間ヲ省クコト

三、貨幣運送ノ費用ヲ省クコト

四、運送ノ危險ヲ避クルコト
是レナリ
第二百九十一條　交互計算ハ商人間又ハ商人ト商人ニ非サル者トノ間ニ平常取引ヲ爲ス場合ニ於テ一定ノ期間内ノ取引ヨリ生スル債權債務ノ總額ニ付キ相殺ヲ爲シ其殘額ノ支拂ヲ爲スヘキコトヲ約スルニ因リテ其効力ヲ生ス
交互計算ハ(イ)三ケ月又ハ六ケ月ト云フ如ク一定ノ期間内ニ(ロ)双方ノ取引ヨリ生シタル債權債務ノ總額ニ付テ相殺シ殘額アレハ之ヲ支拂フナリ而シテ此交互計算ナルモノハ(ハ)双方共ニ商人ナルカ又ハ一方ハ商人ニアラサルモ一方カ商人ニシテ(ニ)平常取引ヲナス者ノ合意ヲ以テ之ヲ約スルトキハ本條ニ依リ交互計算トシテ其効力ヲ生スルモノトス
第二百九十二條　手形其他ノ商業証券ヨリ生シタル債權債務ヲ交互計算ニ組入レタル場合ニ於テ證券ノ債務者カ辨濟ヲ爲サヽリシトキハ當事者ハ其債務ニ關スル項目ヲ交互計算ヨリ除去スルコトヲ得
手形其他ノ商業證券ヨリ生シタル債權債務ト雖ヒ當事者間ニ別段ノ契約ナキトキハ交互計算

ニ組入ルヽコトヲ得然レトモ之ヲ其計算ニ組入タル場合ニ於テ證券ノ債務者カ辨濟ヲ爲サヽリシトキハ交互計算ノ相手方ハ種々ナル手數ヲ煩ハシ且少シク油斷セハ忽チ時効ニ罹リテ其權利ヲ失フノ不便アリ故ニ本條ハ證券ノ債務者カ其辨濟ヲ爲サヽリシトキハ當事者ハ其債務ニ關スル項目ヲ計算中ヨリ除去スルコトヲ得トセリ

第二百九十三條　當事者カ相殺ヲ爲スヘキ期間ヲ定メサリシトキハ其期間ハ之ヲ六个月トス

當事者ハ相殺ノ期間ヲ隨意ニ定ムルコトヲ得ルナリ然レトモ其期間カ餘リ短キトキハ交互計算ノ利益ヲ見サルヘク又少シク長キニ失スルトキハ夥多ノ取引ヲ重ネ計算ノ錯雜其他不都合ヲ生スヘシ故ニ本條ハ之レカ補充期間ヲ定メテ當事者カ其期間ヲ定メサリシトキハ之ヲ六ケ月トセリ

第二百九十四條　當事者カ債權債務ノ各項目ヲ記載シタル計算書ノ承認ヲ爲シタルトキハ其各項目ニ付キ異議ヲ述フルコトヲ得ス但錯誤又ハ脫漏アリタルトキハ此限ニ在ラス

決算期ニナレハ各當事者ハ相手方ニ其計算ノ相違ナキヲ承認セシメテ之ヲ確定ナラシムヘキ

必要アリ故ニ當事者ハ債權債務ノ各項目ヲ記シタル相手方ノ計算書ヲ承認シタル後ハ其計算書ニ對シ再ヒ異議ヲ述フルコトヲ得ス是レ本條ノ規定アル所以ナリ
然レモ若シ其計算書ニ一ヲ二トセシ如キ錯誤アリタルトキハ更正シ又ハ全クノ書キ落トシアリタルトキハ書加フルコトヲ得セシメサルヘカラス是レ但書ヲ設ケタル所以ナリ

第二百九十五條　相殺ニ因リテ生シタル殘額ニ付テハ債權者ハ計算閉鎖ノ日以後ノ法定利息ヲ請求スルコトヲ得
前項ノ規定ハ各項目ヲ交互計算ニ組入レタル日ヨリ之ニ利息ヲ附スルコトヲ妨ケス

本條ニ依リ當事者ニ約束ナクモ債權者ハ相殺ニ因リテ生シタル殘額ニ對シ計算締切ノ日以後年六分ノ法定利子ヲ請求スルノ權利アリ
第一項ノ裏面ヨリ觀察スルトキハ當事者ノ合意ヲ以テモ計算締切以前ノ利子ニアリテハ之ヲ請求スルコト能ハサルヤノ疑ヒナシトセス故ニ第二項ヲ設ケ各項目ヲ交互計算ニ組入レタル日ヨリ之ニ利息ヲ附スルコトヲ約スルモ差支ナキ旨ヲ明ニシタリ

第二百九十六條　各當事者ハ何時ニテモ交互計算ノ解除ヲ爲スコトヲ得此

場合ニ於テハ直チニ計算ヲ閉鎖シテ殘額ノ支拂ヲ請求スルコトヲ得

交互計算モ亦一種ノ契約ナレハ結約者ノ一方カ勝手ニ解除スルコトヲ得サルハ勿論ナルカ如シ、然レ𪜈元來交互計算ハ相互ノ信用ニ基キ成立スルモノナレハ其信用ニシテ缺乏シタリトセンカ何時タルヲ問ハス其解除ヲ許スヘキハ當然ナリ故ニ本條ハ之ヲ許シ此場合ニハ決算期ヲ待タス直チニ計算ヲ閉鎖シテ殘額ノ支拂ヲ請求スルコトヲ得ルモノトセリ

第四章　匿名組合

匿名組合トハ損益共分ノ契約ヲ以テ相手方ノ營業ノ爲メニ出資ヲ爲シテ之ヲ相手方ナル營業者ノ財産ニ歸セシメ營業ノ事ハ一切其營業者之ヲ擔當シ匿名組合員ハ業務ニ干與セス只利益ノ分配ヲ受ケ損失ノ分擔ヲ爲ス者ヲ云フナリ從テ匿名員ハ第三者ニ對シテハ毫末モ權利義務ヲ有セサルモノトス尤モ自已ノ氏名ヲ商號中ニ使用セシメタル如キ場合ニハ其使用以後ニ生シタル債務ニ付テハ營業者ト連帶責任ヲ以テ其義務ヲ負擔セサルヘカラス

匿名組合契約カ終了シタルトキハ匿名員ハ其出資ノ價額ヲ返還セシムルコトヲ得ルナリ然レ𪜈其出資カ損失ニ因リテ減少シタルトキハ只其殘額ノ返還ヲ受クルニ止マル

第二百九十七條　匿名組合契約ハ當事者ノ一方カ相手方ノ營業ノ爲メニ出

資ヲ爲シ其營業ヨリ生スル利益ヲ分配スヘキコトヲ約スルニ因リテ其効力ヲ生ス

匿名組合ハ(イ)當事者ノ一方ヨリ相手方ノ營業ノ爲メニ出資ヲ爲シ(ロ)其營業ヨリ生スル利益ヲ分配スヘキコトヲ(ハ)契約スルモノニシテ其契約ヲナシタルトキハ直チニ匿名組合トシテ其効力ヲ生スルモノトス

匿名組合ノ性質タルヤ如此モノナルカ故ニ若シ當事者ノ一方カ相手方ノ商行爲ノ爲メニ出資ヲ爲シ又其商行爲ヨリ生スル利益ヲ分配スヘキコトヲ約スルモ商行爲カ相手方ノ營業ニ非サルトキハ匿名組合トシテ認メヲルヽコトヲ得ス要スルニ其相手方ハ必ス其營業者ナラサルヘカラス又其營業ヨリ生スル所ノ利益ノ分配ヲ受クルノ約束アルコトヲ要ス

第二百九十八條　匿名組合員ノ出資ハ營業者ノ財產ニ歸ス

匿名組合員ハ營業者ノ行爲ニ付キ第三者ニ對シテ權利義務ヲ有セス

民法ノ組合ハ各組合員出資ヲ爲シ組合員共同シテ事業ヲ營ミ其出資ハ共有ニシテ業務ハ組合員一同又ハ其委任シタル組合員之ヲ執行ス故ニ各組合員ハ第三者ニ對シ直接ニ權利義務ヲ有ス

然レヒ匿名組合ハ之ニ反シ當事者ノ一方カ相手方ノ營業ノ爲メニ出資ヲ爲シテ營業者ノ財産タラシメ匿名組合員ハ一切營業ニ干與スルコトナク只利益ノ分配ヲ受クルニアリ(第一項)是レ營業上ノ事柄ニ付テハ營業者ノミ其權利義務ヲ有シ匿名組合員ハ第三者ニ對シ何等ノ權利義務ヲ有セサル所以ナリトス(第二項)

第二百九十九條　匿名組合員カ其氏若クハ氏名ヲ營業者ノ商號中ニ用ヰ又ハ其商號ヲ營業者ノ商號トシテ用ユルコトヲ許諾シタルトキハ其使用以後ニ生シタル債務ニ付テハ營業者ト連帶シテ其責ニ任ス

匿名組合員カ其氏若クハ氏名共又ハ其商號ヲ營業者ニ使用セシメタルトキハ第三者ハ其營業ヲ匿名組合員ノ營業ト誤認シ又ハ共同營業ト誤認シテ不慮ノ損失ヲ蒙ムル恐レアリ故ニ本條ハ其氏ノミニテモ又ハ氏名ヲ營業者ノ商號中ニ使用セシメ又ハ自已ノ商號ヲ營業者ノ商號トシテ用ユルコトヲ許諾セシ匿名組合員ハ其使用以後生シタル債務ニ付キ營業者ト連帶シテ其債務ヲ負擔スルモノトシ、第三者ノ損失ヲ防ケリ

第三百條　出資カ損失ニ因リテ減シタルトキハ其塡補ノ後ニ非サレハ匿名組合員ハ利益ノ配當ヲ請求スルコトヲ得ス

本條ハ會社カ配當ヲ爲ス場合ト同一ノ旨趣ヲ以テ規定シタルモノニシテ匿名組合員ハ其出資カ損失ノ爲メ減少シタルトキハ營業者ハ其損失ヲ埋合ハタル後ニアラサレハ利益ノ配當ヲ請求スルコトヲ得サルモノトセリ是レ營業者ニ對スル債權者ヲ保護シ且ハ組合ノ基礎ヲ鞏固ナラシムルノ旨趣ニ基クモノナリ

第三百一條　組合契約ヲ以テ組合ノ存續期間ヲ定メサリシトキ又ハ或當事者ノ終身間組合ノ存續スヘキコトヲ定メタルトキハ各當事者ハ營業年度ノ終ニ於テ契約ノ解除ヲ爲スコトヲ得但六个月前ニ其豫告ヲ爲スコトヲ要ス

組合ノ存續期間ヲ定メタルト否トヲ問ハス已ムコトヲ得サル事由アルトキハ各當事者ハ何時ニテモ契約ノ解除ヲ爲スコトヲ得

各當事者ハ組合契約ヲ以テ組合ノ存續期間ヲ定メサリシ片ハ已ムコトヲ得サル事由アルニアラサレハ契約ノ解除ヲ爲スコトヲ得ス然レモ存續期間ノ定メナキトキ又ハ或ル當事者ノ終身間ト定メタルトキハ營業者又ハ匿名組合員ノ何レヨリモ營業年度ノ六ケ月前ニ豫告ヲ爲シ其年度ノ終リニ於テ契約ノ解除ヲ爲スヿヲ得（第一項）又期間ノ定メナキ片ハ勿論其定メアル片

ト雖モ已ムヿヲ得サル事由アルトキハ組合ノ爲メ不利ナル時期ナルト否ヲサルトニ拘ハラス何時ニテモ解除スルヿヲ得ルナリ（第二項）

第三百二條　前條ニ掲ケタル場合ノ外組合契約ハ左ノ事由ニ因リテ終了ス

一　組合ノ目的タル事業ノ成功又ハ其成功ノ不能

二　營業者ノ死亡又ハ禁治產

三　營業者又ハ匿名組合員ノ破產

組合契約ハ前條ニ掲ケタル場合ノ外本條ニ掲ケタル三ケノ事由ニ因リテ終了ス

第一、組合ノ目的タル事業カ成就シ又ハ成就セサルヿトトナリシトキハ繼續スルノ必要ナシ

第二、組合契約ハ營業者其人ニ對スル信用ヲ以テ成リ又其信用ハ後見人ニ及ハサルヲ以テ其人カ死亡シ又ハ禁治產者トナリタルトキハ終了スヘシ

第三、營業者タルト匿名者タルトヲ問ハス破產シテ財產上ノ能力ヲ失フタル者アルトキハ組合契約カ當然其効力ヲ失フヘキハ勿論ナリ

第三百三條　組合契約カ終了シタルトキハ營業者ハ匿名組合員ニ其出資ノ價額ヲ返還スルコトヲ要ス但出資カ損失ニ因リテ減シタルトキハ其殘額

ヲ返還スルヲ以テ足ル

組合契約カ第三百一條及ヒ前條ニ依リテ終了シタルトキハ營業者ハ匿名組合員ニ其出資ノ價額ヲ返還スヘキ義務アリ尤モ出資カ損失ニ因リテ減シタルトキハ別段補足スルニ及ハス只其殘額ヲ返還スレハ可ナリ

第三百四條　第百八條第百十一條及ヒ第百十五條ノ規定ハ匿名組合員ニ之ヲ準用ス

匿名組合員ハ合資會社ニ關スル第百八條ノ規定ニ從ヒ金錢其他ノ財産ノミヲ以テ出資ト爲スコトヲ得ヘク勞力又ハ信用ヲ以テ出資ノ目的ト爲スコトヲ得ス又匿名組合員ハ第百十一條ニ從ヒ營業年度ノ終リニ於テ營業時間内ニ限リ營業者ノ財産目錄及ヒ貸借對照表ヲ閲覽シ且業務及ヒ財産ノ狀況ヲ檢査スルコトヲ得ルナリ尤モ裁判所ノ許可ヲ得タルトキハ何時ニテモ右ノ權利ヲ行フコトヲ得然レ圧匿名組合員ハ如何ナル場合ト雖圧業務ヲ執行スルコト能ハサルナリ（第百十五條）

第五章　仲立營業

玆ニ仲立營業トハ舊商法ノ仲立人ト仲買人トヲ折衷斟酌シテ規定シタルモノナリ

第三百五條　仲立人トハ他人間ノ商行爲ノ媒介ヲ爲スヲ業トスル者ヲ謂フ

本條ハ仲立人ノ定義ヲ下シタルモノニソ仲立人トハ他人間ノ商行爲ヲ周旋ソ契約ノ成立ヲ補助シ容易ナラシムルヲ業トスル者ヲ云フ、故ニ其媒介シタル行爲ニ付權利義務ヲ有スル者ハ其當事者ニシテ仲立人ハ其ノ契約ニ付テ何等ノ義務ヲ負擔セス又何等ノ權利ヲ有スルコナシ

仲立人ノ商人タルコトハ第四條及ヒ第二百六十四條ノ第十一號ニ依リテ明カナリ

第三百六條　仲立人ハ其媒介シタル行爲ニ付キ當事者ノ爲メニ支拂其他ノ給付ヲ受クルコトヲ得ス但別段ノ意思表示又ハ慣習アルトキハ此限ニ在ラス

仲立人ハ他人間ニ行ハルル商行爲ヲ媒介スルモノナレハ當然双方若クハ一方ヲ代表スルモノニ非ス而モ支拂其他ノ給付ヲ受ルコトハ附屬行爲トシテ當然其權限ヲ有スルヤノ疑ナシトセス故ニ本條ハ其權限ナキヲ示シテ其實ヲ明カニセリ然レモ別段ノ意思表示又ハ慣習ニ因リ代表權存スルトキト雖モ本條ヲ適用シテ之ヲ無効トスルノ必要ナシ是レ但書アル所以ナリ

第三百七條　仲立人カ其媒介スル行爲ニ付キ見本ヲ受取リタルトキハ其行爲カ完了スルマテ之ヲ保管スルコトヲ要ス

見本ハ目的物ノ品質形狀等ヲ示スモノニシテ現品ノ授受ヲ爲スニ當リテヤ之レニ依リテ以テ其物品ニ瑕疵ナキコトヲ証明シ得ヘシ、故ニ仲立人ハ其職責トシテ媒介シタル行爲ノ完了スルマテ之ヲ保存シ後日ノ爭ヲ豫防セサルヘカラス是レ本條ノ規定アル所以ナリ

第三百八條　當事者間ニ於テ行爲カ成立シタルトキハ仲立人ハ遲滯ナク各當事者ノ氏名又ハ商號行爲ノ年月日及ヒ其要領ヲ記載シタル書面ヲ作リ署名ノ後之ヲ各當事者ニ交付スルコトヲ要ス

當事者カ直チニ履行ヲ爲スヘキ場合ヲ除ク外仲立人ハ各當事者ヲシテ前項ノ書面ニ署名セシメタル後之ヲ相手方ニ交付スルコトヲ要ス

前二項ノ場合ニ於テ當事者ノ一方カ書面ヲ受領セス又ハ之ニ署名セサルトキハ仲立人ハ遲滯ナク相手方ニ對シテ其通知ヲ發スルコトヲ要ス

本條ハ當事者ニ對シテ仲立人ノ爲スヘキ義務ヲ規定シタルモノニシテ仲立人ハ本條第一項ニ依リ當事者間ノ行爲カ成立シタルトキハ速ニ双方ノ氏名、商號、行爲成立ノ年月日及ヒ其要領ヲ記載シタル書面ヲ作リ仲立人之ニ署名シテ當事者双方ニ交付セサルヘカラス而シテ當事者カ直チニ履行ヲ爲スヘキ場合ノ外當事者間ノ意思ノ合致ノ程度ヲ檢査スルノ具トナス爲メ當

事者双方ヲシテ第一項ノ書面ニ署名セシメ之ヲ相手方ニ交付スルヲ必要トセリ
當事者ノ一方カ若シ第一項ノ書面ヲ受領セス又ハ第二項ノ署名ヲ拒ミタルトキハ仲立人ハ第三項ニ依リ相手方ニ對シテ速ニ其旨ヲ通知セサルヘカラス蓋シ之ヲ拒ムハ媒介シタル行爲ニ關シテ錯誤アルカ目的ニ瑕疵アル等ノ爲メニシテ速ニ其相手方ヲシテ之ヲ知ラシムルノ必要アルカ故ナリ

第三百九條　仲立人ハ其帳簿ニ前條第一項ニ掲ケタル事項ヲ記載スルコトヲ要ス
當事者ハ何時ニテモ仲立人カ自己ノ爲メニ媒介シタル行爲ニ付キ其帳簿ノ謄本ノ交付ヲ請求スルコトヲ得

仲立人モ亦商人ナルカ故ニ第二十五條ノ規定ニ從ヒ商業帳簿ヲ備フル義務アルハ勿論ナルカ其ノ他業務ノ性質上本條ニ依リ特ニ其帳簿ニ前條第一項ニ掲ケタル事項ヲ記載セサルヘカラス
又當事者ハ本條第二項ニ依リ何時ニテモ仲立人ニ對シテ其帳簿ノ中自己ノ行爲ニ係ル謄本ノ交付ヲ請求スルコヲ得故ニ仲立人ハ當事者ヨリ其請求ヲ受タル片ハ速ニ之カ交付セサルヘカ

ヲス、當事者ハ之ヲ以テ証明ノ材料ニ供セントスルカ如キ場合ニ於テハ殊ニ必要ナレハナリ

第三百十條 當事者カ其氏名又ハ商號ヲ相手方ニ示サヽルヘキ旨ヲ仲立人ニ命シタルトキハ仲立人ハ第三百八條第一項ノ書面及ヒ前條第二項ノ謄本ニ其氏名又ハ商號ヲ記載スルコトヲ得ス

仲立人ハ其業務ノ性質上本人ノ命令ニ從フヘキハ當然ナリ故ニ當事者カ氏名又ハ商號ヲ相手方ニ示サヽルヘキ旨ヲ命シタルトキハ仲立人ハ其命令ヲ奉シ必ス其氏名ヲ默秘セサルヘカラス故ニ此場合ニ限リ仲立人ハ第三百八條第一項ノ書面及ヒ前條第二項ノ謄本ニ其氏名又ハ商號ヲ記載スルニ及ハス否之ヲ記載スルコトヲ得サルナリ

第三百十一條 仲立人カ當事者ノ一方ノ氏名又ハ商號ヲ其相手方ニ示サヽリシトキハ之ニ對シテ自ラ履行ヲ爲ス責ニ任ス

仲立人ハ他人間ノ商行爲ヲ媒介スルニアリ故ニ原則トシテ其媒介シタル行爲ニ對シ何等ノ權利義務ヲ有セス然レヒ前條ノ規定ニ依リ仲立人カ秘默ノ義務ヲ守リテ一方當事者ノ氏名又ハ商號ヲ示サヽリシトキハ相手方ハ自已ノ相手方ノ誰ナルヲ知ルヲ得ス故ニ此場合ニ於テハ仲立人ヲシテ其履行ノ責ヲ負ハシメサルヘカラス是レ本條ヲ設ケタル所以ナリ

第三百十二條　仲立人ハ第三百八條ノ手續ヲ終ハリタル後ニ非サレハ報酬ヲ請求スルコトヲ得ス

仲立人ノ報酬ハ當事者双方平分シテ之ヲ負擔ス

仲立人ハ他人間ノ商行爲ヲ媒介シ、得ル所ノ報酬ヲ以テ其生計ヲ營ムモノナリ故ニ仲立人ニ報酬ヲ得セシムヘキハ固ヨリ當然ノコトナリトス然レトモ仲立人カ之ヲ請求スルヲ得ヘキ時期ハ媒介シタル行爲ノ完了シタル時トスヘキカ將タ其履行ヲ直チニ爲サヽル場合ニ拘ハラス行爲カ成立シ當事者双方カ之ヲ承認シタル時トスヘキカト云フニ本條第一項ハ當事者双方カ行爲ノ成立ヲ確認シ即チ第三百八條ノ手續ヲ終ハリタル後ニ非サレハ請求スルコトヲ得サルモノトナシタリ媒介ノ爲メ利益ヲ受クルハ當事者双方共ニ同一ナリ故ニ第二項ハ双方之ヲ折半シテ負擔スヘキモノトセリ

第六章　問屋營業

舊商法ニ於テハ問屋ニ仲買人ノ名稱ヲ付シ別ニ問屋ナルモノヲ認メサリシカ本法ハ舊商法ノ仲買人ト仲立人トヲ斟酌シテ仲立人ヲ定メ仲買人ノ名稱ハ全ク之レヲ廢シテ問屋營業ト改メタルモノ

ナリ

第三百十三條　問屋トハ自己ノ名ヲ以テ他人ノ爲メニ物品ノ販賣又ハ買入ヲ爲スヲ業トスル者ヲ謂フ

本條ハ問屋ノ定義ヲ下シタルモノナリ、問屋トハ他人ニ代ハリ自己ノ名義ヲ以テ物品ノ販賣又ハ買入ヲ業トスル者ヲ云フ、問屋ハ代理商ノ如ク一定ノ商人ノ爲メノミニ此等ノ行爲ヲ爲スヲ業トスルニ非ラス商人タルト非商人タルヲ問ハス一般ノ爲メニナスナリ又代理商ハ本人ヲ示シテ爲スヲ通例トスレヒ問屋ハ自己ノ名義ヲ以テノミ之ヲナス、故ニ問屋ハ單ニ販賣又ハ買入ノミヲ爲スニ引換ヘ代理商ニ比スレハ委託者ノ範圍頗ル廣ク其責任從テ重シ

第三百十四條　問屋ハ他人ノ爲メニ爲シタル販賣又ハ買入ニ因リ相手方ニ對シテ自ラ權利ヲ得義務ヲ負フ

問屋ト委託者トノ間ニ於テハ本章ノ規定ノ外委任及ヒ代理ニ關スル規定ヲ準用ス

問屋ハ他人ノ委託ヲ受ケテ物品ノ販賣又ハ買入ヲ爲スモノナリ然レヒ相手方ニ對シテ本人ヲ

示サス總テ自己ノ名義ヲ以テスルカ故ニ相手方ニ對シ其販賣又ハ買入ニ因リテ生スル權利義務即チ物品ノ引渡又ハ代價ノ支拂又ハ損害賠償等ニ關スル權利義務ヲ有スヘキハ固ヨリ當然ノコトナリ是レ本條第一項ノ規定アル所以ナリ

然レトモ問屋ト委託者トノ關係ニ付テハ尚ホ一種ノ委任關係ニ過キサルヲ以テ本條第二項ハ本章ニ定メタルモノヽ外民法ノ委任及ヒ代理ノ規定ニ從ヒ其法律關係ヲ決定スヘキヲ示セリ

第三百十五條　問屋ハ委託者ノ爲メニ爲シタル販賣又ハ買入ニ付キ相手方カ其債務ヲ履行セサル場合ニ於テ自ラ其履行ヲ爲ス責ニ任ス但別段ノ意思表示又ハ慣習アルトキハ此限ニ在ラス

問屋ハ他人ノ爲メニ販賣又ハ買入ヲ爲スモ相手方ニ對シテ本人ヲ示サス自己ノ名義ヲ以テスルカ故ニ其販賣又ハ買入ニ因リ相手方ニ對シテ自ラ權利ヲ得義務ヲ負フ是レ前條第一項ノ規定スル所ナリ然レトモ其第二項ニ問屋ト委託者トノ間ニ於テハ委任及ヒ代理ノ規定ニ從フト規定シタルヲ以テ問屋カ委託者ノ爲メニ爲シタル販賣又ハ買入ニ付キ相手方カ債務ヲ履行セサルヿアルモ其責任ナキカ如シ然レトモ問屋ニ依ル取引ヲ確實ナラシメ十分本人ノ利益ヲ圖ルヿニ注意セシムルニハ其責ヲ負ハシムルヿ極メテ必要ナリ故ニ本條ハ茲ニ其責任アルヿヲ明示

シテ從來ノ慣習ニモ協ハシメ只別段ノ意思表示又ハ之レニ異ナル慣習アル場合ヲ除外シタリ

第三百十六條　問屋カ委託者ノ指定シタル金額ヨリ廉價ニテ販賣ヲ爲シ又ハ高價ニテ買入ヲ爲シタル場合ニ於テ自ラ其差額ヲ負擔スルトキハ其販賣又ハ買入ハ委託者ニ對シテ其効力ヲ生ス

問屋カ委託者ノ指直ヨリ廉價ニ販賣ヲ爲シ又ハ高價ニ買入ヲ爲シタルトキハ委任及ヒ代理ノ規定ヨリ論スルトキハ其販賣又ハ買入ハ無論委託者ニ對シテ其効力ナキモノトス然レトモ此ノ如キ場合ニ問屋カ其差額ヲ負擔スルニ於テハ敢テ委託者ノ利益ヲ害シタリト云フヘカラサルヲ以テ本法ハ問屋カ其差額ヲ支拂フトキハ之ヲ有効ナリトシ營業上ノ便宜ヲ計リタリ

第三百十七條　問屋カ取引所ノ相場アル物品ノ販賣又ハ買入ノ委託ヲ受ケタルトキハ自ラ買主又ハ賣主ト爲ルコトヲ得此場合ニ於テハ賣買ノ代價ハ問屋カ買主又ハ賣主ト爲リタルコトノ通知ヲ發シタル時ニ於ケル取引所ノ相場ニ依リテ之ヲ定ム

前項ノ場合ニ於テモ問屋ハ委託者ニ對シテ報酬ヲ請求スルコトヲ得

問屋ノ業務タル販賣ノ委託ヲ受ケタルトキハ委託者ノ物品ヲ相手方ニ販賣シ又買入ノ委託ヲ

受ケタルトキハ相手方ノ物品ヲ買入レテ委託者ニ引渡スコトヲナスニアリ然レ𪜈時トシテハ自ラ其物品ヲ買切リ又其買切リタルモノヲ自ラ販賣スルヲ以テ自己及ヒ委託者ノ爲メニ便利トスルコトアリ故ニ本條ハ一變例ヲ設ケ問屋カ自ラ買主又ハ賣主トナルコトヲ許シタリ然レ𪜈之ヲ凡ヘテノ物品ニ對シテ許ス𪜀ハ委託者ヲ害スル恐レアリ故ニ唯取引所ノ相場アル物品ノミニ付テ許シ其代價ハ之ヲ買主トナリ又ハ賣主トナリタル時ニ於ケル取引所ノ相場ニ依ラシムルモノトシ恣マニ價額ヲ上下スルコトヲ得サラシメタリ

問屋カ自ラ當事者ト爲リタル場合ニハ委託者トノ間ニ問屋關係生セサルヲ以テ問屋ハ報酬ヲ請求スルコトヲ得サル如シト雖𪜈第二項ハ如此場合ニ於テモ尚ホ委託者ニ對シテ其報酬ヲ請求スルコトヲ許シタリ

第三百十八條　問屋カ買入ノ委託ヲ受ケタル場合ニ於テ委託者カ買入レタル物品ヲ受取ルコトヲ拒ミ又ハ之ヲ受取ルコト能ハサルトキハ第二百八十六條ノ規定ヲ準用ス

問屋カ買入ノ委託ヲ受ケタル場合ニ委託者カ其買入レタル物品ヲ受取ルコトヲ拒ミ又ハ天災其他ノ不可抗力等ニ因リテ受取ルコト能ハサル場合ニ於テ問屋ニ其物品保管ノ義務アルハ勿

論ナリ然レヒ如此場合ニ於テ其問屋ヲシテ永ク其責任ヲ負ハシムルモノトスルハ酷ト云ハサルヘカラス故ニ本條ハ第二百八十六條ノ規定ニ從ヒ問屋ハ其物品ヲ供託又ハ競賣シ、競賣シタルトキハ代價ヲ供託シテ其責任ヲ免ルヽコトヲ得ルトシ其代價ヲ以テ報酬其他ノ辨濟ニ充當スルコトヲ許シタリ

第三百十九條　第三十七條及ヒ第四十一條ノ規定ハ問屋ニ之ヲ準用ス

委託者ハ其委託事項ノ結果ヲ知悉スルノ必要アリ故ニ第三十七條ヲ準用シ問屋カ委託ヲ受ケタル物品ノ販賣又ハ買入ヲ爲シタルトキハ遲滯ナク本人ニ對シテ通知ヲ發スヘキ義務アリトセリ

又問屋ハ代理商ト同樣ニ其報酬、立替金、保管料其他本人ノ委託ヲ受ケテ販賣又ハ買人ヲ爲シタルニ因リテ生シタル債權ノ辨濟ヲ確實ナラシムル爲メ本人ノ爲メニ占有スル物品ヲ其債權ノ擔保トシテ留置スルコトヲ得サルヘカラス故ニ代理商ノ留置權ヲ規定シタル第四十一條ヲモ準用スルコトヽセリ

第三百二十條　本章ノ規定ハ自已ノ名ヲ以テ他人ノ爲メニ販賣又ハ買入ニ非サル行爲ヲ爲スヲ業トスル者ニ之ヲ準用ス

問屋ハ已ニ述ヘシ如ク自己ノ名義ヲ以テ他人ノ爲メニ販賣又ハ買入ヲ爲スニアレ圧尙此外ニモ作業ノ請負ヲナスカ如キ他人ノ爲メニ自己ノ名義ヲ以テ販賣又ハ買入以外ノ行爲ヲ營業トスル者アリ何レモ其性質關係ニ於テハ敢テ問屋ト異ナルコトナシ故ニ本條ハ如此者ニハ本條ヲ準用スルコトヽセリ

第七章　運送取扱營業

從來運送取扱人ニハ種々ノ名稱アリテ運送取扱店運送店回漕店回漕問屋等ト稱シタレ圧本法ハ之ヲ運送取扱營業ト定メ幷ニ運送人トノ區別ヲ明ニシタリ

第三百二十一條　運送取扱人トハ自己ノ名ヲ以テ物品運送ノ取次ヲ爲スヲ業トスル者ヲ謂フ

運送取扱人ニハ本章ニ別段ノ定アル場合ヲ除ク外問屋ニ關スル規定ヲ準用ス

本條第一項ハ運送取扱人ノ定義ヲ示シタルモノナリ、運送取扱人トハ他人ノ爲メニ自己ノ名義ヲ以テ物品運送ノ取次ヲ爲スヲ業トスル者ヲ云フ尤モ別段ノ約束アル場合ノ外ハ自ヲ運送ヲ爲スコトヲ得サルニ非ス（第三百二十七條參照）

本條ハ他ノ場合ト文例ヲ異ニシ別ニ他人ノ爲メト云ハサルモ已ニ取次ナル文字ノ上ニ於テ他人ノ計算ヲ以テ其者ノ爲メニスルコト明白ナレハナリ

運送取扱人ハ物品運送ノ取次ヲナスモノナレトモ自ラ運送ヲナシ得サルニアラス然レトモ運送取扱人カ自ラ運送ヲナスハ所謂兼業ニシテ其本業ニアラス將來分業的行爲ノ益々行ハルルニ至ラハ全ク分離スルニ至ルヘシ抑運送取扱人カ物品運送ノ取扱ヲナスヤカノ問屋トハ其業務ノ性質コソ異ナレ其行爲タルヤ同シク他人ノ委託ヲ受ケ其者ノ計算ヲ以テスルモノナレハ其關係恰モ問屋ト同一ナリ故ニ第二項ハ運送取扱人ニ對シテ單ニ其取次ノミノ方面ヨリ規定シ運送取扱人ニハ本章ニ定メタル場合ノ外問屋ノ規定ヲ準用スルコトヽナシタリ

第三百二十二條　運送取扱人ハ自己又ハ其使用人カ運送品ノ受取引渡保管運送人又ハ他ノ運送取扱人ノ選擇其他運送ニ關スル注意ヲ怠ラサリシコトヲ証明スルニ非サレハ運送品ノ滅失毀損又ハ延着ニ付キ損害賠償ノ責ヲ免ルヽコトヲ得ス

本條ハ運送取扱人ノ運送ニ關スル責任ノ範圍ヲ定メタルモノナリ、運送取扱人ハ他人ノ委託ヲ受ケテ物品運送ノ取次ヲナスヲ自己ノ營業トスルモノナレハ運送取扱人カ其運送品ノ取扱ヲ爲スニハ委託ノ本旨ニ從ヒ善良ナル管理者ノ注意ヲ以テセサルヘカラス故ニ運送取扱人ハ自己又ハ使用人カ運送品ノ受取引渡又ハ保管ニ關スル注意ハ勿論運送人又ハ運送ヲ取次カシメタル運送取扱人ノ選擇其他運送ニ關スル一切ノ注意ニ怠リナカリシコトヲ証明スルニアラサレハ運送品ノ滅失毀損又ハ延着ニ付キ損害賠償ノ責任ヲ免ルヽコトヲ得ス

第三百二十三條　運送取扱人カ運送品ヲ運送人ニ引渡タルトキハ直チニ其報酬ヲ請求スルコトヲ得

運送取扱契約ヲ以テ運送賃ノ額ヲ定メタルトキハ運送取扱人ハ特約アルニ非サレハ別ニ報酬ヲ請求スルコトヲ得ス

本條ハ運送取扱人カ報酬ヲ受取ルコトヲ得ヘキ時期ヲ定メタルモノナリ

本法ハ運送取扱人ト運送人トヲ區別シタレハ運送取扱人ノ任務ハ運送品ヲ運送人ニ引渡セハ終了ス故ニ運送品ヲ運送取扱人ニ引渡シタルトキハ直チニ報酬ヲ請求スルヲ得ルナリ然レトモ運送賃ニハ通例報酬ヲモ包含スルヲ以テ運送賃ノ定メアルトキハ第二項ニ依リ特約アルニ非サレハ別ニ報酬ヲ請求スルコト能ハサルナリ

第三百二十四條　運送取扱人ハ運送品ニ關シ受取ルヘキ報酬運送賃其他委

託者ノ爲メニ爲シタル立替又ハ前貸ニ付テノミ其運送品ヲ留置スルコトヲ得

本條ハ運送取扱人カ留置權ニ依リテ擔保セラルヘキ債權ノ種類ヲ定メ運送取扱人カ留置權ヲ行使シ得ヘキ債權ハ本條ニ揭ケタルモノニ限リ又運送品ト債權ト直接ノ關係アルコトヲ必要トセリ、第二百八十四條ノ通則ニ依レハ商行爲ニ因リテ生シタル債權ニ付テハ目的物ト債權ト毫モ關係アルヲ要セス又總テノ債權ヲ擔保セシムル爲メニ其權利ヲ行フコトヲ得ルナリ又問屋ニ關スル規定ニ依ルモ本條ニ揭ケタル以外ノ債權ト雖モ運送行爲ニ因リテ生シタル債權ナレハ種類ノ如何ナルヲ問ハス總テ留置權ヲ行使シ得ヘク又委託者ノ爲メニ占有スル總テノ運送品ニ對シテ行使スルコトヲ得ヘシ

然ルニ本條ハ運送取扱人カ留置權ニ依リテ擔保セシメ得ル債權ハ其運送品ニ關シテ受取ルコトヲ得ル報酬運送賃其他委託者ノ爲メナシタル立替金又ハ前貸金ノミニ限リタリ是レ何故ナルカト云フニ若シ一般ノ場合ニ於ケル如ク運送品ト債權トノ關係ノ有無ヲ問ハス又凡ヘテノ債權ヲ認ムルモノトスルトキハ荷受人ハ甚タ迷惑ヲ感スヘシ是レ運送取扱人ノ留置權ニ付テノミ本條ヲ特設シテ其範圍ヲ限定シタル所以ナリトス

第三百二十五條　數人相次テ運送ノ取次ヲ爲ス場合ニ於テハ後者ハ前者ニ代ハリテ其權利ヲ行使スル義務ヲ負フ

前項ノ場合ニ於テ後者カ前者ニ辨濟ヲ爲シタルトキハ前者ノ權利ヲ取得ス

數人相次テ運送ノ取次ヲ爲ストキハ後ノ運送取扱人ヲシテ前ノ運送取扱人ニ代ハリテ報酬、運送賃、立替金、前貸金其他ノ債權ニ付キ前ノ運送取扱人ノ權利ヲ行使セシムルコトトセサレハ不便ナリ故ニ本條第一項ハ後ノ運送取扱人ニ其權利ヲ行使スルノ義務アリトセリ右ノ場合ニ於テ後ノ運送取扱人ハ前ノ運送取扱人ニ對シ契約上自ラ辨濟ヲナシ置クコトアリ故ニ第二項ハ若シ後ノ運送取扱人カ前ノ運送取扱人ニ其辨濟ヲナシタルトキハ民法ニ定ムル代位訴權ノ規定ヲ俟タス前ノ運送取扱人ノ有シタル權利ヲ取得スルモノトナシテ後ノ運送取扱人ニ便利ヲ與ヘタリ

第三百二十六條　運送取扱人カ運送人ニ辨濟ヲ爲シタルトキハ運送人ノ權利ヲ取得ス

本條ハ前條第二項ノ規定ト同一ノ旨趣ニ出テタルモノニシテ只運送取扱人ト運送人トノ關係

ヲ定メタル差アルノミ

第三百二十七條　運送取扱人ハ特約ナキトキハ自ラ運送ヲ爲スコトヲ得此場合ニ於テハ運送取扱人ハ運送人ト同一ノ權利義務ヲ有ス

本法ハ運送取扱人ト運送人トノ區別ヲ設ケタルモ素ヨリ運送取扱人ニ自ラ運送ヲ爲サシメサランヿ欲スルニ非ス之ヲ爲スモ爲サヽルモ當事者ノ便宜ニ任ス精神ナリ故ニ當事者カ運送ヲ爲サヽルコトヲ約束シタル件ハ運送取扱人ハ自ラ運送スルコトヲ得サルモ如此約束ナキトキハ運送取扱人ハ自ラ運送ヲ爲スコトヲ得ルナリ從テ運送取扱人カ自ラ運送ヲ爲シタルトキハ其運送取扱人ヲ運送人ト同一ニ看做スヘキハ固ヨリ當然ノ事ナリトス故ニ本條ハ運送取扱人カ自ラ運送ヲナシタルトキハ運送取扱人ハ運送人ト同一ノ權利義務ヲ有ストシタリ

第三百二十八條　運送取扱人ノ責任ハ荷受人カ運送品ヲ受取リタル日ヨリ一年ヲ經過シタルトキハ時効ニ因リテ消滅ス

前項ノ期間ハ運送品ヲ全部滅失ノ場合ニ於テハ其引渡アルヘカリシ日ヨリ之ヲ起算ス

前二項ノ規定ハ運送取扱人ニ惡意アリタル場合ニハ之ヲ適用セス

本條ハ運送取扱人ノ責任ニ對シ消滅時効ヲ定メタルモノニシテ第二百八十五條ニ本法ニ於テ別段ニ定メアル場合ト云ヘル特別時効ノ一ナリ

本條ニ依レハ運送取扱人ノ責任ハ荷受人カ運送品ヲ受取リタルトキハ其日ヨリ起算シテ一年ヲ經過シタルトキハ消滅ス

運送品ノ全部滅失シテ荷受人ニ引渡ヲ爲ス能ハサリシトキハ其期間ハ普通引渡アルヘカリシ日ヨリ之ヲ起算スルモノトス、蓋シ運送取扱人ノ責任タルヤ甚タ重劇ナルノミナラス運送ノ業タル社會ノ交通愈々盛ナルニ從ヒ又商業其他一般事業ノ發達ト共ニ益々頻繁ニ趣クヘキモノナルカ故ニ其行爲ニ關スル權利義務ノ發生消滅ヲ極メテ短期ノモノトセサレハ運送業ノ發達進歩ヲ障害シ事務ノ敏捷ヲ妨クル恐レアリ加之其義務ノ繁雜ナル證據書類等ノ保存ハ到底之ヲ能クスヘカラサルニ於テヤ是レ本條カ最モ短少ナル期間ヲ以テ其責任ヲ消滅セシメタル所以ニシテ其債權ノ消滅時効ニ付テハ次條ニ之ヲ定メタリ

然レモ法律ハ惡意ヲ保護セサルヲ以テ第三項ハ運送取扱人ニ惡意アリタル場合ニハ前二項ノ恩典ニ浴スルコト能サルモノトセリ

第三百二十九條　運送取扱人ノ委託者又ハ荷受人ニ對スル債權ハ一年ヲ經

過シタルトキハ時効ニ因リテ消滅ス

本條ニ債權トハ報酬運送賃又ハ立替金等ノ債權ヲ云フ切前條ニ於テ運送取扱人ノ責任ハ荷受人ニ運送品ヲ引渡シタル日ヨリ一ケ年ニテ消滅ストセル以上ハ運送取扱人ヨリ委託者又ハ荷受人ニ對スル債權ニ對シテモ之レト同一期間ヲ經過スレハ消滅ストセサレハ權衡其平ヲ得サルヘシ是レ本條カ其期間ヲ同シク一年トシタル所以ナリ

第三百三十條　第三百三十八條及ヒ第三百四十三條ノ規定ハ運送取扱營業ニ之ヲ準用ス

本條ハ運送人ノ爲メニ設ケタル高價品ニ付テノ第三百三十八條及ヒ荷受人ノ權利義務ヲ規定シタル第三百四十三條ノ規定ハ之ヲ運送取扱人ニ準用スヘキヲ示シタルニ過キス

第八章　運送營業

本章ハ運送營業ヲ規定ス物品運送ト旅客運送トハ大ニ其取扱ヲ異ニスル所アルヲ以テ之ヲ二節ニ分チ第一節ニ物品運送ヲ規定シ第二節ニ旅客運送ヲ規定シタリ

第三百三十一條　運送人トハ陸上湖川港灣ニ於テ物品又ハ旅客ノ運送ヲ爲スヲ業トスル者ヲ謂フ

本條ハ運送人ノ定義ヲ示シタルモノナリ運送人ハ陸上湖水河川港灣（本條ニ所謂湖川港灣ノ範圍ハ平水航路ノ區域内ヲ云フ）ニ於テ運送ヲ爲スコトヲ業トスルモノニシテ海上ニ於テ運送ヲ業トスルモノニアラス、海上ニ爲セルモノハ之ヲ海上運送ト稱シ第四編ニ之ヲ規定ス而シ運送ハ物品及ヒ旅客ノ運送ヲナスニアリ、其運送人ノ商人ナルコトハ第四條、第六十四條ニ依リテ明カナリ

第一節　物品運送

本節ハ物品運送ニ付テ規定シタリ

第三百三十二條　荷送人ハ運送人ノ請求ニ因リ運送狀ヲ交付スルヿヲ要ス」

運送狀ニハ左ノ事項ヲ記載シ荷送人之ニ署名スルコトヲ要ス

一　運送品ノ種類、重量又ハ容積及ヒ其荷造ノ種類、個數竝ニ記號

二　到達地

三　荷受人ノ氏名又ハ商號

四　運送狀ノ作成地及ヒ其作成ノ年月日

本法ハ契約自由ノ主義ヲ採用シ運送契約ニモ此主義ヲ適用シタルヲ以テ本條ニ定ムル運送狀

ハ契約成立ノ要件タルニ非スシテ只運送契約ノ證據書タルニ過ス即チ本條ハ必スシモ運送狀ノ發行ヲ要スルモノトナサス運送人ヨリ請求アリタルトキハ本條第二項第一ヨリ第四ノ事項ヲ記載シ荷送人之ニ署名シテ交付スヘキモノトシ從來ノ慣習ニ從ハシムルモノトセリ

第三百三十三條　運送人ハ荷送人ノ請求ニ因リ貨物引換証ヲ交付スルコトヲ要ス

貨物引換證ニハ左ノ事項ヲ記載シ運送人之ニ署名スルコトヲ要ス

一　前條第二項第一號乃至第三號ニ掲ケタル事項

二　荷送人ノ氏名又ハ商號

三　運送賃

四　貨物引換証ノ作成地及ヒ其作成ノ年月日

前條ハ運送人ノ請求ニ因リテ荷送人ヨリ交付スヘキ運送狀ノ事ヲ定メタルモノナルカ本條ハ反對ニ荷送人ノ請求アリタルトキニ運送人ヨリ交付スヘキ貨物引換証ノ方式ヲ定メタルモノニシテ其主旨タル前條ニ述ヘタル所ニ同シ

第三百三十四條　貨物引換証ヲ作リタルトキハ運送ニ關スル事項ハ運送人

ト所持人トノ間ニ於テハ貨物引換証ノ定ムル所ニ依ル

貨物引換証ヲ作リタルトキハ其名ノ示ス如ク之レト引換ニアラサレハ運送品ノ引渡ヲ請求スルコトヲ得ス又証書ノ譲渡ニ物權的ノ効力ヲ附シ証書ノ譲渡ヲ以テ運送品ヲ譲渡シタルト同一ノ効力ヲ生スヘトセル以上ハ運送人ト所持人トノ間ニ於ケル運送ニ關スル事項ハ貨物引換ニ定ムル所ノモノ其レ自ラ之ヲ規定スルノ効力ヲ有スルモノトスヘキハ當然ナリ是レ本條ノ設ケアル所以ナリ

第三百三十五條　裏書ニ依リテ貨物引換証ヲ譲渡シタルトキハ運送品ノ譲渡ト同一ノ効力ヲ有ス

貨物引換証ハ貨物ノ融通ヲ助成スル爲メ猶ホ倉庫營業者ノ發行スル預証券及ヒ船長ノ發行スル船荷証券ト同一ニ其証書ノ讓渡ニ物權的ノ効力ヲ附シ其裏書ニ依リテ之ヲ讓渡シタルトキハ運送品ヲ讓渡シタルト同一ノ効力ヲ生セシムルモノトスル必要アリ是レ本條ノ由テ生スル所以ナリ

第三百三十六條　運送品ノ全部又ハ一部カ不可抗力ニ因リテ滅失シタルトキハ運送人ハ其運送賃ヲ請求スルコトヲ得ス若シ運送人カ既ニ其運送賃

ノ全部又ハ一部ヲ受取リタルトキハ之ヲ返還スルコトヲ要ス

運送品ノ全部又ハ一部カ其性質若クハ瑕疵又ハ荷送人ノ過失ニ因リテ滅失シタルトキハ運送人ハ運送賃ノ全額ヲ請求スルコトヲ得

運送ハ請負契約ノ一種ナルヲ以テ運送ノ目的ヲ完成シタル上ニアラサレハ運送賃ヲ請求スルコトヲ得ス故ニ本條ノ場合ノ如ク運送品ノ全部若クハ一部カ天災其他ノ不可抗力ニ因リテ滅失シタルトキハ其目的ヲ達スルコト能ハサルニ至リタルモノナルヲ以テ如此場合ニハ運送人ハ其運送賃ヲ請求スルコトヲ得ス故ニ運送人カ若シ其場合ニ運送賃ノ全部又ハ一部ヲ受取リ居リシトキハ之ヲ返還セサルヘカラス既ニ運送賃ヲ請求スルコトヲ得サルモノトスレハ其以前ニ受取リ居ルモノヲ返還スヘキハ當然ノコトナレハナリ然レトモ運送人ハ腐敗シ易スキ物品カ腐敗シタルカ如キ其物品ノ性質ヨリシテ又ハキスグチアリタルカ爲メニ破壞シタルカ如キ物品ノ瑕疵アリタルニ因リ又ハ荷造ノ粗漏ナリシカ如キ荷送人ノ過失ノ爲メニ運送品ノ全部又ハ一部カ滅失シタルトキハ固ヨリ運送人ノ責ニ歸スヘキ過失ナキヲ以テ如此場合ニハ運送賃ノ全額ヲ請求シ得ルナリ

第三百三十七條　運送人ハ自已若クハ運送取扱人又ハ其使用人其他運送ノ

爲メ使用シタル者カ運送品ノ受取引渡保管及ヒ運送ニ關シ注意ヲ怠ラサリシコトヲ證明スルニアラサレハ運送品ノ滅失毀損又ハ延着ニ付キ損害賠償ノ責ヲ免ルヽコトヲ得ス

本條ハ運送取扱人ニ關スル第三百二十二條ト同一ノ理由ニ基キ規定シタルモノニシテ運送人ハ自己若クハ後ノ運送取扱人(自己以前ノ運送取扱人ノ爲メニハ責任ヲ負ヘキ理ナシ)又ハ其使用人其他運送ノ爲メ使用シタル者カ運送品ノ受取引渡保管及ヒ運送ニ關シ注意ヲ怠ラサリシコトヲ證明セサレハ運送品ノ滅失毀損勿論其延着ニ付テモ損害賠償ノ責任ヲ免ルヽコト能ハサルナリ

第三百三十八條　貨幣有價證券其他ノ高價品ニ付テハ荷送人カ運送ヲ委託スルニ當タリ其種類及ヒ價額ヲ明告シタルニ非サレハ運送人ハ損害賠償ノ責ニ任セス

運送人ハ荷送人ヨリ運送ヲ委託セラルヽニ當タリ貨幣有價證券其他ノ商價品タルコトヲ明告セラレシナラハ別段ノ注意ヲナスヘシト雖モ荷送人ヨリ之ヲ明告セサリシトキハ之ヲ普通品ト看做シ別段ノ注意ヲナサヽルヘキハ言ヲ俟タス之ニ反シテ荷送人ハ如何ト云フニ如此高價品ナレハ必ス物品ノ何タルコトヲ明告シテ特別ノ注意ヲ要求シ從テ相當ノ報酬ヲ定ムヘキハ

當然ナルニ敢テ之ヲ爲サヽルモノナリ故ニ其責荷送人ニ在リテ毫モ運送人ヲ責ムヘキノ理由ナシ是ヲ以テ本條ハ運送人ヲ保護シ如此場合ニハ運送人ハ全然損害賠償ノ責任ナシトセリ

第三百三十九條　數人相次テ運送ヲ爲ス場合ニ於テハ各運送人ハ運送品ノ滅失毀損又ハ延着ニ付キ連帶シテ損害賠償ノ責ニ任ス

運送ハ一人ニテ爲スハ稀ニシテ多クハ數人相次テ爲スモノナリ故ニ數人相次テ爲シタル場合ニ各運送人ノ責任ヲ過失者一人ニ止マルモノトスルトキハ運送品ヲ滅失毀損セラレ又ハ其延着ノ場合ニ何レノ運送人ノ過失ニ因ルカ荷受人等ハ之ヲ證明スルニ困難ナルノミナラス獨リ過失者ニ對シテノミ請求シ得ルノ外他ニ請求スルコトヲ得ルノ途ナシトスレハ態々遠地ニ出張シテ請求セサルヘカラサルコトヽモナリ荷送人等ニ非常ノ迷惑ヲ掛クルコトヽナラン故ニ其滅失毀損又ハ延着ニ付キ各運送人ニ連帶責任アリトシ荷送人等ノ權利ヲ保護シタリ

第三百四十條　運送品ノ全部滅失ノ場合ニ於ケル損害賠償ノ額ハ其引渡アルヘカリシ日ニ於ケル到達地ノ價格ニ依リテ之ヲ定ム

運送品ノ一部滅失又ハ毀損ノ場合ニ於ケル損害賠償ノ額ハ其引渡アリタル日ニ於ケル到達地ノ價格ニ依リテ之ヲ定ム但延着ノ場合ニ於テハ前項

ノ規定ヲ準用ス

運送品ノ滅失又ハ毀損ノ爲メ支拂フコトヲ要セサル運送賃其他ノ費用ハ前二項ノ賠償額ヨリ之ヲ控除ス

本條ハ運送品ノ滅失毀損若クハ延着ノ場合ニ於ケル損害ノ額ヲ定ムル方法ヲ規定シタルモノニシテ其額ヲ定ムルニハ何レモ到達地ノ價額ニ依ラシムルコトヽセリ是レ運送品ハ通例到達地ニ於テ處分セラルヽカ故ニ其地ノ價格ニ依ラシムヘキハ勿論ニシテ又其價額ヲ物品引渡當時ノ價格ニ依ラシムルモノトシタルハ亦當然ノコトナリトス故ニ全部滅失ト延着ノ場合ニ於テハ第一項ニ從ヒ通常ノ場合ニ於テ引渡アルヘカリシ日ニ於ケル到達地ノ價格ニ依ラシメ一部滅失ト毀損ノ場合ニ於テハ第二項ハ其殘部又ハ毀損シタル物品ノ引渡アリタル日ニ於ケル到達地ノ價格ニ依ラシムルコトヽナシタリ

凡ソ物品ノ價額ニハ運送賃其他ノ費用ヲモ含蓄スヘキハ勿論ナリ然ラハ前兩項ニ定メタル方法ニ依リテ損害賠額ヲ定ムルニ付テハ運送品ノ滅失又ハ毀損ノ爲メ支拂フコトヲ要セサル運送賃其他ノ費用ハ必ス之ヲ賠償額ヨリ控除セサルヘカラス然ラサレハ荷受人等ニ不當ノ利得ヲナサシムルモノトナルヘケレハナリ是レ第三項ノ規定アル所以ナリ

第三百四十一條　運送品カ運送人ノ惡意又ハ重大ナル過失ニ因リテ滅失又ハ毀損シタルトキハ運送人ハ一切ノ損害ヲ賠償スル責ニ任ス

前條ハ普通ノ運送人ヲ想像シテ規定シタルモノナリ故ニ運送人ニ惡意又ハ重大過失アリタルトキハ前條ノ責任ニ止マラス其運送人ハ民法ノ不法行爲ニ因ル責任者ト同シク其損害ノ直接タルト間接タルトヲ問ハス一切ノ損害ヲ賠償スルノ責任ヲ免ルヽコトヲ得サルモノトス

第三百四十二條　荷送人又ハ貨物引換証ノ所持人ハ運送人ニ對シ運送ノ中止運送品ノ返還其他ノ處分ヲ請求スルコトヲ得此場合ニ於テハ運送人ハ既ニ爲シタル運送ノ割合ニ應スル運送賃立替金及ヒ其處分ニ因リ生シタル費用ノ辨濟ヲ請求スルコトヲ得

前項ニ定メタル荷送人ノ權利ハ運送品カ到達地ニ達シタル後荷受人カ其引渡ヲ請求シタルトキハ消滅ス

荷送人ハ貨物ノ運送ヲ委託シタル本人ナレハ言フニ及ハス貨物引換證ノ所持人ハ其証書ノ裏書讓渡ニ依リテ其貨物ノ所有者タル權利ヲ取得スルヲ以テ運送ノ中途ニ於テ運送ノ中止運送品ノ返還其他ノ處分ヲ請求スル權利ヲ認ムヘキハ當然ナリ是レ第一項前段ノ旨趣トス而シテ此

場合ニハ運送人荷送人等ノ處分ノ爲メニ生シタル費用立替金及ヒ運送ノ割合ニ應スル運送賃ヲ請求スルコトヲ得セシムヘキハ勿論ナリ是レ後段ノ設ケアル所以ナリ然レトモ荷送人カ前項ノ權利ヲ何レノ時マテ行使シ得ルカヲ定ムルハ一ハ運送契約ノ旨趣ニ背カサラシメ又荷送人荷受人ノ爭ノ爲メニ生スル運送人ノ迷惑ヲ避ケシムル爲メ必要ナリ故ニ第二項ハ前項ニ定メタル荷送人ノ權利ハ運送品カ到達地ニ達シ荷受人カ其引渡ヲ請求シタル時ヲ以テ消滅セシムルモノトセリ

第三百四十三條　運送品カ到達地ニ達シタル後ハ荷受人ハ運送契約ニ因リテ生シタル荷送人ノ權利ヲ取得ス
荷受人カ運送品ヲ受取リタルトキハ運送人ニ對シ運送賃其他ノ費用ヲ支拂フ義務ヲ負フ

運送契約ノ目的ハ貨物ヲ其目的地ニ運送シ荷受人ヲシテ之ヲ受取ヲシムルニアリ然ラハ此ノ目的ヲ達セシメントスルニハ運送品カ到達地ニ達シタル後ハ當然荷受人ヲシテ運送契約ニ依リテ生シタル荷送人ノ權利ヲ取得セシメ荷受人ヲシテ其儘荷送人ノ有シタル權利ヲ行使シ得ルモノトセスンハアルヘカラス是レ第一項ノ設ケアル所以ナリ

運送品カ目的地ニ到達シテ荷受人之ヲ受取ヲハ運送賃ヲ支拂フヿヲ默諾シタルモノト認ムルヿヲ得ヘシ故ニ之ヲ受取リタル荷受人ヲシテ當然運送賃其他ノ費用ヲ支拂フ義務ヲ負擔セシムルモ決シテ不當ニハアラサルヘシ是レ第二項ノ規定アル所以ナリ

第三百四十四條　貨物引換証ヲ作リタル場合ニ於テハ之ト引換ニ非サレハ運送品ノ引換ヲ請求スルコトヲ得ス

貨物引換證ヲ作成交付シタル場合ニハ之レト引換ニアラサレハ運送品ノ引渡ヲ爲スコトヲ要セス所持人ハ之レト引換ニアラサレハ引渡ヲ請求スルコトヲ得サルモノトス若シ他ノ方法ヲ以テモ請求シ得ルモノトスレハ證書作成ノ旨趣ニ反スルノミナラス爲メニ引渡ヲ誤リ從テ證書ノ信用ヲ失墜セシメ大ニ流通ヲ妨クル恐レアリ是レ本條ノ設ケアル所以ナリ

第三百四十五條　荷受人ヲ確知スルコト能ハサル𪜈ハ運送人ハ運送品ヲ供託スルコトヲ得

前項ノ場合ニ於テ運送人カ荷送人ニ對シ相當ノ期間ヲ定メ運送品ノ處分ニ付キ指圖ヲ爲スヘキ旨ヲ催告スルモ荷送人カ其指圖ヲ爲サヽルトキハ運送品ヲ競賣スルコトヲ得

運送人カ前二項ノ規定ニ從ヒテ運送品ノ供託又ハ競賣ヲ爲シタルトキハ遲滯ナク荷送人ニ對シテ其通知ヲ發スルコトヲ要ス

運送品ヲ目的地ニ送達シタルトキハ運送人ノ仕事ハ全ク終了シタルモノトス故ニ若シ荷受人不明ニシテ運送品ノ引渡ヲ爲スコト能ハサル場合ニ運送人ヲシテ何時マテモ保管ノ義務ヲ負擔セシムルハ運送人ニ對シテ甚タ酷ナリト云フヘシ故ニ第一項ハ其場合ニハ運送人ハ運送品ヲ供託シテ保管ノ責ヲ免ルヽコトヲ得トセリ

又運送人ハ運送賃其他ノ費用ヲ得ルタメ其運送品ヲ競賣スルノ必要アリ故ニ第二項ハ荷送人ニ對シテ相當ノ期間ヲ定メ運送品ニ付テ指圖ヲ爲サヽルトキハ其運送品ヲ競賣スルコトヲ許シタリ

然レモ運送人カ右ノ供託又ハ競賣ヲ爲スハ非常ノ處分ニシテ荷送人ノ利害ニ關スル大ナルヲ以テ運送人カ之ヲ爲シタルトキハ第三項ニヨリ荷送人ニ對シテ速ニ其通知ヲ發スヘキ義務アリトセリ

第三百四十六條　前條ノ規定ハ運送品ノ引渡ニ關シテ爭アル場合ニ之ヲ準用ス

運送人カ競賣ヲ爲スニハ豫メ荷受人ニ對シ相當ノ期間ヲ定メテ運送品ノ受取ヲ催告シ其期間經過ノ後更ニ荷送人ニ對スル催告ヲ爲スコトヲ要ス運送人ハ遲滯ナク荷受人ニ對シテモ運送品ノ供託又ハ競賣ノ通知ヲ發スルコトヲ要ス

運送品カ到達地ニ達シタル後荷受人荷送人等ノ間ニ運送品ノ引渡ニ關シテ爭アル𪜈ハ運送人ハ前條ノ規定ニ從ヒ其運送品ヲ供託シテ保管ノ責ヲ免レ且ツ之ヲ競賣シテ運送賃其他ノ費用ニ充當スルコトヲ得ヘシ

然レ𪜈本條ノ場合ニ於テハ荷受人知レ居ル故其競賣ヲ爲スニハ當然ノ順序トシテ先ツ荷受人ニ對シ相當ノ期間ヲ定メテ運送品ヲ受取ルヘキ旨ヲ催告シ若シ荷受人カ其期間內ニ受取ヲサルトキハ更ニ荷送人ニモ催告シ荷送人モ指圖ヲ爲サヽルニ及ンテ始メテ競賣スルコトヲ得ルナリ

又此場合ニハ荷受人知レ居ルヲ以テ其荷受人ニ對シテモ亦供託又ハ競賣ノ通知ヲ發セサルヘカラス

第三百四十七條　第二百八十六條第二項及ヒ第三項ノ規定ハ前二條ノ場合

ニ之ヲ準用ス

前二條ノ場合ニ於テ運送品カ損敗シ易スキモノニシテ其儘催告ヲ爲シ居ル件ハ破損腐敗シテ損失ヲ生スル恐レアルトキハ直チニ之ヲ競賣シ其代價ヲ以テ保存セシムル必要アリ故ニ此場合ニハ第二百八十六條第二項ヲ準用シ催告ヲ爲サスシテ競賣スルコトヲ得セシメ且運送人カ前二條ノ場合ニ於テ競賣シタル代價ハ之ヲ供託セシメサルヘカラス又運送人ハ運送賃其他ノ費用ヲ受取ルヘキ權アルヲ以テ運送品ヲ競賣シタルトキハ其全部又ハ一部ヲ之レニ充當スルコトヲ得セシメサルヘカラス故ニ同條第三項ヲモ準用スルコトヽセリ

第三百四十八條　運送人ノ責任ハ荷受人カ留保ヲ爲サスシテ運送品ヲ受取リ且運送賃其他ノ費用ヲ支拂ヒタルトキハ消滅ス但運送品ニ直チニ發見スルコト能ハサル毀損又ハ一部滅失アリタル場合ニ於テ荷受人カ引渡ノ日ヨリ二週間内ニ運送人ニ對シテ其通知ヲ發シタルトキハ此限ニ在ラス

前項ノ規定ハ運送人ニ惡意アリタル場合ニハ之ヲ適用セス

運送人ノ責任ヲシテ餘リニ重カラシムルハ運送業ノ發達進歩ヲ害スル恐レアリ故ニ本條第一項ハ此旨趣ヲ以テ規定シ荷受人カ異議ヲ留メスシテ運送品ヲ受取リ尙且運送賃其他ノ費用ヲ

支拂ヒタルトキハ其責任消滅シ最早運送人ニ損害賠償ノ責任ナシトセリ
然レヒ荷受人カ之ヲ受取ル際直チニ發見スルコト能ハサル毀損又ハ一部ノ滅失アリタル場合ニモ同一ナラシムルモノトスルハ荷受人ノ爲メニ酷ト云ハサルヘカラス故ニ斯ノ如キ場合ニハ其引渡ヲ受ケタル日ヨリ二週間ノ時間ヲ與ヘ其期間内ニ運送人ニ對シテ其通知ヲ發シタルトキハ運送人ハ損害賠償ノ責任ヲ免ルヽコト能ハサルモノトセリ
然レヒ第一項ハ普通ノ場合ヲ想像シテ規定シタルモノナルカ故ニ運送人ニ惡意アリタル場合ニハ之レト同一ニ保護スヘキ理由ナシ是レ第二項ヲ設ケテ惡意ノ運送人ニハ之ヲ適用セサル旨ヲ示シタル所以ナリトス

第三百四十九條 第三百二十四條第三百二十五條第三百二十八條及ヒ第三百二十九條ノ規定ハ運送人ニ之ヲ準用ス

本條ハ運送人ニ準用スヘキ運送取扱人ニ關スル數條ヲ列記シタルモノナルカ此等ノ諸條ニ付テハ既ニ各條下ニ説明シタレハ其説明ニ就キ如何ニ準用サレ得ルカヲ解スヘシ

第二節　旅客運送

旅客運送ト物品運送トハ自ラ其取扱ヲ異ニス故ニ物品運送ト旅客運送トヲ分チ既ニ前節ニ於テ物

品運送ヲ規定タレハ此ニハ旅客運送ヲ規定シタリ

第三百五十條　旅客ノ運送人ハ自己又ハ其使用人カ運送ニ關シ注意ヲ怠ラサリシコトヲ証明スルニ非サレハ旅客カ運送ノ爲メニ受タル損害ヲ賠償スル責ヲ免ルヽコトヲ得ス

損害賠償ノ額ヲ定ムルニ付テハ裁判所ハ被害者及ヒ家族ノ情況ヲ斟酌スルコトヲ要ス

本條第一項ハ旅客ノ運送ニ關シテ運送人ノ責任ニ付キ其性質範圍ヲ定メタルモノニシテ其旨趣タル第三百二十七條ト敢テ異ナル所ナシ只本條ニ所謂注意トハ人体保護ニ關シテ要スヘキ相當ノ注意ト云フヿニシテ物品ニ對スル注意トハ自ラ異ナルモノトス

第二項ハ損害賠償ノ額ヲ定ムル方法ヲ規定シ裁判所ヲシテ被害者及ヒ家族ノ情況ヲ斟酌セシムルコトヲ必要トセリ

本條ニ依リ裁判所カ損害賠償ノ額ヲ定ムルニハ被害者及ヒ家族ノ情況ヲ斟酌シテ定ムルコトヲ要ス例ヘハ被害者ヲ篤疾ニ至シタルトキハ癈疾ニ致シタルトキトハ其額大ナラサルヘカラス又面部ニ創痕ヲ印シタルカ如キ場合ニハ之ヲ俳優ノ面ニ於テシタルト漁翁ノ面ニ於テシタ

ルトニ依リテ差異アルコトヲ要スヘシ又被害者ノ家族カ全ク被害者ニ賴リテ生活シツヽアリシト否トニ依リテモ差異ナルヘカラス又紳縉名士カ生命ヲ失ヒタル如キ場合ニハ其家族ノ位地名譽等ニ付テモ斟酌セサルヘカラス

第三百五十一條　旅客ノ運送人ハ旅客ヨリ引渡ヲ受ケタル手荷物ニ付テハ特ニ運送賃ヲ請求セサルトキト雖モ物品ノ運送人ト同一ノ責ヲ負フ
手荷物カ到達地ニ達シタル日ヨリ一週間内ニ旅客カ其引渡ヲ請求セサルトキハ第二百八十六條ノ規定ヲ準用ス但住所又ハ居所カ知レサル旅客ニハ催告及ヒ通知ヲ爲スコトヲ要セス

旅客ノ手荷物ト雖𪜈旅客ノ運送人ニ於テ之レカ引渡ヲ受ケタルトキハ運送賃ヲ定メタルト否トヲ問ハス本條第一項ニ依リ物品運送人ト同一ノ責ヲ負擔サルヘカラス是レ業務ノ性質上固ヨリ當然ノ義務ナリトス

然レ𪜈通例手荷物ハ旅客自ヲ携帶スルモノニシテ運送人ニ委託スヘキモノニ非ス故ニ第二項ハ若シ其手荷物カ到達地ニ達シタル日ヨリ一週間内ニ旅客ヨリ引渡ヲ請求シ來ラサルトキハ運送人ハ第二百八十六條ニ從ヒ手荷物ヲ供託又ハ競賣シテ保管ノ義務ヲ免ルヽコトヲ得ルト

シ又旅客ノ住所又ハ居所カ知レタル場合ニ於テハ尙ホ同條ノ規定ニ從ヒ催告及ヒ通知ヲ爲ス義務アレヒ其住所又ハ居所カ知レサル場合ニハ第二項但書ハ之ヲ爲スニ及ハサルモノトシ物品運送人トハ稍ヤ其責任ヲ輕カラシメタリ

第三百五十二條　旅客ノ運送人ハ旅客ヨリ引渡ヲ受ケサル手荷物ノ滅失又ハ毀損ニ付テハ自已又ハ其使用人ニ過失アル場合ヲ除ク外損害償賠ノ責ニ任セス

旅客ヨリ引渡ヲ受ケタル手荷物ノ責任ニ付テハ前條已ニ之ヲ規定シタレハ本條ハ之ニ次テ引渡ヲ受ケサル場合ニ付テ規定シタリ、何人ト雖ヒ過失ノ責ニ任スヘキハ固ヨリナリ故ニ旅客ヨリ引渡ヲ受ケサル手荷物ニ付テハ旅客運送人ニ保管ノ義務ナキハ勿論ナリト雖ヒ過失ニ因リテ之レニ損害ヲ加ヘタルトキハ其責ヲ免ルヽコト能ハサルハ當然ナリ故ニ本條ハ旅客ヨリ引渡ヲ受ケサル手荷物ノ滅失又ハ毀損ニ付テハ運送人又ハ其使用人ニ過失アリタル場合ニノミ損害賠償ノ義務アリトセリ

第九章　寄託

第一節　總則

寄託ハ踐成契約ノ一種ニシテ又通例片務契約ナリ而シテ報酬ヲ受クルトキハ有償契約ニシテ之ヲ受ケサルトキハ無償契約ナリトス、寄託ハ踐成契約ノ一種ニシテ又通例片務契約ナルカ故ニ受寄者ハ寄託物ノ引渡ヲ受ケタルトキハ保存管理ノ責ヲ負ヒ寄託者ノ請求ヲ受ケタルトキハ之ヲ返還スルノ義務アルモノナリ又有償契約ナルコトアリ若クハ無償契約ナルコトアリト雖モ本法ハ商事上ノ寄託ハ其原則トシテ有償ナルヘキヲ認メタリ

本章ニ掲クル所ノモノハ只商事上ノ寄託ニ特別ナル規定ニ止メ他ハ總テ寄託ニ關スル民法ノ規定ニ從ハシムルコトヽナセリ

第三百五十三條　商人カ其營業ノ範圍內ニ於テ寄託ヲ受ケタルトキハ報酬ヲ受ケサルトキト雖モ善良ナル管理者ノ注意ヲ爲スコトヲ要ス

民法ノ規定ニ依レハ受寄者カ報酬ヲ受ケサル場合ニハ善良ナル管理者ノ注意ヲ爲スヲ要セス只自巳ノ財產ニ於ケルト同一ノ注意ヲ爲セハ可ナルモ商事上ノ受寄者ニ對シ尙ホ之ト同一ノ責任ニ止マラシムルモノトスルハ頗ル寬ニ失シ寄託者ニ大ナル損失ヲ被ムラシムル恐レアリ故ニ本條ハ商人カ其營業ノ範圍內ニ於テ寄託ヲ受ケタル場合ニ限リ報酬ヲ受ケサルトキト雖モ善良ナル管理者ノ注意アルヘキヲ要シ民法トハ一層重劇ノ義務ヲ負擔セシメテ商業上ノ安

全ヲ保護シタリ

第三百五十四條　旅店飲食店浴場其他客ノ來集ヲ目的トスル場屋ノ主人ハ客ヨリ寄託ヲ受ケタル物品ノ滅失又ハ毀損ニ付キ不可抗力ニ因リタルコトヲ証明スルニ非サレハ損害賠償ノ責ヲ免ルルコトヲ得ス

客カ特ニ寄託セサル物品ト雖モ場屋中ニ携帯シタル物品カ場屋ノ主人又ハ其使用人ノ不注意ニ因リテ滅失又ハ毀損シタルトキハ場屋ノ主人ハ損害賠償ノ責ニ任ス

客ノ携帯品ニ付キ責任ヲ負ハサル旨ヲ告示シタルトキト雖モ場屋ノ主人ハ前二項ノ責任ヲ免ルヽコトヲ得ス

本條ニ所謂場屋ノ主人ハ客ノ來集ヲ目的トシテ營業スルモノナレハ客ノ携帯品ニ付テハ殆ント其營業ト密接ノ關係ヲ有スルモノト云ハサルヘカラス果シテ然ラハ其主人ハ素ヨリ寄託ヲ營業トスルモノニ非スト雖モ寄託ヲ受ケタル物品ノ滅失毀損ニ付テハ寄託營業者ト同一ノ責任ヲ負ハシムルモ敢テ不當ニハ非サルヘシ然レモ天災其他ノ不可抗力ニ因リタル場合ニモ其責任ヲ負擔セシムルモノトスルハ酷ト云ハサルヘカラス故ニ其事實ヲ証明シタルトキハ全ク

責任ヲ免ルヽコトヲ得ルトセリ

客カ場屋中ニ携帶シタル物品ト雖ヒ寄託ヲ受ケサル物品ニ對シテ保管ノ義務ナキハ勿論ナリ然レヒ其物品カ主人若クハ使用人ノ過失ニ因リテ滅失又ハ毀損シタルトキハ所謂不法行爲ニ因ル損害ナルヲ以テ其主人カ賠償ノ責任ヲ負擔スヘキハ當然ナリ是レ第二項ヲ設ケタル所以ナリ

客ノ携帶品ニ對シテ主人ノ責任ヲ定ムルコト以上ノ如シト雖ヒ一片ノ告示様ノコトヲナシテ其責任ヲ免ルヽコトヲ得ルトセハ第一項及ヒ第二項ノ規定ハ全ク徒法ニ屬スヘシ故ニ第三項ハ客ノ携帶品ニ付キ責任ヲ負ハサル旨ヲ告示シタルトキト雖ヒ損害賠償ノ責任ヲ免ルヽコトヲ得サルモノトシ前兩項ノ旨趣ヲ貫徹セシムルコトヽナシタリ

第三百五十五條　貨幣有價証券其他ノ高價品ニ付テハ客カ其種類及ヒ價額ヲ明告シテ之ヲ前條ノ場屋ノ主人ニ寄託シタルニ非サレハ其場屋ノ主人ハ其物品ノ滅失又ハ毀損ニ因リテ生シタル損害ヲ賠償スル責ニ任セス

本條ノ旨趣ハ第三百三十八條ニ述ヘタル所ニ同シ故ニ此ニハ説明ヲ省ク

第三百五十六條　前二條ノ責任ハ場屋ノ主人カ寄託物ヲ返還シ又ハ客カ携

帯品ヲ持去リタル後一年ヲ經過シタルトキハ時效ニ因リテ消滅ス
前項ノ期間ハ物品ノ全部滅失ノ場合ニ於テハ客カ場屋ヲ去リタル時ヨリ之ヲ起算ス
前二項ノ規定ハ場屋ノ主人ニ惡意アリタル場合ニハ之ヲ適用セス

本條ハ其場合ヲ異ニスルノミニシテ其主旨トスル所ハ第三百二十八條第三百四十九條ト同一ナルヲ以テ説明ヲ省ク

第二節　倉庫營業

本節ハ寄託營業ノ最モ主眼トスル倉庫營業ヲ規定シタルモノニシテ此倉庫營業ナルモノカ經濟社會ニ與フル所ノ利益甚太タ少ナカラス、倉庫預證劵及ヒ質入證劵カ漸次其流通ヲ増加スル傾向アルニ至ルモ亦偶然ニアラサルナリ

第三百五十七條　倉庫營業者トハ他人ノ爲メニ物品ヲ倉庫ニ保管スルコトヲ業トスル者ヲ謂フ

本條ハ倉庫營業者ノ定義ヲ下シ倉庫營業者トハ他人ノ依賴ヲ受ケ其預リタル物品ヲ倉庫ニ於テ保存管理スルコトヲ營業トスル者ナリトノ旨ヲ示シタルモノニシテ意義明瞭ナレハ他ニ説

明ヲ要セス

第三百五十八條　倉庫營業者ハ寄託者ノ請求ニ因リ寄託物ノ預証券及ヒ質入証券ヲ交付スルコトヲ要ス

預證券及ヒ質入證券モ亦運送狀又ハ貨物引換證等ト同シク契約成立ノ要素ニ非スト雖氏寄託契約ノ證據トシテ及ヒ寄託物ノ讓渡又ハ質入等ニ關シテ必要ナリ故ニ倉庫營業者ハ寄託者ノ請求ナケレハ交付スルニ及ハスト雖氏其請求アリタルトキハ之ヲ作成交付スル義務アリ又寄託者ハ其寄託物ノ質入ヲナシ又更ニ讓渡スルコトアリ故ニ本條ハ此場合ヲ想像シ該證券ハ之ヲ同時ニ交付スヘキモノトナシタリ

第三百五十九條　預証券及ヒ質入証券ニハ左ノ事項及ヒ番號ヲ記載シ倉庫營業者之ニ署名スルコトヲ要ス

一　寄託物ノ種類品質數量及ヒ其荷造ノ種類個數幷ニ記號

二　寄託者ノ氏名又ハ商號

三　保管ノ塲所

四　保管料

五　保管ノ期間ヲ定メタルトキハ其期間
六　受寄物ヲ保險ニ付シタルトキハ保險金額保險期間及ヒ保險者ノ氏名又ハ商號
七　証券ノ作成地及ヒ其作成ノ年月日
本條ハ預証券及ヒ質入證券ニ記載スヘキ事項ヲ列記シタルモノナルカ法文簡明ニシテ説明ヲ要スルノ点ナシ

第三百六十條　倉庫營業者カ預証券及ヒ質入証券ヲ寄託者ニ交付シタルトキハ其帳簿ニ左ノ事項ヲ記載スルコトヲ要ス
一　前條第一號第二號及ヒ第四號乃至第六號ニ掲ケタル事項
二　証券ノ番號及ヒ其作成ノ年月日
倉庫營業者ハ預證券及ヒ質入證券ヲ交付シタルトキハ前條第一號及ヒ第四號ヨリ第六號ニ掲ケタル事項ト證券ノ番號及ヒ作成ノ年月日ヲ其帳簿ニ記載スヘキモノトス是レ證券ノ滅失ニ因リ他日所持人ヨリ再交付ヲ請求スル場合ニ必要ナレハナリ

第三百六十一條　預証券及ヒ質入証券ノ所持人ハ倉庫營業者ニ對シ寄託物

ヲ分割シ且其各部分ニ對スル預証券及ヒ質入証券ノ交付ヲ請求スルコトヲ得此場合ニ於テハ所持人ハ前ノ預証券及ヒ質入証券ヲ倉庫營業者ニ返還スルコトヲ要ス

前項ニ定メタル寄託物ノ分割及ヒ証券ノ交付ニ關スル費用ハ所持人之ヲ負擔ス

預證券所持人ハ當然寄託物ノ所有者ニシテ質入證券所持人ハ之ニ對スル質權者ナリ故ニ此両者カ倉庫營業者ニ對シ寄託物ヲ分割シ又其各部分ニ對スル新証券ノ交付ヲ請求シ得ルハ勿論ナルカ如シ然レトモ當初一括シテ寄託シタルモノナレハ之レカ明文ナキトキハ疑ハシ故ニ本條第一項ヲ設ケテ所持人ニ右ノ請求權アル旨ヲ示シタリ而シテ此場合ニハ舊證券ハ不用ニ屬スルヲ以テ所持人ヨリ倉庫營業者ニ返還セシムルコトヽシ他日ノ紛爭ヲ絶テリ又寄託物ヲ分割シ且新證券ノ交付ヲ受クルハ所持人自己ノ便宜ニ出テタルモノナレハ之レニ關スル費用ヲ所持人ニ負擔セシムヘキハ當然ナリ是レ第二項ノ設ケアル所以ナリ

第三百六十二條　預証券及ヒ質入証券ヲ作リタルトキハ寄託ニ關スル事項ハ倉庫營業者ト所持人トノ間ニ於テハ其証券ノ定ムル所ニ依ル

預證券及ヒ質入證券ノ裏書讓渡ヲ許シタル以上ハ證券ノ所持人ヲ以テ完全ノ權利者ナリト認ムヘキハ當然ナリ從テ預證券及ヒ質入證券ヲ作リタル件ハ倉庫營業者ト所持人トノ間ニ於ケル權利義務ノ關係ハ一ニ證券記載ノ旨趣ニ依リテノミ決定セシムヘキハ至當ノコトナリトス是レ本條ノ由テ生スル所以ナリ

第三百六十三條　預証券及ヒ質入証券ヲ作リタルトキハ寄託物ニ關スル處分ハ其証券ヲ以テスルニ非サレハ之ヲ爲スコトヲ得ス

第三百七十九條ハ寄託物ノ返還ヲ請求スル場合ヲ定メ預證券及ヒ質入證券ヲ作リタル場合ニハ之レト引換ニ非サレハ寄託物ノ返還ヲ請求スルヿヲ得サル旨ヲ示シタルモノナルカ其返還以外ノ處分ニ付テモ本條ニ依リ總テ證券ヲ以テスルニ非サレハ之ヲ爲スコトヲ得サルモノトス是レ證券發行ノ旨趣ヲ貫徹セシメタルモノナリ

第三百六十四條　預証券及ヒ質入証券ハ其記名式ナルトキト雖モ裏書ニ依リテ之ヲ讓渡シ又ハ之ヲ質入スルコトヲ得但証券ニ裏書ヲ禁スル旨ヲ記載シタルトキハ此限ニ在ラス

預証券ノ所持人カ未タ質入ヲ爲サヽル間ハ預証券及ヒ質入証券ハ各別ニ

之ヲ讓渡スルコトヲ得ス

寄託者ハ或ハ賣買ノ時期ヲ得ルマテ寄託物ヲ質入シテ融通ヲ爲ス必要アリ又之ヲ寄託シタル儘ニテ運轉スルノ必要アリ故ニ本條第一項ハ其證券カ記名式ナルトキト雖圧裏書ニ依リテ之レニ讓渡シ又ハ質入ヲナスコトヲ許シ以テ融通轉換ノ目的ヲ遂セシムルコトヽナシタリ然レ圧其證券ニ裏書ヲ禁スル旨ヲ記載シタルトキハ其合意ノ効力ヲ認ムヘキハ勿論ナルヲ以ヲ此場合ノミヲ除外シタリ

預證券ノ所持人カ未タ質入ヲ爲サヽル間ハ之ヲ各別ニ讓渡スルコトヲ得ス蓋シ預證券ノ所持人カ質入ヲ爲ス片ハ第三百六十七條ニ依リ質權者ヲシテ預証券ニ質權ノ範圍ヲ記載セシメテ預證券所持人ニ之ヲ知ラシメ且預證券所持人ニ不便ヲ與ルヿナシト雖圧質入以前ニ於テ各別ニ讓渡スコトヲ許シ質入裏書ノ効力ヲ生セシムルモノトスル片ハ爲メニ法律關係ヲ錯雜ナラシムル虞アリ是レ本條カ質入以前ニアリテハ各別ニ其讓渡ヲ許サヽルコトヽナシタル所以ナリ

第三百六十五條　第三百三十五條ノ規定ハ預証券ニ之ヲ準用ス

預證券及ヒ質入證券ヲ作リタルトキハ寄託ニ關スル事項ハ倉庫營業者ト所持人トノ間ニ於テ

ハ證券記載ノ旨趣ニ依ルヘシト爲シ寄託物ノ返還並ニ處分ハ其證券ヲ以テスヘシトシタル以上ハ貨物引換證ノ讓渡ト同シク預證券ノ讓渡ヲ以テ寄託物ノ讓渡ト同一ノ效力ヲ認ムヘキハ當然ナリ是レ本條カ貨物引換證ノ讓渡ニ物權的ノ效力ヲ附シタル第三百三十五條ヲ之レニ準用シタル所以ナリ

第三百六十六條　預証券又ハ質入証券カ滅失シタルトキハ其所持人ハ相當ノ擔保ヲ供シテ更ニ其証券ノ交付ヲ請求スルコトヲ得此場合ニ於テハ倉庫營業者ハ其旨ヲ帳簿ニ記載スルコトヲ要ス

一度預證券及ヒ質入證券ヲ作リタルトキハ其證券ヲ以テスルニ非サレハ寄託物ニ付テ何等ノ處分ヲモ爲スコトヲ得ス故ニ其證券カ滅失シタルトキハ所持人ハ是非トモニ再交付ヲ受クル必要アリ而シテ其再交付ヲ受ケントスルニハ民事訴訟法ノ公示催告ノ手續ニ從ヒ除權判決ヲ受ケサルヘカラス然リ而シテ該判決ノ確定ヲ得ルニハ少クモ半年以上ノ日子ヲ要シ所持人ハ其間寄託物ヲ如何トモスル能ハサルコトナリト雖モ斯クテハ或ハ物品ヲ粗惡ナラシメ或ハ商機ヲ失スル等所持人ノ迷惑損害少カラサルヘキナリ故ニ本條ハ一ノ便法ヲ案出シ所持人ヨリ相當ノ擔保ヲ供シテ再交付ヲ請求スルコトヲ得ルノ權利ヲ認メ且其交付ヲ爲シタル場合ニハ

倉庫營業者ニ於テ其旨ヲ帳簿ニ記載スヘシトセリ是レ他日此再交付ニ關シテ爭ヲ生シタル場合ノ證據ニ備フルカ爲メナリ

第三百六十七條　質入證券ニ第一ノ質入裏書ヲ爲スニハ債權額其利息及ヒ辨濟期ヲ記載スルコトヲ要ス

第一ノ質權者カ前項ニ掲ケタル事項ヲ預證券ニ記載シテ之ニ署名スルニ非サレハ質權ヲ以テ第三者ニ對抗スルコトヲ得ス

本條ハ質入證券ニ第一ノ質入裏書ヲナス場合ニ於テ之レニ記載スヘキ要件ヲ定メタルモノナリ

質入證券及ヒ預證券ハ各別ニ裏書ヲナスコトヲ得、而メ質債權者ハ唯質入證券ニ裏書ヲナサシムルノミニシテ寄託物ヲモ預證券ヲモ占有スルモノニアラス左レハ質入ナサヽル前ニ質入證券ト預證券トヲ別々ニ裏書スルコトヲ得セシムルトキハ預證券所持人ニ不慮ノ損失ヲ蒙ヲシムル憂ヒアルノミナラス預證券所持人ハ寄託物ヲ處分スルニ付テモ不便ナリ故ニ第三百六十四條ハ質入ヲナサヽル前ニハ各別ニ之ヲ讓渡スコトヲ禁シタリ從テ本條ハ進ンテ其質入證券ニ第一ノ裏書ヲナストキ如何ニセシムレハ可ナルカヲ規定シ所持人ハ質入證券ニ債權額、其利息及ヒ辨濟期ヲ記載スヘキハ勿論其事項ヲ預證券ニモ記載シテ之レニ署名セサレハ其質權ヲ第三者ニ對抗スルヿヲ得サルモノトシ預證券所持人ヲシテ其預證券ニ依リテ質權ノ範圍ヲ知了セシメ以上ノ如キ不都合ナカシムルコトヽセリ

第三百六十八條　質入證券ノ所持人カ辨濟期ニ至リ支拂ヲ受ケサルトキハ手形ニ關スル規定ニ從ヒテ拒絶證書ヲ作ラシムルコトヲ要ス

質入證券ノ所持人ニ其辨濟期ニ支拂ヲ受ケサルトキハ寄託物ニ對シテ競賣權ヲ行フコトヲ得セシムヘキハ勿論ナルモ他方ニ於テ預証券所持人ノ權利ヲモ保護セサルヘカラサルカ故ニ本條ハ妄リニ競賣スルコトヲ許サス質債務者カ辨濟期ニ至ルモ支拂ヲ爲サヽルトキハ質權者ヲシテ手形ニ關スル規定ニ從ヒ拒絶證書ヲ作成シテ質債務者ヨリ支拂ヲ受ケサル事實ヲ証明セシムルモノトナシ且ツ次條ノ規定ヲ設ケテ拒絶證書作成ノ日ト競賣トノ間ノ期間ヲ一週間ト定メ預證券所持人ヲシテ支拂ヲナスノ機會ヲ得セシムルモノトセリ

第三百六十九條　質入證券ノ所持人ハ拒絶證書作成ノ日ヨリ一週間ヲ經過シタル後ニ非サレハ寄託物ノ競賣ヲ請求スルコトヲ得ス

本條ハ質入證券ノ所持人カ寄託物ノ競賣ヲ請求スルコトヲ得ルノ時期ヲ定メ拒絶證書ヲ作成

シタル日ヨリ一週間ヲ過經シタル後ニ非サレハ能ハサルモノトセリ是レ預證券所持人ヲシテ其事實ヲ知ラシメ質權ノ辨濟ヲナス機會ヲ得セシムルニハ適當ノ時間ト認メタルニ由ルナリ

第三百七十條　倉庫營業者ハ競賣代金ノ中ヨリ競賣ニ關スル費用受寄物ニ課スヘキ租税保管料其他保管ニ關スル費用及ヒ立替金ヲ控除シタル後其殘額ヲ質入證券ト引換ニ其所持人ニ支拂フコトヲ要ス

競賣代金ノ中ヨリ前項ニ掲ケタル費用租税保管料立替金及ヒ質入證券所持人ノ債權額利息拒絶證書作成ノ費用ヲ控除シタル後餘剩アルトキハ倉庫營業者ハ之ヲ預證券ト引換ニ其所持人ニ支拂フコトヲ要ス

本條ハ質權者ノ請求ニ因リ競賣シタル寄託物ノ賣得金ニ付キ其處分方法ヲ規定シタルモノナリ

倉庫營業者ハ寄託物ニ關シテ生シタル債權ニ付キ留置權ヲ有スルヲ以テ質入證券所持人ノ請求ニ因リテ寄託物ヲ競賣シタルトキハ其賣得金ニ對シテ優先ノ辨濟ヲ受ルコトヲ得故ニ倉庫營業者カ其受寄物ヲ競賣シタルトキハ本條第一項ニ依リ其賣得金ノ中ヨリ競賣ニ關スル費用受寄物ニ課スヘキ租税、保管料、保管ニ關スル費用及ヒ立替金ヲ控除シタル後其殘額ヲ質入證

券ト引換ニ其質入證券所持人ニ支拂フヘキモノトス
倉庫營業者ハ第一項ニ掲ケタル費用ヲ控除シタル後ニ質權者ニ支拂フヘキ債權額、利息、拒絶證書作成ノ費用ヲ控除シタルモ尚ホ殘額アルトキハ第二項ニ依リ預證券ト引換ニ之ヲ預證券所持人ニ支拂ハサルヘカラス

第三百七十一條　競賣代金ヲ以テ質入證券ニ記載シタル債權ノ全部ヲ辨濟スルコト能ハサリシトキハ倉庫營業者ハ其支拂ヒタル金額ヲ質入證券ニ記載シテ其證券ヲ返還シ且其旨ヲ帳簿ニ記載スルコトヲ要ス
相場ノ變動若クハ物品ノ損敗等ニ因リ競賣代金ヲ以テ債權ノ全部ヲ辨濟スルコト能ハサルトキハ質入證券ハ質權者ヨリ更ニ質債務者其他ノ裏書人ニ對シテ其殘額ヲ請求スル爲メニ必要ナリ故ニ如此場合ニ於テハ其權利ノ範圍ヲ明カナラシムル爲メ倉庫營業者ハ質入證券ニ其支拂ヒタル金額ヲ記載シテ其證券ヲ返還シ且ツ其旨ヲ帳簿ニ記載スルノ義務アリ

第三百七十二條　質入證券ノ所持人ハ先ツ寄託物ニ付キ辨濟ヲ受ケ尚ホ不足アルトキハ債務者其他ノ裏書人ニ對シテ其不足額ヲ請求スルコトヲ得
質入證券ノ裏書タルヤ其被裏書人ハ自己ノ債權ヲ擔保セラルヘキ物品ヲ撰擇シテ質權ヲ取得

シ質債務者其他ノ裏書人ヲハ殆ント目的外ニ附シタルモノト云フモ可ナリ故ニ若シ質債權者ニシテ質權ノ目的タル寄託物ヲ差措キ質債務者其他ノ裏書人ニ對シテ辨濟ヲ請求スルコトヲ得ルトセンカ質權設定ノ旨趣ニ反シ質債務者其他ノ裏書人ニ對スル債權者ニマテ不利ヲ與フルモノト云ハサルヘカラス故ニ本條ハ質入證券ノ所持人ハ先以テ寄託物ニ對シテ辨濟ヲ請求シタル後不足アルニ非サレハ債務者其他ノ裏書人ニ請求スルコトヲ許サス其不足アルニ及ンテ始メテ請求スルコトヲ得ルトシタリ

第三百七十三條　質入證券ノ所持人カ辨濟期ニ至リ支拂ヲ受ケサリシ場合ニ於テ拒絶證書ヲ作ヲシメサリシトキ又ハ拒絶證書作成ノ日ヨリ二週間內ニ寄託物ノ競賣ヲ請求セサリシトキハ裏書人ニ對スル請求權ヲ失フ

質入證券ヲシテ其流通ヲ完フセシメントスルニハ質入證券所持人ノ權利ヲ保護スルト同時ニ質入證券所持人カ其權利ノ行使保全ニ關スル行爲ヲ怠リタルトキハ裏書人ヲシテ其義務ヲ免レシメ可成速ニ其關係ヲ消滅セシムルコト肝要ナリ故ニ質債務者カ辨濟期ニ至ルモ支拂ヲ爲サヽリシ場合ニ於テ拒絶證書ヲ作成セシメス又ハ之ヲ作成セシメタルモ其作成ノ日ヨリ二週間過キテモ競賣ヲ請求セサリシトキハ裏書人ニ對スル請求權ヲ失ヒ裏書人ハ全ク償還義務ヲ免ル

ヽモノトセリ

第三百七十四條　債務者其他ノ裏書人ニ對スル質入證券所持人ノ請求權ハ辨濟期ヨリ一年間之ヲ行ハサルトキハ時效ニ因リテ消滅ス

本條ハ質入證券所持人ノ請求權ニ對シテ消滅時效ヲ規定シタルモノナリ

質入證券ノ所持人ハ辨濟期ニ至レハ先ツ債務者ニ對シテ辨濟ヲ請求シ債務者カ其支拂ヲ爲サヽル片ハ手形ニ關スル規定ニ從ヒ拒絕證書ヲ作成セシメ其作成ノ日ヨリ二週間内ニ遡償ヲ請求スル片ハ債務者以外ノ裏書人ニ對スル請求權ヲ保持スルコトヲ得然レ圧裏書人ノ責任タルヤ甚タ輕シトセス故ニ可成速ニ消滅セシメテ之ヲ保護スルハ質入證券ノ流通ヲ助ル所以ノ道ナリ故ニ本條ハ質權者カ其保全シ得タル請求權（裏書人ニ對スル請求權）ハ勿論債務者ニ對スル請求權モソノ辨濟期ヨリ一年間之ヲ行ハサルトキハ時效ニ因リテ消滅スヘキモノトナシタリ

第三百七十五條　寄託者又ハ預證券ノ所持人ハ營業時間内何時ニテモ倉庫營業者ニ對シテ寄託物ノ點檢若クハ其見本ノ摘出ヲ求メ又ハ其保存ニ必要ナル處分ヲ爲スコトヲ得

質入證券ノ所持人ハ營業時間内何時ニテモ倉庫營業者ニ對シテ寄託物ノ點檢ヲ求ムルコトヲ得

寄託者若クハ預證券所持人ハ裏書ニ依リテ其寄託物ヲ讓渡スル爲メ時々之ヲ點檢シ若クハ見本ノ摘出又ハ其保存ニ付キ必要ナル處分ヲ爲ス必要アリ故ニ第一項ハ寄託者又ハ預證券所持人ニ其點檢若クハ見本ノ摘出又ハ保存ニ關シテ必要ナル處分ヲ爲スコトヲ得トセリ又質權者ハ寄託物ニ依リ自已ノ債權ヲ擔保セラルヽモノナレハ同シク寄託物ノ現狀ヲ取調フル必要アリ故ニ第二項ハ質入證券所持人ニモ亦其點檢ヲ求ムルコトノミヲ得セシメタリ而シテ何レモ其請求時間ヲ營業時間内ニ限リタルハ倉庫營業者ニ迷惑ヲ掛ケサル爲メナリ

第三百七十六條　倉庫營業者ハ自已又ハ其使用人カ受寄物ノ保管ニ關シ注意ヲ怠ラサリシコトヲ證明スルニ非サレハ其滅失又ハ毀損ニ付キ損害賠償ノ責ヲ免ルヽコトヲ得ス

本條ハ寄託者及ヒ預證券ノ所持人又ハ質入證券ノ所持人ヲ保護シタル規定ニシテ其旨趣ハ第三百二十二條第三百三十七條第三百五十四條ニ同シ

第三百七十七條　倉庫營業者ハ受寄物出庫ノ時ニ非サレハ報酬及ヒ立替金

其他受寄物ニ關スル費用ノ支拂ヲ請求スルコトヲ得ス但受寄物ノ一部出庫ノ場合ニ於テハ割合ニ應シテ其支拂ヲ請求スルコトヲ得

本條ハ倉庫營業者ハ受寄物出庫ノ時ニアラサレハ報酬、立替金其他受寄物ニ關スル費用ノ支拂ヲ請求スルコトヲ得サルモノトシ唯一部出庫ノ場合ニ於テノミ割合ニ應シテ請求シ得ルモノトセリ、蓋シ中途ニ於テ請求シ得シムルモノトスルトキハ所持人ノ知レサル場合ニハ寄託物ヲ競賣シテ其支拂ニ充當スルコトヲモ許サヽルヘカラサルコトヽナリ若シ斯クスルコトヲ許ストキハ漸次寄託物ノ減少ヲ來タシ取引上不都合ノモノトモナリ且ハ證券ニ記載セル事項ト實際トニ相違ヲ生スルニ至ルヲ以テ全ク證券發行ノ旨趣ニモ反スルコトヽナルナリ、之レニ反シテ倉庫營業者ハ報酬、立替金等ノ債權ニ付テハ留置權ヲ有シ其効果トシテ優先ノ辨濟ヲ受クルコトヲ得ルカ故ニ受寄物出庫ノ時ニ於テ受取ラシムルモノトスルモ爲メニ損失ヲ與フルノ恐レナシ是レ本條カ受寄物出庫ノ時ニアラサレハ之ヲ請求スルコトヲ得サラシムルモノトナシタル所以ナリ

然レトモ一部出庫ノ場合ニ於テハ其出庫ノ割合ニ應シテ請求セシムルハ當然ニシテ他ニ何等ノ差支モアラサルナリ故ニ但書ハ之ヲ許セリ

第三百七十八條　當事者カ保管ノ期間ヲ定メサリシトキハ倉庫營業者ハ受寄物入庫ノ日ヨリ六个月ヲ經過シタル後ニ非サレハ其返還ヲ爲スコトヲ得ス但已ムコトヲ得サル事由アルトキハ此限ニ在ラス

當事者カ保管ノ期間ヲ定メタルトキハ倉庫營業者ニ於テ其期間中ニ寄託物ヲ返還スルコトヲ得サルハ勿論期間ノ定メナキ𪜈ト雖モ受寄物入庫ノ時ヨリ六ケ月後ニアラサレハ返還スルコトヲ得ス、蓋シ民法ハ何時ニテモ返還スルコトヲ得ルトシタルモ倉庫營業者ヲシテ此ノ如クスルコトヲ得セシムルトキハ寄託者又ハ證劵所持人ヲシテ大ナル損失不便ヲ被ラシムルノ恐レアルノミナラス倉庫營業者ハ報酬ヲ得テ物品ノ保管ヲ營業トスル者ナレハ其條理上何時ニテモ勝手ニ返還スルコトヲ許スヘカラサレナリ然レ𪜈難ヲ責メサルハ一般法ノ精神ナルヲ以テ其保管ヲ爲ス能ハサル正當ノ事由アルトキハ何時ニテモ返還スルコトヲ得トセリ

第三百七十九條　預證劵及ヒ質入證劵ヲ作リタル場合ニ於テハ之ト引換ニ非サレハ寄託物ノ返還ヲ請求スルコトヲ得ス

本條ハ運送營業ニ關スル第三百四十四條ト同旨趣ナルヲ以テ重テ說明セス

第三百八十條　預證劵ノ所持人ハ質入證劵ニ記載シタル債權ノ辨濟期前ト

雖モ其債權ノ全額及ヒ辨濟期マテノ利息ヲ倉庫營業者ニ供託シテ寄託物ノ返還ヲ請求スルコトヲ得

前項ノ規定ニ從ヒテ供託シタル金額ハ質入證券ト引換ニ之ヲ其所持人ニ支拂フコトヲ要ス

預證券及ヒ質入證券ヲ作リタルトキハ之ト引換ニ非サレハ寄託物ノ返還ヲ請求スルコトヲ得ス左レハ質入證券ノ所持人カ知レサル等ノ場合ニ其債權ヲ辨濟スルヿ能ハサルトキハ預證券所持人ハ倉庫營業者ニ其質入證券ヲ返還スルコト能ハサルカ故ニ寄託物ハ之ヲ如何トモスル能ハサルカト云フニ預證券所持人ヨリ進ソテ辨濟セントスルモ質入證券所持人ヲ發見シ得サルカ爲メ何時マテモ其寄託物ノ處分ヲナスヿ能ハサルモノトセハ大ニ物品ノ運轉ヲ妨クルノミナラス從テ預證券ノ流通ヲモ妨クルノ恐レアリ故ニ本條ハ質入證券所持人ノ權利ヲ害セサル限リハ預證券ノ所持人ニ便利ヲ與フル必要ヲ認メ第一項ハ債權ノ辨濟期後ハ勿論辨濟期前ト雖モ債權ノ全額及ヒ辨濟期マテノ利息ヲ倉庫營業者ニ供託スルトキハ寄託物ノ返還ヲ請求スルコトヲ得トセリ

債權額及ヒ利息ハ本來質入証券所持人カ其證券ト引換ニ債務者ヨリ受取ルヘキモノナルヲ以

テ前項ノ規定ニ從ヒ預證劵所持人ヨリ供託シタル金額ハ倉庫營業者ヨリ質入證劵ト引換ニ其所持人ニ對シテ支拂フヘキ義務アリトセリ

第三百八十一條　第二百八十六條ノ規定ハ寄託者又ハ預證劵ノ所持人カ寄託物ヲ受取ルコトヲ拒ミ又ハ之ヲ受取ルコト能ハサル場合ニ之ヲ準用ス

契約ヲ以テ保管ノ期間ヲ定メタルトキハ其期限ニ於テ若シ其期限ヲ定メサリシトキハ六个月ノ法定期間ヲ經過シタル後又已ムコトヲ得スシテ保管ヲ爲スコト能ハサル片ハ其時ニ於テ倉庫營業者ハ其受寄物ヲ返還スルコトヲ得然レ氏寄託者又ハ預證劵所持人カ之ヲ受取ルコトヲ拒ミ又ハ受取ルコト能ハサルトキハ如何ト云フニ此場合ニ於テ倉庫營業者ニ何時マテモ保管ノ責ヲ負ハシムルハ酷ナルヲ以テ本條ハ倉庫營業者ハ第二百八十六條ノ規定ニ從ヒ受寄物ヲ供託シ又ハ相當ノ期間ヲ定メテ催告(損敗シ易キ物ハ之ヲ要セス)シタル後之ヲ競賣シテ保管ノ責ヲ免ルヽコトヲ得ルトシ尙ホ其代價ハ之ヲ供託スルコトヲ要スト雖氏倉庫營業者ハ之ヲ以テ報酬及ヒ立替金其他受寄物ニ關スル費用ニ充當スルモ妨ケナシトセリ

第三百八十二條　第三百四十八條ノ規定ハ倉庫營業者ニ之ヲ準用ス

倉庫營業者カ受寄物ヲ返還シタルトキハ運送人カ荷受人ニ運送品ヲ引渡シタル場合ト同一ノ

主旨ヲ以テ其責任ヲ免レシムル必要アリ故ニ運送品引渡ノ場合ヲ規定シタルハ第三百四十八條ノ規定ハ之ヲ倉庫營業者ニ準用ストセリ

第三百八十三條　寄託物ノ滅失又ハ毀損ニ因リテ生シタル倉庫營業者ノ責任ハ出庫ノ日ヨリ一年ヲ經過シタルトキハ時効ニ因リテ消滅ス

前項ノ期間ハ寄託物ノ全部滅失ノ場合ニ於テハ倉庫營業者カ預證券ノ所持人若シ其所持人カ知レサルトキハ寄託者ニ對シテ其滅失ノ通知ヲ發シタル日ヨリ之ヲ起算ス

前二項ノ規定ハ倉庫營業者ニ惡意アリタル場合ニハ之ヲ適用セス

倉庫營業者ノ責任ノ如キハ極メテ之ヲ短期ノ間ニ消滅セシムルモノトセサレハ其發達進歩ヲ妨クヘシ故ニ運送取扱人及ヒ運送人ト同シク短期時効ヲ以テ其責任ヲ消滅セシムル必要アリ故ニ本條ハ其時効期間ヲ一ケ年ト定メ而ソ保管義務ハ受寄物出庫ノ時ニ終ハルヲ以テ其起算点ハ之ヲ出庫ノ日ト定メタリ

寄託物ノ全部カ滅失シタル場合ニ於テハ出庫ナルモノナキヲ以テ預證券ノ所持人ニ對シ又預證券カ輾轉シテ所持人ノ知レサルトキハ寄託者ニ對シテ滅失ノ通知ヲ發シタル日ヲ以テ起算

トナシタリ
惡意ノ營業者ハ固ヨリ之ヲ保護スル必要ナシ而シテ前條ノ規定ハ善意ノ營業者ヲ保護スル爲メノ規定ナレハ第三項ハ營業者ニ惡意アリタル場合ニハ之ヲ適用セサル旨ヲ示タルニ過キス

第十章　保險

保險ハ之ヲ海上、火災、運送、生命ノ四ニ分類シ海上保險ハ之ヲ第五編ニ規定シ本章ハ先ツ各種ノ損害保險ニ共通ナル規定ヲ掲ケ次ニ火災運送及ヒ生命ノ三保險ヲ規定セリ」保險ハ零碎ノ金錢ヲ賭シテ巨額ノ損害ヲ補償セシムルニ非サレハ則ハチ報酬ヲ徒取スルノ僥倖ヲ得ルモノナリ故ニ保險契約ヲ稱シテ射倖契約ノ一種ナリト云フモ亦其所以ナキニアラス然レ𪜈凡ソ何等ノ契約ト雖𪜈單ニ其結果ヨリ觀ルトキハ殆ソト射倖ノ性質ヲ有セサルモノ鮮ルヘシ故ニ保險契約ノミヲ捕ヘテ射倖契約ナリト稱フルハ决シテ穩當ナリト云フコトヲ得ス、隨テ是等ノ説ノ當否ヲ論セソトスルニハ大ニ言ヲ費ヤスヘキモノアリト雖モ敢テ是等ノ事ヲ論究スルハ本書ノ主眼トスル所ニ非サルヲ以テ茲ニハ只保險ノ主旨及ヒ其目的ニ就テ少シク説明スル所アルヘシ
夫レ保險ナルモノハ一定ノ報酬ヲ得テ其約束セル一定ノ危險發生シタル場合ニ其損害ヲ塡補スルニアリ故ニ其契約タルヤ固ヨリ正當ニシテ當事者双方ヲ益シ敢テ一般ノ經濟ヲ害スルナカルヘシ

今日ノ盛況ヲ現ハシ以テ社會カ最モ必要トシ重ンスル所以ノモノ蓋シ偶然ニアラサルナリ、從テ損害塡補ノ實ヲ完フセシメンカ爲メニハ先ツ第一ニ何者ニ向テ保險契約ヲ爲シ得ルヤハ法律ニ於テ最モ嚴格ニ定メ置ク必要アリ故ニ民法ニ於テハ金錢ニ見積ルヿヲ得サルモノト雖モ債權ノ目的ト爲スヿヲ許シタリト雖モ本法ハ保險法上ノ一大原則トシテ保險ノ目的ト爲スヿヲ得ヘキ利益ハ金錢上ノ價額ヲ有スルモノニ限リテ之ヲ認メ金錢上ノ價額ヲ有セサルモノハ保險ノ目的ト爲スコトヲ許サス尤モ損害ノ原因タル危險ニ至リテハ火災、震災、其他何事タルヲ問ハサルナリ、保險ノ主旨タル既ニ述ヘタル如ク損害塡補ニ在リテ金錢ニ見積ルコトヲ得サルモノハ保險ノ目的ト爲スコトヲ得ス左レハ人ノ生命ノ如キハ金錢ニ見積ルコトヲ得サルカ故ニ生命保險ニアリテハ他ノ保險トハ全ク其旨趣ヲ同フスルモノニ非サルカ如シ然レモ生命保險ト雖モ其性質コソハ異ナレ其主旨トスル所ハ略ホ同一ナリト云ハサルヘカラス何トナレハ生命保險ノ被保險利益ハ人ノ生命ニ非スシテ人ノ生命ヨリ生スル利益ノ上ニ利害關係ヲ有スルニアリト知ヲハ結局他ノ保險ト敢テ徑庭アラサレナリ

第一節　損害保險

本節ハ火災及ヒ運送ノ如キ各種ノ損害保險ニ關スル規定ヲ掲ケタリ

第一欵　總則

本欵ニハ各種ノ損害ニ共通ナル規定ヲ掲ケタリ尤モ第三百九十五條以下ニハ生命保險ニモ準用スヘキ數條アリ

第三百八十四條　損害保險契約ハ當事者ノ一方カ偶然ナル一定ノ事故ニ因リテ生スルコトアルヘキ損害ヲ塡補スルコトヲ約シ相手方カ之ニ其報酬ヲ與フルコトヲ約スルニ因リテ効力ヲ生ス

本條ハ損害保險ノ定義ヲ示シタルモノニシテ損害保險ハ當事者ノ一方カ豫期スヘカラサル偶然ノ事故ニ因リ例ヘハ火災保險ナレハ家屋ヲ燒毀シタルトキハ其損害ヲ塡補スヘシト約シ被保險者ナル相手方カ報酬即チ保險料ヲ支拂フコトヲ約スルトキハ直チニ効力ヲ生スルモノニシテ其契約ハ別ニ何等ノ形式ヲモ要セス、單ニ當事者ノ合意ノミニテ成立スルモノトス

第三百八十五條　保險契約ハ金錢ニ見積ルコトヲ得ヘキ利益ニ限リ之ヲ以テ其目的ト爲スコトヲ得

凡ソ利益ナルモノノ中ニハ金錢ニ見積ルコトヲ得ルモノト否ラサルモノトアリ而シテ民法上ニ於テハ縱令金錢ニ見積ルコトヲ得サルモノト雖モ債權ノ目的ト爲スコトヲ得レモ保險法上

ニ於テ契約ノ目的ト爲シ得ルモノハ金錢ニ見積ルコトヲ得ヘキ利益ニ限レリ是レ損害塡補ノ旨趣ニ背カサラシメンカ爲メナリ故ニ所有權債權其他ノ財産上ノ利益ハ總テ其目的ト爲スコヲ得レモ人ノ精神上ノ快樂等ニ於ケル如ク之ヲ利益ト云ハヽ利益ナルモ殆ント金錢ニ見積ルコトヲ得サルモノハ保險契約ノ目的ト爲スコトヲ得サルモノトス

第三百八十六條　保險金額カ保險契約ノ目的ノ價額ニ超過シタルトキハ其超過シタル部分ニ付テハ保險契約ハ無効トス

本條ハ保險金額カ保險ノ目的ノ價額ヲ超過シタルトキハ其部分ノミヲ無効トシテ超過保險ヲ防キタリ蓋シ損害保險ノ主旨ハ損害塡補ニ在ルヲ以テ被保險目的ノ價額以外ニ保險金ヲ支拂フノ契約ハ假トヒ双方ノ合意ニ出タル場合ト雖モ之ヲ認ムルコト能ハサレハナリ

第三百八十七條　同一ノ目的ニ付キ同時ニ數個ノ保險契約ヲ爲シタル場合ニ於テ其保險金額カ保險價額ニ超過シタルトキハ各保險者ノ負擔額ハ其各自ノ保險金額ノ割合ニ依リテ之ヲ定ム

數個ノ保險契約ノ日附カ同一ナルトキハ其契約ハ同時ニ爲シタルモノト推定ス

超過保險ヲ許スヘカラサル旨趣ハ前條ニ述ヘタルカ如シ而シテ前條ハ一個ノ保險契約ヲ爲シタル場合ヲ規定シタルモノナルカ本條ハ同時ニ數個ノ保險契約ヲ爲シタル場合ニ付テ規定シタルモノニシテ本條ニ依レハ保險金額カ被保險目的ノ價額ニ超過シタルトキハ各保險者ノ負擔額ハ被保險目的ノ價額ヲ限度トシテ各自ノ契約シタル保險金額ノ割合ニ依リテ定ムヘキモノトス例之保險ノ目的ノ價額カ千五百圓ナル片ニ甲ニ對シテ千二百圓ノ保險ニ付シ乙ニ對シテ八百圓ノ保險ニ付シタリトセハ其超過額五百圓ヲ控除シ甲ハ千二百圓ニ比例シテ九百圓ヲ負擔シ乙ハ八百圓ニ比例シテ六百圓ヲ負擔スヘキモノトス

同一ノ目的ニ付キ數個ノ保險契約ヲ同時ニ爲シタル片ハ本條ノ適用ヲ受ケ相次テ爲シタル片ハ次條ノ適用ヲ受ルノ差異ヲ生スルコトヽナリテ保險者ニ大ナル利不利アリ故ニ同時ニシタルモノト時ヲ異ニシテシタルモノトヲ區別スルハ極メテ必要ノコトナリトス依テ第二項ハ契約ノ日附カ同一ナル片ヲ以テ同時ニ爲シタルモノトストシ只反証ヲ許スコトヽナシタリ

第三百八十八條　相次テ數個ノ保險契約ヲ爲シタルトキハ前ノ保險者先ツ損害ヲ負擔シ若シ其負擔額カ損害ノ全部ヲ塡補スルニ足ラサルトキハ後ノ保險者之ヲ負擔ス

本條ニ依レハ相次テ即チ時日ヲ異ニシテ數個ノ保險契約ヲ爲シタルトキハ前ノ保險者先ツ損害ヲ負擔シ若シ其負擔額カ損害ノ全部ヲ償フニ足ラサルトキハ後ノ保險者其不足額ヲ負擔スルモノトス左レハ契約締結ノ前後ニ依リテ損害ノ全部ヲ負擔スルモノアリ又前者ノ不足額ヲ負擔スルニ止マルモノアリ又全ク負擔ヲ免ルヽモノアルナリ全ク其負擔ヲ免ルヽ所以ノモノハ保險金額ハ被保險目的ノ價額ヲ限度トスルヲ以テ前者ノ保險金額ニシテ保險價額ニ達シ既ニ損害ノ全部ヲ塡補シ了ハルトセハ後ノ保險者ハ當然其義務ヲ免ルヘキモノナレハナリ

第三百八十九條 保險價額ノ全部ヲ保險ニ付シタル後ト雖モ右ノ場合ニ限リ更ニ保險契約ヲ爲スコトヲ得

一 前ノ保險者ニ對スル權利ヲ後ノ保險者ニ讓渡スコトヲ約シタルトキ

二 前ノ保險者ニ對スル權利ノ全部又ハ一部ヲ拋棄スヘキコトヲ後ノ保險者ニ約シタルトキ

三 前ノ保險者カ損害ノ塡補ヲ爲サヽルコトヲ條件トシタルトキ

本條ハ保險價額ノ全部ヲ保險ニ付シタル後ト雖モ再保險ヲ約スルコトヲ得ル三個ノ場合ヲ規定シタルモノナリ

第一ノ場合ハ後ノ保險者ヨリ損害塡補ヲ受ルヤ否ヤヲ前ノ保險者ニ對スル權利ヲ後ノ保險者ニ讓渡ヤ否ヤノ條件ニ繫ヲシメシモノナレハ之ヲ許スモ超過保險ヲ許サヽル規定ニ背反セス

第二ノ場合ハ被保險者カ前ノ保險者ニ對スル權利ノ全部又ハ一部ヲ拋棄スヘキヿヲ約シ之ヲ拋棄シタルトキニ効力ヲ生スヘキモノナルヲ以テ之ヲ許スモ第一ノ場合ト同シク毫モ不都合アルコトナジ

第三ノ場合ハ前ノ保險者カ損害塡補ヲ爲サヽルトキニ後ノ保險者ヨリ塡補セシムルコトヲ約スルモノナレハ是又超過保險ヲ認ムルモノニアラヲス

故ニ本條ハ以上三個ノ場合ニ限リ再保險ヲ約スルコトヲ許シ當事者ノ便宜ヲ圖リタリ

第三百九十條　同時ニ又ハ相次テ數個ノ保險契約ヲ爲シタル場合ニ於テ保險者ノ一人ニ對スル權利ノ拋棄ハ他ノ保險者ノ權利義務ニ影響ヲ及ホサス

同時ニ又ハ相次テ數個ノ保險契約ヲ爲シタル場合ニ被險者カ保險者ノ一人ニ對シテ其權利ヲ拋棄シタルトキハ他ノ保險者ニ對シテ如何ナル効果ヲ生スヘキヤト云フニ被保險者ハ自カヲ

好ンテ其權利ヲ拋棄シタルモノナレハ被保險者自ヲ其損失ヲ負擔スヘキハ當然ニシテ之レカ爲メ他ノ保險者ヲシテ被拋棄者ノ負擔額ヲ分擔セシムルノ理由ナシ他ノ保險者ハ第三百八十七條第三百八十八條ノ割合ニ依リテ負擔スレハ可ナリ

第三百九十一條　保險價額ノ一部ヲ保險ニ付シタル場合ニ於テハ保險者ノ負擔ハ保險金額ノ保險價額ニ對スル割合ニ依リテ之ヲ定ム

保險價額ノ一部ヲ保險ニ付シタル場合ニ保險ノ目的ノ全部ニ損害ヲ生シタルトキハ全額ヲ支拂フヘキハ勿論ナルモ其損害ニシテ一部ニ止マリシ時ハ保險者ノ負擔額ハ之ヲ如何ニ定ムルヤト云フニ保險金額ノ保險價額ニ對スル割合ニ依リテ定ムヘキモノトス例ヘハ價額五千圓ノ家屋ヲ三千圓ノ保險ニ付シタル場合ニ損害ノ部分カ二千圓ノ價額ニ止マリシトセハ保險者ヲシテ千二百圓ヲ負擔セシムルカ如シ

第三百九十二條　保險價額カ保險期間中著シク減少シタルトキハ保險契約者ハ保險者ニ對シテ保險金額及ヒ保險料ノ減額ヲ請求スルコトヲ得但保險料ノ減額ハ將來ニ向テノミ其効力ヲ生ス

保險金額ハ保險價額ニ準シテ之ヲ定メ又保險料ノ額ハ保險金額ノ割合ニ依リテ定メラルヽモ

ノナリ然ラハ保險價額カ保險期間中著シク減シタル片ハ保險契約者ハ保險者ニ對シテ不相當ナル保險料ヲ支拂フコトヲ欲セス寧ロ保險額カ減シテモ將來ニ自己ノ負擔スル保險料ノ輕キヲ欲スルコトナシトセス故ニ如此場合ニハ保險契約者ヲシテ保險金額及ヒ保險料ノ減額ヲ請求スルコトヲ得セシメサルヘカラス故ニ本條ハ保險契約者ノ爲メニ此請求ヲ認メタリ

保險料ノ減額ハ保險價額ノ減少シタル當時ニ遡リテ効力ヲ生スヘキヤ將タ將來ニ向テノミ効力ヲ生セシムヘキヤハ疑問ナリ故ニ但書ハ之ヲ決定シテ只將來ニ向テノミ効力ヲ生スルモノトセリ故ニ減額以前ニ支拂ヒタル保險料ハ之ヲ引直スコトヲ得サルモノトス

第三百九十三條 保險者カ塡補スヘキ損害ノ額ハ其損害カ生シタル地ニ於ケル其時ノ價額ニ依リテ之ヲ定ム

前項ノ損害額ヲ計算スルニ必要ナル費用ハ保險者之ヲ負擔ス

本條ハ損害ノ額ヲ定ムル方法ヲ規定シタルモノナリ

保險者カ塡補スヘキ損害ノ額ハ損害地ノ價額ニ依リテ定ムヘキカ將タ契約地ノ價額ニ依リテ定ムヘキカ又何レノ時ノ價額ニ依リテ定ムヘキカト云フニ本條ハ之ヲ決定シ損害ヲ生シタル

地及ヒ時ノ價額ニ依リテ定ムヘキモノトセリ

保險ノ旨趣ハ損害塡補ニアルヲ以テ損害ノ額ヲ計算スルニ必要ナル費用ヲ保險者ニ於テ負擔スヘキコトハ當然ナリ是レ第二項ノ示ス所ナリ

第三百九十四條　當事者カ保險價額ヲ定メタルトキハ保險者ハ其價額ノ著シク過當ナルコトヲ證明スルニ非サレハ其塡補額ノ減少ヲ請求スルコトヲ得ス

損害保險ノ目的ハ保險ノ目的ニ生シタル損害ヲ賠償スルニアリ故ニ目的ノ價額カ不當ニ高額ナリシトキハ塡補額ノ減少ヲ許スヘキハ固ヨリナリ然レモ當事者カ合意ヲ以テ定メタル保險價額ヲハ之ヲ相當ノモノト看做スヘキハ勿論ニシテ且ツ合意ノ効力ハ妄リニ之ヲ薄弱ナラシムルコトヲ得ス故ニ本條ハ當事者カ一旦價額ヲ定メタルトキハ著大ニ過當ナルコトヲ證明スルニアラサレハ保險者ヨリ其塡補額ノ減少ヲ請求スルコトヲ許サヽルモノトセリ

第三百九十五條　戰爭其他ノ變亂ニ因リテ生シタル損害ハ特約アルニ非サレハ保險者之ヲ塡補スル責ニ任セス

本條ハ損害ノ原因タル危險ノ範圍ヲ定メタルモノナリ凡ソ保險契約ハ普通生スルコトアルヘ

キ危險ヲ豫期スルモノニシテ戰爭其他ノ變亂ノ如キ非常ノ事變ハ率子其危險中ニ置カサルヲ常トス故ニ本條ハ此等ノ事故ノ爲メ損害ヲ生スルコトアルモ別段ノ約束アルニ非サレハ保險者ハ損害塡補ノ義務ナシトセリ

第三百九十六條　保險ノ目的ノ性質若クハ瑕疵其他自然ノ消耗又ハ保險契約者若クハ被保險者ノ惡意若クハ重大ナル過失ニ因リテ生シタル損害ハ保險者之ヲ塡補スル責ニ任セス

保險ノ目的ノ性質ヨリ生シタル損害トハ爆發物ノ破烈シテ損害ヲ生シタル如ク被保險物ノ性質上生シタル損害ヲ云ヒ瑕疵ニ因リテ生シタル損害トハ製罐ノ粗ナリシ爲メ石油ヲ漏失シタルカ如キ或ハ病牛カ其病ノ爲メニ斃レタル如キヲ云ヒ自然ノ消耗トハ使用スルニ從ヒ消盡シ了ハルヘキ食料品ノ如キヲ云フ此ノ如ク保險ノ目的ノ性質、瑕疵其他自然ノ消耗ニ因リテ生シタル損害又ハ被保險者ノ惡意若クハ重大ナル過失ニ因リテ生シタル損害ハ固ヨリ保險者ニ於テ之ヲ賠償スルニ及ハス

第三百九十七條　保險契約ノ當時當事者ノ一方又ハ被保險者カ事故ノ生セサルヘキコト又ハ既ニ生シタルコトヲ知レルトキハ其契約ハ無効トス

當事者ノ一方又ハ被保險者カ約束シタル事故ノ生セサルヘキコト又ハ生シ居ルコトヲ知リテ爲シタル契約ハ斷然之ヲ無効トセサルヘカラス何トナレハ損害保險契約ハ豫期スヘカラサル偶然ノ事故ノ爲メ生スルコトアルヘキ損害ノ塡補ヲ爲スコトヲ約スヘキモノナルニ此場合ニハ當事者ノ一方又ハ被保險者ノ眼中ニハ起來スヘキ偶然ノ事故ナルモノヲ置カサレハナリ此ニ注意スヘキハ當事者ノ一方又ハ被保險者カ契約ノ當時之ヲ知ルト否トニアリ契約ノ當時ニ於テモ事故ハ必ス將來ニ生セサルヘキ狀態ニ在ルコトアルヘク又既ニ發生シ居ルコトモ間々之アリ然レトモ當事者ノ一方又ハ被保險者カ契約締結ノ當時之ヲ知ヲサリシナレハ其契約ノ有効ナルハ固ヨリ言ヲ俟タサル所ナリ

第三百九十八條　保險契約ノ當時保險契約者カ惡意又ハ重大ナル過失ニ因リテ重要ナル事實ヲ告ケス又ハ重要ナル事項ニ付キ不實ノ事ヲ告ケタルトキハ其契約ハ無効トス但保險者カ其事實ヲ知リ又ハ之ヲ知ルコトヲ得ヘカリシトキハ此限ニ在ラス

本條ハ保險契約者ノ開陳義務ヲ規定シタルモノナリ保險契約ヲ締結スルニ當タリ保險者カ其危險ニ影響スル重要ノ事項ヲ調査スル爲メ保險契約者ノ告知ヲ要スヘキハ勿論ナリ故ニ保險

契約者ハ本條ニ依リ被保險利益ニ付テ危險タルヘキ重要ナル事實ヲ告知スルノ義務アリ然レトモ保險契約者ハ如何ニ重要ナル事項ト雖モ忘レテ告ケサルコトアルヘク又偶然間違ヲ陳フルコトモ亦之レナシトセス故ニ不實ノ事ヲ告ケタリトテ直チニ其契約ヲ無効ナラシムルモノトスルトキハ保險契約ハ概ネ解除セラレ保險契約者ハ狡獪ナル保險者ノ好餌ト爲リ了ハランノミ故ニ本條ハ保險契約者カ事實ヲ告レハ自己ニ不利ナルヲ以テ瑕疵アルモ秘シテ告ケサルカ又ハ詐ハリヲ告ケ(共ニ惡意)又ハ大ナル間違ヲ告ケ(重大過失)タル場合ニ限リ其契約ヲ無効トシ但書ヲ設ケテ保險者カ其事實ヲ知リタル場合ヲ除外シタリ盖シ保險者カ其事實ヲ知リ又ハ知ルヘカリシ場合ニハ保險者ニモ過失アルカ故ニ敢テ其契約ヲ無効トスル必要アラサレハナリ

第三百九十九條　保險契約ノ全部又ハ一部カ無効ナル場合ニ於テ保險契約者及ヒ被保險者カ善意ニシテ且重大ナル過失ナキトキハ保險者ニ對シテ保險料ノ全部又ハ一部ノ返還ヲ請求スルコトヲ得

保險契約ノ全部カ無効ナル場合トハ重複保險ノ場合ニ於テ第三百八十八條ニ依リ前ノ保險者カ損害ノ全部ヲ負擔シ後ノ保險カ無効トナリタルトキ又ハ第四百十條第四百十一條ニ依リ保

険契約カ無効トナリタルトキノ如キ又一部カ無効トナリタル場合トハ第三百八十六條ニ依リ保險價額ヲ超過シタル部分カ無効トナリタルトキ又ハ第三百八十八條ニ依リ後ノ保險者ノ負擔カ保險金額ノ一部ニ止マリシトキノ如キヲ云フ
右等ノ場合ニ於テ保險契約者及ヒ被保險者カ善意ニシテ且重大ナル過失ナキトキハ本條ニ依リ保險者ニ對シテ保險料ノ全部又ハ一部ノ返還ヲ請求スルコトヲ得ルナリ

第四百條　保險契約ノ當事者カ特別ノ危險ヲ斟酌シテ保險料ノ額ヲ定メタル場合ニ於テ保險期間中其危險カ消滅シタルトキハ保險契約者ハ將來ニ向テ保險料ノ減額ヲ請求スルコトヲ得

一旦保險契約ヲ取結ヒタル後ハ約束シタル危險ニ如何ナル變更アルモ保險契約者ヨリ保險料ノ減額ノ請求ヲ許サヽルヲ原則トスレトモ例ヘハ家屋ヲ火災保險ニ付シタル時ニ其家屋カ湯屋ニ接近シケルヲ以テ保險料ヲ高ク定メタル場合ニ於テ保險期間中其湯屋カ廢業シタル如ク當初ニ認メタル特別ノ危險カ消滅シタルトキハ保險料ノ減額ヲ請求スルコトヲ得ルノ權利ヲ有セシメサルヘカス故ニ本條ハ此場合ニ限リ將來ノ保險料ニ付キ其減額ヲ請求スルコトヲ得トセリ

第四百一條　保險契約ハ他人ノ爲メニモ之ヲ爲スコトヲ得此場合ニ於テハ保險契約者ハ保險者ニ對シ保險料ヲ支拂フ義務ヲ負フ

保險契約モ亦本條ニ依リ他人ノ爲メニ之ヲ爲スコトヲ得ヘシ然レ𪜈本條ニ他人即チ被保險者ハ民法第五百三十七條ニ所謂第三者ニシテ保險者ニ對シ損害塡補ヲ請求スルノ權利ハ之ヲ有スルモ保險料支拂ノ義務ヲ負ハサルモノトス故ニ保險料ハ保險契約者ニ於テ之ヲ支拂フ義務アリトセリ

他人ノ爲メニ損害保險契約ヲ爲スモノハ何人ナルヘキカト云フニ問屋、運送人、倉庫營業者等ナルヘシ

第四百二條　保險契約者カ委任ヲ受ケスシテ他人ノ爲メニ契約ヲ爲シタル場合ニ於テ其旨ヲ保險者ニ告ケサルトキハ其契約ハ無効トス若シ之ヲ告ケタルトキハ被保險者ハ當然其契約ノ利益ヲ享受ス

代理權ナクシテ他人ノ爲メニ保險契約ヲ爲スコトヲ許シタルニ付テハ何人ノ爲メニ爲スト云フコトヲ保險者ニ告知セシムルモノトセサルトキハ賭博保險ノ行ハルヽ恐レアリ故ニ本條ハ此告知ヲ爲サヽルトキハ其契約ヲ無効トシ之ヲ爲シタル𪜈ハ被保險者ハ當然其契約ニ因リテ

生シタル利益ヲ受ルコトヲ得ルモノトセリ

第四百三條　保險者ハ保險契約者ノ請求ニ因リ保險證券ヲ交付スルコトヲ要ス

保險證券ニハ左ノ事項ヲ記載シ保險者之ニ署名スルコトヲ要ス

一　保險ノ目的
二　保險者ノ負擔シタル危險
三　保險價額ヲ定メタルトキハ其價額
四　保險金額
五　保險料及ヒ其支拂ノ方法
六　保險期間ヲ定メタルトキハ其始期及ヒ終期
七　保險契約者ノ氏名又ハ商號
八　保險契約ノ年月日
九　保險證券ノ作成地及ヒ其作成ノ年月日

保險契約ハ諾成契約ノ一種ニシテ只當事者ノ合意ノミヲ以テ成立シ保險證券ノ作成ナクモ當

然其効力ヲ生スルモノトス故ニ保險證券ハ契約成立ノ要素トシテ之ヲ作成スルノ必要ナシ只保險契約者ハ之ニ依リテ保險契約ヲ證明スルノ具ニアリ是ヲ以テ本條ハ保險契約者ノ請求アル件ハ交付スルノ義務アリトセリ

第二項ハ記載要件ヲ列擧シ且之ニ署名スヘキヲ命シタルモノナルカ法文簡明ナルヲ以テ敢テ説明スルノ点ナシ

第四百四條　被保險者カ保險ノ目的ヲ讓渡シタルトキハ同時ニ保險契約ニ因リテ生シタル權利ヲ讓渡シタルモノト推定ス

前項ノ塲合ニ於テ保險ノ目的ノ讓渡カ著シク危險ヲ變更又ハ增加シタルトキハ保險契約ハ其効力ヲ失フ

保險契約ハ被保險者ノ有スル利益ニ損害ヲ生シタル塲合ニ其損害ヲ賠償セシコトヲ契約スルモノナレハ當事者間ニ於テノミ効力ヲ有シ被保險者カ其目的ヲ他人ニ讓渡シタルトキハ最早被保險利益ヲ有セサルモノトナルヲ以テ其契約ハ當然消滅スヘシ然レトモ保險ノ効用ハ被保險利益ヲ確保スルニアレハ多數ノ塲合ハ契約上ノ權利ハ目的ノ移轉ニ伴フモノト看做スヿヲ得蓋シ當事者ノ意思ハ此點ニ一致スルヿ多レハナリ尤目的ノ讓受人ニ於テ保險者ヲ信セサル

カ又ハ保險ヲ必要トセサル如キ場合ニハ却テ其讓受ヲ好マサルヿナシトセス故ニ舊法ノ如ク當然移轉スト定ムルハ當ヲ得タルモノト云フヘカラス是ヲ以テ本法ハ只之ヲ推定ニ止メ其反證ヲ許スコトトセリ

然レトモ前項ノ場合ニ保險ノ目的ノ讓渡カ著シク危險ヲ變更又ハ增加シタルトキハ為メニ保險契約ノ效力ヲ失フヘキハ勿論ノ事ナリ是レ第二項ノ規定アル所以ナリ

第四百五條　保險者カ破產ノ宣告ヲ受ケタルトキハ保險契約者ハ相當ノ擔保ヲ供セシメ又ハ契約ノ解除ヲ為スコトヲ得

前項ノ場合ニ於テ保險契約者カ契約ノ解除ヲ為シタルトキハ其解除ハ將來ニ向テノミ其效力ヲ生ス

前二項ノ規定ハ保險契約者カ破產ノ宣告ヲ受ケタル場合ニ之ヲ準用ス但保險契約者カ既ニ保險料ノ全部ヲ支拂ヒタルトキハ此限ニ在ラス

保險者カ破產ノ宣告ヲ受ケタルトキハ保險契約者ハ他日保險金ノ支拂ヲ得ル見込ナキヲ以テ保險料ノミ掛損スルノ恐レアリ故ニ本條第一項ハ保險契約者ハ保險者ニ對シテ相當ノ擔保ヲ請求スルモ契約ノ解除ヲ為スモ隨意ナリトシ第二項ハ契約ノ解除ヲ為シタルトキハ其解除以

後ニノミ効力ヲ生スル旨ヲ明ニシタリ
又保險契約者モ保險料支拂ノ義務アルヲ以テ其破產シタルトキハ右ト反對ニ保險者ノ權利ヲ保護スル必要アリ故ニ第三項ハ保險契約者カ破產シタル片ハ保險料未濟ノ場合ニ限リ（保險料ノ全部ヲ支拂ヒタル場合ニハ破產スルモ保險者ニ何等ノ損失ヲ生セシムルコトアラサルヲ以テ）第一項第二項ノ規定ヲ準用ストシ保險者ニ與フルニ保險契約者ニ與ヘタルト同一ノ權利ヲ以テシタリ

第四百六條　他人ノ爲メニ保險契約ヲ爲シタル場合ニ於テ保險契約者カ破產ノ宣告ヲ受ケタルトキハ保險者ハ被保險者ニ對シテ保險料ヲ請求スルコトヲ得但被保險者カ其權利ヲ拋棄シタルトキハ此限ニ在ラス

他人ノ爲メニ保險契約ヲ爲シタルトキハ第四百一條ニ依リ保險契約者ニ於テ保險料ヲ支拂フ義務アリ故ニ保險契約者カ破產シタルトキハ保險者ハ擔保ヲ請求シ又ハ契約ノ解除ヲ爲スコトヲ得トセリ然レ圧此規定ノミヲ以テスルトキハ若シ保險契約者カ擔保ヲ供セサルトキハ其契約ハ解除セラルヽノ外ナキモ法律ハ他ニ被保險者ノ利益ヲ保護スルノ必要ヲ認メ被保險者カ其權利ヲ拋棄セサル限リハ被保險者ニ對シ保險料ヲ請求スルコトヲ得ルトシ契約ノ目的ヲ

遂セシムルコトヲ慮リタルモノナリ

第四百七條　保險者ノ責任カ始マル前ニ於テハ保險契約者ハ契約ノ全部又ハ一部ノ解除ヲ爲スコトヲ得

本條ハ例ヘハ何月何日ト保險ノ始期ヲ定メタル場合ニ於テ未タ其期日カ到來セサル如ク保險者ノ責任カ始マラサル內ハ保險契約者ハ契約ノ全部又ハ一部ヲ解除シ得ルノ權利ヲ認メタリ蓋シ此場合ニ在リテハ保險契約者ニ其契約ノ解除ヲ許スモ保險者ニ何等ノ損害ヲ與フルコトナケレハナリ

第四百八條　保險者ノ責任カ始マル前ニ於テ保險契約者又ハ被保險者ノ行爲ニ因ラスシテ保險ノ目的ノ全部又ハ一部ニ付キ保險者ノ負擔ニ歸スヘキ危險カ生セサルニ至リタルトキハ保險者ハ保險料ノ全部又ハ一部ヲ返還スルコトヲ要ス

本條ハ例ヘハ運送保險ヲ約シタル場合ニ未タ運送ヲ始メサル前保險契約者ノ債權者ヨリ被保險物ヲ競賣セラレタル如ク保險者ノ責任カ始マル前保險ノ目的ノ全部又ハ一部ニ付キ保險者ノ負擔ニ歸スヘキ危險カ生セサルニ至リタルトキハ保險者ハ保險料ノ全部又ハ一部ヲ返還ス

ル義務アル旨ヲ示シタルモノナリ

第四百九條　前二條ノ場合ニ於テハ保險者ハ其返還スヘキ保險料ノ半額ニ相當スル金額ヲ請求スルコトヲ得

第四百七條ニ依リテ保險契約者カ契約ノ全部又ハ一部ヲ解除シタルニ因リ又ハ前條ニ依リテ保險料ノ全部又ハ一部ヲ返還スヘキトキハ保險者ハ手數料其他ノ費用ノ爲メ其返還スヘキ保險料ノ半額ヲ請求スルコトヲ得ルナリ蓋シ保險者ハ保險ヲ以テ其營業トスルモノナルカ故ニ如此場合ニ於テモ支出シタル必要費ト其手數料ヲ保險契約者ヨリ支拂ハシムヘキハ當然ノコトナレハナリ

第四百十條　保險期間中危險カ保險契約者又ハ被保險者ノ責ニ歸スヘキ事由ニ因リテ著シク變更又ハ増加シタルトキハ保險契約ハ其効力ヲ失フ

危險ノ程度ニ多少ノ變更增加ヲ免レサルハ一般ノ常觀タリ故ニ少許ノ變更增加ニモ契約ノ効力ヲ失ハシムルモノトスルトキハ保險契約ハ比々其効力ヲ失フニ至ルヘシ故ニ本條ハ例ヘハ最初隣地ハ庭園ナリシニ硝子製造場ヲ建設シタル如キ又最初硝子製造場ナリシヲ火藥製造場トナシタル如ク其危險カ保險期間中保險契約者又ハ被保險者ノ所爲ニ因リテ著シク變更又ハ

増加シタル場合ニ限リ其契約ヲシテ無効ナラシムルモノトセリ

第四百十一條　保險期間中危險カ保險契約者又ハ被保險者ノ責ニ歸スヘカラサル事由ニ因リテ著シク變更又ハ増加シタルトキハ保險者ハ契約ノ解除ヲ爲スコトヲ得但其解除ハ將來ニ向テノミ其效力ヲ生ス

前項ノ場合ニ於テ保險契約者又ハ被保險者カ危險ノ著シク變更又ハ増加シタルコトヲ知リタルトキハ遲滯ナク之ヲ保險者ニ通知スルコトヲ要ス若シ其通知ヲ怠リタルトキハ保險者ハ危險ノ變更又ハ増加ノ時ヨリ保險契約カ其效力ヲ失ヒタルモノト看做スコトヲ得

保險者カ前項ノ通知ヲ受ケ又ハ危險ノ變更若クハ増加ヲ知リタル後遲滯ナク契約ノ解除ヲ爲サヽルトキハ其契約ヲ承認シタルモノト看做ス

第一項、前條ハ危險ノ變更増加カ保險契約者又ハ被保險者ノ行爲ニ因リタル場合ヲ定メタルモノナルカ本條ハ保險契約者等ノ行爲以外ニ生シタル場合ヲ規定シ此場合ニハ保險者ハ契約ヲ解除スルコトヲ得ルトシ解除ノ效力ハ將來ニ向テノミ生スルモノトセリ
變更増加ノ著大ナルモノニ限リタル理由ハ尙ホ前條ニ述ヘタル所ニ同シ

保險者ヲシテ前條ノ解除權ヲ行使シ其利益ヲ全フスルヿヲ得セシムルニハ危險ノ變更增加ヲ容易ニ知リ得ル保險契約者又ハ被保險者ヨリ之ヲ知タル片ハ速ニ保險者ニ通知セシムルモノトスル必要アリ故ニ第二項ハ此兩者ニ其義務ヲ負ハシメ若シ其通知ヲ怠タル片ハ其制裁トシテ保險者ヲシテ變更增加ノ時ヨリ契約ノ効力ヲ失ヒシモノト看做シ直チニ之ヲ知テ解除權ヲ行ヒシト同一ノ効果ヲ得セシムルモノトセリ然レ圧保險者カ第二項ノ通知ヲ受ケ又ハ受ケストモ變更增加アリタルコトヲ知リタルニ拘ハラス速ニ契約ノ解除ヲ爲サヽルトキハ其儘從前ノ契約ニ從フノ意思アルモノト看做スヿ當然ナリ是レ第三項ノ旨趣トス

第四百十二條　保險者ノ負擔シタル危險ノ發生ニ因リテ損害カ生シタル場合ニ於テ保險契約者又ハ被保險者カ其損害ノ生シタルコトヲ知リタルトキハ遲滯ナク保險者ニ對シテ其通知ヲ發スルコトヲ要ス

本條モ保險契約者及ヒ被保險者ノ通知義務ヲ規定シタルモノナリ、保險契約者又ハ被保險ハ約束シタル危險發生シテ被保險物ニ損害カ生シタル場合ニ其損害ノ生シタルコトヲ知リタルトキハ保險者ニ對シテ速ニ之ヲ通知スル義務アリ

第四百十三條　保險ノ目的ニ付キ保險者ノ負擔スヘキ損害カ生シタルトキ

ハ其後ニ至リ其目的カ保險者ノ負擔セサル危險ノ發生ニ因リテ滅失シタルトキト雖モ保險者ハ其損害ヲ塡補スル責ヲ免ルヽコトヲ得ス

玆ニ火災保險ノ場合ニ火災起リテ其目的ニ損害ヲ生シ其損害ハ目的ノ一部ニ止マリシモ次テ震災ノ爲メ全滅シタリトセンカ之ヲ結果ヨリ觀ルトキハ火災ナカリシモ其滅失ハ終ニ免レ得サリシモノナレハ保險者ハ損害塡補ノ責任ナキカト云フニ本條ハ其目的ニ付キ一旦保險者ノ負擔スヘキ損害ヲ生シタルトキハ其目的カ後ニ他ノ危險ノ發生ニ因リテ滅失シタルトキト雖モ尚ホ保險者ハ損害塡補ノ責ヲ免ルヽコトヲ得ストシタリ

第四百十四條　被保險者ハ損害ノ防止ヲ力ムルコトヲ要ス但之カ爲メニ必要又ハ有益ナリシ費用及ヒ塡補額カ保險金額ニ超過スルトキト雖モ保險者之ヲ負擔ス

第三百九十一條ノ規定ハ前項但書ノ場合ニ之ヲ準用ス

被保險者ハ契約ノ危險發生シタル件ハ損害ノ防止ニ盡力スル義務アリ然レトモ本條ハ其必要又ハ有益ナリシ費用ニ塡補額ヲ加ヘタル額カ若シ保險金額ヲ超過シタルトキト雖モ其費用ハ保險者ニ於テ負擔スヘキモノトナシタリ左レハ保險者ニ取リテハ時トシテハ難有迷惑ノ場合

モアルヘシト雖モ斯ク定メ置サレハ被保險者ハ損害ノ防止ニ盡力シテ尙ホ且ツ費用ヲ負擔スルコトヽナルヲ以テ敢テ盡力スル者ナカルヘシ是レ第一項ノ設ケアル所以ナリ
第二項ハ一部保險ノ場合ニハ第三百九十一條ヲ準用シ第一項但書ノ費用ハ保險金額ノ保險價額ニ對スル割合ニ依リテ定ムヘキヲ示シタルニ過キス

第四百十五條　保險ノ目的ノ全部カ滅失シタル場合ニ於テ保險者カ保險金額ノ全部ヲ支拂ヒタルトキハ被保險者カ其目的ニ付キ有セル權利ヲ取得ス但保險價額ノ一部ヲ保險ニ付シタル場合ニ於テハ保險者ノ權利ハ保險金額ノ保險價額ニ對スル割合ニ依リテ之ヲ定ム

損害保險ノ主旨ハ損害ノ塡補ヲ爲スニ在リ故ニ嚴格ニ之ヲ論スルトキハ保險ノ目的カ全部滅失シタル場合ニ於テモ危險發生前ノ價格ト發生後ノ價格トヲ比較シ其差額ヲ塡補セシムルコト當然ナリ然レモ必スシモ斯クセシムルモノトスルトキハ爲メニ時日ト手數トヲ要スルニ至リ却テ保險ノ効用ヲ埋沒セシムル恐レアリ故ニ本條ハ被險者カ保險金額ノ全部ヲ支拂ヒタルトキハ被保險者カ其目的ニ付キ有セル權利ヲ取得セシムルモノトシ、保險價額ノ一部ヲ保險ニ付シタル場合ニ於テハ保險者ノ取得スヘキ權利ハ保險金額ノ保險價額ニ對スル割合ニ依リ

テ定ムヘキモノトナシタリ

第四百十六條　損害カ第三者ノ行爲ニ因リテ生シタル場合ニ於テ保險者カ被保險者ニ對シ其負擔額ヲ支拂ヒタルトキハ其支拂ヒタル金額ノ限度ニ於テ保險契約者又ハ保險者カ第三者ニ對シテ有セル權利ヲ取得ス
保險者カ被保險者ニ對シ其負擔額ノ一部ヲ支拂ヒタルトキハ保險契約者又ハ被保險者ノ權利ヲ害セサル範圍內ニ於テノミ前項ニ定メタル權利ヲ行フコトヲ得

例ヘハ一千圓ノ保險ニ付シタル運送品カ運送人ノ過失ニ因リテ損害ヲ生シタル場合ニ保險者カ其負擔額一千圓ヲ支拂ヒシトキハ保險者ヲシテ其支拂ヒタル一千圓マテ保險契約者又ハ被保險者カ運送人ニ對シテ有セル損害賠償ノ請求權ヲ取得セシムルコト正當ナリ是レ第一項ノ規定アル所以ナリ然レトモ保險者カ右ノ負擔額一千圓ノ內例ヘハ五百圓ヲ支拂ヒシノミナルトキト雖モ全額ヲ支拂ヒシトキト同一ニ第一項ニ定メタル權利ヲ行ヒ得ルモノトスルトキハ運送人ノ財產カ若シ五百圓以下ナルトキハ保險契約者又ハ被保險者ハ其權利ヲ害セラルヽニ至ルヘシ何トナレハ保險契

約者又ハ被保險者ハ保險金額一千圓ノ內五百圓ヲ受取リタルノミナレハ運送人ニ對シテモ尙ホ進ンテ請求セサルヘカラサルニ運送人ノ有スル五百圓以下ノ財產ニ對シ保險者カ自己ノ支拂ヒタル五百圓ニ付テ第一項ニ定メタル權利ヲ行フトキハ保險契約者又ハ被保險者ハ其餘ニ得ルモノナキヲ以テ自己ノ權利ヲ害セラルヽコト明ナレハナリ左レハ一部支拂ノ場合ハ之ヲ全部支拂ノ場合ト區別スルノ必要アリ故ニ第二項ハ一部支拂ノ場合ニハ保險契約者又ハ被保險者ノ權利ヲ害セサル範圍內ニ於テノミ之ヲ許シ即チ前例ノ保險者ハ運送人ノ財產カ五百圓ヲ超ユル時ノミ其超過額ニ對シテ第一項ノ權利ヲ行ヒ得ルヿヲ定メタルモノナリ

第四百十七條　保險金額支拂ノ義務ハ二年保險料支拂ノ義務ハ一年ヲ經過シタルトキハ時効ニ因リテ消滅ス

保險金額及ヒ保險料支拂ノ義務ハ共ニ之ヲ短期時効ニ罹カラシムル必要アリ故ニ本條ハ保險金額支拂ノ義務ハ二ケ年保險料支拂ノ義務ハ一ケ年ニテ消滅スルモノトセリ

第四百十八條　本節ノ規定ハ相互保險ニ之ヲ準用ス但其性質カ之ヲ許サヽルトキハ此限ニ在ラス

相互保險ハ社團ト社員トノ間ニ保險契約ヲ締結シ各社員ノ上ニ生スル危險ヲ社團即チ社員ノ

全体ニ於テ負擔スルモノナリ故ニ此相互保險ニ付テハ種々ノ學說アリテ或ハ組合契約ト保險契約トノ混合ナリト云ヒ或ハ純然タル組合契約ナリト云ヒ又相互保險ハ各當事者ノ一身ニ保險者タリ被保險者タル二ノ資格ヲ集合セル無名契約ノ一種ナリト稱シ其說未タ一定セサルモノヽ如シ然レトモ相互保險モ被保險利益ノ意義、保險金額、保險價額、損害塡補、戰爭ノ危險、告知義務及ヒ其目的ノ讓渡等ニ關スル權利義務ニ付テハ本章ニ定ムル營業保險ト敢テ異ナル所ナシ故ニ保險證劵作成ノ如キ性質上適用スヘカラサルモノヲ除ク外凡テ本節ニ定ムル規定ヲ準用ストセリ

第二欵　火災保險

本欵ハ火災保險ニ特別ナル規定ノミヲ揭ケタルモノナリ依リテ他ハ總テ損害保險ニ共通ナル前欵ノ規定ニ從フヘキモノトス

第四百十九條　火災ニ因リテ生シタル損害ハ其火災ノ原因如何ヲ問ハス保險者之ヲ塡補スル責ニ任ス但第三百九十五條及ヒ第三百九十六條ノ場合ハ此限ニ在ラス

雷電又ハ震災ノ危險火藥若クハ機關ノ破裂等ニ於ケル危險モ之ヲ損害保險ノ危險トシテ約束

スルコトヲ得ルナリ然レモ本法ハ舊商法ノ如クニ此等ノ危險ヲ火災保險ニ含蓄スルモノトナサス火災保險ノ危險トシテハ單ニ火災ノミニ限リタリ而モ火災ノ原因ニ至ツテハ雷電震災其他何タルヲ問ハサルモノトシ只損害ニシテ火災ニ原因セル以上ハ之ヲ火災損害トシテ保險者ニ於テ其損害塡補ノ責任アリトセリ然レモ火災カ若シ戰爭其他ノ變亂ニ起生シタル場合ニハ特約アルニ非サレハ保險者ニ於テ其損害ヲ塡補スル義務ナシ(第三百九十五條)又保險ノ目的ノ性質瑕疵若クハ保險契約者又ハ被保險者ノ惡意又ハ重大ナル過失ニ因リテ生シタル損害ハ亦保險者ニ於テ之ヲ塡補スル限リニアラス(第三百九十六條)故ニ但書ヲ設ケテ此等ノ場合ニハ保險者ニ其責任ナキ旨ヲ明ニシタリ

第四百二十條　消防又ハ避難ニ必要ナル處分ニ因リ保險ノ目的ニ付キ生シタル損害ハ保險者之ヲ塡補スル責ニ任ス

舊商法ハ保險ノ目的ニ付キ消防其他救濟ノ處分ニ因リ生シタル費用ノ外竊盜又ハ類似ノ事由ニ因リテ生シタル損害ヲモ火災損害ト看做シテ保險者ニ塡補ノ義務アリトシタルモ此ノ如ク危險ノ範圍ヲ廣汎ナラシムルハ保險者ノ爲メ頗ル苛酷ニ失スルモノト云ハサルヘカラス故ニ本條ハ只消防又ハ避難ニ必要ナル處分ニ因リテ生シタル損害ノミニ限リタリ

第四百二十一條　賃借人其他他人ノ物ヲ保管スル者カ其支拂フコトアルヘキ損害賠償ノ爲メ其物ヲ保險ニ付シタルトキハ所有者ハ保險者ニ對シテ直接ニ其損害ノ塡補ヲ請求スルコトヲ得

賃借人其他物品保管ノ義務アル者カ火災ニ因リテ其物品ニ損害ヲ生シタル場合ニ所有者ニ對シテ支拂フヘキ損害賠償ノ爲メニ賃借物又ハ受寄物ヲ保險ニ付シタル場合ニ之ニ損害ヲ生シタル時賃借人等ヨリ保險者ニ請求シ所有者ハ賃借人等ニ請求スルヨリ他ニ途ナキモノトスルトキハ徒ラニ手數ヲ重ヌルノ不便アリ故ニ本條ハ簡便ニ其目的ヲ達セシムル爲メニ如此場合ニハ其賃貸人、寄託者等ヨリ直接ニ保險者ニ對シテ請求スルコトヲ得トセリ

第四百二十二條　火災保險證劵ニハ第四百三條第二項ニ掲ケタル事項ノ外左ノ事項ヲ記載スルコトヲ要ス

一　保險ニ付シタル建物ノ所在構造及ヒ用方

二　動産ヲ保險ニ付シタルトキハ之ヲ納ルル建物ノ所在構造及ヒ用方

火災保險證劵ニハ第四百三條第二項ニ掲ケタル事項ノ外本條ニ依リ保險ニ付シタル建物ノ所在及ヒ石造、煉瓦、木造、瓦葺、板葺ト云フ如ク構造ノ種類ヲ記載シ尙ホ普通ノ住家又ハ何製造

場ニ用ユルト云フ如ク其用方ヲ記載セサルヘカラス

又動產ヲ保險ニ付シタルトキハ之ヲ納ルヽ建物ニ付キ右ト同一ニ所在搆造及ヒ用方ヲ記載スヘキモノトス是レ契約ノ危險ニ著大ノ變更ヲ生シタルヤ否ヤヲ决スル場合ニ當時ニ於ケル危險ノ程度ヲ知ルニ必要ナレハナリ

第三款　運送保險

本欵ハ運送保險ノミニ特殊ノ規定ヲ揭ケタリ

第四百二十三條　保險者ハ特約ナキトキハ運送人カ運送品ヲ受取リタル時ヨリ之ヲ荷受人ニ引渡ス時マテニ生スルコトアルヘキ損害ヲ塡補スル責ニ任ス

本條ハ運送保險ノ特質トシテ運送人カ運送品ヲ受取リタル時ヨリ之ヲ荷受人ニ引渡ス時マテヲ以テ保險期間ト定メ其間ニ生スルコトアルヘキ損害ヲ塡補スル責ニ任スルモノトナシタリ尤モ是ハ當事者ニ特約ナキ場合ニ適用スヘキ規定ニシテ若シ當事者カ例ヘハ運送ヲ始メタル時ヨリト定ムルカ如ク之ニ異ナリタル約束ヲ爲シタルトキハ勿論其約束ノ旨趣ニ從フコトヲ得ルナリ

第四百二十四條　運送品ノ保險ニ付テハ發送ノ地及ヒ時ニ於ケル其價額及ヒ到達地マテノ運送賃其他ノ費用ヲ以テ保險價額トス
運送品ノ到達ニ因リテ得ヘキ利益ハ特約アルトキニ限リ之ヲ保險價額中ニ算入ス

契約ヲ以テ保險價額ヲ定メサルトキハ運送品ノ保險ニ付テハ如何ナル方法ニ依リテ之ヲ定ムヘキカト云フニ運送品ノ損害ハ何レノ時何レノ地ニ於テ生シタルカハ殆ント之ヲ知リ得ヘカラサルコトナルヲ以テ損害ノ地及ヒ時ニ於ケル價額ニ依ラシムルトシタル第三百九十三條ノ原則ハ之ヲ運送品ニ適用スルコトヲ得ス故ニ本條ハ發送地及ヒ發送ノ時ニ於ケル其價額及ヒ到達地マテノ運送賃其他ノ費用即チ積込ノ費用、諸稅、保險料等ノ費用ヲ以テ保險價額ト定メタリ茲ニ運送品ノ中殊ニ商品ノ如キハ利益ヲ得ル目的ヲ以テ發送スルモノナルカ故ニ其運送ニ因リテ必然得ヘカリシ利益モ亦該價額中ニ算入セサルヘカラサルカ如シト雖ヒ本條第二項ハ只特約アルトキニノミ算入スヘキモノトナシタリ

第四百二十五條　運送保險證劵ニハ第四百三條第二項ニ掲ケタル事項ノ外左ノ事項ヲ記載スルコトヲ要ス

一 運送ノ道筋及ヒ方法
二 運送人ノ氏名又ハ商號
三 運送品ノ受取及ヒ引渡ノ場所
四 運送期間ノ定アルトキハ其期間

一般ノ保險契約ニ付キ其保險證券ニ記載スヘキ要件ハ第四百三條第二項ニ定メタルモ運送保險ノ性質トシテ本條ハ其他ニ本條第一ヨリ第四ノ事項ヲ記載スルコトヲ必要トセリ第二ヨリ第四ノ事項ニ付テハ敢テ說明ヲ要スルノ點ナキモ第一ノ道筋トハ豫定ノ線路ニシテ東海道ニ依ルトカ中仙道ヲ以テスルトカ契約ヲ以テ定メタル運送ノ爲メニ取ルヘキ道筋ヲ云ヒ運送ノ方法トハ船車若クハ人馬ニ依リテ運送スルト云フ如ク荷送人ト運送取扱人若クハ運送人トノ間ニ定メタル運送ヲナス方法ヲ云フ

第四百二十六條 保險契約ハ特約アルニ非サレハ運送上ノ必要ニ因リ一時運送ヲ中止シ又ハ運送ノ道筋若クハ方法ヲ變更シタルトキト雖ﾓ其効力ヲ失ハス

運送人カ例ヘハ暴風水害貨物ノ堆積其他ノ事由ニ因リ一時運送ヲ中止シ又ハ甲路ニ依ルヘキ

ヲ乙路ニ變シ若クハ船車ニ依ルヘキヲ人馬ニ變スルカ如キハ全ク運送上ノ必要ニ起リ固ヨリ已ムヲ得サル處置ナリト云ハサルヘカラス故ニ本條ハ如此場合ニ運送ノ道筋若クハ方法ヲ變更スルコトアルモ特約アル場合ノ外ハ依然契約ノ効力ヲ有スル旨ヲ示シタリ

第二節　生命保險

生命保險ノ本義ニ付テハ簡短ナカラモ既ニ章首ニ之ヲ叙ヘタレハ重子テ説明セス

第四百二十七條　生命保險契約ハ當事者ノ一方カ相手方又ハ第三者ノ生死ニ關シ一定ノ金額ヲ支拂フヘキコヲ約シ相手方カ之ニ其報酬ヲ與フヘキコトヲ約スルニ因リテ其効力ヲ生ス

生命保險契約ハ當事者ノ一方カ相手方又ハ第三者ノ生死ニ關シ一定ノ金額ヲ支拂フヘキコトヲ約シ相手方カ之ニ報酬ヲ支拂フコトヲ約スルニ因リテ効力ヲ生シ其契約ハ只當事者ノ合意ノミニテ成立スルモノトス

本條ハ別ニ擧示セストモ人ノ生死ニ關シ云々トアリ又第四百三十條ニ保險契約ノ種類云々トアルニ依ルモ人ノ死亡ハ勿論病傷年金及ヒ養老保險等ヲモ認メタルコト瞭然タリ

第四百二十八條　保險金額ヲ受取ルヘキ者ハ被保險者其相續人又ハ親族ナ

ルコトヲ要ス
保險契約ニ因リテ生シタル權利ハ被保險者ノ親族ニ限リ之ヲ讓受クルコトヲ得
保險金額ヲ受取ルヘキ者カ死亡シタルトキ又ハ被保險者ト保險金額ヲ受取ルヘキ者トノ親族關係カ止ミタルトキハ保險契約者ハ更ニ保險金額ヲ受取ルヘキ者ヲ定メ又ハ被保險者ノ爲メニ積立テタル金額ノ拂戻ヲ請求スルコトヲ得
保險契約者カ前項ニ定メタル權利ヲ行ハスシテ死亡シタルトキハ被保險者ヲ以テ保險金額ヲ受取ルヘキ者トス
本條ハ保險金額ヲ受取ルヘキ者ハ必ス被保險者ノ親族タルヘキヲ定メタリ若シ之ヲ何人ニモ許ス時ハ慾望ノ餘リ被保險者ノ生命ヲ危クスルノ憂アルノミナラス詐僞保險ノ行ハルヽ恐レアルカ爲メナリ
然レトモ他人ニ其讓渡ヲ禁スルニ非サレハ該規定ハ其目的ヲ遂スルコト能ハサルヘシ故ニ第二項ハ其讓渡ハ之ヲ被保險者ノ親族ノミニ限リタリ

然レトモ保險金額ヲ受取ルヘキ親族死亡シ又ハ被保險者カ妻ヲ離婚シタルニ因リ妻及ヒ其生家ノ親族トノ間ノ親族關係カ絕止スル如ク被保險者ト之ヲ受取ルヘキ者トノ親族關係カ止ミタル場合ノ爲メニハ更ニ別段ノ規定ナカルヘカラス故ニ第三項ハ其場合ニハ保險契約者ハ被保險者ノ親族以外何人ヲ其受取人ト定ムルモ積立テタル金額ノ拂戾ヲ受クルモ其自由ナルモノトセリ

保險契約者カ前項ニ定ムル權利ヲ行ハスシテ死亡シタルトキハ如何ト云フニ被保險者カ其受取人トナルヘキモノト定メタリ

親族トハ民法第七百二十五條ニ定メタル六親等內ノ血族配偶者及ヒ三親等內ノ姻族ヲ云フ

第四百二十九條　保險契約ノ當時保險契約者又ハ被保險者カ惡意又ハ重大ナル過失ニ因リ重要ナル事實ヲ告ケス又ハ重要ナル事項ニ付キ不實ノ事ヲ告ケタルトキハ其契約ハ無効トス但保險者カ其事實ヲ知リ又ハ之ヲ知ルコトヲ得ヘカリシトキハ此限ニ在ラス

本條ハ生命保險ノ契約者及ヒ被保險者ニ開陳責任ヲ負ハシメタル規定ニシテ其旨趣タル第三百九十八條ト同一ナルヲ以テ複說セサルヘシ只此ニ重要ナル事項ニ付キ不實ノ事ヲ告ケタル

トハ被保險者ノ父母ハ肺患ニテ死セルヲ平病ニテ死セリト詐ハリ又ハ被保險者ハ船員ナルニ工夫ナリト欺キタル如キヲ云フ

第四百三十條　生命保險證券ニハ第四百三條第二項ニ掲ケタル事項ノ外左ノ事項ヲ記載スルコトヲ要ス

一　保險契約ノ種類

二　被保險者ノ氏名

三　保險金額ヲ受取ルヘキ者ヲ定メタルトキハ其者ノ氏名及ヒ其者ト被保險者トノ親族關係

本條ハ第四百三條ニ掲ケタル保險證券ノ記載要件以外ニ生命保險ノ性質上其保險證券ニ必要ナル別段ノ記載事項ヲ示シタルニ過キス

第四百三十一條　左ノ場合ニ於テハ保險者ハ保險金額ヲ支拂フ責ニ任セス

一　被保險者カ自殺決闘其他ノ犯罪又ハ死刑ノ執行ニ因リテ死亡シタルトキ

二　保險金額ヲ受取ルヘキ者カ故意ニテ被保險者ヲ死ニ致シタルトキ但

其者カ保險金額ノ一部ヲ受取ルヘキ場合ニ於テハ保險者ハ其殘額ヲ支拂フ責ヲ免ルヽコトヲ得ス

前項第一號ノ場合ニ於テハ保險者ハ被保險者ノ爲メニ積立テタル金額ヲ拂戻スコトヲ要ス

本條ハ被保險者カ自殺決鬪其他ノ犯罪又ハ死刑ノ執行ニ因リテ死亡シタルトキハ保險者ハ全ク保險金額支拂ノ義務ナシトセリ是レ他ナシ保險ハ通常生スルコトアルヘキ危險ヲ豫想シテ契約スルモノナルニ此ノ如キ危險ハ非常ニシテ保險者ハ豫期セサル所ナレハナリ又保險金額ヲ受取ルヘキ者カ被保險者ヲ殺害シタルトキモ亦同一ナリトセリ若シ如此場合ニ保險金額ヲ支拂ハシムルモノトスルハ恰モ犯罪者ニ賞與ヲ給セシムルコトヽ定ムルモ同一ニシテ甚タ不條理ニシテ且危險ナレハナリ然レモ其者ノ受取ルヘキ金額カ保險金額ノ一部ニ止マルトキハ他ノ者ニ對シテ其殘額ヲ支拂フ義務ヲ免レシムル能ハサルハ勿論ナリ是レ第一項第二號ノ但書アル所以ナリ

第一項第二號ノ場合ニ於テハ保險者ハ保險金額支拂ノ責ヲ免レタル其上ニ積立金ヲモ拂戻スニ及ハサレモ本條第二項ハ右第一號ノ場合ニ於テハ之ヲ拂戻スノ義務アルコヲ規定シタルモ

ノニシテ固ヨリ當然ノ規定ナリトト云フヘシ

第四百三十二條　保險契約者又ハ保險金額ヲ受取ルヘキ者カ被保險者ノ死亡シタルコトヲ知リタルトキハ遲滯ナク保險者ニ對シテ其通知ヲ發スルコトヲ要ス

本條ハ被保險者ノ死亡シタル場合ニ保險契約者又ハ保險金額ヲ受取ルヘキ者カ之ヲ知リタルトキハ速ニ保險者ニ通知ヲ發スヘキ義務アルコトヲ規定シタルニ過キス

第四百三十三條　第三百九十五條第三百九十七條第三百九十九條乃至第四百一條第四百三條第一項第四百五條乃至第四百七條第四百十條第四百十一條第四百十七條及ヒ第四百十八條ノ規定ハ生命保險ニ之ヲ準用ス

第三百九十五條第四百五條第四百七條第四百十條及ヒ第四百十一條ノ場合ニ於テ保險者カ保險金額ヲ支拂フコトヲ要セサルトキハ被保險者ノ爲メニ積立テタル金額ヲ拂戻スコトヲ要ス

本條第一項ハ生命保險ニ準用スヘキ損害保險ノ總則中ニ於ケル各條項ヲ列擧シタルモノニシテ第二項ハ第三百九十五條ノ戰爭其他ノ變亂第四百五條ノ保險者ノ破產第四百七條ノ保險者

ノ責任ノ始マル前ノ契約解除第四百十條第四百十一條ノ保險無効ノ場合ニ於テ保險者カ保險金額ヲ支拂フニ及ハサルトキハ被保險者ノ爲メニ積立テタル金額ハ之ヲ返還スルノ義務アルコトヲ規定シタルモノナリ

第四編　手形

手形法トハ手形ノ交通ナル經濟上ノ現象ニ關スル法律關係ヲ定ムル法規ノ總括ナリ故ニ我商法ハ之ヲ一括シテ茲ニ獨立ノ一編トナセリ然レﾄﾓ是レ唯手形關係ニ付テノミ規定セルモノニシテ手形行爲ニ牽聯シテ生スル法律關係等ニ至リテハ悉ク之ヲ網羅シタルニアラス例ヘハ手形豫約、振出人ト受取人トノ間ニ於ケル報酬及ヒ資金關係等ハ手形固有ノ法律關係ニアラサルヲ以テ本編中之レニ關スル規定ナク或ハ商法一般ノ原則或ハ民法ノ規定ニ從フヘキモノ多シ故ニ手形ニ關シテ適用スヘキ法律ノ順序ハ第一、手形法第二、商法第三、商慣習法第四、民法ナリト知ルヘシ

手形ハ普通ニ爲替手形、約束手形ヲ指シ小切手ハ之ヲ手形法中ニ論スル者稀ナリト雖ﾄﾓ其性質上形式上及ヒ活動上克ク爲替手形ニ類似ス故ニ我商法ハ小切手ヲモ手形ノ一種トナシ本編中ニ於テ之レニ關スル規定ヲ設ケタリ

手形法ハ手形ノ流通ヲシテ圓活容易ナラシメ之ヲシテ貨幣ト同一ノ作用ヲナサシメント欲スルモノナリ故ニ手形上ノ權利ハ何故ニ之ヲ設定シタルヤノ原因ヲ問ハス又手形行爲ヲナシテ手形上ノ債務ヲ負擔シタル者ニハ其眞意ノ如何ニ拘ハラス手形ニ記載シタル文言ニ從テ責任ヲ負ハシム又

手形ノ債權ヲ確實ナラシムル爲メノ必要ヨリシテ手形上ノ權利執行ノ手續ニ迅速ヲ尙ヒ手形上ノ請求ヲナス者ニ對シテナスヿヲ得ル抗辨ヲ制限ス又手形ノ敏活ヲ尙フヨリシテ法定ノ期間内ニ拒絶証書ヲ作ラシメ、法定ノ期間内ニ手形ヲ呈示セシムル等手形上ノ權利ヲ保全スルニ法律上嚴格ナル手續ヲ行フヘキヿヲ必要トセリ其レ如此モノ一トシテ手形ノ流通ヲ助成スルニ非サルハ莫シ是レ手形法カ手形法トシテ特別ニ具フル所ノ性質ニシテ其獨立シテ一ノ法規ヲナセル所以ナリ借茲ニ手形上ノ權利ハ其成立ニ法定ノ形式ヲ必要トスルコト（之レヲ必要トスルハ證券ノ外ニ權利ヲ認メス證券ニ依ルニ非サレハ權利ヲ發生セサラシムルコトトナシタルニ由ル）手形上ノ權利ハ債權ナルコト（一定ノ金額若シクハ擔保ヲ請求シ得ルノ權利）手形上ノ權利ハ不要因的權利ナルコト（權利ノ成立ト其原因トカ實質的關係ヲ有セサルヲ云フ）手形上ノ權利ハ一方的ナルコト（手形上ノ債權者ハ手形ヲ取得シタル結果單ニ權利ヲ取得スルノミニシテ何等ノ義務ヲモ負擔セサルヲ云フ）手形上ノ權利ハ獨立ナルコト（手形上ノ債權債務ノ成立及ヒ效力ハ互ニ相關係セス手形ニ署名シタル者ハ其手形ニ記載シタル文言ニ從ヒテ責任ヲ負担シ其手形ニ爲シタル他ノ手形行爲カ無効又ハ取消シ得ヘキモノタルト僞造若クハ變造ノ事實アルニ關ハラス自己ノ債務ヲ當然履行セサルヘカラサルノ意）等及ヒ近世普通ニ學者ノ唱フル手形理論ナルモノヲ講究スルハ最モ有益ナルコトナルカ今此等ノコトヲ細論スルハ本書ノ主眼トスル所ニアラサヲ以テ個ハ各條文ヲ説明スルニ方タリ便宜説述スルコト丶ナスヘシ

第一章　總則

本章ハ爲替手形、約束手形及ヒ小切手ニ共通ナル規定ヲ掲ケタリ

第四百三十四條　本法ニ於テ手形トハ爲替手形、約束手形及ヒ小切手ヲ謂フ

手形トハ一定ノ金額ヲ一定ノ時及ヒ一定ノ地ニ於テ且無條件ニテ發行者自ヲ支拂フコトヲ記載シ又ハ他人ニ支拂ノ委託ヲ記載シタル形式証劵ニシテ發行者自ヲ支拂フコトヲ記載シタルモノヲ約束手形ト云ヒ他人ニ支拂ヲ委託シタルモノヲ爲替手形ト云フ（爲替手形ノ振出人モ自ヲ支拂人トナルコトヲ得サルニアラサルモ個ハ例外トシテ認メヲルヽモノナリ）又爲替手形ニ克ク類似シテ而モ經濟上ノ作用ヲ異ニスルモノヲ小切手ト云フ、小切手ニ付テハ獨佛等ノ諸國ニ於テモ或ハ爲替手形ノ一種ナリト云ヒ或ハ全ク別物ナリト稱シテ其説一定スルコトナシ從テ小切手ニ關スル法制モ區々タリト雖𪜈我商法ハ小切手ヲモ包含セシメ即チ手形トハ爲替手形約束手形及ヒ小切手ノ三種ナルコトヲ明言シテ手形ニ關スル規定ノ適用區域ヲ明確

ニセリ

第四百三十五條　手形ニ署名シタル者ハ其手形ノ文言ニ從ヒテ責任ヲ負フ

手形上ノ法律關係ニ於テハ意思主義ニ依ラスシテ其意思ノ表示主義ヲ採リタルカ故ニ手形ニ記載シタル文言カ手形行爲ヲナス者ノ眞意ト合セサルモ之レニ對シテ反証ヲ許サス尙ホ其文言ニ從テ債務ヲ負担セシムルモノトス故ニ手形ニ記載シタル文言ヲ信シテ手形ヲ取得シタル者ハ其手形ノ文言ニ依リテ其權利ヲ主張スルコトヲ得、手形ニ署名シタル者ハ其手形ノ文言ニ從テ責任ヲ負擔セサルヘカラス本條ハ即チ此旨趣ヲ明カニシタルモノナリ

手形ニ署名シタル者ハ其手形ニ記載シタル文言ニ從テ責任ヲ負擔セサルヘカラサルコト前述ノ如シト雖ヒ若シ其文言ヲ所持人自ラ變造シタルカ或ハ變造ナルコトヲ知リテ取得セシモノナルトキハ署名者ハ其事實ヲ証明シテ責任ヲ免ルヽコトヲ得又所持人カ詐僞ニ因リテ取得セシナラハ署名者ハ詐欺ヲ以テ對抗スルコトヲ得ヘク自已カ其所持人ニ對シテ債權ヲ有スルトキハ相殺ヲ對抗スルコトヲ得ヘシ葢シ此等ハ皆手形ニ記載シタル文言ヲ爭フモノニアラスシテ請求者其人ニ對スル人的抗辨ニ過キサレハナリ

尙ホ此外ニモ手形法ニ規定セル事由ヲ以テハ對抗スルコトヲ得ヘシ其ハ第四百四十條ヲ説明

スルニ方タリテ詳説スヘキモ要スルニ是又手形ニ記載シタル文言ヲ爭フニハアラサルナリ

第四百三十六條　代理人カ本人ノ爲メニスルコトヲ記載セスシテ手形ニ署名シタルトキハ本人ハ手形上ノ責任ヲ負フコトナリ

已ニ述ヘタル如ク手形ニ署名シタル者ハ一ニ手形ノ文言ニ從テ責任ヲ負担セサルヘカラス故ニ手形ノ發行者カ本人ノ爲メニスルコトヲ記載セスシテ手形ニ署名シタルトキハ手形上ノ責任ヲ負担スル者ハ其發行者ニシテ實質的關係ニ於ケル本人ハ手形上ノ責任ヲ負フコトナシ若シ此場合ニ署名シタル代理人ノ外ニ本人ニモ責任ヲ負ハシムルコトヽスレハ連帶ノ責任者生シテ手形上ノ權利ヲシテ一層强固ナラシムルコトヲ得ヘシト雖モ如此スル片ハ手形ニ記載シタル以外ノ事項ヲ証明シテ文言以外ノ權利ヲ行ハシムルコトナリ手形ヲ以テ形式証券トスル旨趣ニ反スル故ニ本條ハ商行爲ノ代理人カ本人ノ爲メニスルコトヲ示サヽルトキト雖モ其行爲ハ本人ニ對シテ其効力ヲ生スト云ヘル原則ニ對スル一例外ヲ設ケ代理人カ本人ノ氏名ヲ示サスシテ手形ニ署名シタルトキハ本人ハ手形上ノ責任ヲ負ハス單ニ署名者ノミ責任ヲ負擔スルモノトセリ

第四百三十七條　僞造又ハ變造シタル手形ニ署名シタル者ハ其僞造又ハ變

造シタル手形ノ文言ニ從ヒテ責任ヲ負フ
變造シタル手形ニ署名シタル者ハ變造前ニ署名シタルモノト推定ス
僞造者、變造者及ヒ惡意又ハ重大ナル過失ニ因リ僞造又ハ變造シタル手形ヲ取得シタル者ハ手形上ノ權利ヲ有セス

本條ハ手形行爲ノ效力ハ相牽聯スルモノニアラスシテ各自獨立シテ其效力ヲ生スルモノナルコトヲ明カニシタルモノナリ

本條ニ依レハ他ノ手形行爲カ法律上無效ナルニ拘ハラス眞正ニ手形行爲ヲナシタル者ハ當然自己ノ債務ヲ負擔セサルヘカラス即チ僞造又ハ變造シタル手形ト雖モ一度之ニ署名シタル片ハ其者ハ僞造又ハ變造手形ノ文言ニ從テ責任ヲ負擔スルモノトス例ヘハ振出人ノ署名カ僞造ナル場合ニ於テハ振出ナル手形行爲ハ無效ナルモ其手形ニシテ手形ノ要件ヲ具備セル以上ハ支拂人之ニ引受ヲナシタルトキハ主タル債務者トシテ絕對的支拂ノ義務ヲ負擔シ之レニ裏書ヲナセル者ハ裏書人トシテ擔保義務ヲ負擔ス如此手形上ノ權利ヲシテ獨立ノモノタラシメシハ畢竟手形ノ流通ヲ容易ナラシムルノ主旨ニ出タルモノナリ

第二項、金額又ハ滿期日等ヲ變更シタル手形ニアリテハ引受人、參加人、裏書人、保証人等

カ變更前ニ署名シタルカ變更後ニ署名シタルカハ之ヲ決スルニ困難ナリ故ニ法律ハ其署名者ハ變更前ニ署名シタルモノトノ推定ヲナセリ蓋シ變更前ノ手形ニ署名シタルモノト推定スルハ署名者ノ利益ナレハナリ

第三項、手形ハ形式的條件（裏書ノ連續）ト實質的條件ヲ具フルヲ要ス、實質的條件トハ惡意又ハ重大ノ過失ナクシテ手形ヲ取得スルコトヲ云フ、左レハ手形ノ僞造者又ハ變造者カ手形上ノ權利ヲ有スルコト能ハサルハ勿論僞造又ハ變造手形タルコトヲ知リテ（惡意）之ヲ取得シタルトキ又ハ少シク注意セハ知リ得ヘキニ輕忽ニモ讓受ケタル如キ（重大過失）所謂實質的條件ヲ具備セサルトキハ手形上ノ權利ヲ有セス

法律カ普通ノ過失者ニ手形上ノ權利ヲ與フルハ一般ノ原則ニ反スルモ斯クセシハ亦手形ノ流通ヲ盛ンナラシムル精神ニ出テタルモノナリ但シ其重大過失ナルヤ將タ普通ノ過失ナルヤハ裁判官ノ認定ニ一任ス

第四百三十八條　無能力者カ手形ヨリ生シタル債務ヲ取消シタルトキト雖モ他ノ手形上ノ權利義務ニ影響ヲ及ホサス

本條ハ無能力者カ手形ヨリ生シタル債務ヲ取消シタル場合ニ於ケル手形上ノ効力ヲ規定シタ

ルモノナリ

未成年者、妻、禁治産者又ハ準禁治者カ振出、裏書、保証、参加等ノ手形行爲ヲナシタル場合ニ此等無能力者ヨリ民法上ノ取消訴權ニ由リテ其行爲ヲ取消シタルトキハ他ノ債權債務ノ効力ハ如何ナルヘキカト云フニ元來手形上ノ權利ハ獨立ナルモノニシテ手形行爲ノ効力ハ互ニ相關聯スル者ニアラサルヲ以テ手形ニ署名シタル者ハ其手形ノ文言ニ從テ其責任ヲ負擔セサルヘカラス故ニ本條ハ無能力者カ其手形行爲ヲ取消スモ他ノ權利義務ニハ毫末モ影響ヲ及ホサス他ノ權利義務ハ依然トシテ其効力ヲ有スル旨ヲ明示セリ

第四百三十九條　本編ニ規定ナキ事項ハ之ヲ手形ニ記載スルモ手形上ノ効力ヲ生セス

如何ナル事項ヲ手形ニ記載スルモ尙ホ手形上ノ効力ヲ生スルモノトスルトキハ手形ヲ授受スルニ際タリ其記載事項ヲ綿密ニ調査セサルヘカラサルコトヽナリテ大ニ煩雜ヲ生シ遂ニ手形ノ流通ヲ妨クルニ至ルヘシ故ニ本條ハ此手形法ニ規定ナキ事項ハ之ヲ手形ニ記載スルモ手形上ノ効力ヲ生セストメタリ左レハ豫備支拂人、支拂擔當者、支拂ノ場所、裏書禁止文句、無擔保裏書、一覽後定期拂手形ノ呈示期間、拒絕証書作成ノ義務免除等ハ此手形法ニ規定シタル

所ナルヲ以テ之ヲ手形ニ記載シタル件ハ手形上ノ効力ヲ生スト雖モ其他ノ事項ハ之ヲ手形ニ記載スルモ手形上ノ効力ヲ生セサルモノトス

然ラハ此手形法ニ規定ナキ事項ヲ手形ニ記載シタルトキハ其手形ハ無効ナリヤト云フニ蓋シ手形ヲシテ形式証券ト云フノ旨趣ヲ充分ニ貫徹セシメントスルニハ如此手形ハ之ヲ異式ノモノトシテ手形全体ヲ無効ナリトセサルヘカラス然レモ些細ノ文字ニ増減アリタリトテ一々其手形ヲ無効トスルトキハ手形ノ取得者ハ不測ノ損失ヲ蒙ムルヘシ尚ホ如此コトヲ許ストキハ啻ニ手形ノ取得者ニ損害ヲ與フルノミナラス無効ノ取消續出シテ自然手形ノ取引ニ疑惑ヲ生セシメ大ニ手形ノ流通ヲ妨クルノ恐レアリ故ニ本條ノ意ハ此手形法ニ規定ナキ事項ヲ記載スルモ其手形ニシテ手形ノ要件ヲ具フル以上ハ其手形ハ之ヲ有効トスレモ唯其記載シタル事項ノミ手形上ノ効力ヲ生セスト云フニアルナリ

第四百四十條　手形ノ債務者ハ本編ニ規定ナキ事由ヲ以テ手形上ノ請求ヲ爲ス者ニ對抗スルコトヲ得ス但直接ニ之ニ對抗スルコトヲ得ヘキ事由ハ此限ニ在ラス

手形ノ流通ハ最モ圓滑ナラサルヘカラス、故ニ普通ノ債權讓渡ノ場合ニ於テハ讓渡人ニ對抗シ得ル事由ヲ以テ讓受人ニ對抗スルコトヲ得セシムト雖ヒ手形上ノ債務者カ債權者ニ對抗シ得ヘキ抗辨ハ宜ク之ヲ制限セサルヘカラス況ンヤ手形上ノ債務者ハ振出人ヲ始メ何レモ其手形行爲ヲナス初メヨリ何人ニ對シテモ手形上ノ義務ヲ履行スル意思ヲ以テ手形行爲ヲナシタルモノニシテ其手形ハ廣ク輾轉セヲルヘキコトヲ豫期シタルモノナルニ於テオヤ故ニ手形上ノ債務者ハ此手形法ニ規定シタル事由ヲ以テスルカ直接ニ其請求者ニ對抗スルコトヲ得ヘキ事由ヲ以テスルニ非サレハ手形上ノ債權者ニ對抗スルコトヲ許サス、直接ニ對抗スルコトヲ得ル事由トハ相殺、交互計算、錯誤、原因ノ欠缺、原因ノ不法等ナリ又手形法ノ規定ニ依リテ對抗スルコトヲ得ル事由トハ手形ノ發行ノ形式ヲ具ヘサルカ時効ニ因リテ消滅シタルカ或ハ權利ノ保全行爲ヲ怠リタルカ又ハ手形ヲ僞造若クハ變造セヲレタル者ヨリ自己ノ發行又ハ變造シタルモノニアラスト主張シ又ハ裏書連續ノ欠缺或ハ惡意ヲ以テ手形ヲ取得シタル者ニ對抗スルコトヲ得ルカ如キ例ナリトス

第四百四十一條　何人ト雖ヒ惡意又ハ重大ナル過失ナクシテ手形ヲ取得シタル者ニ對シ其手形ノ返還ヲ請求スルコトヲ得ス

形式的條件ト實質的條件トハ手形上ノ權利ヲ執行スルニ缺クヘカラサル必要ノ條件ナリ、形

式的條件トハ第四百六十四條ノ規定スル所ニシテ裏書ノ連續スルコトヲ云ヒ實質的條件トハ惡意又ハ重大ノ過失ナクシテ手形ヲ取得スルコトヲ云フ

扨本條ニ依レハ竊取詐取若クハ拾取シタルニモアラスシテ即チ惡意ナク又屑屋ノ如キ者ヨリ數萬圓ノ手形ヲ取得シタルモノニアラス即チ重大ナル過失ナクシテ賣買質入等正當ノ名義ニ因リテ手形ヲ取得シ所謂實質的條件ヲ具備スル者ニ對シテハ何人ト雖モ其手形ノ返還ヲ請求スルコトヲ得サルモノトス

若シ茲ニ惡意又ハ重大ノ過失アリテ手形ヲ取得シタルトキハ如何ト云フニ其者ハ縱令形式的條件ヲ具備スルモ實質的條件ヲ具備スル者ニ對シテ其返還ヲ拒ムコトヲ得ス然レモ形式的條件ヲ具備スル者ニ對シテ其返還ヲ請求スルニハ其取得者ニ惡意又ハ重大ノ過失アリテ取得セシモノナルコトヲ証明セサルヘカラス

第四百四十二條　手形ノ引受又ハ支拂ヲ求ムル爲メニスル呈示、拒絶証書ノ作成其他手形上ノ權利ノ行使又ハ保全ニ付キ利害關係人ニ對シテ爲スヘキ行爲ハ其營業所若シ營業所ナキトキハ其住所又ハ居所ニ於テ之ヲ爲スヿヲ要ス但其者ノ承諾アルトキハ他ノ場所ニ於テ之ヲ爲スコトヲ妨ケ

ス
利害關係人ノ營業所、住所又ハ居所カ知レサルトキハ拒絶証書ヲ作ヘキ公証人又ハ執達吏ハ其地ノ官署又ハ公署ニ問合ヲ爲スコトヲ要ス若シ問合ヲ爲スモ營業所、住所又ハ居所カ知レサルトキハ其役場又ハ官署若クハ公署ニ於テ拒絶証書ヲ作ルコトヲ得

手形ハ所謂呈示証券ノ一ナルヲ以テ手形ノ引受又ハ支拂ヲ求ムル爲メニスル呈示及ヒ拒絶証書ノ作成其他手形上ノ權利ノ行使又ハ保全ニ付キ利害關係人ニ對シテナスヘキ行爲ハ先ツ其營業所ニ於テセサルヘカラス蓋シ手形行爲ハ商行爲ニシテ且ツ支拂人ノ多クハ商人ナレハ先ツ其商行爲ノ根據ナル營業所ニ於テスヘキハ當然ナレハナリ然レトモ其營業所ナキトキハ住所又ハ居所ニ於テスヘキモノトス此ノ如ク債務者ノ營業所、住所、居所ニ於テスヘキモノトスルハ手形ハ流通輾轉スルモノナルカ故ニ債務者ハ債權者ノ誰レナルカヲ知リ難キカ故ニ債務者ハ自ラ進テ辨濟セント欲スルモ能ハサルカ故ナリ

第一項ノ行爲ヲ債務者ノ營業所若シ之レナキトキハ住所又ハ居所ニ於テスルヲ本則トスルモ引受人、支拂人、豫備支拂人、參加引受人等ノ如キ利關係人ノ承諾アレハ他ノ場所ニ於テスル

モ妨ケナシ是レ但書ヲ設ケタル所以ナリ

引受人、支拂人等ノ營業所、住所、居所ニ於テ執行セントスルモ其營業所、住所、居所ノ知レサルトキハ公証人又ハ執達吏ハ(拒絶証書ヲ作成スヘキ者)其地ノ官署又ハ公署ニ照會シ若シ照會スルモ尚ホ知レサルトキハ自己ノ役場又ハ照會シタル官署若クハ公署ニ於テ作ルヘキモノトセリ

第四百四十三條 引受人又ハ約束手形ノ振出人ニ對スル債權ハ滿期日ヨリ三年所持人ノ其前者ニ對スル償還請求權ハ支拂拒絶証書作成ノ日ヨリ六ケ月裏書人ノ其前者ニ對スル償還請求權ハ償還ヲ爲シタル日ヨリ六ケ月ヲ經過シタルトキハ時効ニ因リテ消滅ス

本條ハ手形上ノ債權ニ對シテ消滅時効ヲ定メタルモノナリ消滅時効トハ時ノ經過ニ由リテ權利ヲ消滅セシムルモノニシテ立法上ノ理由トスル所ハ或者カ債權ヲ有シ何時ニテモ行使シ得ルニ之ヲ行使セスシテ永ク捨テオキ非常ニ時ノ經過セシ後尚ホ行使シ得ルモノトスルトキハ証據ヲ决スルニ困難ニシテ尚ホ他ニモ不都合アル故其債權者ヲシテ其權利ヲ失ハシムルニアリ此趣意ヨリシテ民法ニ於テモ夫々債權消滅時効ノ規定アリ左レハ手形上ノ債權ニ付テモ亦

此理由ヲ適用セサルヘカラサルハ勿論ナリ況ンヤ手形ニアリテハ廣ク輾轉流通シ債務者ヲシテ嚴格ナル責任ヲ負ハシムルヲ以テ何時マテモ其權利ヲ行使スルコトヲ得セシムルモノトスルトキハ債務者ハ一層不安ノ心ヲ懷クコトヽナリテ爲メニ手形ノ流通ヲ害スルノ恐レアルニ於テオヤ故ニ手形ニ付テハ普通ノ時効ヨリ大ニ之ヲ短縮セリ、本條ニ定ムル所ハ即チ左ノ如シ

引受人約束手形ノ振出人ニ對スル債權ハ滿期日ヨリ三年トス、引受人及ヒ約束手形ノ振出人ハ主タル債務者トシテ手形ニ其氏名ヲ記載シ永ク債務ヲ負擔スルノ覺悟アルモノニシテ又永ク人ノ記臆ニモ存スルモノナリ、故ニ此二者ニ對スル時効ハ他ヨリ永クスルノ理由アルノミナラス又下ノ理由アリテ存ス此二人ノ者ハ主タル債務者タルノミナラス後者カ順次ニ償還請求ヲナシタル場合等ニ於テハ大ニ時日ヲ遷延スルコトヽナルヲ以テ最後ノ償還請求者ヨリ此二人ノ者ニ對シテ請求スルコトヲ得ルノ機會ヲ得セシムル必要アリ引受人、約束手形ノ振出人ニ對スル時効ノ起算点ハ滿期日即チ權利ヲ行使シ得ル時ヨリ進行シ所持人ノ前者ニ對スル時効ハ償還請求權ヲ行使シ得ル支拂拒絶証書作成ノ日ヨリ進行シ又裏書人ノ前者ニ對スル時効ハ後者ニ償還ヲナシタル時ヨリ進行スルモノトス

第四百四十四條　手形ヨリ生シタル債權カ時效又ハ手續ノ欠缺ニ因リテ消滅シタルトキト雖モ所持人ハ振出人又ハ引受人ニ對シ其受ケタル利益ノ限度ニ於テ償還ノ請求ヲ為スコトヲ得

嚴格ナル手續ヲ定メ短期時效ヲ設クルハ手形ノ効力ヲ明確ナラシメ其流通ヲ計ルノ必要ニ出ツ故ニ手續ヲ怠ルカ時效期間ヲ經過スルニ於テハ所持人ハ手形ヨリ生シタル債權ヲ失フヘシ然レトモ振出人カ其手形ノ發行ニ因リテ報酬ヲ受ケ支拂人ニ對シテ支拂ノ材料タル資金ヲ供スル義務アル場合又ハ引受人カ振出人若クハ其他ノ資金義務者ヨリ資金ヲ受領シタル場合ニ於テ所持人カ其權利ノ保全、行使ニ關スル行為ヲナスコトヲ怠リタルカ為メニ手形上ノ權利ヲ失フタレハトテ手形行為ニ因リテ生シタル債權ヲ全然消滅セシメ振出人ヲシテ受取人ヨリ得タル報酬ヲ自己ノ利得トシ又引受人ヲシテ其受領シタル資金ヲ自己ノ利得トシテ全然其義務ヲ免レシムルハ甚タ不穩當ナリト云ハサルヘカラス故ニ本法ハ手形上ノ權利ノ消滅シタル後ニ尚ホ一種ノ權利アルコトヲ認メテ所持人ニ救濟ノ途ヲ與ヘ振出人及ヒ引受人ハ所持人ニ對シテ其手形行為ヲナシタルニ由リテ生シタル不當利得ヲ返還スル義務アリトセリ故ニ所持人ハ上顯ノ場合ニ振出人ノ得タル報酬又ハ引受人ノ受領シタル為替資金ノ返還ヲ請求スルコト

ヲ得ルナリ

法律ハ何故ニ所持人ニノミ右ノ權利ヲ認メ裏書人ニ之ヲ認メサヽルカ是レ他ナシ凡ヘテノ者ニ之ヲ許ストキハ遡及ノ請求荐リニ起リテ混雜ヲ增加シ遂ニ手形ノ簡易迅速ヲ主トスル精神ニ反スルヲ以テナリ

玆ニ本條ノ場合ニハ裏書人ハ不當利得ヲ理由トシ純然タル民法ノ規定ニ依リテ償還請求ヲナサハ可ナリト云フ者アレヒ不當利得ハ法律上ノ原因ナクシテ他人ノ財產又ハ勞力ニ依リテ利益ヲ受ケ爲メニ他人ヲシテ損害ヲ蒙ムラシメタル場合ニ其利益ノ存スル限度ニ於テ返還スルノ義務ヲ負擔セシムルノ規定ナリ然ルニ手形關係タルヤ其有償ト無償トヲ問ハス法律上ノ原因アリト云ハサルヘカラス果シテ然ラハ民法ノ不當利得ニ關スル理論ハ到底此場合ニ適用スルコトヲ得サルナリ

第二章　爲替手形

爲替手形ハ甲者カ乙者ニ宛テ丙者又ハ其指圖シタル人又ハ所持人ニ一定ノ金額ヲ支拂フヘシトノ單純ナル委託ヲ記載シタル証券ニシテ所謂設權証券（已ニ成立シ又ハ完成シタル法律關係ヲ證明スルノ具タルニ非スシテ證券ニ依リテ法律關係カ始メテ成立スルノ意）ノ一種ナリ而シテ甲者カ丙

者ノ名ヲ指定シタルモノヲ記名式ノ手形ト云ヒ丙者又ハ指圖人ニ支拂フヘキ旨ヲ記載シタルモノヲ指圖式ノ手形ト云ヒ其手形ニ受取人ノ氏名ヲ記載セサルモノヲ無記式ノ手形ト云フ法律ハ此ノ如ク振出人、支拂人、受取人ノ三人アルヲ要シ之ヲ三ケノ要件トナセルモ振出人モ亦受取人トナリ又ハ支拂人トナリ得ル故振出人カ其一ヲ兼子タルトキハ二人アルノミ然リ而シテ約束手形ハ其流通スル數ヨリ云ヘハ事實上爲替手形ヨリ現ニ多キモ經濟上ノ作用ニ至リテハ爲替手形ノ方夐カニ著大ニシテ約束手形ヨリハ其要件多シ故ニ先ツ爲替手形ヲ規定シ約束手形及ヒ小切手ニ付テハ之ヲ準用スルコトヽセリ

第一節　振出

本節ハ爲替手形振出ノ要件ヲ定メタルモノナリ振出ノ要件トハ第四百四十五條ニ揭ケタル事項ニシテ手形上ノ債權債務ノ成立ニ必要ナル事項ナリトス蓋シ手形ハ支拂ノ確實ナルヲ以テ流通ノ用ヲナシ商業社會ニ於テ實際上紙幣ト同一ノ作用ヲナサシムルコトヲ得ルナリ故ニ其作用ヲ完カラシメントスルニハ自ヲ一定ノ形式ヲ具備セシムルノ必要アリ是レ本節ヲ設ケテ其必要ノ事項ヲ定メタル所以ナリ

第四百四十五條　爲替手形ニハ左ノ事項ヲ記載シ振出人之ニ署名スルコトヲ

要ス
一　爲替手形タルコトヲ示スヘキ文字
二　一定ノ金額
三　支拂人ノ氏名又ハ商號
四　受取人ノ氏名又ハ商號
五　單純ナル支拂ノ委託
六　振出ノ年月日
七　一定ノ滿期日
八　支拂地

本條ハ爲替手形振出ノ要件ヲ規定シタルモノナリ

一、爲替手形タルコトヲ示スヘキ文字爲替手形タルコトヲ示スヘキ文字ヲ必要トスルハ其爲替手形ナルコト及ヒ特別ノ證券ナルコトヲ知得セシムルカ爲メナリ爲替手形タルコトヲ示スヘキ文字ト云ヒ爲替手形ナル文字ト云ハサルヲ以テ假名ニテ書クモ爲換ナル文字ヲ用フルモ洋語ニテ記スルモ其要ハ裁判官ノ認定ニ依リテ爲替手形タルコトヲ

認定シ得ル文字ナレハ可ナリ又文字ヲ記載スル場所ヲ定メサレハ表題ニ書セスシテ文句中ニ入ルヽモ不可ナシ

二、一定ノ金額○手形金額ヲ必要トスルハ債務者ハ如何ナル債務ヲ負擔スルカ又之ヲ取得スル者ハ如何ナル權利ヲ得ルヤヲ知ラシムルニアリ蓋シ手形ノ流通ヲ盛ンナラシメ執行ノ簡易迅速ヲ期セントスルニハ債權ノ目的ハ必ス之ヲ金錢ナラシメサルヘカラス外國ノ法律中商品ヲ目的トスル手形ヲ認メタルモアリト雖モ我法律ハ之ヲ認メス公債證書其他ノ有價證券ノ如キモノト雖モ手形上ノ債權ノ目的トナスコトヲ得ス

又手形金額ハ之ヲ確定セサルヘカラス例ヘハ千圓以上ヲ支拂フヘシト云フカ如キ手形ハ無効ナリ又利息付ノモノハ一定ノ金額ト云フヲ得ス何トナレハ利息ハ計算セサレハ其額ヲ知ル能ハサルカ故ニ一定シ得ラルヘキ金額ト云フコトヲ得ルモ一定ノ金額ニアラサレハナリ

數口ノ金額ヲ別項ニ記載シタル場合ニ同額ヲ重複ニ記シタルモノト見ラルヘキトキハ其一ノミ有効ナルモ合算シテ一ノ額ヲナスヘキモノナルトキハ計算セサレハ一定ノ金額ヲ知ルニ由ナキヲ以テ手形ノ要件ヲ缺クコトヽナルナリ、若シ何レニ解スルカ疑ヒアル場合ニハ金額不明ノ点ヨリ其手形ハ無効タルヲ免レス

三、支拂人ノ氏名又ハ商號○爲替手形ノ振出人ハ第三者ニ對シ手形金額ノ支拂ヲナスコトヲ委託スルモノナリ左レハ委託ヲ受クル者ノ名前ヲ記載セサルヘカラサルハ勿論ナリ然レトモ其記載シタルモノカ支拂人ノ氏名又ハ商號ト相違スルモ敢テ差支ナシ善意ノ取得者ハ尚ホ完全ナル權利ヲ取得スルコトヲ得唯支拂人トシテ指名セラレタル者ヨリ其支拂ヲ受クルコトヲ得サルニ在ルノミ

氏名又ハ商號トアルヲ以テ雅號又ハ藝名等ヲ以テシタルトキハ其手形ハ無効ナリ又氏名トアルヲ以テ氏ノミ若クハ名ノミヲ記シタルトキモ亦無効ナリ

四、受取人ノ氏名又ハ商號○受取人ノ氏名及ヒ商號ヲ記載ス其方法ニ付テモ支拂人ノ場合ニ述ヘタル所ニ同シ但シ此要件ニ對シテハ第四百四十九條ノ例外アリ

受取人トハ手形金額ノ支拂ヲ受クル者ニシテ手形ノ第一ノ受者ヲ云フ裏書ニ依リテ手形ヲ取得シ手形上ノ債權者トシテ支拂ヲ請求スルコトヲ得ル者ハ之ヲ單ニ所持人ト稱シ所謂受取人ニハアラサルナリ

五、單純ナル支拂ノ委託○爲替手形ニアリテハ振出人ハ第三者ヲシテ受取人又ハ其後ノ所持人ニ手形金額ノ支拂ヲナサシムルモノナルヲ以テ振出人ハ其委託ノ意思ヲ手形上ニ記載セ

サルヘカラス而シテ支拂ノ委託ハ單純ナルコトヲ要ス例ヘハ荷物ト引換ニ御渡シ被下度ト記載スルトキハ條件付トナルカ故ニ如此手形ハ無効ナリ又所持人ニ反對給付ヲナサシムルカ如キコトヲ記載スルヲ許サス蓋シ流通ヲ重ソスル證券ニアリテハ債務者ノ權利ヲ一方的タラシメ即チ債權者ニ何等ノ債務ヲモ負擔セシムルコトヲ得サレハナリ尤モ委託ノ文句ハ何ト書キテモ差支ナシ御支拂被下度モ可ナレハ御支拂可被成モ亦可ナリ

六、振出ノ年月日〇振出ノ年月日ハ滿期日ノ起算日トモナリ又一覽后定期拂手形ノ引受ノ爲メノ呈示期間及ヒ一覽拂手形ノ支拂ノ爲メノ呈示期間ヲ定ムルニ必要ニシテ又發行ノ當時其發行人カ能力者ナリシヤ否ヤヲ知ルニモ必要ナリ是レ其要件トナシタル所以ナリ

七、一定ノ滿期日〇一定ノ滿期日トハ手形金額ヲ請求シ得ル時期ヲ云ツモノニシテ第四百五十一條ニ定メタル滿期日ナリ此滿期日ヲ要件トスルハ(一)手形ノ流通ヲ計ル爲メ(二)支拂ノ爲メノ呈示、拒絕證書作成其他手形上ノ權利ヲ保全スル行爲ヲナス債權者ノ責任アル爲メ(三)債務者ノ負擔スル債務ノ限界ヲ知リ得ル爲メニハ最モ必要ノ事ナレハナリ

滿期日ハ一ニシテ分割シ得サルモノナレハ何日ニ半額次ノ日ニ半額ト云フカ如ク記載スルヲ得ス

我商法ハ此滿期日ハ若シ之ヲ記載セサルモ其手形ハ之ヲ無効トナサス如此場合ニハ一覽ノ日ヲ以テ滿期日トス

蓋シ滿期日ノ記載ナキ手形ハ理論上無効ナルモ若シ之ヲ嚴格ニスルトキハ無効ノ手形多ク生スルノ恐レアリ故ニ支拂地ト滿期日ニ限リテ之ヲ絶對的必要事項トナサス法律自ヲ其欠缺ヲ補ヒ(第四百五十一條第四百五十二條)其手形ハ之ヲ有効トセリ

八、支拂地〇支拂地ハ支拂人カ手形ノ支拂ヲナスヘキ土地ニシテ支拂ノ爲メニスル呈示、支拂拒絶ノ場合ニ於テ拒絶證書ノ作成等ハ何レモ支拂地ニ於テスヘキモノナリ故ニ其支拂地ヲ要件トス然レモ支拂地ハ滿期日ト共ニ之ヲ絶對的必要事項トセス其旨趣ハ前號ニ述ヘタル所ト同シ

振出人ハ以上八個ノ條件ヲ記載シ尙ホ之レニ署名スルコトヲ要ス蓋シ爲替手形ニアリテハ主タル債務者ハ當初ヨリ之レアルニアラス唯振出人ノ擔保義務ニ賴リテ流通スルモノナレハ振出人カ手形上ノ債務者トシテ其手形ニ署名セサルヘカラサルコトハ勿論ナレハナリ

署名ニハ商號ヲモ含蓄スルモノト解釋スルコトヲ得ヘシ、署名トハ振出人自筆ニテ其氏名ヲ書スルコトナルカ銀行等ノ如ク多ク手形ヲ發行スル者ハ一人ニテ多クノ手形ヲ悉ク書スルコ

トハ困難ナリ故ニ明治三十三年法律第十七號ヲ以テ記名捺印ヲ以テ署名ニ代フルコトヲ許セリ

振出ハ署名ノミニテ成立スルヤ又ハ交附ヲ要スルヤト云フニ已ニ署名シ了ハリ外形上ノ要件具ハルモ振出人ヨリ之ヲ何人カニ交付スルニアラサレハ未タ手形ヲ發行シタルモノト云フヲ得ス故ニ署名シ了ハリタル手形ヲ盜取セラルヽモ署名者ハ手形上ノ責任ヲ負フコトナシ然レモ一度之ヲ交付シタル后ハ善意ニテ重大ノ過失ナキ取得者ニ對シテハ其返還ヲ請求スルコトヲ得サルモノトナルナリ

第四百四十六條　爲替手形ノ主タル部分ニ記載シタル金額カ他ノ部分ニ記載シタル金額ト異ナルトキハ主タル部分ニ記載シタル金額ヲ以テ手形金額トス

金額ヲ別ノ場所ニ記載シテ其額等シキトキハ通常ハ同一ノ額ヲ重複ニ書シタルモノト看做スモ其額カ相異ナルトキハ何レヲ採ルヘキカ法律カ之ヲ定ムルニ多少ノ差異アリ即ハチ(一)額ノ多少ヲ見テ少ナキモノニ依ルヘシトノ主義アリ○是レ債務者ニハ可成少ナキ債務ヲ負ハシムト云フ原則ニ從ハシムルモノナリ

(二)字ノ如何ヲ標準トシテ定ムヘシトノ主義アリ○文字ヲ採リテ數字ヲ捨ツヘシト云フモノナリ

以上二主義ハ海外ノ法律ニモ採用セラレ學說ニモ稱ヘラルヽ所ナリ

然レヒ右ノ二主義ハ單ニ事實ノ問題ヲ決スルノ參考トスヘキモノニシテ法律カ採リテ以テ標準トスヘキ所ノモノハ金額記載ノ場所ニアリトノ主義アリ○葢シ手形ノ主タル部分ニ記載シタル金額ヲ採リテ他ノ部分ニ記載シタル金額ヲ捨ツルナリ是レ我商法ノ採用シタル主義ニシテ本條ノ規定スル所即チ是レナリ西洋ニテハ支拂文句ノ中ニ記入シ其部分ヲ以テ主タル部分ト認メタルモ我國ノ慣習ニテハ一金何圓也ト記スル所ヲ手形ノ主タル部分ト認ムルヲ得ヘシ之ヲ要スルニ手形全体ノ主タル部分ニアラスシテ金額ヲ記載スル部分ニ適スル主タル部分ト解釋スルコトヲ得ヘシ

前陳セル如クナルヲ以テ本條ノ精神ハ額ノ多少ト文字タルト數字タルトハ敢テ之ヲ問フ所ニアラサルナリ

第四百四十七條　振出ハ自已ヲ受取人又ハ支拂人ト定ムルコトヲ得

爲替手形ニハ振出人、受取人及ヒ支拂人ノ三人アルコトヲ要スルモ必スシモ各別ノ人ナラサルヘカラサルモノトセハ不便ヲ來ス恐レアリ故ニ本條ハ一人ニテ二ノ要件ヲ兼ヲ得ルコトヲ認メタリ即チ振出人ハ自ヲ受取人トナリ又ハ支拂人トナリ得ルモノトナシタルナリ、其必要ヲ生スル場合ハ即チ左ノ如シ

振出人カ自ヲ支拂人トナルハ例ヘハ甲地ノ銀行カ或ル金額ノ拂込ヲ得テ乙地ニ於ケル其支店ヲシテ同金額ヲ支拂ハシメントスル場合ニ必要ナリ又ハ或人カ旅行先ニテ金錢ヲ要シ手形ヲ振出シテ郷里ニ於テ支拂フトスルトキニ自己宛テ爲替手形ノ必要ヲ生ス

自ヲ受取人トナルハ手形發行ノ當時ニ於テ受取人カ未定ナルカ或ハ之ヲ受クル者ヲ發見シ得サル場合ニ支拂人ヲシテ先ツ其手形ニ引受ヲナサシメ然ル後引受人ノ信用ヲ利用シテ手形ノ流通ヲ計ラントスル時ニ必要ナリ又債權者カ債務者ヲ支拂人トシ自己ヲ受取人トシテ振出シ債務者ノ債務ヲ確定セントスル場合等ニモ必要ナリ

如此手形ヲ稱シテ自己指圖ノ手形ト云フ

第四百四十八　振出人ハ爲替手形ニ其支拂地ニ於ケル豫備支拂人ヲ記載スルコトヲ得

振出人ハ自己ノ名譽ヲ保持スル爲メ豫備支拂人ヲ指定スル必要アリ故ニ本條ハ彼ノ支拂擔當

者ノ記載又ハ支拂地ニ於ケル支拂ノ場所ノ記載等ニ於ケルト同シク振出人ニ於テ爲替手形ニ支拂地ニ於ケル豫備支拂人ヲ記載スルコトヲ認メタリ如此コトハ之ヲ規定スルノ必要ナキカ如シト雖モ第四百三十九條ヲ以テ本編ニ規定ナキ事ハ之ヲ手形ニ記載スルモ手形上ノ効力ヲ生セスト定メタルカ故ニ本條ノ規定ナキトキハ豫備支拂人ノ記載ハ手形上ノ効力ヲ生セサルコトヽナルナリ是レ本條ヲ設ケタル所以ナリ

第四百四十九條　爲替手形ハ其金額三十圓以上ノモノニ限リ之ヲ無記名式ト爲スコトヲ得

無記名式トハ受取人ノ氏名ヲ記載セスシテ何人ニテモ正當ニ手形ヲ取得シ之ヲ呈示シテ支拂ヲ請求シ來ル者ニ手形金額ヲ支拂フモノヲ云フ此無記名式爲替手形即チ所持人拂ノ爲替手形ハ流通最モ敏活ニシテ之ヲ利用スル者多ク生スト雖モ少額ノ金額ヲ記載セル手形ヲ無記式名トスルコトヲ許ストキハ恰モ一個人ニ紙幣ノ發行ヲ許スト同一ノ結果ヲ生シ一般ノ經濟上ニ大ナル弊害ヲ與フルノ恐レアリ尤モ金額ノ大ナルモノニアリテモ亦殆ント同樣ノ憂ヒナキニアラスト雖モ大ナルトキハ振出ス者モ濫發セス引受クル者モ注意シ裏書スル者モ亦自ラ注意スルニ至ルヲ以テ割合ニ其弊害鮮カルヘシ故ニ本條ハ制限ノ下ニ其發行ヲ許シ金額三十圓以

上ノモノニ限リ無記名式トナスコトヲ許シタリ

然レモ何程ノ金額ニテモ白地裏書ニ依リテ移転シ得ルカ故ニ二十圓以下ノモノニ無記名式ヲ禁スルモ或ハ其目的ヲ遠スルコト能ハサルカ如シト雖モ白地ニテモ裏書ハ裏書ニシテ一ノ法式ニ依リテ輾転セラレ裏書連續ニ關スル規定モ適用セラルヽカ故ニ全ク初メヨリ無記名式ヲ許スモノトハ流通上大ニ其作用ヲ異ニス故ニ少額ナル白地裏書ノ手形ト雖モ初ヨリ之レニ無記名式ヲ許スモノトハ同一視スヘカラサルモノアルナリ

第四百五十條　滿期日ハ左ニ掲ケタル種類ノ一タルコトヲ要ス

一　確定セル日

二　日附後確定セル期間ヲ經過シタル日

三　一覽ノ日

四　一覽後確定セル期間ヲ經過シタル日

滿期日ハ左ニ掲ケタル四種ノ一ナラサルヘカラス

一、確定セル日〇確定セル日トハ何月何日ト云フ如ク手形金額ノ支拂日ヲ明カニ指定シタル日ニシテ初ヨリ支拂ノ日ノ知レ居ルモノナリ

二、日附後確定セル期間ヲ經過シタル日○是レハ振出ノ日ヨリ三十日目若クハ六十日目ト云フ如ク手形ニ記載シタル日附後確定セル期間ヲ經過シタル日トス

三、一覽ノ日○一覽ノ日トハ所持人ヨリ手形ヲ呈示シ支拂人カ之ヲ一覽シタル日ヲ云フ

四、一覽後確定セル期間ヲ經過シタル日○一覽後確定セル期間ヲ經過シタル日トハ所持人ヨリ手形ヲ呈示セラレ支拂人カ之ヲ一覽シタル日ヨリ三日目、十日目ト云フ如ク定メタル場合ニ其一覽シタル日ヨリ其間ノ日數ヲ經過シタル日ヲ云フモノナリ

第四百五十一條　振出人カ爲替手形ニ滿期日ヲ記載セサリシトキハ一覽ノ日ヲ以テ其爲替手形ノ滿期日トス

滿期日ヲ手形ノ要件トスルコトハ第四百四十五條ノ規定スル所ナリ左レハ手形ニ滿期日ヲ記載セサルトキハ如何ト云フニ理論上其手形ハ無効ナリト雖𪜈一々無効トスル𪜈ハ無効ノ手形ヲ多ク生スルノ恐レアルヲ以テ本條ハ其欠缺ヲ補ヒ手形ニ滿期日ノ記載ナキトキハ一覽ノ日ヲ以テ滿期日トス

第四百五十二條　振出人カ爲替手形ニ支拂地ヲ記載セサリシトキハ其爲替手形ニ記載シタル支拂人ノ住所地ヲ以テ其支拂地トス

支拂地ヲ手形ノ要件トシタル以上ハ支拂地ノ記載ナキ手形ハ之ヲ無効トセサルヘカラス然レ𪜈本條ハ滿期日ヲ記載セサル場合ニ法律自ヲ其欠缺ヲ補フト同シク若シ振出人カ支拂地ヲ記載セサルトキハ支拂人ノ住所地ヲ以テ支拂地トス

茲ニ住所地ヲモ記載セサル手形ハ如何ト云フニ法文ニハ唯住所地云々トノミアルヲ以テ若シ住所地ノ記載ナキトキハ縱令支拂人ノ住所カ明カニ知レ居ルトキト雖𪜈其手形ノ無効ナルヘキハ疑ヒナシ

第四百五十三條　支拂地カ支拂人ノ住所地ト異ナルトキハ他人ヲ以テ支拂擔當者トシテ爲替手形ニ記載スルコトヲ得

支拂地カ支拂人ノ住所地ト異ナルトキハ其支拂ヲ請求スル所持人ハ大ニ不便ナリ支拂人ノ住所地カ僻地ナル等ノ場合ニアリテハ殊ニ然リトス左レハ如此手形ハ流通圓滑ナラサルヲ以テ經濟上不得策タルヲ免レス故ニ他所拂手形ニアリテハ便利ナル銀行等ヲ利用シ之ヲ以テ支拂擔當者ト定メ所持人ニ便利ヲ與フル必要アリ是ヲ以テ本條ハ支拂地カ支拂人ノ住所地ト異ナルトキハ振出人ハ他人ヲ以テ支拂擔當者所謂他所拂人トシテ之ヲ手形ニ記載スルコトヲ得トセリ振出人カ之ヲ記載セシ𪜊ハ之ヲ確定セル他所拂手形ト云ヒ之ヲ記載セサリシトキハ不確

定ノ他所拂手形ト云フ
不確定ノ他所拂手形ニアリテハ振出人ハ支拂人ヲシテ支拂擔當者ヲ指定セシムルコトヲ得從テ支拂人ヲシテ支拂擔當者ヲ指定セシムルニハ所持人ヲシテ引受ノ爲メニスル呈示ヲ爲サシムル必要生ス故ニ第四百七十二條ハ引受ノ爲メノ呈示ヲナスト否トハ所持人ノ自由意思ニ存ストヘル原則ニ對スル例外ヲ規定シ振出人カ不確定ナル他所拂手形ニ自ヲ支拂擔當者ヲ定メサルトキハ其手形ニ引受ヲ求ムル爲メ呈示スヘキ旨ヲ記載スルコトヲ得トシ引受ノ爲メノ呈示ヲ以テ所持人ノ義務ナリトセリ
振出人カ支拂擔當者ヲ定ムルト支拂人カ之ヲ定ムルトハ何レカ便ナリヤト云フニ無論支拂人カ之ヲ定メタル方最モ便ナリト云ハサルヘカラス蓋シ支拂人ト支拂擔當者トノ間ニ於テハ或ハ資金關係モアレハ信用關係モアルヘシ故ニ支拂擔當者ハ違ハス支拂ヲナスヲ常トスルモ振出人ニアリテハ殆ント此等ノ關係ヲ知悉スルニ由ナケレハ多クハ其目的ヲ達スルコト能ハサルハナリ故ニ支拂人カ引受ヲナスニ當リテ之ヲ定ムルヲ通例トシ振出人カ之ヲ定ムルコトハ殆ント稀有ノ事ナルヘシ
第四百五十四條　振出人ハ爲替手形ニ其支拂地ニ於ケル支拂ノ場所ヲ記載

スルコトヲ得

支拂地ハ爲替手形ノ要件ニシテ第四百四十五條カ之ヲ支拂ノ場所トセス支拂ノ地ト定メタルハ支拂ノ場所トスルトキハ區域狹ク他ノモノニ知レ難キヲ以テ斯ク支拂ノ地ト定メタルナリ然レトモ手形面ノ支拂地カ東京ナル場合ニ何區何町ト支拂ノ場所ヲ記載スルハ便利ニシテ何等ノ妨ケナシ故ニ本條ハ之ヲ任意的條項トシテ手形ニ之レヲ記載スルコトヲ許シ振出人ハ爲替手形ニ其支拂地ニ於ケル支拂ノ場所ヲ記載スルコトヲ得トセリ

第二節　裏書

裏書ハ手形上ノ債權者カ他人ヲシテ手形上ノ債權者タラシムル意思表示ヲ以テスル附屬的手形行爲ナリ、裏書トハ文字ノ示ス如ク證劵ノ裏面ニ文字ヲ書スルモノナレハ勿論口頭ノ裏書ナルモノナシ通常裏書ニ要スルモノハ

一、被裏書人ノ氏名又ハ商號

二、裏書ノ年月日

三、裏書人ノ署名

是レナリ爲替手形タルコトヲ示スヘキ文字、一定ノ金額、支拂人ノ氏名等ハ既ニ記載アルヲ以テ新

タニ記載スルノ必要ナシ

裏書ハ手形ニ之ヲナシ又ハ附箋ニ之ヲ爲スコトヲ得然レトモ其他ノモノニナスコトヲ得ス

裏書ハ其手形ノ形式ニ於テ缺クルコトナキヲ要ス若シ其手形カ發行ノ當時ニ於テ法定ノ形式ヲ具備セサルモノナルトキハ之レニ裏書スルモ何等ノ効力ヲ生セス然レトモ其手形ニシテ形式ヲ具備セル以上ハ或ハ眞實ニ抵觸シ或ハ當事者ノ意思ニ符合セサルコトアルモ如此事ハ敢テ問フ所ニアラス其裏書ハ有効ナリ

第四百五十五條　爲替手形ハ其記名式ナルトキト雖モ裏書ニ依リテ之ヲ讓渡スコトヲ得但振出人カ裏書ヲ禁スル旨ヲ記載シタルトキハ此限ニ在ラス

裏書ハ手形ノ通性ナリ（手形ニ反對ノ記載ナケレハ裏書スルヲ得ルノ意）故ニ純然タル記名式ノモノト雖モ尚ホ本條ニ依リ指圖文句ヲ記載シ指圖式ヲ以テ發行シタルモノト同シク裏書ニ依リテ之ヲ移転シ得ルナリ然レトモ裏書ハ手形ノ要素ニアラスシテ所謂偶素トモ云フヘキモノナルカ故ニ振出人及ヒ裏書人ハ其裏書ヲ禁止スルコトヲ得而シテ振出人カ裏書ヲ禁止シタルトキト裏書人カ之ヲ禁止シタルトキトハ全ク其効果ヲ異ニスルモノナリ即チ

振出人カ裏書ヲ禁止シタルトキ〇振出人ハ手形ノ發行者ナルカ故ニ手形ノ運命ハ一ニ振出人ノ意思ニ從ハサルヘカラス左レハ振出人カ裏書ヲ禁止シタルトキハ絕對ニ裏書ヲナスコトヲ得サルモノト看做サヽルヲ得ス依テ受取人カ（手形ノ第一ノ受者）振出人ノ意ニ反シテ之レニ裏書スルモ全然裏書タルノ効力ヲ生セス尤モ裏書禁止ノ効力ハ債權ノ讓渡ヲモ禁スルモノニアラサルカ故ニ指名債權トシテ讓渡スコトヲ得ルハ勿論ナリ而シテ其讓渡ハ指名債權ノ讓渡ナレハ其方法ニ至リテハ民法ニ定メタル通知又ハ承諾アルコトヲ必要トスルモノトス

裏書人カ裏書ヲ禁止シタルトキ〇裏書人カ裏書ヲ禁止スルモ絕對ニ其効力ヲ生スルモノニアラス其禁止ハ唯自己ノ爲メニ之ヲ爲シタルモノト解セサルヘカラス而シテ被裏書人カ之レニ裏書スルハ振出人ノ意思（何人ニモ手形上ノ債務ヲ履行スルノ意思）ニモ適ス故ニ其裏書ハ法律上完全ナル裏書トシテ其効力ヲ生スルモノトス

第四百五十六條　振出人、引受人又ハ裏書人カ裏書ニ依リテ爲替手形ヲ讓受ケタルトキハ更ニ裏書ニ依リテ之ヲ讓渡スコトヲ得

本條ハ戾裏書ノ手形ニ付テ規定シタルモノナリ

戾裏書トハ已ニ手形行爲ヲナシテ手形上ノ債務ヲ負擔シタル者ニナス裏書ヲ云フ、本條ニ依

レハ手形上ノ債務者ト雖𪜈手形上ノ債權者タルコトヲ得テ他人ニ債權者タルノ資格ヲ與フルコトヲ得ルナリ

本條ハ振出人、引受人又ハ裏書人トノミ明定スルモ之ヲ以テ制限的ノ列記ヲナシタルモノト解スルヲ得ス此外ニモ尚ホ手形上ノ權利ヲ取得スルモノナクンハアラス夫ノ支拂人、豫備支拂人、保證人、支拂擔當者參加引受人等ノ如キモ理論上當然包含セルモノト解釋スルコトヲ得ヘシ

手形上ノ債務者タル引受人、裏書人等カ裏書ニ依リテ手形ヲ取得シ手形上ノ債務者タルコトヲ得ルニ至リタルトキハ純然タル自己ニ對スル債務者トナリタルモノニシテ民法ノ所謂混同ノ條件即チ債權ト債務ト同一人ニ歸シタル顯著ナル場合ナリトス故ニ佛國法ノ如キハ此場合ニ混同ノ原則ヲ適用シ引受人、裏書人等カ更ニ裏書ヲナスモ再ヒ手形上ノ關係ヲ生セサルモノトセリ然レ𪜈我商法ハ手形ノ融通ヲ遂セシムルノ旨趣ヨリシテ手形上ノ債務者ト雖𪜈再ヒ手形上ノ債權者トナリテ其手形ニ裏書シ再ヒ他人ヲシテ手形上ノ債權者タラシムルコトヲ得ルモノトセリ

第四百五十七條　裏書ハ爲替手形其謄本又ハ補箋ニ被裏書人ノ氏名又ハ商

號及ヒ裏書ノ年月日ヲ記載シ裏書人署名スルニ依リテ之ヲ爲ス

裏書ハ裏書人ノ署名ノミヲ以テ之ヲ爲スコトヲ得此場合ニ於テハ爾后爲替手形ハ引渡ノミニ依リテ之ヲ讓渡スコトヲ得

裏書ハ爲替手形ノミニ限ラス謄本又ハ附箋ニ之ヲ爲スコトヲ得ルナリ而シテ裏書ハ被裏書人ノ氏名若クハ商號及ヒ裏書ノ年月日ヲ記載シ裏書人之ニ署名スルニ因リテ作成セラルヽ此裏書ヲ稱シテ固有又ハ完全ノ裏書ト云フ

裏書ニ年月日ヲ記載スルハ裏書ノ當時裏書人ノ能力者ナリシヤ否ヤヲ知ルノ外裏書人カ其破產ノ前後ニ於テ他人ト通謀シテ手形ヲ授ケ其對價ヲ私シ或ハ他ノ債權者ニ特別ノ利益ヲ與フル等ノ弊害ヲ防クニアラン

裏書地ノ記載アレハ裏書人ノ何人タルヤヲ知ルノ便アリ擔保若シクハ償還ノ請求ヲナスニ便アリ又償還金額ヲ計算スルニ當タリ償還ヲナサシメントスル者ノ住所地ヲ知ルノ便アリ國際關係ニ於テ行爲地法ヲ適用スルニモ便アリ然ルニ本條カ猶ホ振出ノ場合ニ於テ其振出地ヲ要件トセサルト同一筆法ヲ以テ之ヲ要件トセサルハ如何ノ意ナルカ解シ難シ

第二項ニ依レハ裏書ニ被裏書人ノ氏名又ハ商號ヲ書セス只裏書人ノ署名ノミヲ以テモ之ヲナ

スコトヲ得ルナリ此裏書ヲ稱シテ白地裏書又ハ無記名式ノ裏書ト云フ、此白地裏書ヲナシタル場合ニハ爾後其手形ハ引渡ノミニテ他人ヲ手形上ノ債權者トナスコトヲ得而シテ此白地裏書ナル手形ノ所持人ニアリテハ支拂人ヨリ支拂ヲ得サルモ振出人及ヒ署名者以前ノ裏書人ニ對シテノミ償還請求ヲナシ得ルニ止マリ引渡ノミヲ以テナシタル裏書人ニ對シテハ償還請求ヲナスコトヲ得ス

裏書ハ裏書人ノ署名ノミヲ以テナスコトヲ得トセルハ被裏書人ノ氏名ヲ記載セサルコトヲ得ルトノ旨ヲ示シタルニ過キスシテ年月日ハ之ヲ要スルノ精神ナルカ如ク見ユ然レトモ法文ニハ明カニ署名ノミヲ以テ裏書ヲナスコトヲ得トアリ而シテ裏書ノ日附ハ振出ノ場合ノ如ク滿期日及ヒ時効等ヲ計算スルノ必要モナク振出ノ日附ニ比シテ重要ナラサル点ヨリ見レハ白地裏書ニハ年月日ヲ要セサルモノト解ス

無記名式ノ裏書ヲナシタル手形ハ純然タル無記名式ノ手形トハ異ナルモノナリ蓋シ其異ナルモノハ純然タル無記名式ノ手形ハ最初ヨリ何等ノ記載モアルコトナシ然ルニ無記名式ノ裏書ヲナシタル手形ニアリテハ既ニ受取人又ハ被裏書人等ヲ記載サレタルモノニシテ猶ホ裏書連續ノ規定モ適用セラレ唯署名ノミノ裏書ヲナシタル後ニ於テ無記名式ノモノト同一ノ作用ヲ

ナシ得ルニ過キサレハナリ
法律カ此種ノ裏書ヲ認メタル理由ハ手形ノ流通ヲ敏活容易ナラシムルニアリ今其長所ヲ擧クレハ其大要左ノ如シ
(一)無擔保裏書(手形上ノ責任ヲ負擔セサル旨ヲ記載ス)ノ如ク信用ヲ害スルコトナキコト
(二)取立委任ノ裏書ヲナスノ要ナキコト
(三)銀行其他多數ノ手形ヲ取扱フ者カ一々裏書ヲナスノ手數ヲ省クコトヲ得ルコト
(四)割引拒絶ノ場合ニ其割引ヲ抹消スルカ如キコトナキヲ以テ信用ヲ害セサルコト

第四百五十八條　裏書人ハ裏書ヲ爲スニ當タリ支拂地ニ於ケル豫備支拂人ヲ記載スルコトヲ得

裏書人ハ手形上ノ債務者ナルカ故ニ豫備支拂人ヲ指定スルノ必要アルコトハ猶ホ振出人カ之ヲ指定スルノ必要アルカ如シ故ニ本條ハ裏書人ニモ其手形ニ支拂地ニ於ケル豫備支拂人ヲ記載スルコトヲ許セリ
手形上ニ於テ豫備支拂人ヲ指定スルコトヲ得ル者ハ唯振出人ト裏書人トノミナリ然レトモ約束手形ノ振出人ニアリテハ主タル債務者トシテ自ラ支拂ヲ約束スルモノナレハ豫備支拂人ヲ指

定スルコトヲ得ルノ理由ナシ

第四百五十九條　裏書人ハ裏書ヲ爲スニ當タリ手形上ノ責任ヲ負ハサル旨ヲ記載スルコトヲ得

擔保力ナル者ハ裏書固有ノ要素ニアラス故ニ裏書ヲナスニ當タリ裏書人ハ手形上ノ責任ヲ負擔セサル旨ヲ記載スルコトヲ得、此無擔保裏書ハ多クハ手形ノ引受又ハ支拂ヲ疑フ場合ニ起リ手形ノ信用ヲ傷クルノ恐レナキニ非ス然レモ他ノ裏書人又ハ振出人等ノ中ニ信用アレハ尚ホ好ンテ讓受クル者アルヘシ故ニ此種ノ裏書ヲ許スモ敢テ其流通ヲ杜塞スルモノニアラスシテ手形ノ交通上却テ遺感ナカラシムルモノト云ハサルヘカラス是レ本條ヲ設ケテ如此裏書ヲ認メタル所以ナリトス

無擔保裏書ハ唯裏書人カ被裏書人ノ各員ニ對スル手形上ノ責任ヲ免レ其效力ハ其裏書人ノミニ對シテ生スルモノトス故ニ其前後ノ地位ニ在ル裏書人ニ對シテハ何等ノ關係ヲ及ハサス各裏書人ハ當然裏書人タルノ責任ヲ負擔スルモノトス是レ手形上ノ權利ハ獨立ナルモノニシテ互ニ相關係セス又手形行爲ヲナシタル者ハ手形面ニ記載シタル文言ニ從テ責任ヲ負擔スト云ヘル手形上ノ權利ノ本質ヨリ流出スル所ノ結果ナリトス

第四百六十條　裏書人カ裏書ヲ爲スニ當タリ爾後裏書ヲ禁スル旨ヲ記載シタルトキハ其裏書人ハ被裏書人ノ後者ニ對シテ手形上ノ責任ヲ負フコトナシ

本條ニ依リ裏書人ハ裏書ヲ爲スニ當タリ裏書禁止ノ旨ヲ記載スルコトヲ得然レモ此場合ニ於テモ被裏書人其他ノ後者ハ裏書ヲナシ得サルニアラスシテ自由ニ裏書ヲナスコトヲ得然レモ裏書人カ如此裏書ヲナスコトヲ禁止シタル場合ニ於テハ其裏書人ハ被裏書人ノ後者ニ對シテ手形上ノ責任ヲ負擔セス

此場合ニ被裏書人ノ後者ハ裏書ヲ禁止シタル裏書人以外ノ裏書人及ヒ振出人ニ對シテノミ擔保請求權及ヒ償還請求權ヲ有スルノミニシテ裏書ヲ禁止シタル裏書人ニ對シテハ何等ノ權利ヲモ有セサルモノトス

第四百六十一條　裏書人カ其署名ノミヲ以テ裏書ヲ爲シタルトキハ所持人ハ自己ヲ其被裏書人ト爲スコトヲ得

裏書人ハ第四百五十一條第二項ニ依リ署名ノミヲ以テ裏書ヲナスコトヲ得ルナリ而シテ裏書人カ唯署名ノミヲ以テ裏書ヲナシタルトキ所謂白地裏書ヲナシタルトキハ無記名式ノ手形ト

同シク引渡ノミニテ輾轉シ得ル故便利ハ甚タ便利ナリ然リト雖𪜈盗失、紛失等ノ危險アリ故ニ本條ハ所持人ニ於テ自巳ノ氏名ヲ其手形ニ記入シテ之ヲ補充シ自巳ヲ其被裏書人トナスコトヲ許セリ

第四百六十二條　支拂拒絶証書作成ノ期間經過ノ後所持人カ裏書ヲ爲シタルトキハ被裏書人ノ有シタル權利ノミヲ取得ス此場合ニ於テハ其裏書人ハ手形上ノ責任ヲ負フコトナシ

手形ノ滿期日ハ其手形ノ活動力ヲ定メタルモノニシテ滿期日到來ト共ニ法律關係ヲ消滅セシムヘキ狀況ニ至レルモノナリ然レ𪜈滿期日到來シタレハトテ當然手形ノ融通力ヲ失ハシムルニアラス、拒絶證書作成期間ノ經過前ニアリテハ其裏書ハ尙ホ普通ノ場合ニナシタルト異ナルゴトナシ而シテ我商法ハ拒絶證書作成期間經過後ノ裏書ト雖𪜈亦法律上之ヲ裏書トシテ待遇スルノ主義ヲ採用セリ故ニ拒絶證書作成期間經過後ノ裏書ニテモ形式的條件ヲ具備シ即チ裏書ノ連續アリ又實質的條件即チ惡意若クハ重大ノ過失ナクシテ手形ヲ取得シタル場合ニ於テハ手形上ノ權利ヲ行フコトヲ得ルナリ

然レ𪜈此場合ニ於テハ被裏書人ノ取得スル權利ハ唯裏書人ノ有シタル權利ノ範圍ニ限ラル、

モノニシテ裏書人ノ有セサリシ權利ヲ取得スルコトヲ得ス例ヘハ裏書人カ拾取シタル手形ニテモ拒絶證書作成期間前ニシテ其裏書カ連續シ、惡意又ハ重大ノ過失ナクシテ取得シタルモノナルトキハ手形上ノ權利ヲ得ヘキモ支拂拒絶證書作成期間經過後ニ係ルトキハ何等ノ權利ヲモ取得スルコトヲ得ス

又支拂拒絶證書作成期間前ノ裏書ニアリテハ手形上ノ債務者ハ裏書人ニ對抗シ得ヘカリシ事由ヲ以テ即チ人的抗辨ヲ以テ被裏書人ニ對抗スルコトヲ得スト雖モ支拂拒絶證書作成期間經過後ノ裏書ニアリテハ之ヲ被裏書人ニ對抗スルコトヲ得蓋シ手形行爲ヲナシタル者ハ最初ヨリ其手形ノ輾轉スルコトヲ豫期シ將來手形ヲ取得スル何人ニ對シテモ手形上ノ債務ヲ負擔スルノ意思アルモノト看做サヽルヘカラス果シテ然ラハ其者ニ對スル抗辨モ亦之ヲ制限スヘキハ當然ノコトナリト雖モ支拂拒絶證書作成期間經過後ノ取得者ヲモ債權者トナスノ意思アリシモノトハ見ルコトヲ得ス故ニ此場合ニ於テハ最早其制限ヲ解キ裏書人ニ對抗シ得ヘカリシ事由ヲ被裏書人ニ對抗スルコトヲ許ヘキハ當然ノコトナレハナリ

又支拂拒絶證書作成期間經過後ノ裏書ニアリテハ被裏書人ハ裏書人ノ有シタル權利ノミヲ取得スルニ止マリ裏書人ノ有セサル權利ヲ取得シ得サルモノトセハ裏書人ニ手形上ノ責任ナキ

ハ固ヨリナリ是レ本條末段ノ規定アル所以ナリ

第四百六十三條　所持人ハ裏書ニ依リテ爲替手形ノ質入ヲ爲シ又ハ其取立ノ委任ヲ爲スコトヲ得此場合ニ於テハ裏書ニ其目的ヲ附記スルヿヲ要ス
前項ノ場合ニ於テ被裏書人ハ同一ノ目的ヲ以テ更ニ裏書ヲ爲スコトヲ得

本條ハ質入裏書ト取立委任ノ裏書ノ場合ヲ規定シタルモノナリ
質入裏書ハ手形ノ所持人カ其債權者ニ對シ已存ノ債權ヲ擔保スル爲メ質權ヲ設定スル目的ヲ以テ爲ス所ノ裏書ナリ、被裏書人ハ此裏書ニ依リテ其手形ノ質權者トナルナリ然レモ其裏書ニ目的ヲ記載セサレハ實際ハ質入ノ爲メノ裏書ト雖モ讓渡ノ爲メニスル裏書即チ固有ノ裏書ト看做サルヽニ至ルヘシ
由是觀之少額ノ債權ノ爲メニ質入シタルトキト雖モ其額ヲ記載セサルトキハ其レヨリ多クノ額ノ擔保トナルハ當然ナリ又手形金額ヲ千圓ト仮定シ被裏書人カ裏書人ニ對シテ有スル債權ハ六百圓ナルニ被裏書人ヨリ再裏書ニ於ケル被裏書人ニ對シテ負擔スル八百圓ノ債權ヲ擔スル爲メニ再裏書スルコトヲ得ヘキヤ否ヤ、民法上ノ理論ヨリ云ヘハ自己ノ有スルヨリ多クノ擔保權ヲ他人ニ讓渡シ又ハ利用スルコトヲ得サルモ手形ハ形式ヲ重ソスルヨリシテ之ヲ有効

トセサルヘカラス故ニ第一ノ裏書人ニシテ如此結果ヲ防カソト欲セハ裏書ヲナストキニハ必ス六百圓ノ爲メノ質入トナス旨ヲ附記セサルヘカラス

此場合ニ於ケル裏書ハ質權ノ設定ニアルカ故ニ若シ被裏書人カ裏書人ニ對シテ債權ヲ有セサリシトキハ主ナル債權ナキ質權トナルヲ以テ其裏書ハ無効ニ歸ス若シ債權ヲ有シテ期日ニ至リ辨濟ヲ得サルトキハ質權者ハ(被裏書人ハ)其權利ヲ行使シテ引受人若クハ支拂人等ニ請求シ支拂ハレサリシトキハ債務者以外ノ裏書人及ヒ振出人ニ對シテ償還請求ヲナシ得ルコト普通ノ裏書ノ場合ニ於ケルカ如シ

茲ニ注意スヘキハ債權者ハ支拂人カ支拂ヲ拒絶シタルトキハ拒絶證書ヲ作成セシメ債務者ニ(裏書人)手形上ノ權利ヲ行フコトヲ得ルノ地位ヲ與フルコト是レナリ、若シ支拂人カ支拂ヲ拒絶シタルトキニ拒絶證書ヲ作成セシムルコトヲ怠リ爲メニ手形ノ當事者カ手形上ノ擔保義務ヲ免レタルトキハ債務者ヲシテ手形上ノ權利ヲ行フコトヲ得サル狀態ニ至ラシムルヲ以テ其債權者ハ自己ノ債權ヲ失フニ至ルヘキヲ以テナリ、取立委任ノ裏書ハ被裏書人ヲシテ裏書人ニ代ハリテ手形上ノ權利ヲ行ハシムル爲メニナス所ノ裏書ナリ、故ニ被裏書人ハ裏書人ヲ代表シテ引受又ハ支拂ノ爲メニスル呈示ヲナシ、拒絶證書ヲ作成セシメ、又前者ニ對シテ通知

ヲナシ、手形金額、償還金額ノ支拂ヲ受ケ又ハ戻手形ヲ振出ス等凡ヘテ手形上ノ權利ヲ行使シ保全スルノ行爲ヲナスモノトス

此場合ノ裏書人ト被裏書人トノ間ノ關係ハ委任ニ關スル民法ノ原則ニ從ハサルヘカラス故ニ被裏書人カ手形上ノ權利ノ行使、保全ニ關シテ過失アリ又ハ其義務ヲ怠リテ裏書人ニ損失ヲ生セシメタルトキハ被裏書人ハ其損害ヲ賠償スルノ責任アリ

本條第二項ニ依リ質入及ヒ代理ノ裏書共ニ其被裏書人ヨリ同一ノ目的（質入裏書ノ手形ナレハ質入裏書、取立委任ノ裏書ナル手形ナレハ取立委任ノ裏書）ヲ以テ再裏書ヲナスコトヲ得而シテ其裏書ニ目的ヲ附記スルコトヲ必要トスルノ旨趣ハ前已ニ述ヘタルカ如シ

第四百六十四條　裏書アル爲替手形ノ所持人ハ其裏書カ連續スルニ非サレハ其權利ヲ行フコトヲ得ス但署名ノミヲ以テ爲シタル裏書アルトキハ次ノ裏書人ハ其裏書ニ因リテ爲替手形ヲ取得シタルモノト看做ス

裏書アル爲替手形ノ所持人ハ其裏書カ連續スルニ非サレハ手形上ノ權利ヲ行フコトヲ得ス例ヘハ其手形ハ甲ヨリ乙、乙ヨリ丙ト間斷ナク其裏書カ繼續スルニアラサレハ其權利ヲ行フコトヲ得サルモノトス然レトモ第四百五十七條第二項ヲ以テ無記名式ノ裏書ヲ認メタルニ付テハ

所持人カ無記式ノ裏書ヲナシタルトキハ被裏書人ノ氏名ハ手形上ニ表顯セラレサルカ故ニ法律ヲ以テ裏書ノ連續ヲ補フノ必要アリ故ニ本條但書ハ無記名式ノ裏書人ノ次ノ裏書人ハソノ裏書ニ依リテ正當ニ手形ヲ取得シタルモノト看做ス

例之手形ノ受取人甲カ第一ノ裏書ヲナシ其後固有ノ裏書ニ依リテ乙、丙ト輾轉シ丙カ無記名式ノ裏書ヲナシタル爲メ丁ニ至リテ被裏書人トシテ手形ニ顯然タラサルモ丁ハ自己ヲ其被裏書人ト記シ更ニ戊ニ對シテ固有ノ有書ヲナセハ所謂裏書ノ連續ハ補充セラレテ手形上ニ顯然タルモノトナルナリ

又前例ノ丁カ補充ヲナサスシテ戊、巳ト輾轉シ庚ニ至リテ自己ノ氏名ヲ被裏書人トシテ記入シタルトキハ亦裏書ノ連續ハ補充セラレ此場合ニハ丙ヲ以テ裏書人ト看做スモノトス

第三節　引　受

引受トハ支拂人カ支拂ノ委託ヲ承諾スル手形上ノ意思表示ナリ而シテ本節ハ此引受ヲ求ムル爲メノ呈示ハ所持人ノ權能ニシテ其義務ニアラサルコト、呈示期間、引受ノ方式、引受ノ効力等ヲ規シ第三者ノ引受ニ付テハ之ヲ參加引受ト題シテ第八節第一欵ニ之ヲ規定セリ

約束手形ニアリテハ其振出人ハ主タル債權者トシテ自ヲ其支拂ヲ約束スルモノナレハ固ヨリ引受

ニ關スル規定ヲ適用スルノ理由ナシ又小切手ハ敢テ融通ヲ目的トスルニアラスシテ所謂支拂證券トシテ利用スルモノナルカ故ニ此二ノ手形ニアリテハ引受ナルモノハ有リ得ヘカラサルモノトス

第四百六十五條　所持人ハ何時ニテモ爲替手形ヲ支拂人ニ呈示シテ其引受ヲ求ムルコトヲ得

爲替手形ノ支拂人ハ自己ヲ支拂人トシテ指名セラル丶モ唯其レノミニテハ未タ手形上ノ債務ヲ負擔セス引受ナル手形行爲ヲナスニ依リテ始メテ主タル債務者トシテ手形上ノ債務ヲ負擔スルモノトス故ニ所持人ハ引受ヲナサシムル爲メニ其手形ヲ支拂人ニ呈示スル必要アリ而シテ又裏書人、振出人等ニアリテモ引受アリタルトキハ擔保又ハ償還請求ヲ受クルノ憂ヲ減シ、引受アラサリシトキハ擔保ヲ供シ又ハ償還義務ヲ行フノ準備ヲナス等ノ必要アリ然レヒ我商法ハ手形上ノ債務ヲシテ全然一方的ナラシメ(一)所持人ヲシテ呈示ノ義務ヲ負擔セシメス(二)何時ニテモ爲スヲ許シ(三)所持人ニ對シテ呈示スルコトヲ禁止シ又ハ制限スルコトヲ許サス呈示ヲナスト否トハ所持人ノ自由ナルモノトセリ

既ニ如此定メラレタルカ故ニ所持人ハ手形ヲ呈示シテ引受拒絕ニ逢フタル場合ニ拒絕證書ヲ作成セサルモ可ナリ、唯前者ニ對シテ擔保ノ請求ヲ爲スコト能ハサルニアルノミ、滿期日ニ

於テ支拂拒絶證書ヲ作ラシムレハ償還請求權ヲ失ハス海外ノ法律ニ於テ呈示ノ自由ヲ認メ又ハ之ヲ義務トシタルモノ幾ソト半ハストモ雖モ我商法ハ所持人ノ權利ヲ一方的ナラシメ前者ノ利益ノ爲メ何等ノ義務ヲ負ハシメサルノ主義ヲ採用シタルカ故ニ引受ノ爲メノ呈示ハ所所人ノ撰擇ニ存スルモノトナシタルナリ然レモ本條ノ原則ニ對シテハ二ケノ例外アリ次條及ヒ第四百七十二條即チ是レナリ

第四百六十六條　一覽後定期拂ノ爲替手形ノ所持人ハ其日附ヨリ一年内ニ爲替手形ヲ支拂人ニ呈示シテ其引受ヲ求ムルコトヲ要ス但振出人ハ之ヨリ短キ呈示期間ヲ定ムルコトヲ得

所持人カ拒絶證書ニ依リ前項ニ定メタル呈示ヲ爲シタルコトヲ證明セサルトキハ其前者ニ對スル手形上ノ權利ヲ失フ

本條ハ引受ノ爲メニスル呈示期間ヲ定メタルモノニシテ前條ニ於ケル原則ニ對スル例外ノ一ナリ

一覽拂ノ爲替手形ハ支拂ノ爲メノ呈示ヲ必要トスルモ性質引受ノ爲メノ呈示ヲ必要トセス然レモ一覽後定期拂ノ手形ニアリテハ其滿期日ハ一覽シタル上ニアラサレハ定マラス故ニ呈示

セサル間ハ何時マテモ滿期日到來セサルヲ以テ時効ノ進行モ始マラス故ニ手形義務者ハ永ク手形上ノ債務ヲ負擔セサルヘカラス從テ支拂人ニ於テモ何時マテモ爲替資金ヲ準備シ置カサルヘカラサル等ノ不都合アリ是レ本條カ一覽後定期拂ノ爲替手形ニ付テハ引受ノ爲メノ呈示ヲ以テ所持人ノ義務ナルコトヲ定メタル所以ナリトス

本條ノ定ムル所ニ依レハ一覽後定期拂手形ハ所持人ニ於テ其日附ヨリ一年内ニ手形ヲ支拂人ニ呈示シテ其引受ヲ求メサルヘカラス（第一項）然レモ此期間ハ補充的期間ナルヲ以テ振出人ハ第一項但書ノ規定ニ依リ之レヨリ短キ呈示期間ヲ定ムルヿヲ得即チ振出人ハ之ヲ六ケ月ト定ムルモ三ケ月トスルモ隨意ナリ

所持人カ第一項ノ規定ニ從ヒ其手形ヲ呈示シタルトキハ公證人又ハ執達吏ヲシテ拒絶證書ヲ作ラシメ之レニ依リテ其呈示ヲナシタルコトヲ證明セサルヘカラス若シ拒絶證書ニ依リテ之ヲ證明セサルトキハ前者（裏書人、振出人）ニ對スル手形上ノ權利ヲ失ヒ再ヒ償還請求ヲナス能ハサルニ至ルモノトス

第四百六十七條　所持人カ一覽後定期拂ノ爲替手形ヲ呈示シタル場合ニ於テ支拂人カ其引受ヲ爲サス又ハ引受ノ日附ヲ爲替手形ニ記載セサリシト

キハ所持人ハ呈示期間內ニ拒絕證書ヲ作ラシムルコトヲ要ス此場合ニ於テハ其拒絕證書作成ノ日ヲ以テ呈示ノ日ト看做ス
所持人カ拒絕證書ヲ作ラシメサリシトキハ其前者ニ對スル手形上ノ權利ヲ失フ
引受人カ引受ノ日附ヲ記載セサリシ場合ニ於テ所持人カ拒絕證書ヲ作ラシメサリシトキハ呈示期間ノ末日ヲ以テ呈示ノ日ト看做ス
所持人カ一覽後定期拂ノ爲替手形ヲ呈示スルモ支拂人カ其引受ヲナサヽリシトキハ所持人ハ第一項ニ依リ呈示ノ期間內ニ（振出人ノ定メタル一年ヨリ短キ期間內若シ之ナクハ日附ヨリ一年內）ニ拒絕證書ヲ作ラシメサルヘカラス
又支拂人カ引受ヲナスモ其手形ニ引受ノ日ヲ記載セサルトキハ滿期日ヲ定ムルコトヲ得ス故ニ如此引受ハ之レナキモ同樣ニシテ支拂人ハ暗ニ引受ヲ拒絕シタルモノト看做サヽルヲ得ス故ニ此場合ニ於テハ所持人ハ矢張リ拒絕證書ヲ作ラシメサルヘカラス而シテ如此場合ニハ法律ハ支拂人カ引受ノ日ヲ記載セサルカ爲メニ作ラシメタル拒絕證書ノ日附ヲ以テ呈示ヲナシタル日ト看做スモノトス

第二項ハ所持人カ右ノ拒絶證書ヲ作ラシメサリシトキハ其制裁トシテ前者ニ對スル手形上ノ權利ヲ失フモノトナセリ然レ𪜈支拂人カ日附ハ之ヲ記載セサルモ引受ヲナシタル場合ニアリテハ全ク引受ヲ拒絶シタル場合ニ拒絶證書ヲ作ラシメサリシトキトハ稍ヤ其情狀ヲ異ニスルヲ以テ第三項ハ引受人カ引受ノ日附ヲ記載セサル場合ニ所持人カ拒絶證書ヲ作ラシメサルトキハ呈示期間ノ末日ニ呈示シタルモノト看做スト規定シ所持人ハ尙ホ手形上ノ權利ヲ有スルモノトセリ

第四百六十八條　引受ハ爲替手形ニ其旨ヲ記載シ支拂人署名スルニ依リテ之ヲ爲ス

支拂人カ爲替手形ニ署名シタルトキハ其引受ヲ爲シタルモノト看做ス

本條ハ引受ノ方式ヲ規定シタルモノナリ

引受モ亦手形行爲ノ一ナルカ故ニ本條ニ依リ支拂人ニ於テ其手形ニ署名スルニ依リテナサルヽモノトス故ニ暗默又ハ口頭ノ引受ナルモノナク又手形以外ノ書面ヲ以テスルモ引受ノ效力ヲ生セス、必ス其手形ニ引受ノ旨ヲ記載シ支拂人之レニ署名セサルヘカラス

引受ハ其引受ノ旨ヲ記載スレハ可ナリトアルヲ以テ引受ト記スルモ承諾又ハ承知ト記スルモ

可ナリ又第二項ハ引受ハ單ニ署名ヲ以テモ足ルコトヽセリ、引受ノ旨ヲ記載シ且署名スル場所ハ通常表面ナレモ裏面ニテモ可ナリ又自已ノ氏名ノ傍ヲニテモ或ハ欄外ニテモ不可ナシ●本條ニ引受ハ手形ニ引受ノ旨ヲ記載シ支拂人之レニ署名スルニ依リテナストアルカ故ニ支拂人カ引受若クハ承諾ト記シテ署名シタルトキハ其引受ハ完成スルカ如ク見ユルモ是唯引受ヲ爲スノ方法ヲ定メタルモノニシテ其引受カ引受トシテ效力ヲ生スト云フニハアラス引受ハ手形ニ署名シタル後之ヲ交附シタル事ニ依リテ始メテ成立スルモノトス

第四百六十九條　支拂人ハ手形金額ノ一部ニ付キ引受ヲ爲スコトヲ得

前項ノ場合ヲ除ク外支拂人カ爲替手形ノ單純ナル引受ヲ爲サヽリシトキハ其引受ヲ拒絕シタルモノト看做ス但引受人ハ其引受ノ文言ニ從ヒテ責任ヲ負フ

引受ノ種類ヲ其方法ヨリ云フトキハ單純ナルモノト單純ナラサルモノトニ分ツコトヲ得其拘束スル人ヨリ云フトキハ凡ヘテノ關係者ヲ拘束スルモノト引受人ノミヲ拘束スルモノトニ分ツコトヲ得蓋單純ナル引受トハ其手形ヲ文言ノ儘ニ引受クルニアリテ金額、支拂地、支拂ノ場所、滿期日ニモ少シモ變更ヲ加ハヘサルコトニシテ此引受ハ何人ニ對シテモ其效力ヲ生スル

モノトス
單純ナラサル引受ニハ種々アリ今手形金額五百圓ナルニ三百圓ノ引受ヲナシタルトキハ如何ト云フニ如此手形金額ヲ分割スルトキハ擔保、支拂、償還等ノ請求ニ付テ錯雜ヲ來ス恐レアルモ債務ハ可成速ニ辨濟セラレンコトヲ欲スルカ故ニ之レカ分割ヲ許サヽルヘカラス故ニ本條ハ此種ノ無單純ナル引受ハ之ヲ許シ手形金額ノ一部ニ付テモ其引受ヲナスコトヲ得トセリ依リテ其引受ヲナシタル額丈ケハ何人ヲモ拘束スルヲ以テ引受人ハ之ニ依リテ其引受ケタル三百圓ヲ支拂フヘキ主タル債務者トナリ裏書人及ヒ振出人モ此引受ヲ對抗セラルヽカ故ニ所持人ニ對シテ五百圓ノ拒絶證書ヲ作ラシムヘシト云フコトヲ得ス然レトモ其殘額ニ付テハ引受拒絶アリタルモノナルヲ以テ所持人ハ其拒絶證書ヲ作ラシメサルヘカラス若シ之ヲ作ラシメサレハ前者ニ對シテ擔保ヲ請求スルコトヲ得ス其次ハ滿期日ノ變更ニシテ例ヘハ滿期日六月三十日トアルヲ其日ニハ支拂ヒ兼ヌルト信シ七月十日ニ支拂ハント記シ又ハ横濱ヲ支拂地ト定メアルニ同地ニ營業所ナキ故東京ニ於テ支拂ハント記載スルカ如シ以上二ケノ場合ハ手形ノ文言ニ變更ヲ加ヘタルモノナルモ本條第二項ハ引受ノ文句ノミヲ効力アルモノトシ其効力ハ引受人ノミヲ拘束スルモノトシ所持人ハ之レカ爲メニ利益ヲ受クルモ不利益ヲ受ケス全ク引受ノ拒絶アリタルモノト看做シ前者ニ對シテ擔保ヲ請求スルコトヲ得ルモノトセリ故ニ滿期日六月三十日ヲ七月十日トシタル場合ニハ所持人ハ前者ニ對シテ擔保ヲ請求シ得ルニ拘ハラス引受人ニ對シテハ七月十日ニ手形ヲ呈示シテ支拂ヲ求ムルコトヲ得ルナリ又支拂地横濱ヲ東京トセシ場合ニモ所持人ハ前者ニ對シテ擔保ヲ請求シ得ルニ拘ハラス東京ニ於テ支拂ヲ請求スルコトヲ得ヘシ

前述ノ如ク滿期日及ヒ支拂地ヲ變更シテ引受ヲナスハ手形ノ要件ニ變更ヲ加フルモノナルモ手形ノ性質ヲ害セサルカ故ニ或ル程度マテ之ヲ有効トスルモ若シ資金到着候ハヽ支拂可申杯ト記載スルカ如キハ手形ヲ條件ニ係ラシムルモノニシテ手形ノ性質ヲ破壞スルヲ以テ如此引受ハ全然無効ニシテ此場合ニハ引受人ヲモ拘束セサルモノトス

第四百七十條　支拂人ハ爲替手形ノ引受ニ因リ滿期日ニ於テ其引受ケタル金額ヲ支拂フ義務ヲ負フ

引受ハ爲替手形ノ支拂人カ滿期日ニ於テ手形ニ記載シタル文言ニ從テ手形金額又ハ其引受ケタル金額ヲ支拂フヘキコトヲ承諾スルモノニシテ支拂人ハ此引受ナル手形行爲ニ由リテ主タル債務者トナリ振出人及ヒ裏書人ハ唯手形上ノ擔保義務ヲ負擔スルノミ依テ支拂人ハ爲替手

形ノ引受ヲナサヽル間ハ何等ノ責任ナシト雖モ一旦引受ヲナシタルトキハ滿期日ニ於テ其引受ケタル金額支拂ノ義務ヲ負擔スルモノトス而シテ引受ハ手形行爲トシテ絕對的其効力ヲ生スルモノニシテ單ニ引受ヲナシタル當時ノ所持人ニ對シテノミ支拂ノ義務ヲ負擔スルニアラス其引受ノ前後若クハ將來ノ取得者ニ對シテモ責任アリ

引受ハ手形行爲トシテ獨立ナル効力ヲ生スルモノニシテ他ノ手形行爲トハ毫末モ關係スル所ナク其手形ニシテ形式ニ缺クル所ナケレハ手形面ニ表示セラレタル事項カ事實ト牴觸スルモ尙ホ引受トシテ其効力ヲ生スルモノトス例ヘハ振出人ノ署名カ僞造ニ係ル等ノヿアルモ其手形ニシテ形式ノ存在セル上ハ引受トシテ其効力ヲ生シ引受人ハ正當ノ所持人ニ對シテ完全ノ義務ヲ負擔セサルヘカラス

引受人ハ引受ナル手形行爲ヲナシタルニ因リテ主タル債務者トナルカ故ニ所持人カ正當ノ期間内ニ支拂ノ爲メノ呈示ヲナサス又ハ支拂拒絕書ヲ作ラシメサル等ノヿアルモ一度引受ヲナシタルトキハ唯債權ノ消滅時効ニ由ルノ外其債務ノ履行ヲ免ルヽコトヲ得ス

引受ハ手形金額ノ一部ニ付テモ之ヲ爲スコトヲ得ルコトハ第四百六十九條ノ定ムル所ナリ故ニ本條ハ手形金額ト云ハス支拂人ハ其引受ケタル金額ヲ支拂フ義務アリト示セリ

第四百七十一條　引受人カ爲替手形ノ支拂ヲ爲サヽリシ場合ニ於テ其所持人又ハ償還ヲ爲シタル裏書人若クハ振出人ニ對シテ支拂フヘキ金額ハ第四百九十一條又ハ第四百九十二條ノ規定ニ依リテ之ヲ定ム

振出人ハ手形ニ記載シタル文言ニ從テ手形金額ノ支拂アルヘキコトヲ擔保ス故ニ所持人カ滿期日ニ於テ支拂ヲ求ムル爲メニ爲替手形ヲ呈示スルモ支拂人カ支拂ヲ拒絶シタルトキハ振出人ハ所持人ノ請求ニ應シ第四百九十一條ノ金額ヲ償還セサルヘカラス之ヲ振出人ノ擔保義務ト云フ、此擔保義務ハ爲替手形固有ノモノニシテ振出人ノ免ルヽコト能ハサル所ノモノトス然レトモ此擔保義務ハ引受以前ニ存シ一度引受アリシ後トナリテハ振出人ハ更ニ第二位ヲ占メ引受人主タル義務者トシテ絶對的支拂ノ義務ヲ負擔スルモノトス故ニ本條ハ引受人カ支拂ヲナサヽリシトキハ所持人ニ對シテ如何ナル金額ヲ支拂フヘキカ又所持人ヨリ請求ヲ受ケテ償還ヲナシタル裏書人又ハ振出人ニ對シテ如何ナル金額ヲ支拂フヘキカヲ定メタルモノニシテ本條ハ其所持人ニ對シテ支拂フヘキ金額ハ第四百九十一條ノ規定ニ依リ又其裏書人若クハ振出人ニ對シテ支拂フヘキ金額ハ第四百九十二條ノ規定ニ依リテ算定スヘキヲ示セリ

第四百七十二條　支拂地カ支拂人ノ住所地ト異ナル場合ニ於テ振出人カ爲

替手形ニ支拂擔當者ヲ記載セサリシトキハ支拂人ハ其引受ヲ爲スニ當タリ之ヲ記載スルコトヲ得若シ支拂人カ之ヲ記載セサリシトキハ支拂地ニ於テ自ラ支拂ヲ爲ス責ニ任ス

前項ノ場合ニ於テ振出人ハ爲替手形ニ其引受ヲ求ムル爲メ之ヲ呈示スヘキ旨ヲ記載スルコトヲ得此場合ニ於テ所持人カ拒絶證書ニ依リ其呈示ヲ爲シタルコトヲ證明セサルトキハ其前者ニ對スル手形上ノ權利ヲ失フ

振出人ハ支拂人ノ住所地カ支拂地ト異ナルトキハ第四百五十三條ニ依リ其手形ニ支拂擔當者（他所拂人）ヲ記載スルコトヲ得然レトモ振出人カ之ヲ記載セサリシトキハ本條ニ依リ支拂人其引受ヲナスニ當タリ之ヲ記載スルコトヲ得、若シ之ヲ記載セスシテ引受ヲナシタルトキハ支拂人ハ其支拂地ニ出張シテ自ヲ支拂ヲナサヽルヘカラス茲ニ自ヲト記スルモ代理者ヲシテ之ヲ爲サシムルコトヲ得ルハ勿論ナリ

引受ノ爲メノ呈示ハ所持人ノ自由意思ニ存シ我商法ハ之ヲ以テ所持人ノ義務ナリトセス（第四百六十五條）然レトモ此原則ニ對スル二ケノ例外アルコハ前ニモ述ヘタル所ナリ而シテ其一ハ第四百六十六條ニシテ既ニ之ヲ說明シ本條ハ即チ第二ノ例外ニ屬ス抑モ第四百六十五條ノ

原則ニ依ルトキハ引受ノ爲メノ呈示ハ之ヲナストナサヽルトハ所持人ノ撰擇ニ存シ振出人ニ於テ之ヲ命令シ制限スルコトヲ得サルモノトス然レトモ本條ノ場合ニ於ケル如ク支拂地カ支拂人ノ住所地ト異ナル場合ニ振出人カ其手形ニ支拂擔當者ヲ記載セス所謂不確定ノ他所拂手形ニアリテハ振出人ハ支拂人ヲシテ豫シメ支拂擔當者ヲ指定セシメ手形ノ所持人ニ對シテ便宜ヲ與フル必要アリ故ニ振出人ヲシテ其目的ヲ達セシメントスルニハ勢ヒ其手形ノ呈示ヲ以テ所持人ノ義務ナリトセサルヘカラス是レ本條第二項ノ由リテ生スル所以ナリ故ニ不確定ノ他所拂手形ニアリテハ所持人ハ其手形ヲ呈示シ拒絶證書ニ依リテ其呈示ヲナシタルヿヲ證明セサルヘカラス若シ拒絶證書ニ依リテ之ヲ證明セサル𬼂ハ前者ニ對シテ全然手形上ノ權利ヲ失ヒ所持人ハ再ヒ其權利ヲ行フコト能ハサルニ至ルモノトス

第四百七十三條　支拂人ハ引受ヲ爲スニ當タリ爲替手形ニ其支拂地ニ於ケル支拂ノ場所ヲ記載スルコトヲ得

支拂人ハ本條ニ依リ爲替手形ニ支拂地ニ於ケル支拂ノ場所ヲ記載スルコトヲ得、蓋シ支拂人カ支拂地ニ於ケル支拂ノ場所ヲ定ムルハ手形ノ引受ニ一ノ制限ヲ加フルモノニシテ其引受ハ理論上單純ナラサルモノナリ然レトモ如此引受ハ其實際ニ於テ寧ロ所持人ニ利アルモ害ナキモ

ノトス故ニ本條ニ於テ特ニ此記載ヲ認メタリ

第四節　擔保ノ請求

擔保請求ニハ二ケノ場合アリ引受拒絶ノ場合及ヒ引受人ノ破産セル場合即ハチ是レナリ引受人カ全ク引受ヲ拒絶シタル件ハ勿論或ハ手形ニ記載シタル文言ニ制限ヲ加ハヘ引受ヲナスカ或ハ一部ノ引受ヲナシ即ハチ單純ナル引受ヲナサヽルトキハ滿期日ニ於テ支拂拒絶ニ逢フノ危險アルカ故ニ所持人ヲシテ其危險ニ備ヘシメサルヘカラス又支拂人カ引受ヲナスモ其後ニ至リ破産ノ宣告ヲ受ケシトキハ引受人ヨリ後日支拂ヲ受クルノ見込ナシ故ニ此二ノ場合ニ於テハ前者ヲシテ擔保ヲ供セシメ所持人ノ權利ヲ確實ナラシムル爲メ所持人ヲシテ其前者ニ對シテ擔保ヲ請求スルコトヲ得セシムルモノトセリ

擔保請求ヲ許ス國アリ直ニ償還請求ヲ許ス國アリ互ニ種々ノ理由ヲ主張ス其中擔保請求ノ制度ヲ主張スル理由ハ支拂人カ引受ヲ拒絶スルハ實際多クノ場合ニ振出人カ資金ヲ供セサルカ或ハ手形發行ノ通知ニ接セサルカニ因ルヲ以テ一度引受ヲ拒絶スルモ其後ニ資金關係明カナルニ至ルカ又ハ手形發行ノ通知ヲ得レハ進ンテ支拂ヲナスニ至ラン故ニ一度引受ノ拒絶アリタレハトテ爭チ支拂ヲ受クルコトナシト云フヲ得ス又滿期日ハ支拂ヲ求メ且支拂ヲナスノ目的ヲ定メタレ所持人ハ

其満期日ニ於テ支拂ヲ得ルヲ豫期シテ手形ヲ取得シタルモノニシテ擔保義務者ハ満期日ニ於テ支拂ハルヘキコトヲ想豫シタルモノナリ左レハ引受拒絶ニ逢フタリトテ直チニ償還請求ノ途ニ依ラシムルハ満期日ヲ無視スルモノニシテ且手形行爲ヲナシタル者ハ手形ニ記載シタル文言ニ從テ債務ヲ負擔ストノ主義ニ反スルモノナリト云フニアリ本法カ引受拒絶ニ因リテ直チニ償還請求權ヲ認メス先以テ擔保請求權ヲ與フルハ即ハチ此理論ヲ採用シタルモノナリ

第四百七十四條　支拂人カ爲替手形ノ引受ヲ爲サヽリシトキハ所持人ハ其前者ニ對シ手形上金額及ヒ費用ニ付キ相當ノ擔保ヲ請求スルコトヲ得

支拂人カ手形金額ノ一部ニ付キ引受ヲ爲シタルトキハ所持人ハ其殘額及ヒ費用ニ付キ相當ノ擔保ヲ請求スルコトヲ得

支拂人カ引受ヲナサヽリシトキトハ全ク手形ノ引受ヲ拒絶シタル片又ハ一覽後定期拂手形ニ引受ノ日附ヲ記載セサリシトキ又ハ全ク引受ヲナサヽルニアラサルモ手形金額ノ一部ニ付テ引受ヲナシ或ハ手形ノ要件ニ變更ヲ加ヘ且ハ條件若クハ制限ヲ附シテ引受ヲナシタル場合ヲ云フ(第四百四十五條ノ説明參照)

如此支拂人カ全ク引受ヲ拒絶シタルトキ又ハ一部ノ引受若クハ其引受カ單純ナラサリシトキ

ハ所持人ハ滿期日ニ至ルモ支拂ヲ得ルノ見込ナキヲ以テ後日償還ヲ請求スルノ權利ヲ鞏固ナラシムル爲メ前者ニ對シテ手形金額拒絕證書作成ノ手數料其他ノ費用ニ付キ質抵當等ヲ設定セシメ又ハ保證人ノ如キ擔保ヲ供シテ其債權ヲ擔保セシムルコトヲ得而シテ此擔保ノ請求ハ數人ニ對シテ同時ニナスモ可ナリ、振出人ハ支拂及ヒ引受トモニ其擔保義務ヲ免ルヽモノニアラサルコハ第四百七十一條ニモ述ヘタル所ノ如シ然レモ裏書人ハ無擔保ノ裏書ヲナシテ手形上ノ責任ヲ負擔セサルコトヲ記載スルコトヲ得故ニ此ノ如キ裏書ヲナシタル裏書人ハ引受擔保ノ義務ヲ負擔セス(本條第一項)

支拂人カ手形金額ノ一部ニ付キ引受ヲナシタルトキハ其引受ケタル部分ニ付テハ擔保ヲ請求スルノ理由ナシト雖モ引受アラサリシ殘額ニ對シテハ引受ヲ拒絕シタルモノナル故此場合ニハ其殘額及ヒ費用ノミニ對シテ擔保ヲ請求シ得ルナリ(本條第二項)

第四百七十五條　爲替手形ノ所持人カ前條ノ請求ヲ爲サント欲スルトキハ引受拒絕證書ヲ作ラシメ且擔保ヲ供セシメント欲スル者ニ對シ遲滯ナク擔保請求ノ通知ヲ發スルコトヲ要ス

引受ノ爲メノ呈示ヲ以テ所持人ノ義務トシタルハ一覽后定期拂手形ノ引受ノ爲メノ呈示ト振

出人カ爲替手形ニ支拂擔當者ヲ記載セサルトキニ其手形ヲ支拂人ニ呈示スヘキコトヲ記載シタル場合ノ二ケニ過ス左レハ此他ノ場合ニ於テハ引受ノ爲メノ呈示ハ之ヲナササルモ所持人ハ唯前者ニ對シテ擔保ノ請求ヲナシ得サルノミニシテ爲メニ償還請求權ヲ失フモノニアラス故ニ所持人ハ擔保ノ請求ヲナサヽヲシト欲セハ引受ノ爲メノ呈示ヲナサス又呈示シテ引受拒絶ニ逢ヒタル場合ニ引受拒絶證書ヲ作ヲシメサルモ可ナリ然レヒ擔保ノ請求ヲナサント欲セハ引受ノ爲メニ呈示シ支拂人ニ於テ其引受ヲ拒絶シタルトキハ本條ニ依リ拒絶證書ヲ作ヲシメ擔保ヲ供セシメント欲スル者ニ對シテ速ニ其通知ヲ發セサルヘカラス、所持人ヲシテ遲滯ナク通知ヲ發セシムルハ之レニ依リテ裏書人、振出人ヲシテ擔保ヲ供スルノ準備ヲナサシムル爲メニ要スルモノナリ

拒絶證書ハ此通知ト共ニ送附スルヲ要セス然レヒ擔保ヲ得ルトキニハ之ヲ提供セサルヘカラス何トナレハ裏書人等ハ之ニ依リテ引受ノ拒絶セヲシコトヲ確知シ又ハ擔保ヲ供シタル證據トモナシ又自己カ前者ヨリ更ニ擔保ヲ得ル際ニハ必要ナレハナリ

第四百七十六條　裏書人カ其後者ヨリ前條ノ通知ヲ受ケタルトキハ其前者ニ對シ其擔保スヘキ金額及ヒ費用ニ付キ相當ノ擔保ヲ請求スルコトヲ

得

前項ノ場合ニ於テ裏書人ハ擔保ヲ供セシメント欲スル者ニ對シ遲滯ナク擔保請求ノ通知ヲ發スルコトヲ要ス

裏書人カ後者ナル所持人ヨリ前條ノ通知ヲ受ケタルトキハ自己モ亦其前者ニ對シ其擔保スヘキ金額及ヒ費用ニ付キ相當ノ擔保ヲ請求スルコトヲ得、此場合ニ於テモ其裏書人ハ自己ニ對シテ擔保ヲ供セシメント欲スル者ニ對シテ速ニ擔保請求ノ通知ヲ發セサルヘカラス、其旨趣ハ既ニ前條ニ述ヘタル所ニ同シ

第四百七十七條　前三條ノ規定ニ依リテ擔保ノ請求ヲ受ケタル者ハ遲滯ナク引受拒絕證書ト引換ニ相當ノ擔保ヲ供スルコトヲ要ス但擔保ニ代ヘテ相當ノ金額ヲ供託スルコトヲ得

本條ハ擔保請求ヲ受ケタル者ノ義務ヲ規定シタルモノナリ

本條ニ依レハ前三條ノ規定ニ依リテ擔保ノ請求ヲ受ケタル者ハ遲滯ナク引受拒絕證書ト引換ニ質抵當若クハ保證人等ノ擔保ヲ供セサルヘカラス尤モ擔保ノ請求ヲ受ケタル者ハ擔保ニ代ヘテ相當ノ金額ヲ供託スルコトヲ得

金錢ノ供託ハ東京市ニアリテハ中央金庫、地方ニアリテハ本支金庫ニ之ヲナス
相當ノ擔保ト云フコトニ付テハ間々其爭ヲ惹起スヘキコトナルカ若シ其爭ヒ生シタルトキハ裁判官ノ認定ニ依ルノ外ナシ尤モ金錢ヲ供託スルコトハ已ニ所持人ノ權利トナリ居ルヲ以テ裁判所ハ强ヒテ金錢ヲ供託セシムルヲ得ス

第四百七十八條　前者カ擔保ヲ供シ又ハ供託ヲ爲シタルトキハ其後者全員ノ爲メ且其後者全員ニ對シテ之ヲ爲シタルモノト看做ス
所持人又ハ裏書人カ第四百七十五條又ハ第四百七十六條第二項ノ通知ヲ發シタルトキハ其通知ヲ受クル者ノ後者全員ノ爲メニシタルモノト看做ス

本條ハ擔保及ヒ通知ノ效力ヲ規定シタルモノナリ
裏書人ノ順序ヲ追フテ擔保ノ請求ヲナスハ手形カ振出人ヨリ甲乙丙丁ト輾轉シテ丁カ所持人ナル場合ニ丁ヨリ丙ニ請求シ丙ヨリ乙ニ乙ヨリ甲ニ甲ヨリ振出人ニ及フヲ云フニアレヒ丁ハ敢テ此順序ヲ追フコトヲ要セス甲タリ丙タルヲ問ハス其欲スル所ノ者ニ請求スルコトヲ得、若シ所持人カ直チニ甲ニ對シテ請求シ甲カ之レ應シテ擔保ヲ供シタルトキハ如何ナル效果ヲ

生スルヤト云フニ

(一)其擔保ハ後者ノ爲メニナシタルモノトナリテ後者全員ノ爲メニ利益トナル、故ニ請求者タル丁カ手形ノ支拂ヲ得サル場合ニ此擔保ヨリ辨濟ヲ得ルハ勿論ナルモ若シ丁カ之ニ拘ハラス丙ニ對シテ償還請求ヲナシ丙之ニ應シテ償還ヲナシタルトキハ丙ハ更ニ甲又ハ乙ニ對シテ償還請求ヲナシ得ルモ甲又ハ乙カ償還セサルトキハ此擔保ヨリ辨濟ヲ受クルコトヲ得ルナリ

(二)其擔保ハ擔保ヲ供シタル者ノ後者全員ニ對シテナシタルモノト看做サル、故ニ自ヲ請求シテ擔保ヲ得タル丁ハ再ヒ甲ニ對シテ擔保ヲ請求シ得サルノミナラス丙及ヒ乙ニ對シテモ之ヲ請求スルコトヲ得ス是レ甲ヲシテ一ノ債務ノ爲メニ重ネテ擔保ノ請求ヲ受クルコトナカラシメタルナリ

本條第二項ノ規定ヲ前例ニテ說明スレハ丁カ甲ニナシタル通知ハ乙及ヒ丙ノ爲メニモナシタルモノト云フコトナリ而カモ此規定ハ殆ント其實用ナカルヘキ歟何トナレハ丁カ甲ニ通知シテ擔保ヲ得タルトキハ其擔保ハ乙及ヒ丙ノ爲メニ擔保トナルヲ以テ乙ト丙トハ甲ニ對シテ擔保請求權ナケレハ從テ通知ヲ發スルノ必要ナシ、若シ甲カ丁ノ請求ニ應セサリシトキ丙ニ對シテ請求シタリトセンカ如此場ニハ丙カ甲ニ對シ擔保ヲ請求セントスルニハ當然第四百七十

六條ニ依リテ通知スヘキモノナレハナリ

第四百七十九條　左ノ場合ニ於テハ第四百七十七條ノ規定ニ依リテ供シタル擔保ハ其効力ヲ失ヒ又供託シタル金額ハ之ヲ取戻スコトヲ得

一　後日ニ至リ爲替手形ノ單純ナル引受アリタルトキ

二　手形金額及ヒ費用ノ支拂アリタルトキ

三　擔保ヲ供シ若クハ供託ヲ爲シタル者又ハ其前者カ償還ヲ爲シタルトキ

四　手形上ノ權利カ時効又ハ手續ノ欠缺ニ因リテ消滅シタルトキ

五　擔保ヲ供シ又ハ供託ヲ爲シタル者カ滿期日ヨリ一年内ニ償還ノ請求ヲ受ケサリシトキ

手形上ノ擔保ハ手形上ノ權利ヲ鞏固ニスル爲メニ存スルモノナリ左レハ手形上ノ權利カ消滅スレハ擔保モ亦消滅スヘキコトハ當然ナリ依リテ左ノ場合ニハ供シタル擔保ハ其効力ヲ失ヒ供託シタル金額ハ之ヲ取戻スコトヲ得ルナリ

一、先キニハ引受ヲ拒絶シ又ハ一覽後定期拂ノ爲替手形ニ引受ノ日附ヲ記載セス又ハ單純ナ

ル引受ヲナサヽリシニ後日ニ至リテ更ニ單純ニシテ完全ナル引受ヲナシタルトキ

二、滿期日ニ手形金額及ヒ費用ノ支拂アリタルトキ

三、擔保ヲ供シ又ハ供託ヲナシタル者又ハ其前者カ償還ヲナシタルトキ

四、手形上ノ權利カ時效ニ罹リ又ハ手續ノ欠缺ニ因リテ消滅シタルトキ

五、手形ノ所持人ノ前者ニ對スル償還請求權ハ支拂拒絕證書作成ノ日ヨリ六ケ月ヲ經過スルトキハ時效ニ因リテ消滅スルモノトス故ニ若シ其手形ニ振出人ノミ前者ナルトキハ本條第五ノ規定ハ必要ナラスト雖モ多クノ裏書人アルトキハ償還請求權ハ何年モ繼續スルコトヽナルヲ以テ擔保又ハ供託モ從テ永ク繼續スルコトヽナルヘシ然ルニ擔保及ヒ供託ヲシテ永ク存續セシムルハ經濟上甚ダ不利益ナルモノトス故ニ本條第五ハ擔保提供者カ滿期日ヨリ一年内ニ償還請求ヲ受ケサルトキハ供シタル擔保ハ效力ヲ失ヒ供託シタル金額ハ之ヲ取戾スコトヲ得トセリ

第四百八十條　引受人カ破產ノ宣告ヲ受ケタル場合ニ於テ相當ノ擔保ヲ供セサルトキハ所持人ハ豫備支拂人ノ引受ヲ求ムルコトヲ得但拒絕證書ヲ作ラシメ且遲滯ナク豫備支拂人ニ對シテ其通知ヲ發スルコトヲ要ス

豫備支拂人ナキトキ又ハ豫備支拂人カ單純ナル引受ヲ爲サヽリシトキハ所持人ハ其前者ニ對シテ相當ノ擔保ヲ請求スルコトヲ得此場合ニ於テハ第四百七十四條乃至第四百七十八條ノ規定ヲ準用ス

爲替手形ノ支拂ヲ承諾シタル者即チ引受人カ破産ノ宣告ヲ受ケタル場合ニ於テ相當ノ擔保ヲ請求スルモ其引受人カ之ヲ供セサルトキハ其手形ハ初メヨリ引受ナキモ同然ナリ故ニ所持人ハ豫備支拂人アルトキハ其豫備支拂人ニ引受ヲ求ムルコトヲ得ルナリ而シテ豫備支拂人ニ此請求ヲナスニハ引受人カ擔保ヲ供セサルコトノ拒絶證書ヲ作ラシメ速ニ其豫備支拂人ニ對シテ其通知ヲ發セサルヘカラス

豫備支拂人ナキカ又ハ之レアルモ單純ナル引受ヲナサヽリシトキハ如何ト云フニ此場合ニハ其所持人ハ前者ニ對シテ擔保ヲ請求スルコトヲ得スンハアルヘカラス故ニ第二項ハ之ヲ認メ而シテ引受拒絶證書ノ作成、擔保請求ノ通知、擔保ノ請求ヲ受ケタル者ノ義務、擔保及ヒ通知ノ效力ニ付テハ第四百七十四條ヨリ第四百七十八條ノ規定ヲ準用スルコトヽナセリ

第四百八十一條　左ノ場合ニ於テハ前條第二項ノ規定ニ依リテ供託シタル擔保ハ其效力ヲ失ヒ又供託シタル金額ハ之ヲ取戻スコトヲ得

一　豫備支拂人カ後日ニ至リ單純ナル引受ヲ爲シタルトキ
二　引受人カ後日ニ至リ相當ノ擔保ヲ供シタルトキ
三　第四百七十九條第二號乃至第五號ノ場合

本條ハ豫備支拂人ナキトキ又ハ豫備支拂人アルモ單純ナル引受ヲナサヽリシ場合ニ所持人ノ請求ヲ受ケテ前者ノ供シタル擔保カ其効力ヲ失ヒ又供託シタル金額ヲ取戻シ得ル場合ヲ列記シタリ即チ

一、豫備支拂人カ後日ニ至リ更ニ單純ニシテ且完全ナル引受ヲナシタルトキ

二、引受人（破產者）カ先キニ擔保ノ請求ヲ拒絕シタルモ後日擔保ヲ提供シタルトキ

三、第四百七十九條第二號ヨリ第四號ノ場合即チ此場合ニ於テハ手形上ノ權利ハ既ニ全ク消滅シタレハ擔保モ亦從テ消滅スヘキハ當然ナリ又同條第五號ノ場合ニ於テ擔保ノ効力ヲ失ハシムヘキ理由ハ該條ノ下ニ述ヘタル所ニ同シ

第五節　支　拂

手形上ニ於テ支拂ヲナス地位ニアル者ハ爲替手形ニアリテハ支拂人、引受人及ヒ支拂擔當者ニシテ約束手形ニアリテハ振出人及ヒ支拂擔當者ナリ

本章ニ於テハ爲替手形ニ於テ其支拂ヲナス地位ニアル者ノ支拂ニ付テ規定シ豫備支拂人、參加引受人及ヒ手形ニ關係ナキ第三者ノ支拂ニ付テハ第八節第二欵ニ之ヲ掲ケタリ

第四百八十二條　一覽拂ノ爲替手形ノ所持人ハ其日附ヨリ一年內ニ爲替手形ヲ呈示シテ其支拂ヲ求ムルコトヲ要ス但振出人ハ之ヨリ短キ呈示期間ヲ定ムルコトヲ得

所持人カ拒絕證書ニ依リ前項ニ定メタル呈示ヲ爲シタルコトヲ證明セサルトキハ其前者ニ對スル手形上ノ權利ヲ失フ

一覽後定期拂ノ爲替手形カ引受ノ爲メノ呈示ヲナサヽル間ハ何時マテモ滿期日到來セサルト同シク一覽拂ノ爲替手形モ之テ呈示セサレハ滿期日定マラス故ニ一覽拂ノ爲替手形ニアリテハ支拂ノ爲メノ呈示期間ヲ定ムル必要アルコト一覽後定期拂手形ニ於テ引受ノ爲メノ呈示期間ヲ定ムル必要アルト同一ニシテ其旨趣トスル所モ一覽後定期拂手形ノ場合ニ述ヘタル所ニ同シ故ニ本條第一項ハ其呈示ヲ以テ所持人ノ義務ナリト定メ其呈示期間ハ之ヲ手形ノ日附ヨリ一年間トシ振出人ハ之レヨリ短キ呈示期間ヲ定ムルコトヲ得トセリ

已ニ呈示期間ヲ定メラレタル以上ハ所持人ハ其期間內ニ（振出人ノ定メタル呈示期間アル𬼀

ハ其期間内ニ）呈示シテ支拂ヲ求メタルコトヲ證明スルノ責任アリ故ニ第二項ハ所持人カ拒絶證書ニ依リテ其期間内ニ呈示シタルコトヲ證明セサルトキハ其前者ニ對シテ手形上ノ權利ヲ行フコト能ハサルモノトセリ

第四百八十三條　支拂ハ爲替手形ト引換ニ非サレハ之ヲ爲スヿヲ要セス

支拂ヲ爲ス者ハ所持人ヲシテ爲替手形ニ其支拂ヲ受ケタル旨ヲ記載セシメ且之ニ署名セシムルコトヲ得

支拂ハ手形ト引換ニアラサレハ之ヲナスヲ要セス、支拂ヲナス者ハ本條ニ依リ其支拂ヲ受ケタル者ヲシテ手形ヲ交付セシムルノ權利ヲ有ス、若シ之ヲ交付セシメスシテ支拂ヒタル片ハ後ニ善意ニテ其手形ヲ取得シタル者ヨリ請求セラルヽ片ハ其請求ヲ拒絶スルコトヲ得サルカ故ニ再ヒ其支拂ヲナサルヘカラサルカ如キ不幸ヲ蒙ムルヘシ

又引受人、支拂人其他支拂ヲナス者ハ本條第二項ニ依リ所持人ヲシテ其手形ニ支拂ヲ受ケタル旨ヲ記載セシメテ署名セシムルコトヲ得蓋シ何人ニ對シテ支拂ヒタルカノ證據ヲ得ルハ種々ノ點ニ於テ有益ニシテ其無記名式又ハ白地裏書ノ手形ニアリテハ一層必要ナリ

支拂ヲ受クル權利ナキ者ニ支拂ヲナシタルトキニ其支拂カ有効ナリヤ否ヤハ支拂ヲナシタル

者カ引受人ナルカ支拂擔當者ナルカ又手形カ指圖式ナルカ無記名式ナルカ將タ記名式ナルカニ依リテ論決ヲ異ニス、今之ヲ述フルハ敢テ益ナキニアラスト信スルヲ以テ左ニ其場合ヲ分チテ説明セン

(一)引受人カ指圖式ナル手形ヲ支拂ヒタルトキ○此場合ハ民法第四百七十條ニ債務者ハ証書ノ所持人及ヒ其署名捺印ヲ調査スル權利ヲ有スルモ義務ヲ負フコトナシトセル故引受人ノナシタル支拂ハ有効ニシテ唯引受人ニ惡意又ハ重大ノ過失アルトキニ限リ其但書ニ依リテ之ヲ無効トナスノミ

(二)引受人カ記名式ナル手形ヲ支拂ヒタルトキ○記名式ナル手形トハ裏書ニ依リテ輾轉シ得ヲレサルモノニシテ民法ニ所謂指名債權ノ証券ヲ云フ即チ其權利ハ指名債權ナル故支拂ノ効力モ亦一般ノ債權ノ場合ニ於ケルト同一ニシテ若シ引受人ヨリ支拂ヲ受ケタル者カ正當ノ權利者ニアラサルトキハ其支拂ハ之ヲ無効トス

(三)引受人カ無記名式ナル手形ヲ支拂ヒタルトキ○此手形ハ無記名式ナルヲ以テ所持人ノ何人タルヲ要セス故ニ此場合ニハ其支拂ノ有効ナルコトハ言ヲ俟タス

(四)支拂人又ハ支拂擔當者等ノ如ク支拂ノ義務ナキ者カ支拂ヒタル片○無記名式ノモノナレハ

何人カ支拂フモ其有効ナルハ勿論ナルモ記名式ノモノナル件ハ支拂人ノ場合ト同ク無効ナリ又指圖式ニアリテハ種々ノ說アリテ大ニ其理由ヲ異ニスルモ結局ハ何レモ其支拂ヲ有効トス

第四百八十四條　手形金額ノ全部ニ付キ引受アリタルトキト雖トモ所持人ハ其一部ノ支拂ヲ拒ムコトヲ得ス

一部ノ支拂アリタルトキハ所持人ハ其旨ヲ爲替手形ニ記載シ且其謄本ヲ作リ署名ノ後之ヲ交附スルコトヲ要ス

僅少ノ支拂ト雖モ前者ノ利益ニ取リテハ之ヲ受クルハ受ケサルニ優サル、故ニ本條ハ一部ノ支拂ト雖モ所持人ニ之ヲ取捨スルコトヲ許サス寧ロ之ヲ受クルノ義務アリトセリ故ニ所持人カ若シ一部ノ支拂ヲ拒絶シタルトキハ其拒絶シタル部分ニ付テハ前者ニ對シテ償還請求ヲナスコト能ハサルモノトナルナリ

一部ノ支拂ニアリテハ其手形ハ未タ其支拂ヲナシタル者ニ交附スルコトヲ得ス故ニ第二項ハ一部ノ支拂ヲ受ケタルトキハ所持人ハ手形ニ其旨ヲ記載シテ其謄本ヲ作リ之レニ署名シテ交附スヘキモノトナシタリ

第四百八十五條　爲替手形ノ支拂ノ請求ナキトキハ引受人ハ支拂拒絶證書

作成ノ期間經過ノ後手形金額ヲ供託シテ其債務ヲ免ルヽコトヲ得
手形ノ支拂ハ最モ確實ナラサルヘカラス否ヲサレハ手形ノ信用ヲ傷ケ流通ヲ妨クルニ至ルヘシ故ニ我商法ハ所謂恩惠期日ナルモノヲ認メス滿期日ニハ必ス支拂ハルヘキモノトセリ、左レハ債務者ハ滿期日ニ於テ其支拂ヲナスノ義務アルト同時ニ支拂ヲナスノ權利アリ依リテ所持人ヨリ滿期日又ハ其後ノ二日内(支拂拒絶證書作成期間内)ニ支拂ヲ請求シ來ラサルトキハ所持人ハ本條ニ依リ手形金額ヲ供給シテ(金庫ニ)其債務ヲ免ルヽコトヲ得ルナリ而カモ所持人ハ支拂ノ請求ナキ内ハ遲滯ノ責ニ付セヲルヽモノニアラス第四百九十一條ニ滿期日以後ノ法定利息云々トアルモ是レハ所持人カ請求ヲ受ケテ支拂ハサリシ場合ノ規定ニシテ所持人ヨリ請求ヲ受ケサル場合ニハ滿期日以後ノ利息ヲ支拂フ義務ナシ左レハ支拂ノ準備ヲナシ置クハ多少危險負擔ノ虞レナキニアラスト雖ヒ態々多少ノ手數ヲカケテ其金額ヲ供託スルヨリハ寧ロ堅固ニ之ヲ利用スルノ優レルニ如カサルヘキナリ、故ニ所持人ハ故ヲニ斯ル事ヲナサヽルヘケレハ本條ノ如キハ其適用殆ント稀ナルヘシ

第六節　償還ノ請求

償還ノ請求トハ支拂人カ支拂ヲ拒絶シタルトキ又ハ參加引受人若シクハ豫備支拂人アル場合ニ

法律上ノ順序ニ依リ尙ホ此等ノ者ニ對シテ支拂ヲ請求スルモ其支拂ヲ拒絶セラレシ場合ニ於テ手形上ノ擔保義務者ナル裏書人又ハ振出人ニ對シテ第四百九十一條ノ金額ニ付テ償還ヲ請求シ又後者ヨリ請求ヲ受ケタル裏書人ヨリ其前者ニ對シテ第四百九十二條ノ金額ニ付キ償還ヲ請求スルコトヲ云フモノナリ而シテ本節ハ其請求手續、償還金額及ヒ償還請求ノ捷徑タル逆爲替手形ノ方式等ヲ規定シタルモノナリ

第四百八十六條　支拂人カ爲替手形ノ支拂ヲ爲サヽリシトキハ所持人ハ其前者ニ對シテ償還ノ請求ヲ爲スコトヲ得

本條ハ如何ナル場合ニ如何ナル人ヨリ如何ナル人ニ對シ又如何ナル請求ヲナシ得ルカヲ定メタルモノナリ即チ（一）支拂人カ支拂ヲナサヽリシトキニ（二）所持人ヨリ其前者ニ對シテ（三）第四百九十一條ノ金額ニ付キ償還ノ請求ヲナシ得ルコトヲ定メタリ

支拂人カ支拂ヲ拒絶シタル場合ニ所持人カ前者ニ對シテ償還請求ヲナスニハ自己ニ裏書シタル直近ノ前者ノミニ限ラス凡ヘテノ前者ニ對シテ乙タリ丙タルヲ問ハス不順序的ニ請求スルモ可ナリ、條文ニ唯前者ト云ヒ如何ナル前者ト云ハス又次ノ條文ニ於テ償還ヲナサシメント欲スル者云々トアルハ即チ此意ヲ示スモノナリ

又前者トノミアルヲ以テ單數ノ意味ニモ複數ノ意味ニモ解セラルヽト雖ヒ複數ニ解スルハ所持人ノ利益ニシテ手形ノ信用ヲ增加スルカ故ニ之ヲ複數ノ意味ニ取リ所持人ハ同時ニ數人ニ對シテ請求シ得ルモノト解セサルヘカラリ

第四百八十七條 所持人カ前條ノ請求ヲ爲サント欲スルトキハ支拂ヲ求ムル爲メ爲替手形ヲ支拂人ニ呈示シ若シ手形金額ノ支拂ナキトキハ滿期日又ハ其後二日内ニ支拂拒絕證書ヲ作ラシメ且償還ヲ爲サシメント欲スル者ニ對シ拒絕證書作成ノ翌日マテニ償還請求ノ通知ヲ發スルコヲ要ス

所持人カ前項ニ定メタル手續ヲ爲サヽリシトキハ其前者ニ對スル手形上ノ權利ヲ失フ

所持人カ前者ニ對シテ償還請求ヲナサントスルニハ(一)爲替手形ヲ支拂人(支拂人、引受人、支拂担當社ヲ包含ス)ニ呈示シテ支拂ヲ求メ(二)手形金額ノ支拂アラサリシトキハ滿期日又ハ其後ノ二日內ニ支拂拒絕證書ヲ作成セシメ(三)償還ヲナサシメント欲スル者ニ對シテ拒絕證書作成ノ翌日マテニ償還請求ノ通知ヲ發セサルヘカラス若シ所持人ニ於テ此ノ手續ヲ怠リタルトキハ前者ニ對スル手形上ノ權利ヲ失フ、尙ホ拒絕證書ハ支拂人ノ營業所、住所、居所ノ知レサルカ又知ルルモ支拂人

カ不在ナルカ又ハ死亡シ居ル場合等ニモ作ラシムルモノトス

第四百八十八條　裏書人カ其後者ヨリ前條第一項ノ通知ヲ受ケタルトキハ其前者ニ對シテ償還ノ請求ヲ爲スコトヲ得

前項ノ場合ニ於テ裏書人ハ償還ヲ爲サシメント欲スル者ニ對シ自己カ通ヲ受ケタル日ノ翌日マテニ償還請求ノ通知ヲ發スルコトヲ要ス

本條ニ依リ裏書人ハ所持人其他ノ後者ヨリ償還ノ請求ヲ受ケタルトキハ自己モ亦其前者ニ對シテ償還ノ請求ヲナスコトヲ得ルナリ而シテ裏書人カ之ヲナスニモ猶ホ所持人ノナス場合ト同シク償還ヲナサシメント欲スル者ニ對シテ自己カ後者ヨリ通知ヲ受ケタル翌日マテニ償還請求ノ通知ヲ發セサルヘカラス然レモ裏書人ノ通知ハ所持人ノ場合ト異ニシテ之ヲ怠ルモ失權者トハナラサル故之ヲナスト否トニ拘ハラス自己カ後者ニ對シテ償還ヲナシタル日ヨリ六ケ月間ハ（時効期間）其前者ニ對スル償還請求權ヲ失ハサルモノトス

第四百八十九條　爲替手形ノ所持人ハ支拂拒絶證書ヲ作ラシメサリシトキト雖モ其作成ヲ免除シタル者ニ對シテハ手形上ノ權利ヲ失フコトナシ

所持人カ支拂拒絶證書ヲ作ラシメタルトキハ其作成ヲ免除シタル者ト雖

圧其費用ヲ償還スル義務ヲ免ル〻コトヲ得ス

支拂拒絶證書ノ作成ハ償還請求權行使ノ條件ニシテ支拂ヲ求ムル爲メニ手形ヲ呈示シ又支拂ノ拒絶アリタル圧ハ支拂拒絶證書ヲ以テ之レヲ證明セサル可ラス若シ拒絶證書ニ依リテ其事實ヲ證明セサル圧ハ所持人ハ前者ニ對スル手形上ノ權利ヲ失フニ至ル者トス然レ圧元來拒絶證書ノ作成ハ償還義務者ヲ保護スルノ必要上ヨリ起ル所ノモノナレハ其利益ヲ受クル者ニ於テ其作成ヲ免除スル以上ハ法律ニ於テ之ヲ禁スルノ必要ナシ是レ本條カ拒絶證書作成義務ノ免除ヲ認メタル所以ナリ左レハ免除者ハ所持人カ拒絶證書ヲ作ラシメサルモ償還義務ヲ免ルヘカラサルヿハ勿論ナリ

然レ圧償還請求權ナルモノハ凡ヘテノ前者ニ對シテ有スルモノニシテ所持人カ其前者ニ對シテ償還ヲ請求セントスルニハ必スシモ拒絶證書ヲ作ラシメサルヘカラス若シ之ヲ作ラシメサルトキハ其前者ニ對シテ手形上ノ權利ヲ失フモノトス左レハ拒絶證書作成ノ免除ハ獨リ其免除者ノミヲ拘束スルニ止マリ他ニ何人ヲモ拘束スヘキモノニアラサルナリ故ニ所持人ハ拒絶證書ノ作成ヲ免セラレタル圧ト雖モ之ヲ作ラシムルコトヲ得、從テ之ヲ作ラシメタルトキハ其免除者ニ對シテモ其費用ノ償還ヲ請求スルコトヲ得ルナリ

第四百九十條　支拂地カ支拂人ノ住所地ト異ナル場合ニ於テ所持人カ償還ノ請求ヲ爲サント欲スルヰハ支拂擔當者ニ若シ爲替手形ニ支拂擔當者ノ記載ナキトキハ支拂地ニ於テ支拂人ニ爲替手形ヲ呈示シテ其支拂ヲ求ムルコトヲ要ス此場合ニ於テ支拂擔當者又ハ支拂人カ支拂ヲ爲サヽリシトキハ所持人ハ支拂地ニ於テ第四百八十七條第一項ノ規定ニ從ヒ支拂拒絶證書ヲ作ラシメ且償還請求ノ通知ヲ發スルヿヲ要ス

爲替手形ニ支拂擔當者ノ記載アル場合ニ於テ所持人カ前項ニ定メタル手續ヲ爲サヽリシトキハ引受人ニ對シテモ手形上ノ權利ヲ失フ

本條ハ他所拂手形ニ付テ償還請求ノ手續ヲ規定シタルモノナリ

支拂地カ支拂人ノ住所地ト異ナル場合ニ於テハ先ツ其手形ヲ支拂擔當者ニ呈示シテ支拂ヲ求ムヘク若シ其手形ニ支拂擔當者ノ記載ナキトキハ支拂地ニ於テ支拂人ニ對シテ支拂ヲ求ムヘキモノトス

所持人カ右ノ順序ニ從ヒ支拂ヲ求ムルモ其支拂アラサリシトキハ所持人ハ支拂地ニ於テ第四百八十七條第一項ノ規定ニ從ヒ支拂拒絶證書ヲ作ラシメ、償還ヲナサシメント欲スル者ニ對

シテ償還請求ノ通知ヲ發セサルヘカラス

爲替手形ニ支拂擔當者ノ記載アル場合ニ於テ所持人カ第一項ノ規定ニ從ヒ支拂擔當者ニ支拂ヲ求メ支拂擔當者カ支拂ヲナサヽリシ場合ニ支拂拒絕證書ヲ作ラシメサルトキハ手形上ノ擔保義務者ナル裏書人、振出人ニ對シテ手形上ノ權利ヲ失フノミニアラス主タル債務者ナル引受人ニ對シテモ手形上ノ權利ヲ失フモノトス蓋シ特別ニ支拂擔當者ノ定メアルニモ係ハラス所持人カ之ニ對シテ支拂ヲ求メス又之ヲ求ムルモ拒絕證書ニ依リテ其事實ヲ證明セサルハ所持人ノ過失ナルヲ以テ失權者タルコトヲ免レサルニ至ルハ固ヨリ當然ノコトナレハナリ

第四百九十一條　爲替手形ノ所持人ハ左ノ金額ニ付キ償還ノ請求ヲ爲スコトヲ得

一　支拂アラサリシ手形金額及ヒ滿期日以後ノ法定利息

二　拒絕證書作成ノ手數料其他ノ費用

前項ノ金額ハ償還ノ請求ヲ受クル者ノ住所地カ支拂地ト異ナル場合ニ於テハ支拂地ヨリ償還ノ請求ヲ受クル者ノ住所地ニ宛テ振出シタル一覽拂ノ爲替手形ノ相場ニ依リテ之ヲ計算ス若シ支拂地ニ於テ其相場ナキトキハ

償還ノ請求ヲ受クル者ノ住所地ニ最モ近キ地ニ宛テ振出シタル一覽拂ノ為替手形ノ相場ニ依ル

本條ハ所持人ヨリ其前者ニ對シテ請求シ得ル償還金額及ヒ其計算法ヲ定メタルモノナリ

支拂人カ其前者ニ對シテ請求シ得ル金額ハ支拂ハレサリシ手形金額及ヒ滿期日以後年六分ノ法定利子、拒絶證書作成費、郵便料及ヒ印紙代等ナリ

以上ノ金額ハ償還ノ請求ヲ受クル者ノ住所地カ支拂地ト異ナルトキハ支拂地ヨリ償還ノ請求ヲ受クル者ノ住所地ニ宛テ振出シタル一覽拂手形ノ相場ニ依ラシムルモノトセリ故ニ例ヘハ支拂地ニテ百圓ノ手形カ償還ヲ受クル者ノ住所地ニテ九十八圓ナレハ償還金額ヲ九十八圓ト定メ之レニ反シ住所地ニテ百二圓ノトキハ之レヲ百二圓トシ一ニ為替相場ニ依リテ計算セサルヘカラス、尙ホ利息及ヒ拒絶證書作成ノ費用等ヲモ手形金額ト同樣ニ見テ同シク為替相場ニ依リ計算スヘキハ勿論ナリ

一覽拂手形以外ノモノ、相場ヲ標準トセサルハ償還義務者ノ為メ利益ナルノミナラス他ノ手形ニアリテハ殆ント一定ノ相場ナキ故標準トスルニ足ラサレハナリ但シ其相場ハ公定相場アレハ其レニ依リ之レアラサレハ當事者ニ於テ隨意ニ定ムルコトヲ得尤モ爭ヲ生シタル片ハ裁

判官ノ認定ニ依ラシムルナリ

場所ニ依リテハ兩地ノ間ニ其相場ナキコトアリ故ニ若シ支拂地ニ於テ其相場ナキトキハ其住所地ニ最モ近キ地ニ宛テ振出シタル手形ノ相場ニ依ルトセリ然レトモ何レノ地ニ宛テ振出シタル相場モナキトキハ隨意ニ其金額ヲ定ムルノ外ナシ

第四百九十二條　償還ノ請求ヲ受ケタル裏書人ハ左ノ金額ニ付キ償還ノ請求ヲ爲スコトヲ得

一　其支拂ヒタル金額及ヒ支拂ノ日以後ノ法定利息

二　其支出シタル費用

前條第二項ノ規定ハ前項ノ場合ニ之ヲ準用ス

本條ハ後者ヨリ償還ノ請求ヲ受ケタル裏書人カ其前者ニ對シテ請求シ得ヘキ償還金額ヲ定メタルモノナリ

此場合ハ裏書人カ其後者ノ請求ニ應シテ支拂ヒタル金額及ヒ支拂日以後ノ法定利息幷ニ自己ヨリ新タニ支出シタル費用トス而シテ前條第二項ノ規定ハ本條第一項ノ場合ニ準用セラルヽモノトス故ニ第一項ノ金額ハ償還ノ請求ヲ受クル者ノ住所地カ償還ノ請求ヲナス者ノ住所地

ト異ナルトキハ償還ノ請求ヲナス裏書人ノ住所地ヨリ償還ノ請求ヲ受クル裏書人又ハ振出人ノ住所地ニ宛テ振出シタル一覽拂ノ爲替手形ノ相場ニ依リテ計算セラルヘカラス、又償還ノ請求ヲナス者ノ住所地ニ其相場ナキ件ハ償還ノ請求ヲ受クル者ノ住所地ニ最モ近キ地ニ宛テ振出シタル一覽拂手形ノ相場ニ依リテ定メサルヘカラス玆ニ其算定ノ標準ヲ一覽拂手形ノ相場トシタルハ他ノ手形ニアリテハ殆ント一定ノ價格ヲ有セサルカ故ニ償還金額ヲ計算スヘキ標準タラシムルコト能ハサレハナリ

第四百九十三條　爲替手形ノ所持人又ハ裏書人ハ償還ノ請求ヲ爲ス爲メ其前者ヲ支拂人トシテ更ニ爲替手形ヲ振出スコトヲ得

本條ハ爲替手形ノ所持人又ハ裏書人ヨリ償還金額ノ取立ヲ爲ス目的ヲ以テ償還ヲ爲サシメント欲スル前者ヲ支拂人トシテ爲替手形ヲ發行シ得ルコトヲ定メタリ、此手形ヲ稱シテ逆爲替手形ト云フ而モ手形ノ要件其作用及ヒ其効力等ニ於テハ凡ヘテ通常ノ場合ニ發行スル手形ト敢テ異ナル所ナシ故ニ本法ハ通常ノ手形ト區別スルノ必要ヲ認メス猶ホ爲替手形トシテ發行スルコトヲ許シタリ、此手形ノ性質ニ付テハ次條ニ於テ說明スヘシ

第四百九十四條　所持人又ハ裏書人カ前條ノ規定ニ依リテ振出ス爲替手形

ハ償還ノ請求ヲ受クル者ノ住所地ヲ以テ其支拂地ト定メタル一覽拂ノモノタルコトヲ要ス

所持人カ振出ス爲替手形ニハ本爲替手形ノ支拂地ヲ以テ振出地ト定メ裏書人カ振出ス爲替手形ニハ其住所地ヲ以テ振出地ト定ムルコトヲ要ス

本條ハ逆手形ノ性質ヲ定メタルモノナリ今之ヲ分析シテ說明スレハ則チ左ノ如シ

一、逆手形ハ一覽拂ノモノタルコトヲ要ス○蓋シ即時ニ支拂ハルヘキ性質ノモノナラサレハ償還請求ノ目的ヲ達スルコト能ハス又他ノ手形トスレハ多少支拂期日ヲ延長スルカ爲メニ高キ割引料ヲ支拂フ等ノ不利益アリ又一定ノ價格ヲ有スルモノニアラサレハ償還金額ヲ計算スヘキ標準タラシムルコト能ハサレハナリ

二、償還ヲナサシメント欲スル者ノ住所地ヲ以テ支拂地トスルヿ○償還義務者ノ住所地ヲ支拂地トスルハ償還義務ハ其義務者ノ住所地ニテ履行セヲルヽモノニシテ其義務者ハ其住所地ニテ支拂フ權利アルモノナレハナリ

三、所持人カ發行スル場合ニハ本手形ノ支拂地ヲ以テ振出地トシ裏書人カ發行スル場合ニハ其裏書人ノ住所地ヲ以テ振出地トスルコト○是レ所持人カ手形金額ノ支拂ヲ請求スルコトヲ

得ル地ハ本手形ノ支拂地ナルカ故ニ其地ヲ以テ振出地トシテ爲替相場ヲ計算セシムルコ當然ニシテ又裏書人ハ普通其住所地ニ於テ償還義務ヲ履行スヘキモノナレハ其住所地ヲ以テ支拂地ト定メシムルコハ當然ナレハナリ

第四百九十五條　償還ハ爲替手形、支拂拒絶證書及ヒ償還計算書ト引換ニ非サレハ之ヲ爲スコトヲ要セス

償還ヲ爲ス者ハ之ヲ受クル者ヲシテ償還計算書ニ償還ヲ受ケタル旨ヲ記載セシメ且之ニ署名セシムルコトヲ得

手形上ノ債權ハ手形ト共ニ發生シ、活動シ又消滅スルモトス故ニ償還ヲナス者ハ其手形、支拂拒絶證書及ヒ償還計算書ト引換ニアラサレハナスコトヲ要セス從テ償還ヲナシタルトキハ償還ヲ受クル者ヲシテ償還計算書ニ償還ヲ受ケタル旨ヲ記載セシメ且ツ之レニ署名セシムルコトヲ得ルナリ

第四百九十六條　第四百七十八條第二項ノ規定ハ償還ノ請求ニ之ヲ準用ス

擔保請求ノ通知ニ關スル第四百七十八條第二項ノ規定ハ之ヲ償還請求ノ場合ニ準用セヲル、故ニ償還ノ請求ヲナサントスル所持人又ハ裏書人カ其前者ニ對シテ償還請求ノ通知ヲナシタ

ルトキハ其通知ハ之ヲ受ケタル者ノ後者全員ノ爲メニナシタルト同一ノ効力ヲ生スルモノトス

第七節　保證

手形保證ハ手形上ノ債務者ノ爲メニ第三者カ其債務ヲ擔保スル爲メ從タル手形行爲ヲナスモノナリ、左レハ手形保證ハ債務者ノ數ヲ增加スルモノナレハ債務者ノ爲メニハ利益ナルカ如シト雖モ一方ニハ夫ノ免責文句、禁止文句等ノ如ク手形上ノ信用ヲ減スルノ傾向アリ故ニ之レヲナスニハ手形ニ明記セスシテ其保證人タラント欲スル者ハ債務者ノ發行シタル手形ニ裏書ヲナシテ之ヲ債權者ニ交附シ自己カ其裏書人トシテ債務ヲ擔保スルカ如ク隱レテ之ヲナスナリ然レ𪜈如此保證ハ之ヲ手形上ノ關係ヨリ見ルトキハ之ヲ保證ト云フコトヲ得ス何トナレハ手形保證ハ手形其物本又ハ補箋ニ署名シ即チ保證ナル手形行爲ニ因リテ成立スルモノニシテ保證ナル手形行爲ナクンハ手形保證ナルモノアリ得ヘカラサレハナリ

手形ノ保證人トナリ得ル者ニハ法律上制限ナシト雖モ保證ノ性質トシテ手形上ノ債務者ハ保證人トナルコトヲ得ス然レトモ保證ナルモノハ何人ノ爲メニモナスコトヲ得唯理論上支拂人ノ爲メニ之ヲナスコトヲ得サルノミ蓋シ手形保證モ其本質ニ於テハ從タル債務ニ外ナラサレハ支拂人カ引

受ヲ爲シテ主タル債務者トナリタル後ハ効力ヲ生スヘキモ支拂人カ引受ヲナサヽル内ハ未タ債務者タラサルヲ以テ從タル債務ノ生スヘキ理アラサレハナリ
保證ハ何人ノ爲メニスルト云フ者ヲ明記セサルモ署名シタル部分ニ依リテ知ルコトヲ得ヘシ即チ引受人ノ氏名ノ傍ラ若クハ下ニ署名シタルトキハ其者ノ爲メニシタルモノト認メ第一裏書人ノ側ニ署名シタルトキハ亦其者ノ爲メニシタルモノト認ムルコトヲ得ヘシ

第四百九十七條　爲替手形ヨリ生シタル債務ヲ保證スル爲メ爲替手形其謄本又ハ補箋ニ署名シタル者ハ其債務カ無効ナルトキト雖モ主タル債務者ト同一ノ責任ヲ負フ

手形上ノ權利ハ獨立シテ其効力ヲ生シ手形上ノ債務ハ獨立シテ之ヲ負擔スモノナリ左レハ手形保證モ亦獨立シテ其効力ヲ生スヘキモノトス故ニ手形保證モ其本質ニ於テハ從タル債務ニ外ナラサルモ彼ノ僞造手形ニ裏書シタル者カ裏書讓渡人タルノ責任ヲ負擔スルト同シク手形保證人カ一旦手形上ノ債務ヲ擔保スル爲メ爲替手形、謄本及ヒ附箋ニ署名シタルトキハ其手形ノ文言ニ從テ主タル債務者ト同一ノ責任ヲ負擔セサルヘカラス然レモ主タル債務カ手形ノ形式上全ク存セサルカ又ハ存在スルモ時効若クハ手續ノ欠缺ニ因リテ無効ニ歸シタルトキニ

ハ保證債務モ亦從テ無効タルハ殆ント言ヲ竢タサル所ナリトス

第四百九十八條　何人ノ爲メニ保證ヲ爲シタカ分明ナラサルトキハ其保證ハ引受人ノ爲メニ之ヲ爲シタルモノト看做ス但未タ引受アラサリシトキハ振出人ノ爲メニ之ヲ爲シタルモノト看做ス

本條ハ保證人カ保證ヲナシタルコトハ明白ナルモ果シテ何人ノ爲メニナシタルカ分明ナラサルトキハ第一債務者ナル引受人ノ爲メニシタルモノト看做シ未タ引受アラサリシトキハ振出人ノ爲メニシタルモノト看做ス蓋シ如此スルトキハ償還請求モ起ラスシテ多クノ關係ヲ消滅セシムルコトヲ得レヘケハナリ

保證人ハ所持人ニ利益ヲ與フルモ不利益ヲ生セシムルモノナラサルカ故ニ引受人ノ爲メニ保證シタル場合ニ所持人ハ保證人ニ請求セスシテ自己ノ欲スル前者ニ向テ償還請求ヲナスコトヲ得ヘク又裏書人ニ請求シテ償還セラレサルトキニ其裏書人ノ保證人ヲ措ヒテ他ノ裏書人ニ請求スルコトヲ得ヘシ

第四百九十九條　保證人カ其債務ヲ履行シタルトキハ所持人カ主タル債務者ニ對シテ有セシ權利及ヒ主タル債務者カ其前者ニ對シテ有スヘキ權利

ヲ取得ス

本條ハ保證人カ其債務ヲ履行シタル𪜈ハ如何ナル權利ヲ取得スヘキカヲ定メタルモノナリ、民法ニ於テハ保證人カ主タル債務者ノ爲メニ債務ヲ辨濟スルモ唯債權者カ主タル債務者ニ對シテ有シタル權利ヲ取得スルニ止マリ主タル債務者カ更ニ他人ニ對シテ有スヘキ權利ヲ取得スルコトナシ然レヒ嚴格ナル手形保證人ヲ保護スルニハ啻ニ民法ノ代位辨濟ノ原則ヲ適用シテ所持人カ主タル債務者ニ對シテ有セシ權利ヲ取得セシムルノミニテハ足ラサルヲ以テ本條ハ債務者カ其前者ニ對シテ有スヘキ權利ヲモ取得セシムルモノトセリ故ニ債務者カ裏書人ナル場合ニ其保證人カ所持人ノ請求ニ應シテ支拂ヒタリトセハ右ノ裏書人ハ更ニ其前者ニ對シテ償還請求ヲナスコトヲ得ルカ故ニ保證人ハ其償還請求權ヲモ取得スルモノトス

第八節　參加

參加トハ引受又ハ支拂拒絕アリタル場合ニ於テ所持人カ其前者ニ對シテ擔保又ハ償還ノ請求權ヲ行使セントスル場合ニ其實行ヲ止ムル爲メ他人カ其手形關係ニ立ツコトナリ故ニ此行爲ヲナシタル者ヲ參加ト云ヒ參加ニ因リテ利益ヲ受クル者ヲ被參加人ト云フ

手形ニ何等ノ關係ナキ者ニシテ手形ノ信用ヲ增加セシメント欲スル爲メカ又ハ或人ノ利益ノ爲メ

ニ引受ヲナシ或ハ他人ノ利益ノ爲メニ支拂ヲナサントスル者アリ故ニ之ヲ稱シテ榮譽引受、榮譽支拂ト云フ然レモ本法ハ斯ク云フハ穩當ナラストシテ之ヲ參加引受參加支拂ト稱セリ

第一款　參加引受

第五百條　爲替手形ノ所持人カ引受拒絕證書ヲ作ラシメタル場合ニ於テ豫備支拂人アルトキハ其豫備支拂人ニ引受ヲ求メタル後ニ非サレハ其前者ニ對シテ擔保ヲ請求スルコトヲ得ス

豫備支拂人カ引受ヲ爲サヽリシトキハ所持人ハ其旨ヲ引受拒絕證書ニ記載セシムルコトヲ要ス

所持人ハ支拂人カ引受ヲ拒絕スルモ其場合ニ豫備支拂人アルトキハ尙ホ豫備支拂人ニ引受ヲ求メ、豫備支拂人カ其引受ヲ拒絕シタル後ニアヲサレハ裏書人又ハ振出人ニ對シテ擔保ヲ請求スルコトヲ得ス蓋シ振出人カ當初豫備支拂人ヲ定メタル所以ノモノハ斯ル場合ノ爲メニ備ヘタルニアリテ豫備支拂人ノ有無ハ所持人タル者其手形ヲ取得スル際己ニ之ヲ知レハナリ故ニ擔保請求權行使ノ條件トシテ所持人ニ之ヲ命スルハ固ヨリ當然ノコトナリトス從テ此場合ニ豫備支拂人ニ引受ヲ求ムルモ豫備支拂人ニ於テ引受ヲナサヽルトキハ所持人ハ支拂人カ引

受ヲ拒絶シタルトキニ作ラシメタル引受拒絶證書ニ其旨ヲ記載セシメサルヘカラス、若シ所持人ニ於テ此手形ヲナサヽレハ前者ニ對シテ擔保請求權ヲ行フコト能ハサルナリ

第五百一條　爲替手形ノ所持人ハ豫備支拂人ニ非サル者ノ參加引受ヲ拒ムコトヲ得

所持人ハ支拂人カ引受ヲ拒絶シタルカ爲メニ其引受拒絶證書ヲ作ラシメタル場合ニ於テ豫備支拂人アルトキハ其豫備支拂人ニ引受ヲ求メタル後ニアラサレハ前者ニ對シテ擔保ヲ請求スルコトヲ得ス是レ前ニモ述ヘシ如ク豫備支拂人アルコトハ所持人ニ於テ手形取得ノ際已ニ之ヲ知リ當初ヨリ豫備支拂人ノ引受ニ對シテハ支拂人ノ引受ニ對スルト同樣ノ滿足ヲ表スルノ意思アルモノト認メ得ルカ故ナリ然ヲハ所持人カ豫備支拂人ノ引受ヲ拒絶スルノ理由ナク法律上之ヲ拒絶スルコトヲ許ササルナリ

所持人カ豫備支拂人ノ參加引受ヲ拒ムヿ能ハサルノ理由斯ノ如シト雖ﾄﾓ豫備支拂以外ノ者ノ參加引受ハ斷然之ヲ拒絶スルコトヲ得ルナリ蓋シ引受拒絶ノ場合ニ於テハ所持人ハ如何ナル權利ヲ有スルカト云ヘハ其前者ニ對シテ當然擔保ヲ請求シ得ルノ地位ニ在ルナリ然ヲハ其意ニ反シテ第三者ノ參加引受ヲ强請シ爲メニ其擔保請求權ヲ失ハシムルハ甚タ謂ハレナキコト

ナレハナリ故ニ海外ノ法律中豫備支拂人以外ノ者ノ參加引受ヲ許シタルモノアリト雖ヒ我商法ハ所持人ノ權利ヲ重ンスルヨリシテ所持人ハ自由ニ之ヲ拒絶スルコトヲ得ルモノトセリ

第五百二條　參加引受ヲ爲サントスル者數人アルトキハ所持人ハ其選擇ニ從ヒ其一人ヲシテ引受ヲ爲サシムルコトヲ得

舊商法ハ二人以上ノ參加引受人アルトキハ振出人ノ爲メニスル者ノ參加引受ヲ受諾セサルヘカラサル如ク多數ノ者ヲシテ擔保ヲ供スル義務ヲ免レシムル者ノ參加引受ヲ受諾セサルヘカラサルコト丶定メタリ然レヒ如此定ムルトキハ所持人ハ信用アル參加引受ヲ捨テ不信用ナル參加引受ニ甘ンセサルヘカラサルカ如キ不利益ヲ蒙ムルヘシ故ニ本法ハ斯ノ如キ制限ヲ設ケス數人中ノ何人ヲ選ムモ所持人ノ隨意ナリトセリ

第五百三條　參加引受ハ爲替手形ニ其旨ヲ記載シ參加引受人署名スルニ依リテ之ヲ爲ス

參加引受人カ爲替手形ニ被參加人ヲ定メサリシトキハ其引受ハ振出人ノ爲メニ之ヲ爲シタルモノト看做ス

本條ハ參加引受ノ方式ヲ規定シタルモノナリ

參加引受ハ爲替手形ニ何人ノ爲メニ引受ヲナスト云フコトヲ記載シ參加引受人之レニ署名スルニ依リテ成立スルモノトス而シテ本條第二項ハ若シ參加引受人カ其手形ニ被參加人ヲ明示セサルトキハ其引受ハ振出人ノ爲メニシタルモノト看做ス是レ可成多クノ債務ヲ免除セシメソトスル爲メナリ振出人ノ爲メニシタルモノトスルトキハ何故多數ノ債務ヲ免レシムルヤト云フニ振出人ノ爲メニスレハ裏書人ノ總テカ擔保ヲ供スルノ義務ヲ免レ最早何人ヨリモ擔保請求ヲ受クルコトナキニ至レハナリ

引受ノ場合ニハ單ニ署名ノミヲ以テナスコトヲ得トセルニ參加引受ハ手形ニ其旨ヲ記載スヘシトセルハ只ノ引受ト參加引受トヲ區別シ又一ハ之ヲ嚴格ニスルヲ示シタルモノナリ

又裏書保證其他ノ場合ニハ謄本又ハ補箋ニナスコトヲ許シタルニ拘ハラス茲ニハ手形ニ記載シテナスコト〻シタルハ參加引受ハ所持人ヲシテ擔保請求權ヲ失ハシムルモノニシテ頗ル重大ノ結果ヲ生スルカ故ニ手形ニ限リテ記載スルモノトセルナリ

第五百四條　所持人ハ引受拒絕證書ニ參加引受アリタル旨ヲ記載セシメ且其證書作成ノ費用ノ支拂ト引換ニ之ヲ參加引受人ニ交付スルコトヲ要ス

參加引受人ハ遲滯ナク前項ノ拒絕證書ヲ被參加人ニ送付スルコトヲ要ス

本條第一項ニ依リ所持人ハ引受拒絶證書ニ（支拂人カ引受ヲ拒絶シタルトキニ作ラシメタル）參加引受アリタル旨ヲ記載セシメ拒絶證書作成ノ費用ト引換ニ之ヲ參加引受人ニ交附スル義務アリ蓋シ參加引受アリタルトキハ被參加人及ヒ其後者ハ擔保ヲ供スルノ義務ヲ免ルヽヲ以テ右ハ其證據トシテ必要ナルノミニアラス更ニ前者ニ對シテ擔保ヲ請求スルニモ必要ナルカ故ニ所持人ヲシテ之ヲ參加引受人ニ送附セシムヘキコトヽナシタルナリ

已ニ述ヘシ如ク第一項ノ拒絶證書ハ被參加人ニ於テ最モ必要ナルカ故ニ第二項ハ參加引受人カ所持人ヨリ之ヲ受取リタルトキハ速ニ之ヲ被參加人ニ送附スヘキモノトセリ

第五百五條　參加引受人ハ支拂人カ手形金額ノ支拂ヲ爲サヽル場合ニ於テ被參加人ノ後者ニ對シ支拂アラサリシ手形金額及ヒ費用ヲ支拂フ義務ヲ負フ但所持人カ滿期日又ハ其後二日內ニ支拂ヲ求ムル爲メ爲替手形ヲ參加引受人ニ呈示セサルトキハ參加引受人ハ其義務ヲ免ル

本條ハ參加引受人ノ義務ヲ規定シタルモノナリ

參加引受人ハ支拂人カ手形金額ノ支拂ヲナサヽル場合ニ於テ被參加人ノ後者ニ對シ支拂アヲサリシ手形金額及ヒ費用ヲ支拂フ義務ヲ負フ然レヒ參加引受ナル者ハ其義務ノ履行ニ由リテ

手形上ノ關係ヲ消滅セシムルノ意思ヲ有シテナスニアラス自ラ其義務ヲ盡シタル後ニハ所持人ノ權利ヲ取得シテ被參加人及ヒ其前者ニ對シテ手形上ノ權利ヲ行フコトヲ得ルノ途アルカ爲メニ手形上ノ債務ヲ負擔スルモノナリ故ニ所持人カ參加引受人ノ支拂ヲ求メソトスルニハ先ツ支拂人ニ對シテ支拂ヲ爲メ支拂人カ支拂ヲ拒絕シタルトキハ支拂拒絕證書ヲ作成セシメ參加引受人カ其義務ヲ盡シタル後ハ所持人ト同一ノ地位ヲ得セシメ同一ノ權利ヲ行フニ差支ナカラシムル樣ナシ置カサルヘカラス從テ所持人ヨリ其參加引受人ニ對スル請求ハ滿期日又ハ其後二日内ニ於テセサルヘカラス若シ此期間内ニ請求ヲ怠ルトキハ但書ノ規定ニ依リ參加引受人ハ全ク其義務ヲ免レ最早參加引受人ニ對シテ支拂ヲ請求スルコトヲ得サルモノトナル又參加引受アル場合ニ於テ所持人カ滿期日又ハ其後二日内ニ參加引受人ニ手形ヲ呈示シテ其支拂ヲ求ルモ參加引受人カ其支拂ヲ拒絕シタルトキハ其旨ヲ支拂拒絕證書ニ記載セシムルヲ要ス若シ所持人ニ於テ此手續ヲ怠ルトキハ第五百八條ニ依リ參加引受ノ爲メニ利益ヲ受クル者即チ豫備支拂人ヲ指定シタル者又ハ被參加人及ヒ其後者ニ對スル手形上ノ權利ヲ失フモノトス

第五百六條 爲替手形ノ所持人其他被參加人ノ後者ハ參加引受ニ因リテ擔

保ヲ請求スル權利ヲ失フ

豫備支拂人ノ外ニ參加引受ヲ提供スル者アルモ所持人ハ之ニ係ハラス擔保ヲ請求スルコトヲ得然レモ一旦所持人カ其引受ヲ承諾セシ片ハ是レ其引受ヲ滿足シタルモノニシテ所持人ハ其前者ニ對スル擔保請求權ヲ拋棄シタルモノト看做サヾルヘカラス故ニ本條ハ所持人カ參加引受ヲ受諾シタルトキハ擔保請求權ヲ失フトセリ

尙ホ本條ハ被參加人ノ後者モ亦擔保請求權ヲ失フトセリ是レ蓋シ被參加人ヲシテ擔保ヲ供スルノ義務ヲ免レシムルノ旨趣ニ基ツクモノナリ其理由タルヤ參加引受ハ支拂人カ支拂ヲナサヾル場合ニ被參加人ノ後者ニ對シテ支拂ヲナスノ義務ヲ負擔スルモノナレハ參加引受アリタル片ハ最早被參加人ノ後者ハ其前者ニ對シテ擔保ヲ請求スルノ必要ナシ若シ之ヲ請求シ得ルモノトスルトキハ被參加人ハ再ヒ擔保ヲ請求セラルヽニ至ルヲ以テ參加引受ハ何等ノ効能モナク殆ント無意味ノモノトナルヘケレハナリ

參加引受アリタルカ爲メニ被參加人ノ後者カ擔保請求權ヲ失フノ理由ハ前說シタルカ如シト雖モ被參加人及ヒ其前者ニアリテハ依然トシテ其權利義務ヲ存セリ何トナレハ參加引受人カ其義務ヲ盡シタル片ハ其參加引受人ハ當然所持人ノ權利ヲ取得シ被參加人等ニ對シテ償還請

求權ヲ有スルヲ以テ被參加人及ヒ其前者カ各前者ニ對シテ擔保請求權ヲ有スヘキコトハ勿論ナレハナリ

第五百七條　被參加人ハ其前者ニ對シテ擔保ヲ請求スルコトヲ得此場合ニ於テハ第四百七十五條乃至第四百七十九條ノ規定ヲ準用ス

所持人其他被參加人ノ後者ハ參加引受アリタルカ爲メニ擔保請求權ヲ失フト雖モ被參加人及ヒ其前者ハ各其前者ニ對シテ擔保ヲ請求スルコトヲ得而シテ其理由ハ已ニ前條ニ述ヘタルカ如シト雖モ被參加人ニアリテハ或ハ其權利ナキヤヲ疑フノ虞レアリ故ニ本條ヲ設ケテ其意ヲ明カニシ、被參加人カ其請求ヲナストキハ第四百七十五條ヨリ第四百七十九條ニ於ケル擔保請求ニ關スル規定ニ從フヘキヲ示セリ

第二款　參加支拂

參加支拂ノ主旨トスル所ハ擔保義務者ヲシテ無益ノ費用ヲ負擔セシメス又義務者ノ信用ヲ保持セシムル爲メ之レニ代ハリテ支拂ヲナスニアリ故ニ手形上ノ擔保義務者ハ皆何レモ被參加人トナルコトヲ得然リ而シテ參加支拂ナルモノハ支拂人、支拂擔當者以外ノ者ヨリナス所ノ支拂ニシテ其關係ハ猶ホ參加引受ニ對スル關係ト同樣ナリ故ニ參加支拂ハ支拂人若クハ引受人ノ支拂ノ如ク手形

上ノ債權債務ヲ消滅セシムルノ効力ヲ有スルモノニアラスシテ唯タ被參加人及ヒ其後者ノミニ對シテ償還義務ヲ免レシムルニアリ故ヲ以テ被參加人ノ前者ハ之レカ爲メニ手形上ノ債務ヲ免ルヽニアラス、參加支拂人ヵ支拂ヲナシタルトキハ引受人、被參加人及ヒ其前者ニ對シテ當然手形上ノ權利ヲ取得スルモノトス故ニ被參加人ノ前者ハ依然手形上ノ擔保義務ヲ負擔シ又如何ナル場合ニ於テモ主タル義務者ナル引受人ノ義務ノミハ存在ス

第五百八條　爲替手形ノ所持人カ支拂拒絕證書ヲ作ラシメタル場合ニ於テ豫備支拂人又ハ參加引受人アルトキハ所持人ハ滿期日又ハ其後二日内ニ參加人引受人ニ若シ參加引受人ナキトキ又ハ參加引受人カ支拂ヲ爲サヽリシトキハ豫備支拂人ニ爲替手形ヲ呈示シテ其支拂ヲ求メタル後ニ非サレハ其前者ニ對シテ償還ノ請求ヲ爲スコトヲ得ス

參加引受人又ハ豫備支拂人カ支拂ヲ爲サヽリシトキハ所持人ハ其旨ヲ支拂拒絕證書ニ記載セシムルコトヲ要ス

所持人カ前二項ニ定メタル手續ヲ爲サヽリシトキハ豫備支拂人ヲ指定シタル者又ハ被參加人及ヒ其後者ニ對スル手形上ノ權利ヲ失フ

支拂人カ支拂ヲナサヽリシ爲メ拒絕證者ヲ作ラシメタル場合ニ於テ豫備支拂人又ハ參加引受人アルトキハ所持人ハ滿期日又ハ其后二日內ニ參加引受人ニ支拂ヲ求メ若シ參加引受人ナキカ又ハ之レアルモ支拂ヲナサヽリシトキハ豫備支拂人ニ支拂ヲ求メタル后ニアラサレハ裏書人及ヒ振出人ニ對シテ償還ノ請求ヲナスコトヲ得ス蓋シ參加引受人ハ手形上ノ擔保義務者ヲシテ擔保ヲ供スルノ義務ヲ免レシメ且滿期日ニ於テ支拂人カ支拂ヲナサヽリシ場合ニハ自ラ支拂ヲナスノ義務ヲ負擔シタルモノニシテ豫備支拂人ハ支拂人カ手形金額ノ支拂ヲ拒絕シタル場合ニ於テ支拂ヲナサシムル爲メニ振出人又ハ裏書人カ豫シメ指定セシモノナレハ支拂人カ支拂ヲ拒絕シタル場合ニ於テ尙此等ノ者ニ對シテ支拂ヲ求メ此等ノ者カ支拂ヲナサヽリシ後ニアラサレハ其前者ニ對シテ償還ノ請求ヲナスコトヲ許スヘカラサルハ勿論ナレハナリ是レ第一項ノ規定アル所以ナリ

參加引受人又ハ豫備支拂人アル場合ニ於テ所持人カ此等ノ者ニ支拂ヲ求メタルト否トハ豫備支拂人ヲ指定シタル者、被參加人及ヒ其後者ノ利害ニ關スル所大ナルヲ以テ第二項ハ所持人カ此等ノ者ニ支拂ヲ求ムルモ支拂ヲナサヽリシ片ハ所持人ハ其事實ヲ證スル爲メ支拂拒絕證書(先キニ作リアル)ニ其旨ヲ記載セシムル義務アリトセリ如此定メタル以上ハ從テ其制裁ナカルヘカラス故ニ第三項ハ所持人カ第一項及ヒ第二項ニ定メタル手續ヲナサヽリシトキハ豫備支拂人ヲ指定シタル及ヒ被參加人ニ對スル手形上ノ權利ヲ失ヒ其支拂ノ爲メニ利益ヲ蒙ムル者ハ全ク其義務ヲ免ルヽモノトセリ

第五百九條　爲替手形ノ所持人ハ豫備支拂人又ハ參加引受人ニ非サル者ノ參加支拂ト雖トモ之ヲ拒ムコトヲ得ス若シ之ヲ拒ミタルトキハ被參加人及ヒ其後者ニ對スル手形上ノ權利ヲ失フ

參加引受ニアリテハ後日或ハ義務ヲ履行セラレサルヤモ知レサルヲ以テ寧ロ之ヲ拒絶シテ擔保ヲ請求スルヲ得策トスル場合アリ故ニ所持人ニ之ヲ取捨スルコトヲ許スモ支拂ニ付テハ何人カ拂フモ債務ヲ履行スルモノニシテ全ク手形ノ目的ヲ遂スルモノナルカ故ニ何人ノ參加支拂ト雖ヒ之ヲ拒ムコトヲ得ストスルハ至當ニシテ所持人其他何人ニ對シテモ不利益ヲ與フルコトナシ是レ第一項ノ規定アル所以ナリ然ヲハ若シ所持人カ之ヲ拒ミタルトキハ凡ヘテノ者ニ對シテ手形上ノ權利ヲ失ハシメテ可ナルカ如シト雖ヒ本條第二項ハ所持人カ若シ之ヲ拒ミタルトキハ單ニ所持人ヲシテ被參加人及ヒ其後者ノミニ對スル手形上ノ權利ヲ失ハシムルコトヽナシテ被參加人ノ前者ニ對シテハ手形上ノ權利ヲ有セシムルモノトセリ即チ手形金額ヲ

受取ルコトヲ得ルニ受取ヲスシテ故ラニ利息及ヒ費用等ヲ增加シタル償還請求ヲナスコトヲ得セシムルモノナリ惟フニ是レ甚タ其謂ハレナキカ如シト雖モ蓋シ斯クスル所以ノモノハ所持人カ若シ參加支拂ヲ受諾シタルモノトシテモ其參加支拂アリタル後ハ參加支拂人ハ被參加人ニ、被參加人ハ遡リテ其前者ニ請求スルコトヽナルカ故ニ所持人ヲシテ被參加人ノ前者ニ對シテ手形上ノ權利ヲ有セシムルト否トハ被參加人ノ前者ノ利害ニ少シモ影響ヲ及ホスモノニアラス其結果ニ至リテハ等シク同一ナルカ故寧ロ其權利ヲ有セシムルヲ可ナリト見タルニ由ルナリ是レ本條カ所持人ニ於テ參加支拂ヲ拒絶スルモ後參加人及ヒ其后者ノミニ對スル權利ヲ失ハシメ被參加人ノ前者ニ對シテハ依然其權利ヲ有セシムルモノトナシタル所以ナリトス

第五百十條　參加支拂ヲ爲サントスル者數人アルトキハ所持人ハ最モ多數ノ者ヲシテ債務ヲ免レシムル效力ヲ有スル支拂ヲ受クルコトヲ要ス

參加引受ナレハ後日ノ憂アルカ故ニ參加引受ヲ提供スル者數人アルトキハ數人中ノ何人ヲ選ムモ所持人ノ隨意ニ任セタリト雖モ參加支拂ニアリテハ手形ノ債務ヲ履行スルモノニシテ全ク手形ノ目的ヲ達スルモノナルカ故ニ此場合ニ於テハ所持人ニ之ヲ撰擇スルノ權利ヲ與フル

ノ必要ナシ故ニ法律自ラ之ヲ選定シ最モ多クノ債務ヲ免レシムル効力ヲ有スル支拂ヲ受ケシムルモノトセリ即チ本條ノ目的ヲ以テスルトキハ其効力ノ最モ著シキ支拂ハ支拂人ノ爲メニスル支拂ヲ受クルニアリ蓋シ手形ハ支拂ニ由リテ全ク其目的ヲ遂スレハナリ次ヲ振出人ノ爲メニスル支拂トス是レ手形カ引受アリタル場合ニハ獨トリ振出人ヨリ引受人ニ對シテ請求スル權利ノミ殘存シ他ノ凡テノ者ノ權利消滅シ又引受人アラサリシ場合ニハ之ニ依リテ手形全体ノ權利義務消滅スルヲ以テナリ又其次ヲ第一裏書人ノ爲メニスル支拂トス、此場合ニハ一個ノ償還請求權殘ルノミナレハナリ

第五百十一條　豫備支拂人又ハ參加引受人ニ非サル參加支拂人カ被參加人ヲ示サヽリシトキハ其支拂ハ支拂人ノ爲メニ之ヲ爲シタルモノト看做ス

本條ハ前條ト同一ノ精神ニ出テタル規定ニシテ所謂榮譽支拂人カ被參加人ヲ示サヽリシトキハ其支拂ハ支拂人ノ爲メニシタルモノト看做ス、蓋シ手形ハ支拂ニヨリテ其目的ヲ遂スルモノナレハ參加支拂ニシテ支拂人ノ爲メニシタルモノトセハ之レニ依リテ手形上ノ關係全ク消滅シ最早何等ノ權利義務ヲ存セサレハナリ

第五百十二條　所持人ハ支拂拒絕證書ニ參加支拂アリタル旨ヲ記載セシメ

且手形金額及ヒ費用ノ支拂ト引換ニ其拒絶證書及ヒ爲替手形ヲ參加支拂人ニ交付スルコトヲ要ス

參加支拂人ハ其支拂ヲナシタルトキハ引受人、被參加人及ヒ其前者ニ對スル所持人ノ權利ヲ取得スルカ故ニ參加支拂人カ支拂ヲナシタル後ハ參加支拂ヲナシタル證據ト手形トハ其取得シタル權利ヲ行使スルニ必要ナリ故ニ所持人ハ參加支拂人ヨリ支拂ヲ受ケタルトキハ本條ニ依リ支拂拒絶證書ニ參加支拂ヲ受ケタル旨ヲ記載セシメ之レト爲替手形トヲ參加支拂人ニ交附スル義務アリ

第五百十三條　參加支拂人カ支拂ヲ爲シタルトキハ引受人、被參加人及ヒ其前者ニ對スル所持人ノ權利ヲ取得ス

本條ハ參加支拂人カ支拂ヲ爲シタルトキハ如何ナル權利ヲ取得スルカヲ定メタルモノナリ

參加支拂ハ全ク手形上ノ關係ヲ消滅セシムルモノニアラス、參加支拂人カ支拂ヲナシタルトキハ引受人、被參加人及ヒ其前者ニ對スル所持人ノ權利ヲ取得シ以上三者ハ依然手形上ノ債務ヲ負擔スルモノトス蓋シ參加支拂人カ支拂ヲナスハ被參加人ヲシテ一時其後者ノ請求ヲ免レシメントスルニアリテ已レ其支拂ヲナシタル後ハ所持人ノ權利ヲ取得シ其支拂タル金額ハ

更ニ何人ヨリカ償還セシメントノ意思ヲ以テナスモノナレハ參加支拂人カ其支拂ヲナシタルキトハ引受人(第一債務者)被參加人及ヒ其前者ニ對スル所持人ノ權利ヲ取得セシムヘキハ固ヨリ當然ノコトナレハナリ唯被參加人ノ後者ニ對スル權利ヲ取得セシメサルハ他ナシ若シ之ヲ取得セシムルモノトスレハ被參加人ハ再ヒ後者ヨリ遡及セラルヽニ至ルヲ以テ參加支拂ハ少シモ其實効アラサレハナリ

茲ニ注意スヘキハ參加支拂人ハ引受人、被參加人及ヒ其前者ニ對スル所持人ノ權利ヲ承繼スルニアラス其支拂ニ依リテ更ニ獨立シテ手形上ノ權利ヲ取得スルト云フ丅是ナリ若シ其取得ニシテ權利ノ承繼ナリトセハ以上ノ債務者ハ所持人ニ對スル相殺錯誤其他ノ事由ヲ參加支拂人ニ對抗シ得ル丅ナルカ故ニ參加支拂ノ取得スル權利ハ薄弱ナルモ其取得ハ承繼ニアラスシテ其參加支拂ニ因リ獨立シテ手形上ノ權利ヲ取得スルモノトセハ此ノ如キ人的抗辨ヲ許サヽルヲ以テ其權利ハ絕對ニシテ頗ル强固ノモノナレハナリ

第九節　拒絕證書

拒絕證書ハ所持人カ其前者ニ對シテ擔保ノ請求ヲナサントスルニハ支拂人ニ手形ヲ呈示シテ引受ヲ求メタルコト又償還ノ請求ヲナサントスルニハ支拂人ニ對シテ支拂ノ爲メノ呈示ヲナシタルコ

トノ如キ法律カ手形上ノ權利ノ保全、行使ニ關スル條件ヲ充タシタル事ノ證明ヲ必要トスル場合ニ作成ヲ命スル所ノ要式的證書ニシテ之レニ記載スヘキ事項ハ第五百十五條ノ定ムル所ナリ而シテ之ヲ作成スル者ハ公證人及ヒ執達吏ニシテ之ヲ作成セシムル者ハ所持人ナリ

第五百十四條　拒絶證書ハ爲替手形ノ所持人ノ請求ニ因リ公證人又ハ執達吏之ヲ作ル

拒絶證書ハ所持人ヲシテ自ヲ作成スルコトヲ許サス、之ヲ許ストキハ此證書ノ對抗ニ由リ所持人ヲシテ不利益ノ地位ニ立タシムルモノトナリ反證ヲ擧クルコトヲ得セシメサルヘカラサルコトヽナリテ普通ノ證據爭ヲ爲サシムルニ至ルヘシ、若シ如此ナラシムトキハ手形行爲ノ迅速ヲ妨ケ大ニ手形ノ信用ヲ傷クルノ虞レアリ故ニ本條ハ之ヲ作ラシムル者ハ所持人ナルモ之ヲ作ル者ハ公證人及ヒ執達吏タルヘキヲ定メタリ

第五百十五條　拒絶證書ニハ左ノ事項ヲ記載シ公證人又ハ執達吏之ニ署名スルコトヲ要ス

一　爲替手形、其謄本及ヒ補箋ニ記載シタル事項

二　拒絶者及ヒ被拒絶者ノ氏名又ハ商號

三　拒絶者ニ對シテ爲シタル請求ノ趣旨及ヒ拒絶者カ其請求ニ應セサリシコト又ハ拒絶者ニ面會スルコト能ハサリシ理由
四　前號ノ請求ヲ爲シ又ハ之ヲ爲スコト能ハサリシ地及ヒ年月日
五　拒絶者ノ營業所、住所又ハ居所カ知レサル場合ニ於テ其地ノ官署又ハ公署ニ問合ヲ爲シタルコト
六　法定ノ場所外ニ於テ拒絶證書ヲ作ルトキハ拒絶者カ之ヲ承諾シタルコト
七　參加引受又ハ參加支拂アルトキハ參加ノ種類及ヒ參加人幷ニ被參加人ノ氏名又ハ商號

本條ハ拒絶證書ニ記載スヘキ事項ヲ定メ之ヲ作リタル公證人又ハ執達吏之レニ署名スヘキモノトセリ、其記載スヘキ事項ヲ説明スレハ即チ左ノ如シ
一、謄本ハ原本ノ代用ヲナスモノニシテ附箋ハ手形ノ一部ナリ故ニ拒絶證書ニハ手形ニ記載シタル事項ノミナラス此二ノモノニ記載シタル事項ヲモ記載セサルヘカラス是レ手形ニ關スル一切ノ事項ヲ知ラシムル必要アルヲ以テナリ

二、第二號ニ所謂被拒絶者トハ所持人ヲ云ヒ拒絶者トハ支拂人ニ呈示セシ場合ナレハ其支拂人、豫備支拂人ニ呈示セシ場合ナレハ其豫備支拂人ヲ云フモノニシテ凡ヘテ手形上ノ請求ヲ受ケタル者ヲ云フ

三、拒絶者ニ對シテナシタル請求ノ趣旨ヲ記載ス、蓋シ手形上ノ請求ニハ引受ノ請求モアレハ支拂ノ請求モアリテ各其効果ヲ異ニス故ニ其請求ノ趣旨ヲ記載シ如何ナル請求ヲナシテ之ヲ拒絶セラレタルカヲ明カニセサルヘカラス

又拒絶者カ其請求ニ應セサリシコト若クハ面會スルコト能ハサリシ理由ヲ記載スルモノトス拒絶ニモ拒絶者ニ面會シテ拒絶セラルヽコトアリ又ハ不在死亡等ニ因リテ拒絶ト看做スヘキ場合アリ故ニ面會ノ上拒絶セラレタルトキハ例ヘハ振出人ト取引ナキヲ以テ引受ヲナサストカ云フニアルカ資金到着セサルカ故ニ支拂ヒ難シトカ云フニアルカノ理由ヲ記載セサルヘカラス、又面會スルコトヲ得サリシ場合ニハ例ヘハ住所、居所不明ナルヲ以テ其地ノ官署、公署ニ照會シタルモ尚不明ニ依リ面會スルコト能ハストカ云フ如ク面會スルコトヲ得サリシ理由ヲ記載セサルヘカラス

四、請求ヲナシタル地、請求ヲナスコト能ハサリシ地及ヒ請求ヲナシタル年月日又ハ請求ヲ

ナスコト能ハサリシ年月日ヲ必要トス、蓋シ手形ニ關スル請求ハ一定ノ地ニ於テセサルヘカラス即チ引受ノ請求ナレハ支拂人ノ營業所、住所、居所ニナサヽルヘカラス又支拂ノ請求ナレハ支拂地ニ於テナサヽル可ラス若シ此地ニ於テセサレハ之ヲ請求シタルノ効力ナシ故ニ拒絕證書ニハ請求ヲナシタル地又ハ拒絕者ノ不在等ニ由リテ請求スル能ハサリシ地ヲ記載セサルヘカラス

又何時ニ請求シタルカ、何時ニ請求セントシタルカハ所持人其他ノ者ニ關係スル所大ナルカ故ニ其年月日ハ必要ナリ

五、本條第五號ハ意義明瞭ナルヲ以テ說明ヲ省ク

六、手形ノ引受又ハ支拂ヲ求ムル爲メニスル呈示、拒絕證書ノ作成其他手形上ノ權利ノ行使又ハ保全ニ付キ利害關係人ニ對シテナスヘキ行爲ハ其營業所、若シ營業所ナキトキハ其住所居所ニ於テスルヲ本則トス是レ第四百四十二條第一項ノ規定スル所ニシテ本條第六號ニ所謂法定ノ場所ナルモノナリ故ニ拒絕證書ハ必ス此法定ノ場所ニ於テ作成セサルヘカラス然レトモ第四百四十一條第一項但書ハ利關係人ノ承諾アルトキハ他ノ場所ニ於テスルモ差支ナキ旨ヲ示セリ故ニ拒絕證書ノ作成モ拒絕者ノ承諾ヲ得レハ法定ノ場所外ニ於テ作成スルヿヲ得然レ

ヒ個ハ特別ノ場合ニ屬スルヲ以テ法定ノ場所外ニ於テ拒絶證書ヲ作リタルトキハ拒絶者ノ承諾ニ出テタル旨ヲ記載スルヲ必要トセリ

七、參加引受又ハ參加支拂アリタルトキハ參加ノ種類及ヒ參加人幷ニ被參加人ノ氏名又ハ商號ヲ記載スヘキモノトス、手形ニ記載シタル事項ヲ拒絶證書ニ記載スヘキコトハ已ニ第一號ニ規定セル所ナリ而シテ參加引受又ハ參加支拂アリタル件ハ其參加引受人又ハ參加人ノ氏名又ハ商號ハ常ニ手形ニ記載セラルヽモノナリ然ラハ第七號ニ之ヲ必要トスルハ重複ニハアラサル歟然レヒ本號ニ之ヲ要件トシテ規定セラレタル以上ハ重複ナカラモ之ヲ記載セサレハ其拒絶證書ハ必要ノ事項ヲ記載セサルモノトシテ法律上無効ナリ

第五百十六條　數人ニ對シテ手形上ノ請求ヲ爲スヘキトキハ其請求ニ付キ一通ノ拒絶證書ヲ作ラシムルヲ以テ足ル

參加引受人カ支拂ヲナサヽリシ場合ニ豫備支拂人ニ支拂ヲ求ムル如ク手形上ノ請求ヲ數人ニ對シテナス場合ニハ支拂人カ支拂ヲ請求シタルトキニ作ラシメタル支拂拒絶證書ニ其旨ヲ記載セシムレハ可ナリ各請求コトニ各別ニ作ラシムルコトヲ要セス是レ手形ハ簡易ヲ尚フノ旨趣ニ出テタル規定ナリトス

第五百十七條　公證人又ハ執達吏カ拒絶證書ヲ作リタルトキハ其帳簿ニ其證書ノ全文ヲ記載スルコトヲ要ス
拒絶證書カ滅失シタルトキハ利害關係人ハ其謄本ノ交付ヲ請求スルコトヲ得此請求ハ原本ト同一ノ効力ヲ有ス

拒絶證書ノ原本ハ被拒絶者ニ交付スルヲ以テ其原本滅失ノ場合ニ謄本ヲ交付スルニ差支ナカラシムルノ備ナカルヘカラス是レ第一項カ拒絶證書ヲ作リタルトキハ其之ヲ作リタル公證人又ハ執達吏ニ於テ其帳簿ニ其證書ノ全文ヲ記載セシムルコトヲ必要トナシタル所以ナリトス

拒絶證書ヲ失ヒタルトキハ利害關係人ハ何モノカ之ニ代ハルモノヲ得ルノ途ナクンハアラス故ニ第二項ハ拒絶證書カ滅失シタルトキハ利害關係人ヲシテ更ニ謄本ノ交付ヲ請求スルコトヲ得セシムルモノトシ其謄本ハ原本ト同一ノ効力ヲ有スルモノトセリ

第十節　爲替手形ノ複本及ヒ謄本

手形上ノ權利ハ手形ナクンハ之ヲ行フコトヲ得ス故ニ手形カ紛失シ盜失シタルトキハ債權者ハ手形上ノ權利ヲ執行スルノ資格ヲ失フモノトス然レトモ複本アルトキハ斯ル危險ニ遭遇シタル場

合ニ他ノ一通ヲ以テ之ヲ補ヒ又ハ遠隔ノ地ニ在ル支拂人ニ引受ヲ求ル爲メニ其一通ヲ送附シテ引受ヲ求メツヽアル間ニ他ノ一通ヲ以テ銀行等ニ就テ割引ヲ求ムル等手形ノ紛失又ハ盗難ニ逢ヒタル等ノ場合ニ備ヘ且ハ手形ノ融通力ヲ助長シ得ルノ便利アリ

複本ヲ作リシ場合ニハ其數通ニ對シテ同一ニ法律上ノ効力ヲ附シ各通ヲシテ皆同一ノ作用ヲナサシムルモノナリ故ニ一通ノ手形ニ對シテナシタル手形行爲ハ手形其レ自身ニナシタルト同一ノ効力ヲ有スルモノトス左レハ手形數通ノ發行ハ危險ナシト云フヘカラス何トナレハ數通ノ手形ヲ數人ノ手ニ移転シテ各數人ヨリ報酬ヲ受クルコトヲ得ヘク又被裏書人カ裏書人ト共謀スルニ於テハ他ノ被裏書人ニ先チ支拂人ニ對シテ引受又ハ支拂ヲ求ムル等種々弊害ヲ生スル虞アレハナリ故ニ手形ノ各通ハ之ヲシテ獨立ノ作用ヲナサシメサルヿヲ必要トス依リテ複本ニ複本タルヿヲ示サヽリシトキハ其各通ヲシテ獨立ノ効力ヲ有スト規定シ（第五百十九條）引受アリタルモノヽ外一通ニ對シテ支拂アリタルトキハ他ノ各通ハ効力ヲ失フモノトシ（第五百二十條第一項）又同條第二項カ若シ數人ニ對シテ各別ニ數通ノ裏書ヲナシタル者又ハ數通ノ手形ニ引受ヲナシタル者ハ支拂ノ時ニ於テ返還アラサリシ各通ニ對シテ手形上ノ責任ヲ免ルヽコトヲ得ストシテ嚴格ノ責任ヲ負擔セシメタルカ如キハ皆如此弊害ヲ豫防スルノ旨趣ニ出テタルモノナリ

謄本モ亦手形ノ融通ヲ補助スルモノニシテ引受ヲ求ムル爲ニ原本ヲ送附シタル後ニ其謄本ヲ以テ裏書ノ用ヲ達セント欲スルニ起リ所持人ハ其權利トシテ之ヲ作ルヿヲ得然レモ複本ハ其各通カ手形自身ヲ代表シ其各通ハ皆同一ニ法律上ノ効力ヲ有シ各通皆同一ノ作用ヲナスモノナレモ謄本ハ原本ヲ待テ始メテ手形ノ効用ヲナスニ過キス蓋シ複本ハ數通ノ各個カ一手形ノ部分ヲナスニアラスシテ各獨立シテ一手形ヲ代表スルコトヲ得ルモノナリト雖モ謄本ハ唯手形ノ代用ヲナスニアルハナリ

第五百十八條　爲替手形ノ所持人ハ振出人ニ對シテ其爲替手形複本ノ交付ヲ請求スルコトヲ得但所持人カ受取人ニ非サルトキハ順次ニ其前者ヲ經由シテ之ヲ請求スルコトヲ要ス

振出人カ爲替手形ノ複本ヲ作リタルトキハ各裏書人ハ各通ニ其裏書ヲ爲スコトヲ要ス

手形ノ所持人ハ本條ニ依リ振出人ニ對シテ其複本ノ交付ヲ請求スルコトヲ得、此場合ニ所持人カ第一ノ受者ナルトキハ直接ニ振出人ニ對シテ請求スルコトヲ得ルト雖モ所持人カ被裏書人ナルトキハ順次ニ前者ヲ經由シテ請求セサルヘカラス振出人カ複本ヲ作リタルトキハ各裏書人ハ其各通ニ裏書ヲナサヽルヘカラス、複本ニ其複本タルコトヲ示スヘキ文字ヲ記載セサルトキハ其各通ハ皆獨立シタル手形ト同一ノ効力ヲ有スルモノトナルナリ故ニ如此結果ヲ避ケント欲セハ之ヲ發行スル際ニハ必ス複本ナリト認ムヘキ文字ヲ記載セサルヘカラス

第五百十九條　爲替手形ノ複本ニ其複本タルコトヲ示サヽルトキハ其各通ハ獨立ノ爲替手形トシテ其効力ヲ有ス

複本ヲ作リタル場合ニ支拂人カ其一通ニ對シテ支拂ヲナシ他ノ數通ニ對シテ支拂ヲ拒絕シタル場合ニ於テ裏書人及ヒ振出人カ他ノ數通ハ複本ナリト稱シテ償還義務ヲ免ルヽコトヲ得ルニ於テハ所持人ハ全ク損失ヲ受クルニ至ルヘシ又惡意ノ所持人カ手ニ入リシ數通ノ手形ヲ數所ノ銀行ニ持參シテ割引ヲ求メ數所ノ銀行カ支拂人ニ對シテ支拂ヲ求メタルニ其中ノ一通ハ支拂ハレタルモ他ノ數通カ支拂ハレサリシ場合ニ其前者カ複本タルヲ理由トシテ同シク償還義務ヲ免ルヽヲ得トセハ他ノ數通ノ所持人ハ亦大ニ損失ヲ蒙ムルヘシ故ニ本條ハ斯ル弊害ヲ豫防スル爲メ爲替手形ノ複本ニ其複本タルコトヲ示スヘキ文字ヲ記載セサルトキハ其各通ハ皆獨立シテ効力ヲ有スルモノトシ振出人、裏書人ハ手形上ノ責任ヲ免ルヽコトヲ得サル

モノトナシタリ

第五百二十條　爲替手形ノ複本ヲ作リタル場合ニ於テ其一通ノ支拂アリタルトキハ他ノ各通ハ其効力ヲ失フ但引受アルモノハ此限ニ在ラス
二人以上ニ各別ニ數通ノ爲替手形ノ裏書ヲ爲シタル者又ハ數通ノ爲替手形ニ引受ヲ爲シタル者ハ支拂ノ時ニ於テ返還アラサリシ各通ニ付キ手形上ノ責任ヲ免ルヽコトヲ得ス

手形ノ複本ハ其各通カ手形ノ原本ニシテ各獨立シテ一手形ヲ代表スルノ効力ヲ有スルモノナリ故ニ其一通ニ於テ支拂ヲ受ケタルトキハ他ノ各通ハ効力ヲ失ヒ擔保又ハ償還ノ請求ヲナスコトヲ得ス然レヒ數通ノ中ニ引受ヲナシタル手形アルトキハ他ノ手形ニ對シテ支拂ヲナシタルニ拘ハラス引受アル手形ニ對シテハ尙ホ其支拂ヲナサヽルヘカラス是レ其引受ヲナシタル一通ノ効力ヲ失ハシムルコト能ハサレハナリ
又數人ニ對シテ數通ノ手形ニ裏書又ハ引受ヲナシタル者ハ支拂ノ時ニ於テ返還アラサリシ各通ニ對シテ手形上ノ責任ヲ免ルヽコトヲ得ス蓋シ手形ニ署名シタル者ハ手形ノ文言ニ從テ責任ヲ負擔シ手形上ノ權利者ハ手形ノ文言ニ依リテ其權利ヲ主張スルコトヲ得ヘケレハナリ

第五百二十一條　爲替手形ノ複本ノ所持人カ引受ヲ求ムル爲メ其一通ヲ送付シタルトキハ他ノ各通ニ其送付先ヲ記載スルコトヲ要ス
前項ノ記載アル爲替手形ノ所持人ハ引受ヲ求ムル爲メニ送付シタル一通ノ爲替手形ヲ受取リタル者ニ對シテ其返還ヲ請求スルコトヲ得若シ其者カ之ヲ返還セサルトキハ拒絶證書ニ依リ其事實及ヒ他ノ一通又ハ數通ノ爲替手形ヲ以テ引受又ハ支拂ヲ受クルコト能ハサリシコトヲ證明スルニ非サレハ其前者ニ對シテ擔保又ハ償還ノ請求ヲ爲スコトヲ得ス

已ニ述ヘタル如ク爲替手形ノ複本ヲ作リタル場合ニハ其各通ハ獨立シテ一手形ヲ代表スルモノナリ故ニ法律ハ後ノ所持人ノ便宜ノ爲メ又ハ弊害ヲ豫防スルノ必要ヨリシテ各手形間ニ聯絡ヲ付ケシムル必要ヲ認メ複本ノ所持人カ引受ヲ求ムル爲メニ其一通ヲ送付シタル件ハ他ノ各通ニ其送付先ヲ記載スヘキモノトセリ

引受ヲ求ムル爲メニ手形ノ送付ヲ受ケタル者ヲ手形保管者ト云フ、偖第一項ノ規定ニ依リテ送付先ヲ記載シタル手形ノ所持人ハ此手形保管者ニ對シテ其手形ノ返還ヲ請求スルコトヲ得此請求ハ手形ノ引受アリタルヤ否ヤヲ確ムルカ爲メニ所持人ノ必要トスル所ナリ故ニ所持人ヨリ其返還ヲ請求セラレタルトキハ保管者ハ其手形ヲ返還セサルヘカラス然レﾄﾞ保管者カ返還セサリシ片ハ如何ト云フニ所持人ハ全ク其返還ヲ受ケサリシコト及ヒ他ノ一通又ハ數通ノ手形ヲ以テモ引受又ハ支拂ヲ受クルヿ能ハサリシコトヲ拒絶證書ニ依リテ證明スルニアラサレハ其前者ニ對シテ擔保又ハ償還ノ請求ヲナスコトヲ得サルモノトス何トナレハ手形上ノ權利ハ手形ナクンハ之ヲ行フコトヲ得サレハナリ

第五百二十二條　爲替手形ノ所持人ハ其謄本ヲ作ルコトヲ得

爲替手形ノ謄本ニ或事項ヲ記載シタルトキハ其事項ト原本ニ記載シタル事項トヲ區別スルコトヲ要ス

所持人ハ權利トシテ爲替手形ノ謄本ヲ作ルコトヲ得ルナリ然レﾄﾞ裏書ハ謄本ニモ之ヲナスコトヲ許シ又保證ヲモ之レニナスコトヲ許セリ故ニ謄本ニハ間々原本ト異ナリタル事項ヲ記載スルコトアリ是ヲ以テ第二項ハ謄本ノミニ記載シタル事項ト原本ニ記載シタル事項トヲ區別スルコトヲ必要トシ第三者ヲシテ錯誤ニ陷イルコトナカラシムルモノトセリ

第五百二十三條　所持人カ爲替手形ノ引受ヲ求ムル爲メ其原本ヲ送付シタル場合ニ於テ其謄本ヲ作リタルトキハ之ニ其原本ノ送付先ヲ記載スルコ

トヲ要ス
前項ノ記載アル謄本ノ所持人ハ原本ヲ受取リタル者ニ對シテ其返還ヲ請求スルコトヲ得
所持人カ爲替手形ノ謄本ヲ作ルハ原本ヲ以テ手形ノ引受ヲ求メツヽアル間ニ其謄本ヲ以テ裏書ノ用ヲ辨セント欲スルカ爲メニ起リ其謄本ハ原本ノ代用ヲナスニ過キサレハ謄本ニ裏書ヲナシタルトキハ原本ノ送附先ヲ記載シ後ノ所持人ヲシテ手形上ノ權利ヲ執行スルニ差支ナカラシムル責任アリ是レ本條第一項ノ規定アル所以ナリ
原本ノ送附先ヲ記載シタル謄本ノ所持人ハ引受ノ有無ヲ確ムル必要アリ故ニ第二項ハ送附先ヲ記載シタル謄本ノ所持人ハ原本ヲ受取リ居ル者所謂手形保管者ニ對シテ其原本ノ返還ヲ請求スルコトヲ得トセリ
第五百二十四條　引受ヲ求ムル爲メニ送付シタル爲替手形ヲ受取リタル者カ之ヲ返還セサル場合ニ於テ其謄本ノ所持人カ拒絶證書ニ依リテ其事實ヲ證明スルトキハ謄本ニ署名シタル者ニ對シテ擔保ノ請求ヲ爲シ又謄本ニ記載シタル滿期日カ到來シタル後ハ償還ノ請求ヲ爲スコトヲ得

原本ノ送附先ヲ記載シタル謄本ノ所持人カ原本ヲ受取リタル者ニ對シテ其返還ヲ請求スルモ其原本ヲ受取リタル者カ返還ヲナサヽルトキハ所持人ハ拒絶証書ニ依リテ其返還セサルコトヲ証明セハ謄本署名者ニ對シテ擔保ヲ請求スルコトヲ得又謄本ニ記載シタル滿期日到來シタルトキハ支拂拒絶ト看做シ前者ニ對シテ償還ノ請求ヲナスコトヲ得

謄本署名者ニ對シテノミ之ヲ許シ原本署名者ニ對シテ許サヽルハ謄本ハ獨リ所持人ニ於テ之ヲ作リ原本署名者ノ知ラサル所ノモノナレハ原本署名者カ其無關係ナル手形ニ對シテ其責任ヲ負擔スヘキ理由アラサレハナリ

第三章　約束手形

爲替手形ニハ三ケノ要件トシテ振出人、支拂人、受取人ノ三人アルヲ要スルモ約束手形ニアリテハ支拂人ナル者ナク唯振出人ト受取人トノ二人アルノミナリ蓋シ爲替手形ハ通例第三者ヲ支拂人トシテ發行スルト雖ヒ約束手形ニアリテハ振出人ハ主タル債務者トシテ絶對的支拂ノ義務ヲ負擔スルモノニシテ振出人ハ即チ支拂人ナレハナリ

我國ノ現況ニ於テ約束手形ハ爲替手形ヨリモ頻繁ニ流通セラルヽコナレヒ其沿革ニ於テモ後レ其要件モ少ナキ爲メ約束手形ハ爲替手形ニ比シテ規定シ多ク爲替手形ノ規定ヲ準用スルコトセリ

第五百二十五條　約束手形ニハ左ノ事項ヲ記載シ振出人之ニ署名スルコトヲ要ス

一　其約束手形タルコトヲ示スヘキ文字

二　一定ノ金額

三　受取人ノ氏名又ハ商號

四　單純ナル支拂ノ約束

五　振出ノ年月日

六　一定ノ滿期日

七　振出地

本條ハ約束手形ニ記載スヘキ要件ヲ定メタルモノニシテ約束手形ニハ左ノ七ケノ事項ヲ記載シ振出人之ニ署名セサルヘカラス

一、約束手形ナルコトヲ示スヘキ文字ヲ記載スルヲ必要トスルコト○是レ猶ホ爲替手形タルコトヲ示スヘキ文字ヲ記載スルト同シ

一、一定ノ金額、受取人ノ氏名又ハ商號ヲ記載スルコト○此二ケノ要件ヲ記載スルハ亦爲替

手形ニ於ケルト異ナラス
一、單純ナル支拂ノ約束ヲ記載スルコト○猶ホ爲替手形ニ單純ナル支拂ノ委託ヲ記載スルト同シ趣旨ナリ
一、振出ノ年月日及ヒ一定ノ滿期日ヲ記載スルコト○是レ又爲替手形ニ同シ
一、振出地ヲ必要トスルコト○唯是レノミハ爲替手形ト異ナル、爲替手形ニハ支拂地ヲ要件トスレハナリ其茲ニ之ヲ異ニスル所以ハ約束手形ハ振出人主タル債務者トシテ絶對的支拂ヲ約束スルモノニシテ其支拂ハ振出地ニ於テナスコト多キヲ以テノ故ナルヘシ然レモ個ハ畢竟振出地タル故ニ必要ナルニアラスシテ支拂地タルカ故ニ必要ナルコトナレハ矢張リ爲替手形ト同樣ニ支拂地ヲ以テ要件トシ振出人カ之ヲ記載セサリシトキハ其住所地ヲ以テ支拂地トスル方可ナリト思フ尙ホ一ノ異ナル點ハ爲替手形ニハ支拂人ノ氏名又ハ商號ヲ必要トセルニ茲ニハ之ヲ要件トセサルコト是レナリ其所以ハ他ナシ蓋シ爲替手形ニハ必ス支拂人アルモ（振出人自ヲ支拂人トナリテ之ヲ兼ヌルコトアルニモセヨ）約束手形ニアリテハ振出人自ヲ支拂ヲ約束スルモノニシテ全ク支拂人ナルモノアラサレハナリ

第五百二十六條　振出人カ約束手形ニ支拂地ヲ記載セサリシトキハ振出地

ヲ以テ其支拂地トス

爲替手形ニ支拂地ヲ記載セサルトキハ支拂人ノ住所地ヲ以テ支拂トス、此旨趣ヲ以テスレハ約束手形ニ於テモ振出人カ其手形ニ支拂地ヲ記載セサリシトキハ振出人ノ住所地ヲ以テ支拂地トナスヤト云フニ本條ハ振出地ヲ以テ支拂地トナシ手形ノ要件ト一致セシムルヿトナセリ振出地ハ已ニ約束手形ノ要件タル以上ハ振出人カ其手形ニ振出地ヲ記載セサリシトキハ其手形ハ之ヲ無効ナリトセサルヘカラス然ルニ今日ノ判決例ハ約束手形ニ振出地ヲ記載セサルトキハ振出人ノ住所地ヲ以テ振出地トシタルモノト認定シ其手形ハ之ヲ有効トセリ

第五百二十七條　一覽後定期拂ノ約束手形ノ所持人ハ其日附ヨリ一年内ニ振出人ニ約束手形ヲ呈示スルコトヲ要ス但振出人ハ之ヨリ短キ呈示期間ヲ定ムルコトヲ得

所持人カ拒絶證書ニ依リ前項ニ定メタル呈示ヲ爲シタルコトヲ證明セサルトキハ振出人以外ノ前者ニ對スル手形上ノ權利ヲ失フ

約束手形ハ爲替手形ト其性質ヲ異ニスルヨリシテ爲替手形ニ關スル第四百六十六條等ノ規定ハ其儘之ヲ約束手形ニ適用スルヿヲ得ス是レ本條以下數條ノ規定ヲ設ケタル所以ナリ

一覽後定期拂ノ約束手形ノ所持人ハ振出人ニ手形ヲ呈示シテ一覽セシメサル間ハ滿期日ヲ誤ルノ危險ナク從テ自己ノ權利ヲ害スルノ恐レナシ之ニ反シテ振出人裏書人ノ責任ハ其來ル時期不確定ニシテ永久ニ繼續スルヲ以テ振出人ハ永ク支拂資金ノ準備ヲナシ置カラサルヘカラス又此不定ノ狀態ヲ永ク繼續スル片ハ振出人カ破產スルコトアルヘク然ル場合ニハ裏書人ハ果シテ償還請求ニ應セサルヘカラサルコトトモナルカ故ニ裏書人ニ對シテモ不便ヲ感セシムル恐レアリ故ニ本條ヲ以テ其呈示期間ヲ手形ノ日附ヨリ一年ト定メ所持人カ其期間內ニ呈示ヲナシタルコトヲ拒絕證書ニ依リ證明セサルトキハ振出人以外ノ前者ニ對スル手形上ノ權利ヲ失フトセリ、又振出人ハ但書ニ依リ之ヨリ短キ呈示期間ヲ定ムルコトヲ得、若シ振出人カ呈示期間ヲ定メタルトキハ所持人ハ其呈示期間內ニ呈示セサルヘカラサルコト右ト同一ナリ

茲ニ所持人カ拒絕證書ニ依リ右ノ呈示ヲナシタルコトヲ證明セサルトキハ振出人以外ノ前者ニ對スル手形上ノ權利ヲ失フトアリテ振出人ニ對シテ依然其權利ヲ有スルモノトスルハ前ニモ述ヘタル如ク振出人ハ主タル債務者トシテ絕對的支拂ヲ約束スルモノナレバ固ヨリ振出人ノ爲メニ呈示スルノ必要ナキヲ以テ呈示セサルカ爲メニ振出人ニ對シテ手形上ノ權利ヲ失ハ

シムヘキ理ナケレハナリ又此呈示ハ唯呈示スルノミニシテ爲替手形ノ如ク引受ヲ求ムルニアラサルハ亦之ト同一ノ理由ニ基クモノナリ

第五百二十八條　所持人カ一覽後定期拂ノ約束手形ヲ呈示シタル場合ニ於テ振出人カ呈示ヲ受ケタル旨又ハ其日附ヲ約束手形ニ記載セサリシ𪜈ハ所持人ハ呈示期間內ニ拒絕證書ヲ作ラシムルコトヲ要ス此場合ニ於テハ其拒絕證書作成ノ日ヲ以テ呈示ノ日ト看做ス

所持人カ拒絕證書ヲ作ラシメサリシトキハ振出人以外ノ前者ニ對スル手形上ノ權利ヲ失フ

振出人カ呈示ノ日附ヲ記載セサリシ場合ニ於テ所持人カ拒絕證書ヲ作ラシメサリシトキハ呈示期間ノ末日ヲ於テ呈示ノ日ト看做ス

一覽後定期拂ノ約束手形ヲ呈示シタル場合ニ振出人カ呈示ヲ受ケタル旨ヲ其手形ニ記載セサルカ又ハ呈示ヲ受ケタル旨ヲ記載スルモ日附ヲ記載セサリシトキハ手形ハ呈示シタルモノト看做スヲ以テ所持人ハ第一項ノ規定ニ從ヒ手形ノ日附ヨリ一年內、若シ振出人カ呈示期間ヲ定メタル𪜈ハ其期間內ニ拒絕證書ヲ作ラシメサルヘカラス而シ此場合ニハ其拒絕證書ニ依

リテ呈示カ法律上成立スルモノナレハ第一項末段ハ拒絶證書作成ノ日ヲ以テ呈示ノ日ト看做ス

第二項ハ其制裁ヲ規定シタルモノニシテ所持人カ拒絶證書ヲ作ラシメサルトキハ振出人以外ノ前者ニ對スル手形上ノ權利ヲ失フトセリ、此ニモ振出人以外ノ前者ニ對シテノミ其權利ヲ失フト云フハ亦前條ニ述ヘタルト同一ノ理由ニ基クモノナリ

振出人カ呈示ヲ受ケタル旨ハ之ヲ記載シ唯日附ノミ記載セサル場合ニハ所持人カ拒絶證書ノ作成ヲ怠ルモ第二項ノ規定ヲ適用シテ裏書人ニ對スル償還請求權ヲ失ハシムルハ酷ナリト云フヘシ故ニ第三項ハ呈示期間ノ末日ヲ以テ呈示シタルモノト看做ス

第五百二十九條　第四百四十六條、第四百四十九條乃至第四百五十一條、第四百五十三條乃至第四百五十七條、第四百五十九條乃至第四百六十四條第四百七十一條、第四百八十條乃至第四百九十九條、第五百八條乃至第五百十七條及ヒ第五百二十一條ノ規定ハ約束手形ニ之ヲ準用ス

本法ハ列擧主義ヲ採リ約束手形ニ準用スヘキ爲替手形ニ關スル條々ヲ列擧セリ、今之ヲ一々約束手形ニ籍當シテ説明スルノ要ヲ見サルヲ以テ其説明ヲ省ク然レヒ唯疑ヲ存スルハ第五百

八條ヲ準用スル点ニアリ何トナレハ振出人ハ初メヨリ自ラ支拂ヲ約束スルモノナレハ參加引受人及ヒ豫備支拂人ハ約束手形ニハ其性質上有リ得ヘカラサルモノナレハ同條ノ規定ヲ準用スルノ必要アラサレハナリ

第四章　小切手

小切手ハ性質上形式上及ヒ其活動上克ク爲替手形ニ類似ス然レ𪜈小切手ハ(一)一覽拂ノモノナラサルヘカラサルヿ(二)支拂ヲ求ムル爲メノ呈示期間ノ短少ナルコト(三)爲替手形ニハ引受ナル手形行爲ヲ認ムルモ小切手ニハ之ヲ認メサルコト(四)小切手ハ通例銀行ヲ以テ支拂人トスルコト(五)小切手ニアリテハ公證人又ハ執達吏ニ拒絶證書ヲ作成セシムルヿヲ必要トセス支拂人ヲシテ之レニ其旨ヲ記載セシムレハ足レルコト(六)資金ナク、信用ナクシテ小切手ヲ振出シタルトキハ嚴重ナル處分ヲ受クルコト等ノ諸點ヲ綜合スルトキハ小切手ハ爲替手形トハ自ラ經濟上ノ作用ヲ異ニスルモノトス然レ𪜈債權債務ノ性質關係等ニ至リテハ敢テ異ナル所ナシ

小切手ヲ一覽拂ノモノニ限ルハ迅速容易ニ支拂アルコトヲ要スルカ爲メナリ

支拂ヲ求ムル爲メノ呈示期間ノ甚タ短少ナルハ小切手ハ極メテ短期日ニ支拂ハルヘキ性質ノモノナレハナリ

小切手ニ引受ナルモノアラサルハ小切手ハ所謂支拂證券ニシテ通例預金ニ對シテ發行シ又ハ豫テ支拂人ト約束ヲ取結ヒテ發行スルモノナレハ敢テ引受ヲ求ムルノ必要ナキ故ナリ

重モニ銀行ヲ以テ支拂人トスルハ世間ニ信用アル者ヲ以テセサレハ圓滑ニ授受セラレサルカ故ナリ

支拂拒絶ノ場合ニ支拂人ヲシテ小切手ニ其旨ヲ記載セシムルヲ以テ足レリトシ執達吏又ハ公證人ニ作成セシムルコトヲ必要トセサルハ小切手ハ最モ迅速ヲ要スルカ故ニ其手續ヲシテ簡易ナラシムル爲メナリ

資金ナク信用ナクシテ小切手ヲ發行シタル者ヲ嚴重ニ處分スルハ小切手ニ付テハ特ニ資金關係ニ重キヲ置クノ必要アルノミナラス動モスレハ詐僞ノ行ハレ易スキカ爲メナリ

小切手ハ現金ノ支拂ニ代ヘ其支拂ヲナス者カ之ヲ支拂ヲ受クル者ニ授ケ受者ハ之ヲ名宛ノ銀行ニ持參シテ現金ノ支拂ヲ受クルナリ然レトモ受者又ハ其後ノ所持人カ同銀行ニ預金ヲナセルトキニハ更ニ預金トシテ差入レ銀行ハ振出人及ヒ所持人ノ帳簿ヲ增減加除スルナリ又所持人カ他ノ銀行ニ預金ヲナセルトキニハ之ヲ名宛ノ銀行ニ持參セシテ自己ノ銀行ニ持參シ預金トシ其銀行ハ之ヲ所持人ノ預金ニ組入レ、銀行間ハ多ク互ニ當座預リヲナスヲ以テ支拂銀行ニ對シテハ之ヲ當座勘

定ニ組込置キ他日之ヲ相殺ス
夫レ小切手ハ如此相殺ノ便ヲ得ルノミナラス其支拂ノ確實ナルカ爲メニ恰モ現金ト同シク授受セヲレ忽チ數十百人ノ手ニ渡リ幾百萬ノ取引モ一錢ノ通貨ヲ運轉セスシテ結了セラルヽカ故ニ資本ノ運轉ヲ助ケ計算ノ手數ト運送ノ危險等ヲ避クルノ効用アルコト頗ル大ナリト云フヘシ

第五百三十條　小切手ニハ左ノ事項ヲ記載シ振出人之ニ署名スルコトヲ要ス

一　其小切手タルコトヲ示スヘキ文字
二　一定ノ金
三　支拂人ノ氏名又ハ商號
四　受取人ノ氏名若クハ商號又ハ所持人ニ支拂フヘキコト
五　單純ナル支拂ノ委託
六　振出ノ年月日
七　支拂地

本條ハ小切手ニ記載スヘキ要件ヲ列擧シ振出人ニ於テ之レニ署名スヘキヲ定メタルモノニシ

テ再ヒ爲替手形ト略同一ノ事項ヲ定メタルモノナリ故ニ茲ニハ說明ヲ省クコトヽシタレハ爲替手形ノ場合ノ說明ヲ參照セラルヘシ

第五百三十一條　小切手ノ振出人ハ自己ヲ受取人ト定ムルコトヲ得

爲替手形ノ振出人ハ自己ヲ受取人ト定ムルコトヲ得ルノミニアラス自己ヲ支拂人トスルヿヲ得レヒ小切手ニアリテハ自己カ現金ヲ支拂フ代ハリニ小切手ヲ振出シ他人ヲシテ其支拂ヲナサシムルモノナルカ故ニ小切手ノ振出人ハ其性質トシテ支拂人トナルヘキモノニアラス故ニ本條ハ預金ノ引出其他ノ場合ノ便宜ヲ想像シテ唯其受取人トナルコトノミヲ認メタリ

第五百三十二條　小切手ハ一覽拂ノモノトス

小切手ハ最モ迅速容易ニ支拂アルヿヲ要トスルカ故ニ一覽拂ノ外ノモノヲ許サス、一覽後何日拂ト記シ又ハ期限ヲ附スルモ無效トス

第五百三十三條　小切手形ノ所持人ハ其日附ヨリ一週間內ニ小切手ヲ呈示シテ其支拂ヲ求ムルコトヲ要ス

所持人カ前項ニ定メタル呈示ヲ爲サヽリシトキハ其前者ニ對シテ償還ノ請求ヲ爲スコトヲ得ス

小切手ハ極メテ短期日ノ間ニ支拂ハサルヘキ性質ノモノナルカ故ニ其呈示期間ヲ爲替手形ト同一ナラシムルヲ得ス依リテ本條ハ其支拂期日ヲ小切手振出ノ日附ヨリ一週間ト定メタリ故ニ所持人ハ小切手ノ日附ヨリ一週間内ニ呈示シテ支拂ヲ求メサルヘカラス若シ其期間内ニ呈示ヲナサス又呈示ヲナスモ支拂人ヲシテ其期間内ニ支拂ヲ拒絶シタルコト及ヒ其年月日ヲ小切手ニ記載セシメス又之レニ署名セサルトキハ裏書人及ヒ振出人ニ對スル償還請求權ヲ失フモノトス

第五百三十四條　小切手ノ所持人カ其前者ニ對シテ償還ノ請求ヲ爲スニハ支拂拒絶證書ノ作成ニ代ヘ支拂人ヲシテ前條第一項ニ定メタル期間内ニ支拂拒絶ノ旨及ヒ其年月日ヲ小切手ニ記載セシメ且之ニ署名セシムルヲ以テ足ル

小切手ノ如キハ其手續ヲシテ可成簡便ナラシメサルヘカラス故ニ佛國始メ其他ノ諸國ニ於テ小切手ニモ支拂拒絶證書ノ作成ヲ必要トスレヒ我商法ハ小切手ニ付テハ拒絶證書ヲ公證人等ニ作ラシムルヲ要セス小切手ノ所持人カ裏書人振出人ニ對シテ償還ノ請求ヲナスニハ支拂人ヲシテ前條第一項ニ定メタル期間内ニ支拂拒絶ノ旨ト其年月日ヲ小切手ニ記載セシメ之レニ

署名セシムルヲ以テ足ルコト、セリ

茲ニ注意スヘキハ右ハ之ヲ小切手ニナサシメサルヘカラサルコト是レナリ若シ補箋等ニナサシメタルトキハ違式トシテ呈示期間内ニ呈示ヲナササルモノトナリ償還請求ヲナスヿ能ハサルニ至ルヘシ何トナレハ右ハ「小切手ニ記載セシメ」云々トアレハナリ

第五百三十五條　小切手ノ振出人又ハ所持人カ其表面ニ二條ノ平行線ヲ畫キ其線内ニ銀行又ハ之レト同一ノ意義ヲ有スル文字ヲ記載シタル𪜈ハ支拂人ハ銀行ニ對シテノミ支拂ヲ爲スコトヲ得

振出人又ハ所持人カ平行線内ニ特定セル銀行ノ商號ヲ記載シタルトキハ支拂人ハ其銀行ニ對シテノミ支拂ヲ爲スヿヲ得但其銀行カ其商號ヲ抹消シテ他ノ銀行ノ商號ヲ記載シ之ニ取立ノ委任ヲ爲スコトヲ妨ケス

小切手ハ恰モ紙幣ト同シク授受セラレ多ク所持人拂トシテ發行スルモノナルカ故ニ之ヲ竊取シ拾取シタル者ト雖𪜈容易ニ支拂ヲ受クルコトヲ得ルナリ故ニ振出人又ハ所持人ハ本條ニ依リ其危險ヲ豫防スルノ方法トシテ小切手ニ二條ノ平行線ヲ引キ其線内ニ銀行又ハ銀行ト同一ノ意義ヲ有スル文字ヲ記載シ又ハ特定セル銀行ノ商號ヲ記載スルコトヲ得之ヲ稱シテ線引小

切手又ハ横線小切手ト云フ

振出人又ハ所持人ニ於テ此ノ如ク小切手ヲ仕立ルトキハ其小切手ニ對シテハ銀行ノミニ支拂ヲナスコトナルカ故ニ何人モ銀行ノ手ヲ經サレハ支拂ヲ受クルヲ得ス左レハ之ヲ竊取シ拾取シタル者モ容易ニ其目的ヲ遂スルヿヲ得サルヘシ故ニ其危險ヲ豫防セントス欲セハ線引小切手ヲ使用スルニ如クハナシ是レ本條カ線引小切手ノ發行ヲ認メタル所以ナリ

然レトモ線引小切手ニ對シテ特定セル銀行ヨリ取立ノ委任ヲ發スルコトヲ許サヽレハ不便ナリ故ニ其特定セル銀行ハ自己ノ商號ヲ抹消シテ他ノ銀行ノ商號ヲ記載シ之ニ取立ノ委任ヲナシ其行ヲシテ支拂ヲ受ケシムルコトヲ得ルモノトシ恰モ其實質ニ於テ爲替手形ノ取立委任ノ裏書ニ於ケルト同一ノ効用ヲナサシムルモノトセリ

第五百三十六條　左ノ場合ニ於テハ振出人ハ五圓以上千圓以下ノ過料ニ處セラル

一　資金ナク又ハ信用ヲ得スシテ小切手ヲ振出シタルトキ

二　小切手ニ虛僞ノ日附ヲ記載シタルトキ

我商法ハ資金關係ヲ以テ手形關係ノ中ニ置サレトモ小切手ハ支拂證券トシテ授受セラレ最モ支

拂ノ確實ナルコトヲ要スルノミナラス往々詐僞ノ行ハルヽカ故ニ預金ナクシテ小切手ヲ振出シ信用約束モナクシテ之ヲ振出シタルトキ又ハ小切手ニ僞ハリノ日附ヲ記載シタル振出人ヲ嚴重ニ處罰シ五圓以上千圓以下ノ過料ニ處スルモノトナセリ

第五百三十七條　第四百四十六條、第四百五十一條、第四百五十五條、第四百五十七條、第四百五十九條乃至第四百六十二條、第四百六十四條、第四百八十三條、第四百八十四條、第四百八十六條乃至第四百八十九條、第四百九十一條、第四百九十二條、第四百九十五條、第四百九十六條、第五百十四條、第五百十五條及ヒ第五百十七條ノ規定ハ小切手ニ之ヲ準用ス

本條ハ爲替手形ニ關スル規定中小切手ニ準用スヘキ條々ヲ列擧シタルニ過キス

第五編　海商

海商法ハ海上ノ商行爲ヲ支配スル法律ニシテ商法ノ一部ニ屬ス而シテ商法ハ私法ノ一部ナレハ海商法モ亦私法ノ一部タルニ外ナラス

海上ノ商行爲ハ主トシテ船舶ニ依リテ行ハレ船舶ハ即チ海上ノ商行爲ニ於ケル唯一ノ機關タリ、故ニ本編ハ先ツ船舶幷ニ船舶所有者ヨリ規定シテ他ニ及ホセリ

我國ノ地勢タル四面環海眞ニ貿易國トシテ頗ル恰當ノ地位ヲ占ムルモノナリ然ルニ回顧スレハ維新前マテハ時ノ政府カ外國貿易ヲ嚴禁シタルコトサヘアリシ如是事情ナリシカ故ニ往古外國ニ航シテ貨物ノ交換ヲ謀リシモノ嘗テ是レナカリシニ非スト雖モ今日ヨリ之ヲ見レハ未タ寘カニ外國貿易ヲ以テ稱スヘキニ非ス從テ從來海商ニ關スル法律慣習ノ存スルモノアルコトナシ故ニ本編ノ如キ專ハラ英獨二國ノ海上商事ニ關スル規定ニ擬倣シテ創定セラレタルモノナリ

船舶ノ航海中ニ在ルヤ風濤險阻實ニ測ルヘカラス一朝若シ災害ニ遭逢セハ果シテ如何勢ヒ他ノ船舶ノ救援救助ニ賴ラサルヘカラス故ニ各船舶ノ航海中ニ在ルヤ共ニ歡苦利害ヲ俱ニスルモノト云ハサルヘカラス是ヲ以テ海商ニ關スル規定ハ他ノ法律ト異ナリ各國自ラ其揆ヲ一ニス況ンヤ海上

ノ商行爲タル中國民モ乙國民モ共ニ邊境ノ外ニ來往シ均シク同一ノ行爲ヲ爲スモノタルニ於テオヤ故ニ本編規定ノ如キ前段ニ述ヘタル如ク專ハラ英獨二法ヲ採リテ參考ノ資ト爲シタリトハ言ヘ現今各國ニ行ハルヽ所ノ規定ト略同一ニシテ敢テ大差アルコトナシ

第一章　船舶及ヒ船舶所有者

第五百三十八條　本法ニ於テ船舶トハ商行爲ヲ爲ス目的ヲ以テ航海ノ用ニ供スルモノヲ謂フ

本編ノ規定ハ端舟其他櫓櫂ノミヲ以ヲ運轉シ又ハ主トシテ櫓櫂ヲ以テ運轉スル舟ニハ之ヲ適用セス

本條ハ海商法ノ認ムル船舶ノ性質範圍ヲ定メタルモノナリ即チ本法ニ所謂船舶ハ(一)單ニ商行爲ノミヲ爲ス目的ヲ以テ(二)航海ノ用ニ供スルモノタルコトヲ要ス故ニ探檢、娛樂、學術研究及ヒ測量等ノ爲メノミニ使用スル船舶ハ本法ノ支配ヲ受クヘキ船舶ニアラス又商行爲ヲ爲ス目的ヲ以テスルモ其河川港灣ヲ(平水航路)ヲ往復スルニ止マリ航海ノ用ニ供セサル船舶ハ第三編第八章ノ規定ニ從フヘキモノニシテ海商法ノ適用ヲ受クヘキモノニアラス然レヒ其船舶ヲ商行爲ヲ爲ス目的ヲ以テ使用セサルモ日本臣民所有ノ船舶ニシテ航海ノ用ニ供スルモノナル

トキハ猶ホ本編ノ規定ニ從ハサルヘカラス（船舶法附則第三十五條參看）
又端舟其他櫓櫂ノミヲ以テ運轉シ又重ニ櫓櫂ノミヲ以テ運轉スル小舟ノ如キハ尋常航海ニ堪ヘ得ルモノト認メサルカ故ニ是等ノ小形船ハ本法ニ認ムル船舶ノ範圍外トナシ本法ノ規定ヲ適用セサルコトヽ爲シタリ

第五百三十九條　船舶ノ屬具目錄ニ記載シタル物ハ其從物ト推定ス

從物ハ主物ノ處分ニ從フヘキモノニシテ從物トハ（一）主物ノ常用ニ供スル爲メ（二）主物ノ所有者カ自己ノ所有ニ屬スル他ノ物ヲ以テ其主物ニ附屬セシメタル物ヲ云フ是レ民法第八十七條ニ定ムル所ナリ是ヲ以テ本法ハ茲ニ一推定ヲ設ケ船舶ノ屬具目錄ニ記載シタル物ハ總テ從物ト推定シタリ故ニ屬具目錄ニ記載シタル物品中縦トヒ他人所有ノ物品アリトスルモ法律ハ主物タル船舶所有者ノ所有ト看做スヲ以テ船舶ノ所有權ヲ賣買抵當等ト爲ストキハ屬具目錄ニ記載シタル物品ハ船舶ノ處分ニ隨伴シ即チ其船舶ト共ニ移轉シ若クハ抵當權ノ目的トナルナリ左レハ從物ノ所有者ハ反對ヲ証明スルニ非サレハ屬具目錄中ノ物品ニ對シテ所有權ヲ主張スルコトヲ得ス
爰ニ船舶ノ屬具目錄トハ第五百六十二條ニ依リ船長ノ義務トシテ船中ニ備ヘ置クヘキ書面ニ

シテ之ニ記載スヘキ屬具ナルモノハ航海ノ爲メニスル總テノ艤裝物ヲ包括シ桅檣、帆具、汽機機罐、碇錨、船用器具、端舟等ノ類ナリ

第五百四十條　船舶所有者ハ特別法ノ定ムル所ニ從ヒ登記ヲ爲シ且船舶國籍証書ヲ請受クルコトヲ要ス

前項ノ規定ハ總噸數二十噸未滿又ハ積石數二百石未滿ノ船舶ニハ之ヲ適要セス

船舶ノ動產ナルコトハ民法第八十六條ニ依リテ明ナルモ船舶ハ特殊ノ性質ヲ備フルカ故ニ不動產ト同シク登記ヲ爲シテ所有權ヲ公示確定シ尚私權ノ証明又ハ取締ノ爲メニ船舶國籍証書ヲ船中ニ備置ク必要アリ故ニ船舶所有者ハ第一項ニ依リ特別法即チ船舶法第四條ニ從ヒ船籍港ヲ管轄スル管海官廳（海務署ノ如キ）ニ船舶積量ノ測度ヲ申請シテ船舶件名書ヲ請受ケ尚ホ船舶登記法ニ從ヒ船籍港ヲ管轄スル區裁判所ニ備ヘタル船舶登記簿ニ之ヲ登記シ其登記ノ謄本ヲ添付シテ前ノ管海官廳ニ備ヘアル船舶原簿ニ登錄ヲ申請シ船舶國籍証書ノ交付ヲ受ケサルヘカラス但シ管海官廳ノ事務ハ外國ニ在リテハ日本國ノ領事又ハ貿易事務官之ヲ行ヒ又船舶國籍証書カ外國ノ港ニ碇泊中若クハ航海中毀損滅失シ若クハ日本ニ於テ船舶ヲ取得シタル

者カ其取得地ヲ管轄スル管海官廳ノ管轄內ニ船籍港ヲ定メサル場合ニ於テ假船舶國籍証書ヲ請受クル手續ノ如キハ船舶法ノ規定スル所ナリ故ニ船舶所有者ハ兎ニ角特別法ノ定ムル所ニ從ヒ登記ヲ爲シ且ツ船舶國籍証書又ハ假船舶國籍証書ヲ受有スルニアヲサレハ日本ノ國旗ヲ揭ケ又ハ其船舶ヲ航行セシムルヲ得ス（船舶法第六條參看）然レトモ第二項ハ總噸數二十噸未滿又ハ積石數二百石未滿ノ小舟ニ在リテハ第一項ノ規定ヲ適用スル必要ナシトシテ之ヲ除外シタリ

第五百四十一條　船舶所有權ノ讓渡ハ其登記ヲ爲シ且船舶國籍証書ニ之ヲ記載スルニ非サレハ之ヲ以テ第三者ニ對抗スルコトヲ得ス

船舶ノ動產ナルコトハ前ニ述ヘタルカ如シ故ニ船舶所有權ノ讓渡モ本來ヨリ云フ時ハ引渡ノミヲ以テ第三者ニ對抗スルコトヲ得ヘキ性質ノモノナリト雖モ（民法第百七十八條參照）既ニ前條ヲ以テ登記ヲ要シ且船舶國籍証書ヲ所持セシムヘキモノト爲シタル以上ハ其讓渡モ亦之ヲ登記シ且ツ船舶國籍証書ニ登錄セシムルニアヲサレハ前條ノ目的ヲ遂スルコト能ハサルヘシ故ニ本條ハ其讓渡ニ付テモ亦此二ノ手續ヲ必要トシ普通動產ノ如ク單ニ引渡ノミヲ以テハ之ヲ第三者即チ當事者以外ノ者ニ對抗スルコトヲ得ストシタリ

第五百四十二條　航海中ニ在ル船舶ノ所有權ヲ讓渡シタル場合ニ於テ特約ナキトキハ其航海ニ因リテ生スル損益ハ讓受人ニ歸スヘキモノトス

本條ハ航海中ニ船舶ヲ讓渡シタル場合ニハ其航海ニ因リテ生スル損益ハ讓渡人讓受人何レニ歸スヘキカヲ定メタルモノナリ

夫レ航海ニ因リテ生スル損失利益ハ航海中ノ出來事ノ如何ニ依リテ消長アルモノナリ而シテ其出來事タル有ルコアリ無キコトアリ又輕重大小ノ差アリテ且ツ前後不同ノモノナリ左レハ航海中ノ損益ハ固ヨリ時ト里程ニ依リテ計フヘカラス、故ニ若シ讓渡ノ前後等ヲ以テ其負擔ヲ分タシムルモノトスルトキハ當事者ヲシテ大ニ幸不幸ヲ感セシムルノ恐レアリ故ニ本條ハ航海中ニ船舶ヲ讓渡シタル場合ニ於テハ其航海ニ因リテ生スル損益ハ讓渡ノ前後等ヲ以テ分擔セシムルコト爲サス總テ讓受人ニ歸スヘキモノトシ唯別段ノ約束アル場合ノミヲ除外セリ

第五百四十三條　差押及ヒ假差押ハ發航ノ準備ヲ終ハリタル船舶ニ對シテハ之ヲ爲スコトヲ得ス

但其船舶カ發航ヲ爲ス爲メニ生シタル債務ニ付テハ此限ニ在ラス

本條ハ船舶ノ特權ヲ定メタルモノナリ

本條ニ發航ノ準備ヲ終ハリタルトハ如何ナル場合ヲ云フカハ此ニ起ルヘキ問題ナルカ夫ノ五百六十二條ノ書類ノ完備旅客ノ乘込船積ノ終了等ハ發航ノ準備ヲ終ハリタルモノト答フルヲ得ヘシ

備船舶ヲ差押フルモ發航ノ準備終ハラサル前ニ在リテハ毫モ他ニ損害ヲ及ホスコトナカルヘシ故ニ法律ヲ以テ何等ノ干渉ヲ用ユヘキ必要ナシト雖モ既ニ發航ノ準備整頓シタル𪜈ハ備船者、荷送人又ハ旅客ニ損害ヲ蒙ムラシムルコト大ナルヘシ故ニ本條ハ發航ノ準備ヲ終ハリタル船舶ニ限リ差押及ヒ假差押ヲ爲スコトヲ禁シタリ

然レ𪜈例ヘハ船用器具、糧食若クハ石炭買入代金ヲ支拂フ義務ノ如キ其船舶カ發航ヲ爲スタメニ生シタル債務ニ付テハ差押又ハ假差押ヲ爲スコトヲ許スコトヽセリ是レ其債務ハ船舶カ發航ヲナス爲メニ發航ヲナス際ニ於テ生シタルモノニシテ其債權者ニ毫モ怠リヲ以テ見ルヘキモノアヲサルノミナラス其取引ナクンハ船舶ハ發航ヲナス能ハサルカ如キ譯合ナレハ仮ト發航ノ準備ヲ終ハリタル後ナルニ拘ハラス之ヲ許スヘキハ當然ノコトナレハナリ

第五百四十四條　船舶所有者ハ船長カ其法定ノ權限內ニ於テ爲シタル行爲又ハ船長其他ノ船員カ其職務ヲ行フニ當タリ他人ニ加ヘタル損害ニ付テ

ハ航海ノ終リニ於テ船舶、運送賃及ヒ船舶所有者カ其船舶ニ付キ有スル損害賠償又ハ報酬ノ請求權ヲ債權者ニ委付シテ其責ヲ免ルヽコトヲ得但船舶所有者ニ過失アリタルトキハ此限ニ在ラス

前項ノ規定ハ雇傭契約ニ因リテ生シタル船員ノ權利ニ付テハ之ヲ適用セス

本條ニ船舶所有者カ其船舶ニ付テ有スル損害賠償ノ請求權トハ共同海損ノ場合ニ生シタル損害賠償ノ請求權ノ如キヲ云ヒ報酬ノ請求權トハ他ノ船舶ヲ救援救助シタルニ因リテ得ヘキ報酬ノ請求權ヲ云フ本條ハ船長等カ他人ニ加ヘシ損害ニ付所有者ノ責任ノ範圍ヲ定メタルモノニシテ船舶所有者ハ(一)船長カ法定權限内ニ於テ爲シタル行爲ニ因リテ他人ニ加ヘタル損害、(二)船長其他ノ船員カ其職務ヲ行フニ當タリ他人ニ加ヘタル損害ニ付テノミ責任ヲ負フヘキモノトシ尚ホ船舶所有者ハ航海ノ終ハリニ於テ船舶、運送賃及ヒ船舶所有者カ其船舶ニ付キ有スル損害ノ請求權又ハ報酬ノ請求權ヲ債權者ニ委付シテ其責任ヲ免ルヽトヲ得トセリ抑々船舶カ一タヒ船籍港ヲ離ルヽヤ船舶所有者ハ自ヲ監督指揮ヲ爲スコト能ハサルモノナリ然ヲハ船長其他ノ船員カ職務上他人ニ加ヘタル損害ニ對シ所有者ニ無限ノ責任ヲ負ハシムルトスル

ハ甚タ酷ニシテ若シ如斯定ムルトキハ遂ニ航海業ノ發達進歩ヲ妨クヘシ而カモ所有者ニ全ク責任ヲ免レシムルモノトスル𪜈ハ亦失當タルヲ免レス故ニ本條ハ右ノ如ク船舶、運送賃等ノ海產ノミヲ委付シテ其責任ヲ免ルヽコトヲ得セシメタルナリ尤モ本條ハ船舶所有者ニ少シモ過失ナキ場合ニ適用スヘキ規定ニシテ若シ船長等カ他人ニ加ヘタル損害カ船舶所有者ノ命令ノ結果ナルカ又ハ無能ノ船長ヲ使用シタルカ如キ船舶所有者ニ過失アリタル𪜈ハ本條ヲ適用スヘキモノニアラス如此所有者ハ全財產ヲ以テ其責任ヲ負ハサルヘカラス

船員ハ他ノ業ヲ營ムコトヲ得ス殆ントト終生身ヲ船舶ニ奉シテ自己及ヒ家族ノ生活ヲ營ムモノナリ然ラハ船舶所有者カ雇傭契約ニ因リテ生シタル船員ノ權利ニ對シテモ亦第一項ニ定ムル如ク船舶、運送賃等ノ海產ノミニ限リ他ニ責任ヲ負ハサルモノトスル𪜈ハ實際心力ヲ竭クシテ職務ニ從事スルモノ鮮カルヘシ故ニ第二項ハ雇傭契約上ノ權利ニ對シテハ第一項ヲ適用セス船舶所有者ハ其全財產ヲ以テ無限ノ責任ヲ負擔スルモノトセリ

第五百四十五條　船舶所有者カ債權者ノ同意ヲ得スシテ更ニ航海ヲ爲サシメタルトキハ前條ニ定メタル權利ヲ行フコトヲ得ス

船舶所有者カ債權者ニ對シテ委付權ヲ行ハント欲セハ其航海ノ終ニ於テセサルヘカラス是レ

前條ノ示ス所ナリ然レトモ若シ船舶所有者カ委付權ヲ行フヘキ時期ニ行ハスシテ更ニ航海ヲ爲サシメタルトキハ如何ニ又ヘキト云フニ如此ハ船舶所有者ハ自カラ其委付權ヲ拋棄シタルモノト看做スコトヲ得ルカ故ニ全財產ヲ以テ其責任ヲ負擔セシムルコト當然ナリ況ンヤ再ヒ航海ヲ爲ストキハ船舶ノ朽廢其他ノ事由ニ因リテ目的ノ價額ヲ減少スルカ如キ債權者ノ權利ヲ害スヘキニ於テオヤ故ニ本條ハ債權者ノ同意ヲ得スシテ更ニ航海ヲ爲シタルトキハ船舶所有者ハ委任權ヲ行フノ利益ヲ失ヒ無限ノ責任ヲ以テ損害賠償ノ責任ヲ負擔スルモノトセリ

第五百四十六條　船舶共有者ノ間ニ在リテハ船舶ノ利用ニ關スル事項ハ各共有者ノ持分ノ價格ニ從ヒ其過半數ヲ以テ之ヲ決ス

本條ハ船舶ノ利用行爲ニ關スル共有者ノ決議方法ヲ定メ其決議ハ共有者ノ頭數ニ依ラス持分價格ノ過半數ニ依リテ決スヘキモノトセリ是レ其關係タル重モニ財產關係ヲ基礎トセルカ故ナリ但シ利用行爲ヲ除キテハ過半數ヲ以テ決スルヲ得ス共有者一同ノ承諾ヲ要スヘキハ行文上自カラ明白ニシテ疑ヲ容レス尤モ共有者ニ於テ別ニ決議方法ヲ定メタルトキハ勿論其約束ニ從フコトヲ得ヘシ

第五百四十七條　船舶共有者ハ其持分ノ價格ニ應シ船舶ノ利用ニ關スル費用ヲ負擔スルコトヲ要ス

前條ニ於テ船舶ノ利用ニ關スル議決權ヲ各共有者ノ持分價格ニ依ラシメタル以上ハ利用ニ關スル費用ノ支出モ其持分價格ニ應シテ負擔セシムルコト當然ナリ是レ本條ガ利用ニ關スル費用ハ各共有者ノ持分價格ニ應シテ負擔スルノ義務アリトスル所以ナリ

第五百四十八條　船舶共有者カ新ニ航海ヲ爲シ又ハ船舶ノ大修繕ヲ爲スヘキヲ決議シタルトキハ其決議ニ對シテ異議アル者ハ他ノ共有者ニ對シ相當代價ヲ以テ自已ノ持分ヲ買取ルヘキコトヲ請求スルコトヲ得

前項ノ請求ヲ爲サント欲スル者ハ決議ノ日ヨリ三日內ニ他ノ共有者又ハ船舶管理人ニ對シテ其通知ヲ發スルコトヲ要ス但此期間ハ決議ニ加ハラサリシ者ニ付テハ其決議ノ通知ヲ受ケタル日ノ翌日ヨリ之ヲ起算ス

新タニ航海ヲ爲シ又ハ船舶ノ大修繕ヲ爲スコトモ亦船舶ノ利用行爲ニ過キサルヲ以テ第五百四十六條ヨリ云フ片ハ持分價格ノ多數ニ依リテ決シ小數者ハ多數者ノ決議ニ服從セサルヘカラサルハ勿論ナルカ如シ然レ圧新航海ト大修繕ハ利用行爲ノ中其最大事項ニ屬シ從テ利害ノ

及フ處大ナルカ故ニ小數者ヲシテ强ヒテ其決議ニ屈從セシメントスルハ酷ト云ハサルヘカス是ヲ以テ本條ハ他ニ一法ヲ案出シ共有者中其決議ニ異議アルトキハ他ノ共有者ニ對シ相當代價ヲ以テ自己ノ持分ヲ買取ルヘキコトヲ請求スルコトヲ得トセリ從テ

第二項ハ第一項ニ依リ持分買取ノ請求ヲ爲サント欲スルトキハ決議ノ日ヨリ又決議ニ出席セサリシトキハ決議ノ通知ヲ受ケタル日ノ翌日ヨリ何レモ三日内ニ船舶管理人ノ許ニ通知スルヲ必要トセリ故ニ若シ異議者ニシテ此通知ヲ怠リタル片ハ再ヒ買取請求ヲ爲スコトヲ得ス蓋シ何時マテモ許スモノトスルトキハ大ニ他ノ共有者ノ權利ヲ害スヘケレハナリ

第五百四十九條　船舶共有者ハ其持分ノ價格ニ應シ船舶ノ利用ニ付テ生シタル債務ヲ辨濟スル責ニ任ス

商行爲ニ付キ數人カ共同シテ債務ヲ負擔シタルトキハ其債務ハ各自連帶ニテ負擔スヘキコトハ商行爲一般ノ原則トス（第二百七十三條）然ルニ此海商法ハ第五百四十七條ニ於テ船舶共有者間ニ於ケル內部ノ關係ヲ定メ船舶ノ利用ニ關スル費用ハ共有者ノ持分價格ニ應シテ負擔スヘキコトト爲シタレハ外部ニ對スル關係ニ付テモ亦本條ハ右ノ分擔主義ヲ一貫シテ船舶ノ利用ニ付テ生シタル債務ハ亦猶ホ各共有者ノ持分價格ニ應シテ負擔スヘキモノトセリ

第五百五十條　損益ノ分配ハ毎航海ノ終ニ於テ船舶共有者ノ持分ノ價格ニ應シテ之ヲ爲ス

本條ハ損益ノ分配ハ毎航海ノ終ハリニ於テ爲シ其割合ハ船舶共有者ノ持分價格ニ比例シテ配當スヘシトセリ但本條モ亦共有者間ニ別段其約束ナキ場合ニ適用スヘキ規定ナリト知ルヘシ

第五百五十一條　船舶共有者間ニ組合關係アルトキト雖モ各共有者ハ他ノ共有者ノ承諾ヲ得スシテ其持分ノ全部又ハ一部ヲ他人ニ讓渡スコトヲ得但船舶管理人ハ此限ニ在ラス

組合ニ關スル規定中民法第六百七十六條ニ組合員カ組合財産ニ付キ其持分ヲ處分スルモ之ヲ以テ組合及ヒ組合ト取引シタル第三者ニ對抗スルコトヲ得ストアリ故ニ此民法ノ規定ニ依ルトキハ船舶共有者間ニ組合關係成立スルトキハ各共有者ハ其組合ノ船舶ニ付キ他ノ共有者ノ承諾ヲ得スシテ其持分ヲ他人ニ讓渡スモ各共有者ハ其讓渡ヲ他ノ共有者ニ對抗スルコトヲ得サル次第ナルモ斯クスルトキハ此海商法ノ採リタル危險分擔主義ニ背反ス故ニ本條ハ設令船舶共有者間ニ組合關係有リトスルモ各共有者ハ他ノ共有者ノ同意ヲ得スシテ其持分ノ全部若クハ一部ヲ他人ニ讓渡スモ有効ナリトシタリ然レトモ船舶共有者カ管理人タルトキハ其管理人ニハ許サ

ヽルモノトセリ、若シ管理人タル共有者ニモ其權利ヲ許與スルトキハ爲メニ管理人ノ地位ニ變更ヲ生スルコト屢々之レアルニ至ルヘケレハ船舶所有者ヲシテ大ニ煩擾不便ヲ感セシムルノ虞アレハナリ

第五百五十二條　船舶共有者ハ船舶管理人ヲ選任スルコトヲ要ス

船舶共有者ニ非サル者ヲ船舶管理人ト爲スニハ共有者全員ノ同意アルコトヲ要ス

船舶管理人ノ選任及ヒ其代理權ノ消滅ハ之ヲ登記スルコトヲ要ス

本條第一項ハ次條第一項列記ノ行爲ヲ除ク外船舶ノ利用ニ關スル一切ノ裁判上又ハ裁判外ノ行爲ヲ代理セシムル爲メ船舶共有者ニ船舶管理人ヲ選任スヘキヲ命シタリ

船舶管理人ハ廣大ノ權限ヲ有スルモノナレハ共有者以外ノ者ヲ選任スルニハ他ノ利用行爲ニ於ケル如ク第五百四十六條ノ普通決議法ニ依リテ議決スルコトヲ許サス共有者全員ノ同意アルコトヲ必要トセリ

又第三項ハ如此權限ヲ有スル管理人ノ任免ハ世人ノ最モ知ルコトヲ要スル所ナルヲ以テ夫ノ支配人等ト同シク登記スヘキヲ定メタリ

第五百五十三條　船舶管理人ハ左ニ掲ケタル行爲ヲ除ク外船舶共有者ニ代ハリテ船舶ノ利用ニ關スル一切ノ裁判上又ハ裁判外ノ行爲ヲ爲ス權限ヲ有ス

一　船舶ノ讓渡、委付若クハ賃貸ヲ爲シ又ハ之ヲ抵當ト爲スコト

二　船舶ヲ保險ニ付スルコト

三　新ニ航海ヲ爲スコト

四　船舶ノ大修繕ヲ爲スコト

五　借財ヲ爲スコト

船舶管理人ノ代理權ニ加ヘタル制限ハ之ヲ以テ善意ノ第三者ニ對抗スルコトヲ得ス

共有船舶ニ付テハ船舶管理人ヲ設ケテ之ニ代理セシムルノ必要アリト雖モ一切ノ權限ヲ有セシムルハ少シク廣大ニ過ルノ感アリ是ヲ以テ第一項列記ノ事項ニ付テハ特ニ共有者ノ決議ヲ要スルモノトシテ之ヲ除キ他ハ船舶所有者ヲ代理シ船舶ノ利用ニ關スル一切ノ裁判上又ハ裁判外ノ行爲ヲ爲ス權限ヲ有スルトセリ

管理人ノ權限ヲ定ムルコト第一項ノ如シ然ヲハ何人モ管理人カ法定權限ヲ有スルコトヲ疑ハス故ニ第二項ハ共有者カ若シ管理人ノ代理權ニ制限ヲ加ヘ其權限ヲ狹クスルモ其之ヲ知ヲスシテ取引シタル第三者ニ對抗スルコトヲ得ストセリ本條列記ノ事項ハ一讀明瞭ナルヲ以テ說明ヲ省ク

第五百五十四條　船舶管理人ハ特ニ帳簿ヲ備ヘ之ニ船舶ノ利用ニ關スル一切ノ事項ヲ記載スルコトヲ要ス

船舶管理人ハ每航海ノ終ニ於テ遲滯ナク其航海ニ關スル計算ヲ爲シテ各船舶共有者ノ承認ヲ求ムルコトヲ要ス

本條ハ船舶管理人ノ務ムヘキ義務ヲ規定シタルモノナルカ法文簡明ナルヲ以テ說明ヲ要スル點ナシ

第五百五十五條　船舶共有者ノ持分ノ移轉又ハ其國籍喪失ニ因リテ船舶日本ノ國籍ヲ喪失スヘキトキハ他ノ共有者ハ相當代價ヲ以テ其持分ヲ買取リ又ハ其競賣ヲ裁判所ニ請求スルコトヲ得

社員ノ持分ノ移轉ニ因リ會社ノ所有ニ屬スル船舶カ日本ノ國籍ヲ喪失ス

ヘキトキハ合名會社ニ在テハ他ノ社員、合資會社及ヒ株式會社ニ在テハ他ノ無限責任社員ハ相當代價ヲ以テ其持分ヲ買取ルコトヲ得

本條ハ公益上船舶國籍維持ノ必要ヲ認メ其救濟法ヲ規定シタルモノナリ

日本船舶トシテハ船舶法第一條第一ヨリ第四ノ一ナラサルヘカラス即チ日本船舶トシテハ

(一)日本ノ官廳又ハ公署ノ所有ニ屬スル船舶ナラサルヘカラサルコト

(二)日本臣民ノ所有ニ屬スル船舶ナラサルヘカラサルコト

(三)會社ノ所有ナレハ日本ニ本店ヲ有スル商事會社ニシテ合名會社ニ在リテハ社員ノ全員株式會社ニ在リテハ取締役ノ全員カ日本臣民ナラサルヘカラサルコト

(四)日本ニ主タル事務所ヲ有スル法人ニシテ其代表者ノ全員カ日本臣民ナルモノヽ所有ニ屬スル船舶ナラサルヘカラサルコト

是ナリ左レハ船舶ノ國籍ハ所有者等ノ國籍ニ依リテ定マルモノトス故ニ若シ日本船舶ヲ外人ニ讓渡スカ又ハ所有者等カ外國人トナリテ日本ノ國籍ヲ喪失シタルトキハ船舶ハ日本ノ國籍ヲ喪失シテ日本船舶タル資格ヲ失フニ至ルモノナリ

日本船舶カ日本ノ國籍ヲ喪失スルハ日本ノ航海業ノ利益ヲ減殺スルモノニシテ寔ニ嘉ミスヘ

キコトニ非サルナリ故ニ本條ハ公益上之ヲ保持スヘキ必要ヲ認メ第一項ハ共有船舶ノ持分ヲ外國人ニ移轉シ又ハ共有者カ國籍ヲ失フニ因リテ船舶カ日本ノ國籍ヲ失ハントスル場合ニ於テハ他ノ共有者ハ相當代價ヲ以テ持分ノ買取ヲ請求スルコトヲ得ルトシ若シ當事者ニ協議調ハサルトキハ其競賣ヲ裁判所ニ請求スルコトヲ得トセリ

第二項ハ會社所有ノ船舶ニ關シテ規定シ社員ノ持分ノ移轉ニ因リテ其船舶カ日本ノ國籍ヲ失フヘキトキハ合名會社ナレハ他ノ社員、合資會社及ヒ株式合資會社ナレハ無限責任社員ハ相當代價ヲ以テ買取ルコトヲ得ルトシタリ茲ニ株式會社ヲ除キタルハ株式會社ニアリテハ會社ノ資本ハ悉ク之ヲ株式ニ分割シテ株券ナルモノヲ發行シ社員カ其地位ヲ他人ニ移轉スルハ其株券ヲ讓渡スニアリテ他ノ會社ノ無限責任社員ノ如ク自己ノ持分其モノヲ移轉スルニアラサルナリ

故ニ株式會社ニハ其性質上持分ノ移轉ナルモノナシ是ヲ以テ本條ハ株式會社ヲハ之ヲ除キタルナリ

尙ホ合資會社及ヒ株式合資會社ノ無限責任社員ノミニ買取請求權ヲ認メ有限責任社員ニ之ヲ認メサルモ右ト同一ノ理由ニ基ツクモノナリ

第五百五十六條　船舶ノ賃貸借ハ之ヲ登記シタルトキハ爾後其船舶ニ付キ物權ヲ取得シタル者ニ對シテモ其効力ヲ生ス

船舶ハ其性質動產ナリト雖モ不動產ト同シク登記スルコトヲ必要トシ第五百四十一條ハ登記ヲ以テ所有權讓渡ノ對抗條件トセリ故ニ本條ハ玆ニ船舶ノ賃貸借ニ付テモ之ヲ登記シタル片ハ爾後其船舶ニ付キ抵當權ヲ取得シタル者ニ對シテモ其効力ヲ生スルモノトシ即チ抵當權者ハ該船舶ニ對シ賃借人ヲ排シテ抵當權ヲ行フコトヲ得サルモノトシテ賃借人ヲ保護シ船舶ノ利用ヲ完カラシムルコトヲ期セリ

第五百五十七條　船舶ノ賃借人カ商行爲ヲ爲ス目的ヲ以テ其船舶ヲ航海ノ用ニ供シタルトキハ其利用ニ關スル事項ニ付テハ第三者ニ對シテ船舶所有者ト同一ノ權利義務ヲ有ス

前項ノ塲合ニ於テ船舶ノ利用ニ付キ生シタル先取特權ハ船舶所有者ニ對シテモ其効力ヲ生ス但先取特權者カ其利用ノ契約ニ反スルコトヲ知レルトキハ此限ニ在ラス

賃借人ハ其賃貸借ニ係ル船舶ヲ處分スルコトヲ得サルハ勿論ナルモ賃貸借契約ニ因リ其船舶

ニ對シテ使用、收益ノ權利ヲ有ス故ニ第一項ハ賃借人カ商行爲ヲ爲ス目的ヲ以テ其船舶ヲ航海ノ用ニ供シタルトキハ船舶ノ利用ニ關スル事項ノミニ付テハ第三者ニ對シテ所有者ト同一ノ權利義務ヲ有セシムルモノトシテ使用收益ノ目的ヲ全フセシムルモノトセリ

第一項ノ場合ニ於テモ船舶ノ利用ニ關シテ種々ノ債務ヲ生スルコトアルヘシ然リ而シテ此場合ニ第六百八十一條ニ定ムル先取特權ヲ生シタルトキハ如何ト云フニ第二項ハ船舶所有者ニ對シテモ其効力ヲ生スルモノトシテ先取特權者ヲ保護シタリ。蓋シ其効力ニシテ船舶所有者ニ及ハサルモノトスルトキハ先取特權者ヲ充分ニ保護スルコト能ハサルコト、ナルヲ以テ航海業ノ發達ヲ妨クルニ至ルヘケレハナリ

然レ𪜈賃借人ノ爲シタル使用ノ方法カ全ク所有者トノ契約ニ反スルコトヲ先取特權者カ知リタル場合ニ於テハ船舶所有者ニ對シテ先取特權ノ効力ヲ主張スルコトヲ得ス、法律ハ惡意ヲ保護セサレハナリ是レ但書ヲ設ケタル所以ナリ

第二章　船員

本章ハ船長以下一切ノ乘組員ニ關スル規定ヲ揭ケタリ

第一節　船長

第五百五十八條　船長ハ其職務ヲ行フニ付キ注意ヲ怠ラサリシコトヲ證明スルニ非サレハ船舶所有者傭船者荷送人其他ノ利害關係人ニ對シテ損害賠償ノ責ヲ免ルヽコトヲ得ス
船長ハ船舶所有者ノ指圖ニ從ヒタルトキト雖モ船舶所有者以外ノ者ニ對シテハ前項ニ定メタル責任ヲ免ルヽコトヲ得ス

船長ハ恰モ船舶ノ主宰者ニシ船舶內ノ事ハ皆自ヲ之ヲ統轄處理スル廣大ノ權限ヲ有スルモノトス從テ其職務上船舶ノ運轉、荷物又ハ旅客ノ取扱ニ關シテ至重ノ注意ヲ爲シ苟クモ損失ナカラシメンコトヲ期スヘキハ當然ナリ故ニ若シ船舶所有者傭船者(賃借人)荷送人其他ノ利害關係人カ損害ヲ被ムリタル什ハ皆船長ノ不注意怠慢ニ因リテ生シタル損害ト看做シ船長ヲシテ其責ニ任セシムルモ決シテ之ヲ苛酷ナリトセス故ニ船舶所有者其他ノ利害關係人ニハ船長ニ不注意アリシト云フコトヲ證明スル責任ナク船長ニシテ自已不注意ノ責ヲ免レントセハ損害ノ原因ハ其ノ不注意ニアラサリシコトヲ充分證明スルニ非サレハ所有者其他ノ利害關係人ニ對シテ損害賠償ノ責任ヲ免ルヽコト能ハサルモノトセリ
船長カ其不注意ニ因リテ船舶所有者其他ノ利害關係人ニ損害ヲ蒙ラシメタルトキハ其賠償ノ

責ヲ免ル、コトハ能ハサルハ第一項ニ定ムルカ如シト雖モ其損害カ船舶所有者ノ指圖ニ出タル結果ナリシトキハ如何ト云フニ如斯場合ニ於テハ船舶所有者ニ對シテ責任ナキハ言ヲ俟タス然レトモ既ニ船長ニシテ第一項ノ責任アリトセハ假トヒ船舶所有者ノ指圖ニ從ヒタル場合ト雖モ傭船者荷送人ノ如キ船舶所有者以外ノ者ニ對シテハ其責ヲ免ル、コトヲ得サルヘシ是レ第二項ノ規定アル所以ナリ

第五百五十九條　海員カ其職務ヲ行フニ當タリ他人ニ損害ヲ加ヘタル場合ニ於テ船長ハ監督ヲ怠ラサリシコトヲ証明スルニ非サレハ損害賠償ノ責ヲ免ル、コトヲ得ス

前條ハ船長カ其職務上ノ怠慢ヨリ船舶所有者其他ノ利害關係人ニ加ヘタル損害賠償ニ付テ其責任ヲ規定シ本條ハ海員即チ運轉士、機關士其他ノ乘員組カ其職務ヲ行フニ當タリ他人ニ損害ヲ加ヘタル場合ニ於ケル船長ノ責任ノ範圍ヲ定メタルモノナリ蓋シ海員ハ船長ノ指揮監督ノ下ニ立チテ職務ニ從事スルモノナレハ海員カ職務上他人ニ損害ヲ加ヘタルトキハ是レ船長カ其監督指揮ヲ怠リシ結果ト看做シ船長ニ其損害賠償ノ責任ヲ負擔セシムルコト當然ナリ故ニ船長ハ自己ニ監督ヲ怠ラサリシト云フコトヲ証明スルニ非サレハ損害賠償ノ責任ヲ免ル、

ヲ得ス

但シ船長ニ於テ損害ヲ蒙リタル他人ニ賠償ヲ爲シタル片ハ其損害ヲ加ヘタル海員ニ對シテ償還ヲ求ムルコトヲ得ルハ言ヲ俟タス(民法第七百十五條第三項參看)

第五百六十條　船長カ已ムコトヲ得サル事由ニ因リテ自ラ船舶ヲ指揮スルコト能ハサルトキハ法令ニ別段ノ定アル場合ヲ除ク外他人ヲ選任シテ自己ノ職務ヲ行ハシムルコトヲ得此場合ニ於テハ船長ハ其選任ニ付キ船舶所有者ニ對シテ其責ニ任ス

船長ハ船舶所有者ノ法定代理人ニシテ兼テ又雇傭契約上ノ勞務者ナリ故ニ法定代理人タル上ヨリ觀ル片ハ復代理人ヲ選任スルコトヲ得ヘキモ勞務者タル點ヨリスル片ハ船舶所有者ノ承諾ヲ得ルニ非サレハ他人ヲシテ其職務ヲ代理セシムルコトヲ得ス然レ圧本法ハ船長ニ對シテ特別ノ規定ヲ爲シ船長カ病氣其他已ムコトヲ得サル事由ニ因リテ自ラ船舶ヲ指揮スルコト能ハサル片ハ法令ニ別段ノ定メアル場合ヲ除ク外他人ヲ選任シテ其職務ヲ行ハシムルコトヲ得トセリ

又民法第百六條ヲ其儘適用スル片ハ已ムコトヲ得サル事由ニ因リタルトキト雖圧船長ハ代理

船長ノ選任ニ付テモ亦監督ニ付テモ船舶所有者ニ對シテ其責ヲ免ルヽコト能ハサルコトヽナレモ茲ニハ不適任ノ者ヲ選ミタルカ如キ單ニ代理者ノ選任ニ付テノミ責任アリトシ其監督ニ付テハ其責ヲ問ハサルモノトセリ但シ代理船長カ民法第百七條ニ依リテ所有者其他ノ利害關係人ニ對シテ船長ト同一ノ權利義務ヲ有スルハ殆ント言ヲ俟タサル所ナリトス

第五百六十一條　船長ハ發航前船舶ノ航海ニ支障ナキヤ否ヤ其他航海ニ必要ナル準備ノ整頓セルヤ否ヤヲ檢査スルコトヲ要ス

船舶ノ堅牢ナルヤ否ヤ又航海ニ必要ナル準備整頓セルヤ否ヤハ發航前最モ注意シテ檢査シ安全ニ航海ヲ爲シ得ルコトヲ期セサルヘカラス故ニ本條ハ船長ノ義務トシテ發航前是等ノ檢査ヲ爲スヘキヲ命セリ若シ其檢査不充分ナリシ爲メニ航海中災害ヲ惹起シタルトキハ船長ハ其責ヲ免ルヽコトヲ得ス

第五百六十二條　船長ハ左ニ掲ケタル書類ヲ船中ニ備ヘ置クコトヲ要ス

一　船舶國籍証書
二　海員名簿
三　屬具目錄

四　航海日誌
五　旅客名簿
六　運送契約及ヒ積荷ニ關スル書類
七　稅關ヨリ交付シタル書類
前項第三號乃至第五號ニ揭ケタル書類ハ外國ニ航行セサル船舶ニ限リ命令ヲ以テ之ヲ備フルコトヲ要セサルモノト定ムルコトヲ得
本條ハ船長ノ義務トシテ船中ニ備ヘ置クヘキ書類ヲ列記シタルモノナルカ一讀明瞭ナルヲ以テ說明ヲ省ク
第五百六十三條　船長ハ已ムコトヲ得サル場合ヲ除ク外自己ニ代リテ船舶ヲ指揮スヘキ者ニ其職務ヲ委任シタル後ニ非サレハ荷物ノ船積及ヒ旅客ノ乘込ノ時ヨリ荷物ノ陸揚及ヒ旅客ノ上陸ノ時マテ其指揮スル船舶ヲ去ルコトヲ得ス
本條モ亦船長ノ義務ヲ規定シタルモノナリ
船舶內ノ安寧秩序ハ一ニ船長ニ依リテ保持セラルヽモノナリ、故ニ船長ハ荷物ノ船積及ヒ旅客ノ乘込ノ時ヨリ荷物ノ陸揚及ヒ旅客ノ上陸ノ時マテ船舶内ニ在リテ一切ノ監督指揮ヲ爲サヽルヘカラス然レトモ船長カ已ムコトヲ得サル事故ニ因リテ在船スルコトヲ得サル場合ニハ船舶ヲ去ルコトヲ許スヘキハ言ヲ俟タス而モ此場合ニハ是非トモ其船長ニ代ハリテ船舶ヲ指揮スヘキ者ニ其職務ヲ委任セシムルノ必要アリ是レ本條カ再ヒ船長ニ其代理者ヲ選任スルノ權限アルコトヲ認メタル所以ナリ、然リト雖トモ其場合ニ船長ハ代理者ヲ選ムノ遑ナキ等其代理者ヲ選任スルコトヲ得サルコトナシトセス故ニ本條ハ已ムコトヲ得サル場合ニハ代理者ヲ選任セサルモ去船スルコトヲ得ルトシ其他ノ場合ニ於テハ必ス適任者ニ其職務ヲ委任シタル後ニ非サレハ荷物ノ船積及ヒ旅客ノ乘込ノ時ヨリ荷物ノ陸揚及ヒ旅客ノ上陸ノ時マテ妄リニ船舶ヲ去ルコトヲ得ストシタリ

第五百六十四條　船長ハ航海ノ準備カ終ハリタルトキハ遲滯ナク發航ヲ爲シ且必要アル場合ヲ除ク外豫定ノ航路ヲ變更セスシテ到達港マテ航行スルコトヲ要ス

發航ノ日時、立寄港、到達港及ヒ航路ノ如キハ豫テ之ヲ公告シ荷送人及ヒ旅客等ハ到達日限、立寄港等ノ便宜ヲ計リテ運送契約ヲ締結スルモノナリ故ニ若シ發航ノ日時ヲ遲延シ又ハ航路

ヲ變更スルカ如キコトアラハ荷送人旅客等ハ大ニ損害ヲ被ムルヘシ故ニ航海ノ準備整頓シタルトキハ船長ハ必ス本條ニ依リ速ニ發航ヲ爲シ豫定ノ航路ヲ經テ到達港マテ航行スル義務アリ

然レヒ船体ノ破損ヲ修繕シ若クハ暴颶ヲ避クルカ爲メ最寄港ニ寄港シテ時日ヲ費ヤシ又之レカ爲メニ航路ヲ變スルカ如キハ已ムコトヲ得サル處置ナレハ特ニ如此場合ヲ除外シタリ

第五百六十五條　船長ハ航海中最モ利害關係人ノ利益ニ適スヘキ方法ニ依リテ積荷ノ處分ヲ爲スコトヲ要ス

利害關係人ハ船長ノ行爲ニ因リ其積荷ニ付テ生シタル債權ノタメ之ヲ債權者ニ委付シテ其責ヲ免ルヽコトヲ得但利害關係人ニ過失アリタルトキハ此限ニ在ラス

荷主ハ其荷物ト共ニ船舶ニ在ルコト甚タ稀ナリ故ニ航海上ノ必要ニ因リ船長カ積荷ノ處分ヲ爲スニ當リテヤ臨機之ヲ處分セシムルノ途ナカルヘカラス故ニ本條ハ船長ニ臨機之ヲ處分スルノ權利ヲ與フルト同時ニ其處分ニ關スル注意ノ程度ヲ定メ民法ニ定メタル事務管理ノ場合ト同シク荷主其他ノ利害關係人ノ利益ニ適スヘキ方法ニ依リテ處分スル義務アリトセリ

航海中ニ船長カ積荷ノ處分ヲ爲スハ荷主其他ノ利害關係人ノ爲メニ之ヲ爲スモノナリ左レハ其處分ハ此等利害關係人ノ利益ニ適スヘキ方法ニ依リテ爲サヽルヘカラサルコトハ前項既ニ之ヲ定メタリ然ヲハ船長カ其積荷ヲ處分スルニハ利害得失ヲ計査シ若シ積荷ノ價格以上ノ費用ヲ要スル如キ場合ニハ寧ロ之ヲ投棄シ又ハ賣却ヲモ爲シ利害關係人ヲシテ價格以上ノ損失ナカラシメサル可ラス故ニ若シ船長ノ行爲ニ因リ其積荷ニ付テ價格以上ノ債權ヲ生スルモ利害關係人ハ之ヲ辨濟スルノ義務ナク積荷ヲ債權者ニ委附シテ其責任ヲ免ルヽコトヲ得トセリ（第二項）

然レモ利害關係人ノ過失ニ因リテ處分ヲ要スルニ至リタル場合ニハ不法行爲ノ原則ニ從ヒ利害關係人ハ其全財産ヲ以テ其責任ヲ負擔セサルヘカラス（第二項但書）

第五百六十六條　船籍港外ニ於テハ船長ハ航海ノ爲メニ必要ナル一切ノ裁判上又ハ裁判外ノ行爲ヲ爲ス權限ヲ有ス

船籍港ニ於テハ船長ハ特ニ委任ヲ受ケタル場合ヲ除ク外海員ノ雇入及ヒ雇止ヲ爲ス權限ノミヲ有ス

船籍港トハ船舶カ一定ノ繋留地ヲ定メテ其地ヲ管轄スル管海官廳ノ船船原簿ニ登錄ヲ爲シ其

船舶ノ本籍地ト定メタル港ヲ云フモノニシテ船舶所有者ノ住所若クハ營業所ハ多ク此船籍港ニ在ルナリ

本條ハ船舶カ船籍港ニ在ルトキト船籍港外ニ在ルトキトヲ區別シテ船長ノ權限ヲ定メタリ蓋シ船舶カ船籍港外ニ在ルトキ即チ航海中ニ在リテハ船舶所有者ハ自ヲ船舶ヲ指揮スルコト能ハサルヲ以テ航海ノ爲メ必要ナル裁判上又ハ裁判外ノ行爲ヲ爲ス權限ハ船長之ヲ有スルモノトセリ然レトモ船舶カ船籍港ニ在ルトキハ所有者ハ自ヲ其船舶ヲ指揮スルコトヲ得ルナリ故ニ第二項ハ船舶カ船籍港ニ在ル間ハ船長ハ特ニ所有者ヨリ委任ヲ受ケタル場合ヲ除ク外海員ノ雇入及ヒ雇止ヲ爲ス權限ノミヲ有ストセリ茲ニ海員ノ雇入ト雇止ノ權限ノミヲ有ストセルハ海員ハ常ニ船長ノ指揮ヲ受ケテ職務ニ從事スルモノナレハ船舶カ船籍港ニアルト航海中ニアルトニ關ハラス其權限ノミハ常ニ之ヲ船長ニ特有セシムヘキハ至當ニシテ船舶所有者ノ爲メニモ亦海員ノ爲メニモ利益ナルヲ以テナリ

第五百六十七條　船長ノ代理權ニ加ヘタル制限ハ之ヲ以テ善意ノ第三者ニ對抗スルコトヲ得ス

長ハ法律上前條ニ定メタル權限ヲ有スト雖モ所有者ハ之ニ制限ヲ加フルコトヲ得然レトモ船

長カ前條ニ依リ既ニ法定權限ヲ有スル以上ハ所有者ハ之ニ制限ヲ加フルモ其制限アルコトヲ知ラサル善意ノ第三者ニ對抗スルコトヲ得ス

第五百六十八條　船長ハ船舶ノ修繕、救援又ハ救助ノ費用其他航海ヲ繼續スルニ必要ナル費用ヲ支辨スル爲メニ非サレハ左ニ掲ケタル行爲ヲ爲スコトヲ得ス

一　船舶ヲ抵當ト爲スコト

二　借財ヲ爲スコト

三　積荷ノ全部又ハ一部ヲ賣却又ハ質入スルコト但第五百六十五條第一項ノ場合ハ此限ニ在ラス

船長カ積荷ヲ賣却又ハ質入シタル場合ニ於ケル損害賠償ノ額ハ其積荷ノ到達スヘカリシ時ニ於ケル陸揚港ノ價格ニ依リテ之ヲ定ム但其價格中ヨリ支拂フコトヲ要セサリシ費用ヲ控除スルコトヲ要ス

舩長ノ權限テ認ムルコト前數條ニ定メタルカ如ク頗ル廣大ナリト雖モ

一、舩舶ヲ抵當ト爲スコト

二、借財ヲ爲スコト

三、積荷ノ全部又ハ一部ヲ賣却又ハ質入スルコト

ハ最重大ノ事項ニ屬シ其利害ノ及フ所大ナルカ故ニ本條ハ航海ヲ遂クルニ必要ナル費用即ハチ船舶ヲ修繕シ又ハ荷物ヲ救援セラレ又ハ旅客、乘組員等ノ人命ヲ救助セラレタルニ因リテ生シタル費用其他航海ヲ繼續スルニ必要ナル費用ヲ支辨スル場合ノミニ限リ船長ニ其行爲ヲ爲スコトヲ許シ其他ノ場合ニ於テハ之ヲ許サヽルモノトセリ

第一號第二號ハ說明ヲ要セス第三號但書ハ積荷ノ全部又ハ一部ヲ賣却質入スルコトハ船舶ヲ抵當トナシ又ハ借財スルモ同一ニ航海繼續ニ必要ナル費用ヲ支辨スル爲メニ非サレハ許サヽルコトナルカ積荷ノ處分ニ關シテハ第五百六十五條第一項ニ於テ船長ニ臨機ノ處分權ヲ與ヘタルヲ以テ積荷ヲ賣却又ハ質入スルコトニ付テハ船長ハ尙該條ノ規定ニ依リテモ爲シ得ルトノ意ヲ示シタルモノナリ

第二項ハ船長カ積荷ヲ賣却又ハ質入シタル場合ニ於ケル損害賠償額ヲ定ムル方法ヲ示シ右ハ積荷ノ到達スヘカリシ時ニ於ケル陸揚港ノ價格ニ依ヲシムルモノトシ荷主ハ其價格中ヨリ關稅、運送賃其他支拂フコトヲ要セサリシ費用ヲ控除スヘキヲ定メタルモノニシテ固ヨリ當然

ノ規定ナリト云フヘシ

第五百六十九條　船長カ特ニ委任ヲ受ケスシテ航海ノ爲メニ費用ヲ出タシ又ハ債務ヲ負擔シタルトキハ船舶所有者ハ船長ニ對シテ第五百四十四條ニ定メタル權利ヲ行フコトヲ得

本條ハ航海ノ爲メニ船長カ特別ノ委任ヲ受ケスシテ費用ヲ支出シ又ハ債務ヲ負擔シタル場合ニ船舶所有者ノ負擔スヘキ責任ノ範圍ヲ定メタルモノナリ蓋シ船長ハ航海繼續ノ爲メニ必要ナル場合ニ於テハ前條ノ規定ニ依リテ船舶ヲ抵當ト爲シ又ハ借財ヲ爲スコトヲ得ルナリ故ニ船長カ航海ノ爲メニ費用ヲ支出シ債務ヲ負擔スルニ付テハ固ヨリ特別ノ委任ヲ受クルコトヲ要セス其行爲ハ勿論有効ナルモ若シ此場合ニ其費用又ハ債務ニ對シ所有者ニ無限ノ責任ヲ負ハシムルコトヽセハ船長ハ之ニ托シテ或ハ私利ヲ計リ船舶所有者ニ損害ヲ加フルノ恐ナシトセス故ニ本條ハ特別委任ノ有無ニ依リテ其責任ヲ異ニシ特別委任ナキトキハ所有者ヲシテ船長ニ對シ第五百四十四條ノ委付權ヲ行使シテ其責任ヲ免ルヽコトヲ得セシムルモノトセリ

第五百七十條　船籍港外ニ於テ船舶カ修繕スルコト能ハサルニ至リタルトキハ船長ハ管海官廳ノ認可ヲ得テ之ヲ競賣スルコトヲ得

船籍港外ニ於テ船舶カ次條ニ示ス如ク修繕スルコト能ハサルニ至リタルトキハ其船舶ハ到底之ヲ賣却スルノ外ナシ、然レトモ船舶ヲ賣却スルハ極メテ重大ノ事柄ニシテ利害ノ及フ所大ナルカ故ニ之ヲ賣却スルノ止ムヿ能ハサルニ至リタルトキハ其船舶ヲ競賣スルコトニ付テ船長ヨリ其地ノ管海官廳ノ認可ヲ得ルコトヲ必要トシ且ツ其賣却ハ之ヲ正確ノモノナラシムル爲メ競賣手續ニ依ラシムルモノトセリ

第五百七十一條　左ノ場合ニ於テハ船舶ハ修繕スルコト能ハサルニ至リタルモノト看做ス

一　船舶カ其現在地ニ於テ修繕ヲ受クルコト能ハス且其修繕ヲ爲スヘキ地ニ到ルコト能ハサルトキ

二　修繕費カ船舶ノ價額ノ四分ノ三ヲ超ユルトキ

前項第二號ノ價額ハ船舶カ航海中毀損シタル場合ニ於テハ其發航ノ時ニ於ケル價額トシ其他ノ場合ニ於テハ其毀損前ニ有セシ價額トス

前條ハ修繕スルコト能ハサルニ至リタル船舶ニ對シ船長ニ競賣權ヲ附與シタルモ其修繕スルコト能ハサルニ至リタルトハ如何ナル場合ヲ云フカハ事實上ノ問題ナレトモ多ク紛爭ノ由リテ

生スル所ナレハ本條ハ此問題ヲ決セシムル爲メニ其類例ヲ示シテ此場合ヲ明カニシ(一)船舶カ現在地ニ船渠若クハ造船者ナクシテ修繕ヲ受クルコト能ハス又他ノ地ニ至リテ修繕ヲ加ハヘントスルモ已ニ大破シテ達スルコトヲ得サルニ至リタルトキ(二)修繕ハ之ヲ施スコトヲ得ルトシテモ船舶價額ノ四分ノ三以上ノ費用ヲ要シ修繕スルモ其利益ナシト認ムルカ如キ場合ニ於テハ之ヲ修繕スル能ハサルニ至リタルモノトノ推定ヲ掲ケ他日ノ爭ヲ豫防シタリ

第二項ハ第一項第二號ノ價額ヲ定ムル標準ヲ示シ船舶カ航海中ニ毀損セシトキハ發航ノ時ニ於ケル價額トシ其他ノ場合ニ於テハ總テ毀損前ノ價額ニ依ラシムルコトヽセリ

第五百七十二條　船長ハ航海ヲ繼續スル爲メ必要ナルトキハ積荷ヲ航海ノ用ニ供スルコトヲ得此場合ニ於テハ第五百六十八條第一項ノ規定ヲ準用ス

本條ハ航海繼續ノ爲メ船長ニ與フルニ其積荷ノ何タルヲ問ハス航海ノ用ニ使用スル權利ヲ以テスル必要ヲ認メ第五百六十八條ト同一ノ主旨ヲ以テ規定シタルモノナリ只彼ト此トハ積荷ヲ賣却質入スルト航海ノ用ニ供スルトノ差アルノミナリ故ニ其積荷ヲ航海ノ用ニ供シタル場合ニ於ケル損害賠償額ヲ定ムル標準及ヒ支拂ノ方法ニ付テモ同條第二項ノ規定ヲ準用ストセ

リ

第五百七十三條　船長ハ遲滯ナク航海ニ關スル重要ナル事項ヲ船舶所有者ニ報告スルコトヲ要ス

船長ハ毎航海ノ終ニ於テ遲滯ナク其航海ニ關スル計算ヲ爲シテ船舶所有者ノ承認ヲ求メ又船舶所有者ノ請求アルトキハ何時ニテモ計算ノ報告ヲ爲スコトヲ要ス

船長ハ航海ノ爲メニ必要ナル一切ノ行爲ヲ代理スルモノナレハ航海ニ關スル重要ノ事項ハ遲滯ナク所有者ニ報告シ所有者ヲシテ宜シク考慮スル所アラシメサルヘカラス是レ第一項カ船長ニ其義務ヲ負ハシメタル所以ナリ

航海ニ關スル計算ハ毎航海ニ於テスルヲ通例トス故ニ船長ノ計算報告ハ之レカ爲メ必要ナルノミナラス船長ハ其責任ヲ明ニスル爲メ第二項ニ依リ毎航海ノ終ニ於テ遲滯ナク計算報告ヲ爲シテ所有者ノ承認ヲ求メサルヘカラス又所有者ハ時々其報告ヲ要スルコトアリ故ニ所有者ノ請求アルトキハ船長ハ何時ニテモ其報告ヲ爲ス義務アリ

第五百七十四條　船舶所有者ハ何時ニテモ船長ヲ解任スルコトヲ得但正當

ノ理由ナクシテ之ヲ解任シタルトキハ船長ハ船舶所有者ニ對シ解任ニ因リテ生シタル損害ノ賠償ヲ請求スルコトヲ得

船長カ船舶共有者ナル場合ニ於テ其意ニ反シテ解任セラレタルトキハ他ノ共有者ニ對シ相當代價ヲ以テ自已ノ持分ヲ買取ルヘキコトヲ請求スルコトヲ得

船長カ前項ノ請求ヲ爲サントスルトキハ遲滯ナク他ノ共有者又ハ船舶管理人ニ對シテ其通知ヲ發スルコトヲ要ス

船長ハ所有者ノ信任ヲ得テ使用セラレ廣大ノ權限ヲ有スルモノナレハ若シ船長ニシテ所有者ノ不信認ヲ招クコトアラハ其事由ノ何タルヲ問ハス所有者ヲシテ何時ニテモ之ヲ解任スルノ自由ヲ得セシメサルヘカラス是レ第一項ノ設ケアル所以ナリ

然レモ所有者カ正當ノ理由ナクシテ解任シタル場合ニ於テ船長ニ其解任ニ因リテ生シタル損害ノ賠償ヲ請求スルコトヲ得セシムヘキハ當然ナリ故ニ但書ヲ設ケテ船長ニ此權利ヲ附與シ双方ヲシテ偏保ノ憾ナカラシメタリ

船長カ船舶ノ共有者ト爲ルハ其身船長トナリ叉ハ船長タルカ爲メニ出ルコト多シ故ニ船長カ

船舶共有者ナル場合ニ於テ他ノ共有者ヨリ其意ニ反シテ解任セラレタル仵ハ第二項ハ他ノ共有者ニ對シ相當代價ニテ其持分ヲ買取ルヘキコトヲ請求スルコトヲ得トセリ第三項ハ右ノ請求ヲナス場合ニ其請求ノ通知ヲナサシムヘキコトヲ定メタルモノニシテ敢テ説明ヲ要スルノ点ナシ

第五百七十五條　船長ノ船舶所有者ニ對スル債權ハ一年ヲ經過シタルトキハ時効ニ因リテ消滅ス

給料、立替金其他船長ノ船舶所有者ニ對スル債權ノ如キハ永ク請求セスシテ經過スヘキモノニ非ス又所有者モ其支拂ヲ爲シタル後永ク其証據ヲ保存スルコトヲ得ス故ニ本條ハ之ヲ短期時効ニ罹ラシメ其權利ヲ行使シ得ル時ヨリ一年ヲ經過シタルトキハ時効ニ因リテ消滅ストセリ

第二節　海員

海員トハ機關士運轉士水夫其他ノ海員ニシテ船長ノ監督指揮ヲ受ケ船中ニ於ケル勞務ニ服スルモノヲ云フ本法ハ其雇入雇止其他取締ニ關スル事柄ニ付テハ之ヲ特別法ノ規定ニ讓リ本節ニハ海員ノ權利義務等ニ付テノミ規定シタリ

第五百七十六條　海員ハ其雇入ノ手續カ終ハリタルトキハ船長ノ指定シタル時ニ於テ船舶ニ乘込ムコトヲ要ス
海員ハ船長ノ許可ヲ得ルニ非サレハ其乘込ミタル船舶ヲ去ルコトヲ得ス
本條ハ海員ノ乘込及ヒ下船ニ付テ規定シタルモノナリ
海員雇入ノ手續ハ船員法ニ定ムルヲ以テ茲ニハ如此事項ヲ規定セス本條第一項ハ只其雇入ノ手續カ終ハリタル库ハ船長ノ指定シタル時ニ於テ船舶ニ乘込ムヘキ義務アルコトヲ定メ第二項ハ海員カ船舶ニ乘込ミタル後ハ船長ノ許可ヲ得スシテ其乘込ミタル船舶ヲ去ルコトヲ得ストセリ蓋シ海員ノ在船義務ヲ如此嚴格ニ規定シ置カサル库ハ航海上大ナル不都合ヲ生スルヲ以テナリ

第五百七十七條　海員ノ服役中ノ食料ハ船舶所有者ノ負擔トス
本條ハ從來ノ慣習ヲ採用シタルモノナリ、海員ハ最モ强壯ニシテ艱難ニ堪ヘ得ルコトヲ要ス故ニ此目的ヲ達セシニハ一ハ其食料ヲ船舶所有者ノ負擔トシテ豐カニ給シ海員ヲシテ其餌食ニ洽カラシメ身体ノ榮養健康ヲ保タシムル樣セサルヘカラス況シヤ其給料タル割合ニ小額ナルニ於テオヤ慣習ノ起ル所蓋シ此ニ存ス是レ本條カ其服役中ノ食料ヲ船舶所有者ノ負擔トセ

シ所以ナリ尤モ海員ヲシテ自辨セシムルノ約束ヲ爲シ得サルニハ非サルナリ

第五百七十八條 海員カ服役中不行跡其他重大ナル過失ニ因ラスシテ疾病ニ罹リ又ハ傷痍ヲ受ケタルトキハ船舶所有者ハ三个月ヲ超ヘサル期間内ノ治療及ヒ看護ノ費用ヲ負擔ス

前項ノ場合ニ於テ海員ハ其服役シタル期間ニ對スル給料ヲ請求スルコトヲ得但其職務ヲ行フニ因リテ疾病ニ罹リ又ハ傷痍ヲ受ケタルトキハ其給料ノ全額ヲ請求スルコトヲ得

海員ハ其身ヲ海上ノ危險ニ投シ最モ艱難ナル勞務ニ服スルモノナリ而カモ其給料タルヤ小額ニ過キス故ニ海員カ服役中疾病ニ罹リ又ハ傷痍ヲ受ケタル卄ハ其職務執行ニ因リタル場合ト否トヲ問ハス船主タルモノ豈之ヲ顧ミスシテ可ナランヤ故ニ本條第一項ハ海員カ酒色ニ耽リ（不行跡）其他鬪爭シテ（重大過失ノ原因）疾病ニ罹リ又ハ傷痍ヲ受ケタル如キ其不行跡又ハ重大過失ニ因リテ疾病傷痍ヲ受ケタル場合ヲ除ク外船舶所有者ニ三ケ月以内ノ治療及ヒ看護ノ費用ヲ負擔セシムルモノトシテ大ニ海員ヲ保護シタリ

第一項ノ場合ニ於テ海員ヲ慰撫保護スルコト斯ノ如シ左レハ如此場合ニ其給料ヲ支拂ハサル

ヘカラサルハ勿論ナリ故ニ第二項ハ其疾病傷痍カ職務執行ノ結果ニ出テシトキハ約束シタル給料ノ全額ヲ給シ其他ノ場合ニ於テハ日割ヲ以テ服役シタル期間中ノ給料ノミヲ支拂フヘキモノトセリ

第五百七十九條　一航海ニ付キ給料ヲ定メタル場合ニ於テ航海ノ日數ヲ延長シ又ハ不可抗力ニ因ラスシテ其里程ヲ延長シタルトキハ海員ハ其割合ニ應シテ給料ノ增加ヲ請求スルコトヲ得但航海ノ日數又ハ里程ヲ短縮シタルトキト雖モ給料ノ全額ヲ請求スルコトヲ得

本條ハ海員ノ給料ヲ定ムルニ日數ヲ以テセス只其一航海ニ付キ給料幾何ト定メタル場合ニ於テ豫定セル航海ノ日數ヲ延長シタルトキハ海員ハ其割合ニ應シテ給料ノ增加ヲ請求スルヲ得トシ不可抗力ニ因ラスシテ其里程ヲ延長シタルトキハ亦同一ナリトセリ唯不可抗力ニ因リ其里程ノミ延長スルモ其增給ヲ得サルハ此場合ニ一層奮勵職務ニ當ルハ當然ノ義務ナレハナリ但シ不可抗力ニ因リタルトキト雖モ爲メニ日數ヲ延長シタルトキハ其延長日數ニ對シテ增加スヘキハ法文上自ラ明白ナリ何トナレハ日數ノ延長ニ付テハ單ニ「航海ノ日數ヲ延長シ」トアルノミニテ里程ノ延長ノ如ク不可抗力云々ノ文字ヲ冠セサレハナリ

日數又ハ里程ノ延長ノ場合ニ於テ海員ノ給料ニ影響ヲ及ホスコト上述ノ如シ然ラハ之レト反對ニ日數又ハ里程ヲ短縮シタル片ハ如何ト云フニ但書ハ日數又ハ里程ノ短縮ハ其因リテ生スル事由ノ何タルヲ問ハス契約シタル給料額ニハ影響ヲ及ホサヽルモノトシテ全額ヲ請求スルコトヲ得セシメ海員保護ノ主旨ヲ貫徹セシメタリ

第五百八十條　海員カ就役ノ後死亡シタルトキハ船舶所有者ハ死亡ノ日マテノ給料ヲ支拂フコトヲ要ス

海員カ其職務ヲ行フニ因リテ死亡シタルトキハ其葬式ノ費用ハ船舶所有者ノ負擔トス

海員カ就役ノ後死亡シタルトキハ所有者ハ死亡ノ日マテノ給料ヲ支拂ハサルヘカラス、第五百七十八條但書ハ海員カ其職務ヲ行フニ當タリ疾病傷痍ヲ受ケタル片ハ給料ノ全額ヲ給與セシムルコトヽセリ左レハ海員カ其職務ヲ行フニ當タリ死亡シタル片ハ猶ホ給料ノ全額ヲ支拂フヘキハ勿論ナルカ如シト雖ヒ然レヒ雇傭契約ノ上ヨリ論スル片ハ海員死亡シタル片ハ最早其死亡後ノ給料ヲ支拂フヘキ理由アラサルヘシ何トナレハ雇傭契約ハ其死亡ト共ニ當然消滅スレハナリ故ニ第一項ハ總テ死亡ノ日以後ノ給料ヲ支拂フニ及ハサル旨ヲ明ニシタリ然レ圧海員カ其職務執行ノ爲メニ死亡シタル𬼀ハ船舶所有者ニ於テ其葬式ノ費用ヲ負擔スヘキハ當然ナリ故ニ第二項ハ海員カ職務執行ニ因リテ死亡シタル𬼀ハ所有者ヲシテ其葬式ノ費用ヲ負擔セシムルモノトシテ海員保護ノ旨趣ヲ徹底セシメタリ

第五百八十一條　左ノ場合ニ於テハ船長ハ海員ヲ雇止ムルコトヲ得

一　發航前海員カ其職務ニ不適任ナルコトヲ認メタルトキ

二　海員カ著シク其職務ヲ怠リ又ハ其職務ニ關シ之ニ重大ナル過失アリタルトキ

三　海員カ禁錮以上ノ刑ニ處セラレタルトキ

四　海員カ疾病ニ罹リ又ハ傷痍ヲ受ケ其職務ニ堪ヘサルニ至リタルトキ

五　不可抗力ニ因リ發航ヲ爲シ又ハ航海ヲ繼續スルコト能ハサルニ至リタルトキ

前項第一號乃至第三號ノ場合ニ於テハ海員ハ其服役シタル期間ニ對スル給料ヲ請求スルコトヲ得

第一項第四號及ヒ第五號ノ場合ニ於テハ海員ハ其雇止ノ日マテノ給料及

ヒ雇入港マテノ送還ヲ請求スルコトヲ得但第四號ノ場合ニ於テ海員ニ過失アルトキハ前項ノ規定ヲ準用ス

本條ハ海員ノ雇止ヲ爲シ得ル五個ノ場合ヲ規定シタリ

第一、船長ハ發航前ニ於テハ海員カ其職務ニ適セサルコトヲ認メタルトキハ其海員ノ雇止ヲ爲スコトヲ得但シ發航ヲ爲シタル後ハ不適任ヲ理由トシテ雇止ヲ爲スノ權利ナシ故ニ船長カ發航後ニ不適任ヲ理由トシテ雇止メタルトキハ海員ハ更ニ次條ノ保護ヲ受クルコトヲ得ヘシ

第二、第三ノ場合ハ說明ヲ要セス

第四、海員カ疾病ニ罹リ又ハ傷痍ヲ受ケ其職務ニ堪ヘサルニ至リタルトキトハ疾病傷痍ノ爲メ一時服役シ難キ場合ヲ云フニアラスシテ疾病傷痍ノ爲メ將來其職務ヲ行フコト能ハサルニ至リタル場合ヲ云フト解セサルヘカラス若シ否ラストセハ海員ハ疾病傷痍ノ爲メ直チニ雇止メヲルヽコトアルヘキカ故ニ第五百七十八條ノ保護ヲ完全ニ受クルコト能ハスシテ同條ノ規定ハ殆ント徒法ニ屬スヘケレハナリ

第五、天災其他ノ不可抗力ニ因リ發航ヲ爲スコト能ハス又ハ發航後其航海ヲ繼續スルコト能ハサル場合ニ雇止ヲ爲スコトヲ得ヘキハ勿論ナリ

本條ハ第一項ノ第一ヨリ第三ノ場合ト第四及ヒ第五ノ場合トヲ區別シテ第二項ハ第一項ノ第一ヨリ第三ノ場合ニ於テハ服役日數ニ對スル給料ヲ支拂フヘキモノト定メ第三項ハ第一項第四ノ場合ニ於テハ疾病傷痍カ海員ノ過失ニ原因シタルトキハ第二項ノ規定ヲ準用シテ服役期間ノミノ給料ヲ請求スルコトヲ得セシメ其過失ニ原因セサルトキハ雇止ノ日マテノ給料及ヒ雇入港マテノ送還ヲ請求スルコトヲ得トシ第五ノ場合ニ於テモ亦同一ノ權利ヲ認メタリ是レ何レモ海員ニ責ムヘキ過失ナキヲ以テ之ヲ保護スルノ必要アレハナリ、

第五百八十二條　海員カ前條第一項ニ掲ケタル事由ニ因ラスシテ雇止メラレタルトキハ其服役シタル期間ニ對スル給料ノ外一个月分ノ給料ヲ請求スルコトヲ得若シ雇入港外ニ於テ雇止メラレタルトキハ雇入港マテ歸航スルニ必要ナル期間ニ對スル給料及ヒ雇入港マテノ送還ヲ請求スルコトヲ得

前條第一項ニ掲ケタル場合ノ外法律ハ海員ノ雇止ニ付キ他ニ正當ノ事由アルコトヲ認メス故ニ海員ハ前條列擧ノ事由ニ因ラスシテ雇止メラレタルトキハ服役期間ニ對スル給料ノ外ニ損害賠償ヲ請求スルコトヲ得、然レモ民法ノ損害賠償法ニ依リテ決スルモノトスルトキハ其數額ニ付キ頗ル標準ヲ得ルニ難シ故ニ本條ハ特ニ其煩ヲ避ケ損害ノ額トシテハ一ヶ月ノ給料ヲ加算シテ支拂ハシムルコトヽシ若シ雇入港外ニ於テ雇止メラレタル卟ハ右ノ外雇入港マテ歸港スルニ必要ナル期間ニ對スル給料及ヒ雇入港マテノ送還ヲ請求スルコトヲ得トシ以テ海員ノ權利ヲ保護シタリ

第五百八十三條　左ノ場合ニ於テハ海員ハ其雇止ヲ請求スルコトヲ得

一　船舶カ日本ノ國籍ヲ喪失シタルトキ

二　自己ノ過失ニ因ラスシテ疾病ニ罹リ又ハ傷痍ヲ受ケ其職務ニ堪ヘサルルニ至リタルトキ

三　船長ヨリ虐待ヲ受ケタルトキ

前項ノ場合ニ於テハ其雇止ノ日マテノ給料及ヒ雇入港マテノ送還ヲ請求スルコトヲ得

本條ハ海員ヨリ其雇止ヲ請求スルコトヲ得ル場合ヲ規定シ第五百八十一條ニ於テ船長ニ與ヘタル權利ト相對シテ其均衡ヲ保タシメタルモノナリ、海員カ雇止ヲ請求シ得ル場合及ヒ其理由ハ左ノ如シ

一、船舶ヲ外人ニ移轉シタルカ如キ場合ニ於テ船舶カ日本ノ國籍ヲ喪失シタルトキハ其船舶ハ最早日本ノ法律ノ保護ヲ享クルコトヲ得サルニ至リタルモノナリ左レハ其意思ヲ推測シ海員ニ其雇止ノ請求權ヲ附與スルコトハ當然ナリ

二、自己ノ過失ニ因ラスシテ疾病ニ罹リ又ハ傷痍ヲ受ケ將來其職務ニ從事スルコト能ハサルモノトナリタル場合ニ於テハ第五百八十一條第四號ヲ以テ船長ノ爲メニ之ヲ認メタレハ茲ニ海員ノ爲メニモ認ムルコト當然ナリ、第三號ノ場合ハ固ヨリ當然ニシテ敢テ説明ヲ要セス

第二項ハ第一項ノ各場合ニ關シ給料及ヒ雇入港マテ送還ノ請求權ヲ認メタルニ過キス

第五百八十四條　航海中船舶ノ所有者カ變更シタルトキハ海員ハ新所有者ニ對シ雇傭契約ニ因リテ生シタル權利義務ヲ有ス

海員雇入契約ハ對人的關係ニ外ナラサルヲ以テ當事者ノ一方ナル所有者カ變更シタルトキハ其契約ハ消滅シ其海員ハ新所有者ト毫モ法律關係アラサルヲ以テ新所有者ニ對シ何等ノ權利義務ヲ有スルコトナシ然レヒ航海中ノ船舶ニ對シテ此原則ヲ適用スルモノトスルトキハ船舶ノ賣買アリタルトキハ海員ハ勝手ニ下船シ爲メニ航海ヲ繼續スルコト能ハサルニ至ルノ恐レアリ故ニ航海中ノ船舶ニ在リテハ特別ノ規定アルコトヲ必要トス故ニ本條ハ航海中ニ所有者

ノ變更シタル場合ニ限リ新所有者ニ對シテモ依然雇傭契約上ノ權利義務ヲ有スト定メ特ニ航海ノ安全ヲ保護シタリ

第五百八十五條　海員ノ雇入期間ハ一年ヲ超ユルコトヲ得ス若シ之ヨリ長キ期間ヲ以テ海員ヲ雇入レタルトキハ其期間ハ之ヲ一年ニ短縮ス

海員ノ雇入ハ之ヲ更斷スルコトヲ得但其期間ハ更斷ノ時ヨリ一年ヲ超ユルコトヲ得ス

海員ノ雇入期間ニ制限ヲ設ケサルトキハ輙モスレハ人身ノ自由ヲ束縛シテ一國ノ經濟ヲ害シ且ツハ人ノ品位ヲ傷クルニ至ルヘシ故ニ本條第一項ハ一年ヲ限リテ之ヲ許シ若シ一年ヨリ長キ期間ヲ定メタル時ハ之ヲ一年ニマテ短縮セシムルモノトシテ一般ノ公益ヲ保護シタリ

既ニ法定期限ヲ設ケテ一般ノ公益ヲ保護シタル以上ハ更ニ雇入契約ヲ更新スルコトヲ許シ以テ双方ノ便宜ヲ認ムルノ必要アリ何トナレハ當事者ノ自由意思ヲ以テ新タニ雇入ヲ約スルモ何等ノ弊害アラサルノミナラス若シ其更新ヲ認メサルトキハ啻ニ双方間ニ不便ヲ與フルノミナラス大ニ航海業ノ發達ヲ害スヘケレハナリ是レ第二項カ雇入契約ノ更新ヲ認メタル所以ナリ

第五百八十六條　雇入期間ノ定ナキトキハ海員ハ特約アル場合ヲ除ク外船舶カ安全ニ碇泊シ且積荷ノ陸揚及ヒ旅客ノ上陸カ終ハリタル後ニ非サレハ其雇止ヲ請求スルコトヲ得ス

第五百八十三條ハ海員カ雇入期間ノ定メアルニ拘ハラス雇止ノ請求ヲ爲シ得ル場合ヲ定メタルモノナルカ本條ハ雇入期間ノ定メナク又特約ナキ場合ニ雇止ノ請求ヲ爲シ得ル期間ヲ定メタルモノナリ、雇入期間ノ定メナキトキハ海員ハ何時ニテモ雇止ヲ請求スルコトヲ得ルヤト云フニ船舶カ尙ホ運航中ニ在リ又ハ荷物ノ陸揚及ヒ旅客ノ上陸モ終ヲサル內ニ海員カ下船スルコトアラハ大ニ差閊ヲ生ス故ニ本條ハ船舶カ安全ニ碇泊シ且ツ積荷及ヒ旅客ノ陸揚、上陸カ全ク終ハリタル後卽チ海員カ下船スルモ何等ノ不都合ナキニ至リタル後ニ非サレハ雇止ヲ請求スルコトヲ得ストシ唯雇止ノ請求ニ關シテ特約アル場合ノミヲ除外シタリ

第五百八十七條　海員ノ雇入契約ハ左ノ事由ニ因リテ終了ス

一　船舶カ沈沒シタルコト

二　船舶カ修繕スルコト能ハサルニ至リタルコト

三　船舶カ捕獲セラレルコト

前項ノ場合ニ於テハ海員ハ契約終了ノ日マテノ給料及ヒ雇入港マテノ送還ヲ請求スルコトヲ得

船舶カ本條列記ノ狀態ニ陷リタルトキハ最早海員ヲ雇ヒ置ク必要ナシ故ニ第一項ハ當事者ニ於テ別段其意思ヲ表示セサルモ雇入契約消滅スルモノトシテ之レニ關シテ爭ヒナカラシムルコトヲ期セリ

第一項ノ場合ニ給料ノ全額ヲ支拂フノ義務ナキハ勿論ナリ何トナレハ個ハ皆所有者ノ過失ニ原因セサレハナリ、然レトモ此場合ニ於テモ亦海員ニ相當ノ保護ヲ與フル必要アリ故ニ第二項ハ契約終了ノ日マテ(第一項ニ揭ケタル事由發生ノ日マテ)ノ給料及ヒ雇入港マテノ送還請求權ヲ附與シタリ

第五百八十八條　海員カ雇入港マテノ送還ヲ請求スル權利ヲ有スル場合ニ於テハ送還ニ代ヘテ其費用ヲ請求スルコトヲ得

前諸條ノ規定ニ依リ海員カ送還ノ請求ヲ爲シ得ル場合ニ於テ送還セラルヽ代ハリニ其費用ノ支拂ヲ得セシムルトキハ海員ハ一層便利ニシテ又所有者ニ損失アルコトナシ是レ本條カ送還ニ代ヘテ費用ノ請求ヲナスコトヲ許シタル所以ナリ

第五百八十九條　第五百七十五條ノ規定ハ海員ノ債權ニ之ヲ準用ス

海員ノ債權ニ付テモ第五百七十五條ノ規定ト同一ニ債權發生ノ時ヨリ一年ヲ經過シタルトキハ時効ニ因リテ消滅ス其旨趣トスル所ハ猶ホ同條ニ述ヘタル所ニ同シ

第三章　運送

陸上及ヒ湖川港灣ニ於ケル運送ハ既ニ第三編第八章ニ規定シタレハ此ニハ海上運送ノミニ付テ規定シタリ

第一節　物品運送

物品運送ト旅客運送トハ第三編第八章ニ於テ之ヲ二節ニ分チテ規定シタレハ此ニモ其例ニ傚ヒ本節ニ物品運送ヲ規定シ旅客運送ハ之ヲ次節ニ規定セリ

第一款　總則

本款ハ運送契約ノ成立幷ニ効力等ヲ規定シ船長ノ作成スヘキ船荷証券ハ次款ニ之ヲ揭ケタリ

第五百九十條　船舶ノ全部又ハ一部ヲ以テ運送契約ノ目的ト爲シタルトキハ各當事者ハ相手方ノ請求ニ因リ運送契約書ヲ交付スルコトヲ要ス

本條ニ船舶ノ全部又ハ一部ヲ以テ運送契約ノ目的トストハ荷物ノ積入又ハ旅客ノ乘込ノ爲メ

ニ船舶ノ全部又ハ一部ノ場所ヲ借受ケ使用スルコトヲ云フモノナリ、如此借受人ハ船舶ノ全部又ハ一部ヲ借受ケテ運送ノ爲メニ使用スルモノナレ𪜈發航ノ準備及ヒ其運送ハ所有者ノ爲スヘキ行爲ニシテ借受人ノ爲スヘキコトニ非ス故ニ通常ノ賃貸借契約トハ大ニ其趣ヲ異ニス若シ通常ノ賃貸借ナレハ發航ノ準備及ヒ運送ノ如キハ借受人ノ爲スヘキモノナレハナリ故ニ舊商法ハ猶ホ賃貸借ノ稱ヲ用ヒタレ𪜈本法ハ通常ノ賃貸借ト區別シテ之ヲ傭船契約ト稱シ賃借人ヲ傭船者ト云ヘリ抑商事ハ契約自由ノ主義ヲ採用シタルカ故ニ運送契約書ハ相手方ノ求メアレハ交付スルノ義務アリト雖𪜈相手方ノ求メナケレハ交付スルヲ要セス

船舶ノ全部又ハ一部ヲ以テ運送契約ノ目的トシタル場合ト個々ノ運送品ヲ以テ運送契約ノ目的トシタル場合トハ全ク其効果ヲ異ニスルモノトス、其異ナル所ノ大要ハ前者ハ船舶ヲ主トシテ其借賃ヲ定メ敢テ運送品ノ何タルヲ問ハスト雖𪜈後者ハ運送品ノ重量、容積又ハ價格等ニ依リテ運送賃ヲ定メ船舶ノ指定ヲ要セサルコト是レナリ

第五百九十一條　船舶所有者ハ傭船者又ハ荷送人ニ對シ發航ノ當時船舶カ安全ニ航海ヲ爲スニ堪フルコトヲ擔保ス

船舶ニシテ堅牢ナラス又ハ船員其任ニ適セス又ハ艤裝ニシテ不充分ナリトセンカ其航海ヤ危

險ナリ故ニ誰カ安ソシテ傭船契約ヲ取結ヒ旅客及ヒ貨物ノ運送ヲ委託スル者アランヤ故ニ本條ハ所有者ヲシテ傭船者又ハ荷送人ニ對シ以上三個ノ要件ヲ完備シ其船舶カ完全ニ航海ヲ爲シ得ルコトヲ保証セシムルモノトシ航海中ノ危險損害ヲ豫防シタリ故ニ若シ是等ノ點ニ欠クル處アリテ傭船者又ハ荷送人ニ損害ヲ被ラシメタルトキハ所有者ハ其損害賠償ノ責ヲ免ルヽコトヲ得ス尤モ航海中ノ出來事ニ因リテ船体ニ異狀ヲ生シ爲メニ損害ヲ加フルコトアルモ所有者ニ擔保ノ責任ナキハ言ヲ俟タス故ニ本條ハ只發航ノ當時ノ狀態ノミニ關シテ擔保義務ヲ負擔ストセリ

第五百九十二條　船舶所有者ハ特約ヲ爲シタルトキト雖モ自己ノ過失船員其他ノ使用人ノ惡意若クハ重大ナル過失又ハ船舶カ航海ニ堪ヘサルニ因リテ生シタル損害ヲ賠償スル責ヲ免ルヽコトヲ得ス

苟クモ航海ノ安全ヲ保護セントセハ假トヒ特約ヲ以テ所有者ノ擔保義務ヲ免レシムルコトアルモ法律ハ悉ク之ヲ認ムルコトヲ得ス故ニ本條ハ其特約ノ範圍ヲ制限シ

第一　船舶所有者ノ過失ニ因リテ生シタル損害

第二　船員其他ノ使用人ノ惡意若クハ重大ノ過失ニ因リテ生シタル損害

第三　船舶カ航海ニ堪ヘサルニ因リテ生シタル損害ニ付テハ船舶所有者ハ特約ヲ爲シタルトキト雖モ賠償ノ責ヲ免ルヽコトヲ得ストシ充分ニ其責任ヲ盡サシムルモノトセリ

第五百九十三條　法令ニ違反シ又ハ契約ニ依ラスシテ船積シタル運送品ハ船長ニ於テ何時ニテモ之ヲ陸揚シ若シ船舶又ハ積荷ニ危害ヲ及ホス虞アルトキハ之ヲ放棄スルコトヲ得但船長カ之ヲ運送スルトキハ其船積ノ地及ヒ時ニ於ケル同種ノ運送品ノ最高ノ運送賃ヲ請求スルコトヲ得

前項ノ規定ハ船舶所有者其他ノ利害關係人カ損害賠償ノ請求ヲ爲スコトヲ妨ケス

法令ニ違反シテ船積シタル運送品トハ戰時禁制品取締規則、輸出品禁止法、關税規則等ニ違反シテ船積シタル運送品ヲ云フ、本條ハ此ノ如ク法令ニ違反シ又ハ契約ニ依ラスシテ船積シタル運送品アル片ハ船長ハ何時ニテモ之ヲ陸揚スル權利ヲ有スルハ勿論爆發物其他ノ危險物ニシテ船舶又ハ他ノ積荷ニ危害ヲ及ホス虞アル片ハ放棄スルコトヲ得トシ航海ノ安全ヲ保護シ且船長カ陸揚若クハ放棄セスシテ運送スル片ハ荷主ノ不法行爲ニ對スル制裁トシテ其荷主ハ船積ノ地及ヒ時ニ於ケル同種ノ運送品ノ最高ノ運送賃ヲ支拂フ義務アリトセリ前條規定ノ結果荷主ハ損害賠償ノ責任ヲ免ルヽヤノ觀ナキニアラス故ニ第二項ハ船舶所有者其他ノ利害關係人ハ右ノ荷主ニ對シテ不法行爲ノ原則ニ依リ別ニ損害賠償ノ請求ヲ爲シ得ル旨ヲ明示セリ

第五百九十四條　船舶ノ全部ヲ以テ運送契約ノ目的ト爲シタル場合ニ於テ運送品ヲ船積スルニ必要ナル準備カ整頓シタルトキハ船舶所有者ハ遲滯ナク傭船者ニ對シテ其通知ヲ發スルコトヲ要ス

傭船者カ運送品ヲ船積スヘキ期間ノ定アル場合ニ於テハ其期間ハ前項ノ通知アリタル日ノ翌日ヨリ起算ス其期間經過ノ後運送品ヲ船積シタルトキハ船舶所有者ハ特約ナキトキト雖モ相當ノ報酬ヲ請求スルコトヲ得

前項ノ期間中ニハ不可抗力ニ因リテ船積ヲ爲スコト能ハサル日ヲ算入セス

運送品ヲ船積スヘキ準備カ整頓シタルトキハ船舶所有者ハ速ニ傭船者ニ對シ其通知ヲ發セサルヘカラス然ラサレハ船積且ツハ發航ヲ遲延シテ傭船者ニ損失ヲ與フルニ至ルヘシ是レ本條第一項ノ規定アル所以ナリ

運送品ノ船積ヲ爲ス時間ハ法律ヲ以テ之ヲ規定セサルヲ可トシ當事者ノ意思ニ任セタリト雖ヒ其期間ノ起算點ニ付テハ當事者ヲシテ爭ヲ避ケシムル爲メ爰ニ之ヲ規定シ當事者カ其期間ヲ定メタル場合ニ於テハ其期間ハ第一項ノ通知アリタル日ノ翌日ヨリ起算スト定メ傭船者カ其期間經過後ニ船積シタル片ハ別ニ何等ノ約束ナキトキト雖ヒ傭船者ハ所有者ニ對シテ相當ノ報酬ヲ支拂フ義務アリトセリ

前項ノ期間中ニ祝祭日等ヲ入ルヽヤ否ヤハ疑問ナルヲ以テ第三項ハ不可抗力ノ爲メ船積スル能ハサル日ノミヲ算入セサル旨ヲ明カニシタリ

第五百九十五條　船長カ第三者ヨリ運送品ヲ受取ルヘキ場合ニ於テ其者ヲ確知スルコト能ハサルトキ又ハ其者カ運送品ヲ船積セサルトキハ船長ハ直チニ傭船者ニ對シテ其通知ヲ發スルコトヲ要ス此場合ニ於テハ船積期間內ニ限リ傭船者ニ於テ運送品ヲ船積スルコトヲ得

傭船者カ自ラ運送品ヲ船積セスシテ賣主ノ如キ第三者ヨリ積込マシムル場合ニ於テハ船長ハ其運送品ヲ受取ルヘキ相手方ノ誰ナルカヲ知ルコトヲ得ス若シ之ヲ知リ得ルモ其者カ船積セサル片ハ如何ニスヘキト云フニ本條ハ如斯場合ニ於テハ船長ハ直チニ傭船者ニ對シテ其通知

ヲ發スルノ義務アリトシ傭船者ノ爲メニ其注意ヲ促スヲ必要トセリ而モ此場合ニ於テ傭船者ハ船積期間ヲ變更スルヲ得ス唯船積期間內ニ限リ其運送品ノ船積ヲ爲シ得ルモノトス是レ本條末段ノ示ス所ナリ

第五百九十六條　傭船者ハ運送品ノ全部ヲ船積セサルトキト雖モ船長ニ對シテ發航ノ請求ヲ爲スコトヲ得

傭船者カ前項ノ請求ヲ爲シタルトキハ運送賃ノ全額ノ外運送品ノ全部ヲ船積セサルニ因リテ生シタル費用ヲ支拂ヒ尙ホ船舶所有者ノ請求アルトキハ相當ノ擔保ヲ供スルコトヲ要ス

傭船者ハ其場合ニ依リ運送品ノ全部ヲ船積スル能ハサルコトアリ然ラハ若シ其全部ヲ船積スルニ非サレハ發航ヲ請求スルコトヲ得ストスルトキハ契約解除ノ外途ナキヲ以テ傭船者ニ取リテハ頗ル不便ノコトヽナルナリ故ニ第一項ハ傭船者ハ其運送品ノ全部ヲ登載セサルトキト雖モ船長ニ對シテ發航ヲ請求スルコトヲ得トセリ

然レトモ運送品ノ全部ヲ船積セサルハ傭船者ノ勝手ニ出テタルモノナレハ之レカ爲メ所有者ノ權利ヲ害スヘカラス故ニ傭船者ハ運送賃ノ全額ヲ支拂フ外全部ヲ船積セサル爲メニ生シタル

荷物積替ノ費用等ヲ支拂フヘキハ勿論共同海損等ノ場合ニ於テハ船舶及ヒ積荷ノ價額ニ應シテ其損害ヲ分擔スヘキモノナレハ全部ヲ積込マサル爲メニ所有者ハ其負擔額ノ辨濟ヲ得ル能ハサルノ恐レアルヲ以テ第二項ハ所有者ヨリ請求アル時ハ運送賃ノ全額及ヒ費用ヲ支拂フ外相當ノ擔保ヲ供スル義務アリトセリ

第五百九十七條　船積期間經過ノ後ハ傭船者カ運送品ノ全部ヲ船積セサルトキト雖モ船長ハ直チニ發航ヲ爲スコトヲ得

前條第二項ノ規定ハ前項ノ場合ニ之ヲ準用ス

既ニ船積期間ヲ定メタル以上ハ若シ傭船者カ船積期間內ニ運送品ノ全部ヲ船積セサルトキハ殘ル運送品ニ付テハ當然其權利ヲ拋棄シタルモノト看做スコトヲ得ヘシ故ニ本條第一項ハ船積期間經過ノ後ハ運送品ノ全部ヲ船積セサルトキト雖モ船長ハ直チニ發航スルコトヲ得ルモノトセリ

本條第一項ノ場合ニ於テモ猶ホ前條ノ場合ト同シク傭船者ハ運送賃ノ外積荷ノ不足ニ因リテ生シタル費用及ヒ擔保ヲ供スル義務アルコトハ勿論ナリ故ニ第二項ハ本條第一項ノ場合ニ於テモ運送賃其他傭船者ノ負擔ニ付テハ前條第二項ノ規定ヲ準用ストセリ

第五百九十八條　發航前ニ於テハ傭船者ハ運送賃ノ半額ヲ支拂ヒテ契約ノ解除ヲ爲スコトヲ得

往復航海ヲ爲スヘキ場合ニ於テ傭船者カ其歸航ノ發航前ニ契約ノ解除ヲ爲シタルトキハ運送賃ノ三分ノ二ヲ支拂フコトヲ要ス他港ヨリ船積港ニ航行スヘキ場合ニ於テ傭船者カ其船積港ヲ發スル前ニ契約ノ解除ヲ爲シタルトキ亦同シ

運送品ノ全部又ハ一部ヲ船積シタル後前二項ノ規定ニ從ヒテ契約ノ解除ヲ爲シタルトキハ其船積及ヒ陸揚ノ費用ハ傭船者之ヲ負擔ス

傭船者カ船積期間内ニ運送品ノ船積ヲ爲サヽリシトキハ契約ノ解除ヲ爲シタルモノト看做ス

運送品ヲ發送スルモ既ニ商機ヲ逸シテ利益ヲ得ルノ目的ナク或ハ荷物ノ買入約定調ハサル等ノ場合ニ於テハ最早傭船者ハ其船舶ヲ借入ルヽノ必要ナキニ至ルモノナリ故ニ如斯場合ニ於テハ傭船者ニ運送契約ヲ解除シ得ルノ權利ヲ認メ他方ニハ其解除ニ因リテ生シタル損害ヲ賠償セシムルコトヽナシテ等シク両者ヲ保護スル規定ナクンハアルヘカラス故ニ第一項ハ發

航前ニ於テハ傭船者カ運送賃ノ半額ヲ支拂ヒテ契約ノ解除ヲナスコトヲ得トセリ
然レモ若シ往復航海ノ場合ニ於テ歸航ノ發航前其契約ヲ解除シタルトキ又ハ他港ヨリ船積港ニ廻航シテ發航スヘキ場合ニ船舶カ既ニ船積港マテ着港シテ將ニ發航セントスル場合ニ之ヲナシタルトキハ無論ニ其賠償額ヲ増加セサルヘカラス故ニ第二項ハ此二ケノ場合ニ於テハ運送賃ノ三分ノ二ヲ支拂ハシムルコトヽセリ
第一項第二項ノ場合ハ未タ運送品ヲ船積セサル場合ナルカ第三項ハ運送品ノ全部又ハ一部ヲ船積シタル後ニ及ソテ解約シタル場合ヲ規定シ第一項第二項ノ賠償額ノ外ニ船積及ヒ陸揚ノ費用ヲ支拂フヘキ義務アル旨ヲ示シ或ハ第一項第二項ノ賠償額ノミニテ可ナルヤノ疑ヒヲナカラシメタリ
本條末項ハ傭船者カ船積期間内ニ運送品ヲ船積セサリシトキハ契約ノ解除ヲ爲シタルモノト看做スト規定シ此場合ニ於テハ猶ホ本條第一項及ヒ第二項ノ規定ニ從ヒテ其運送賃ヲ支拂ハシムルモノトナシタルナリ

第五百九十九條　傭船者カ前條ノ規定ニ從ヒテ契約ノ解除ヲ爲シタルトキト雖モ附隨ノ費用及ヒ立替金ヲ支拂フ責ヲ免ルヽコトヲ得ス

前條第二項ノ場合ニ於テハ傭船者ハ前項ニ掲ケタルモノノ外運送品ノ價格ニ應シ共同海損、救援、又ハ救助ノ爲メ負擔スヘキ金額ヲ支拂フコトヲ要ス

傭船者ハ前條第一項ノ場合ニ於テハ運送賃ノ半額第二項ノ場合ニ於テハ其三分ノ二ヲ支拂ヒテ契約ヲ解除シ得ルモ關稅水先案内料立替金等ノ支拂ヲ免ル丶コトヲ得ス何トナレハ傭船者ハ勝手ニ契約ヲ解除シタルモノナレハ前條ニ定メタル運送賃ニ對スル損害賠償額ヲ支拂フ外解除以前ニ生シタル費用及ヒ立替金等ヲ支拂ノ義務アルコトハ契約當然ノ結果ナレハナリ

前條第二項ノ場合ニ於テハ傭船者ヲシテ航海ニ因リテ生シタル海損、救援又ハ救助ノ費用ヲ分擔セシムルコト當然ナリ故ニ第二項ハ前條ニ掲クル費用、立替金等ハ運送品ノ價額ニ應シテ辨濟スヘキ義務アリトセリ

第六百條　發航後ニ於テハ傭船者ハ運送賃ノ全額ヲ支拂フ外第六百六條第一項ニ定メタル債務ヲ辨濟シ且陸揚ノ爲メニ生スヘキ損害ヲ賠償シ又ハ相當ノ擔保ヲ供スルニ非サレハ契約ノ解除ヲ爲スコトヲ得ス

本條ニ發航ノ後トハ往復航海ヲ爲スヘキ場合ナレハ其歸航ノ發航ノ後他港ヨリ船積港ニ廻航シテ目的港ニ航行セントスル場合ナレハ船積港ニ入リテ更ニ目的港ニ向ケ發航シタル後ヲ云ヘルコト疑ヲ容レス其所以ハ第五百九十八條第二項ノ規定ニ對照セハ自カラ分明ナルヲ得ヘシ

拟傭船者ニ解除權ヲ有セシムルコト前條々ノ如シト雖ヒ本條ハ發航ノ後ハ運送賃ノ全額ヲ支拂フ外第六百六條第一項ニ揭クル附隨ノ費用立替金、共同海損、撈救又ハ救助ノ爲メ負擔スヘキ債務幷ニ陸揚ノ爲メニ生スヘキ損害ハ其額ヲ計算シ得ルトキハ之ヲ賠償シ又ハ餘ス航海ノ損害等ヲ豫算シ得サルトキハ相當ノ擔保ヲ供スルニ非サレハ解除スルコトヲ得ストセリ

第六百一條　船舶ノ一部ヲ以テ運送契約ノ目的ト爲シタル場合ニ於テ傭船者カ他ノ傭船者及ヒ荷送人ト共同セスシテ發航前ニ契約ノ解除ヲ爲シタルトキハ運送賃ノ全額ヲ支拂フコトヲ要ス但船舶所有者カ他ノ運送品ヨリ得タル運送賃ハ之ヲ控除ス

發航前ト雖モ傭船者カ既ニ運送品ノ全部又ハ一部ヲ船積シタルトキハ他ノ傭船者及ヒ荷運人ノ同意ヲ得ルニ非サレハ契約ノ解除ヲ爲スコトヲ得

ス

前七條ノ規定ハ船舶ノ一部ヲ以テ運送契約ノ目的ト爲シタル場合ニ之ヲ準用ス

船舶ノ全部ヲ以テ運送契約ノ目的トシ即チ自己一人ニテ船舶ヲ借受ケタル𪜈ハ他ニ何等ノ關係ヲ及ホスコトナシ故ニ傭船者ハ第五百九十八條第一項ニ依リ運送賃ノ半額ヲ支拂ヒテ解除スルコトヲ得ルト雖モ船舶ノ一部ヲ以テ運送契約ノ目的トシタル場合ニ於テハ他ノ傭船者又ハ荷送人ト共同セスシテ傭船契約ヲ解除スル𪜈ハ本條第一項ニ依リ運送賃ノ全額ヲ支拂ハサルヘカラス蓋シ此場合ニ於テハ尙ホ他ニモ傭船者アルヲ以テ船舶所有者ハ其航海ヲ廢止スルコトヲ得サレハナリ然レモ船舶所有者カ他ノ運送品ヲ積替ヘ之ニ由リテ運送賃ヲ得タル𪜈ハ右ノ運送賃ヨリ其額ヲ控除セサルヘカラス、否ラサレハ船舶所有者ハ不當ノ利得ヲナスモノナレハナリ

又第五百九十八條カ船積後ノ解除權ヲモ認メタルコトハ同條第二項ニ依リテ明カナリト雖モ本條第一項ハ船積前ニ限リ其解除ヲ認メ若シ船積後ナル𪜈ハ第二項ハ他ノ傭船者又ハ荷送人ノ同意ヲ得ルニ非サレハ解除權ヲ行フコト能ハサルモノトセリ是レ他ナシ第五百九十八條ノ

場合ハ全部傭船契約ノ場合ニ係ルヲ以テ其契約ノ解除ニ因リ他ニ損害ヲ加フルコハナキモ本條ノ如ク一部傭船契約ノ場合ニ於テハ運送品積卸ノ爲メ或ハ發航時刻ヲ遲延スル等ノ爲メニ他ノ傭船者又ハ荷送人ニ損害ヲ與フル虞アレハナリ

第三項ハ船舶ノ一部ヲ借受ケタル場合ニ於テモ尙ホ全部ヲ借受ケタル場合ニ關スル前七條ノ規定ヲ準用ストノ旨ヲ示セルニ過キス

第六百二條　個々ノ運送品ヲ以テ運送契約ノ目的ト爲シタルトキハ荷送人ハ船長ノ指圖ニ從ヒ遲滯ナク運送品ヲ船積スルコトヲ要ス

荷送人カ運送品ノ船積ヲ怠リタルトキハ船長ハ直チニ發航ヲ爲スコトヲ得此場合ニ於テハ荷送人ハ運送賃ノ全額ヲ支拂フコトヲ要ス但船舶所有者カ他ノ運送品ヨリ得タル運送賃ハ之ヲ控除ス

船舶ノ全部又ハ一部ヲ以テ運送契約ノ目的ト爲シタル片ハ豫テ船積期間ヲ定ムルノ必要アルモ個々ノ運送品ヲ以テ運送契約ノ目的トシタル片ハ敢テ之ヲ定ムルノ必要ナカルヘシ故ニ本條第一項ハ荷送人ハ船長ノ指圖ニ從ヒ遲滯ナク運送品ヲ船積スル義務アリトセリ

個々ノ運送品ヲ以テ運送契約ノ目的トナシタルトキハ他ニモ傭船者荷送人アルヲ以テ船長ハ

其一人ノ爲メニ其發航時期ヲ遲延スルコトヲ得ス故ニ第二項ハ荷送人カ運送品ノ船積ヲ怠リタルトキハ船長ハ直チニ猶豫ナク發航スルコトヲ得トシ又荷送人ノ怠リニ因リテ船積セサル運送賃ヲ所有者ノ損失ニ歸セシムヘキ理由アラサルヲ以テ荷送人ハ船積セサルニ拘ハラス運送賃ノ全額ヲ支拂フ義務アリトセリ然レモ船長カ他ノ運送品ヲ積込ミテ其運送賃ヲ得タルトキハ其中ヨリ右ノ運送賃ヲ控除セシメサルヘカラス何トナレハ後ノ運送賃ハ違約者カ其運送品ヲ船積セサル爲メニ得シモノナレハ若シ之ヲ控除セシメサレハ所有者ヲシテ不當利得ヲ爲サシムルニ至レハナリ

第六百三條　第六百一條ノ規定ハ荷送人カ契約ノ解除ヲ爲ス場合ニ之ヲ準用ス

荷送人ハ船舶ノ一部傭船者ト幾ント其情態ヲ同フスルヲ以テ荷送人カ解約シタル場合ニハ一部傭船者ノ解約ノ場合ヲ規定シタル第六百一條ヲ準用スルコトヽセリ

第六百四條　傭船者又ハ荷送人ハ船積期間內ニ運送ニ必要ナル書類ヲ船長ニ交付スルコトヲ要ス

本條ニ運送ニ必要ナル書類トハ送リ狀、關稅受取書、關稅明細書等ヲ云フ、船長ハ第五百六十二條ニ依リ他ノ書類ト共ニ是等ノ書類ヲ船中ニ備置ク義務アリ從テ傭船者又ハ荷送人ハ船積期間内ニ是等ノ書類ヲ船長ニ交付セサルヘカラス茲ニ船積期間内ニ交付セサルヘカラサルハ若シモ傭者等カ此期間内ニ交付セサル片ハ船長ハ第五百六十二條ノ義務ヲ履行スル能ハサルコトトナリテ大ニ不都合ヲ生スレハナリ

第六百五條　船舶ノ全部又ハ一部ヲ以テ運送契約ノ目的ト爲シタル場合ニ於テ運送品ヲ陸揚スルニ必要ナル準備カ整頓シタルトキハ船長ハ遲滯ナク荷受人ニ對シテ其通知ヲ發スルコトヲ要ス

運送品ヲ陸揚スヘキ期間ノ定アル場合ニ於テハ其期間ハ前項ノ通知アリタル日ノ翌日ヨリ之ヲ起算ス其期間經過ノ後運送品ヲ陸揚シタルトキハ船舶所有者ハ特約ナキトキト雖𪜈相當ノ報酬ヲ請求スルコトヲ得

前項ノ期間中ニハ不可抗力ニ因リテ陸揚ヲ爲スヿ能サル日ヲ算入セス

個々ノ運送品ヲ以テ運送契約ノ目的ト爲シタルトキハ荷受人ハ船長ノ指圖ニ從ヒ遲滯ナク運送品ヲ陸揚スルコトヲ要ス

本條ハ陸揚ニ關スル規定ヲ掲ケタルモノナルカ其理由ハ第五百九十四條、第六百二條第一項

ニ說明シタル所ニ同シ故ニ此ニハ說明ヲ省ク

第六百六條　荷受人カ運送品ヲ受取リタルトキハ運送契約又ハ船荷証券ノ趣旨ニ從ヒ運送賃、附隨ノ費用、立替金及ヒ運送品ノ價格ニ應シ共同海損、救援又ハ救助ノ爲メ負擔スヘキ金額ヲ支拂フ義務ヲ負フ
船長ハ前項ニ定メタル金額ノ支拂ト引換ニ非サレハ運送品ヲ引渡スコトヲ要セス

本條ハ荷受人ノ義務ヲ規定シタリ、荷受人カ運送品ヲ受取リタル時ハ運送契約又ハ船荷証券ノ趣旨ニ從ヒ運送賃、附隨ノ費用、立替金ヲ支拂ヒ且ツ運送品ノ價格ニ應シ共同海損、救援又ハ救助ノ爲メ負擔スヘキ金額ヲ支拂ノ義務アリ蓋シ運送契約ノ當事者ハ所有者ト傭船者又ハ荷送人ニシテ荷受人ハ素ヨリ契約ノ當事者ナラサルモ既ニ該契約ニ依リ運送品ヲ受取ルヘキ權利ヲ有スルニ付テハ契約ニ因リテ生スル義務ヲ負擔セシムルヲ便利トス若シ荷受人ニ此義務ヲ負擔セシメス敢テ單純ナル理論ヲ適用シテ契約ノ當事者ナル傭船者又ハ荷送人ヲシテ履行セシムルモノトナサハ其不便言フヘカラサルモノアリ是本條第一項カ實際ノ必要ニ基キ荷受人カ運送品ヲ受取リタル時ハ其荷受人ヲシテ其支拂ノ義務ヲ負擔セシムルモノトナシタ

ル所以ナリトス
船長カ運送賃及ヒ附隨ノ費用等ニ付テ其支拂ヲ得ルマテ運送品ヲ留置スルノ權利ヲ有スルハ勿論ナリ故ニ第二項ハ其支拂ト引換ニ非サレハ運送品ノ引渡ヲ爲スニ及ハサルコトヲ定メタリ

第六百七條　荷受人カ運送品ヲ受取ルコトヲ怠リタルトキハ船長ハ之ヲ供託スルコトヲ得此場合ニ於テハ遲滯ナク荷受人ニ對シテ其通知ヲ發スルコトヲ要ス
荷受人ヲ確知スルコト能ハサルトキ又ハ荷受人カ運送品ヲ受取ルコトヲ拒ミタルトキハ船長ハ運送品ヲ供託スルコトヲ要ス此場合ニ於テハ遲滯ナク傭船者又ハ荷送人ニ對シテ其通知ヲ發スルコトヲ要ス

荷受人カ運送品ヲ受取ルヘキ時期ニ受取ルコトヲ怠リタルトキハ船長ハ運送品ヲ供託シテ保管義務ヲ免ルヽコトヲ得尤モ或ル場合ニ於テ荷受人カ荷物ノ到達シタルコトヲ知ラサルコトナシトセス故ニ船長カ運送品ヲ供託シタルトキハ遲滯ナク荷受人ニ對シテ其通知ヲ發スルノ義務アリトセリ

又荷受人ノ所在又ハ其誰ナルコトヲ知ル能ハス又ハ所在及ヒ人名ヲ知ルモ其者カ受取ルコトヲ拒ミタル𪜈ハ第二項ニ依リ船長ハ義務トシテ其運送品ヲ供託セサルヘカラス是レ荷物ノ滅失毀損ヲ防ク爲メナリ而シテ此場合ニ於テハ荷受人ヲ確知スルモ旣ニ受取ルコトヲ拒ミタルモノナレハ通知スルモ効ナキ故其通知ハ傭船者又ハ荷送人ニ對シテ爲セハ可ナリ

第六百八條　運送品ノ重量又ハ容積ヲ以テ運送賃ヲ定メタルトキハ其額ハ運送品引渡ノ當時ニ於ケル重量又ハ容積ニ依リテ之ヲ定ム

運送契約ハ請負契約ノ一種ナルカ故ニ船舶所有者ハ其運送ノ結果ニ對シテ運送賃ヲ得ルノ權利ヲ有スルモノナリ故ニ運送品ノ重量又ハ容積ヲ以テ運送賃ヲ定メタル𪜈ハ其額ハ運送品引渡ノ當時ニ於ケル重量又ハ容積ニ依リテ定ムルモノトシテ其運送ヲ完成シタル物ノ重量又ハ容積ノ目安ニ依リテ支拂ヲ受クシムルモノトセリ

第六百九條　期間ヲ以テ運送賃ヲ定メタルトキハ其額ハ運送品ノ船積着手ノ日ヨリ其陸揚終了ノ日マテノ期間ニ依リテ之ヲ定ム但船舶カ不可抗力ニ因リ發航港若クハ航海ノ途中ニ於テ碇泊ヲ爲スヘキトキ又ハ航海ノ途中ニ於テ船舶ヲ修繕スヘキトキハ其期間ハ之ヲ算入セス第五百九十四條

第二項又ハ第六百五條第二項ノ場合ニ於テ船積期間又ハ陸揚期間經過ノ后運送品ノ船積又ハ陸揚ヲ爲シタル日數亦同シ

本條ハ期間ヲ以テ運送賃ヲ定メタル場合ニ於ケル運送賃支拂ノ始期ト終期トヲ定メ其期間ハ船積著手ノ日ニ始マリ陸揚ノ日ニ終ハルモノトセリ是レ其期間中ハ其船舶ヲ他ニ使用スルコトヲ得サルカ故ニ其期間ニ應シテ計算セシムルコト當然ナレハナリ然レモ不可抗力ニ因リ發航港又ハ航海ノ途中ニ於テ碇泊シタル日數又ハ船舶修繕ノ日數ハ之ヲ扣除セシメサルヘカラス故ニ如此場合ニハ之ヲ算入セシメサルモノトセリ

又第五百九十四條第二項又ハ第六百五條第二項ノ場合ニ於テ船積又ハ陸揚期間經過シタル件ハ其日數ニ應シ別ニ報酬ヲ受クルコトヲ得ルカ故ニ是又其期間ニハ算入セシメサルコトヽセリ若シ此等ノ日數ヲ算入ストセハ所有者ニ對シテ二重ノ支拂ヲ得セシムルコトトナレハナリ

第六百十條　船舶所有者ハ第六百六條第一項ニ定メタル金額ノ支拂ヲ受クル爲メ裁判所ノ許可ヲ得テ運送品ヲ競賣スルコトヲ得

船長カ荷受人ニ運送品ヲ引渡シタル後ト雖モ船舶所有者ハ其運送品ノ上

ニ權利ヲ行使スルコトヲ得但引渡ノ日ヨリ二週間ヲ經過シタルトキ又ハ第三者カ其所有ヲ取得シタルトキハ此限ニ在ラス

船舶所有者カ其運送品ニ對シテ留置權ヲ有スルコトハ前既ニ述ヘタルカ如シ然レトモ永ク之ヲ留置シ若クハ供託スル𪜈ハ現狀ヲ變壞毀損シテ價格ヲ落トシ經濟上不利益ノコトヽナリ所有者ニ於テモ完全ニ運送賃ヲ得ル能ハサルコトヽナルヘシ故ニ第一項ハ如斯場合ニ於テハ第六百六條第一項ニ定メタル運送賃、附隨ノ費用、立替金等ノ支拂ヲ受クル爲メ船舶所有者ハ裁判所ノ許可ヲ得テ其運送品ヲ競賣スルコトヲ得トセリ又運送品ハ速ニ引渡スヲ双方ノ便トス故ニ第二項ハ船長カ運送品ヲ荷受人ニ引渡シタル後ト雖モ船舶所有者ハ其運送品ノ上ニ權利ヲ行使シ即ハチ其運送品ヲ競賣スルノ權アリトセリ然レトモ何時マテモ其權利ヲ行フコトヲ許ス𪜈ハ他ノ權利ヲ害スルコトヽナルノ恐レアリ故ニ其權利ハ運送品引渡ノ日ヨリ二週間ヲ經過シ又ハ第三者カ占有ヲ始メタルトキハ最早之ヲ行フコト能ハサルモノトセリ

第六百十一條　船舶所有者カ前條ニ定メタル權利ヲ行ハサルトキハ傭船者又荷送人ニ對スル請求權ヲ失フ但傭船者又ハ荷送人ハ其受ケタル利益ノ限度ニ於テ償還ヲ爲スコトヲ要ス

船舶所有者カ前條ニ定メタル權利ヲ行使スルモ尙ホ支拂ヲ受クルニ足ラサルトキハ其不足額ハ之ヲ傭船者又ハ荷送人ニ對シテ當然請求スルコトヲ得然レトモ船舶所有者カ正當ノ時期ニ於テ其權利ヲ行使セサレハ其權利ノ上ニ眠リタルモノナレハ失權者タラシムルヲ至當トス故ニ船舶所有者ハ最早傭船者又ハ荷送人ニ對シテ運送賃其他ノ費用ヲ請求スルヲ得ス然レトモ傭船者又ハ荷送人カ運送賃ヲ加算シテ其運送品ヲ賣却シタルカ如キ現ニ其運送ノ結果ニ因リテ利益ヲ得タルトキハ船舶所有者ハ不當利得ノ理論ヲ適用シ其得タル利益ノ限度ニ於テ償還ノ請求ヲナスコトヲ得是レ但書ノ示ス所ナリ

第六百十二條　船舶ノ全部又ハ一部ヲ以テ運送契約ノ目的ト爲シタル場合ニ於テ傭船者カ更ニ第三者ト運送契約ヲ爲シタルトキハ其契約ノ履行カ船長ノ職務ニ屬スル範圍內ニ於テハ船舶所有者ノミ其第三者ニ對シテ履行ノ責ニ任ス但第五百四十一條ニ定メタル權利ヲ行フコトヲ妨ケス

傭船者ハ自己ノ運送品ノミヲ船積スルニ限ラス復ヒ第三者ト運送契約ヲ取結ヒテ船舶ノ全部又ハ一部ヲ転貸シ又ハ個々ノ運送品ニ付キ其運送契約ヲ爲スコトヲ得是レ使用收益ノ權利ヲ有スルニ由ルナリ、茲ニ如此場合ニ於テハ其契約履行ノ責任ハ船舶所有者ト傭船者第一傭船者何レニ屬スヘキヤノ疑ヒナシトセス故ニ本條ハ傭船者ト第三者トノ契約ノ履行ニシテ船長ノ職務ニ屬スル範圍內ニ於テハ依然所有者ノミ其責ニ任スヘキヲ示シ唯所有者ニ於テ第五百四十四條ノ委付權ヲ行フコトヲ許セリ

第六百十三條　船舶ノ全部ヲ以テ運送契約ノ目的ト爲シタル場合ニ於テハ其契約ハ左ノ事由ニ因リテ修了ス

一　第五百八十七條第一項ニ揭ケタル事由

二　運送品カ不可抗力ニ因リテ滅失シタルコト

第五百八十七條　第一項ニ揭ケタル事由カ航海中ニ生シタルトキハ傭船者ハ運送ノ割合ニ應シ運送品ノ價格ヲ超エサル限度ニ於テ運送賃ヲ支拂フコトヲ要ス

本條ハ全部傭船契約ヲ爲シタル場合ニ於テ其契約カ當然効力ヲ失フ場合ヲ規定シタルモノニシテ其場合ハ則ハチ左ノ如シ

第一・船舶カ沈沒シ又ハ修繕スルコト能ハサルニ至リ又ハ船舶カ捕獲セラレタル件（第五百八十七條第一項ニ揭ケタル場合）蓋シ此場合ニハ最早運送契約ノ目的ヲ達スルコト能ハサル

ニ至リタルモノナレハ運送契約ハ當然消滅ス

第二、運送ノ目的タル貨物カ滅失シタル片此場合ニハ運送契約ハ之レト同時ニ消滅ス何トナレハ運送契約ハ貨物ヲ運送スルノ必要ヨリシテ取結ヒタルモノナレハ若シ其目的タル貨物カ滅失シタル片ハ其契約カ消滅スヘキコトハ勿論ナレハナリ

然レ𪜈第一項第一號ノ事由カ航海後ニ生シタル片ハ既ニ其幾分ハ運送セラレタルモノナレハ傭船者ハ運送ノ割合ニ應シテ其運送賃ヲ支拂ハサルヘカラス是レ請負契約ノ一種ナル運送契約ノ性質トシテ當サニ然ヲサルヲ得ス然レ𪜈一ニ運送ノ割合ノミニ依リテ計算セシムルモノトスル片ハ傭船者ハ意外ノ損失ヲ被ムルコトアルヘシ故ニ其額ハ之ヲ運送品ノ價格ニマテ制限シタリ

第六百十四條　航海又ハ運送カ法令ニ反スルニ至リタルトキ其他不可抗力ニ因リテ契約ヲ爲シタル目的ヲ達スルコト能ハサルニ至リタルトキハ各當事者ハ契約ノ解除ヲ爲スコトヲ得

前項ニ掲ケタル事由カ發航後ニ生シタル場合ニ於テ契約ノ解除ヲ爲シタルトキハ傭船者ハ運送ノ割合ニ應シテ運送賃ヲ支拂フコトヲ要ス

本條ハ各當事者カ契約ノ解除ヲ爲シ得ル場合ヲ規定シタリ運送契約締結後ニ法令ヲ以テ貿易交通ヲ禁止シ又ハ其運送品カ戰時禁制品トナリタルトキ其他交戰開始、封港等(不可抗力)ニ因リテ航海ヲ爲スコト能ハス又ハ航海ハ爲シ得ルモ契約シタル貨物ノ運送ヲ爲スコト能ハサルニ至リタル片ハ當事者ノ何レヨリモ契約ノ解除ヲナスコトヲ得ルナリ

然レ氏運送契約ハ請負ノ一種ナルヲ以テ航海ヲ始メタル後ニ第一項例示ノ事由カ發生シテ解約シタル片ハ傭船者ハ船舶ノ割合ニ應シテ其運送賃ヲ支拂フヘキ義務アルヘキハ勿論ナリ是レ第二項ノ規定アル所以ナリ

第六百十五條　第六百十三條第一項第二號及ヒ前條第一項ニ掲ケタル事由カ運送品ノ一部ニ付テ生シタルトキハ傭船者ハ船舶所有者ノ負擔ヲ重カラシメサル範圍內ニ於テ他ノ運送品ヲ船積スルコトヲ得

傭船者カ前項ニ定メタル權利ヲ行ハント欲スル片ハ遲滯ナク運送品ノ陸揚又ハ船積ヲ爲スコトヲ要ス若シ其陸揚又ハ船積ヲ怠リタルトキハ運送賃ノ金額ヲ支拂フコトヲ要ス

本條モ亦全部ノ傭船者ニ適用スヘキ規定ナリ彼ノ六百十三條第一項第二號ノ事由カ運送品ノ一部ニ付テ生シタル片ハ傭船契約ハ尚ホ存在シ又前條第一項ニ掲ケタル事由ノ發生ヲシテ運送品ノ一部ニ止マラシメハ其一部ニ付キ契約ノ解除ヲ爲スコトヲ許サス即チ以上ノ場合ニ於テハ傭船者ハ結局其一部ニ付テ運送賃ヲ控除スルコトヲ得ス是ヲ以テ本條ハ此場合ニ於テ更ニ傭船者ヲ保護スルノ必要ヲ認メ其滅失シ又ハ陸揚スヘキ運送品ノ代ハリニ他ノ運送品ヲ船積スルノ權利ヲ附與セリ然レ圧之レカ爲メニ傭船者カ船舶所有者ノ負擔ヲシテ契約上ノ負擔ヨリモ重カラシムルコトヲ得サルハ固ヨリナリ故ニ條文ハ特ニ此旨ヲ明示シタリ又第二項ニ依レハ傭船者カ第一項ノ規定ニ依リテ他ノ運送品ヲ船積セント欲セハ遲滯ナク其運送品ノ積替ヲ爲サヽルヘカラス若シ此場合ニ傭船者カ其陸揚ヲ怠リ又ハ其船積ヲ怠リタルトキハ運送賃ノ全額ヲ支拂ハサルヘカラス

第六百十六條　第六百十三條及ヒ第六百十四條ノ規定ハ船舶ノ一部又ハ個々ノ運送品ヲ以テ運送契約ノ目的ト爲シタル場合ニ之ヲ準用ス

第六百十三條第一項第二號及ヒ第六百十四條第一項ニ掲ケタル事由カ運送品ノ一部ニ付テ生シタルトキト雖圧傭船者又ハ荷送人ハ契約ノ解除ヲ

爲スコトヲ得但運送賃ノ全額ヲ支拂フコトヲ要ス

船舶ノ一部又ハ個々ノ運送品ヲ以テ運送契約ノ目的ト爲シタル場合ニ於テモ第六百十三條ニ揭ケタル事由ニ因リテ契約ノ終了ヲ認メ又第六百十四條ニ定メタル解除權ヲ與フル必要アリ故ニ本條第一項ハ該兩條ノ規定ヲ準用ストセリ若シ第六百十三條第一項第二號及ヒ第六百十四條第一項ニ揭ケタル事由カ運送品ノ一部ニ付テ生シタルトキハ全部ノ傭船者ノ如ク第六百十五條ニ於タル運送品積替ノ權利ヲ認ムルヲ得ス何トナレハ此場合ニハ他ニ傭船者又ハ荷送人アルヲ以テ其積替ヲ許ストキハ爲メニ船舶ノ進行ヲ妨ケ他ノ者ニ對シテ大ニ損害ヲ加フル虞アレハナリ故ニ本條第二項ハ寧ロ解除權ヲ與フルノ便ナルヲ認メ運送品ノ一部ニ付テ滅失（第六百十三條第一項第二號）又ハ障碍（第六百十四條第一項）ヲ生シタルトキト雖モ運送賃ノ全額ヲ支拂ヒテ契約ノ解除ヲ爲シ得ルニ止ムルモノトナシタリ

第六百十七條　船舶所有者ハ左ノ場合ニ於テハ運送賃ノ全額ヲ請求スルコトヲ得

一　船長カ第五百六十八條第一項ニ從ヒテ積荷ヲ賣却又ハ質入シタルト

キ
二　船長カ第五百七十二條ノ規定ニ從ヒテ積荷ヲ航海ノ用ニ供シタルトキ
三　船長カ第六百四十一條ノ規定ニ從ヒテ積荷ヲ處分シタルトキ

船舶所有者カ運送賃ノ全額ヲ請求スル能ハサル如キ場合ニ遭遇スルコトハ運送契約ノ性質上固ヨリ當然ニシテ已ムヲ得サルコトナリトス然レトモ本條ハ船舶又ハ運送品ニ異狀ヲ呈シテ當初契約シタル目的ヲ遂シ得サルコトヽナリタルニ拘ハラス船舶所有者ニ於テ運送賃ノ全部ヲ請求シ得ル場合ヲ定メ船長カ第五百六十八條第一項ノ規定ニ從ヒ船舶ノ救援又ハ救助ノ費用又ハ航海繼續ニ必要ナル費用ヲ支辨スル爲メ積荷ノ全部又ハ號部ヲ賣却又ハ質入シ又ハ第五百七十二條ノ規定ニ從ヒ積荷ヲ航海ノ用ニ供シ其他共同海損ノ場合ニ第六百四十一條ノ規定ニ從ヒテ積荷ヲ處分シタルニ係ハラス船舶所有者ヲシテ運送賃ノ全額ヲ請求スルコトヲ得セシメタリ是レ船長ノ權限內ニ於テ爲シタル航海ニ關スル必要ノ處分ニ出テタルモノニシテ毫モ船舶所有者ノ責ニ歸スヘキモノアラサレハナリ加之第五百六十八條第二項第五百七十二條末段ノ規定ヲ以テ其處分シタル積荷ノ損害ハ之ヲ船舶所有者ニモ賠償セシムルコトヽ爲シタ

レハ彼此ノ權衡上ヨリスルモ固ヨリ當然ノ規定ニシテ決シテ船舶所有者ヲ偏保シタモノニアラサレハナリ

第六百十八條　船舶所有者ノ傭船者、荷送人又ハ荷受人ニ對スル債權ハ一年ヲ經過シタルトキハ時効ニ因リテ消滅ス

船舶所有者ノ傭船者、荷送人又ハ荷受人ニ對スル債權ノ如キハ其性質一年以上モ請求セスシテ捨措クヘキモノニアラサルナリ又支拂ヲ爲シタル者モ永ク其証據ヲ保存スルカ如キハ實際爲シ得サル所ナリトス故ニ本條ハ船舶所有者ノ債權ハ之ヲ短期時効ニ罹カラシメ請求ヲ爲シ得ル時ヨリ一年ヲ經過シタルドハ時効ニ因リテ消滅ストセリ

第六百十九條　第三百二十八條第三百三十六條乃至第三百四十一條及ヒ第三百四十八條ノ規定ハ船舶所有者ニ之ヲ準用ス

本條ハ陸上運送ノ規定中海上運送ニ準用シ得ヘキ條項ヲ列擧シタルニ過キス

第二款　積荷證劵

船荷証劵ハ貨物融通ノ爲メ傭船者又ハ荷送人ノ請求ニ因リ船長又ハ船舶所有者ノ委任ヲ受ケ船長ニ代ハリテ作成交付スルノ權利ヲ有スルモノヨリ發行スル運送契約ヲ証明セラルヽ所ノ

証書ナリ而モ此証券ハ唯運送ニ關スル事項ヲ証明スルノ具タルノミニアラス船舶所有者ト傭船者又ハ荷送人トノ間ニ於ケル運送ニ關スル事項ハ証券其レ自身ニ於テ之ヲ決定スルノ特質ヲ有スルモノニシテ証券ハ運送品其物ヲ表代シ証券ヲ讓渡シタルトキハ運送品ヲ讓渡シタルト同一ノ効力ヲ生シ其讓渡ハ裏書ニ依リテ之ヲナスコトヲ得從テ証券ノ數通ヲ作リタルトキニモ其各通ハ皆同一ニ法律上ノ効力ヲ有シ各通皆同一ノ作用ヲナスモノトス

法律カ船荷証券ニ對シテ如此性質及ヒ効力ヲ認メタル所以ノモノハ蓋シ物品ノ融通ヲ助ケ証券ノ流通力ヲ增加セシムルノ旨趣ニ基ツクモノナリ

第六百二十條

船長ハ傭船者又ハ荷送人ノ請求ニ因リ運送品ノ船積後遲滯ナク一通又ハ數通ノ船荷証券ヲ交付スルコトヲ要ス

本條ハ船荷券ノ發行ニ付テ規定シタリ

本法ハ商事契約ニハ形式ヲ必要トセサル主義ヲ採リタルカ故ニ船荷証券モ亦傭船者又ハ荷送人ノ請求ナケレハ交附スルニ及ハス唯其請求ヲ受ケタルトキハ之ヲ作成交付スルノ義務アリト云フニアリテ契約成立ノ必要條件トナシタルニアラス故ニ其作成ナクモ運送契約ハ成立ス諸船荷証券ハ全部又ハ一部ノ傭船者及ヒ荷送人ヨリ其交付ヲ請求スルモノニシテ其數ヲ限ヲ

サレハ何通ヲ請求スルモ可ナリ

船長ハ之ヲ運送品ノ船積以前ニ交付スルコトヲ得サルモ一旦船積ヲ了ハリタル片ハ交付スルコトヲ得故ニ船積ヲ了ハリタル後ニハ其請求アル片ハ本條ニ依リ速ニ交付スル義務アリ

第六百二十一條　船舶所有者ハ船長以外ノ者ニ船長ニ代ハリテ船荷証券ヲ交付スルコトヲ委任スルコトヲ得

既ニ船荷証券ノ交付ヲ船長ノ義務トシテ之レニ命シタルモ船長又ハ其代理人ノミニテハ手廻ハラサルコトアリ故ニ本條ハ其便宜ヲ計リ船舶所有者ハ船長以外ノ者ニ委任シ船長ニ代ハリテ作成交付セシムルコトヲ得トセリ但シ其者タル船長ニ代ハリテ交付スヘキモノナルカ故ニ其代理者アル場合ニ於テモ船長カ自ヲ交付スルノ權利ヲ有スルハ勿論ナリ

第六百二十二條　船荷証券ニハ左ノ事項ヲ記載シ船長又ハ之ニ代ハル者署名スルコトヲ要ス

一　船舶ノ名稱及ヒ國籍

二　船長カ船荷証券ヲ作ラサルトキハ船長ノ氏名

三　運送品ノ種類、重量若クハ容積及ヒ其荷造ノ種類、個數幷ニ記號

四　傭船者又ハ荷送人ノ氏名又ハ商號
五　荷受人ノ氏名若クハ商號又ハ所持人ニ運送品ヲ引渡スヘキコト
六　船積港
七　陸揚港但發航後傭船者又ハ荷送人カ陸揚港ヲ指定スヘキトキハ其之ヲ指定スヘキ港
八　運送賃
九　數通ノ船荷証券ヲ作リタルトキハ其員數
十　船荷証券ノ作成地及ヒ其作成ノ年月日

本條ハ船荷証券ノ記載事項ヲ定メタルモノナルカ法文簡明ナルヲ以テ説明ヲ要スルノ點ナシ

第六百二十三條　傭船者又ハ荷送人ハ船長又ハ之ニ代ハル者ノ請求ニ因リ船荷証券ノ謄本ニ署名シテ之ヲ交付スルコトヲ要ス

船荷証券ハ既ニ見シ如ク船長又ハ之ニ代ハル者ヨリ交付スヘキモノナレハ本條ハ之レト反對ニ船長又ハ之ニ代ハル者ノ請求アル片ハ傭船者又ハ荷送人ハ船荷証券ノ謄本ニ署名シテ之ヲ交付スル義務アリトセリ是レ他日ノ紛爭ヲ避ケシムル爲メ必要ナレハナリ

第六百二十四條　陸揚港ニ於テハ船長ハ數通ノ船荷証券中ノ一通ノ所持人カ運送品ノ引渡ヲ請求シタルトキト雖モ其引渡ヲ拒ムコトヲ得ス

船荷証券ノ數通ヲ作リタルトキハ其各通カ送運品其モノヲ代表シ其各通ハ皆同一ニ法律上ノ效力ヲ有シ各通皆同一ノ作用ヲナスモノナリ然リト雖モ陸揚港外ニ於テ運送品ノ引渡ヲ請求スルハ普通ノコトニアラサルヲ以テ一應其者ニ疑ヒナキヲ得ス故ニ船長カ陸揚港外ニ於テ運送品ノ引渡ヲ請求セラレタル場合ニハ次條ノ規定ハ証券ノ各通ヲ返還セシムルニアラサレハ運送品ノ引渡ヲナスコトヲ得ストシタルモ陸揚港ニ於テ引渡ヲナスハ普通ニシテ其請求者ニ疑ヲ存スヘキノ理由ナキカ故ニ陸揚港ニ於テハ數通ノ中ノ一通ノ所持人ヨリ請求ヲ受ケタルトキト雖船長ハ其引渡ヲ拒絶スルコトヲ得ス其証券ト引換ニ運送品ヲ引渡ス義務アリトセリ

第六百二十五條　陸揚港外ニ於テハ船長ハ船荷証券ノ各通ノ返還ヲ受クルニ非サレハ運送品ヲ引渡スコトヲ得ス

本條ハ陸揚港外ニ於テハ船長ハ船荷証券ノ各通ノ返還ヲ受クルニアラサレハ運送品ヲ引渡スコトヲ得ストセリ是レ陸揚港外ニテ引渡ヲ請求スルハ普通ノ事ニアラサルヲ以テ多少其者ニ

疑ナキ能ハス故ニ一ハ正當ノ荷受人ヲ害セシメサランコトヲ慮ハカリタルト又一ハ陸揚港ニ於テハ一通ノ所持人カ引渡ヲ請求シタル片ト雖モ船長ハ其引渡ヲ拒ムコトヲ得スト規定シタルヲ以テ若シ此場合ニ各通ノ返還ヲ得スシテ引渡ストキハ船長ハ後日陸揚港ニ至リ再ヒ引渡ノ責ヲ免ルヽコト能ハサルカ如キ不都合ヲ生スヘケレハ如此不都合ナカラシムル爲メ斯クハ規定セルナリ

第六百二十六條　二人以上ノ船荷証券所持人カ運送品ノ引渡ヲ請求シタルトキハ船長ハ遲滯ナク運送品ヲ供託シ且請求ヲ爲シタル各所持人ニ對シテ其通知ヲ發スルコトヲ要ス船長カ第六百二十四條ノ規定ニ依リテ運送品ノ一部ヲ引渡シタル後他ノ所所持人カ運送品ノ引渡ヲ請求シタル場合ニ於テ其殘部ニ付キ亦同シ

二人以上ノ船荷証券所持人カ運送品ノ引渡ヲ請求シタル片ハ何レカ正當ノ權利者ナルカ船長ニハ知レサル故運送品ハ之レヲ其何レヘモ引渡スコトヲ得ス然レモ如此場合ニ法律カ其請求者ノ定マルマテ船長ヲシテ其運送品ヲ保管セシムルコトヽスルハ船舶所有者ニ對シテ過當ノ責任ヲ負擔セシムルモノニシテ甚タ酷ト云ハサルヘカラス故ニ如此場合ニハ之ヲ供託シテ保管

ノ義務ヲ免レ唯遲滯ナク其供託ヲナシタルコトヲ各証券所持人ニ通知スルコトヲ必要トシ第六百二十四條ニ依リ一部ノ引渡ヲナシタル後未タ引渡ヲ了セサル殘部ニ付テモ同樣ナルコトヲ示シタリ

第六百二十七條　二人以上ノ船荷証券所持人アル場合ニ於テ其一人カ他ノ所持人ニ先チテ船長ヨリ運送品ノ引渡ヲ受ケタルトキハ他ノ所持人ノ船荷証券ハ其効力ヲ失フ

數通ノ船荷証券ヲ發行シタル場合ニ於テ一通ノ所持人カ他ノ所持人ヨリ先キニ運送品ノ引渡ヲ受ケタルトキハ他ノ所持人ノ船荷証券ハ當然其効力ヲ失フモノトセサレハ船荷証券發行ノ旨趣ヲ貫徹セサルニ至ルヘシ是レ本條ノ由リテ生スル所以ナリ

第六百二十八條　二人以上ノ船荷証券所持人アル場合ニ於テ船長カ未タ運送品ノ引渡ヲ爲サヽルトキハ原所持人カ最モ先ニ發送シ又ハ引渡シタル証券ヲ所持スル者他ノ所持人ニ先チテ其權利ヲ行フ

本條モ亦船荷証券ノ各所持人間ノ關係ヲ規定シタルモノナリ

二人以上ノ船荷証券所持人アル場合ニ於テ其一人カ他ノ所持人ニ先チテ運送品ノ引渡ヲ受ケ

タルトキハ前條ノ規定ニ依リテ他ノ所持人ノ船荷証券ハ當然其効力ヲ失フニ了ハルト雖モ若シ船長カ二人以上ノ証券所持人ヨリ請求ヲ受ケ未タ引渡ヲ爲サヽルトキニハ其運送品ニ對スル各所持人間ノ關係ハ如何ト云フニ本條ハ如此場合ニハ原所持人カ最モ先ニ發送シ又ハ引渡シタル証券ヲ所持スル者カ他ノ所持人ニ先チテ其權利ヲ行フト規定セリ盖シ其理由トスル所ハ一度証券ヲ交付シタルトキハ貨物ノ所有權ハ其証券ノ所持人ニ移轉シ(質入ナレハ其質權)之ヲ交付シタル者ハ最早其貨物ヲ處分スルノ權利ヲ有セサルカ故ニ若シ甲者ニ船荷証券ヲ交付シタル後復ヒ乙者ニ交付スルモ其証券ハ當然無効ナリト云フニアリトス

第六百二十九條　第三百三十四條第三百三十五條第四百五十五條及ヒ第四百八十三條ノ規定ハ船荷証券ニ之ヲ準用ス

船荷証券發行ノ目的ハ運送品ニ付テ其融通ノ用ヲ辦セントスルニアリ詳言スレハ船中ニ積載セル運送品ヲ証券ニ依リテ其儘讓渡若クハ質入ヲナサントスルニアリ、故ニ本條ハ其証券ノ流通ヲ完カラシムルカ爲メ彼ノ陸上運送ノ場合ニ發行スル貨物引換証自身カ運送ニ關スル事項ヲ決定スルノ特質ヲ有ストセル第三百三十四條ヲ之レニ準用スルコトヽナシ又貨物引換証ノ讓渡ニ物權的ノ効力ヲ附シタル第三百三十五條ヲ準用スルコトヽナセリ又裏書ハ此種ノ証券ノ通性ナルヲ以テ其証券カ記名式ナルトキト雖モ原則トシテ其裏書ヲナスコトヲ許シ當事者カ特ニ裏書ヲ禁止シタルトキハ其効力ヲ有ストセル第四百五十五條ヲ準用シタリ

又運送品ノ引渡ハ船荷証券ト引換ニナサヽルヘカス然ラサレハ荷受人其人ヲ誤リ証券所持人ノ權利ヲ害スルカ如キ不都合ヲ生スルコトヽナリ、遂ニハ証券ノ信用ヲ傷ツテ流通ヲ妨クルニ至ルヘシ故ニ爲替手形ノ支拂ニ關スル第四百八十三條ヲモ準用シタリ故ニ船長ハ船荷証券ト引換ニアラサレハ運送品ヲ引渡スコトヲ要セス、其引渡ヲナシタルトキハ所持人ヲシテ運送品ヲ受取リタル旨ヲ其証券ニ記載セシムルコトヲ得

第二節　旅客運送

物品運送ト旅客運送トハ全ク其取扱ヲ異ニスルヲ以テ之ヲ二節ニ分チ既ニ第一節ニ物品運送ヲ規定シタレハ茲ニハ旅客運送ヲ規定ス

第六百三十條　記名ノ乘船切符ハ之ヲ他人ニ讓渡スコトヲ得ス

本條ハ敢テ説明ヲ要セス只本條ノ裏面ヨリ觀察スルトキハ無記名ノ乘船切符ハ自由ニ讓渡スコトヲ得ルノ旨趣ナルコト明白ナリ

第六百三十一條　旅客ノ航海中ノ食料ハ船舶所有者ノ負擔トス

旅客ノ食料ハ從來船舶所有者ノ負擔トセル慣習アリ故ニ本條ハ此慣習ヲ採用セリ勿論當事者ノ意思ヲ以テ反對ヲ約スルコトヲ得サルニハアラス

第六百三十二條　旅客カ契約ニ依リ船中ニ携帶スルコトヲ得ル手荷物ニ付テハ船舶所有者ハ特約アルニ非サレハ別ニ運送賃ヲ請求スルコトヲ得ス

旅客カ船中ニ携帶スルコトヲ得ル手荷物ニ付テハ契約ヲ以テ上等旅客ニハ何貫目中等及ヒ下等ハ何程ト云フ如ク其分量ヲ定ムルコトナルカ其賃金ハ旅客ノ運送賃ニ包含シ別ニ請求セサルヲ例トス故ニ本條ハ此慣習ヲ認メ特約ナキ以上ハ別ニ請求スルコトヲ得ストシ過當ノ賃金ヲ貪ホルカ如キ弊習ヲ防ケリ

第六百三十三條　旅客カ乘船時期マテニ船舶ニ乘込マサルトキハ船長ハ發航ヲ爲シ又ハ航海ヲ繼續スルコトヲ得此場合ニ於テハ旅客ハ運送賃ノ全額ヲ支拂フコトヲ要ス

旅客カ故ナク乘船時期マテニ乘船セサルハ自ヲ其契約ニ違反スルモノナレハ船長ハ其乘船ヲ待合スルニ及ハス直チニ發航スルコトヲ得又航海中ナレハ其航海ヲ繼續シ得ルナリ然リ而シ

テ其旅客カ乘船セサルハ自己ノ勝手ニ出タルモノナレハ其旅客ハ乘船セサルニ拘ハラス運送賃ノ全額ヲ支拂フヘキ義務アリ

第六百三十四條　發航前ニ於テハ旅客ハ運送賃ノ半額ヲ支拂ヒテ契約ノ解除ヲ爲スコトヲ得

發航後ニ於テハ旅客ハ運送賃ノ全額ヲ支拂フニ非サレハ契約ノ解除ヲ爲スコトヲ得ス

契約ノ解除ヲシテ船舶ノ發航前ナラシメハ更ニ乘客ヲ得テ其損失ヲ補フコトヲ得ヘキモ航海ノ途ニ上リタル後ニハ最早乘客ヲ得ルコト稀ナルヘシ縱シ寄航港等ニ於テ之アリトスルモ運送賃ノ幾分ハ必ス之ヲ得ルコト能ハサルモノトナルヘシ故ニ本條ハ發航ノ前後ヲ區別シ前者ハ運送賃ノ半額ヲ後者ハ其全額ヲ支拂フニ非サルハ契約ノ解除ヲナスコトヲ得サルモノトセリ

第六百三十五條　旅客カ發航前ニ死亡、疾病其他一身ニ關スル不可抗力ニ因リテ航海ヲ爲スコトヲ能ハサルニ至リタルトキハ船舶所有者ハ運送賃ノ四分ノ一ヲ請求スルコトヲ得前項ニ掲ケタル事由カ發航後ニ生シタルトキハ船舶所有者ハ其選擇ニ從ヒ運送賃ノ四分ノ一ヲ請求シ又ハ運送ノ割合ニ應シテ運送賃ヲ請求スルコトヲ得

本條ハ旅客カ死亡、疾病、火災、盜難、犯罪ノ嫌疑ヲ受テ拘引セラレタル等一身ニ關スル不可抗力ニ因リテ航海ヲ爲ス能ハサルニ至リタル片ノ損害賠償額ヲ規定シタルモノニシテ發航ノ前後ヲ區別シ發航前ナル片ハ船舶所有者ニ運送賃ノ四分ノ一ヲ請求スルコトヲ許シ發航後ナルトキハ運送賃ノ四分ノ一ヲ請求スルト運送ノ割合ニ應シテ運送賃ヲ請求スルトノ撰擇權ヲ與フルニ止メ大ニ旅客ノ責任ヲ輕クセリ是レ其原由タル已ムヲ得サルニ出ツレハナリ

第六百三十六條　航海ノ途中ニ於テ船舶ヲ修繕スヘキトキハ船舶所有者ハ其修繕中旅客ニ相當ノ住居及ヒ食料ヲ供スルコトヲ要ス但旅客ノ權利ヲ害セサル範圍内ニ於テ他ノ船舶ヲ以テ上陸港マテ旅客ヲ運送スルコトヲ提供シタルトキハ此限ニ在ラス

船舶カ航海ノ途中ニ於テ修繕スヘキ必要ヲ生シタルトキハ船舶所有者ハ本條ニ依リ其修繕中旅客ニ相當ノ往居及ヒ食料ヲ供スル義務アリ然レ𪜈船舶ノ修繕中旅客ヲシテ空シク其地ニ滯

留セシムルハ旅客ニ取リテハ迷惑ニシテ船舶所有者ニ取リテモ不利益ナリ、故ニ若シ其場合ニ他ノ船舶ノ便ヲ得ハ之レニ移シテ運送ヲ遂クルニ如クハナシ是ヲ以テ但書ハ双方ノ便宜ヲ計リ旅客ノ權利ヲ害セサル範圍內ニ於テ（同等同質ノ船舶ニ移シ同シ待遇ヲ以テ運送スルコト）他ノ船舶ヲ以テ上陸港マテ旅客ヲ運送スルコトヲ提供シタルトキハ旅客ハ之レニ應セサルヘカスラシテ船舶所有者ハ前段規定ノ義務ナシトセリ

第六百三十七條　旅客運送契約ハ第五百八十七條第一項ニ掲ケタル事由ニ因リテ終了ス若シ其事由カ航海中ニ生シタルトキハ旅客ハ運送ノ割合ニ應シテ運送賃ヲ支拂フコトヲ要ス

本條ハ第五百八十七條第一項ニ掲ケタル三ケノ事由即チ船舶カ航海スルコト能ハサルニ至リタルトキハ旅客運送契約ノ終了スヘキヲ示シ、物品運送契約消滅ノ場合ト同一ナラシメタルモノニシテ固ヨリ當然ノ規定ナリトス而シテ若シ其事由カ航海中ニ生シタルトキハ旅客ハ運送ノ割合ニ應シテ運送賃ヲ支拂フ義務アリトノ旨趣モ亦物品運送ノ場合ニ同シ之レ運送ノ性質トシテ此等ノ點ニ付テハ彼此異ナルヘキモノニアラサレハナリ

第六百三十八條　旅客カ死亡シタルトキハ船長ハ最モ其相續人ノ利益ニ適

スヘキ方法ニ依リテ其船中ニ在ル手荷物ノ處分ヲ爲スコトヲ要ス

旅客カ發航前ニ死亡シタルトキハ船舶所有者ハ損害賠償トシテ運送賃ノ四分ノ一ヲ請求シ又發航後ニ死亡シタル時ハ運送賃ノ四分ノ一又ハ運送ノ割合ニ應シテ其運送賃ヲ請求シ得ルニ止マルモ船中ニ在ル手荷物ニ付テハ運送賃ヲ得ル特約ノ有無ニ拘ハラス船長ハ最モ其相續人ノ利益ニ適スヘキ方法ニ依リテ處分スルノ義務アリ是レ旅客ノ便利ヲ計リタル規定ナリ、相續人ノ利益ニ適スヘキ方法ニ處分スルトハ例ヘハ手荷物ノ破損滅失ノ恐レアルトキハ速ニ賣却シ又其恐レナキ片ハ其儘ニ保存管理スルカ如キ是レナリ

第六百三十九條　第三百五拾條第三百五十一條第一項第三百五十二條第五百九十一條第五百九十二條第六百十四條及ヒ第六百十八條ノ規定ハ海上ノ旅客運送ニ之ヲ準用ス

第五百九十三條及ヒ第六百十七條ノ規定ハ旅客ノ手荷物ニ之ヲ準用ス

本條第一項列擧ノ條項ハ海上ノ旅客運送ニモ適當ノ規定ナルヲ以テ之ヲ準用シ又第二項ニ掲ケタル兩條ノ規定モ其儘ニ適用シ得ルヲ以テ旅客ノ手荷物ニ之ヲ準用シタリ

第六百四十條　旅客運送ヲ爲ス爲メ船舶ノ全部又ハ一部ヲ以テ運送契約ノ

目的ト爲シタル場合ニ於テハ船舶所有者ト傭船者トノ關係ニ付テハ前節第一欵ノ規定ヲ準用ス

旅客ノ運送ヲ爲ス爲メニ船舶ノ全部又ハ一部ヲ以テ運送契約ノ目的トシタル場合ニ於テモ船舶所有者ト傭船者トノ關係ニ付テハ物品運送ノ爲メ傭船契約ヲ爲シタル場合ト敢テ其關係ヲ異ニスルモノニアラス故ニ本條ハ爰ニ旅客運送ノ場合ニ於ケル船舶所有者ト傭船者トノ關係ニ付テハ物品運送ノ總則ナル前節第一欵ノ規定ヲ準用スルコトヽセリ

第四章　海損

海損トハ船舶又ハ積荷ヲシテ共同ノ危險ヲ免レシムル爲メ船長カ其船舶ヲ或方法ニ依リテ共同ノ利益ノ犧牲ニ供シ又ハ積荷ノ全部又ハ一部ヲ投棄シタルカ如キ船長ノ任意行爲ニ因リテ船舶又ハ積荷ニ生シタル損失、費用ヲ意味スルモノナリ若シ船長ノ任意處分ニ因ラス船舶又ハ積荷ノ一部ノミニ關シテ生シタル損失ノ如キハ所謂單獨海損ニシテ本節ノ認ムル共同海損ニアラス是レ其損失タル毫モ共同ノ利害ニ影響セサルヲ以テナリ從テ如斯損害ニ付テハ或ハ不法行爲又ハ契約ノ原則ヲ適用シ得ルヲ以テ爰ニ之ヲ規定スルノ必要ナシ故ニ本節ハ右ニ述フル所ノ共同海損ヲ規定セリ

第六百四十一條　船長カ船舶及ヒ積荷ヲシテ共同ノ危險ヲ免レシムル爲メ船舶又ハ積荷ニ付キ爲シタル處分ニ因リテ生シタル損害及ヒ費用ハ之ヲ共同海損トス

前項ノ規定ハ危險カ過失ニ因リテ生シタル場合ニ於テ利害關係人ノ過失者ニ對スル求償ヲ妨ケス

本條ハ共同海損ノ定義ヲ下シタルモノナリ

共同海損ニハ都合左ノ四ケノ要素ヲ具備セサルヘカラス

第一、共同ノ危險ヲ免レシムル爲メ船舶又ハ積荷ノ全部又ハ一部ニ損害ヲ生シ又ハ費用ヲ支出スルコト

第二、船長ノ處分ニ出タル損害及ヒ費用ナルコト

第三、其處分ハ船舶又ハ積荷ニ對シテ爲シタルコト

第四、船舶又ハ積荷ノ全部又ハ一部ヲ救助シ得タルコト

是レナリ故ニ以上四ケノ要素ヲ欠ケル損失ハ共同海損ニ非サルヲ以テ其場合ニヨリ各自ニ負擔スルカ又ハ過失者ノミ負擔スヘキモノニシテ共同海損ヲ以テ認ムルヲ得ス

共同海損ニハ四ケノ要素アルコト前述ノ如シ而シテ其一タル船長ノ處分ナルモノハ損害ノ直接ノ原因ナルモ危險ノ原因ニ至リテハ火災、過失其他種々アルヘシ故ニ第二項ハ其危險カ過失ニ因リテ生シタル片ハ利害關係人ハ其過失者ニ對シテ求償權アルコトヲ示シタルナリ左レハ其過失者ハ他ノ利害關係人ト共ニ共同海損ヲ分擔セルニ拘ハラス其被害者ニ對シテハ尙ホ損害賠償ノ責任ヲ免ルヽコトヲ得サルモノトス

第六百四十二條　共同海損ハ之ニ因リテ保存スルコトヲ得タル船舶又ハ積荷ノ價格ト運送賃ノ半額ト共同海損タル損害ノ額トノ割合ニ應シテ各利害關係人之ヲ分擔ス

本條ハ共同海損ノ分擔割合ヲ定メタルモノナリ一例ヲ擧クレハ二萬一千二百圓ノ共同海損ニ因リテ保存シ得タル船舶價額カ十五萬圓ニシテ積荷カ六萬圓、運送賃ノ半額カ二千圓合計二十一萬二千圓ナリトセハ共同海損ハ之レニ對スル十分ノ一ナルカ故ニ船舶所有者ハ船舶ニ一萬五千圓、運送賃ニ二百圓ヲ負擔シ荷主ハ六千圓ヲ負擔ス

尙ホ一言スヘキハ共同海損ノ資料トナリタル船舶又ハ積荷ノ部分ヲモ右ノ分擔額中ニ加フルコト是ナリ何トナレハ若シ之ヲ控除ストセハ其資料ニ供セラレタル船舶所有者又ハ荷主ハ獨

リ却テ利益ヲ得ルコトトナレハナリ
本條ニ運送賃ヲ半額ニ見シハ航海費用計算ノ困難ヲ避ケシムル爲メナリ

第六百四十三條　共同海損ノ分擔額ニ付テハ船舶ノ價格ハ到達ノ地及ヒ時ニ於ケル價格トシ積荷ノ價格ハ陸揚ノ地及ヒ時ニ於ケル價格トス但積荷ニ付テハ其價格中ヨリ滅失ノ場合ニ於テ支拂フコトヲ要セサル運送賃其他ノ費用ヲ控除スルコトヲ要ス

既ニ共同海損ノ分擔額ヲ定ムル標準ヲ規定シタレハ更ニ進ンテ其基礎タル船舶及ヒ積荷ノ價格ヲ定ムル標準ヲ規定ズルハ蓋シ至當ノ順序ナリトス乃ハチ本條ハ之ヲ規定シ船舶ノ價格ハ到達ノ地及ヒ其時ニ於ケル價格トシ積荷ハ到達地ノミニ陸揚スルモノニ非サルヲ以テ其陸揚ノ地及ヒ時ニ於ケル價格ニ依ラシムルモノトセリ而シテ積荷ノ價格ハ原價ニ船積及ヒ陸揚ノ費用運送賃關稅其他ノ費用ヲ算入スルモノトス然レヒ滅失シタル荷物ニ付テハ滅失以後ノ運送費其他ノ費用ハ支拂フヲ要セサルモノナレハ右ノ價格中ヨリ控除スヘキ𛀁ハ當然ナリ何トナレハ若シ之ヲ控除セサル𪜈ハ實際ノ價格ヲ超過スモノトナリテ其公平ヲ失スヘケレハナリ

第六百四十四條　前二條ノ規定ニ依リ共同海員ヲ分擔スヘキ者ハ船舶ノ到

達又ハ積荷ノ引渡ノ時ニ於テ現存スル價格ノ限度ニ於テノミ其責ニ任ス

本條ハ共同海損ノ負擔額ハ海産ヲ限度トスル學説ヲ採用シタルモノニシテ前二條ノ規定ニ依ル共同海損ハ船舶ノ到達又ハ積荷ノ引渡ノ時ニ於テ現存セル價額ヲ限度トシテ分擔シ船舶所有者又ハ荷主ハ其他ニ責任ヲ負ハサルモノトセリ

第六百四十五條　船舶ニ備附ケタル武器、船員ノ給料船員及ヒ旅客ノ食料并ニ衣類ハ共同海員ノ分擔ニ付キ其價額ヲ算入セス但此等ノ物ニ加ヘタル損害ハ他ノ利害關係人之ヲ分擔ス

船舶ニ備付ケタル武器、海員ノ給料及ヒ旅客ノ食料并ニ衣類ハ航海上又ハ船員及ヒ旅客ノ人体保護ニ關シ必要欠クヘカラサルモノトス故ニ本條ハ右等ノモノハ共同海損ノ分擔義務ニ加ハヘサルモノトセリ

左レハ若シ此等ノモノニ加ヘタル損害ハ如何ニスヘキト云フニ利害關係人ヲシテ之ヲ分擔補償セシムルモノトセリ

第六百四十六條　船荷証劵其他積荷ノ價格ヲ評定スルニ足ルヘキ書類ナクシテ船積シタル荷物又ハ屬具目錄ニ記載セサル屬具ニ加ヘタル損害ハ利

害關係人ニ於テ之ヲ分擔スルコトヲ要セス
甲板ニ積込ミタル荷物ニ加ヘタル損害亦同シ但沿岸ノ小航海ニ在リテハ此限ニ在ラス
前二項ニ掲ケタル積荷ノ利害關係人ト雖モ共同海損ヲ分擔スル責ヲ免ルコトヲ得ス

船荷証券其他積荷ノ價格ヲ評定スルニ足ルヘキ書類ナクシテ船積シタル荷物ハ契約ニ依ラス故意又ハ過失ニ因リテ積込ミタル不法行爲ニ因ル積荷ナリトス又屬具目録ニ記載セサル屬具ハ之ヲ船舶ノ一部トシテ認ムルヲ得ス左レハ右二者ハ何レモ共同海損ノ價額ニ算入セラルヘキ物品タルノ資格ヲ有セサルモノナリ故ニ此等ノ物品ニ對シテ損害ヲ生スルモ其損害ハ利害關係人ニ於テ之ヲ分擔スルノ義務ナシ

又沿岸航海ノ場合ヲ除キテハ甲板上ニ積荷スヘキモノニ非サルヲ以テ第二項ハ若シ甲板上ニ積ミタル荷物ニ生シタル損害ニ付テモ前項ト同一ニ損害負擔ノ義務ナシトセリ

右ノ被害者ハ自己ノ積荷ニ損害ヲ生スルモ其不法行爲ニ因ル積荷ナルカ故ニ損害賠償ノ請求權ナキコトハ以上ニ述ヘタルカ如シト雖モ之ヲ以テ共同海損ノ分擔義務ヲ免ルヽノ理由トス

ルコトヲ得ス是レ第三項ノ規定アル所以ナリ

第六百四十七條　共同海損タル損害ノ額ハ到達ノ地及ヒ時ニ於ケル船舶ノ價格又ハ陸揚ノ地及ヒ時ニ於ケル積荷ノ價格ニ依リテ之ヲ定ム但積荷ニ付テハ其滅失又ハ毀損ノ爲メ支拂フコトヲ要セサリシ一切ノ費用ヲ控除スルコトヲ要ス

第三百三十八條ノ規定ハ共同海損ノ場合ニ之ヲ準用ス

本條ハ共同海損ノ損害額ヲ評定スル標準ヲ定メ第六百四十三條ニ於ケル共同海損ノ負擔額ヲ、定ムル場合ト同シク到達ノ地及ヒ時ニ於ケル船舶價格又ハ陸揚ノ地及ヒ時ニ於ケル積荷ノ價格ニ依ラシムルモノトセリ

然レ𪜈積荷ニ付キ其滅失又ハ毀損ノ爲メ支拂フコトヲ要セサリシ費用ヲ控除セサレハ實價ヲ超ヘ過當ノ負擔ヲ爲サシムルコトヽナルカ故ニ之ヲ扣除スヘシトセルナリ爰ニ一切ノ費用ノミヲ控除シ運送賃ヲ控除セサルハ船長カ第六百四十一條ニ從ヒ處分シタル積荷ニ付テハ船舶所有者ニ運送賃全額ノ請求權ヲ附與シタレハナリ（第六百十七條參照）

貨幣有價証券其他高價品ノ荷主カ其種類價額ヲ明告セスシテ船積シタル𬼂ハ本條第二項ハ制

裁規定ヲナシ第三百三十八條ヲ準用シ如斯積荷ニ對シテハ共同海損分擔ノ義務ナシトセリ蓋シ斯ノ如キ悪意ノ荷主ニ對シテハ固ヨリ至當ノ制裁ナリト云フヘシ

第六百四十八條　船荷証券其他積荷ノ價格ヲ評定スルニ足ルヘキ書類ニ積荷ノ實價ヨリ低キ價額ヲ記載シタルトキハ其積荷ニ加ハヘタル損害ノ額ハ其記載シタル價額ニ依リテ之ヲ定ム

積荷ノ實價ヨリ高キ價額ヲ記載シタルトキハ其積荷ノ利害關係人ハ其記載シタル價額ニ應シテ共同海損ヲ分擔ス

前二項ノ規定ハ積荷ノ價格ニ影響ヲ及ホスヘキ事項ニ付キ虚僞ノ記載ヲ爲シタル場合ニ之ヲ準用ス

本條ハ詐欺ノ行爲ノ制裁ヲ規定シタルモノナリ第一項ハ船荷証券其他積荷ノ價格ヲ評定スルニ足ルヘキ書類ニ實價ヨリ低キ價額ヲ記載シタルトキハ其者カ賠償ヲ受クルニハ其記載額ヲ以テ損害額トシ實價ニ依リテ請求スルコトヲ得サラシムルモ損害ノ負擔ハ實價ニ依リテ負擔セシムルモノトセリ

第二項、前項ト反對ニ實價ヨリ高キ價額ヲ記載シタル𪜈ハ賠償ハ實價以外ニ得ル能ハサルモ

負擔額ハ其記載シタル價格ニ依ラシムルコトヽセリ

第三項、荷主カ共同海損ノ賠償又ハ負擔ニ付キ又ハ運送賃等ニ關シテ自己ノ利ヲ圖リ虛僞ノ記載ヲナスコトアルモ其價額ハ物質品位等ニ依リ之ヲ定ムルコトヲ得ヘシ故ニ荷主カ積荷ノ價額ニ影響ヲ及ホスヘキ僞ハリノ記載ヲ爲シタル㕝ハ其制裁トシテ前二項ノ規定ヲ適用シ其價額ハ積荷ノ利害關係人ノ損トナリテ利益トナラサルヘク定ムヘシトセリ

第六百四十九條　第六百四十二條ノ規定ニ依リテ利害關係人カ共同海損ヲ分擔シタル後船舶其屬具若クハ積荷ノ全部又ハ一部カ其所有者ニ復シタルトキハ其所有者ハ償金中ヨリ救助ノ費用及ヒ一部滅失又ハ毀損ニ因リテ生シタル損害ノ額ヲ控除シタルモノヲ返還スルコトヲ要ス

第六百四十二條ノ割合ニ依リテ利害關係人カ共同海損ヲ分擔シタル後ニ喪失又ハ毀損シタリト思惟セシモノカ或ハ漂着シ或ハ救助セラレテ所有者ノ手ニ復スルコトナシトセス然ラハ如此場合ニ所有者カ先キニ受ケタル賠償額ヲ其儘ニ取置クコトヲ許ス㕝ハ船舶所有者ハ不當利得ヲ爲スモノトナル故ニ本條ハ如此場合ニハ其所有者ハ先キノ償金ヨリ救助ノ費用及ヒ一部滅失毀損ノ爲メニ受ケタル損害金ヲ控除シ其殘額ヲ返還スル義務アリトセリ

第六百五十條　船舶カ双方ノ船員ノ過失ニ因リテ衝突シタル塲合ニ於テ双方ノ過失ノ輕重ヲ判定スルコト能ハサルトキハ其衝突ニ因リテ生シタル損害ハ各船舶ノ所有者平分シテ之ヲ負擔ス

天災其他不可抗力ニ因リテ船舶カ衝突シタル片ハ其受ケタル損害ハ各自之ヲ負擔シ、一方ノ過失ニ因リタルトキハ其過失者之ヲ負擔シ、双方ノ過失ニ出テ其輕重大小ヲ判定シ得ヘキトキハ其過失ノ輕重大小ニ應シテ負擔スヘキコトハ民法ノ不法行爲ノ原則ニ依リテ明カナリト雖モ本法ハ尚ホ進ンテ其過失ハ何レカ輕キカ何レカ重キカヲ判定シ得サルトキハ如何ニシテ可ナルカヲ定ムルノ必要ヲ認メタリ是レ本條ノ設ケアル所以ニシテ本條ハ船舶カ双方ノ船員ノ過失ニ因リテ衝突シタル塲合ニ於テ其過失ノ輕重大小ヲ判定シ得サルトキハ其衝突ニ因リテ生シタル損失ハ各船舶ノ所有者平分シテ之ヲ負擔スルモノトセリ、例ヘハ一方ニ四千圓、一方ニ六千圓ノ損害ヲ生シタルトキハ各五千圓ツヽヲ負擔セシムルモノナリ、其旨趣トスル所ハ損害ヲ一個ノモノト看做シ之ヲ生セシメタル過失ハ之ヲ五分々々ノモノトシ双方ヲシテ同等ニ其責任ヲ負ハシムルモノニシテ頗ル公平ヲ得且ツ條理ニ適シタル規定ナリト云フヘシ

第六百五十一條　共同海損又ハ船舶ノ衝突ニ因リテ生シタル債權ハ一年ヲ經過シタルトキハ時効ニ因リテ消滅ス
前項ノ期間ハ共同海損ニ付テハ其計算終了ノ時ヨリ之ヲ起算ス
共同海損又ハ船舶ノ衝突ニ因リテ生シタル債權ノ如キハ短少ノ期間ヲ以テ消滅セシメ可成速ニ其關係ヲ絶タシムルヲ可トス然ラサレハ却テ航海業ノ發達進歩ヲ害スヘシ故ニ第一項ハ他ノ特別時効ノ場合ニ比準シ猶ホ其期間ヲ一ケ年ト定メタリ
共同海損ノ發生ヨリ計算ヲ終了スルニ至ルマテノ間ニハ大ニ時間ヲ隔ルコトアルヘキカ故ニ第二項ハ特ニ其起算点ヲ定ムルノ必要ヲ認メ時効ノ進行ハ計算終了ノ時ヨリ開始スルモノトセリ

第六百五十二條　本章ノ規定ハ船舶カ不可抗力ニ因リ發航港又ハ航海ノ途中ニ於テ碇泊ヲ爲ス爲メニ要スル費用ニ之ヲ準用ス
不可抗力ニ因リ船舶カ發航港又ハ航海ノ途中碇泊シ之レカ爲メニ要シタル費用ヲ船舶所有者ノミニ負擔セシムルノ不當ナルコトハ言ヲ俟タス故ニ本條ハ共同海損ノ規定ヲ之ニ準用シ積荷ノ所有者ニモ分擔セシムヘキモノトセリ

第五章　保険

本章ニハ海上保險ニ特別ナル規定ヲ揭ケ本章ニ定メタル場合ヲ除ク外ハ損害保險ニ關スル第三編第十章第一節第一欵ノ規定ヲ適用スルモノトナシタリ

第六百五十三條　海上保險契約ハ航海ニ關スル事故ニ因リテ生スルコトアルヘキ損害ノ塡補ヲ以テ其目的トス

海上保險契約ニハ本章ニ別段ノ定アル場合ヲ除ク外第三編第十章第一節第一欵ノ規定ヲ適用ス

本條ハ海上保險ノ性質ヲ示シタルモノニシテ海上保險契約ノ成立ニハ左ノ三要素ヲ具フルヲ要ス

(一)航海ニ關スルコト〇陸上保險ハ第三編ニ之ヲ規定シタルヲ以テ航海ニ關セサル事故ハ凡ヘテ陸上保險契約ノ目的ニ屬シ海上保險契約ノ目的トナスヘキモノハ唯タ航海ニ關スル事故ナヲサルヘカラス

(二)損害ハ豫期スヘカヲサル偶然ノ事故ニ因リ生スルコトアルヘキ損害ナルコト〇故ニ損害ハ危險發生ノ有無確定セサル一定ノ事故ノ爲メ生スルコトアルヘキ損害ナヲサルヘカラス

（三）損害ノ塡補ヲ目的トスルコト○被保險者カ實際蒙ムリタル損害ヲ賠償スルヲ目的トスヘク實際ニ生シタル損害額以外ノ額ヲ賠償セシムルコトヲ約スルヲ得ス、相手方ヨリ與フル報酬ヲ茲ニ云ハサルハ第三編第十章第一節第一欵ノ規定ヲ適用スルコトヽナシタルカ故ナレハ（本條第二項）保險料ノ支拂ハ同欵ニ於ケル保險契約一般ノ規定ニ依リテ之ヲ約スルコトヲ要スヘキハ勿論ナリ

保險ノ目的ニ關シ本法ハ唯航海ニ關スル事故ニ因リ生スルコトアルヘキ損害云々ト書シテ概括的ニ之ヲ規定シタリ故ニ航海ニ關スル事故ノ爲メ生スルコトアルヘキ損害ハ凡ヘテ保險ノ目的トナスコトヲ得、故ニ運送賃及ヒ金錢上ノ希望利益等ノモノニ至ルマテ凡ヘテ被保險目的トナシ得ルナリ

第六百五十四條　保險者ハ本章又ハ保險契約ニ別段ノ定アル場合ヲ除ク外保險期間中保險ノ目的ニ付キ航海ニ關スル事故ニ因リテ生シタル一切ノ損害ヲ塡補スル責ニ任ス

本條ハ第六百六十三條等ノ如ク本章ニ於テ又ハ保險契約ヲ以テ別段ニ定メタル場合ヲ除ク外保險者ハ保險期間中被保險目的ニ對シ航海ニ關スル事故ニ因リテ生シタル一切ノ損害ヲ補償

スル責アリトシ概括的ニ保險者ノ責任ノ範圍ヲ示シタリ故ニ原則トシテハ保險者ハ航海ニ關スル事故ノ爲メニ生シタル損害ハ總テ之ヲ賠償スルノ義務アルナリ

第六百五十五條　保險者ハ被保險者カ支拂フヘキ共同海損ノ分擔額ヲ塡補スル責ニ任ス但保險價額ノ一部ヲ保險ニ付シタル場合ニ於テハ保險者ノ負擔ハ保險金額ノ保險價額ニ對スル割合ニ依リテ之ヲ定ム

船舶又ハ積荷ヲ保險ニ付シタル場合ニ於テ其船舶又ハ積荷ニ損害ヲ受ケタル片ハ保險者ハ之ニ對シテ其損害ヲ塡補セサルヘカラサルハ勿論ナルモ他ノ船舶若クハ積荷ニ損害ヲ生シタル片ニモ其損害カ共同海損ナレハ保險者ハ保險セシ物ノ價格ニ應シ被保險者カ負擔スヘキ割前ノ額ヲ塡補スヘキ責任アリ是レ恰モ保險シタル物ニ受ケシ損害モ同一ナレハナリ而カモ茲ニ之ヲ明記シ置カサル片ハ疑ナシトスヘカラス是レ本條前段ノ設ケアル所以ナリ然レヒ保險價額ノ一部ヲ保險ニ付シタル片ハ保險者ノ負擔ハ保險金額ノ保險價額ニ對スル割合ニ依リテ負擔スヘキモノトス即チ保險價額二千圓ノ積荷カ共同海損ノ割前五百圓ヲ負擔スヘキ片千圓ノ保險ニ付シタル片ハ二百五十圓ヲ負擔スル如キ是レナリ

第六百五十六條　船舶ノ保險ニ付テハ保險者ノ責任カ始マル時ニ於ケル其

價額ヲ以テ保險價額トス

本條ハ保險契約ノ目的タル船舶ニ付キ損害塡補ノ額ヲ定ムヘキ標準ヲ示シ第三百九十三條ト異ナル規定ヲ設ケ保險者ノ責任カ始マル時ニ於ケル船舶價額ヲ以テ保險價格ト爲シタリ第三百九十三條ハ損害ノ生シタル地ト時ニ於ケル價額ニ依ラシメタルモ船舶ニシテ此規定ニ從ハシムルトキハ徒ラニ當事者ノ爭ヲ漢起セシムルマテニシテ到底正當ナル價額ヲ定ムルコトハ出來セサルヘシ是レ特ニ本條ノ規定ヲ要シタル所以ナリ

第六百五十七條　積荷ノ保險ニ付テハ其船積ノ地及ヒ時ニ於ケル其價額及ヒ船積幷ニ保險ニ關スル費用ヲ以テ保險價額トス

本條ハ前條ノ規定ト同一ノ旨趣ヲ以テ規定セシモノナリ故ニ本條ニ付テハ說明ヲ省ク

第六百五十八條　積荷ノ到達ニ因リテ得ヘキ利益又ハ報酬ノ保險ニ付テハ契約ヲ以テ保險價額ヲ定メサリシトキハ保險金額ヲ以テ保險價額トシタルモノト推定ス

金錢上ノ希望利益モ之ヲ以テ保險ノ目的ト爲スコトヲ得是レ今日一般ニ是認スル所ニシテ毫モ批難スヘキ點ナシ然レモ個ハ只將來ノ希望ニ屬シ幾ソト一定ノ標準ヲ以テ其價額ヲ算定シ

得ヘキモノナラサルカ故ニ積荷ノ到達ニ因リテ得ヘキ利益又ハ報酬ノ保險ニ付テハ當事者カ契約ヲ以テ保險價額ヲ定メサリシトキハ本條ハ當事者ノ意思ヲ推測シテ保險金額ヲ以テ保險價額トシタル者ト推定ス蓋シ實際ニ於テ保險價額ト保險金額トハ大抵同一ナルヲ以テ斯クハ推定シタルナリ尤モ推定ナルカ故ニ反對ヲ証明シ得サルニハアラサルナリ

第六百五十九條　一航海ニ付キ船舶ヲ保險ニ付シタル場合ニ於テハ保險者ノ責任ハ荷物又ハ底荷ノ船荷ニ着手シタル時ヲ以テ始マル

荷物又ハ底荷ノ船積ヲ爲シタル後船舶ヲ保險ニ付シタルトキハ保險者ノ責任ハ契約成立ノ時ヲ以テ始マル

前二項ノ場合ニ於テ保險者ノ責任ハ到達地ニ於テ荷物又ハ底荷ノ陸揚カ終了シタル時ヲ以テ終ハル但其陸揚カ不可抗力ニ因ラスシテ遲延シタルトキハ其終了スヘカリシ時ヲ以テ終ハル

本條ハ船舶ヲ保險ニ附シタル場合ニ於ケル保險期間ノ始期ト終期トヲ定メタルモノナリ

一航海ニ付キ船舶ヲ保險ニ付シタル(トキ)ハ保險者ノ責任ハ荷物又ハ底荷ヲ船舶ニ積始メタル時ヲ以テ始マリ(以上第一項)其船積ヲ爲シタル後ニ保險契約ヲ締結シタル(トキ)ハ契約成立ノ時ヲ以テ始

マルモノトシ第一項ノ旨趣ニ適セシメタリ(第二項)

第三項ハ保險期間ノ終了期ヲ規定シ荷物又ハ底荷ヲ水揚シテ陸地ニ移シ終ハリタル時ヲ以テ終了スルモノトセリ然レヒ若シ天災其他ノ不可抗力ニ因ラスシテ其陸揚ヲ遲延シタル片ハ通常陸揚ヲ終了スヘカリシ時ヲ以テ終了スルモノトシ此終了期以後ニ生シタル事故ニ付テハ其責任ナシトセリ是レ相手方ノ不法行爲ノ爲メニ遲延シタルニ拘ハラス遲延後ニ發生シタル事故ニ付キ尙ホ保險者ニ其責任アリトスルハ甚タ不當ノコトナレハナリ

第六百六十條　積荷ヲ保險ニ付シ又ハ積荷ノ到達ニ因リテ得ヘキ利益若クハ報酬ヲ保險ニ付シタル場合ニ於テハ保險者ノ責任ハ其積荷カ陸地ヲ離レタル時ヲ以テ始マリ陸揚港ニ於テハ其陸揚カ終了シタル時ヲ以テ終ハル

前條第三項但書ノ規定ハ前項ノ場合ニ之ヲ準用ス

本條ハ積荷又ハ其積荷ノ到達ニ因リテ得ヘキ利益又ハ報酬ヲ保險ニ付シタル場合ニ於ケル保險者ノ責任ノ始期ト終期トヲ定メタルモノニシテ此場合ニハ其積荷カ陸地ヲ離レタル時ヲ以テ始マリ陸揚港ニ於テハ其陸揚ヲ全ク終ハリタルトキヲ以テ終了スルモノトセリ、是レ積荷

ノ危險ハ之ト同時ニ始マリ之ト同時ニ終ハルモノナレハナリ
尙ホ此場合ニ於テ其陸揚カ相手方ノ過失ニ因リテ遲延シタルトキハ前條第三項ノ場合ト同シク保險期間ハ通常陸揚ノ終了スヘカリシトキヲ以テ終ハリ保險者ハ其終了期以後ノ事故ニ付キテハ其責任ヲ負フコトナシ其理由トスル所ハ前條ニ述ヘタル所ニ同シ

第六百六十一條　海上保險証券ニハ第四百三條第二項ニ掲ケタル事項ノ外左ノ事項ヲ記載スルコトヲ要ス
一　船舶ヲ保險ニ付シタル場合ニ於テハ其船舶ノ名稱國籍竝ニ種類船長ノ氏名及ヒ發航港到達港又ハ寄航港ノ定アルトキハ其港名
二　積荷ヲ保險ニ付シ又ハ積荷ノ到達ニ因リテ得ヘキ利益若クハ報酬ヲ保險ニ付シタル場合ニ於テハ船舶ノ名稱國籍竝ニ種類船積港及ヒ陸揚港

本條ハ海上保險証券ニ記載スヘキ特別ノ事項ヲ定メタルモノニシテ此他ハ保險証券ノ記載事項ヲ定メタル損害保險ノ總則第四百三條ノ規定ニ從フヘキモノトス

第六百六十二條　保險者ノ責任カ始マル前ニ於テ航海ヲ變更シタルトキハ

保險契約ハ其効力ヲ失フ

保險者ノ責任カ始マリタル後航海ヲ變更シタルトキハ保險者ハ其變更後ノ事故ニ付キ責任ヲ負フコトナシ但其變更カ保險契約者又ハ被保險者ノ責ニ歸スヘカラサル事由ニ因リタルトキハ此限ニ在ラス

到達港ヲ變更シ其實行ニ着手シタルトキハ保險シタル航路ヲ離レサルトキト雖モ此航海ヲ變更シタルモノト看做ス

本條ハ航海變更ノ場合ニ於ケル保險者ノ責任ニ付テ規定シタルモノナリ

第一項ハ保險者ノ責任カ始マル前ノ場合ヲ規定セリ、第一項ニ依レハ保險者ノ責任カ始マル前ニ於テ航海ヲ變更シタルトキハ變更ノ原因如何ヲ問フヲ要セス保險契約ハ其効力ヲ失フモノトス、茲ニ一航海トハ甲港ヨリ乙港マテノ往復航海ヲ云フモノニシテ航海ヲ變更スルトハ此場合ニ乙港ニ向フヘキヲ更ニ丁港ニ向ヒタルカ如キヲ云フモノナリ此ノ如ク航海ヲ變更スルハ危險ノ性質程度ヲ變スルモノニシテ危險ノ性質程度ヲ變更スルハ保險契約ノ根源ヲ失ハシムルモノナリ已ニ契約ノ根源ヲ失ハシメタリトセンカ其契約カ消滅スヘキハ當然ノコトナリ是レ第一項ノ規定アル所以ナリ第二項ハ保險者ノ責任カ始マリタル後ノ場合ヲ規定シタルモノニシテ茲ニハ其原因ヲ區別シ保險者ノ責任ニ影響ヲ及ホスヘキ場合ト否トヲ明カニセリ、即チ本條ニ依レハ保險者ノ責任カ始マリタル後ニ航海ヲ變更シタルトキハ保險契約ハ直チニ消滅シ保險者ハ變更以後ノ事故ニ付キ責任ヲ負フコトナシ、然レトモ保險契約者又ハ被保險者ノ責ニ歸スヘキ事由存セサルトキハ保險契約ハ依然繼續シ保險者ノ責任ニハ毫モ影響ヲ及ホサヽルモノトス是レ保險者ノ責任カ始マリタル後ニ航海ヲ變更スルコトアルモ其變更ニシテ保險契約者又ハ被保險者ノ行爲ニ因リタルニアラスシテ不可抗力又ハ正當ノ事由ニ因リテ生シタルモノナリトセハ毫末モ保險契約ニ影響ヲ及ホスヘキノ理由アラサレハナリ

到達港ヲ變更スルモ保險シタル航路ヲ離レサル間ハ未タ契約シタル危險ニ何等ノ影響ヲ及ホサヽルカ如シト雖モ已ニ到達港ヲ變更スルノ決心ヲナシ其實行ニ着手シタルトキハ最早航海ハ明カニ變更セラレタルモノナルカ故ニ(到達港ハ航海ノ要素ナルヲ以テ)其船舶カ豫定ノ航路ヲ離レタルト否トハ敢テ問フ所ニアラサルナリ故ニ第三項ハ此理論ヲ適用シ到達港ヲ變更シテ一旦其實行ニ着手シタルトキハ假トヒ保險シタル航路ヲ航行シツヽアリテモ航海ヲ變更シタルモノト看做ス

第六百六十三條　被保險者カ發航ヲ爲シ又ハ航海ヲ繼續スルコトヲ怠リ又ハ航路ヲ變更シ其他著シク危險ヲ變更若クハ増加シタルトキハ保險者ハ其變更又ハ増加以後ノ事故ニ付キ責任ヲ負フコトナシ但其變更又ハ増加カ事故ノ發生ニ影響ヲ及ホサヽリシトキ又ハ保險者ノ負擔ニ歸スヘキ不可抗力若クハ正當ノ理由ニ因リテ生シタルトキハ此限ニ在ラス

本條モ保險者ノ責任ニ付テ規定シタルモノナルカ本條ハ重モニ航路變更ノ場合ニ關セリ抑ヽ保險者ハ時又ハ航路ヲ基礎トシテ保險料ヲ定ムルモノナリ故ニ被保險者カ妄リニ發航又ハ航海ノ繼續ヲ怠リテ豫定シタル時ヲ遲延シ又ハ航路ヲ變更シテ豫定シタル航路ヨリ他ノ航路ヲ進行スル如キ行爲ヲナスハ契約シタル危險ヲ變更スルモノナルカ故ニ斯ル場合ニハ保險者ニ責任ナキハ勿論ナリ、若シ之レアリトセハ全ク契約外ノ責任ヲ負擔セシムルモノト云ハサルヘカラス故ニ本條ハ被保險者カ豫定シタル時又ハ航路ヲ變更シタルトキハ保險者ハ其變更又ハ増加以後ノ事故ニ付キ責任ナシトセリ然レトモ時又ハ航路變更ノ如キハ其實際ニ於テ多少ハ之レアルヲ免レサルコトナルヲ以テ右ハ其最モ著大ナル場合ニ限レリ

尙ホ航路變更ノ如キハ航海ノ變更ニ比スレハ危險ノ程度稍ヤ輕キヲ以テ假トヒ其變更増加ナ

シトスルモ他ノ事故起生シ何ノ途危險ノ發生ヲ免レサリシ如ク變更增加カ事故ノ發生ニ影響ヲ及ホサス即チ變更又ハ增加カ事故發生ノ原因トナラサルトキ又ハ變更增加カ不可抗力若クハ正當ノ事由ニ因リテ生シタル場合ニハ被保險者ヲ保護スルコト正當ニシテ保險者ニ責任アリトスルハ固ヨリ當然ノコトナリトス故ニ本條ハ如此場合ニハ保險者ヲシテ其責任ヲ負ハシムルモノトセリ

第六百六十四條　保險契約中ニ船長ヲ指定シタルトキト雖モ船長ノ變更ハ契約ノ効力ニ影響ヲ及ホサス

保險契約ハ船舶ニ重キヲ置クモ敢テ船長ノ何人タルヤハ之ヲ問フヲ要セス何トナレハ船長ナル者ハ特別法ノ規定ニ依リ何レノ船長ト雖モ皆相當ノ技能ヲ備ムルヲ以テ船長ヲ變更スルモ之レカ爲メニ危險ノ程度ヲ變更增加セリト云フコトヲ得サレハナリ故ニ假トヒ保險契約ニ船長ヲ指定シタルトキト雖モ船長ノ變更ハ契約ノ効力ニ毫モ影響ヲ及ホサヽルモノト見ルヘキハ當然ナリ是レ本條ノ規定アル所以ナリ

第六百六十五條　積荷ヲ保險ニ付シ又ハ積荷ノ到達ニ因リテ得ヘキ利益若クハ報酬ヲ保險ニ付シタル場合ニ於テ船舶ヲ變更シタルトキハ保險者ハ

其變更以後ノ事故ニ付キ責任ヲ負フコトナシ但其變更カ保險契約者又ハ被保險者ノ責ニ歸スヘカラサル事由ニ因リタルトキハ此限ニ在ラス

船舶ノ大小堅否ハ積荷ニ對スル危險ノ程度ニ大ナル關係ヲ有スルモノナリ故ニ積荷ヲ保險ニ付シ又ハ積荷ノ到達ニ因リテ得ヘキ利益又ハ報酬ヲ保險ニ付シタル場合ニ於テ故ナク船舶ヲ變更シタルトキハ保險者ヲシテ變更以後ニ生シタル事故ニ對シテ責任ヲ負ハシムルヲ得ス然レトモ其變更ニシテ保險契約者又ハ被保險者ノ責ニ歸スヘカラサル事由ニ因リタルトキ即チ其變更ハ航海ノ目的ヲ達スルニ付テ已ムヲ得サル必要ノ處分ニ出テタルカ又ハ戰爭其他ノ不可抗力ニ因リタルモノニシテ保險契約者又ハ被保險者ノ故意又ハ過失ニ因リタルモノニアラサルトキハ保險契約ニ毫モ影響ヲ及ホス理由ナキナリ故ニ如此場合ニハ保險者ハ損害塡補ノ責任ヲ免ルヽコトヲ得サルモノトス是レ但書ヲ設ケタル所以ナリ

第六百六十六條　保險契約ヲ爲スニ當タリ荷物ヲ積込ムヘキ船舶ヲ定メサリシ場合ニ於テ保險契約者又ハ被保險者カ其荷物ヲ船積シタルコトヲ知リタルトキハ遲滯ナク保險者ニ對シテ船舶ノ名稱及ヒ國籍ノ通知ヲ發スルコトヲ要ス

保險契約者又ハ被保險者カ前項ノ通知ヲ怠リタルトキハ保險契約ハ其效力ヲ失フ

保險者カ其保險シタル荷物ノ如何ナル船舶ニ積込マレタルカヲ知ルハ其最モ必要トスル所ナリ何トナレハ若シ其保險シタル荷物カ一ノ船舶ニノミ集積シタル等ノ場合ニ於テハ之ヲ再保險ニ付スル等ノ必要モアルヘケレハナリ故ニ保險契約ニ其船舶ヲ定メサリシ場合ニ於テ保險契約者又ハ被保險者カ其荷物ヲ船積シタルコトヲ知リタルトキハ本條第一項ニ依リ保險契約者又ハ被保險者ハ遲滯ナク保險者ニ對シテ船舶ノ名稱及ヒ國籍ヲ通知シ如何ナル船舶ニ其荷物ヲ船積セリト云フコトヲ知ラシムル義務アリ從テ第二項ハ之レニ對スル制裁ヲ規定シ保險契約者又ハ被保險者カ其ノ通知ヲ怠リタルトキハ保險契約ハ其効力ヲ失フモノトナセリ

第六百六十七條　保險者ハ左ニ掲ケタル損害又ハ費用ヲ塡補スル責ニ任セス

一　保險ノ目的ノ性質若クハ瑕疵其自然ノ消耗又ハ保險契約者若クハ被保險者ノ惡意若クハ重大ナル過失ニ因リテ生シタル損害

二　船舶又ハ運送賃ヲ保險ニ付シタル場合ニ於テ發航ノ當時安全ニ航海

ヲナス爲ニ必要ナル準備ヲ爲サス又ハ必要ナル書類ヲ備ヘサルニ因リテ生シタル損害

三　積荷ヲ保險ニ付シ又ハ積荷ノ到達ニ因リテ得ヘキ利益若クハ報酬ヲ保險ニ付シタル場合ニ於テ傭船者、荷送人又ハ荷受人ノ惡意若クハ重大ナル過失ニ因リテ生シタル損害

四　水先案內料、入港料、燈臺料、撿疫料其他船舶又ハ積荷ニ付キ航海ノ爲メニ出シタル通常ノ費用

本條ハ保險者ノ塡補スルニ及ハサル損害及ヒ費用ヲ列記シタルモノニシテ第六百五十四條ニ所謂本章ニ別段ノ定メアル場合ノ一トス

第一號、保險ノ目的ノ性質瑕疵自然ノ消耗又ハ保險契約者若クハ被保險者ノ惡意若クハ重大ノ過失ニ原因セル損害ハ保險者ノ負擔スヘキモノニアラス蓋シ保險契約ハ偶然ノ事故ニ因リ生スルコトアルヘキ損害塡補ヲ約スルモノナルニ此等ノ損害タル必然生スヘキモノニアラサレハ即ハチ一方ノ故意若クハ過失ニ由ラサルハナシ是レ保險者ニ損害塡補ノ責任ナシトセル所以ナリ

第二號、發航ノ當時船舶カ安全ニ航海ヲ爲スニ必要ナル準備ヲ爲シ又必要ナル書類ヲ備フヘキコトハ法律カ船長ニ命スル所ノ義務タルカ故ニ此等ノ準備ニ聊カモ欠クル所ナカルヘシトハ何人モ疑ハサル所ナリトス故ニ船舶又ハ運送賃ヲ保險ニ付シタル場合ニ於テ此等ノ備準整頓セサルカ爲メニ生シタル損害ハ全ク船長ノ惡意若クハ過失ニ因ルモノト云ハサルヘカラス故ニ如此損害ハ亦保險者ノ負擔スヘキモノニ非ス

第三號、積荷又ハ積荷ノ到達ニ因リテ得ヘキ利益又ハ報酬ヲ保險ニ付シタル場合ニ於テ傭船者、荷送人又ハ荷受人ノ惡意若クハ重大ナル過失ニ因リテ生シタル損害モ亦塡補ノ義務ナシ但シ重大ナル過失ニ限リタルハ若シ通常ノ過失ニシテ尙ホ契約ノ効力ニ影響ヲ及ホスモノトスルキハ保險契約者又ハ被保險者ノ爲メ甚タ酷ナレハナリ

第四號、水先案內料其他本號ニ揭ケタル費用ハ通常ノ費用ナルヲ以テ船舶所有者ノ負擔ニ屬シ保險者カ賠償ヲナスヘキモノニアラサルハ言ヲ俟タス

第六百六十八條　共同海損ニ非サル損害又ハ費用カ其計算ニ關スル費用ヲ算入セスシテ保險價額ノ百分ノ二ヲ起エサルトキハ保險者ハ之ヲ塡補スル責ニ任セス

右ノ損害又ハ費用カ保險價額ノ百分ノ二ヲ超エタルトキハ保險者ハ其全額ヲ支拂フコトヲ要ス

前二項ノ規定ハ當事者カ契約ヲ以テ保險者ノ負擔セサル損害又ハ費用ノ割合ヲ定メタル場合ニ之ヲ準用ス

前三項ニ定メタル割合ハ各航海ニ付キ之ヲ計算ス

共同海損ニ非サル損害又ハ費用即ハチ單獨損害カ其計算ニ關スル費用ヲ算入セスシテ保險價額ノ百分ノ二ヲ超ヘサルトキハ保險者ハ之ヲ塡補スルノ義務ナシ抑ゝ嚴格ニ之ヲ論スルトキハ如何ナル微細ノ損害ト雖トモ尙ホ保險者ニ其損害塡補ノ責任アリト云ハサルヘカラス然リト雖トモ實際ヨリ之ヲ觀ルトキハ若シ其損害ニシテ保險ノ目的ノ價額ノミニテ百分ノ二ニ達セサル如キ小額ノ損害ニ對シテモ尙ホ其責任アリトスルトキハ却テ損害塡補ノ目的ニ反スルコトトナルヘシ何トナレハ其計算ノ費用ハ間ゝ保險ノ目的ノ價額ヲ超過シ其賠償額ハ以テ出費ヲ償フニ足ラサレハナリ是レ本條第一項ヲ設ケタル所以ナリ

第一項ニ百分ノ二ヲ超ヘサルトキトアルヲ以テ百分ノ二ヲ超ユルトキハ塡補ノ責任アルハ言ヲ俟タス然レトモ唯行文ノ上ヨリ見ルトキハ百分ノ二ヲ超ユルトキト雖トモ或ハ百分ノ二以上ノ額

ニ對シテノミ負擔シ百分ノ二以下ノ額ニ對シテハ負擔セサルヤノ疑ヲ惹起サシムル恐レアリ故ニ第二項ヲ設ケテ其意ヲ明カニセリ

當事者カ契約ヲ以テ保險者ノ負擔セサル損害又ハ費用ノ割合ヲ定メタル場合ニ於テモ右ト同一ナラシムル必要アリ故ニ第三項ハ第一項、第二項ノ規定ヲ其場合ニ準用スルコトヽセリ

航海ニ關スル計算ハ一航海コトニ之ヲナスヲ例トス故ニ第四項ハ以上ニ定メタル計算ハ一航海毎ニ計算スヘキヲ示シタルニ過キス

第六百六十九條　保險ノ目的タル積荷カ毀損シテ陸揚港ニ到達シタルトキハ保險者ハ其積荷カ毀損シタル狀況ニ於ケル價額ノ毀損セサル狀況ニ於テ有スヘカリシ價額ニ對スル割合ヲ以テ保險價額ノ一部ヲ塡補スル責ニ任ス

海上保險ノ損害ハ常ニ海上ニ起ルコトテルヲ以テ損害塡補ノ額ヲ損害地及ヒ其時ノ價額ニ依リテ計算セシムルコトハ困難ナルヲ以テ第三百九十三條ノ原則ハ之ヲ海上保險ニ適用セスシテ積荷ニ付テハ第六百五十七條ヲ特設シテ船積ノ地及ヒ時ニ於ケル價額ニ船積並ニ保險費ヲ加ヘタルモノヲ以テ保險價額トナスヘキヲ定メタリ然レヒ右ハ積荷ノ全部又ハ一部喪失ノ場

合ヲ想像シテ規定シタルモノナルカ故ニ若シ積荷カ毀損シテ陸揚港ニ到達シタル場合ニ付テハ他ニ一變例ヲ設クルノ必要アルヲ認メテ本條ヲ設ケタルナリ即ハチ本條ハ例ヘハ積荷カ毀損シテ陸揚港ニ到達シタル場合ニ若シ其積荷カ毀損セサリシナレハ百圓ノ價額ヲ有スヘカリシニ毀損シタルカ爲メ五十圓ノ價額ニ減シ而シテ其ノ時保險金額カ八十圓ナリシトセハ保險者ハ四十圓ヲ賠償スルノ義務アルコトヲ明カニシタルモノナリ

第六百七十條　航海ノ途中ニ於テ不可抗力ニ因リ保險ノ目的タル積荷ヲ賣却シタルトキハ其賣却ニ依リテ得タル代價ノ中ヨリ運送賃其他ノ費用ヲ控除シタルモノト保險價額トノ差ヲ以テ保險者ノ負擔トス但保險價額ノ一部ヲ保險ニ付シタル場合ニ於テ第三百九十一條ノ適用ヲ妨ケス

前項ノ場合ニ於テ買主カ代價ヲ支拂ハサルトキハ保險者ハ其支拂ヲ爲スコトヲ要ス但其支拂ヲ爲シタルトキハ被保險者ノ買主ニ對シテ有セル權利ヲ取得ス

航海ノ途中不可抗力ニ因リ保險ノ目的タル積荷ヲ賣却シタルトキハ保險者ハ其賣却代價ノ中ヨリ荷主ノ當然負擔スヘキ運送賃其他ノ費用ヲ扣除シタル殘額ト保險價額トノ差額ヲ負擔ス

ヘキモノトス蓋シ不可抗力ノ場合ニ積荷ヲ賣却シテ得ル所ノ代價ナルモノハ勢ヒ低額ナラサルヲ得ス而シテ低額ニ賣却セラレタルカ爲メニ被ムル損失タルヤ積荷ノ毀損、滅失ニ因リテ生スル損失ト其實敢テ異ナルコトナシ故ニ保險者カ其損失即ハチ差額ヲ塡補スヘキ義務アルコトハ勿論ナリ尤モ右ハ保險價額ノ全部ヲ保險ニ付シタル場合ナレハ一部保險ノ場合ニ於テハ第三百九十一條ヲ適用シ保險金額ノ保險價額ニ對スル割合ヲ以テ負擔スヘキモノナリ

前項ノ場合ニ於テ買主カ代價ノ支拂ヲ爲サヽルトキハ其積荷ハ恰モ不可抗力ニ因リテ滅失シタルト毫モ異ナルコトナカルヘシ故ニ買主カ其代價ヲ支拂ハサルトキハ保險者ハ當然其支拂ノ責ニ任セサルヘカラス（第二項前段）然レトモ保險者カ其支拂ヲ爲シタルトキハ被保險者カ買主ニ對シテ有スル請求權ヲ取得スルコトヽセサレハ被保險者ヲシテ不當利得ヲ爲サシムルコトヽナルヘシ是レ但書ノ設ケアル所以ナリ

第六百七十一條　左ノ場合ニ於テハ被保險者ハ保險ノ目的ヲ保險者ニ委付シテ保險金額ノ全部ヲ請求スルコトヲ得

一　船舶カ沈沒シタルトキ

二　船舶ノ行方カ知レサルトキ

三　船舶カ修繕スルコト能ハサルニ至リタルトキ

四　船舶又ハ積荷カ捕獲セラレタルトキ

五　船舶又ハ積荷カ官ノ處分ニ依リテ押收セラレ六个月間解放セラレサルトキ

本條ハ被保險者カ保險ノ目的ヲ保險者ニ委付シテ保險金額ノ全部ヲ請求スルコトヲ得ル場合ヲ規定セリ其ハ左ノ如シ

(一)船舶カ沈沒シタルトキ〇船舶カ沈沒シタルトキトハ船舶カ水面以下ニ沈ミタルコトヲ云フモノニシテ船体ヲ毀損シタルト否トヲ問ハサルナリ、如此船舶カ沈沒シタルトキハ到底之ヲ完全ニ引揚クルコト能ハサルニ拘ハラス費用ノ損失ニ至リテハ全部滅失ノ場合ト敢テ異ナルコトナカルヘシ故ニ本條ハ船舶ノ所有權ヲ保險者ニ委付シテ保險金額ヲ請求スルコトヲ得セシメタルナリ

(二)船舶ノ行方カ知レサルトキ〇船舶ノ踪跡ヲ失フタル片ハ船舶カ全部滅失シタルト同一視スルノ外ナシ故ニ是又其一場合ニ置ケリ

(三)船舶カ修繕スルコト能ハサルニ至リタルトキ〇船舶カ修繕スル能ハサルニ至リタルトハ船

船舶カ事實上修繕スルコト能ハサルニ至リタル場合ノミヲ云フニ非ス第五百七十一條ニ於テ法律上修繕スルコト能ハサルモノト看做シタル場合ヲモ包含スルモノニシテ船舶カ此ノ如キ狀況ニ陥イリタル片ハ亦委付權ヲ認ムヘキハ當然ノコトナリトス

(四)船舶カ捕獲セラレタルトキ○船舶又ハ積荷カ交戰國ノ捕獲スル所トナリタル場合ニモ亦保險ノ目的ヲ保險者ニ委付スルコトヲ得ルハ勿論ナリ

(五)船舶又ハ積荷ヲ官ノ處分ニ依リテ差押ヲレ六ケ月間解放セラレサルトキ○此場合ニ於テハ以後容易ニ解放セラルヽノ見込ナカルヘシ故ニ是又其一場合トセリ

第六百七十二條　船舶ノ存否カ六个月間分明ナラサルトキハ其船舶ハ行方ノ知レサルモノトス

保險期間ノ定アル場合ニ於テ其期間カ前項ノ期間内ニ經過シタルトキト雖モ被保險者ハ委付ヲ爲スコトヲ得但船舶カ保險期間内ニ滅失セサリシコトノ證明アリタルトキハ其委付ハ無効トス

前條ニ於テ船舶ノ行方カ知レサルトキハ被保險者ハ保險ノ目的ヲ保險者ニ委付スルコトヲ得トシタル以上ハ船舶ノ存否カ何程ノ間不明ナルヲ以テ行方ノ知レサルモノトスルカヲ定ムル

必要アリ故ニ本條ハ船舶ノ存否カ六ケ月間不明ナルトキハ行方ノ知レサルモノト定メタリ
然レトモ保險期間ノ定アル場合ニ於テ其六ケ月内ニ保險期間カ經過シタルトキハ如何ニスルヤト云フニ既ニ船舶ノ存否カ六ケ月間不明ナルニ及ンテ始メテ委付スルコトヲ得ルノ權利ヲ與フルモノトシタルニ付テハ保險期間ノ經過シタル故ヲ以テ當然行フコトヲ得ヘキ委付ノ權利ヲ失ハシムルヲ得ス故ニ本條ハ保險期間ノ經過シタルト否トニ係ハラス尙ホ委付スルコトヲ得ルモノトセリ尤モ保險期間ノ經過後ニ滅失シタルモノニテ同期間内ニ在リテ尙ホ未タ滅失セサリシ證據アルトキハ其委付ハ之ヲ無効トセリ蓋シ保險期間内ニ船舶カ存在シタリトセハ保險契約ハ無事ニ終了シタルモノナレハ固ヨリ保險者ニ何等ノ責任アラサルカ故ニ其委付ヲ無効トスルハ勿論ナレハナリ

第六百七十三條　第六百七十一條第三號ノ場合ニ於テ船長カ遲滯ナク他ノ船舶ヲ以テ積荷ノ運送ヲ繼續シタルトキハ被保險者ハ其積荷ヲ委付スルコトヲ得ス

一度船舶カ修繕スルコト能ハサルニ至リタルトキ即チ委付原因ヲ生シタルトキ（第六百七十一條第三號參照）ト雖モ船長カ其積荷ヲ他ノ船舶ニ移シテ速ニ其運送ヲ繼續シタルトキハ毫

モ被保險者ニ損害アラサルヲ以テ委付ノ原因ハ茲ニ消滅シタルモノト云ハサルヘカラス故ニ本條ハ此場合ニハ被保險者ハ其積荷ヲ委付スルコトヲ得ストシタリ

第六百七十四條　被保險者カ委付ヲ爲サント欲スルトキハ三个月內ニ保險者ニ對シテ其通知ヲ發スルコトヲ要ス

前項ノ期間ハ第六百七十一條第一號第三號及ヒ第四號ノ場合ニ於テハ被保險者カ其事由ヲ知リタル時ヨリ之ヲ起算ス

再保險ノ場合ニ於テハ第一項ノ期間ハ其被保險者カ自己ノ被保險者ヨリ委付ノ通知ヲ受ケタル時ヨリ之ヲ起算ス

被保險者ハ損害ノ塡補ヲ請求スルモ保險ノ目的ヲ委付シテ保險金額ヲ請求スルモ隨意ナリ然レトモ之ヲナスニハ相當ノ期間內ニ於テセサルヘカラス若シ程過キテ後ニナストキハ保險ノ目的或ハ損傷シ或ハ腐敗スルコトトモナルヲ以テ保險者ニ損失ヲ與フルニ至ルヘシ故ニ本條第一項ハ委付ノ期間ヲ三ケ月ト定メ被保險者カ委付セント欲スルナレハ右ノ期間內ニ保險者ニ對シテ其通知ヲ發スヘキ義務アリト爲シ第二項ハ其起算點ヲ規定シ第六百七十一條第一號第三號及ヒ第四號ノ場合ニハ被保險者カ其事由ヲ知リタル時ヨリ起算ストセリ此ニ同條ノ二號

ト三號トヲ除キタルハ此二ノ場合ハ何レモ六ケ月ヲ經過シタル時ヨリ起算スヘキモノナルカ故ニ他ニ明文ヲ要セサレハナリ

第三項ハ之ヲ再保險ノ場合ニ付テ規定シ最初ノ保險者カ自已ノ保險者（再保險者）ニ對シテ爲スニハ被保險者（船舶所有者若クハ荷主等）ヨリ通知ヲ受ケタル時ヨリ起算ズルモノトセリ

第六百七十五條　委付ハ單純ナルコトヲ要ス

委付ハ保險ノ目的ノ全部ニ付テ之ヲ爲スコトヲ要ス但委付ノ原因カ其一部ニ付テ生シタルトキハ其部分ニ付テノミ之ヲ爲スコトヲ得

保險價額ノ一部ヲ保險ニ付シタル場合ニ於テハ委付ハ保險金額ノ保險價額ニ對スル割合ニ應シテ之ヲ爲スコトヲ得

第一項、委付ハ被保險者ノ利益ノ爲メニ許ス單獨行爲ニシテ一度之ヲ爲シタルトキハ其効力ハ直チニ確定シ再ヒ之ヲ變更若クハ取消スコトヲ得サルモノトス從テ其委付ハ單純ナルコトヲ要シ條件又ハ制限ヲ付スルコトヲ許サス若シ條件又ハ制限ヲ付シタルトキハ之ヲ無効トス

第二項、委付ハ單純ナルコトヲ要ス故ニ之ヲナスニハ保險ノ目的ノ全部ニ付テナサヽルヘカラス若シ一部ニ付テナスハ單純ナラサルモノニシテ前項ニ述ヘタル所ノ旨趣ニ反ス然レモ十

ケノ物品中ノ三ケニ損害ヲ生シタルトキノ如ク委付スルコトヲ得ヘキ事由カ其一部ニ付テ生シタル𪜈ハ其部分即チ右ノ三ケノ物品ニ付テ之ヲ許スヘキハ當然ナリ是レ但書ヲ設ケタル所以ナリ

第三項、前項ハ全部保險ノ場合ヲ想像シタルモノナルカ本項ハ一部保險ノ場合ニ於テハ保險金額ノ保險價額ニ對スル割合ニ應シテ委付スルコトヲ得トセリ

第六百七十六條　保險者カ委付ヲ承認シタルトキハ後日其委付ニ對シテ異議ヲ述フルコトヲ得ス

委付ノ性質タルヤ前條第一項ニ述ヘタルカ如クナルヲ以テ委付ノ効力ハ速ニ確定セシムルヲ必要トス故ニ本條ハ保險者カ一旦委付ヲ承認シタル𪜈ハ後日其委付ニ對シテ異議ヲ述フルコトヲ得サルモノトセリ但シ民法ノ原則ニ依リ詐欺又ハ强迫ヲ原由トシテ其取消ヲ求ムルコトヲ得ルハ勿論ナリ

第六百七十七條　保險者ハ委付ニ因リ被保險者カ保險ノ目的ニ付キ有セル一切ノ權利ヲ取得ス

被保險者カ委付ヲ爲シタルトキハ保險ノ目的ニ關スル証書ヲ保險者ニ交

付スルコトヲ要ス
委付ヲ單獨行爲ト爲シタル結果被保險者カ保險ノ目的ヲ委付スルヤ直チニ其効力ヲ生スルモノトス故ニ保險者ハ本條第一項ニ依リ委付ニ因リテ被保險者カ保險ノ目的ニ付キ有セル一切ノ權利ヲ取得スルコトヲ得
又保險者カ其取得シタル權利ヲ行フニハ保險ノ目的ニ關スル證書アルヲ必要トス故ニ第二項ハ被保險者カ委付ヲナシタルトキハ其證書ヲ交付スル義務アリトセリ

第六百七十八條　被保險者ハ委付ヲ爲スニ當タリ保險者ニ對シ保險ノ目的ニ關スル他ノ保險契約並ニ其負擔ニ屬スル債務ノ有無及ヒ其種類ヲ通知スルコトヲ要ス
保險者ハ前項ノ通知ヲ受クルマテハ保險金額ノ支拂ヲ爲スコトヲ要セス
保險金額ノ支拂ニ付キ期間ノ定アルトキハ其期間ハ保險者カ第一項ノ通知ヲ受ケタル時ヨリ之ヲ起算ス
第一項、保險者ハ保險ノ目的ニ關スル證書ノ交付ヲ受クル外尚ホ其目的ニ關係セル他ノ保險即ハチ重複保險ノ有無並ニ保險ノ目的ヲ擔保トセル債務ノ有無及ヒ其種類等ハ豫シメ之ヲ知

悉スル必要アリ故ニ被保険者カ委付ヲ為サントスル𪜈ハ保険者ニ對シテ此等ノ事項ヲ通知セサルヘカラス

第二項、被保険者ニ前項ノ義務ヲ負ハシメタル以上ハ從テ其制裁ナクンハアルヘカラス故ニ本項ハ其制裁トシテ保険者ハ第一項ノ通知ヲ受クルマテハ保険金額ヲ支拂フコトヲ要セストセリ

第三項、保険金額ノ支拂ニ付テ期間ノ定ナキ𪜈ハ保険者カ第一項ノ通知ヲ受ケタル𪜈ハ直チニ保険金額ヲ支拂フヘキモノトスルコトハ前項規定ノ裏面ヨリ解釋スルコトヲ得故ニ保険金額支拂期間ノ定メナキ𪜈ハ他ニ何等ノ規定アルヲ要セスト雖モ若シ支拂期間ノ定メアル𪜈ハ其起算點ニ付キ爭ヲ生スルノ虞レアリ故ニ本項ヲ設ケテ其期間ハ保険者カ第一項ノ通知ヲ受ケタル時ヨリ起算スルモノトセリ

第六百七十九條　保険者カ委付ヲ承認セサルトキハ被保険者ハ委付ノ原因ヲ証明シタル後ニ非サレハ保険金額ノ支拂ヲ請求スルコトヲ得ス

被保険者カ委付ヲ為スニハ第六百七十一條ニ掲ケタル事由ノ一ヲ具ヘサルヘカラス從テ保険者ハ其事由存セルヤ否ヤヲ取調ヘ委付原因存セサルモノト認ムル𪜈ハ其委付ニ對シテ異議ヲ

述フルコトヲ得是レ殆ント言ヲ俟タサル所ナリトス故ニ本條ハ若シ保險者カ委付ヲ承認セサル件ハ被保險者ハ委付原因アルコトヲ証明シタル後ニアラサレハ保險金額ノ支拂ヲ請求スルコトヲ得ストシタリ

第六章　船舶債權者

航海業ノ發達進歩ヲ期セント欲セハ勢ヒ船舶ニ關シテ生シタル債權ヲ有スル權利者ヲ特別ニ保護シ其船舶又ハ運送賃ニ對シ普通債權者ヲ排シテ辨濟ヲ得ルノ特權ヲ附與シ大ニ優待スル所ナクンハアルヘカラス、若シ法律ノ規定ニシテ此ノ如クナラスンハ安ソ冒險的事業ニ向テ金錢ヲ貸與シ又ハ讓渡シタル物品代價等ノ支拂ヲ猶豫スル者アランヤ夫レ然リ然ラハ又如何ソ航海貿易ノ發達進歩ヲ促カスヲ得ンヤ、各國法律カ船舶債權者ヲ特別ニ保護スル所以ノモノ蓋シ亦此ニ存ス、是レ本法カ茲ニ之ヲ規定シ大ニ船舶債權者ヲ保護シタル所以ナリ

第六百八十條　左ニ掲ケタル債權ヲ有スル者ハ船舶其屬具及ヒ未タ受取ヲサル運送賃ノ上ニ先取特權ヲ有ス

一　船舶並ニ其屬具ノ競賣ニ關スル費用及ヒ競賣手續開始後ノ保存費

二　最後ノ港ニ於ケル船舶及ヒ其屬具ノ保存費

三　航海ニ關シ船舶ニ課シタル諸稅
四　水先案内料及ヒ挽船料
五　救援並ニ救助ノ費用及ヒ船舶ノ負擔ニ屬スル共同海損
六　航海繼續ノ必要ニ因リテ生シタル債權
七　雇傭契約ニ因リテ生シタル船長其他ノ船員ノ債權
八　船舶カ其賣買又ハ製造ノ後未タ航海ヲ爲サヽル場合ニ於テ其賣買又ハ製造並ニ艤裝ニ因リテ生シタル債權及ヒ最後ノ航海ノ爲メニスル船舶ノ艤裝食料並ニ燃料ニ關スル債權
九　第二號第四號乃至第六號及ヒ前號ニ掲ケタルモノヲ除ク外第五百四十四條ノ規定ニ依リ委付ヲ許シタル債權

債務者ノ財產ハ所謂各債權者ノ共同擔保ナリトス故ニ特別ノ規定ナケレハ航海ノ爲メニ生シタル債權ヲ有スル者モ他ノ債權者ト同等ノ權利ヲ有スルニ過キサルヲ以テ債務者ノ船舶ニ對シテモ唯平等ノ分配ヲ受クルニ止マルト雖モ船舶ニ對スル債權者ノ權利ヲシテ若シ此ニ止マラシムルモノトスル件ハ世間何人カ冒險的事業ニ向テ投資スル者アランヤ故ニ本條ハ右列擧

ノ債權ヲ有スル者ハ船舶、其屬具及ヒ未收ノ運送賃ノ上ニ先取特權ヲ有ストナシテ船舶ニ對スル債權者ヲ特別ニ保護ス第一號ヨリ第八號マテハ一讀明瞭ナルモ第九號ニ付テハ少シク說明ヲ要スルモノアリ請フ左ニ之ヲ說明セン

本條第九號ニ第五百四十四條ヲ以テ委付スルコトヲ許シタル債權トハ船長カ法定權限內ニ於テ爲シタル行爲又ハ船長其他ノ船員カ職務執行ニ關シテ他人ニ加ヘタル損害ニ付キ船舶所有者カ運送賃及ヒ其船舶ニ付テ有スル損害賠償ノ請求權又ハ報酬ノ請求權ヲ債權者ニ委付シテ其責任ヲ免ルヽコトヲ得ヘキ債權ナリ、而シテ同條ニ所謂債權ノ中ニハ本條第二號第四號乃至第六號及ヒ第八號ノ中ノ債權モ之ニ包含スルモノナリ然ラハ本號カ之ヲ除クトセルハ何故ナルカト云フニ其ハ他ナシ同條ニ包含セル債權ノ中ニ於テ荒增シノモノ丈ケハ既ニ本條第七號マテニ之ヲ列擧シタレハ第九號ニ至リテ唯五百四十四條ノ債權トノミ書スルトキハ啻ニ重複ノ嫌アルノミナラス或ハ同條ノ債權ノ中ニハ右等ノ債權ヲ認メサルヤノ疑惑ヲ惹起スノ恐レアルヲ以テ斯ク該各號ノ債權ヲハ除外スト云ヘルナリ

第六百八十一條　船舶債權者ノ先取特權ハ運送賃ニ付テハ其先取特權ノ生シタル航海ニ於ケル運送賃ノ上ニノミ存在ス

本條ハ運送賃ノ上ニ存スル船舶債權者ノ先取特權ノ範圍ヲ定メタルモノニシテ右ハ航海ノ前後ヲ問ハス其先取特權ノ生シタル航海ノ時ノ運送賃ノ上ニノミ行使スルコトヲ得トセリ

第六百八十二條　船舶債權者ノ先取特權カ互ニ競合スル場合ニ於テハ其優先權ノ順位ハ第六百八十條ニ掲ケタル順序ニ從フ但同條第四號乃至第六號ノ債權間ニ在リテハ後ニ生シタルモノ前ニ生シタルモノニ先ツ

同一順位ノ先取特權者數人アルトキハ各其債權額ノ割合ニ應シテ辨濟ヲ受ク但第六百八十條第四號乃至第六號ノ債權カ同時ニ生セサリシ場合ニ於テハ後ニ生シタルモノ前ニ生シタルモノニ先ツ

先取特權カ數回ノ航海ニ付テ生シタル場合ニ於テハ前二項ノ規定ニ拘ハラス後ノ航海ニ付テ生シタルモノ前ノ航海ニ付テ生シタルモノニ先ツ

第一項、第六百八十條ノ債權中ニモ其性質ノ異ナルニ從ヒ各債權ニ自ラ其等差ヲ認ムヘキハ當然ナリ故ニ本條ハ船舶債權者ノ先取特權カ衝突シタル場合ノ爲メニ其優先權ノ順位ヲ定メテ同條ニ掲ケタル順序ニ從フモノトセリ然レトモ同條第四號乃至第六號ノ債權間ニ限リ後ニ生シタルモノ前ニ生シタルモノニ先ツトシタリ第二項、同一順位ニアル先取特權者數人アリテ各債權カ同時ニ發生シタル片ハ素ヨリ優劣アルヘキノ理ナシ故ニ數人ノ特權者ハ唯其割合ニ應シテ平等ノ分配ヲ受クルモノトナシタリ然レ圧第六百八十條第四號乃至第六號ノ債權カ同時ニ生セサリシ片ハ第一項ノ場合ト同一ノ理由アルヲ以テ後ニ生シタルモノ先ツ其辨濟ヲ受クルノ權利アルコトヲ示セリ

第一項及ヒ第二項共ニ後ニ生シタル債權ニ重キヲ置キタルハ蓋シ其船舶ニシテ後ノモノナケレハ前ノモノヽ爲メニ維持シ得タリトセシ利益ハ復ヒ之ヲ失フニ至ルヘキヲ以テナリ

第三項、先取特權カ數次ノ航海ニ付テ生シタル片ハ後ノ航海ニ付テ生シタルモノ程前ノ航海ニ付テ生シタルモノニ優ルヘシ故ニ先取特權カ數次ノ航海ニ付テ生シタルトキハ第六百八十條ニ掲ケタル債權ノ順序ヲ問ハス後ノ航海ニ付テ生シタル債權ヲ有スルモノ先ツ其權利ヲ行使スルコトヲ得トセリ

第六百八十三條　船舶債權者ノ先取特權ト他ノ先取特權ト競合スル場合ニ於テハ船舶債權者ノ先取特權ハ他ノ先取特權ニ先ツ

本條ハ船舶債權者ノ先取特權ハ他ノ先取特權ニ優リ即チ普通債權ニシテ民法ノ規定ニ依リ船舶其屬具及ヒ未濟ノ運送賃ノ上ニ先取特權ヲ有シ其特權カ互ニ競合スル時ニ於テモ船舶債權

者ノ先取特權ハ他ノ先取特權ニ先チ船舶債權者ノ先取特權ハ絶對無上ノモノタルコトヲ示セリ

第六百八十四條　船舶所有者カ其船舶ヲ讓渡シタル場合ニ於テハ讓受人ハ其讓渡ヲ登記シタル後先取特權者ニ對シ一定ノ期間内ニ其債權ノ申出ヲ爲スヘキ旨ヲ公示スルコトヲ要ス但其期間ハ一个月ヲ下ルコトヲ得ス

先取特權者カ前項ノ期間内ニ其債權ノ申出ヲ爲サヽリシトキハ其先取特權ハ消滅ス

本條ハ先取特權ノ追及權ニ付テ規定シタリ

先取特權者ハ追及權ヲ有スルヲ以テ船舶所有者カ其船舶ヲ讓渡シタル場合ニ於テモ其讓受人ニ係リ先取特權ヲ行フコトヲ得而モ先取特權者ニ於テ永久ニ其權利ヲ行使シ得ルモノトスルトキハ讓受人ハ甚タ迷惑ノコトナルヲ以テ自然船舶ノ賣買ヲ好マサルニ至リ遂ニハ航海業ノ發達ヲモ妨クルニ至ルノ恐レアリ故ニ本條ハ讓受人ヨリ船舶債權者ニ對シ一定ノ期間内ニ債權ノ申出ヲナスヘキ旨ヲ公告スルモ先取特權者カ其期間内ニ債權ノ申出ヲナサヽルトキハ先取特權ヲ失フモノトシ船舶ノ讓受人ヲ保護シタリ

第六百八十五條　船舶債權者ノ先取特權ハ其發生後一年ヲ經過シタルトキハ消滅ス

第六百八十條第八號ノ先取特權ハ船舶ノ發航ニ因リテ消滅ス

先取特權者カ其權利ヲ永ク行使セサル片ハ許多ノ先取特權ヲ生シ其先取特權間ノ衝突甚シキニ至ルヲ以テ終ニハ先取特權ヲ規定シタル趣旨ヲ貫徹スルコト能ハサルノミカ先取特權ノ存セル爲メ徒ラニ抵當權者ヲ始メ凡ヘテノ債權者ヲ害スルコト丶ナルノ恐レアリ故ニ本條ハ船舶債權者ノ先取特權ハ其發生后一年ヲ經過シタルトキハ時効ニ因リテ消滅スルモノトセリ又第六百八十條第八號ノ債權ハ船舶ノ發航前ニ生シタル債權ナルヲ以テ發航前ニ請求スルヲ例トス故ニ第六百八十條第八號ノ債權ニ限リ船舶カ發行スルト同時ニ消滅スルモノトセリ

第六百八十六條　登記シタル船舶ハ之ヲ以テ抵當權ノ目的ト爲スヿヲ得

船舶ノ抵當權ハ其屬具ニ及フ

船舶ノ抵當權ニハ不動產ノ抵當權ニ關スル規定ヲ準用ス

船舶ハ性質動產ナルモ總噸數二十噸以上又ハ積石數二百石以上ノ船舶ニ限リ登記スルヲ必要トセリ故ニ其登記シタル船舶ハ尙ホ不動產ト同シク抵當權ノ目的トナスコトヲ許シ尙ホ從物

ハ主物ノ處分ニ隨伴スヘシトノ原則ヲ適用シ船舶ノ抵當權ハ其從物ナル屬具ヲ包含スルコトヲ明カニセリ

登記シタル船舶ノ抵當權ニモ不動産ノ抵當權ト同一ノ規定アルヲ必要トス故ニ第二項ハ船舶ノ抵當權ニハ不動産ノ抵當權ニ關スル民法ノ規定ヲ準用スルコトヽナセリ

第六百八十七條　船舶ノ先取特權ハ抵當權ニ先チテ之ヲ行フコトヲ得

船舶ノ抵當權者ハ他ノ普通債權ヲ排シテ辨濟ヲ受クルノ權利ヲ有スルモノナルカ若シ同時ニ船舶ノ先取特權者アリテ両者併立ツトキハ何レヲ先ニスヘキカ茲ニ之ヲ規定スルノ必要ヲ認メ船舶ノ先取特權ヲ以テ抵當權ニ優ルモノトシ飽マテモ船舶債權者ヲ殊遇セリ

第六百八十八條　登記シタル船舶ハ之ヲ以テ質權ノ目的ト爲スコトヲ得ス

既ニ船舶ヲ以テ抵當權ノ目的ト爲スコトヲ許シタル以上ハ別ニ質權ヲ認ムルノ必要ナシ況ンヤ船舶ハ海上ニ在リテ日々航行ノミ爲シツヽアルモノナレハ若シ之ヲ以テ質權ノ目的ト爲スコトヲ許シ之レヲシテ質權者ノ占有ニ在ヲシムルコトヲ許スモノトセハ船舶ハ殆ント其用ヲ爲サヽルニ至ルヘキニ於テオヤ是レ本條ノ規定アル所以ナリ

第六百八十九條　本章ノ規定ハ製造中ノ船舶ニ之ヲ準用ス

本條規定ノ主旨ハ船舶所有者ノ便利ヲ計リ製造中ノ船舶ニモ本章ノ規定ヲ準用スルコトヽナセリ然レモ本章中獨トリ抵當權ニ關スル規定ノ外實際ニ之ヲ適用スルノ必要ナカルヘシ

破産法

（明治二十三年法律第三十二號商法第三編但廿六年改正）

第三編　破産

第一章　破産宣告

第九百七十八條　商人カ支拂ヲ停止シタルトキハ裁判所ハ本人又ハ債權者ノ申立ニ因リ決定ヲ以テ破産ヲ宣告ス

裁判所ハ口頭辯論ヲ經スシテ裁判ヲ爲スコトヲ得此裁判ニ對シテハ即時抗告ヲ爲スコトヲ得

第九百七十九條　支拂停止ハ其停止ヲ爲シタル本人ヨリ又會社ニ在テハ業務擔當ノ任アル社員又ハ取締役又ハ清算人ヨリ支拂停止ノ日ヲ算入シテ五日内ニ其營業所又ハ住所ノ裁判所ニ書面ヲ以テ又ハ口述ヲ調書ニ筆記セシメテ届出ツ可シ此届出ニハ支拂停止ノ事由ヲ明示シ及ヒ貸借對照表並ニ商業帳簿ヲ添フルコトヲ要ス貸借對照表ニハ左ノ諸件ヲ包含ス

第一　總テノ動産、不動産其他債權ノ列擧及ヒ價額

第二　總テノ債務

第三　利益及ヒ損失ノ概要

第四　毎月ノ一身上ノ費用及ヒ家事費用ノ支出額

第九百八十條　破產決定書ニハ左ノ諸件ヲ包含ス
第一　支拂停止ノ日時但此日時ハ後日裁判所ノ決定ヲ以テ之ヲ定ムルコトヲ得
第二　破產主任官及ヒ一人又ハ二人以上ノ破產管財人ノ選定
第三　破產財團ノ保全ニ必要ナル處分ニ付テノ命令
第四　破產者ノ債務者又ハ財團ニ屬スル物ノ占有者ニ對スル拂渡差押ノ命令
第五　破產者ノ總債權者ニ對シ其請求權ヲ短クトモ三箇月長クトモ六箇月ノ期間ニ破產主任官ニ屆出ツ可キ旨ノ催告
第六　調查會ノ期日及ヒ債權者集會ノ期日ノ指定
第七　破產宣告ノ日時
破產決定書ハ之ヲ檢事ニ送致ス可シ
第九百八十一條　破產宣告ハ即時ニ裁判所ノ揭示場竝ニ破產者ノ營業場ニ貼附シ及ヒ其地ノ新聞紙ニ載セテ之ヲ公告スルコトヲ要ス其宣告ハ假執行ヲ爲スコトヲ得
第九百八十二條　破產者ノ財產ヲ以テ破產手續ノ費用ヲ償フニ足ラサルトキハ前條ノ手續ヲ除ク外其後ノ手續ヲ停止ス其手續ノ停止ハ之ヲ公告スルコトヲ要ス

然レトモ破産手續ノ費用ヲ償フニ足ル破産者ノ財產アルコトヲ證明スルトキハ申立ニ因リ又ハ職權ヲ以テ即時手續ヲ再施ス

第九百八十三條　破產手續ノ停止ハ其繼續スル間ハ第千四十九條ニ揭ケタル効力ヲ有ス

破產主任官ハ總テノ破產手續ヲ指揮シ及ヒ監督スルコトヲ要ス其命令ハ假執行ヲ爲スコトヲ得然レトモ此命令ニ對シテハ破產裁判所ニ即時抗告ヲ爲スコトヲ得

第九百八十四條　檢事ハ職權ヲ以テ破產者ノ罰セラレ可キ所爲ノ有無ヲ搜查シ且此カ爲メ取引帳簿其他ノ書類ノ展閱ヲ求ムルコヲ得

第二章　破產ノ效力

第九百八十五條　破產宣告ニ依リ破產者ハ破產手續ノ繼續中自己ノ財產ヲ占有シ管理シ及ヒ處分スル權利ヲ失フ

破產宣告ノ日ヨリ以後ハ破產者ノ爲シタル支拂其ノ他總テノ權利行爲及ヒ破產者ニ爲シタル支拂ハ當然無效トス

破產者ノ動產、不動產ニ關スル訴及ヒ執行ハ特リ管財人ヨリ又ハ管財人ニ對シテ之ヲ起シ又ハ繼續スルコトヲ得

第九百八十六條　破產者ノ營業ノ用ニ供スル動產ニ對シテ不動產賃貸ノ爲メニスル强制執行ハ三十日間之ヲ猶豫ス但賃貸人カ其賃貸物ヲ取戻ス權利ヲ有スルトキハ此限ニ在ラス

第九百八十七條　各箇債權者ハ優先權ノ存スルニ非サレハ破產處分中破產者ノ財產ニ對シテ强制執行ヲ爲スコトヲ得ス

第九百八十八條　辨濟期限ノ未タ至ラサル破產者ノ債務ハ破產宣告ニ依リテ辨濟期限ニ至リタルモノトス

爲替手形ノ引受人又ハ引受ナキ爲替手形ノ振出人又ハ約束手形ノ振出人カ破產宣告ヲ受ケタルトキハ其償還義務ニ付テモ前項ノ規定ヲ適用ス

第九百八十九條　財團ニ對シテハ破產宣告ノ日ヨリ利息ヲ生スルコトヲ止ム但抵當權、質權其他ノ優先權ヲ以テ擔保セラレタル債權ハ其擔保物ノ賣拂代金ニ滿ツルマテヲ限トシテ利息ヲ生スルコトヲ得

第九百九十條　支拂停止後又ハ支拂停止前三十日內ニ破產者カ爲シタル贈與其他ノ無償行爲又ハ之ト同視ス可キ有償行爲、期限ニ至ラサル債務ノ支拂、期限ニ至リタル債務ノ代物辨濟及ヒ從來負擔シタル債務ノ爲メ新ニ供スル擔保ハ財團ニ對シテハ當然無效トス

第九百九十一條　前條ニ揭ケタルモノヽ外債務者カ支拂停止後破産宣告前ニ財團ノ損害ニ於テ爲シタル總テノ支拂及ヒ權利行爲ハ相手方カ支拂停止ヲ知リタルトキニ限リ財團ノ計算ノ爲メ之ニ對シテ異議ヲ述フルコトヲ得

然レトモ手形ヲ支拂ヒタル場合ニ於テハ爲替手形ヲ振出シ又ハ振出サシムル際支拂停止ヲ知リタル振出人又ハ振出委託人ヨリ又約束手形ニ在テハ裏書讓渡ノ際支拂停止ヲ知リタル第一ノ裏書讓渡人ヨリ其支拂金額ヲ償還スルコトヲ要ス

第九百九十二條　有效ニ取得シタル抵當權其他合式ノ登記ニ因リテ法律上效力ヲ有ス可キ權利ハ支拂停止後ニ在テハ其取得ノ時ヨリ十五日ヲ過キサルトキニ限リ破産宣告ノ日マテ登記ヲ爲スコトヲ得

第九百九十三條　破産宣告ノ時ニ破産者及ヒ其相手方ノ未タ履行セス又ハ履行ヲ總ヲサル雙務契約ハ孰レノ方ヨリモ無賠償ニテ其解約ヲ申入ルヽコトヲ得

賃貸借契約又ハ雇傭契約ニ在テハ解約申入ノ期間ニ付テ協議調ハサルトキハ法律上又ハ慣習上ノ豫告期間ヲ遵守ス可シ

第九百九十四條　契約者ノ一方ノ義務不履行ノ爲メ他ノ一方ニ於テ契約ヲ解除スル權利又ハ既ニ

給付シタル物ヲ取戻ス權利ハ財團ニ對シテ之ヲ行フコトヲ得ス

第九百九十五條　相殺ノ權利アル債權者ハ期限ニ至ラサル債權又ハ金額未定ノ債權ト雖ヒ財團ニ對シテ其效用ヲ致サシムルコトヲ得債權カ支拂停止後ニ生シ又ハ取得シタルモノナルトキハ支拂停止ヲ知リタル場合ニ限リ相殺ヲ許サス

第九百九十六條　債權者カ債權者ニ損害ヲ加フル目的ヲ以テ爲シタル權利行爲ハ相手方カ情ヲ知リタルトキニ限リ其日附ノ如何ヲ問ハス之ニ對シテ異議ヲ述フルコトヲ得

第三章　別除權

第九百九十七條　債務者ノ動產又ハ不動產ニ對シテ抵當權、質權其他ノ優先權ヲ有スル債權者ハ財團ヨリ先ツ辨償ヲ受ケタルニ非サレハ其擔保物ノ賣拂代金ヨリ費用、利息及ヒ元金ノ支拂ヲ受クル爲メ別除ノ辨償ヲ請求スルコトヲ得若シ其賣拂代金ノ剩餘アルトキハ買主之ヲ財團ニ拂込ム可シ

第九百九十八條　優先權及ヒ其順序ハ民法及ヒ特別ノ法律ニ依リテ定マル

第九百九十九條　優先權ヲ有スル者其擔保物ノ賣拂代金ヨリ完全ナル辨償ヲ受ケサルトキハ其未濟ノ債權ハ他ノ債權者ト平等ナル割合ヲ以テ財團ニ對シテ之ヲ主張スルコトヲ得

第千條　債務者カ支拂停止後ニ遺產ヲ取得シタルトキハ遺產債權者及ヒ受遺者ハ遺產トシテ仍ホ現存スル遺產物ヨリ又ハ未タ債務者ニ支拂ハレサル遺產ニ屬スル金錢ヨリ別除ノ辨償ヲ請求スルコトヲ得

第千一條　破產者ノ財產ニシテ民事訴訟法ニ從ヒ强制執行ノ爲メ差押フルコトヲ得サルモノハ之ヲ財團ニ加フルコトヲ得ス但債權者ニ優先權ノ屬スルモノニ付テハ第九百九十七條ノ規定ニ從フ

第四章　保全處分

第千二條　裁判所ハ破產宣告ト同時ニ債務者ノ動產ノ封印ヲ命ス

會社ニ在テハ連帶無限ノ責任ヲ負ヘル總社員ノ財產ニ對シテ右ノ處分ヲ行フ

第千三條　破產者カ逃走シ若クハ其財產ヲ隱匿スルノ虞アリト認ムルトキハ裁判所ハ其監守ヲ命スルコトヲ得

會社ニ在テハ業務擔當ノ任アル社員又ハ取締役ニ對シテ右ノ處分ヲ行フ

破產者ハ裁判所ノ許可ヲ受クルニ非サレハ其住地ヲ離ルヽコトヲ得ス

又裁判所ハ何時ニテモ債務者ノ引致ヲ命スルコトヲ得

第千四條　管財人カ破産者ノ財産目錄ニ載セ且之ヲ占有シタルトキ又ハ監守ノ事由最早存セサルトキハ裁判所ハ其決定ヲ以テ破産者ヲ放釋ス可シ

然レトモ破産者ヲシテ裁判所又ハ管財人ノ呼出ニ應シ何時ニテモ出頭ス可キ爲メノ擔保ヲ供スル義務ヲ負ハシムルコトヲ得

取上ケタル擔保ハ之ヲ財團ニ歸セシム

第千五條　管財人カ債務者ノ財産ヲ財産目錄ニ載セ且之ヲ占有シタルトキハ直チニ其封印ヲ解ク可シ

第千一條ニ依リ財團ニ加フルコトヲ得サル物及ヒ財團ノ爲メニスル即時ノ換價又ハ繼續利用ヲ封印ノ爲メ妨ケヲルル物ニハ封印ヲ爲ササルコトヲ得此等ノ物ハ直チニ財産目錄ニ載セ管財人之ヲ占有スルコトヲ要ス

債務者ノ商業帳簿ハ即時之ヲ管財人ニ交付シ且其帳簿ノ現狀ハ破産主任官之ヲ認證ス

特ニ高價ナル物ハ即時之ヲ管財人ニ交付シ又ハ一時之ヲ裁判所ニ引取ルコトヲ得

第千六條　破産者ニ對シテ債務ヲ負ヒ又ハ財團ニ屬スル者ヲ占有スル者ハ其支拂又ハ交付ヲ管財人ニノミ爲ス可キコトヲ拂渡差押ノ命令ヲ以テ催告セラレタルモノトス

別除權ヲ行ハントト欲スル者ハ其旨ヲ管財人ニ申出ツ可シ若シ管財人ヨリ其物ノ評價ヲ爲サンコトヲ求ムルトキハ之ヲ承諾スルコトヲ要ス

債務者ニ宛テタル電信書狀其他ノ送達物ハ之ヲ管財人ニ交付ス可シ

其管財人ハ開封ノ權ヲ有ス然レトモ其旨趣カ財團ニ關係ナキトキハ管財人ヨリ債務者ニ引渡スコトヲ要ス

破產裁判所ハ此カ爲メ郵便局、電信局其他ノ運送取扱所ニ必要ナル命令ヲ發ス可シ

第千七條　破產主任官ハ破產者及ヒ其家族ニ財團ヨリ給養ノ扶助料ヲ與フルコトヲ得

第五章　財團ノ管理及ヒ換價

第千八條　各裁判所管轄區ニハ職務上義務ヲ負フ可キ破產管財人ノ名簿ヲ備置キ破產裁判所ハ各箇ノ場合ニ於テ其名簿中ヨリ管財人ヲ選定ス

第千九條　管財人ノ勤勞ニ對スル報酬ハ財團ヨリ第一ニ之ヲ支拂ヒ其額ハ破產裁判所之ヲ定ム

第千十條　裁判所ハ何時ニテモ管財人ヲ易ヘ又ハ他ノ管財人ヲ加フルコトヲ得

第千十一條　管財人ハ其行爲ニ付テハ代理人ト同一ノ責任ヲ負フ若シ管財人二人以上アルトキハ共同ニ非サレハ行爲ヲ爲スコトヲ得ス

但破産主任官カ或ル行爲ニ付キ各箇ニ特別ノ委任ヲ與ヘタルトキハ此限ニ在ラス

第千十二條　管財人ハ破産宣告後即時ニ財團ヲ占有シ且其管理及ヒ換價ニ着手スルコトヲ要ス

管財人ハ其執務ノ爲メ破産者ノ補助ヲ求ムルコトヲ得

破産主任官ハ此カ爲メ破産者ニ報酬ヲ與フルコトヲ得

第千十三條　管財人ハ破産主任官ノ監督ヲ受ケ且其指揮ニ從フ義務アリ若シ管財人ノ行爲又ハ決斷ニ對シテ異議ヲ述フル者アルトキハ破産主任官命令ヲ以テ之ヲ決ス此命令ニ對シテハ破産裁判所ニ即時抗告ヲ爲スコトヲ得

第千十四條　財産目錄ハ裁判所職員又ハ其他警察官吏ノ立會ヲ以テ管財人之ヲ作リ若シ必要アルトキハ破産者ヲモ立會ハシム

破産者ニ屬スル總テノ財産ハ財團ニ組入ル可カラサルモノト雖モ其價額ヲ明示シテ之ヲ財産目錄ニ記入スルコトヲ要ス必要ナル場合ニ在テハ其價額ハ鑑定人ヲシテ之ヲ鑑定セシム

財産目錄及ヒ之ニ關スル調書ノ認證アル謄本ハ公衆ノ展閲ニ供スル爲メ裁判所ニ之ヲ備フ

檢事ハ其見込ニ因リ職權ヲ以テ財産目錄ノ作成ニ立會フコトヲ得

第千十五條　破産者ニ屬セサル財産ヲ財團ヨリ取戻スコトニ係ル爭訟ハ破産裁判所之ヲ裁判シ不

動產ニ付テハ其所在地ヲ管轄スル裁判所之ヲ裁判ス

第千十六條　管財人ハ破財主任官ノ定メタル三十日以內ノ期間ニ破產者ヨリ差出シタル屆書及ヒ貸借對照表ヲ調査シ若シ破產者ヨリ之ヲ差出サヽリシ片ハ自ヲ貸借對照表ヲ作リ且其報告書ニ貸借對照表ヲ添テ破產主任官ニ提出ス可シ

報告書及ヒ貸借對照表ノ認證アル謄本ハ公衆ノ展閱ニ供スル爲メ裁判所ニ之ヲ備フ

報告書及ヒ貸借對照表ハ之ヲ檢事ニ送致スルコトヲ要ス

第千十七條　貸方ノ借方ニ超ユルコト判然ナルトキ又ハ協諧契約ノ豫期セヲルヽ間ハ裁判所ハ破產主任官ノ申立ニ因リ且管財人ノ意見ヲ聽キタル後管財人ヲシテ破產者ノ營業ヲ續行セシムル決定ヲ爲スコトヲ得

管財人營業ヲ續行スル場合ニ在テ財團ニ屬スル物ヲ通常ノ營業外ニテ賣却セントスルニハ破產主任官ノ認可ヲ受ケ且豫メ破產者ノ意見ヲ聽クコトヲ要ス

第千十八條　不動產ハ破產主任官ノ認可ヲ受ケテ之ヲ競賣スルコトヲ要ス

動產ハ競賣スルヲ通例トスト雖モ破產主任官ノ認可ヲ受クルトキハ相對ヲ以テ之ヲ賣却スルコトヲ得

競賣ノ手續ハ總テ民事訴訟法ノ規定ニ依ル

第千十九條　管財人ハ財團ニ屬スル破産者ノ貸方ヲ取立テ及ヒ破産者ノ權利ヲ債務者其ノ他ノ人ニ對シテ主張シ且保全スルコトヲ要ス

管財人ハ左ニ揭クル行爲ニ付テハ破産者ノ意見ヲ聽キ且破産主任官ノ認可ヲ受ク可シ

第一　訴訟ヲ爲スコト

第二　和解契約又ハ仲裁契約ヲ取結フコト

第三　質物ヲ受戻スコト

第四　債權ヲ轉付スルコト

第五　相續又ハ遺贈ヲ拒絕スルコト

第六　消費借ヲ爲スコト

第七　不動産ヲ買入ルルコト

第八　權利ヲ拋棄スルコト

第九　總テ財團ニ新ナル義務ヲ負ハシムルコト

第千二十條　財團ニ收入スル金錢ハ破産主任官ノ定ム可キ常用支出額ノ外遲延ナク之ヲ供託所ニ

寄託スルコトヲ要ス其金錢ハ破産主任官ノ支拂命令ニ依ルニ非サレハ支出スルコトヲ得ス

第千二十一條　管財人ハ其管財中破産者ニ罰セラル可キ行爲アルヲ知リタルトキハ之ヲ破産主任官ニ屆出ツル義務アリ破産主任官其屆出ヲ受ケタルトキハ之ヲ檢事ニ通知ス

第千二十二條　破産主任官ハ破産ノ原由、事情、貸方借方並ニ其對照表其他管理及ヒ破産手續ニ關スル事項ニ付キ破産者、其商業使用人雇人其他ノ人ヲ何時ニテモ訊問スルコトヲ得

第六章　債權者

第一節　債權ノ屆出及ヒ確定

第千二十三條　破産者ノ總債權者ハ破産決定ノ公告ニ因リ債權屆出ノ期間ニ其債權ヲ破産主任官ニ屆出ツ可キ旨ノ催告ヲ受ケタルモノトス其屆出ニハ各債權ノ合法ノ原因及ヒ請求金額若シ優先權アルモノハ其權利ヲ明記シ且證據書類又ハ其謄本ヲ添フ可シ

他所ニ住スル債權者ハ裁判所所在地ニ代人ヲ置ク可シ

債權及ヒ代人任置ノ屆出ハ書面ヲ以テ又ハ調書ニ筆記セシメ之ヲ爲スコトヲ得書面ヲ以テスル場合ニ在テハ二通ヲ差出スコトヲ要ス

所在ノ知レタル債權者ハ右ノ外特ニ裁判所ヨリ書面ヲ以テ其債權ノ屆出催告ヲ受ク然レトモ其

書面カ債權者ニ達セサルモ此カ爲メ損害賠償ノ請求ヲ爲スコトヲ得ス

第千二十四條　屆出ハ之ヲ受取リタルトキ直チニ順次番號ヲ付シテ二箇ノ表ニ記載ス可シ其一ニハ優先權アル債權ヲ掲ケ他ノ一ニハ通常ノ債權ヲ掲ク此債權表ハ公衆ノ展閲ニ供スル爲メ裁判所ニ之ヲ備フ

管財人ハ其使用ノ爲メ屆出書及ヒ債權表ノ謄本ヲ受領ス

第千二十五條　調査會ハ管財人及ヒ成ル可ク破產者ノ面前ニ於テ破產主任官之ヲ開キ且其調書ヲ作ル可シ債權者ハ自身又ハ代理人ヲ以テ此會ニ參加スルコトヲ得

破產主任官ハ債權者ニ取引帳簿若クハ其扳書ノ提出ヲ命スルコトヲ得調査ノ結果ハ債權表及ヒ提出シタル債務證書ニ附記シ且各債權者又ハ其代理人ニ告知スルコトヲ要ス

調査會ハ屆出期間ノ滿了後十日乃至十五日間ニ之ヲ開クヲ通例トス

屆出期間ノ滿了後ニ屆出テタル債權ハ調査會ニ於テ之ヲ調査スルコトヲ得然レトモ其調査ヲ爲スコトニ付キ異議ノ申立アリタルトキ又ハ調査會ノ終リタル後債權ヲ屆出テタルトキハ其債權者ノ費用ヲ以テ新ナル調査會ヲ開ク

第千二十六條　債權ノ確定ハ承諾又ハ裁判所ノ判決ヲ以テ之ヲ爲ス調査會ニ於テ管財人ヨリモ又

債權ノ確定シ若クハ貸借對照表ニ揭ケタル債權者ヨリモ異議ヲ申立テサルトキハ債權ハ承認ヲ得タルモノトス

管財人ノ債權ニ係ル承認又ハ異議ハ破產主任官其管財人ニ代ハリテ之ヲ爲ス

第千二十七條　異議ヲ受ケタル各債權ハ若シ其債權者之ヲ取消サヽルトキハ破產裁判所公廷ニ於テ破產主任官ノ演述ヲ聽キ成ル可ク合併シテ其判決ヲ爲ス可シ其辨論及ヒ判決ハ原告カ被告ノ出頭セサルトキト雖モ之ヲ爲ス但此判決ニ對シテハ故障ヲ申立ツルコトヲ得ス

第千二十八條　判決ハ成ル可ク債權者集會前ニ之ヲ爲スコトヲ要ス若シ之ヲ爲スコト能ハス又ハ判決ニ對シテ控訴ヲ爲シタルトキハ裁判所ハ異議ヲ受ケタル債權者ノ右集會ニ加ハルコトヲ許ス可キヤ否ヤ又幾許ノ金額ニ付キ加ハルコトヲ許ス可キヤ否ヤヲ決定ス債權者ノ優先權ノミカ異議ヲ受ケタルトキハ其債權者ハ通常ノ債權者トシテ右集會ニ加ハルコトヲ得

第千二十九條　債權ヲ正當時期ニ屆出テス又ハ債權ノ確定セサル債權者ハ以後ノ確定ニ因リテ爲ス可キ財團ノ配當ニノミ加ハルコトヲ得然レトモ異議ヲ受ケテ訴訟中ニ在ル債權及ヒ屆出並ニ調査ノ爲メ別段ノ期間ヲ定メラレタル在外國債權者ノ債權ニ付テハ以前ノ配當ニ於テ其債權ニ歸スル割前ヲ留存ス

第二節　特種ノ債權者

第千三十條　主タル債務者ノ破產ニ於テ屆出テタル債權ハ協諧契約ノ場合ト雖モ保證人其他ノ共同義務者ニ對シ其全額ニ付キ之ヲ主張スルコトヲ得又保證人又ハ共同義務者ハ主タル債務者ノ破產ニ於テ其償還請求ヲ屆出ツルコトヲ得然レトモ主タル債務者ノ爲メニスル協諧契約ノ效果ニ從フ

第千三十一條　二人以上ノ共同義務者カ破產シタルトキハ其各義務者ノ破產ニ於テ債權ノ全額ヲ屆出ツルコトヲ得

各自ノ破產財團ノ間ニ於ケル償還請求權ハ之ヲ主張スルヿヲ得ス然レトモ債權者カ受取ル割前ノ額カ主タルモノ及ヒ從タルモノヲ合セタル債權ノ總額ヲ超過スルトキハ其超過額ハ共同義務者中他ノ共同義務者ニ對シテ償還請求權ヲ有スル者ノ財團ニ歸ス

第千三十二條　左ニ掲クル債權ハ屆出及ヒ確定ニ從フコトヲ要セス

第一　裁判費用、管理費用其他破產手續上ノ費用

第二　公ノ手數料及ヒ諸稅

第三　管財人カ財團ノ爲メニ負擔シタル義務ヨリ生スル債權

右債權ハ破產主任官ノ指圖ニ從ヒ通常ノ方法ヲ以テ財團ノ現額ヨリ之ヲ支拂フ

第千三十三條　破產手續ニ加ハリタルニ因リテ債權者ニ生シタル費用ハ財團ニ對シテ之ヲ請求スルコトヲ得ス

第千三十四條　婦ハ其夫ノ財團ニ對シテハ法律、明的又ハ疑ナキ慣例ニ依リ婦ノ特有ニ歸スル所有權ヨリ生スル債權ノミヲ主張スルコトヲ得(廿六年三月法律第九號ニテ削除)

第三節　債權者集會

第千三十五條　債權者集會ハ破產主任官之ヲ招集シ及ヒ之ヲ指揮ス其招集ハ會議ノ事項ヲ明示スル公告ヲ以テ之ヲ爲ス

其集會ハ管財人、債權ノ確定シタル債權者及ヒ第千二十八條ニ依リテ參加スルコトヲ得ヘキ債權者ヨリ成立ス然レトモ優先權ノ確定シタル債權者ハ其優先權ヲ拋棄シタル限度又ハ優先權ヲ行フニ當リ不足アルヘシト推定セラルル限度ニ於テノミ參加ス

債權者ハ代理人ヲ差出スコトヲ得

破產者ハ之ヲ集會ニ呼出スコトヲ得

第千三十六條　決議ハ出席シタル債權者ノ過半數ヲ以テ爲スヲ通例トス其過半數ハ出席員ノ有ス

ル債權額ノ半ヨリ多キ額ニ當ルコトヲ要ス

第千三十七條　集會ニ於テハ破產主任官ハ破產手續ノ從來ノ成行ニ付テノ報告ヲ爲シ管財人ハ管財ノ處理、結果其及ヒ財團ノ現況ニ付テノ報告ヲ爲ス

集會ハ右ノ報告ニ付テ決議ヲ爲シ若シ破產主任官又ハ管財人ノ意見アリタルトキハ其意見及ヒ債權者ノ爲シタル申立又ハ破產主任官ノ認許ヲ受ケテ破產者ノ爲シタル申立ニ付テ決議ヲ爲ス可シ此等ノ決議ハ裁判所ノ認可ヲ受クルコトヲ要ス

第七章　協諧契約

第千三十八條　法律上ノ義務ヲ履行シタル破產者ニシテ有罪破產ノ判決ヲ受ケス又其審問中ニ在ラサル者ハ破產主任官ノ認可ヲ受ケ第一ノ集會ニ於テ債權者ニ協諧契約ヲ提供スルコトヲ得又十分ノ理由アルトキハ以後ノ集會ニ於テモ之ヲ提供スルヿヲ得然レトモ其提供ハ一回ニ限ル

第一ノ集會ハ普通ノ調査會ヨリ四週日後ニ之ヲ爲ス協諧契約ノ申立書ハ少ナクトモ集會ノ二十日前ニ之ヲ裁判所ニ差出シ裁判所ハ之ヲ公衆ノ展閲ニ供シ且其旨ヲ公告ス可シ

第千三十九條　協諧契約ヲ承諾スルニハ出席シタル債權者ノ過半數ノ承諾ヲ要ス其過半數ハ議決權アル總債權額ノ四分ノ三以上ニ當ルコトヲ要ス

管財人及ヒ議決權ヲ有スル債權者又後ニ至リ債權ノ確定シタル債權者ハ協諧契約ニ對シテ十日內ニ理由ヲ附シタル異議ヲ裁判所ニ申立ツルコトヲ得

第千四十條　債權者ノ承諾シタル協諧契約ハ裁判所ノ認可ヲ得テ始メテ法律上有效トス其認可又ハ棄却ニ付テノ決定ハ破產主任官ノ演述ヲ聽キ前條ノ期間滿了後直チニ之ヲ爲ス此決定ニ對シテハ債務者及ヒ異議申立ノ權利アル者ヨリ即時抗告ヲ爲スコトヲ得

第千四十一條　協諧契約ハ左ノ場合ニ於テハ之ヲ棄却ス可シ

第一　第千三十八條及ヒ第千三十九條ノ規定ヲ踐行セサルトキ

第二　協諧契約ニ依リ或ル債權者カ其承諾ナクシテ偏頗ノ處置ヲ受ケ損害ヲ被フルトキ

第三　協諧契約カ詐欺其他不正ノ方法ヲ以テ成リタルトキ

第四　協諧契約カ公益ニ觸ルヽトキ

第千四十二條　協諧契約ハ破產者カ後ニ至リ有罪破產ノ判決ヲ受ケタルトキハ當然消滅シ其審問中ハ免訴又ハ無罪ノ宣告ヲ受クルマテ之ヲ停止ス

前條第三號ニ掲ケタル理由アルトキハ協諧契約認可ノ後ト雖モ尙ホ之ニ對シテ異議ヲ申立ツルコトヲ得

第千四十三條　協諧契約ノ確定シタルトキハ管財人ハ直チニ其執務ヲ罷メ且其執務ニ付キ計算ヲ爲ス可シ

破産者ハ協諧契約ニ別段ノ定ナキトキニ限リ任意ノ管理及ヒ處分ノ爲メ其財産ヲ取戻スコトヲ得

協諧契約ノ履行ハ破産主任官ノ監督ヲ以テ之ヲ爲ス

第千四十四條　契約協諧カ棄却セラレ又ハ後ニ至リ消滅シ若クハ取消サルヽ𪜈又ハ不履行ノ爲メ解除セラルヽトキハ破産手續ヲ再施シ直チニ財團ノ換價及ヒ配當ヲ爲シ其結局ニ至ラシム其再施シタル手續ニハ再施マテノ間ニ債權ヲ得タル者モ參加スルコトヲ得不履行ノ場合ニ在テハ協諧契約ノ爲メ立テタル保證人ハ其義務ヲ免カレス

第八章　配當

第千四十五條　第千三十二條ニ掲ケタル債權及ヒ優先權アル債權ヲ支拂ヒタル後ニ殘レル財團ハ他ノ債權者間ニ平等ノ割合ヲ以テ之ヲ配當ス

破産者カ資本ヲ分チ數箇ノ營業ヲ爲シタル場合ニ在テハ各營業ニ對スル債權者ハ其營業ニ屬スル財團ヨリ優先權ヲ以テ辨償ヲ受ク

第千四十六條　配當ハ普通ノ調査會ノ終リタル後ハ配當ニ足ル可ク財團ノ生スル每ニ管財人ノ調製シテ破産主任官ノ認可ヲ受ケタル配當案ニ依リテ之ヲ爲ス其案ハ破産主任官之ニ署名シ公衆ノ展閲ニ供スル爲メ裁判所ニ備ヘ置キ且其旨ヲ公告ス可シ

配當案ニ對スル異議ハ其公告ノ日ヨリ起算シ十四日内ニ之ヲ裁判所ニ申立ツルコトヲ得

第千四十七條　前條ニ掲ケタル期間ニ配當案ニ對シテ異議ヲ申立ツル者ナキトキ又ハ異議ノ落着シタルトキハ管財人ハ各債權者ヲシテ其債務證書ヲ提出セシメ之ニ每回ノ支拂額ヲ記入シテ支拂ヲ爲シ若シ債務證書ノ提出ヲ爲スコト能ハサルトキハ破産主任官ノ許可ヲ得テ債權表ニ依リ支拂ヲ爲スコトヲ得孰レノ場合ニ於テモ債權者ハ配當案ニ受取書ヲ記スルコトヲ要ス

第千四十八條　財團ノ換價及ヒ配當ヲ全ク終リタルトキハ債權者集會ヲ開キ此集會ニ於テ管財人ノ結局ノ計算ヲ爲ス可シ此計算ノ濟了シタルトキハ裁判所ハ直チニ破産主任官ノ申立ニ因リテ破産手續ノ終結ヲ決定ス此決定ハ之ヲ公告ス可シ

第千四十九條　破産手續終結ノ後ハ辨償ヲ受ケサル債權者ハ破産手續ニ於テ確定シタルニ因リテ得タル權利名義ニ基キ其債權ヲ債務者ニ對シテ無限ニ行フコトヲ得

第九章　有罪破産

第千五十條　破產宣告ヲ受ケタル債務者カ支拂停止又ハ破產宣告ノ前後ヲ問ハス履行スル意ナキ義務又ハ履行スル能ハサルコトヲ知リタル義務ヲ負擔シタルトキ又ハ債權者ニ損害ヲ被フラシムル意志ヲ以テ貸方財產ノ全部若クハ一分ヲ藏匿シ轉匿若クハ脫漏シ又ハ借方現額ヲ過度ニ揭ケ又ハ商業帳簿ヲ毀滅シ藏匿シ若クハ僞造、變造シタルトキハ詐欺破產ノ刑ニ處ス

第千五十一條　破產宣告ヲ受ケタル債務者カ支拂停止又ハ破產宣告ノ前後ヲ問ハス左ニ揭クル行爲ヲ爲シタルトキハ過怠破產ノ刑ニ處ス

第一　一身又ハ一家ノ過分ナル費用、博奕、空取引又ハ不相應ノ射利ニ因リテ貸方財產ヲ甚シク減少シ若クハ過分ノ債務ヲ負ヒタルトキ

第二　支拂停止ヲ延ハサンカ爲メ損失ヲ生スル取引ヲ爲シテ支拂資料ヲ調ヘタルトキ

第三　支拂停止ヲ爲シタル後支拂又ハ擔保ヲ爲シテ或ル債權者ニ利ヲ與ヘ財團ニ損害ヲ加ヘタルトキ

第四　商業帳簿ヲ秩序ナク記載シ藏匿シ毀滅シ又ハ全ク記載セサルトキ（商法施行法ニテ改正）

第五　財產目錄若クハ貸借對照表ノ作成若クハ支拂停止屆出ノ義務ヲ怠リタルトキ又ハ裁判

所ノ許可ヲ得スシテ其住地ヲ離レタルトキ

第千五十二條　前二條ノ罰則ハ會社ノ業務擔當ノ任アル社員若クハ取締役及ヒ清算人ニモ之ヲ適用シ又第千五十條ノ罰則ハ破産管財人及ヒ有罪行爲ヲ行フ際犯者ヲ助ケ又ハ有罪行爲ヲ破産者ノ利益ノ爲メニ行ヒタル者ニモ之ヲ適用ス

第千五十三條　債權者集會ニ於ケル議決ニ關シ債權者ニ賄賂ヲ爲シタルトキハ其雙方ヲ二年以下ノ重禁錮又ハ千圓以下ノ罰金ニ處ス

第十章　破產ヨリ生スル身上ノ結果

第千五十四條　破產宣告ヲ受ケタル債務者ハ復權ヲ得ルニ非サレハ取引所ノ仲買人會社ノ無限責任社員、商法施行前ニ設立シタル合資會社ノ業務擔當社員、株式會社ノ取締役若クハ監査役、清算人、破產管財人又ハ商業會議所ノ會員ト爲ルコヲ得ス（商法施行法ニテ改正）

第千五十五條　復權ヲ得ルニハ協諧契約ノ調ヒタルト否トヲ問ハス破產者カ元債、利息及ヒ費用ノ全額ヲ債權者總員ニ辨償シタルコト又所在ノ知レサル爲メ未タ辨償ヲ受ケサル債權者ニ全額ヲ辨償スル準備及ヒ資力アルコトヲ證明ス可シ

復權ノ申立ニハ債權者ノ受取證其他必要ナル證據物ヲ添フ可シ

然レトモ協諧契約ノ場合ニ在テハ第一項ノ證明ヲ爲スコト無クシテ取引所ニ立入ルコトヲ得又會社ニ付キ協諧契約ノ調ヒタル㕝ハ無限責任社員ハ亦其證明ヲ要セスシテ會社ヲ繼續スルコトヲ得（第三項商法施行法ニテ削除）

第千五十六條　復權ノ申立アリタルトキハ破產裁判所ハ異議アル者ヲシテ二箇月ノ期間ニ異議ヲ起サシメンカ爲メ裁判所ノ掲示場ト取引所トニ其旨ヲ掲示シ且裁判所ノ見込ニ因リ新聞紙ヲ以テ之ヲ公告シ又調查及搜查ヲナサシメンカ爲メ之ヲ檢事ニ通知ス可シ

裁判所ハ檢事ノ意見ヲ聽キタル後復權ノ申立ヲ許可スルト否トヲ決定ス此決定ニ對シテハ即時抗告ヲ爲スコトヲ得確定シタル決定ハ之ヲ公告ス

棄却セラレタル申立ハ一箇年ノ滿了前ニハ再ヒ之ヲ爲ス〻ヲ得ス

第千五十七條　復權ハ債權者ノ死亡後ト雖モ之ヲ許ス

第千五十八條　復權ハ詐欺破產ノ爲メ判決ヲ受ケタル破產者又ハ重罪、輕罪ノ爲メニ剝奪公權若クハ停止公權ヲ受ケテ其期間中ニ在ル破產者ニハ之ヲ許サス

過怠破產ノ場合ニ在テハ復權ハ刑ノ滿期ト爲リ又ハ恩赦ヲ得タル後ニ非サレハ之ヲ許サス

第十一章　支拂猶豫

第千五十九條　商人カ商行爲ニ因リテ生シタル債務ニ付キ自己ノ過失ナクシテ支拂ヲ中止セサルコトヲ得サルニ至リタル場合ニ於テ其債權者ノ過半數以上ノ承諾ヲ得タルトキハ營業所ノ所在地又ハ住所地ヲ管轄スル裁判所ハ一年ヲ超エサル範圍内ニ於テ支拂猶豫ヲ與フルコトヲ得（商法施行法ニテ改正）

第千六十條　支拂猶豫ノ申立ニハ左ノ諸件ヲ添附スルコトヲ要ス

　第一　支拂中止ノ事由ノ完全ナル明示

　第二　貸借對照表、財產目錄及ヒ住所ト債權額トヲ明示シタル債權者名簿

　第三　債權者ニ主タルモノ及ヒ從タルモノノ完全ナル辨償ヲ爲シ得ル方法、期間及ヒ此カ爲メ供スルコトヲ得ル擔保ノ證明

右申立及ヒ添附書類ハ公衆ノ展閱ニ供スル爲メ之ヲ裁判所ニ備置キ且債權者ノ集會期日ヲ定メテ之ト共ニ其備置キタル旨ヲ公告スルコトヲ要ス債權者ハ集會ノ爲メ各別ニ招集ヲ受ク

支拂猶豫ハ裁判所ヨリ假ニ之ヲ許可スルコトヲ得

第千六十一條　集會期日ニ於テハ裁判所ヨリ任セラレタル主任判事ノ上席ヲ以テ債務者ト債權者トノ間ニ支拂猶豫ノ申立ニ付キ辨論ヲ爲ス其申立ヲ承諾スルニハ第千三十六條ニ揭ケタル過半

數ヲ要ス其辨論及ヒ議決ニ付テハ調書ヲ作ル可シ

第千六十二條　裁判所ハ承諾ヲ得タル支拂猶豫ノ認否ニ付主任判事ノ演述ヲ聽キテ決定ヲ爲ス此決定ニ對シテハ即時抗告ヲ爲スコトヲ得

支拂猶豫ハ申立ニ因リテ前數條ノ手續ニ從ヒ一回ニ限リ之ヲ延長スルコトヲ得然レトモ其期間ハ一箇年ヲ超ユルコトヲ得ス

第千六十三條　債務者有效ナル支拂猶豫ヲ得タルトキハ猶豫期間中其以前ニ取結ヒタル商取引ヨリ生スル債權ノ爲メニ強制執行及ヒ破産宣告ヲ受クルコト無シ但猶豫契約ノ履行及ヒ業務施行ニ關シテハ主任判事ノ監督ヲ受ク

債務者ノ保證人及ヒ共同義務者ノ義務ハ右猶豫ノ爲メニ變更スルコト無シ

第千六十四條　支拂猶豫ノ承諾ヲ得ス若クハ裁判所之ヲ棄却シタルトキ又ハ後日ニ至リ債務者ノ詐欺若クハ不正ノ爲メ若クハ法律上ノ條件ノ缺クルカ爲メ之ヲ廢止シタルトキ又ハ債務者ニ於テ其猶豫契約ヲ履行セサルトキ又ハ其猶豫期間中債務者ノ財産ニ付キ他ノ債權者ヨリ強制執行ヲ爲ストキハ直チニ債務者ニ對シテ破産手續ヲ開始ス此場合ニ於テハ支拂猶豫申立ノ日附ヲ以テ支拂停止ノ日ト定ム

有罪破産者刑罰（二十三年十月法律第百一號）

商法ニ從ヒ破產ノ宣告ヲ受ケタル者有罪破產ニ係ルトキハ左ノ區別ニ從テ處斷ス

一 詐欺破產ヲ爲シタル者ハ輕懲役ニ處ス

二 過怠破產ヲ爲シタル者ハ二月以上四年以下ノ重禁錮ニ處ス

商法施行法（明治三十二年三月法律第四十九號）

第一條　商法施行前ニ生シタル事項ニ付テハ本法ニ別段ノ定アル場合ヲ除ク外舊法ノ規定ヲ適用ス

第二條　商事ニ關スル特別ノ法令ハ商法施行ノ後ト雖モ仍ホ其效力ヲ存ス

第三條　特別ノ法令中舊商法ノ規定ニ依ルヘキモノト定メタル場合ニ付テハ舊商法ハ商法施行ノ後ト雖モ仍ホ其效力ヲ存ス

第四條　商法施行前ヨリ商業ヲ營ム未成年者、妻及ヒ後見人ハ商法ノ規定ニ從ヒテ登記ヲ爲スコトヲ要ス

第五條　商法施行前ニ會社ノ無限責任社員ト爲ルコトヲ許サレタル未成年者又ハ妻ハ商法施行ノ日ヨリ其會社ノ業務ニ關シ之ヲ能力者ト看做ス

第六條　商法第七條第二項ノ規定ハ商法施行ノ日ヨリ其施行前ニ定メタル制限ニモ亦之ヲ適用ス

第七條　商法第八條ニ定メタル小商人ノ範圍ハ勅令ヲ以テ之ヲ定ム

第八條　商法施行前ニ舊法ノ規定ニ依リテ爲シタル登記ハ商法ノ規定ニ從ヒテ爲シタルモノト同一ノ效力ヲ有ス

第九條　商法施行前ニ登記シタル事項ニ變更ヲ生シ又ハ其事項カ消滅シタル場合ニ於テ商法施行前ニ登記ヲ爲サヽリシトキハ當事者ハ其ノ施行ノ後遅滯ナク登記ヲ爲スコトヲ要ス

第十條　商法施行前ニ設立ノ登記ヲ爲シタル會社ノ社名ハ商法ノ規定ニ從ヒテ登記シタル商號ト同一ノ效力ヲ有ス

第十一條　商法施行前ニ設立シタル合名會社ニシテ其社名中ニ合名會社ナル文字ヲ用井サルモノハ其施行ノ日ヨリ三个月内ニ商法第十七條ノ規定ニ從ヒテ其社名ヲ改メ且其登記ヲ爲スコトヲ要ス

會社ノ業務ヲ執行スル社員カ前項ノ規定ニ違反シタルトキハ五圓以上五拾圓以下ノ過料ニ處セラル

第十二條　商法第十八條ノ規定ハ商法施行前ヨリ使用スル商號ニハ之ヲ適用セス

第十三條　商法第十九條ノ規定ハ商法施行前ヨリ使用スル商號ニハ之ヲ適用セス

商法施行後ニ商號ノ登記ヲ爲シタル者ト雖モ舊商法施行前ヨリ同一又ハ類似ノ商號ヲ使用スル者ニ對シテハ商法第二十條ニ定メタル權利ヲ行フコトヲ得ス

第十四條　商法第十九條第二十條第二項第二十二條第一項及第二百八十九條第三項ニ掲ケタル市

町村ハ市制又ハ町村制ヲ施行セサル地方ニ在リテハ從來ノ町村其他之ニ類スル區域トシ東京市京都市及ヒ大阪市ニ在リテハ其各區トス

第十五條　商法施行前ニ東京市又ハ大阪市ニ於テ商號ノ登記ヲ爲シタル者ハ商法施行ノ日ヨリ六个月内ニ其市ニ存スル他ノ登記所ニ於テ其登記ヲ爲スコトヲ要ス

前項ニ定メタル登記ヲ爲サヽリシ者ハ其登記ヲ爲サヽリシ登記所ノ管轄區域内ニ於テハ商法第二十條ニ定メタル權利ヲ行フコトヲ得ス

第十六條　商法第二十二條第二項ノ適用ニ付テハ北海道ハ之ヲ一府縣ト看做ス

第十七條　商法第二十八條ノ規定ハ商法施行前ニ作リタル商業帳簿ニモ亦之ヲ適用ス

第十八條　代務人ニハ商法施行ノ日ヨリ支配人ニ關スル規定ヲ適用ス

第十九條　商法施行前ヨリ支配人又ハ支配役ト稱スル者カ商法第三十條ニ定メタル權限ヲ有セサルトキハ主人ハ商法施行ノ日ヨリ三个月内ニ其名稱ヲ改ムルコトヲ要ス

主人カ前項ノ期間内ニ支配人又ハ支配役ノ名稱ヲ改メサリシトキハ其者ハ商法第三十條ニ定メタル權限ヲ有スルモノト看做ス

第二十條　商法第三十二條第三項ノ規定ハ舊商法第五十條ノ規定ニ反シテ爲シタル行爲ニ之ヲ準

用ス但一年ノ期間ハ商法施行ノ日ヨリ之ヲ起算ス

主人カ商法施行前ニ前項ノ行爲ヲ知リタルトキハ二週間ノ期間モ亦其施行ノ日ヨリ之ヲ起算ス

第二十一條　商法中代理商ニ關スル規定ハ商法施行ノ日ヨリ其施行前ニ定メタル代理商ニモ亦之ヲ適用ス

第二十二條　商法中會社ニ關スル規定ハ本法ニ別段ノ定アル場合ヲ除ク外商法施行ノ日ヨリ其施行前ニ設立シタル會社ニモ亦之ヲ適用ス

第二十三條　商法第四十七條ニ定メタル期間ハ商法施行前ニ本店ノ所在地ニ於テ設立ノ登記ヲ爲シタル會社ニ付テハ其施行ノ日ヨリ之ヲ起算ス

第二十四條　商法施行前ニ設立シタル合名會社ニシテ未タ設立ノ登記ヲ爲ササルモノハ商法施行ノ日ヨリ一个月内ニ商法ノ規定ニ從ヒテ定款ヲ作リ且商法第五十一條第一項ニ定メタル登記ヲ爲スコトヲ要ス

第二十五條　商法施行前ニ本店ノ所在地ニ於テ設立ノ登記ヲ爲シタル合名會社ハ商法施行ノ日ヨリ一个月内ニ本店ノ所在地ニ於テハ支店、支店ノ所在地ニ於テハ本店竝ニ他ノ支店及ヒ社員ノ出資ノ種類竝ニ財産ヲ目的トスル出資ノ價格ヲ登記スルコトヲ要ス

第二十六條　商法第五十一條第二項、第三項及ヒ第五十二條ノ規定ハ合名會社カ設立ノ登記ヲ爲シタル後商法施行前ニ支店ヲ設ケ又ハ其本店若クハ支店ヲ移轉シタル場合ニ之ヲ準用ス但登記期間ハ商法施行ノ日ヨリ之ヲ起算ス

第二十七條　會社ノ業務ヲ執行スル社員カ前二條ノ規定ニ依リ爲スヘキ登記ヲ怠リタルトキハ五圓以上五十圓以下ノ過料ニ處セラル

第二十八條　商法第六十條第二項及ヒ第三項ノ規定ハ舊商法第百四條ノ規定ニ反シテ爲シタル行爲ニ之ヲ準用ス

第二十條ノ規定ハ前項ノ場合ニ之ヲ準用ス

第二十九條　商法第七十一條ノ規定ハ商法施行前ニ設立シタル合名會社ニハ之ヲ適用セス

第三十條　合名會社ノ目的タル事業ノ成功カ商法施行前ニ不能ト爲リタルトキハ裁判所カ解散ヲ命シタル場合ヲ除ク外其會社ハ商法ノ施行ト同時ニ解散シタルモノト看做ス

第三十一條　合名會社カ商法施行前ニ解散シタル場合ニ於テ未タ淸算人ヲ選任セサルトキハ其施行ノ日ヨリ二週間内ニ商法第七十六條ノ規定ニ從ヒテ登記ヲ爲スコトヲ要ス

第三十二條　合名會社カ商法施行前ニ解散シタル場合ニ於テ既ニ淸算人ヲ選任シタルトキハ其施

行ノ日ヨリ二週間内ニ商法第七十六條及ヒ第九十條ノ規定ニ從ヒテ登記ヲ爲スコトヲ要ス

第三十三條　商法第七十八條第二項ノ規定ニ依リ爲スヘキ公告ハ裁判所カ爲スヘキ登記事項ノ公告ト同一ノ方法ヲ以テ之ヲ爲スコトヲ要ス

第三十四條　合名會社カ商法施行前ニ解散シタル場合ニ於テ未タ清算人ヲ選任セサルトキハ總社員ノ同意ヲ以テ會社財産ノ處分方法ヲ定ムルコトヲ得此場合ニ於テハ商法施行ノ日ヨリ二週間内ニ財産目錄及ヒ貸借對照表ヲ作ルコトヲ要ス

商法第七十八條第二項、第七十九條及ヒ第八十條ノ規定ハ前項ノ場合ニ之ヲ準用ス

第三十五條　合名會社カ商法施行前ニ解散ノ登記ヲ爲シタル場合ニ於テハ清算ハ舊商法ノ規定ニ依リテ之ヲ爲ス

第三十六條　合名會社ニ於テ商法施行前ニ清算人ノ解任又ハ變更アリタルトキハ其施行ノ日ヨリ二週間内ニ商法第九十七條ノ規定ニ從ヒテ登記ヲ爲スコトヲ要ス

第三十七條　商法第百三條ノ規定ハ商法施行前ニ解散シタル合名會社ニモ亦之ヲ適用ス

第三十八條　商法施行前ニ設立シタル合資會社ニハ舊商法ノ規定ヲ適用ス

第二十三條、第二十五條乃至第三十二條及ヒ前三條ノ規定ハ前項ノ會社ニ之ヲ準用ス

第三十九條　商法施行前ニ設立シタル合名會社ハ其取引ニ關スル一切ノ書類ニ商法施行前ニ設立シタル會社タルヿヲ示スコトヲ要ス

業務擔當社員カ前項ノ規定ニ違反シタルトキハ五圓以上五拾圓以下ノ過料ニ處セヲル

第四十條　商法施行前ニ設立シタル合資會社ハ舊商法第百五十一條第二項ノ規定ニ從ヒ其組織ヲ變更シテ之ヲ商法ニ定メタル合資會社、株式會社又ハ株式合資會社ト爲スコトヲ得

前二項ノ場合ニ於テハ總會ハ直チニ新會社ノ組織ニ必要ナル事項ヲ決議スルコトヲ要ス

第四十一條　商法第七十八條、第七十九條第一項、第二項及ヒ第二百五十四條ノ規定ハ前條ノ場合ニ之ヲ準用ス

第四十二條　商法施行前ニ設立シタル合資會社ハ商法ノ規定ニ從ヒテ合併ヲ爲スコトヲ得

但合併後存續シ又ハ合併ニ因リテ設立スル會社ハ商法ニ定メタル種類ノ一タルコトヲ要ス

合併ノ決議ハ舊商法第百五十一條第二項ノ規定ニ依ルニ非サレハ之ヲ爲スコトヲ得ス

第四十三條　商法施行前ニ發起ノ認可ヲ得タル株式會社ニ於テハ其發起人ハ七人以上ナルコトヲ要セス

第四十四條　商法施行前ニ發起ノ認可ヲ得タル株式會社ト雖モ其發起人カ未タ株主ノ募集ニ着手

セサルトキハ之ニ商法ノ規定ヲ適用ス

第四十五條　株式會社ノ發起人カ商法施行前ニ株主ノ募集ニ着手シタルトキハ舊商法ノ規定ニ從ヒテ會社ノ設立ヲ爲スコトヲ得但商法ノ規定ニ從ヒテ定欵ヲ作ルコトヲ要ス

第四十六條　商法施行前ニ創業總會ニ於テ定欵ヲ確定シタル場合ニ於テハ商法ノ規定ニ從ヒテ其定欵ヲ變更スルコトヲ要ス

第四十七條　商法第百三十條ノ規定ハ前二條ノ場合ニモ亦之ヲ適用ス

第四十八條　商法第百六十三條第一項及ヒ第二項ノ規定ハ舊商法ノ規定ニ依リテ招集シタル創業總會ノ決議ニ之ヲ準用ス但同條第二項ノ期間ハ商法施行前ニ決議ヲ爲シタル場合ニ於テハ其施行ノ日ヨリ之ヲ起算ス

第四十九條　第四十五條ノ場合ニ於テ商法施行前ニ株式總數ノ引受アリタルトキハ其施行ノ日ヨリ商法施行後ニ株式總數ノ引受アリタルトキハ其日ヨリ六个月内ニ發起人カ創業總會ヲ招集セサルトキハ株式申込人ハ其申込ヲ取消スコトヲ得

第五十條　第四十五條及ヒ第四十六條ノ場合ニ於テハ株式會社ハ各株ニ付キ株金ノ四分ノ一ノ拂込アリタル後二週間内ニ商法第百四十一條第一項ニ定メタル登記ヲ爲スコトヲ要ス

第五十一條　商法施行前ニ本店ノ所在地ニ於テ設立ノ登記ヲ為シタル株式會社ニシテ其定欵ニ商法第百二十條第一號乃至第七號ニ掲ケタル事項ヲ定メサルモノハ商法施行ノ日ヨリ三个月内ニ其定欵ヲ變更スルコトヲ要ス

第五十二條　商法施行前ニ本店ノ所在地ニ於テ設立ノ登記ヲ為シタル株式會社ハ商法施行ノ日ヨリ三个月内ニ本店ノ所在地ニ於テハ支店、支店ノ所在地ニ於テハ本店竝ニ他ノ支店及ヒ會社カ公告ヲ為ス方法竝ニ監査役ノ氏名、住所ヲ登記スルコトヲ要ス

第五十三條　商法施行前ニ設立シタル株式會社カ登記シタル事項中ニ變更ヲ生シタル場合ニ於テ商法施行前ニ登記ヲ為サヽリシトキハ其施行ノ日ヨリ二週間内ニ本店及ヒ支店ノ所在地ニ於テ其登記ヲ為スコトヲ要ス

舊商法ノ規定ニ依リ登記スヘキ事項カ商法施行前ニ生シタル場合ニ於テハ舊商法ニ登記期間ノ定ナキトキニ限リ前項ノ規定ヲ準用ス

第五十四條　取締役カ前三條ノ規定ニ違反シタルトキハ五圓以上五拾圓以下ノ過料ニ處セラル

第五十五條　商法施行前ニ設立シタル株式會社ニ於テ株式ノ金額カ商法第百四十五條第二項ノ規定ニ反スルモ舊商法及ヒ商法施行條例ノ規定ニ反セサル場合ニ於テハ定欵ノ定ムル所ニ依ルコ

トヲ得商法施行後ニ新株ヲ發行スルトキ亦同シ

前項ノ規定ハ商法施行後ニ株式ノ金額ヲ變更スル場合ニハ之ヲ適用セス

第五十六條　商法中株券ニ關スル規定ハ商法施行前ニ發行シタル假株券ニモ亦之ヲ適用ス

第五十七條　商法施行前ニ發行シタル株券及ヒ假株券ハ商法第百四十八條又ハ第二百十八條ノ規定ニ違フモ之ヲ改ムルコトヲ要セス但商法施行後ニ株金ノ拂込ヲ爲シタル場合ニ於テハ前ニ拂込ミタル金額及ヒ新ニ拂込ミタル金額ヲ假株券ニ記載スルコトヲ要ス

第五十八條　舊商法第二百十二條乃至第二百十五條ノ規定ハ商法施行前ニ株金拂込ノ催告アリタル場合ニ限リ之ヲ適用ス

第五十九條　商法第百五十三條第二項乃至第四項ノ規定ハ商法施行前ニ株式ヲ讓渡シタル者ニシテ舊商法第百八十二條ノ規定ニ依リ擔保義務ナキ者ニハ之ヲ適用セス

第六十條　法令ノ規定ニ依リ日本人ノミヲ以テ組織スヘキ株式會社及ヒ日本人ノミヲ以テ組織スルコトヲ條件トシテ特別ノ權利ヲ有スル株式會社ハ無記名式ノ株券ヲ發行スルコトヲ得ス若シ之ニ違反シタルトキハ其株券ハ無效トシ最後ノ記名株主ヲ以テ株主トス

取締役カ前項ノ規定ニ反シテ無記名式ノ株券ヲ發行シタルトキハ百圓以上千圓以下ノ過料ニ處

セラル

第六十一條　舊商法施行前ニ設立シタル株式會社ニ於テハ株主ノ議決權ノ制限カ商法第百六十二條ノ規定ニ反スルモ定款ノ定ムル所ニ依ルコトヲ得但商法施行後ニ其制限ヲ變更スル場合ハ此限ニアラス

第六十二條　商法第六十三條ノ規定ハ株主總會カ商法施行前ニ決議ヲ爲シタル場合ニモ亦之ヲ適用ス但同條第二項ノ期間ハ商法施行ノ日ヨリ之ヲ起算ス

第六十三條　商法第百六十七條但書ノ規定ハ商法施行前ニ選任シタル取締役及ヒ監査役ニハ之ヲ適用セス

第六十四條　商法施行前ニ選任シタル取締役又ハ監査役ト雖モ其禁治產ニ因リテ退任ス

第六十五條　商法施行前ニ選任シタル取締役ハ其施行ノ後遲滯ナク定款ニ定メタル員數ノ株券ヲ監査役ニ供託スルコトヲ要ス

第六十六條　商法施行前ニ設立シタル株式會社ニ於テ其施行後ニ株金ノ拂込アリタルトキハ取締役ハ其拂込ノ年月日ヲ株主名簿ニ記載スルコトヲ要ス

第六十七條　商法施行前ニ設立シタル株式會社ノ取締役ハ其施行ノ後遲滯ナク社債ノ總額及ヒ其

償還ノ方法ヲ社債原簿ニ記載スルコトヲ要ス

第六十八條　株式會社カ商法施行前ニ其資本ノ半額ヲ失ヒタル場合ニ於テハ取締役ハ商法施行ノ後遲滯ナク株主總會ヲ招集シテ之ヲ報告スルコトヲ要ス

商法施行前ニ會社財産ヲ以テ會社ノ債務ヲ完濟スルコト能ハサルニ至リタル場合ニ於テハ取締役ハ商法施行ノ後遲滯ナク破産宣告ノ請求ヲ爲スコトヲ要ス

第六十九條　取締役カ前三條ノ規定ニ違反シタル時ハ五圓以上百圓以下ノ過料ニ處セラル

第七十條　商法第百七十五條ノ規定ハ商法施行前ニ選任シタル取締役ニハ之ヲ適用セス

第七十一條　舊商法第百八十九條ノ規定ハ商法施行前ニ選任シタル取締役ニノミ之ヲ適用ス

第七十二條　商法施行前ニ舊商法第二百二十八條又ハ第二百二十九條ノ規定ニ依リテ提起シタル訴ニハ商法ノ規定ヲ適用セス

第七十三條　商法施行前ニ選任シタル監査役ハ其任期カ一年ヨリ長キトキト雖モ其任期間在任ス

第七十四條　商法第百九十條ニ掲ケタル書類ハ商法施行前ニ總會招集ノ通知ヲ發シタル場合ニ限リ會日マテニ之ヲ提出スルヲ以テ足ル

第七十五條　商法第百九十六條ノ規定ハ商法施行前ニ本店ノ所在地ニ於テ設立ノ登記ヲ爲シタル

株式會社カ其登記後二年以上開業ヲ爲スコト能ハサルモノト認ムル場合ニモ亦之ヲ適用ス
裁判所カ定款ノ規定ヲ認可シタルトキハ取締役ハ二週間内ニ本店及ヒ支店ノ所在地ニ於テ其登記ヲ爲スコトヲ要ス
取締役カ前項ニ定メタル登記ヲ爲スコヲ怠リタルトキハ五圓以上五拾圓以下ノ過料ニ處セラル

第七十六條　明治二十三年法律第六十號ハ商法施行ノ日ヨリ之ヲ廢止ス

第七十七條　株式會社カ商法施行前ニ債券發行ノ認許ヲ得タル場合ニ於テハ舊法ノ規定ニ依リテ其募集ヲ完了スルコトヲ得

第七十八條　商法第二百四條第一項ノ規定ハ株式會社カ商法施行前ニ債券發行ノ認許ヲ得タル場合ニハ之ヲ適用セス

第七十九條　株式會社カ商法施行前ニ債券發行ノ認許ヲ得タル場合ニ於テ一時ニ全額ノ拂込ヲ爲サシメサルトキハ第一回ノ拂込アリタル後二週間内ニ本店及ヒ支店ノ所在地ニ於テ拂込ミタル金額及ヒ商法第百七十三條第三號乃至第六號ニ掲ケタル事項ヲ登記スルコトヲ要ス

第八十條　商法施行前ニ社債ノ全額又ハ一部ノ拂込アリタルトキハ其施行ノ日ヨリ二週間内ニ本店及ヒ支店ノ所在地ニ於テ拂込ミタル金額及ヒ商法第百七十三條第三號乃至第六號ニ掲ケタル

事項ヲ登記スルコトヲ要ス

第八十一條　商法施行前ニ發行シタル債券ハ商法第二百五條ノ規定ニ違フモ之ヲ改ムルヿヲ要セス

第五十七條但書ノ規定ハ債券ニ之ヲ準用ス

第八十二條　商法第二百九條第二項ノ規定ハ商法施行前ニ假決議ヲ爲シテ未タ其通知ヲ發セサル場合ニモ亦之ヲ適用ス

第八十三條　商法第二百九條第四項ノ規定ハ株式會社カ商法施行前ニ定款變更ノ決議又ハ假決議ヲ爲シタル場合ニハ之ヲ適用セス

第八十四條　株式會社カ商法施行前ニ資本ノ增加若クハ減少ノ決議又ハ假決議ヲ爲シタル場合ニ於テハ舊商法ノ規定ニ依リテ其增加又ハ減少ヲ爲スコトヲ得

商法第百二十八條乃至第百三十條ノ規定ハ前項ノ場合ニ之ヲ準用ス

第八十五條　商法施行前ニ爲シタル決議又ハ假決議ニ依リテ資本ヲ增加シタル場合ニ於テ商法施行前ニ新株ニ付キ拂込ミタル株金額ノ登記ヲ爲ササリシトキハ其施行ノ日ヨリ商法施行後ニ拂込アリタルトキハ其日ヨリ二週間内ニ本店及ヒ支店ノ所在地ニ於テ其登記ヲ爲スコトヲ要ス

第八十六條　株式會社カ商法施行前ニ解散シタル場合ニ於テ未タ解散ノ決議ヲ爲ササルトキハ取

締役ハ商法施行ノ後遲滯ナク株主ニ對シテ解散ノ通知ヲ發スルコトヲ要ス
第八十七條　取締役カ前二條ノ規定ニ違反シタルトキハ五圓以上五拾圓以下ノ過料ニ處セラル
第八十八條　株式會社ノ清算人ハ株主總會又ハ裁判所カ商法施行前ニ與ヘタル訓示ヲ遵守スルコトヲ要ス
第八十九條　商法施行前ニ舊商法第二百四十二條ノ規定ニ依リテ選任シタル代人ハ商法施行ノ後ト雖モ其權限ヲ保有ス
第九十條　第三十三條ノ規定ハ商法施行前ニ解散シタル株式會社ノ清算人カ爲スヘキ公告ニ之ヲ準用ス
第九十一條　第二十六條、第三十條乃至第三十二條、第三十五條及ヒ第三十六條ノ規定ハ株式會社ニ之ヲ準用ス
第九十二條　商法施行前ニ日本ニ支店ヲ設ケタル外國會社ニ付テハ勅令ヲ以テ特別ノ規程ヲ設クルコトヲ得商法施行前ニ外國人カ日本ニ於テ設立シタル會社及ヒ組合ニ付キ亦同シ
第九十三條　商法施行前ニ舊法中會社ニ關スル罰則ヲ適用スヘキ行爲アリタルトキハ商法施行ノ後ト雖モ其罰則ヲ適用ス

第九十四條　私設鐵道株式會社ニハ明治二十年勅令第十二號私設鐵道條例ノ改正ニ至ルマテ舊商法及ヒ其附屬法令中株式會社ニ關スル規定ヲ適用ス
第九十五條　保險事業ハ政府ノ免許ヲ得ルニ非サレハ之ヲ營ムコトヲ得ス
政府ノ免許ヲ得スシテ保險事業ヲ營ム者アルトキハ裁判所ハ檢事ノ請求ニ因リ又ハ職權ヲ以テ其營業ヲ禁止スルコトヲ得
前項ノ禁止ニ拘ハラス保險事業ヲ營ム者又ハ之ヲ營ム會社ノ業務ヲ執行スル社員若クハ取締役ハ拾圓以上千圓以下ノ過料ニ處セラル
第九十六條　保險事業ハ株式會社ニ非サレハ之ヲ營ムコトヲ得ス
第九十七條　保險會社ハ他ノ營業ヲ兼ネルコトヲ得ス
同一ノ會社ニシテ生命保險ト損害保險トヲ併セテ營業トスルコトヲ得ス
第九十八條　保險會社ノ發起人カ營業ノ免許ヲ請フニハ定欵及ヒ左ニ掲ケタル事項ヲ記載シタル書面ヲ差出タスコトヲ要ス
一　保險ノ種類及ヒ營業ノ範圍
二　普通保險約欵

三　保險料及ヒ責任準備金算出ノ基礎及ヒ方法

四　責任準備金利用ノ方法

第九十九條　保險會社カ前條ニ揭ケタル書類ヲ變更スルニハ政府ノ認可ヲ得ルコトヲ要ス

第百條　政府カ第九十八條ニ揭ケタル書類ノ變更ヲ必要ト認ムルトキハ其變更ヲ命スルコトヲ得

第百一條　政府ハ何時ニテモ保險會社ヲシテ其營業ノ報告ヲ爲サシメ又ハ會社ノ業務及ヒ會社財產ノ狀況ヲ檢査スルコトヲ得

第百二條　政府カ保險會社ノ業務又ハ會社財產ノ狀況ニ依リ其營業ノ繼續ヲ困難ナリト認ムル件又ハ保險會社カ政府ノ命令ニ違反シタルトキハ政府ハ其營業ノ停止又ハ取締役ノ改選ヲ命スルコトヲ得

前項ニ揭ケタル事由アリト認ムルトキハ裁判所ハ檢事ノ請求ニ因リ又ハ職權ヲ以テ會社ノ解散ヲ命スルコトヲ得

第百三條　保險會社ハ總會終結ノ後遲滯ナク商法第百九十條ニ揭ケタル書類及ヒ總會ノ決議錄ヲ政府ニ差出タスコトヲ要ス

第百四條　保險契約者、被保險者及ヒ保險金額ヲ受取ルヘキ者ハ保險會社ノ定時總會終結ノ後營業報告書財產目錄若クハ貸借對照表ノ閲覽ヲ求メ又ハ其謄本若クハ抄本ノ交付ヲ請求スルコトヲ得但保險會社ハ定欵又ハ保險契約ノ定ムル所ニ依リ其謄本又ハ抄本ノ交付ニ付キ手數料ヲ拂ハシムルコトヲ妨ケス

第百五條　保險會社ハ他ノ事業ヲ目的トスル會社ト合併ヲ爲スコトヲ得ス

生命保險ヲ營業トスル會社ト損害保險ヲ營業トスル會社トハ合併ヲ爲スコトヲ得ス

第百六條　保險會社カ合併ヲ爲スニハ特ニ財產目錄及ヒ貸借對照表ヲ作リ合併契約書ト共ニ之ヲ政府ニ差出シ其認可ヲ得ルコトヲ要ス

第百七條　保險會社カ任意ノ解散ヲ爲スニハ政府ノ認可ヲ得ルコトヲ要ス

第百八條　生命保險ヲ營業トスル會社ニ在リテハ保險金額ヲ受取ルヘキ者ハ會社財產ニ對シ他ノ債權者ニ先チテ其權利ヲ行フコトヲ得

第百九條　生命保險ヲ營業トスル會社カ解散シタル場合ニ於テハ保險金額ヲ受取ルヘキ者ハ被保險者ノ爲メニ積立テタル金額ノ割合ニ應シテ其權利ヲ行フコトヲ得但會社ノ解散前ニ保險金額ヲ受取ルヘカリシ場合ハ此限ニ在ラス

前項ノ規定ハ損害保險ヲ營業トスル會社ニ之ヲ準用ス

第百十條　第九十七條及ヒ前十一條ノ規定ハ商法施行前ニ設立シタル合資會社又ハ株式會社ニシテ保險ヲ營業トスルモノニ之ヲ準用ス

商法施行前ニ設立シタル會社ニシテ第九十七條ニ禁止シタル兼業ヲ爲スモノハ商法施行ノ日ヨリ六个月内ニ其兼業ヲ廢止スルコトヲ要ス若シ之ニ違反シタルトキハ裁判所ハ檢事ノ請求ニ因リ又ハ職權ヲ以テ其保險營業ヲ禁止スルコトヲ得

第百十一條　第九十七條、第九十九條乃至第百二條、第百五條乃至第百九條及ヒ前條第二項ノ規定ハ商法施行前ニ設立シタル合名會社ニシテ保險ヲ營業トスルモノニ之ヲ準用ス

第百十二條　商法施行前ニ設立シタル合名會社ニシテ保險ヲ營業トスルモノハ財產目錄及ヒ貸借對照表ヲ作ル每ニ遲滯ナク營業報告書、損益計算書及ヒ利益ノ配當ニ關スル案ト共ニ之ヲ政府ニ差出タスコトヲ要ス

第百十三條　商法施行前ニ設立シタル合名會社ニシテ保險ヲ營業トスルモノカ財產目錄及ヒ貸借對照表ヲ作ル每ニ保險契約者、被保險者及ヒ保險金額ヲ受取ルヘキ者ハ第百四條ニ定メタル權利ヲ行フコトヲ得

第百十四條　第九十七條、第九十九條乃至第百二條及ヒ第百十條第二項ノ規定ハ商法施行前ヨリ

保險事業ヲ營ム者ニ之ヲ準用ス

第百十五條　外國會社カ日本ニ支店又ハ代理店ヲ設ケテ保險事業ヲ營ム場合ニ付テハ勅令ヲ以テ特別ノ規程ヲ設クルコトヲ得

第百十六條　保險會社ニ關スル細則ハ農商務大臣之ヲ定ム

第百十七條　明治十年第六十六號布告利息制限法第五條ノ規定ハ商事ニハ之ヲ適用セス

第百十八條　商法施行前ニ設定シタル質權ノ實行ニ付テハ別段ノ意思表示アリタル場合ヲ除ク外競賣法ノ規定ヲ適用ス但取引所ノ相場アル有價證券其他ノ商品ニ在リテハ執達吏カ取引所ニ於テ之ヲ賣却スルコトヲ得

前項ノ規定ハ留置權者カ其留置物ヲ賣却スル場合ニ之ヲ準用ス

第百十九條　商法施行前ニ發行シタル指圖證券及ヒ無記名證券ニハ本法ニ別段ノ定アル場合ヲ除ク外舊商法ノ規定ヲ適用ス但民法施行法第三十條、第三十一條及ヒ第三十三條ノ準用ヲ妨ケス

第百二十條　商法第二百八十一條ノ規定ハ商法施行前ニ發行シタル指圖證券及ヒ無記名證券ニモ亦之ヲ適用ス

第百二十一條　商法第三百九十九條ノ規定ハ商法施行前ニ約シタル匿名組合ニモ亦之ヲ適用ス

第百二十二條　湖川、港灣及ヒ沿岸小航海ノ範圍ハ遞信大臣之ヲ定ム

第百二十三條　手形ノ所持人ノ其前者ニ對スル償還請求權ハ支拂拒絕證書ノ作成カ商法施行前ニ在リタル場合ニ於テハ其施行ノ日ヨリ支拂拒絕證書ノ作成カ商法施行後ニ在リタル場合ニ於テハ其作成ノ日ヨリ六箇月ヲ經過シタルトキハ時效ニ因リテ消滅ス

裏書人ノ其前者ニ對スル償還請求權ハ商法施行前ニ償還ヲ爲シタル場合ニ於テハ其施行ノ日ヨリ商法施行後ニ償還ヲ爲シタル場合ニ於テハ其日ヨリ六箇月ヲ經過シタルトキハ時效ニ因リテ消滅ス

商法施行前ニ進行ヲ始メタル時效ノ殘期カ商法施行ノ日ヨリ起算シテ六箇月ヨリ短キトキハ時キハ其殘期ヲ經過スルニ因リテ完成ス

第百二十四條　明治十九年法律第二號公證人規則第二十八條ノ規定ハ公證人カ拒絕證書ヲ作ル場合ニハ之ヲ適用ス

第百二十五條　外國ニ於テ爲シタル手形行爲ノ要件ハ行爲地ノ法律ニ依ル

前項ノ規定ニ拘ハラス外國ニ於テ爲シタル手形行爲カ日本ノ法律ニ定メタル要件ヲ具備スルトキハ外國ノ法律ニ依レハ要件ヲ具備セサルトキト雖モ爾後日本ニ於テ爲シタル手形行爲ハ有效

トス日本人カ外國人ニ於テ日本ニ對シテ爲シタル手形行爲カ日本ノ法律ニ定メタル要件ヲ具備スルトキ亦同シ

第百二十六條　外國ニ於テ手形上ノ權利ヲ行使又ハ保全スル爲メニ爲ス行爲ノ方式ハ行爲地ノ法律ニ依ル

第百二十七條　商法第五百五十二條第三項ノ規定ハ商法施行前ニ選任シタル船舶管理人ニモ亦之ヲ適用ス

商法第五百五十三條ノ規定ハ商法施行ノ日ヨリ其施行前ニ選任シタル船舶管理人ニモ亦之ヲ適用ス

第百二十八條　商法第五百五十六條ノ規定ハ商法施行前ニ爲シタル船舶ノ賃貸借ニモ亦之ヲ適用ス

第百二十九條　商法第五百五十八條乃至第五百六十八條及ヒ第五百七十條乃至第五百七十四條ノ規定ハ商法施行ノ日ヨリ其施行前ニ選任シタル船長ニモ亦之ヲ適用ス

第百三十條　商法第五百六十二條第一項第二號乃至第五號ニ掲ケタル書類ノ書式ハ遞信大臣之ヲ定ム

第百三十一條　委付ノ原因カ商法施行後ニ生シタルトキハ其施行前ニ爲シタル保險契約ニ付テモ被保險者ハ商法ノ規定ニ從ヒテ委付ヲ爲スコトヲ得

第百三十二條　船舶ノ存否カ商法施行ノ日ヨリ六箇月間分明ナラサルトキハ未タ舊商法第九百六十六條第一項ノ期間ヲ經過セサル附ト雖モ其船舶ハ行方ノ知レサルモノト看做ス

第百三十三條　商法施行ノ際舊商法第九百六十九條第一項ニ定メタル三日ノ期間カ未タ滿了ニ至ラサルトキハ商法施行ノ日ヨリ三箇月内ニ商法第六百七十四條ニ定メタル通知ヲ發シテ委付ヲ爲スコトヲ得

第百三十四條　船舶ノ先取特權ニ關スル商法ノ規定ハ其施行前ニ發生シタル債權ニ付テモ亦之ヲ適用ス

第百三十五條　第三十三條ノ規定ハ商法第六百八十四條第一項ノ規定ニ依リ爲スヘキ公告ニ之ヲ準用ス

第百三十六條　船舶ノ抵當權ニ關スル商法ノ規定ハ商法施行前ニ設定シタル抵當權ニモ亦之ヲ適用ス

第百三十七條　民法施行法第二條、第三條、第三十條、第三十一條、第三十三條、第三十四條、

第五十三條及ヒ第五十六條ノ規定ハ商事ニ之ヲ準用ス
第百三十八條　明治二十三年法律第三十二號商法第九百七十八條ヲ左ノ如ク改ム
商人カ支拂ヲ停止シタルトキハ裁判所ハ本人又ハ債權者ノ申立ニ因リ決定ヲ以テ破產ヲ宣告ス
裁判所ハ口頭辯論ヲ經スシテ裁判ヲ爲スコトヲ得此裁判所ニ對シテハ即時抗告ヲ爲スコトヲ得
第百三十九條　破產宣告ノ申立ヲ爲ス債權者ハ裁判所ノ定ムル所ニ從ヒ破產手續ニ必要ナル費用ヲ豫納スルコトヲ要ス
債權者カ前項ノ費用ヲ豫納セサルトキハ裁判所ハ破產宣告ノ申立ヲ棄却スルコトヲ得
第百四十條　本人カ破產宣告ノ申立ヲ爲シタルトキハ破產手續ニ必要ナル費用ハ假ニ國庫ヨリ之ヲ支辨スルコトヲ要ス債權者カ破產宣告ノ申立ヲ爲シタル場合ニ於テ裁判所カ前條第二項ノ規定ニ依リテ其申立ヲ棄却セサルトキ亦同シ
第百四十一條　裁判所ハ破產事件ニ付キ地方裁判所又ハ區裁判所ニ法律上ノ輔助ヲ求ムルコトヲ得
第百四十二條　明治二十三年法律第三十二號商法第千五十一條第五號ヲ左ノ如ク改ム
第五　財產目錄、貸借對照表ノ作成若クハ支拂停止屆出ノ義務ヲ怠リタルトキ又ハ裁判所ノ

許可ヲ得スシテ其住地ヲ離レタルトキ

第百四十三條　明治二十三年法律第三十二號商法第千五十四條ヲ左ノ如ク改ム

破產宣告ヲ受ケタル債務者ハ復權ヲ得ルニ非サレハ會社ノ無限責任社員、舊商法ノ規定ニ從ヒテ設立シタル合資會社ノ業務擔當社員、株式會社ノ取締役若クハ監査役、淸算人、破產管財人又ハ商業會議所ノ會員ト爲ルコトヲ得ス

第百四十四條　明治二十三年法律第三十二號商法第千五十五條第三項ハ之ヲ削除ス

第百四十五條　明治二十三年法律第三十二號商法第千五十九條ヲ左ノ如ク改ム

商人カ商行爲ニ因リテ生シタル債務ニ付キ自己ノ過失ナクシテ支拂ヲ中止セサルコトヲ得サルニ至リタル場合ニ於テ其債權者ノ過半數以上ノ承諾ヲ得タルトキハ營業所ノ所在地又ハ住所地ヲ管轄スル裁判所ハ一年ヲ超エサル範圍內ニ於テ支拂猶豫ヲ與フルコトヲ得

附　則

第百四十六條　本法ハ商法施行ノ日ヨリ之ヲ施行ス

第百四十七條　明治二十三年法律第五十九號商法施行條例ハ第二十條、第二十四條、第二十五條第三十五條乃至第四十五條及ヒ第四十八條乃至第五十條ヲ除ク外本法施行ノ日ヨリ之ヲ廢止ス

但第二十一條乃至第二十三條及ヒ第五十一條ノ規定ハ舊商法ノ規定ニ依ルヘキ場合ニ於テハ仍ホ其效力ヲ存ス

供託法（明治三十二年二月法律第十五號）

第一條　法令ノ規定ニ依リテ供託スル金錢及ヒ有價證券ハ金庫ニ於テ之ヲ保管ス

第二條　金庫ニ供託ヲ爲サント欲スル者ハ大藏大臣カ定メタル書式ニ依リテ供託書ヲ作リ供託物ニ添ヘテ之ヲ差出ダスコトヲ要ス

第三條　金庫ハ金錢ノ供託ヲ受ケタル翌月ヨリ拂渡請求ノ前月迄大藏大臣カ定メタル利息ヲ拂フコトヲ要ス

第四條　金庫ハ供託物ヲ受取ルヘキ者ノ請求ニ因リ供託ノ目的タル有價證券ノ償還金ノ利息又ハ配當金ヲ受取リ供託物ニ代ヘ又ハ其從トシテ之ヲ保管ス但保證金ニ代ヘテ有價證券ヲ供託シタル場合ニ於テハ供託者ハ其利息又ハ配當ノ拂渡ヲ請求スルコトヲ得

第五條　司法大臣ハ法令ノ規定ニ依リテ供託スル金錢又ハ有價證券ニ非サル物品ヲ保管スヘキ倉庫營業者ヲ指定スルコトヲ得

倉庫營業者ハ其營業ノ部類ニ屬スル物ニシテ其保管シ得ヘキ數量ニ限リ之ヲ保管スル義務ヲ負フ

第六條　倉庫營業者ニ供託ヲ爲サント欲スル者ハ司法大臣カ定メタル書式ニ依リテ供託書ヲ作リ

供託物ニ添ヘテ之ヲ交付スルコトヲ要ス

第七條　倉庫營業者ハ供託物ヲ受取ルヘキ者ニ對シ一般ニ同種ノ物ニ付テ請求スル保管料ヲ請求スルコトヲ得

第八條　供託物ハ供託者カ指定シタル者又ハ法令若クハ裁判ニ依リテ定リタル者ニ之ヲ還付ス

供託者ハ民法第四百九十六條ノ規定ニ依レルコト、供託カ錯誤ニ出テシコト又ハ其原因カ消滅シタルコトヲ證明スルニ非サレハ供託物ヲ取戻スコトヲ得ス

第九條　供託者カ供託物ヲ受取ル權利ヲ有セサル者ヲ指定シタルトキハ其供託ハ無效トス

第十號　供託物ヲ受取ルヘキ者カ反對給付ヲ爲スヘキ場合ニ於テハ供託所ニ其給付ヲ爲シ又ハ供託者ノ書面若クハ裁判ニ依リ其給付アリタルコトヲ證明スルニ非サレハ供託物ヲ受取ルコトヲ得ス

附　則

第十一條　本法ハ明治三十二年四月一日ヨリ之ヲ施行ス

第十二條　本法施行前ニ供託シタル金錢ニハ其施行ノ月ヨリ拂渡請求ノ前月マテ第三號ノ利息ヲ附スルコトヲ要ス

第十三條　第四條、第八條及ヒ第十條ノ規定ハ本法施行前ニ供託シタル物ニモ亦之ヲ適用ス
第十四條　明治二十二年勅令第百四十五號供託規則ハ本法施行ノ日ヨリ之ヲ廢止ス

競賣法（明治三十一年六月法律第十六號）

第一章　通則

第一條　競買ノ申込ハ他ノ高價競買ノ申込アリタルトキ又ハ競落ヲ爲サスシテ競賣ヲ終了シタルトキハ當然其效力ヲ失フ

第二條　競買人ノ競落ニ因リテ競賣ノ目的タル權利ヲ取得ス

競賣ノ目的ノ上ニ存スル先取特權及ヒ抵當權ハ競落ニ因リテ消滅ス

競買人ハ留置權者競賣人ニ對シテ優先權ヲ有スル質權者及ヒ其質權者ニ對シテ優先權ヲ有スル債權者ニ辨濟スルニ非サレハ競賣ノ目的物ヲ受取ルコトヲ得ス

第二章　動產ノ競賣

第三條　動產ノ競賣ハ留置權者、先取特權者、質權者其他民法又ハ商法ノ規定ニ依リテ其競賣ヲ爲サントスル者ノ委任ニ因リ競賣ヲ爲スヘキ地ノ區裁判所所屬ノ執達吏之ヲ爲ス

前項ノ委任ハ書面ニ依リテ之ヲ爲スコトヲ要ス

第四條　競賣ノ委任ヲ受ケタル執達吏ハ其競買人ト爲ルコトヲ得ス

債權者ノ委任ニ因リテ競賣ヲ爲ス場合ニ於テハ債務者ハ現金ヲ以テ代價ヲ提供スルニ非サレハ

其競買ノ申込ヲ爲スコトヲ得ス
第五條　競賣ハ競賣ニ付スヘキ物ノ現在地ニ於テ之ヲ爲ス但其地ニ於テ相當ノ代價ヲ得ル見込ナキトキハ他所ニ於テ之ヲ爲スコトヲ得
第六條　競賣ノ日時ハ執達吏カ其委任ヲ受ケタルトキ直チニ之ヲ定ムルコトヲ要ス但直チニ之ヲ定ムルコト能ハサル事情アルトキハ此限ニ在ラス
第七條　競賣ノ場所及ヒ日時ハ豫メ之ヲ公告スルコトヲ要ス
公告ハ競賣ニ付スヘキ物ノ品質及ヒ價格ニ準シ競賣地ニ於ケル適當ノ方法ヲ以テ之ヲ爲スヘシ
公告ニハ左ノ事項ヲ記載スヘシ
一　競賣委任者ノ氏名、住所
二　競賣ニ付スヘキ物ノ種類、數量及ヒ品質
三　競賣ノ條件ヲ定メタルトキハ其條件
四　競賣ノ場所及ヒ年月日時
五　競賣ノ委任ヲ受ケタル執達吏ノ氏名、住所
委任者カ競賣ノ條件ヲ定メサリシトキハ民事訴訟法第五百七十七條第三項ノ規定ヲ準用ス

第八條　競賣ノ場所及ヒ日時ハ競賣ニ付キ利害ノ關係ヲ有スル者ニ對シテ其通知ヲ發スルコトヲ要ス但通知ヲ受クヘキ者ノ住所又ハ居所カ知レサルトキハ此限ニ在ラス

第九條　公告ト競賣トノ間ニハ五日以上ノ期間ヲ存スルコトヲ要ス但競賣ニ付スヘキ物ニ關シ之ヨリ速ニ競賣ヲ爲スコトヲ要スル特別ノ事情アルトキハ此限ニ在ラス

第十條　高價品ノ競賣ハ鑑定人ヲシテ其評價ヲ爲サシメタル後之ヲ爲スコトヲ要ス

第十一條　金銀及ヒ金銀ノ製品ハ地金銀ノ相場以下ノ代價ヲ以テ之ヲ競賣スルコトヲ得ス取引所ノ相場アル物ハ其相場以下ノ代價ヲ以テ之ヲ競賣スルコトヲ得ス

第十二條　前條ニ揭ケタル物ヲ競賣スル場合ニ於テ競賣ノ日ニ相當ナル競賣ノ申込ナキトキハ執達吏ハ金銀及ヒ金銀ノ製品ニ付テハ地金銀ノ相場以上ノ代價、取引所ノ相場アル物ニ付テハ競賣ノ日ノ相場以上ノ代價ヲ以テ任意ニ之ヲ賣却スルコトヲ得

第十三條　競賣ハ其條件ヲ告知シ各競賣物ニ付キ競買ノ申込ヲ催告スルニ始マリ最高價競買ノ申込人ニ對シ競落ノ告知ヲ爲スニ因リテ終了ス

競落ノ告知ハ最高價競買ノ申込ヲ三回呼上ケタル後之ヲ爲ス

第十四條　執達吏ハ競賣調書ヲ作リ之ニ左ノ事項ヲ記載シ署名、捺印スヘシ

一　競賣委任者ノ氏名、住所
二　競賣ニ付スヘキ物ノ種類、數量及ヒ品質
三　鑑定人ヲシテ評價ヲ爲サシメタルトキハ其評價額
四　競賣ノ場所及ヒ日時
五　第九條但書ノ事由アリタルトキハ其事由
六　利害ノ關係ヲ有スル者ニ通知ヲ發シタルコト若シ之ヲ發セサリシトキハ其事由
七　告知シタル競賣ノ條件
八　各競賣物ニ對スル競落人ノ氏名及ヒ其申込價額
九　競賣ヲ停止シタルトキ又ハ競落ヲ爲サヽリシ𪜈ハ其事由
十　競賣ノ開始及ヒ完結ノ日時
十一　競賣調書ヲ作リタル場所及ヒ年月日
競賣調書ニハ委任者又ハ其代理人ヲシテ署名、捺印セシメ且競賣ノ公告ヲ爲シ及ヒ通知ヲ發シタルコトヲ證スル書面及ヒ委任狀ヲ添附スルコトヲ要ス
執達吏ハ委任者ノ請求ニ因リ競賣調書ノ謄本ヲ交付スルコトヲ要ス

第十五條　執達吏ハ競賣ノ完結後賣得金ノ中ヨリ競賣ノ費用ヲ控訟シ其殘金及ヒ競落セサリシ物ハ滯遲ナク受取ルヘキ者ニ交付シ又ハ其者ノ爲メニ之ヲ供託スルコトヲ要ス

第十六條　執達吏ハ競賣ニ付キ正副二通ノ計算書ヲ作リ其正本ハ計算ニ關スル證明書ト共ニ之ヲ委任者ニ交付シ其副本ハ之ヲ競賣調書ニ添附スヘシ

第十七條　競賣ニ付キ利害ノ關係ヲ有スル者ハ競賣ノ完結ニ至ルマテ其手續ニ關スル執達吏ノ處分ニ付キ其所屬區裁判所ニ異議ノ申立ヲ爲スコトヲ得

異議ノ裁判ハ申立人ニ之ヲ通知スヘシ此裁判ニ對シテハ不服ヲ申立ツルコトヲ得ス

異議ノ裁判ハ之ヲ以テ善意ノ競落人ニ對抗スルコトヲ得ス

第十八條　前條ノ規定ニ依リテ異議ノ申立アリタルトキハ裁判所ハ競賣ノ停止ヲ命スルコトヲ得但停止ニ因リテ著シキ損害ヲ生スル虞アルトキハ此限ニ在ラス

第十九條　第三者カ競賣ノ目的物ニ關シテ訴ヲ提起シタルコトヲ證明シタルトキハ執達吏ハ其競賣ヲ停止スルコトヲ要ス

物ノ保管ニ付キ過分ノ費用ヲ要スルトキ又ハ遲滯ノ爲メ著シク物ノ價格ヲ減少スル虞アルトキハ執達吏ハ競賣ヲ續行シテ賣得金ヲ供託スルコトヲ得

第二十條　前二條ノ規定ニ依リテ競賣ヲ停止シタル場合ニ於テハ執達吏ハ相當ノ方法ヲ以テ競賣ノ目的物ヲ保管スルコトヲ要ス此場合ニ於ケル競賣手續及ヒ保管ノ費用ハ委任者ノ負擔トス

第二十一條　競賣ノ委任ハ競落ノ告知アルマテ之ヲ取消スコトヲ得

前項ノ場合ニ於ケル競賣手續ノ費用ハ委任者ノ負擔トス

第三章　不動産ノ競賣

第二十二條　不動産ノ競賣ハ留置權者、先取特權者、質權者、抵當權者其他民法ノ規定ニ依リテ競賣ヲ爲サントスル者ノ申立ニ因リ不動産所在地ノ區裁判所之ヲ爲ス

民事訴訟法第六百四十一條第一項ノ規定ハ競賣ヲ爲スヘキ裁判所ノ管轄ニ之ヲ準用ス

第二十三條　申立人ハ競落期日マテハ最高價競買申込人ノ同意アル場合ニ限リ其申立ノ取下ヲ爲スコトヲ得

第二十四條　競賣ノ申立ハ書面ヲ提出シテ之ヲ爲スコトヲ要ス

申立書ニハ左ノ事項ヲ記載シ申立人又ハ其代理人之ニ署名、捺印スヘシ

一　債務者及ヒ所有者ノ氏名、住所

二　競賣ニ付スヘキ不動産ノ表示

三　競賣ノ原因タル事由
四　年月日
五　裁判所
申立書ニハ競賣ニ付スヘキ不動産ニ關スル登記簿ノ謄本及ヒ代理人ニ依リテ申立ヲ爲ストキハ其委任狀ヲ添附スルコトヲ要ス
民事訴訟法第六百四十三條第一項第二號乃至第五號、第二項及ヒ第三項ノ規定ハ第一項ノ申立ニ之ヲ準用ス
第二十五條　競賣手續ノ開始ハ決定ヲ以テ之ヲ爲ス
開始決定ニハ申立人ノ氏名、住所及ヒ前條第二項第一號乃至第四號ニ揭ケタル事項ヲ記載シ決定ヲ爲シタル判事之ニ署名、捺印スヘシ
民事訴訟法第二百三十九條ノ規定ハ開始決定ニ之ヲ準用ス
第二十六條　裁判所ハ開始決定ヲ爲スト同時ニ職權ヲ以テ競賣ノ申立アリタルコトヲ競賣ニ付スヘキ不動産ニ關スル登記簿ニ登記スヘキ旨ヲ其管轄登記所ニ囑託スヘシ
民事訴訟法第六百五十一條第二項、第六百五十二條及ヒ第六百五十三條ノ規定ハ前項ノ場合ニ

之ヲ準用ス

第二十七條　裁判所カ開始決定ヲ爲シタルトキハ競賣期日及ヒ競落期日ヲ定メテ之ヲ公告スルコトヲ要ス

競賣ノ期日ハ競賣手續ノ利害關係人ニ之ヲ通知スルコトヲ要ス

左ニ記載シタル者ヲ利害關係人トス

一　申立人

二　債務者及ヒ所有者

三　登記簿ニ登記シタル不動產上ノ權利者

四　不動產上ノ權利者トシテ其權利ヲ證明シタル者

第二十八條　裁判所ハ鑑定人ヲシテ競賣ニ付スヘキ不動產ノ評價ヲ爲サシメ其評價額ヲ以テ最低競賣價額トスヘシ

第二十九條　競賣期日ノ公告ニハ第二十二條ニ掲ケタル者ノ申立ニ因リテ競賣ヲ爲ス旨ノ外民事訴訟法第六百五十八條第一號乃至第三號、第五號乃至第七號第九號及ヒ第十號ニ掲ケタル事項ヲ記載スルコトヲ要ス

民事訴訟法第六百六十一條ノ規定ハ前項ノ公告ニ之ヲ準用ス

第三十條　競賣期日、其開始、競賣調書及ヒ競賣終局ノ告知ニ關スル民事訴訟法第六百五十九條第六百六十二條乃至第六百六十九條ノ規定ハ本章ノ競賣ニ之ヲ準用ス

第三十一條　競賣期日ニ相當ノ競買申込ナキトキハ裁判所ハ更ニ期日ヲ定メテ競賣ヲ爲スヘシ此場合ニ於テハ民事訴訟法第六百七十條ノ規定ヲ準用ス

第三十二條　競落期日ハ民事訴訟法第六百六十條ノ規定ニ從ヒ裁判所ニ於テ之ヲ開ク競落ノ手續競落ヲ許サヽル場合ノ新競賣期日、競賣履行及ヒ競落人ノ義務不履行ノ場合ニ於ケル再競賣ニ關スル民事訴訟法第六百七十一條乃至第六百七十四條、第六百七十六條乃至第六百八十三條第六百八十七條及ヒ第六百八十八條ノ規定ハ本章ノ競賣ニ之ヲ準用ス

第三十三條　競落人ハ競落ヲ許ス決定カ確定シタル後直チニ代價ヲ裁判所ニ支拂フコトヲ要ス此場合ニ於テハ裁判所ハ其裁判ノ謄本ヲ添ヘ競落人カ取得シタル權利ノ移轉ノ登記ヲ管轄登記所ニ囑託スヘシ

裁判所ハ前項ノ代價ノ中ヨリ競賣ノ費用ヲ控除シ其殘金ハ遲滯ナク之ヲ受取ルヘキ者ニ交付スルコトヲ要ス

第三十四條　裁判所ハ競賣期日ノ公告ヲ爲ス前申立ニ因リ競賣ニ代ヘテ入札拂ヲ爲スヘシ此場合ニ於テハ民事訴訟法第七百三條乃至第七百五條ノ規定ニ依ル外本章ノ規定ヲ準用ス

第三十五條　競落ヲ爲サスシテ競賣手續ヲ完結シタルトキハ裁判所ハ第二十六條ノ規定ニ依リテ爲シタル登記ノ抹消ヲ囑託スヘシ

第四章　船舶ノ競賣

第三十六條　登記シタル船舶ノ競賣ハ申立ニ因リ其當時ノ碇泊港又ハ船舶ノ現在地ヲ管轄スル區裁判所之ヲ爲ス

第三十七條　競賣ノ申立書ニハ船舶所有者並ニ船長ノ氏名、住所、船舶ノ表示及ヒ競賣ノ原因ヲ記載シ且船舶登記簿ノ謄本及ヒ官ノ認可ヲ要スル場合ニ於テハ其認可ヲ得タルコトヲ證スル書面ヲ添附スルコトヲ要ス

第三十八條　競賣期日ノ公告ニハ申立ニ因リテ競賣ヲ爲ス旨ノ外船舶ノ表示及ヒ其碇泊港又ハ現在ノ場所ヲ記載スルコトヲ要ス

第三十九條　前章ノ規定及ヒ民事訴訟法第七百十九條、第七百二十條第二項、第七百二十三條、第七百二十五條ノ規定ハ船舶ノ競賣ニ之ヲ準用ス

第五章　増價競賣

第四十條　民法第三百八十四條ノ規定ニ依リテ抵當不動産ノ増價競賣ヲ請求スル債權者ハ第三取得者ニ競賣ノ請求ヲ送達シタル日ヨリ三日内ニ抵當不動産所在地ノ區裁判所ニ競賣ノ申立ヲ爲シ且擔保ノ認許ヲ求ムルコトヲ要ス

前項ノ規定ニ依ラサル競賣ノ請求ハ無效トス

第四十一條　競賣ノ申立書ニハ左ノ事項ヲ記載シ請求債權者之ニ署名、捺印スヘシ

一　債務者ノ氏名、住所

二　抵當不動産ノ表示

三　第三取得者及ヒ讓渡人ノ氏名、住所

四　擔保ノ表示

五　第三取得者カ提供シタル金額

六　請求者カ定メタル増價金額

七　年月日

八　裁判所

申立書ニハ民法第三百八十三條ノ送達ヲ受ケタル日ヲ證スル書面ヲ添附スルコトヲ要ス

民事訴訟法第六百四十三條第一項第三號乃至第五號、第二項及ヒ第三項ノ規定ハ本條ノ申立ニ之ヲ準用ス

第四十二條　裁判所ハ擔保ノ許否ニ付キ期日ヲ定メ決定ヲ以テ其裁判ヲ爲スヘシ

期日ニハ請求債權者及ヒ第三取得者ヲ呼出スヘシ

擔保ノ裁判ニ對シテハ不服ヲ申立ツルコトヲ得

第四十三條　競賣ノ請求ハ擔保ヲ認許セサル裁判ニ因リテ當然其效力ヲ失フ

民法第三百八十四條ニ定メタル期間內ニ第三取得者ニ對シテ競賣ノ請求書ヲ送達シタル他ノ債權者ハ前項ノ裁判アリタル日ヨリ三日內ニ第四十條ノ申立ヲ爲スコトヲ得

第四十四條　裁判所カ擔保ヲ認許シタルトキハ競賣手續ノ開始ノ決定ヲ爲スヘシ

決定ニハ認許シタル擔保ヲ表示シ且第四十一條第一項第一號乃至第三號、第六號及ヒ第七號ニ揭ケタル事項ヲ記載スヘシ

第二十五條第二項、第三項及ヒ第二十六條第一項ノ規定ハ本條ノ決定ニ之ヲ準用ス

第四十五條　第二十七條第一項及ヒ第二項ノ規定ハ增價競賣ニ之ヲ準用ス

左ニ記載シタル者ヲ利害關係人トス
一　競賣請求者
二　債務者
三　第三取得者及ヒ讓渡人
四　登記簿ニ登記シタル不動産上ノ權利者
五　不動産上ノ權利者トシテ其權利ヲ證明シタル者
第四十六條　競賣ノ公告ニハ增價競賣ノ申立ニ因リテ競賣ヲ爲ス旨及ヒ請求者ノ定メタル增價金額ノ外民事訴訟法第六百五十八條第一號乃至第三號、第五號、第七號、第九號及ヒ第十號ニ掲ケタル事項ヲ記載スヘシ
第三十三條及ヒ民事訴訟法第六百五十九條乃至第六百六十九條、第六百七十一條乃至第六百七十四條、第六百七十六條乃至第六百八十三條、第六百八十七條ノ規定ハ本章ノ競賣及ヒ競落ノ手續ニ之ヲ準用ス
第四十七條　競賣期日ニ請求債權者カ定メタル增價金額ニ達スル競買ノ申込ナキトキハ請求債權者ヲ以テ競落人トス

民事訴訟法第六百七十八條ノ規定ニ依リ最高價競買人カ其競買ヲ取消シタルトキハ裁判所ハ更ニ競賣期日及ヒ競落期日ヲ定メテ之ヲ公告スルコトヲ要ス

第四十八條　增價競賣ノ擔保ハ競落代價ノ完濟ニ因リテ其效力ヲ失フ

第四十九條　裁判所ハ競賣請求者ノ申立ニ因リ競賣ニ代ヘテ入札拂ヲ爲スヘシ此場合ニ於テハ民事訴訟法第七百三條乃至第七百五條ノ規定ニ依ル外本章ノ規定ヲ準用ス

附　則

第五十條　本法施行ノ期日ハ勅令ヲ以テ之ヲ定ム

第五十一條　明治二十三年法律第九十二號增價競賣法ハ本法發布ノ日ヨリ之ヲ廢止ス

明治三十五年七月三日印刷
明治三十五年七月六日發行

賣價金壹圓五拾錢

版權所有

發行者の捺印無きは僞版也

著作兼發行者　横濱市西戸部町九百七十八番地　中島行藏

印刷者　横濱市南仲通四丁目七十七番地　藪覺次郎

印刷所　横濱市南仲通四丁目七十七番地　南中舍

發行所
横濱市尾上町三丁目　田沼商店
東京市京橋區尾張町新地　合資會社　田沼書店

大賣捌所
東京市神田區一ッ橋通町　有斐閣
大坂市東區備後町四丁目　吉岡書店

商法實論　附　破産法　商法施行法　供託法　競賣法　完
別巻 1241

2019(令和元)年10月20日　　復刻版第1刷発行

著　者　中　島　行　藏
発行者　今　井　　　貴
　　　　渡　辺　左　近
発行所　信　山　社　出　版
〒113-0033　東京都文京区本郷6-2-9-102
モンテベルデ第2東大正門前
電　話　03（3818）1019
FAX　03（3818）0344
郵便振替　00140-2-367777(信山社販売)

Printed in Japan.

制作／(株)信山社，印刷・製本／松澤印刷・日進堂

ISBN 978-4-7972-7360-1 C3332

巻数	書　名	編・著者	ISBN	本体価格
950	実地応用町村制質疑録	野田藤吉郎、國吉拓郎	ISBN978-4-7972-6656-6	22,000 円
951	市町村議員必携	川瀬周次、田中迪三	ISBN978-4-7972-6657-3	40,000 円
952	増補 町村制執務備考 全	増澤鐵、飯島篤雄	ISBN978-4-7972-6658-0	46,000 円
953	郡区町村編制法 府県会規則 地方税規則 三法綱論	小笠原美治	ISBN978-4-7972-6659-7	28,000 円
954	郡区町村編制 府県会規則 地方税規則 新法例纂 追加地方諸要則	柳澤武運三	ISBN978-4-7972-6660-3	21,000 円
955	地方革新講話	西内天行	ISBN978-4-7972-6921-5	40,000 円
956	市町村名辞典	杉野耕三郎	ISBN978-4-7972-6922-2	38,000 円
957	市町村吏員提要〔第三版〕	田邊好一	ISBN978-4-7972-6923-9	60,000 円
958	帝国市町村便覧	大西林五郎	ISBN978-4-7972-6924-6	57,000 円
959	最近検定 市町村名鑑 附 官国幣社 及 諸学校所在地一覧	藤澤衛彦、伊東順彦、増田穆、関惣右衛門	ISBN978-4-7972-6925-3	64,000 円
960	鼇頭対照 市町村制解釈 附 理由書 及 参考諸布達	伊藤寿	ISBN978-4-7972-6926-0	40,000 円
961	市町村制釈義 完　附 市町村制理由	水越成章	ISBN978-4-7972-6927-7	36,000 円
962	府県郡市町村 模範治績　附 耕地整理法 産業組合法 附属法令	荻野千之助	ISBN978-4-7972-6928-4	74,000 円
963	市町村大字読方名彙〔大正十四年度版〕	小川琢治	ISBN978-4-7972-6929-1	60,000 円
964	町村会議員選挙要覧	津田東璋	ISBN978-4-7972-6930-7	34,000 円
965	市制町村制 及 府県制　附 普通選挙法	法律研究会	ISBN978-4-7972-6931-4	30,000 円
966	市制町村制註釈 完　附 市制町村制理由〔明治21年初版〕	角田真平、山田正賢	ISBN978-4-7972-6932-1	46,000 円
967	市町村制詳解 全　附 市町村制理由	元田肇、加藤政之助、日鼻豊作	ISBN978-4-7972-6933-8	47,000 円
968	区町村会議要覧 全	阪田辨之助	ISBN978-4-7972-6934-5	28,000 円
969	実用 町村制市制事務提要	河邨貞山、島村文耕	ISBN978-4-7972-6935-2	46,000 円
970	新旧対照 市制町村制正文〔第三版〕	自治館編輯局	ISBN978-4-7972-6936-9	28,000 円
971	細密調査 市町村便覧（三府 四十三県 北海道 樺太 台湾 朝鮮 関東州）　附 分類官公衙公私学校銀行所在地一覧表	白山榮一郎、森田公美	ISBN978-4-7972-6937-6	88,000 円
972	正文 市制町村制 並 附属法規	法曹閣	ISBN978-4-7972-6938-3	21,000 円
973	台湾朝鮮関東州 全国市町村便覧 各学校所在地〔第一分冊〕	長谷川好太郎	ISBN978-4-7972-6939-0	58,000 円
974	台湾朝鮮関東州 全国市町村便覧 各学校所在地〔第二分冊〕	長谷川好太郎	ISBN978-4-7972-6940-6	58,000 円
975	合巻 佛蘭西邑法・和蘭邑法・皇国郡区町村編成法	箕作麟祥、大井憲太郎、神田孝平	ISBN978-4-7972-6941-3	28,000 円
976	自治之模範	江木翼	ISBN978-4-7972-6942-0	60,000 円
977	地方制度実例総覧〔明治36年初版〕	金田謙	ISBN978-4-7972-6943-7	48,000 円
978	市町村民 自治読本	武藤榮治郎	ISBN978-4-7972-6944-4	22,000 円
979	町村制詳解　附 市制及町村制理由	相澤富蔵	ISBN978-4-7972-6945-1	28,000 円
980	改正 市町村制 並 附属法規	楠綾雄	ISBN978-4-7972-6946-8	28,000 円
981	改正 市制 及 町村制〔訂正10版〕	山野金蔵	ISBN978-4-7972-6947-5	28,000 円